실용대외한어교학어법

上

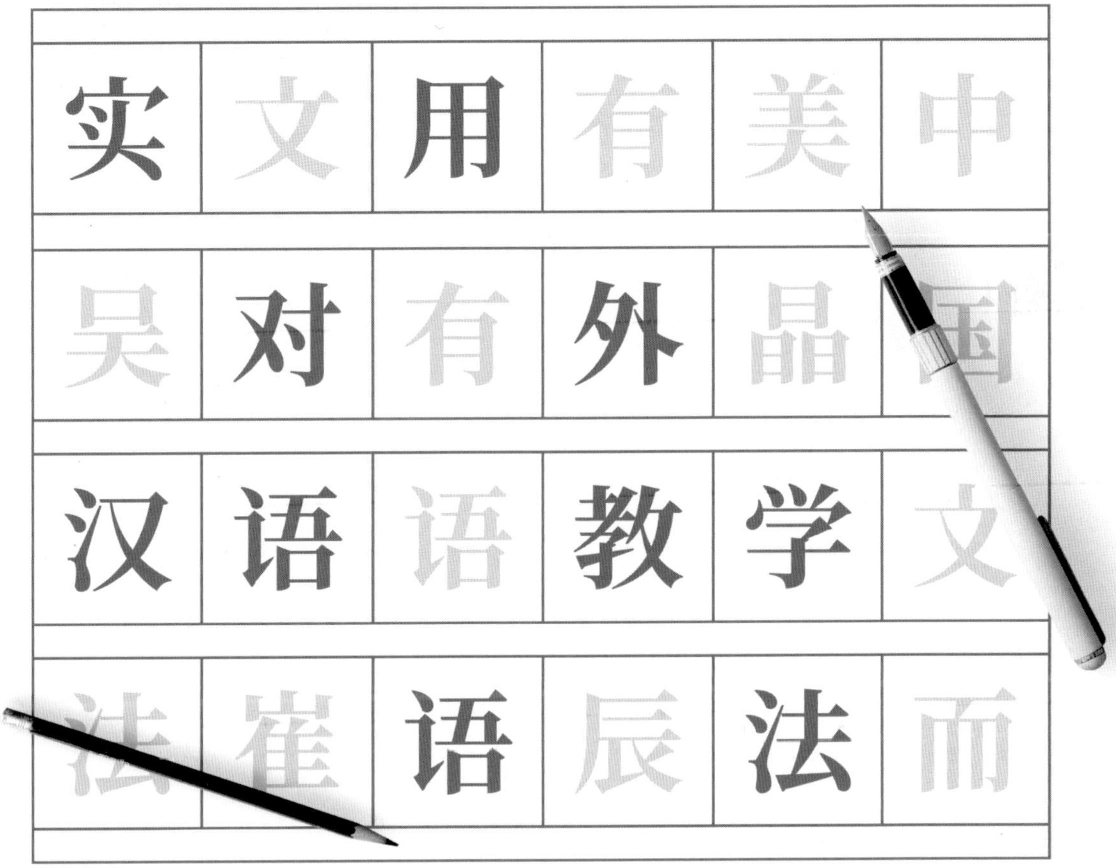

실용대외한어교학어법

陆庆和 저
문유미·오유정·최진이 공역

上

역자서문

이 책은 陆庆和가 2006년 발간한 저서『实用对外汉语教学语法』의 2013년 제5차 인쇄본을 번역한 것이다. 2006년에 발간한 제1판과 비교했을 때 새로운 내용이 추가되거나 수정된 부분이 다소 있다. 陆庆和가 2013년 발간한『实用对外汉语教学语法』의 구성은 다음과 같다.

제1편은 중국어 어음, 문자, 어휘에 대한 내용으로 구성되어 있다. **제2편은 중국어 품사**에 대한 부분으로 '명사, 대사, 수량사, 동사, 조동사, 형용사, 부사, 개사, 접속사, 조사'의 총 10장으로 구성되어 있다. **제3편은 중국어 문장성분**에 대한 부분으로 '주어와 술어, 목적어, 관형어, 부사어, 보어'의 총 5장으로 구성되어 있다. **제4편은 중국어 단문**에 대한 부분으로 '단문의 유형, 특수구문'의 총 2장으로 구성되어 있다. **제5편은 중국어 복문**에 대한 부분으로 '복문의 유형, 복문 중의 관련사, 복문 중 성분의 생략, 복문 관련 학습자 오류 및 교학적 제언'의 총 4장으로 구성되어 있다.

본 역서『실용대외한어교학어법(上)』은 원서의 '중국어 어음, 문자, 어휘', '중국어 품사', '중국어 문장성분', '중국어 단문', '중국어 복문' 등 총 5편 中, '중국어 품사' 부분만을 번역한 것이다.

역자는 크게 두 가지 목적을 가지고 이 책을 번역하였다.

첫째, 가장 근본적인 이유는 중국어를 공부하는 외국인 학습자, 중국어 교육 및 연구에 종사하는 교수자와 연구자가 모두 참고할 수 있는 실용성 있는 어법 참고서적을 소개하기 위한 것이다. 먼저 중국어를 학습하는 외국인 학습자들은 모국어의 영향으로 올바른 문장을 구사하는데 적지 않은 어려움을 겪는다. 이 책은 외국인 학습자의 빈번한 오류 현상을 수집하고 이에 대한 체계적이고 상세한 설명을 제시하고 있어 학습자의 궁금증을 해소하고 학습 효율을 높이는 데 도움이 될 것으로 기대된다. 방대하고 상세한 내용을 바탕으로 한 이 책은 대학 교육 현장에서 전부 또는 일부를 선별하여 활용하기에 매우 적합하며, 실제로 역자 역시 본 서적을 실제 교육 현장에서 주요 교재로 활용하고 있다.

둘째, 이 책을 번역하게 된 또 다른 이유는 중국어 어법 항목을 전면적으로 집대성한 책이 필요했기 때문이다. 이 책은 외국인 학습자를 주요 독자층으로 하고 있음에도 불구하고 중국어 어법학계의 다양한 연구 성과를 충실하게 제시하고 있어, 중국어 어법을 전공하는 연구자에게도 매우 중요한 참고 자료가 되고 있다. 일반적인 교재에서는 몇 개의 문장으로만 다루는 어법 항목에 대해서도 세부적으로 묘사하여 독자가 심도 있게 학습할 수 있기에 매우 적합하다.

이 책은 각 장마다 학계의 관련 이론을 체계적으로 정리하고 그 말미에 실제 교학 현장에서 수집한 학습자 오류를 방대하게 제시하고 있다. 중국어 교학 현장에서 학습자와 교수자가 경험하는 다양한 궁금증을 즉각적으로 해결하고 오류를 바로 잡는 데 크게 도움이 될 것으로 기대된다. 이 책의 주된 독자인 중국어 학습자, 교수자 및 연구자 모두에게 활용도가 높은 서적이 되기를 바란다.

보다시피 이 책은 방대한 정보를 제공하고 있어 분량이 상당하다. 원서를 정확하게 옮기려고 최선을 다했지만, 번역상의 미흡한 점에 대해서는 독자들의 충고와 조언을 바랄 뿐이다. 어려운 여건에서 이 책의 출간에 애써주신 전남대학교출판문화원에 감사를 드린다.

역자 일동

2020년 12월

서문

『실용대외한어교학어법』 한국어 번역서의 출간을 매우 기쁘게 생각합니다. 본서는 중국어 교학 및 연구에 종사하고 있거나 종사하게 될 교수자와 학자를 위해 집필한 책입니다. 또한 중국어 교육을 전공하는 학부생 및 석사, 박사생을 위한 참고서이기도 합니다.

본서의 집필 과정에서 가장 중요하게 생각한 점은 바로 '실용성'과 '상세화'입니다. 중국어 교육에 종사하는 교수자들은 특히 아래 세 가지 요소를 면밀히 파악해야 할 것입니다.

첫째, 중국어의 음운, 문자, 단어, 문법 교수의 주요 항목과 난점 및 교수 내용의 요점을 파악해야 합니다.

둘째, 중국어를 배우는 학습자들이 학습 과정에서 중요하게 파악해야 할 항목과 학습 중 어려움을 느끼는 항목이 무엇인지 알아야 합니다.

셋째, 학습자의 쉽고 정확한 학습을 위해 간결하지만 상세한 강의, 효과적인 연습의 과정이 제공되어야 합니다.

한편, 본서는 외국인 학습자들의 빈번한 사용 오류를 제시하고 있으며, 그 중 상당수는 한국 학습자들의 오류를 수집한 것입니다. 이러한 오류는 중국어를 학습하는 과정에서 학습자들이 가지고 있는 인지적 특징 혹은 일련의 규칙을 드러내고 있습니다. 모국어 간섭에 의한 오류가 있는가 하면, 중국어의 특징에 대한 인식 부족 및 오해에 의한 오류도 있습니다. 따라서 학습자의 빈번한 오류 및 그 발생 원인에 대해 파악할 수 있다면, 교수 과정에서 선제적으로 필요한 설명을 제시하고, 관련된 연습과 논의를 강화할 수 있을 것입니다. 본서의 '교학적 건의'는 대부분 이러한 관점에서 제시된 것들입니다. 여기에는 또한 저자와 여러 교수자들이 다년 간의 경험과 연구를 통해 체득한 지식과 노하우 역시 반영되어 있습니다.

다만 참고서로서 우리의 '건의'나 '제안'은 단지 참고를 위한 내용일 뿐임을 밝히고자 합니다. 본서에는 시중의 관련 교재에서는 언급하고 있지 않은 문법 항목 및 주요 술어 등에 대한 몇몇 규칙과 설명이 제시되어 있습니다. 이러한 내용에 대해서는 본서를 활용하시는 교수자들께서 각자의 교수 환경 및 학습자의 특징에 맞게 보충, 개선하여 적용하실 것을 건의드립니다.

본서의 집필에 많은 전문가와 동료들의 도움이 있었습니다(특히 오류 분석 부분은 대부분 동료 선생님들이 제공해 준 것입니다). 이 자리를 빌어 모든 분들의 도움에 감사의 말씀을 전합니다.

한국에도 중국어에 정통하신 많은 학자들이 계신 것으로 알고 있습니다. 본서의 집필 중에도 한국 학자의 여러 연구 성과를 참고하였으며, 또한 저의 수업을 수강한 한국 학생들의 도움을 적지 않게 받았습니다. 마지막으로 본서의 한국어 번역서 출간에 노고를 아끼지 않으신 문유미, 오유정, 최진이 세 선생님께 감사드리며, 전남대학교출판문화원에도 감사의 마음을 전합니다. 한국어 번역서에 대한 한국 학자들의 많은 관심을 기대하며, 이를 통해 한중 언어문화 교류가 보다 활성화 될 수 있기를 기원합니다.

陆庆和
2020년 10월

목차

제1장 명사

제2장 대사

제3장 수사와 양사

제4장 동사

제5장 조동사

제6장 형용사

제7장 부사

제8장 개사

제9장 접속사

제10장 조사

下권 목차

제3편 중국어 복문 관련 교학

제1장 복문의 유형

제1절 연합복문
제2절 수식복문
제3절 축약복문

제2장 복문 중의 관련사

제1절 관련사의 위치
제2절 관련사의 비교 분석

제3장 복문 중 성분의 생략

제1절 복문 중 성분의 생략 불가능 규칙
제2절 복문 중 성분의 생략 가능 규칙

제4장 복문 관련 학습자 오류 및 교학적 제언

제1절 복문 관련 학습자 오류
제2절 교학적 제언

제1장 명사

제1절 명사의 분류

사람이나 사물 명칭을 나타내는 단어를 명사라고 한다. 명사는 다음과 같이 분류할 수 있다.

(一) 고유명사와 일반명사

고유명사: 中国중국, 上海상하이, 北京大学베이징대학교, 长江창장, 毛泽东마오쩌둥
일반명사: 国家국가, 城市도시, 大学대학, 河流하류, 领袖지도자

(二) 개체명사와 집합명사

개체명사: 学生학생, 房间방, 笔펜, 车차
집합명사: 人民국민, 房屋집, 车辆차량, 树木수목, 花草화초

(三) 구체명사와 추상명사

구체명사: 椅子의자, 窗户창문, 书책, 小孩어린이
추상명사: 性格성격, 精神정신, 道德도덕, 理想이상

(四) 시간명사

시간을 나타내는 명사: 昨天어제, 今年오늘, 星期一월요일, 夏天여름, 下午오후, 以前이전, 刚才방금

(五) 방위명사

방위는 나타내는 명사: 上위, 里안, 外밖, 左왼쪽, 前面앞면, 下边아래쪽, 中间가운데, 北方북방

(六) 장소명사

장소를 나타내는 명사는 다음과 같이 두 가지로 분류할 수 있다.
1. 지명: 欧洲유럽, 韩国한국, 巴黎파리, 东京도쿄, 南京路난징로, 丁家村딩자촌
2. 기관, 장소: 公司회사, 学校학교, 银行은행, 图书馆도서관, 车站정류장, 商店상점

제2절 명사의 어법특징

명사의 주요 어법특징은 다음과 같다.

1. 명사(시간명사, 방위명사 제외)는 수량사의 수식을 받을 수 있다. 수사는 일반적으로 직접

명사를 수식할 수 없고, 상응하는 양사를 함께 사용해야 한다. 특히 구어에서는 수사가 사람을 나타내는 명사를 수식하는 경우 대부분 양사를 써야 한다. 그러나 서면어에서는 양사를 사용하지 않아도 된다.

一人한 사람, 一中年妇女한 중년 부인, 一男子한 남자

일부 집합명사는 수량사의 수식을 받을 수 없다.

车辆차량, 花草화초

집합명사 중 일부는 양사를 쓰지 않아도 된다.

十三亿人民13억 국민

일부 명사의 경우 집합양사를 함께 써야 한다.

一排排树木줄지어 있는 나무

2. 지시대사의 수식을 받을 수 있고, 지시대사 뒤에는 양사를 수반한다. 수사가 '一'인 경우 양사를 쓰지 않아도 된다.

那个人(那人)그 사람, 这件事(这事)이 일

3. 형용사의 수식을 받을 수 있다.

好事좋은 일, 汉语词典중국어 사전, 漂亮的衣服예쁜 옷, 认真的学生성실한 학생

4. 동사의 수식을 받을 수 있다.

旅行计划여행 계획, 毕业典礼졸업식

5. 일반적으로 부사의 수식은 받지 않는다. 그러나 명사(구)가 문장에서 술어를 충당하거나, 대구를 이루는 경우 부사의 수식을 받을 수 있다.

已经六点了。벌써 6시이다.
小房间就小房间，总比没房间强。작은 방은 작은 방이지만 없는 것보다 낫다.
他刚四岁，就认识了很多汉字。그는 이제 막 네 살인데 한자를 많이 안다.
屋里就小刘一个人。방에는 샤오류 혼자 있다.

6. 중국어 명사에는 수와 관련된 어법 범주가 없다. 때문에 단수명사와 복수명사의 형식이 완전히 일치한다.

这件衣服是新的，那些衣服是旧的。이 옷은 새것이고 저 옷들은 낡은 것이다.
我们班的同学都喜欢唱歌。우리 반 친구들은 모두 노래 부르기를 좋아한다.

명사의 형식만으로는 단수인지 복수인지 구분할 수 없으나 명사 앞 수식어를 통해 단·복수를 판단할 수 있다. 위의 첫 번째 예문에서 수식어 '这件'은 옷이 단수임을 나타내고, 수식어 '那些'는 옷이 복수임을 나타낸다. 또는 문장 내 기타 성분으로도 이를 판단할 수 있다. 예를 들어 위의 두 번째 예문에서 '都'는 '同学'가 복수임을 나타낸다.

사람을 나타내는 명사에는 접미사 '们'을 써서 복수를 나타낼 수 있다.

学生们一个个走进了教室。학생들이 한 명씩 교실로 들어갔다.

명사가 주어를 담당(주술구의 주어 포함)하고 복수를 나타내는 경우, 항상 '们'을 써야 한다.

工人们正在打扫厂房。노동자들이 공장 건물을 청소하고 있다.

市民们异口同声地称赞这位市长。시민들이 이구동성으로 시장을 칭찬한다.

주어(겸어와 목적어절의 주어를 포함)를 담당하는 명사가 어떤 한 부류의 사람을 나타내고, 그 술어가 보편적인 상황을 나타내면 명사 뒤에는 보통 '们'을 쓰지 않는다.

学生应该按时上课。학생들은 제시간에 수업을 들어야 한다.

天一冷，孩子和老人最容易感冒。날씨가 추워지면 아이와 노인은 감기에 가장 잘 걸린다.

我知道现在的大学生喜欢上网聊天。나는 요즘 대학생들이 인터넷 채팅을 좋아한다는 것을 안다.

목적어 위치에 출현하는 명사가 '们'을 수반하는 경우는 매우 드물다. 하지만 외국인 학습자들은 종종 '们'을 첨가하는 오류를 범한다.

?我在这里学到了很多东西，我很感谢我的老师们和同学们。

고친문장: 我在这里学到了很多东西，我很感谢我的老师和同学们。[1)]

나는 여기서 많은 것을 배웠고, 나의 선생님과 친구들에게 매우 감사한다.

명사 뒤에 '们'이 오는 경우 일반적으로 앞에 복수를 나타내는 수량사나 기타 수식어를 첨가할 수 없다.

*三个老师们　*很多孩子们　*少数学生们

7. 중국어 명사에는 성(性)과 관련된 어법 범주가 없다. 때문에 사람을 나타내는 명사의 성별을 명확하게 표시하기 위해서 명사 앞에 '男', '女'를 쓴다.

男运动员남자 선수, 女学生여학생

동물의 성별을 명확하게 표시하기 위해서 수식어를 첨가한다. 일반적으로 가축에는 '公', '母'를 쓴다.

公鸡수탉, 母牛암소

서면어에서는 가축 이외의 동물에 '雌', '雄'을 사용한다.

雄狮수사자, 雌虎암범

구어에서는 (가축이 이외의 동물이라도) '公', '母'를 사용한다.

公兔子수컷 토끼, 母老虎암컷 호랑이

---

1) 필자가 CCL(北京大学语言学中心语料库)의 예문을 분석한 결과, 사람의 복수를 나타내는 '们'은 대부분 주어 위치에 출현했고 목적어 위치에 출현하는 경우는 매우 드물다. 특히 명사구가 병렬된 형식으로 목적어를 담당하는 경우가 그러하다. 코퍼스에서 복수를 나타내는 목적어는 '老师和同学'와 같은 형식으로 3회 출현하고, '老师和同学们'의 형식은 단 1회 출현했다.《人民日报》인터넷판에서 1946년부터 2002년도까지의 기사에서 '老师们和同学们'은 단 2회 출현하였고 모두 주어를 담당했다.

제3절 명사의 통사기능

명사의 가장 중요한 통사기능은 주어와 목적어(동사목적어, 개사목적어)를 담당하는 것이다. 다음으로 관형어를 담당할 수도 있다. 일부 명사는 특정 문장에서 술어가 될 수 있다. 시간명사는 주로 부사어가 될 수 있고, 장소명사는 특수한 문장에서 단독으로 부사어가 될 수 있다. 그밖에 단독으로 부사어가 될 수 있는 명사는 많지 않다.

1. 주어를 담당한다.

学校在医院的南边。학교는 병원의 남쪽에 있다.

朋友送给我一个礼物。친구가 나에게 선물을 하나 주었다.

2. 동사 및 개사의 목적어를 담당한다.

我买杂志。나는 잡지를 산다.

请把窗户打开。창문을 열어 주세요.

3. 주로 관형어를 담당하여 명사를 수식한다. 그러나 주어, 목적어를 담당하는 동사나 형용사를 수식할 수도 있다.

学校的图书馆很大。학교의 도서관은 매우 크다.

汉语水平的提高需要付出很大的努力。중국어 실력을 향상시키기 위해서 많은 노력이 필요하다.

王芳的热情给我留下了深刻的印象。왕팡의 열정은 나에게 깊은 인상을 남겼다.

4. 일부 명사(구)는 술어가 될 수 있는데, 보통 '날짜, 날씨, 호적' 등을 나타내는 일부 명사(구)는 술어를 담당할 수 있다.

今天星期日。오늘은 일요일이다.

他北京人。그는 베이징 사람이다.

明天晴天。내일은 맑다.

5. 일부 명사는 부사어를 담당한다.

她长时间地望着窗外，什么话也没说。그녀는 오랫동안 창밖을 내다보고, 아무 말도 하지 않았다.

他们高质量地完成了那个工程。그들은 높은 수준으로 그 프로젝트를 완성했다.

명사(구)는 서면어에서 부사어를 담당한다. 동작의 진행 혹은 완료 이후의 상태를 설명하는데 이 경우 뒤에 대개 '地'가 온다. 반면, 부사어를 담당하는 명사가 동작의 구체적인 방식을 나타내면 뒤에 '地'를 쓰지 않아도 된다.

请大声读课文。큰소리로 본문을 읽으세요.

명사와 수량사가 결합하여 부사어가 될 수도 있는데 동작의 방식을 나타낼 때 주로 쓰인다. 이 경우 뒤에 '地'를 쓰지 않아도 된다.

我一个人住在外面。나는 혼자 밖에서 산다.
那个人两拳就把老刘打倒了。그 사람은 두 주먹으로 라오류를 때려 눕혔다.
他一句话就把我点醒了。그는 한 마디로 나를 일깨웠다.

제4절 시간명사, 방위명사, 장소명사의 어법기능

一. 시간명사

시간을 나타내는 명사를 시간명사라고 한다. 시간명사는 종종 다른 단어와 결합하여 시간구를 형성한다. 일반적인 어법기능은 부사어를 담당하는 것이다.

我明天出差。나는 내일 출장간다.
昨天晚上大家都去参加联欢会了。어젯밤 모두 친목회에 참석했다.

二. 방위명사

단순방위사는 가장 기본적인 방위사를 가리킨다.

东동, 西서, 南남, 北북, 上위, 下아래, 左좌, 右우, 前앞, 后뒤, 里안, 外밖, 中가운데, 间사이, 旁옆 등

단순방위사 중 극히 일부는 단독으로 문장 성분이 될 수 있다. 보통 다음과 같은 경우에만 단독으로 사용할 수 있다.

1. 성어, 관용표현, 상용표현 등에서 보통 대구의 형식으로 출현한다.

东跑西颠 이리저리 도망치다　　南来北往 분주히 오가다
上传下达 상부로 보고하고, 하부로 명령하다　　上行下效 윗물이 맑아야 아랫물이 맑다
上有天堂，下有苏杭。하늘에는 천당이 있고, 땅에는 쑤저우와 항저우가 있다.
上有老，下有小。위로는 노인이 있고, 아래에는 아이가 있다.
南甜北咸，西辣东酸。
남쪽 사람은 단 것을, 북쪽 사람은 짠 것을, 서쪽 사람은 매운 것을, 동쪽 사람은 신 것을 좋아한다.

2. 서면어에도 사용한다.

大运河南起杭州，北至开封。대운하는 남쪽의 항저우에서 시작하여 북쪽의 카이펑에 이른다.
这个村庄东是一片草原；西是起伏的群山。이 마을은 동쪽은 초원이고, 서쪽은 기복이 심한 산들이다.
门口有一块牌子，上写："非本单位工作人员不得入内。"
입구 표지판에 "본 기관의 직원이 아니면 안에 들어갈 수 없습니다."라고 쓰여 있다.

三. 장소명사

장소를 나타내는 명사를 장소명사라고 한다. 장소명사의 주요 어법기능은 다음과 같다.

1. 주어를 담당한다.

剧场里非常热闹。극장 안이 매우 떠들썩하다. (형용사술어문)

村子南面是一条河。마을 남쪽은 강이다. ('是'자 존현문)

教室里有很多学生。교실에는 많은 학생들이 있다. ('有'자 존현문)

街道两旁种着很多树。길가 양쪽에 많은 나무가 심어져 있다. ('동사+着'의 존현문)

山上下着雪呢。산에 눈이 내리고 있다. ('동사+着'는 어떤 장소에 어떤 동작이 지속상태에 있음을 나타냄)

远处传来一阵阵歌声。멀리서 한바탕 노랫소리가 들려온다. (출현을 나타내는 존현문)

楼上住人，楼下是客厅和厨房。위층에는 사람이 살고, 아래층에는 거실과 부엌이 있다. (각기 다른 용도로 쓰이는 장소를 나타냄)

2. 동사나 개사의 목적어를 담당한다.

他最近要去上海。그는 최근 상하이에 가려고 한다.

小刘到图书馆借书去了。샤오류는 책을 빌리러 도서관에 갔다.

你在办公室先坐一会儿。너는 우선 사무실에 잠시 앉아 있어라.

船往大连开。배는 다롄으로 간다.

小李从家里走到了车站。샤오리는 집에서 정류장까지 걸어갔다.

3. 관형어를 담당한다.

教室里的灯很亮。교실 안의 불이 매우 밝다.

山上的风景真漂亮。산의 경치가 정말 아름답다.

旅馆里的服务员对人都很亲切。여관의 종업원들은 모두 손님(사람)에게 친절하다.

4. 부사어를 담당한다.

操场上，一群男孩子正在踢足球。운동장에서 한 무리의 남자아이들이 축구를 하고 있다. (어떤 장소에 있는 사람의 동작이 진행 중임을 강조)

校园里，学生们在三三两两地散步。교정에서 학생들이 삼삼오오 산책을 하고 있다. (상동)

제5절 명사의 중첩

중국어에서 중첩 가능한 명사는 제한적이다.

1. 일부 명사는 AA식으로 중첩할 수 있다. '하나하나', '일일이' 등과 같은 포괄적 의미를 나타낸다.

赢了球，人人都兴高采烈的。경기를 이기자, 모든 사람이 신이 났다.

他事事都亲切动手。그는 매사에 직접 손을 댄다.

老李是'路路通'，跟他出去，路上就不用担心。

라오리는 모르는 게 없는 사람이라, 그와 외출하면 길에서 걱정할 필요가 없다.

'家, 天, 月, 年, 步' 등 일부 명사는 양사로 차용되는 경우 중첩이 가능한데, 이때 중첩 용법은 양사의 중첩 부분에서 다루도록 한다.

2. 일부 명사는 AABB식으로 중첩할 수 있다. '하나하나', '일일이'라는 뜻으로 강조 의미가 있다. 주로 서면어에 쓰인다.

他口口声声说为了大家，其实是为他自己。

그는 말끝마다 모두를 위해서라고 하는데 사실은 그 자신을 위한 것이다.

我们两国人民要世世代代友好下去。양국은 대대손손 우호적으로 지내야 한다.

이 밖에도 '朝朝暮暮아침부터 저녁까지, 年年月月매년, 山山水水곳곳마다, 子子孙孙자자손손, 日日夜夜밤낮으로' 등이 있다.

제6절 명사 관련 학습자 오류

一. 누락오류

＊这种癌的治疗还没有找到，许多的感染者不得不死掉了。

고친문장1: 这种癌的治疗方法还没有找到，只能眼睁睁看着许多患者死去。

이 암의 치료법은 아직 찾지 못해서, 많은 환자가 죽는 것을 눈앞에서 지켜봐야만 했다.

고친문장2: 还没有找到治疗这种癌的有效方法，只能眼睁睁看着许多患者死去。

아직 이 암을 치료할 효과적인 방법을 찾지 못해서, 많은 환자가 죽는 것을 눈앞에서 지켜봐야만 했다.

＊我大概一年半以前开始学习汉语了。我到现在还不标准。

고친문장: 我大概一年半以前开始学习汉语。可是我的发音到现在还不标准。

나는 대략 1년 반 전에 중국어를 배우기 시작했다. 그러나 내 발음은 아직 표준적이지 않다.

＊我们刚吃完饭休息，不料小李进来了。

고친문장: 我们刚吃完饭休息时，不料小李进来了。

우리가 막 밥을 먹고 쉬고 있을 때, 뜻밖에도 샤오리가 들어왔다.

＊他说到了家就给我们来信，但是我们还没看到他的来信。

고친문장: 他说到了家就给我们来信，但是我们到现在还没看到他的来信。

그는 집에 도착하자마자 우리에게 편지를 보냈다고 했지만, 우리는 지금까지 그의 편지를 보지 못했다.

＊上车以后，我们要在那个车坐一个多小时。

고친문장: 上车以后，我们要在那个车里坐一个多小时。

그 차안에 한 시간을 넘게 앉아 있어야 한다.

二. 첨가오류

＊我走以后你要注意安全，任何人不要让他进屋里。

고친문장: 我走以后你要注意安全，任何人不要让他进屋。
내가 가고 나면 너는 안전을 신경 써야 해, 누구도 그를 집에 들어오지 못하게 해야 한다.

三. 대체오류

1. 뜻이나 형태가 유사한 명사를 혼동하여 잘못 사용한 경우

＊他的病情从来没好过。

고친문장: 他的病从来没好过。그의 병은 지금까지 좋아진 적이 없다.

＊他的病情已经没有希望，不得不中断了治疗。

고친문장: 他的病已经没有希望了，不得不中断了治疗。
그의 병은 이미 가망이 없어서 어쩔 수 없이 치료를 중단했다.

＊我对小张的感受很深。

고친문장1: 我对小张的感情很深。나는 샤오장에게 애정이 깊다.

고친문장2: 我对这件事的感受很深。나는 이 일에 깊은 감명을 받았다.

＊找对象总得把性格放在第一名。

고친문장: 找对象总得把性格放在第一位。배우자를 찾는 데는 언제나 성격을 우선시해야 한다.

＊四月了，外面充满了“江南之春”的风味。

고친문장: 四月了，外面到处都能看到“江南之春”的风光。
4월이 되니, 바깥 곳곳에서 ‘강남의 봄’ 같은 풍경을 볼 수 있다.

＊他写的大字我感觉到有势力，不过失去平衡。

고친문장: 他写的大字我觉得很有力，不过不够端正。
나는 그가 쓴 붓글씨가 매우 힘은 있지만 반듯하지는 않다고 생각한다.

＊这两件衬衫看来没有什么差，好像一样大。

고친문장: 这两件衬衫看来没有什么差别，好像一样大。
이 셔츠 두 벌은 차이가 별로 없어 보이는데, 같은 크기인 것 같다.

＊那个旅行以后，和小李一直没见。

고친문장1: 那个旅行结束后，我和小李一直没见过面。
그 여행이 끝난 후, 샤오리와 나는 줄곧 만나지 못했다.

고친문장2: 自那次旅行之后，我和小李一直没见过面。
그 여행 이후로, 샤오리와 나는 줄곧 만나지 못했다.

＊姐姐换衣服后，就出去了。

고친문장: 姐姐换了衣服之后，就出去了。언니는 옷을 갈아입고 나서, 밖으로 나갔다.

분석: '后', '之后', '以后'는 비슷한 시간 의미를 나타내지만 세부 용법에는 차이가 있다. 이음절 동사(구)가 동작의 완료, 종결, 시작 의미를 나타내면 이들은 모두 해당 동사 뒤에 올 수 있다.[2)]

结婚后/之后/以后결혼 후　　毕业后/之后/以后졸업 후
下课后/之后/以后방과 후　　上班后/之后/以后출근 후

그러나 동사구가 이음절 이상이면, '换了衣服之后'와 같이 보통 뒤에 '后'가 아닌 '之后' 또는 '以后'를 사용한다. '旅行'처럼 동사 자체가 동작의 완료, 종결, 시작 의미를 나타낼 수 없는 경우 '后, 以后'는 사용할 수 없지만, '之后'는 고친문장2와 같이 동사에 후행할 수 있다.

2. 기타 명사로 잘못 사용한 경우

＊他心里很着急，可是假装出从容的表情。
고친문장: 他心里很着急，可是装出很从容的样子。그는 마음이 매우 초조하지만, 아주 태연한 척한다.

＊摄影师正在把这精彩的镜头拍摄下来。
고친문장: 摄影师正在把这精彩的场面拍下来。사진사는 이 멋진 장면을 촬영하고 있다.

＊拉萨人喝的水都是从地面里挖出来的。
고친문장: 拉萨人喝的水都是从地底下挖出来的。
라싸 사람들이 마시는 물은 모두 지하에서 채수한 것이다.

＊那个电影没有特别好看，不过电影上的音乐很好听。
고친문장: 那个电影没有什么意思，不过电影里的音乐很好听。
그 영화는 재미는 없지만, 영화의 음악은 아주 좋다.

3. 삽입어(**插入语**)[3)]인 명사구를 잘못 사용한 경우

＊她看起来很年轻，事实上，她是三十岁了。
고친문장: 她看起来很年轻，而实际上，她已经三十岁了。
그녀는 매우 젊어 보이나, 실제로 그녀는 벌써 서른 살이다.

4. 명사를 사용할 곳에 동사를 잘못 사용한 경우

＊你看，他是如此有信任的。
고친문장: 你看，他是如此有信誉的人。봐라, 그는 이렇게 신뢰할 수 있는 사람이다.

＊听说，那个记者的尸体上有无数死伤。
고친문장: 听说，那个记者的遗体上有无数伤口。그 기자의 유해에는 무수한 상처가 있다고 한다.

---

2) [역주] 해당동사는 모두 비지속동사이다. 비지속동사는 지속이 불가능한 것으로, 종종 순간적으로 완료되는 동작을 나타내기 때문에 순간동사(瞬间动词)라고도 한다(제4장 동사 제2절 (三) 동작동사 참조).

3) [역주] '삽입어(parenthesis, 혹은 '삽입어구'라고도 함)'는 중국어의 '插入语'에 해당한다. '삽입어(插入语)'란 이미 단어처럼 굳어진 상용표현 중 하나로 담화표지나 화용표지로 종종 쓰인다(司红霞 2018). 예문 중 '实际上실제로'를 비롯하여 '老实说솔직히 말하면, 看起来보아하니, 对我来说내 입장에서는, 据说말하는 바에 의하면' 등도 삽입어에 포함된다.

5. 모국어의 한자어를 직접 사용한 경우

* 新造的建物也很多。

고친문장: 新建的建筑物也很多。 새로 지은 건물도 많다.

* 妈妈喜欢做料理。

고친문장: 妈妈喜欢做菜。 어머니는 요리하는 것을 좋아한다.

* 一年级和二年级的前期我一直非常认真地学习。

고친문장: 一年级和二年级的上半学期，我一直非常认真地学习。
1학년과 2학년 1학기에 나는 줄곧 열심히 공부했다.

* 他控制不了自己的欲求。

고친문장: 他无法控制自己的欲望。 그는 자신의 욕구를 제어할 수 없다.

분석: '建物'는 일본, 한국의 한자어이고, '料理', '前期', '欲求'는 일본 한자어이다.

四. 어순오류

* 以前到中国去，我先念了三年英文。(任长慧의 예문, 아래 任)

고친문장: 到中国去以前，我先念了三年英文。 중국에 오기 전에, 나는 먼저 3년 동안 영어를 배웠다.

* 我以后跑步喝很多水，以前跑步不吃东西，因为对肚子不好。(任)

고친문장: 我跑步以后喝很多水，跑步以前不吃东西，因为对身体不好。
나는 달리기 후에는 물을 많이 마시고, 달리기 전에는 음식을 먹지 않는데, 왜냐하면 몸에 좋지 않기 때문이다.

五. 혼용오류

* 考上大学，我随即买了一台笔记本电脑。

고친문장: 考上大学以后，我就买了一台笔记本电脑。 대학에 합격한 후, 나는 노트북을 한 대 샀다.

* 她碰到别人狼狈的样子，一定帮助他。

고친문장: 她看到别人狼狈的时候，一定帮助他。
그녀는 다른 사람이 곤경에 처하면, 반드시 그를 돕는다.

* 我打了半年工，挣了飞机费来中国。

고친문장: 我打了半年工，挣出了机票钱才来中国。
나는 반년 동안 아르바이트를 했고, 비행기표 값을 벌고서야 비로소 중국에 왔다.

* 听说北京烤鸭很好吃，于是我们就走了烤鸭食堂。

고친문장: 听说北京烤鸭很好吃，于是我们就去了烤鸭店。
베이징 오리구이가 맛있다고 해서 우리는 베이징 오리구이 가게에 갔다.

분석: 뒤의 두 오류 문장은 중국어에 없는 명사(구)를 사용한 경우이다.

第7절 교학적 제언

외국인 학습자에게 명사는 상대적으로 습득이 용이하기 때문에 오류가 많은 편은 아니다. 이에 다음과 같은 교학적 제언을 하는 바이다.

1. 단어의 어법적, 화용적 특징을 함께 강조함으로써 형태소가 같거나 의미가 유사한 단어 간의 비교 분석을 강화한다(第6절 三 1 오류 참조).

2. 시간명사는 시간부사와 자주 공기(共现)한다(동시에 한 문장에 출현함. 第6절 一 누락오류, 第7장 부사 부분 참조). 이와 관련하여 학습자가 누락오류를 범하는 경우 반드시 짚어 준다.

3. 시간을 나타내는 '后', '之后', '以后', '时', '时候' 등을 사용할 때 결합하는 단어 혹은 구에 따라서 미세한 차이가 발생하기 때문에 학습자에게 명확하게 설명해 주어야 한다(第6절 三 1 오류 참조). 또한 수식어는 반드시 이들('以前' 포함)의 앞에 와야 한다는 어순을 강조해야 한다.

4. 중국어 방위사의 사용에는 제약이 많기 때문에(문형에 따라 필수적인 경우도 있지만 함부로 첨가할 수도 없고, 기타 방위사와 쉽게 호환할 수도 없음. 第6절 二, 三 2 부분 오류 참조) 학습 중에 이러한 경우를 접하게 되면 학습자에게 특별히 주의를 준다.

참고문헌

刘月华(2001),《实用现代汉语语法》(增订本), 商务印书馆.

卢福波(2000),《对外汉语常用词语对比例释》, 北京语言文化大学出版社.

任长慧(2001),《汉语教学中的偏误分析》, 武汉大学出版社.

王还主编(1995),《对外汉语教学语法大纲》, 北京语言学院出版社.

제2장 대사

중국어의 대사는 대체와 지시 기능을 담당한다. 대사는 일반적으로 명사를 대체하는데, 이 밖에도 동사, 형용사 그리고 이들로 구성된 구가 나타내는 복잡한 내용을 지시하기도 한다. 중국어의 대사는 성(性)/수(数)/격(格, case), 인칭대사/소유격(物主)대사의 구분은 없고 인칭대사와 지시대사의 구분만 있다. 의미와 기능에 따라 인칭대사, 지시대사, 의문대사 세 가지로 분류할 수 있다.

제1절 인칭대사

一. 인칭대사의 분류

인칭대사는 사람, 생물(사람 이외), 사물을 대체하는 단어이다. 다음과 같이 세 가지가 있다.

제1유형: 我나　你너　您당신　他그　她그녀　它그것　(단수의 사람, 동물, 사물을 대체)

제2유형: 我们우리　你们너희들　他们그들　她们그녀들　它们그것들　咱们우리

(복수의 사람, 동물, 사물을 대체)

제3유형: 自己자기　别人다른 사람　人家남　大家모두

(一) '我, 你, 您, 他, 她'는 일반적으로 사람을 대체한다. '您'은 '你'의 존칭어로 북방 사람들이 자주 사용한다. '你', '她' 등이 의인법에 쓰이는 경우 '祖国'류의 명사를 대체할 수 있고, 주로 서면어에 사용한다.

祖国，我的母亲，是你给了我生命，给了我智慧！

조국이여, 나의 어머니여, (당신은) 내게 생명을 주고, 지혜를 주셨도다!

黄河是我们的母亲河，是她哺育了中华民族。

황허는 우리의 젖줄로서, (그녀는) 중화민족을 기르셨다.

'它'는 사람 이외의 생물, 사물을 대체한다.

这是我家最好的奶牛，它产的奶又多又好。

이것은 우리 집에서 가장 좋은 젖소인데, 그것이(그 젖소가) 생산한 우유는 많고 좋다.

这座桥不知道什么年间建造的。它给来往的行人提供了方便。

이 다리는 몇 년도에 건설되었는지 모른다. 그것은(이 다리는) 오가는 행인들에게 편의를 제공했다.

'它'는 동작이나 사건을 대체할 수도 있다.

对于这个年龄的青年来说，这种过早的男女之间的交往并不可取，它无疑会影响到男女双方的正常生活。

이 나이의 청소년들에게 이런 지나치게 이른 남녀 간 교제는 바람직하지 않으며, 이는 남녀의 정상적인 생활에 영향을 미칠 것이 확실하다.

(二) '我们, 你们, 他们, 她们, 它们'은 제1유형 대사의 복수형식이다('您们'은 거의 쓰지 않음). '咱们'과 '我们'은 차이점이 있다. '我们'은 화자 자신을 가리키며, 2인칭 대사 '你, 你们'과 대구를 이룰 수 있다. '我们'은 때때로 청자를 포함할 수도 있지만,[1] '咱们'은 반드시 청자를 포함시켜야 한다.

我们的意见跟你们的不一样。우리의 의견은 너희들과 다르다. (청자 불포함)

我们/咱们一起唱吧！우리 같이 노래 부르자! (청자 포함)

(三) 제3유형은 자칭, 타칭, 통칭대사이다.

1. 자칭을 나타내는 '**自己**'와 '**本人**'

1인칭, 2인칭, 3인칭은 단수, 복수 상관없이 그 사람 자신을 가리키는 경우에는 모두 '自己'를 사용한다. '自己'는 단독으로 사용 가능하며, 사람을 나타내는 명사나 대사와 함께 재지시(复指) 성분을 담당하기도 한다.

她总关心别人，很少想到自己。

그녀는 항상 다른 사람에게 관심을 가지고, 자신을 생각하는 일은 매우 드물다.

旅客们，请注意保管好自己的东西。승객 여러분, 물건을 잘 보관해 주시기 바랍니다.

他自己还管不了自己。哪能管别人？

그는 그 자신도 관리하지 못하는데, 어떻게 다른 사람을 관리할 수 있겠는가?

'自己'는 사물 자체를 가리킬 수도 있다.

任何事物都有自己的特点。

모든 사물은 자신의 특징이 있다.

大自然不管人世间喜怒哀乐，总是按它自己的规律循序渐进地变换着一年四季。

자연은 세상의 희로애락과 관계없이, 항상 스스로의 법칙과 순서에 따라 사시사철 변하고 있다.

'本人'에도 '自己'라는 의미가 있지만, 사용 범위는 '自己'보다 좁고, 빈도수도 매우 낮다. '本人'은 주로 서면어와 정중한 상황에 사용되며, 단독으로도 사용할 수 있다. 또 사람을 나타내는 명사나 대사와 함께 재지시 성분을 담당할 수 있으며 서술 혹은 설명의 상황에 자주 사용된다.

这个病传染性很大，除了患者本人要隔离外，他的家属和接触过他的人都要隔离。

이 병은 전염성이 강해서, 환자 본인뿐만 아니라, 그의 가족 그리고 접촉한 사람까지 모두 격리해야 한다.

他一想到小丽本人，心里就由不得感到有些伤心。这么好的姑娘，却得了绝症。

그는 샤오리 본인을 생각하자, 마음이 절로 아팠다. 이렇게 훌륭한 아가씨가 불치의 병에 걸리다니 말이다.

这个包不是这个学生本人的。이 가방은 이 학생 본인의 것이 아니다.

本人的隐私，他人无权过问。본인의 사생활을 타인이 참견할 권리는 없다.

---

1) [역주] '我们'이 '你', '你们'의 상대적인 개념으로 이와 대구를 이루는 경우에는 대부분 청자를 포함하지 않는다. 이에 '我们'은 배타식/포함식으로, '咱们'은 포함식으로 구분될 수 있다.

本人一再声明，这件事跟本人无关。본인은 이 일이 본인과 무관하다고 거듭 밝힙니다.

'本人'과 '自己' 모두 자칭으로 사용한다. '自己'는 주로 '내부지시(內指)'를 강조하는 것으로 '자신(內)'을 '타인(外)'과 구분하며, 동작 방향은 자신을 향한다. 또한 실제 언어 환경에서 '別人'과 대구를 이룬다. 반면, '本人'은 주로 외부의 구체적인 사람을 타인과 구별하는 '외부구분(外別)'에 중점을 두고 있으며, 때때로 '他人'과 대구를 이루기도 한다(상기 예문에서 강조점으로 표기함). 상기 몇 개의 예문 중에 출현하는 '本人'은 타인과 구분되는 '어떤 사람 본인'을 강조하므로 '自己'로 바꿔쓸 수 없다. 따라서 문장이 자아 성찰의 의미를 나타낸다면 일반적으로 '自己'를 쓰고 '本人'은 쓸 수 없다.

我觉得自己也有做得不对的地方。나도 나 자신이 잘못한 게 있다고 생각한다.

你好好想想，自己是不是一点儿问题也没有？잘 생각해봐, 자신은 아무 문제 없는가?

'自己'와 '本人' 모두 총칭지시(泛指)로도 사용될 수 있다. 다만, 각기 다른 언어 환경에 사용되어 각각 '내부지시' 기능과 '외부구분' 기능을 나타내게 된다.

从小要培养孩子，自己的事情自己做。어릴 적부터 자신의 일은 스스로 하도록 길러야 한다. (내부지시)

每个人都应在各方面严格要求自己。

모든 사람은 여러 가지 방면에서 자신에게 엄격하게 요구해야한다. (내부지시)

只要本人素质好，我们就会录用他的。본인의 자질이 뛰어나면 우리는 그를 채용할 수 있다. (외부구분)

买机票，必须要凭本人的身份证。비행기표를 사려면 반드시 본인의 신분증으로 해야 한다. (외부구분)

'本人'이 외부와의 구분이 아니라, 어떤 사람 자신(보통 사람을 나타내는 명사나 대사의 재지시 성분)을 지시하는 경우 '自己'와 호환이 가능하다.

听说老王本人(自己)愿意干这个工作。라오왕 본인(자신)이 이 일을 하길 원한다고 한다.

我看见他本人(自己)也很苦恼，就不好再说什么了。

본인(자신)도 괴로워하니, 더는 뭐라고 말할 수 없다.

2. 타칭을 나타내는 '別人'과 '人家'

'別人'과 '人家' 모두 타칭으로 사용한다. '別人'은 화자, 청자, 피서술자를 제외한 다른 사람을 총칭지시하며, 일반적으로 특정 사람(들)을 한정지시하지 않는다. 반면에 '人家'는 주로 앞에서 이미 언급한 적이 있는 한정성(有定)이 있고, 확정적인 사람(들)을 지시한다.

我相信在技术上咱们一点也不比别人差。

나는 기술에 있어서 우리가 남보다 조금도 뒤떨어지지 않는다고 믿는다.

他从来不肯听别人的意见。그는 여태껏 남의 의견을 듣지 않으려 한다.

小孙给你打过好多次电话了，你怎么也得给人家回个电话啊！

샤오쑨이 너한테 여러 번 전화했었어, 넌 어쨌든 그에게 전화해야 돼!

既然人家这么诚心诚意地请你，那你就去吧！남이 이렇게 성심성의껏 초대하니, 너는 가보렴!

경우에 따라, 선행 문장에 '人家'가 가리키는 대상이 누구인지 출현하지 않았다 하더라도, 문장의 의미로 그 사람이 확정적인 존재라는 것을 유추할 수 있다.

这件活说好明早上人家来取，不加班不行。

이 일은 내일 아침에 (약속한 그 사람이) 받아가기로 한 거라, 초과 근무를 하지 않을 수 없다.

你怎么借那么多钱呢？那么多钱以后怎么还给人家？

너는 어째서 그렇게 많은 돈을 빌렸니? 그 많은 돈을 앞으로 어떻게 (빌린 그 사람에게) 갚으려고?

'人家' 뒤에는 종종 재지시 성분이 출현하여 '人家'의 지시대상이 실제지시(实指)임을 더욱 강조한다.

人家李芳好心给你买了这衣服，你应该谢谢人家！

리팡 이 사람이 호의로 당신에게 이 옷을 사줬으니, 너는 그 사람에게 감사해야 해!

你怎么打得过人家三个人？너는 어떻게 이 세 사람과 싸워 이겼니?

听说人家王青两口子对你十分满意！그 왕칭 부부는 네가 무척 마음에 든다고 하더라!

'人家'는 주로 칭찬, 감탄 등을 나타내는 감탄문에 주로 사용한다.

小刘的性格很开朗，一看就知道人家是见过大世面的人！

샤오류는 성격이 아주 쾌활한데, 한눈에 그 사람이 세상 물정을 잘 아는 사람이라는 것을 알았다!

看看人家张平，多能干！저 장핑이란 자가 얼마나 유능한지 보라고!

위 문장 중에 출현하는 '人家'는 '别人'으로 대체할 수 없다. 이러한 문장에서 '人家'는 종종 일정한 주관적인 감정 색채나 감정적인 경향성을 띠는데, '他, 他们', '别人'에는 이러한 기능이 없다.

그러나 문장의 내용이 확정적이고 보편적인 상황이라면 '人家'는 '别人'으로 대체할 수 있다. 다만 이들의 지시에는 한정지시(确指)와 총칭지시(泛指)의 차이가 있기 때문에(상세한 내용은 아래 참조) 호환할 수 있는 경우는 많지 않다.

怎能不经本人同意，就把人家(别人)住了几辈子的房子给拆了？

어떻게 본인의 동의를 얻지 않고, 남(다른 사람)이 몇 대째 살던 집을 헐 수 있어?

你只有尊重人家(别人)，人家(别人)才会尊重你。

네가 남(다른 사람)을 존중해야, 남(다른 사람)도 너를 존중할 수 있다.

'别人'이 화자나 피서술자를 제외한 다른 사람을 지시하는 경우 보통 '人家'로 대체할 수 없다.

我估计别人都走了以后，才从教室里出来。

나는 다른 사람들이 모두 떠난 후에야 비로소 교실에서 나올 것이라고 예상한다.

老孙站在讲台上，手里拿着讲稿，也不看别人，只顾往下念。

라오쑨은 강단에 서서 강연 원고를 손에 들고 다른 사람은 쳐다보지도 않고 그저 읽어 내려가기만 했다.

'别人' 역시 '自己'와 자주 대구를 이루어 사용한다. 아래의 '别人'은 모두 총칭지시로 사용되었지만 어떤 사람(들)을 한정지시 하지 않기 때문에 '人家'로 대체할 수 없다.

他总是自己亲自使唤这头牛。他怕别人不爱惜，让牛劳累过度。

그는 늘 자신이 직접 이 소를 부린다. 그는 남들이 소를 소중히 여기지 않고 지치게 할까봐 두렵다.

他口袋里装着烟，只是自己很少抽，大部分给别人抽了。

그는 주머니에 담배를 넣어 두는데, 자신은 아주 적게 피우고, 대부분 다른 사람이 피우게 나눠줬다.

아래와 같이 총칭지시로 쓰이는 '别人' 역시 '人家'로 대체할 수 없다.

他抽的烟叶也像王刚一样向别人要，只不过王刚只问他哥要，而他向全村人要。

그가 피우는 잎담배도 왕강처럼 다른 사람에게 얻은 것이긴 한데, 왕강은 그의 형에게서만 얻은 것이지만, 그는 온 마을 사람에게서 얻어내었다.

아래 예문의 경우 '别人'은 '人家'로 대체할 수 있지만 다소 차이가 있다. '别人'을 쓰면 총칭지시를 나타낼 수도 있고, 지시하는 대상이 있을 수도 있다(그러나 화자는 확실하게 밝히고 싶지 않음). 하지만 '人家'를 쓰면 반드시 지시하는 대상이 있어야 한다.

你不让别人(人家)走后门，可自己却走后门！

너는 다른 사람(남)에게는 뒷거래를 못하게 하고 자신은 뒷거래를 해!

你只顾自己享受，不管别人(人家)死活。

너는 자기만 즐기고, 다른 사람(남)은 죽든 살든 상관하지 않는다.

위의 두 예문 중, 첫 번째 예문의 '人家'는 화자와 청자가 모두 알고 있는 어떤 사람(들)을 실제지시(实指)한다. 두 번째 예문에서 '人家'는 어떤 사람(들)을 한정지시 할 수도 있고, 화자 자신을 가리킬 수도 있다. 따라서 '人家'를 화자 자신을 가리키는 것으로 활용할 수도 있다.

你怎么这么晚才回来，你知道人家有多担心！

너 왜 이렇게 늦게 돌아왔니, 내가 얼마나 걱정하는지 알잖아!

人家这么忙，这么累，你一点儿也不关心。나는 이렇게 바쁘고, 피곤한데, 너는 조금도 관심이 없다.

'人家'는 명사 용법도 있다. 사람이 사는 곳(예를 들어, "山上好像有人家산에 인가가 있다") 또는 가정(예를 들어, "这家人家从来不跟别人家来往이 집 식구들은 지금까지 남의 집과 왕래한 적이 없다"). 이러한 명사 용법과 대사 '人家'의 용법은 서로 다르다.

3. 통칭을 나타내는 '大家'와 '大伙儿'

'大家'와 '大伙儿'은 어떤 범위 내의 모든 사람을 총칭지시한다. 화자와 청자를 모두 포함시킬 수도 있고, 화자를 제외하거나, 둘 다 제외한 제3자를 가리킬 수도 있다.

这是大家的事情，你怎么一个人就决定了？

이것은 모두의 일인데, 너는 왜 혼자서 결정했니? (화자, 청자 포함)

请大家安静一下，我有几句话要跟大家说。

모두 조용히 하세요, 제가 여러분에게 몇 마디 하겠습니다. (화자 불포함)

你看，咱们的提议大伙儿都赞成。봐라, 우리의 제안을 모두가 찬성했다. (화자, 청자 불포함)

'大家', '大伙儿'은 '我们', '你们', '他们' 등 복수 대사 뒤에서 재시지 성분을 담당하며 '전체'를 강조하기도 한다.

这是我们大家的一点儿心意，请您收下。이것은 우리 모두의 성의이니 받아 주세요.

到时候，你们大伙儿可得帮我说几句话啊。때가 되면, 여러분은 나를 도와 몇 마디 해줘야 한다.

就是他们大家都动手，也不是他的对手。비록 그들 모두가 다 손을 쓰더라도 그의 적수가 아니다.

'大伙儿'은 보통 구어에 사용한다. 의미와 용법은 '大家'와 기본적으로 유사하다. 상기 예문 중 마지막 문장의 '大家'는 제3자에 속하는 개인과 전체의 대립을 객관적으로 서술한다(보통 '他们大伙儿'이라고는 하지 않음). 서술하는 상황에서 '大家'와 '他(她)'는 대구를 이루어 유사함을 나타낸다.

他坐在那儿，大家看着他，他也看着大家。 그가 거기 앉았다. 모두가 그를 봤고 그도 모두를 바라보았다.

她不明白，大家为什么会这么讨厌她。 그녀는 사람들이 왜 이렇게 그녀를 싫어하는지 이해하지 못했다.

二. 인칭대사의 어법특징과 통사기능

인칭대사는 술어, 부사어, 보어가 될 수 없고, 주로 주어, (동사나 개사의) 목적어, 관형어를 담당한다.

我家的狗长着一身乌黑的毛。我给它起了名字：小黑。它和我总在一起，我非常喜欢它。
우리 집 개는 온통 까만 털이 나 있다. 나는 '까망이'라고 개의 이름을 지어줬다. 나는 그(그 개)와 항상 함께 하고, 나는 그를 매우 좋아한다.

他抬出一袋粮食，我帮着把它放在车上，就准备一起回家了。
그가 식량 한 포대를 들고, 내가 그것을 차에 넣는 것을 도와, 같이 집으로 돌아갈 준비를 했다.

我们不知道他们现在在哪儿。如果你想知道，可以打他们的手机问一问。
우리는 그들이 지금 어디에 있는지 모른다. 알고 싶으면, 그들의 휴대폰으로 전화해서 물어봐도 된다.

기타 특징은 상술한 인칭대사의 예문을 참조하도록 한다.

三. 인칭대사의 활용

인칭대사는 주로 다음과 같은 몇 가지 형식을 통해 특정 상황에 활용이 가능하다.

1. 2인칭 대사가 1인칭 대사를 대신하는 경우

我劝了他多少次，可人家就是不听你的，你有什么办法？
내가 그에게 몇 번이나 충고했는데, 남이 너(나)의 말을 듣지 않는다고 하면, 네(나)가 무슨 방법이 있겠니?

我是看透他了，你对他再好，他也不会感谢你。
나는 그를 제대로 파악했어, 네(나)가 아무리 잘해 주어도, 그는 너(나)에게 감사하지 않을 것이다.

이러한 용법은 보통 대화문에서 활용되며, 앞에 1인칭이 먼저 출현함으로써 '你'가 누구를 가리키는지 유추할 수 있다.

2. 단수 인칭대사가 복수 인칭대사를 대신하는 경우

我公司一贯是讲信用的。 우리 회사는 일관되게 신용을 중시한다.

这是我校全体师生的一点儿心意，请收下。
이것은 우리 학교 전체 교사와 학생들의 조그마한 성의니 받아 주세요.

이처럼 단수 인칭대사 '我'가 복수 인칭대사 '我们' 대신하는 경우는 주로 서면어 또는 공식적인 상황에 나타난다.

3. 인칭대사가 가상지시(虛指)로 쓰이는 경우

咱们也来他两瓶啤酒，怎么样？우리도 맥주 두 병을 사 오는 게, 어때?

要我发言，给他个一言不发。내가 말할 거니까, 한 마디도 하지 마라.

你走你的，管他呢！너는 네 갈 길 가라, 상관하지 마!

唉，去他的！아, 내버려 둬!

위에서 '他'는 어떤 사람도 지시하지 않으므로 경성으로 읽는다.

제2절 지시대사

一. 지시대사의 분류 및 어법특징과 통사기능

지시대사는 지시와 대체의 기능이 있다. 지시대사 중 일부는 주로 주어와 관형어를 담당하기도 하고, 일부는 부사어와 관형어를 주로 담당하기도 한다. 지시대사는 근지시(近指)와 원지시(远指) 두 유형으로 분류할 수 있으며, 유형에 따라 용법에도 차이가 있다.

근지시 지시대사: 这이, 这里이곳, 这儿여기, 这会儿이때, 这么이같은, 这样이렇게, 这么着이리하여
원지시 지시대사: 那그/저, 那里그곳/저곳, 那儿거기/저기, 那会儿그때/저때, 那么그런/저런, 那样그렇게/저렇게, 那么着그리하여

아래에서 각 유형에 대해 살펴보자.

(一) 这, 那

'这', '那'는 단독으로 단수의 사람, 사물, 상황을 지시 대체(指代)하며 주로 주어와 관형어를 담당한다.

1. '这'는 앞서 방금 출현한 사람, 사물, 사건을 지시 대체한다. 즉 화자와 거리가 가까운 사람 또는 사물, 가까운 시간(아래 '那'의 '먼 시간'과는 상대적임)의 정보를 나타낸다. 대화문에서 '这'는 눈앞에 있거나 현재 거론되고 있는 사람, 사물을 직접 가리킬 수 있다.

这是谁的书？이것은 누구의 책이니?

一个外国人汉语竟说得这么好，这使我非常吃惊。
외국인이 이렇게 중국어를 잘한다는 사실에 나는 매우 놀랐다.

他脸上是一副同情他哥的神色。这同情是真诚的。
그의 얼굴에는 그의 형을 동정하는 기색이 역력했다. 이 동정심은 진실한 것이다.

我不认识这个人。나는 이 사람을 모른다.

这个问题以后再讨论吧。이 문제는 나중에 다시 토론합시다.

2. '那'는 화자(청자 포함)와 거리가 먼 사람 또는 사물, 먼 시간의 정보를 지시 대체한다.

谁在最困难的情况下坚持到最后，那才是真正的英雄。▲

누구든 가장 어려운 상황에서 끝까지 버텨야, 진정한 영웅이다.

她每天都穿得很时髦，那完全是工作的需要。▲

그녀는 매일 아주 유행에 맞게 옷을 입는데, 그것은 온전히 업무의 필요성 때문이다.

那个穿红毛衣的女同学叫什么？저 빨간 스웨터를 입은 여학생의 이름은 뭐니?

一下课，学生们就向南面那个食堂涌去。

수업이 끝나자마자, 학생들은 남쪽에 있는 그 식당으로 몰려갔다.

那天我在车站看见你了。그날 나는 정류장에서 너를 보았다.

漫长的冬天看来就要过去，但那真正温暖的春天还不会马上到来。

긴 겨울이 지나간 것 같지만, 정작 따뜻한 봄이 곧 올 것 같지는 않다.

3. '那'는 물리적 거리는 멀지 않지만, 심리적 거리가 먼 사물을 지시할 수도 있다. 반면, '这'는 심리적 거리가 가까운 사물을 지시한다. 위에서 ▲ 표시한 문장에서 '那'는 '这'로 대체할 수 있다. 예를 들면, "谁在最困难的情况下坚持到最后，这才是真正的英雄。/ 她每天都穿得很时髦，这完全是工作的需要。"와 같다. 이처럼 '这'로 바꾸면 화자가 지시하는 사람이나 사물을 심리적으로 가깝게 느낀다는 것을 나타낸다.

'这'와 '那'가 동시에 한 문장에 출현할 수도 있는데 '那'는 특별히 강조하는 의미가 내포되어 있다.

我看她还是原来的老样子，就只好把这件事背后的"**那**种意思"挑明了！

내가 보기에 그녀는 여전히 그 모습 그대로이니, 이 일의 배후에 있는 '그 의미'를 밝혀낼 수 밖에 없다!

他的身体焕发出他这种年龄所特有的**那**种青春光彩。

그의 몸은 이 나이 특유의 젊음을 발산한다.

4. '这'와 '那'가 관형어로서 명사를 수식할 때, '这'와 '那' 뒤에는 항상 양사나 수량사가 와야 한다.

他们常爱到这条街道上来溜达。그들은 항상 이 거리에서 거닐기를 좋아한다.

那张桌的周围摆着几把椅子。그 탁자의 주위에는 몇 개의 의자가 놓여 있다.

我不知道为什么要受这份洋罪。나는 왜 이 생고생을 해야 하는지 모르겠다.

그러나 '这', '那'가 수식하는 명사 주어(주어절 포함)가 이미 이전 문장에 출현한 바 있으며 수량사 관형어를 수반했을 경우, 혹은 병렬된 주어인 경우는 수량사를 수반하지 않아도 된다.

他指着一个小个子男孩说："这孩子脑子反应很快。"

그는 작은 키의 남자아이를 가리키며 "이 아이의 두뇌 반응은 빠르다"고 말했다.

小林现在还养成了一种看课外书的习惯。这习惯还是在上小学时养成的。

샤오린은 지금도 교과목 외의 책을 보는 습관이 있다. 이 습관은 초등학교 때 길러진 것이다.

我想看看这本书到底是怎么回事。小李说这书是他姐姐的。

나는 이 책이 도대체 어떻게 된 일인지 알고 싶다. 샤오리는 이 책이 그의 누나의 것이라고 말했다.

这山，这庙，这枣林，再加上这河虽然小，但来历不凡。

이 산, 이 절, 이 대추숲, 이 강까지 작긴 하지만 내력이 범상치 않다.

수식을 받는 명사 앞에 기타 수식어가 있을 경우, '这'와 '那' 뒤에는 수량사가 와야 한다.

这两个亲爱的小东西是她最喜欢的。이 두 사랑스러운 작은 물건은 그녀가 가장 좋아하는 것이다.

범위나 시간을 나타내는 일부 명사는 '这世界이 세계, 这社会이 사회, 这时이때, 这时候이맘때/이때, 这年头올해/요즘, 这期间이 기간, 这星期이 번주'와 같이 '这'와 직접 결합할 수 있다. 반면, '这时间, 这天, 这年'이라고 할 수 없고, 반드시 '这(一)段时间, 这一天, 这一年'이라고 해야 한다. 때때로 '这'는 '这时'를 나타내기도 한다.

他们聊了一会，他问："你找我有什么事？"她这才想起，她是来还书的。

그들은 잠시 이야기를 나눈 뒤, 그는 "무슨 일로 나를 찾았나요?"라고 물었다. 그녀는 이때 비로서 책을 돌려주러 온 것이 생각났다.

她跟我解释了半天，我这才明白她的意思。

그녀가 나에게 한참 동안 설명한 뒤, 나는 그때 비로소 그녀의 뜻을 알았다.

5. '这', '那'의 복수형식은 '这些', '那些'이다.

一到星期天，那些家在本地的学生就都纷纷回家了。

일요일이면 현지에 집이 있는 그 학생들은 너도나도 집으로 돌아갔다.

你把桌子上的这些旧报纸都捆起来。너는 책상 위의 이 오래된 신문들을 모두 묶어라.

把那些红枣呀，瓜子呀，核桃呀，挑最好的留下来。

그 대추들, 호박씨들, 호두들, 가장 좋은 것을 골라서 남겨 둬라.

그러나 '这', '那' 뒤에 오는 양사가 본래 복수 의미를 나타내면 '些'를 쓰지 않아도 된다.

从车站前这一片黑压压的人群看来，他们大部分都来自农村。

역 앞에 이 새까맣게 몰려든 인파를 보니 그들 대부분은 농촌에서 왔다.

我劝了半天，那伙人终于走了。내가 한참 동안 타일렀더니, 그 패거리들은 마침내 떠났다.

'这'나 '那'가 어떤 명사 앞에서 재지시 성분을 나타내면 뒤에 수량사(아래 진하게 표기)가 와야 한다.

你看，我**这个**老乡真是太不像话了！봐라, 나의 이 고향사람이 정말 꼴이 말이 아니게 되었다!

李老把社会**这本**书念精通了！라오리는 이 사회책을 제대로 읽었어!

你的男朋友是不是**那个**李小龙？너의 남자친구가 혹시 그 리샤오룽이니?

他不愿意当她的面说出**那个**'不'字来。그는 그녀의 면전에서 그 '아니'라는 말을 하고 싶지 않았다.

6. '这', '那'는 수량사, 명사, 형용사, 동사와 함께 명사의 수식어를 담당할 수 있는데 '这'와 '那'의 위치에 주의해야 한다. 아래 각각의 설명을 보자.

(1) 수식어가 수량사이면, '这'와 '那'는 수량사 앞에 와야 한다.

你那双皮手套放在哪儿了？너의 그 가죽 장갑을 어디에 두었니?

这个玻璃镜框多少钱？이 유리 프레임은 얼마니?

(2) 수식어가 방위명사이면, '这'와 '那'는 방위명사 뒤, 수량사 앞에 와야 한다.

门口的这辆车是你的吗？입구에 있는 이 차가 너의 것이니?

她指了指旁边的那盒点心说："这是老刘送的。"

그녀는 옆에 있는 간식을 가리키며 "라오류가 준 것."이라고 말했다.

你把书架最上面的那几本书拿来。너는 책꽂이 맨 위에 있는 그 책 몇 권을 가져와라.

(3) 수식어가 형용사이면, '这'와 '那'는 보통 양사와 함께 형용사의 앞에 온다.

通过这一件小小的事，使他对书更加爱惜了。이 작은 일로 그는 책을 더욱 소중히 하게 되었다.

她拉住我的手，泪水从那双漂亮的大眼睛里涌出来了。

그녀가 나의 손을 잡자, 그 아름다운 큰 눈에서 눈물이 쏟아져 나왔다.

我紧张地打开那个神秘的红皮日记本。나는 긴장해서 그 신비한 붉은 가죽 일기장을 열었다.

(4) 수식어가 동사구나 형용사구(반드시 '的' 삽입)이고 이들이 나타내는 구별성(区别性)을 강조하다면 '这'와 '那'는 이들 수식어 뒤, 중심어와 비교적 거리가 가까운 곳에 온다. 구별성을 강조하지 않으려면 '这'와 '那'는 이들 수식어 앞, 중심어와 거리가 비교적 먼 곳에 놓는다.

구별성을 강조하는 경우:

穿红衬衫的那个人是我的同学。穿白衬衫的不是。

빨간 셔츠를 입은 저 사람이 내 동창이다. 흰 셔츠를 입은 사람은 아니다.

我喜欢颜色淡一点的那条裙子，深颜色的不喜欢。

나는 색깔이 좀 연한 그 치마를 좋아하고, 짙은 색의 치마는 좋아하지 않는다.

구별성을 강조하지 않는 경우:

他站在这个穿戴漂亮的女同学面前，觉得非常紧张。

그는 이 옷차림이 예쁜 여학생 앞에 서서, 매우 긴장했다.

她买了那条颜色淡一点儿的裙子。그녀는 그 색이 좀 옅은 치마를 샀다.

(5) 함께 출현하는 수식어가 주술구이면 '这'와 '那'는 주술구의 뒤에 놓는다. 주술구가 수식어를 담당하면 강한 구별성과 한정의미를 나타내기 때문이다.

这时候，大火已经烧到了小张住的那个屋子。이때, 큰 불은 샤오장이 살던 그 방까지 타올랐다.

等你比赛的那天，我一定去给你加油。네가 시합하는 그날, 나는 반드시 너를 응원하러 갈 것이다.

(二) '这儿', '这里'와 '那儿', '那里'

'这儿', '这里'와 '那儿', '那里'는 각각 가까운 장소와 먼 장소를 지시 대체한다. 구어에서는 주로 '这儿', '那儿'을 쓰며, 주어, 목적어, 관형어를 담당한다.

这里有很多新书。여기에는 새 책이 많다.

那里经常有演出。그곳에서는 자주 공연이 있다.

放在这里的雨伞怎么不见了？여기에 놓은 우산이 왜 안 보이지?

他就住这儿。그는 바로 여기에 산다.

对面有个水果店，那儿的水果很便宜。맞은편에 과일가게가 있는데, 그곳의 과일은 매우 싸다.

'这儿'은 대화문에서 때때로 동사의 부사어가 될 수 있다. '这儿', '那儿'은 대부분 앞에 '在', '到' 등의 단어가 와야 한다.

就这儿坐吧。여기 앉아라. 小林，(到)这儿来。샤오린, 이리 와라.

你在这儿写吧。네가 여기에 써라. 我们到那儿去吧。우리 저기로 가자.

사람을 나타내는 대사 혹은 명사는 직접 장소를 나타낼 수 없고, 뒤에 반드시 '这儿', '那儿'이 와야 한다.

你的词典在我这儿。네 사전은 나에게 있다.

我在老师那儿看到一本新杂志。나는 선생님한테서 새 잡지 한 권을 보았다.

她去她姐姐那儿了。그녀는 언니에게 갔다.

你们有空来我这儿坐坐。너희들 시간 있으면 나한테 좀 와라.

(三) 这会儿，那会儿

'这会儿', '那会儿'은 시간을 지시 대체한다. '这会儿'은 '현재'를 지시 대체하는데 '과거'와 '미래'를 지시 대체할 수도 있다. '那会儿'은 '현재'를 지시 대체하지 못하고, '과거'와 '미래'만 지시 대체할 수 있다. 둘 다 주어, 관형어, 부사어 등을 담당할 수 있다.

她是上午10点的车，这会儿该到家了。

그녀는 오전 10시 차이니, 지금쯤이면 집에 도착했을 것이다. ('현재' 지시)

去年这会儿，咱们还在考试呢！

작년 이맘때, 우리는 아직 시험을 치르고 있었어! ('과거'와 발화 시간이 동일한 시구간 지시)

明天这会儿，比赛就开始了。

내일 이맘때면 경기가 시작된다. ('미래'와 발화 시간이 동일한 시구간 지시)

上课那会儿，我还看见他在教室呢。

수업하는 그 무렵에, 나는 그가 교실에 있는 것을 보았다. ('과거' 지시, 발화 시간과 약간 먼 때)

到你工作那会儿，他已经退休了。

네가 일할 무렵이면 그는 이미 퇴직하였다. ('미래' 지시, 발화 시간과 약간 먼 때)

주의: '这会儿'이 '과거', '미래'를 나타낼 때는 구체적인 시간사 뒤에 와야 한다. 반면, '那会儿'은 '과거', '미래'를 나타낼 때 시간사 없이 주술구나 동사구 뒤에 오는 경우가 많다. 단독으로 사용될 때 '这会儿'은 '현재'를 '那会儿'은 '과거'를 지시한다.

这会儿，你猜他在干什么？지금쯤 그는 무엇을 하고 있는지 맞춰봐?

那会儿，我还是个什么都不懂的孩子呢。그때 나는 아직 아무것도 모르는 아이였다.

(四) 这么，那么

'这么', '那么'는 주로 동사나 형용사를 수식한다.

1. 동사 앞에서 부사어로 쓰여 동작의 방식을 강조한다.

申请应该这么写。신청서는 이렇게 적어야 한다.

这么说好不好？이렇게 말하는 것은 어떠니?

你那么做可能大家都不会同意的。네가 그렇게 하면 아마 모두 동의하지 않을 것이다.

别老那么看着他，很不礼貌的。그를 늘 그렇게 쳐다보지 마라, 아주 무례한 것이다.

2. 형용사 앞에서 부사어로 쓰여 정도를 강조한다.

没想到你对他居然那么耐心。네가 그에게 그렇게 인내심을 가질 줄은 생각지도 못했다.

你这么认真，肯定会取得好成绩的。네가 이렇게 열심히 하니, 반드시 좋은 성적을 얻을 것이다.

3. '这么', '那么'는 형용사와 결합하여 관형어를 담당한다.

人家给咱送了这么重的礼，咱给人家送什么呢？

남이 우리에게 이렇게 큰 선물을 주었는데, 우리는 남에게 무엇을 보내지?

那么远的地方你也走着去？그렇게 먼 곳도 걸어서 가니?

4. '这么', '那么'와 관련된 부정형식은 다음과 같다.

(1) '这么', '那么' 앞에 부정사를 사용하여 방식을 강조한다. 주로 가정문에 사용한다.

不这么做，怎么能解决问题呢？이렇게 하지 않으면, 어떻게 문제를 해결할 수 있겠는가?

要是不那么说，恐怕他是不会相信的。그렇게 말하지 않으면, 그는 아마 믿지 않았을 것이다.

(2) '这么', '那么'가 '부정사 + 동사/형용사' 앞에 출현하여 정도를 강조한다.

你怎么这么不讲理！너가 왜 이렇게 억지를 써!

这孩子那么不听话，你都不管。이 아이가 그렇게 말을 듣지 않는데도 너는 관여하지 않는구나.

没想到条件这么不好。조건이 이렇게 안 좋은 줄 몰랐어.

(3) '동보구조의 부정형식 + 这么/那么 + 형용사'

你把这包纸都拿去吧！——我用不了那么多！

이 종이 한 봉지를 모두 가져가라! ——나는 그렇게 많이는 다 쓰지 못한다!

八点才开会，用不着这么早去。8시에야 회의가 열리는데, 이렇게 일찍 갈 필요가 없다.

주의: (2), (3)과 같이 형용사 앞에 오는 '这么', '那么'는 본래 정도를 강조하는 기능이 있다. 따라서 '很' 등 정도부사의 수식을 받을 수 없다(제7장 부사 제3절 오류분석 2 참조).

5. '这么', '那么'가 관형어를 담당하여 명사나 수량사를 수식할 수 있다. 이때 명사를 수식하는 경우는 일반적으로 수량사를 수반해야 한다. 만약 '这么', '那么'가 수량사만 수식한다면 수량을 강조하는 것이다. 반면, '这么/那么 + 수량사 + 명사' 형식인 경우에는 명사의 수량을 강조하거나, 화자/독자에게 지시하는 의미에 주의를 기울이도록 일깨우는 역할을 한다. 이때 지시하는 의미는 전·후 문맥을 통해 제시되거나, 청자/독자의 추측이나 예측에 의한 것이다.

客人不会都吃完，最后总要剩那么一两碗。

손님이 다 먹지 못해서 마지막에 그렇게 한 두 그릇씩 남게 될 것이다. (양이 '적음' 강조)

就那么两天，他就把论文写出来了。그렇게 이틀 만에 그는 논문을 써냈다. (상동)

你这么点儿钱，能干什么？너 이 정도의 돈으로 뭘 할 수 있겠니? (상동)

这么几口人，父亲和哥哥两个工作，生活是应该能够维持的。

이 정도의 식구에 아버지와 형 둘이 일을 하니 생활을 마땅히 유지할 수 있다. (상동)

我看他坐在那么一个角落里，心里就更明白了。

나는 그가 그렇게 구석에 앉아 있는 것을 보고, 마음으로 더 이해하게 되었다. ('角落'의 특별함 강조)

6. '这么', '那么'는 '着'와 결합하여 술어가 될 수 있다. 주로 어떠한 결정을 내릴 때 사용한다.

就这么着吧，明天早上9点开始比赛。이렇게 합시다, 내일 아침 9시에 경기를 시작합시다.

경우에 따라 항시적인 상태를 가리킬 수도 있는데, 이때는 보통 상태를 설명하는 후속 문장이 함께 온다.

她总是这么着，做事情不慌不忙的。그녀는 늘 이런데, 일을 매우 침착하게 한다.

7. '这么', '那么'가 주어를 담당하기도 하지만, 그 사용 범위는 제한적이다. 일반적으로 동작을 시연하는데 주로 사용한다.

这么(做动作)表示犯规，那么(做另外一个动作)表示暂停。

이렇게 (동작을) 하면 반칙을 의미하고, 그렇게 (다른 동작)을 하면 타임아웃을 의미한다.

这么(做动作)是表示友好，那么(做另外一个动作)表示不友好。

이렇게 (동작을) 하면 우호적임을 나타내고, 그렇게 (다른 동작)을 하면 우호적이지 않음을 나타낸다.

'这么', '那么'는 총칭지시에도 사용한다. 술어는 보통 '行', '可以'가 자주 쓰인다.

这么行，那么也行。이래도 좋고, 저래도 좋다.

8. 가정복문에서 선행절의 술어가 형용사나 동사이고, 어떤 상태 또는 동작 방식의 지속을 나타내는 경우, '这么'를 써서 강조해야 한다.

天再这么热下去，真要热死人了。날씨가 계속 이렇게 더워지면 정말 더워 죽겠다.

你再这么粗心，工作肯定要出问题的。

네가 또 이렇게 경솔하게 행동한다면, 일에 분명히 문제가 생길 것이다.

他俩再这么吵下去，非打起来不可。그 두 사람이 또 이렇게 말다툼을 계속하다 보면, 싸울 수밖에 없다.

你要是照现在这么研究下去，肯定会成功的。

네가 지금처럼 이렇게 연구해 나간다면, 반드시 성공할 것이다.

(五) 这样, 那样

1. 성질, 상태, 상황 지시 대체

관형어, 목적어를 담당한다. '这样'의 사용 빈도가 '那样' 보다 높다.

有这样一个学生，他…… 이런 학생이 한 명 있는데, 그는…… (구체적인 소개 내용이 이어짐)

这样的大好人，我还第一次遇到。이런 좋은 사람은 나도 처음 만났다.

狗一看见陌生人，就会发出那样的叫声。개는 낯선 사람을 보기만 하면 그렇게 짖는 소리를 낸다.

我不知道他怎么会变成这样。나는 그가 왜 이렇게 변했는지 모르겠다.

我希望你能像大卫那样，多说汉语。나는 네가 데이비드처럼 중국어를 많이 하기를 바란다.

주어, 술어를 담당할 수도 있다. 이때 앞에 출현한 적이 있는 상황, 상태를 지시 대체하거나, 혹은 상태를 설명하는 문장이 후행한다.

她早上起来，就觉得头昏，最近常这样。그녀는 아침에 일어나면 머리가 어지러운데 요즘 자주 이렇다.

我忙起来就忘了吃饭，经常这样。나는 바빠지면 밥 먹는 것도 잊어버리는데, 자주 이렇다.

不该对父母那样，他们都是为你好。부모님께서는 모두 네가 잘되라고 하는 것이니 그러면 안 돼.

不和任何人商量就决定了？那样可不行。아무와도 상의하지 않고 결정했어? 그러면 안 돼.

我和你一起去，这样总可以了吧。내가 너랑 같이 갈게, 이러면 되겠지.

小李像往常那样，一到办公室就打开了电脑。

샤오리는 늘 그렇듯 사무실에 도착하자마자 컴퓨터를 켰다.

2. 정도, 동작의 방식 지시 대체

(1) 동사 앞에서 동작의 방식을 강조하는 부사어를 담당한다.

他每天这样锻炼身体，所以很少生病。그는 매일 이렇게 몸을 단련하기 때문에 거의 아프지 않다.

话也不能那样说！말이라도 그렇게 하면 안 돼!

老师教我这样写的。선생님께서 나에게 이렇게 쓰라고 가르쳐 주셨다.

'这样', '那样' 뒤에 다른 부사어가 올 수 있다.

他就这样无所事事地闲待下去吗？그는 이렇게 한가하게 빈둥거리니?

你这样拼命地干，可别累垮了！너 이렇게 악착같이 일해서 몸을 망가뜨리지 마라!

(2) 형용사 앞에서 정도를 강조한다. 보통 부사어를 담당하지만, 수식어구를 형성하여 관형어가 될 수도 있다.

问题真的这样严重吗？문제가 정말 이렇게 심각하니?

事情要是那样简单就好了。일이 그렇게 간단했으면 좋겠다.

在这样优越的条件下，为什么不好好学习！이런 우월한 조건에서 왜 공부를 열심히 하지 않느냐!

那样困难的日子都过来了，我们还有什么可担心的？

그렇게 힘든 날들도 다 지나왔는데, 우리가 무슨 걱정이 있겠어?

제3절 의문대사

一. 의문대사와 의문 용법

의문을 나타내는 대사를 의문대사라고 한다. 질문하는 내용에 따라 다음과 같이 분류할 수 있다.

(一) 谁, 什么

'谁'는 사람에 대한 질문에 사용하고, '什么'는 사물에 대한 질문에 사용한다. 둘 다 주어, 목적어, 관형어가 될 수 있다.

谁去过北京？누가 베이징에 가 본 적이 있어?

什么最好吃？뭐가 제일 맛있어?

你想找谁？누구를 찾고 싶니?

她在做什么？그녀는 무엇을 하고 있니?

这是谁的词典？이것은 누구의 사전이니?

什么东西丢了？무슨 물건을 잃어 버렸니?

'谁'가 관형어로 쓰이려면 '的'가 필요하지만, '什么'가 관형어를 담당하는 경우 '的'를 쓰지 않아도 된다.[2)]

'什么'와 '时候'가 함께 쓰여 시간을 물을 수 있다. 주로 부사어를 담당하지만 목적어, 관형어가 될 수도 있다.

老李是什么时候走的？라오리는 언제 갔어?

明天出发定在什么时候？내일 출발은 언제로 정할까?

什么时候开学？언제 개학이니?

你打算坐什么时候的火车？당신은 언제 기차를 탈 계획이야?

'什么'와 '地方'이 함께 쓰여 장소를 물을 수 있다. 주로 부사어를 담당하지만 목적어, 관형어가 될 수도 있다.

你是从什么地方来的？너는 어디에서 왔니?

什么地方产的苹果最好吃？어느 지역의 사과가 가장 맛있어?

他出差去什么地方？그는 어디로 출장을 갔니?

(二) 哪

의문문에서 '哪'는 직시(指别)에 쓰이는 대사로서 일반적으로 양사와 함께 출현하여 사람, 사물을 물어보는 데 사용한다. 주로 주어, 목적어, 관형어를 담당한다. '哪'에 대한 대답은 한정지시를 나타내는 지시대사 '这', '那' 또는 고유명사 등으로 해야 한다.

哪位是王老师？——这位是王老师。어느 분이 왕 선생님입니까? ——이 분이 왕 선생님입니다.

你的汽车是哪一辆？——那一辆就是。너의 차는 어느 차야? ——바로 저 차이다.

他在哪个公司工作？——他在新星公司工作。

그는 어느 회사에서 일해? ——그는 신싱 회사에서 일한다.

'哪'는 '年, 天' 등과 함께 사용되어 구체적인 년도, 날짜를 물을 수 있다. '月'을 물을 때는 양사 '个'를 함께 써야 한다.

你哪年毕业的？너는 몇 년에 졸업했어?

她哪天比赛？그녀는 며칠에 경기해?

我们出发是哪天？우리 출발이 며칠이야?

他们哪个月比较忙？그들은 몇 월에 바쁜 편이니?

(三) 哪里, 哪儿

'哪里', '哪儿'은 장소를 물을 때 자주 사용하며, 주어, 목적어, 관형어를 담당한다. 구어에서는 주로 '哪儿'을 사용한다.

---

2) 刘月华에 따르면 '什么'는 소유관계를 나타낼 때 '的'가 필요하다고 했다(刘月华 2001). 그러나 필자가 살펴본 바에 의하면 쓰지 않아도 된다.

哪儿有这种动物？어디에 이런 동물이 있니?

你在哪儿看见他的？너는 어디에서 그를 봤어?

她是从哪里来的？그녀는 어디에서 왔어?

大家的行李都放到哪里去了？여러분의 짐은 모두 어디에 놨습니까?

(四) 怎么, 怎么样, 怎样

1. '怎么', '怎样', '怎么样'은 모두 동작의 방식을 물을 수 있고, 부사어를 담당한다. 구어에서는 '怎么'를 주로 사용하고, '怎样'이 '怎么样'보다 부사어로 더 자주 사용된다.

去天安门怎么走？톈안먼은 어떻게 가야 하니?

这个房间应该怎么/怎样布置？이 방은 어떻게 꾸며야 하지?

给他的信应该怎么/怎样/怎么样写才好呢？그에게 보낼 편지는 어떻게 써야 좋을까?

2. '怎么', '怎样', '怎么样'은 모두 성질, 상태를 물을 수 있고 술어를 담당한다. 이 중 '怎么样'의 사용 빈도가 가장 높아 일반적인 질문에 주로 사용된다. '怎么'가 술어를 담당하면 보통 '了'를 함께 사용하며, 주로 의아하고 놀라운 상황에 사용한다.

你现在的身体怎么样/怎样？너의 지금 건강은 어때?

那里的天气怎么样/怎样？그곳의 날씨는 어때?

孩子怎么了？为什么要送医院？애가 어떻게 된 거야? 왜 병원에 보내니?

她怎么了？满脸都是汗。그녀는 어떻게 된 거야? 얼굴이 땀투성이다.

'怎么样'은 다른 사람에게 어떤 결정에 대한 의견을 묻는 데 사용한다. '怎样'도 이러한 용법으로 사용할 수 있지만, '怎么'는 이러한 용법이 없다.

我们一起去喝杯咖啡，怎么样？우리 같이 커피 한 잔 마시러 가는 게 어때?

你就住在这儿，怎么样？너는 여기서 사는 게 어때?

상대방에게 어떤 문제에 대한 견해를 문의할 때, '怎么样'과 '怎么'의 용법은 차이가 있다.[3)]

她写的论文，你认为怎么样？그녀가 쓴 논문, 네가 보기에 어떠니?

对她写的论文，你怎么看？그녀가 쓴 논문에 대해 너는 어떻게 생각하니?

3. '怎么', '怎样', '怎么样'이 성질, 상태를 물을 때 사용되면 모두 관형어가 될 수 있다. 이때, 수식을 받는 명사는 같을 수도 있고 다를 수도 있다(문두에 물음표를 한 예문은 관형어가 어색한 경우임).

他是怎样/怎么样的一个人？

他是怎么一个人？그는 어떤 사람이야?

你想一想，当时是怎样/怎么样的一种情况？

你想一想，当时是怎么一种情况？그때 어떤 상황이었는지 생각해 봐.

---

3) [역주] '怎么样'으로 질문하면 보통 '좋음/싫음'과 같이 단순하게 대답할 수 있지만, '怎么'로 질문하면 구체적으로 질문에 대한 견해를 밝혀야 한다.

那是怎样/怎么样的一个地方？그곳은 어떤 곳이야?

这是怎么(一)回事？이게 어떻게 된 일이야? (이미 고정 형식으로 쓰임)

？我不知道那是怎么一个地方。

？谁也不知道这是怎样/怎么样的一回事。

상기 예문에서 보듯이 '怎样', '怎么样'이 명사를 수식할 경우 보통 '的'와 양사 '一'를 수반해야 한다. 반면, '怎么'가 명사를 수식할 때는 '的'는 쓰지 않아도 되지만 양사 '一'는 대부분 써야 한다.

'怎样', '怎么样'은 일부 목적어를 담당하는 동사를 수식할 수도 있는데 이때 '一'를 수반할 필요는 없고, 주로 출현 가능한 상황에 대한 예측을 나타낸다. 반면, '怎么'는 이러한 용법이 없다.

这样做，会遭到群众怎样(？怎么样)的反对，你考虑过没有？

이렇게 하면 대중의 어떤 반대에 부딪힐지 너는 생각한 적이 있니?

你说，这件事情会产生怎样(怎么样)的影响？이 일이 어떤 영향을 미칠 것인지 이야기해 봐라.

이 같은 경우, '怎样'이 '怎么样'보다 사용 빈도수가 높다.

4. '怎样', '怎么样'은 상태보어를 담당할 수도 있고('怎么'는 불가능), 다음과 같이 세 가지 의문문에 사용한다.

(1) 동작의 진행 상태가 어느 정도에 다다랐는지 묻는 경우, 뒤에 '了'가 와야 한다.

研究进行得怎么样了？연구는 어떻게 되어 가니? (진행중)

房间打扫得怎么样了？방 청소는 어떻게 되어 가니? (청소중)

(2) 동작 완료 후의 상태를 묻는 경우, 뒤에 '了'를 쓰지 않는다.

房间打扫得怎么样？방 청소는 어땠어? (동작은 이미 완료, 동작 완료 후의 상태 질문)

昨天考试考得怎么样？어제 시험은 어땠어? (상동)

(3) 어떤 동작의 일상적인 상태를 묻는 경우, 뒤에 '了'를 쓰지 않는다.

他的作文写得怎么样？그의 작문은 어떠니?

她在学校表现得怎么样？그녀는 학교에서 어떠니?

5. '怎么'는 원인을 물을 때 쓸 수 있지만, '怎样', '怎么样'은 쓸 수 없다.

她今天怎么没来？그녀는 오늘 왜 안 왔니?

你怎么这么高兴？너는 왜 이렇게 기쁘니?

이와 같은 '怎么'는 주어 앞에 올 수도 있다.

怎么他先走了？왜 그가 먼저 갔지? (질문자는 그가 먼저 가서는 안 된다고 생각함)

怎么这个店不开门呢？왜 이 가게는 문을 안 열지? (질문자는 이 가게가 문을 열어야 한다고 생각함)

6. '怎么'와 '为什么'의 비교 분석

둘 다 원인을 물을 수 있다. 상기 5번 예문 중에 출현한 '怎么'는 모두 '为什么'와 호환이 가능하다. 다만, 중점을 두는 의미에 차이가 있다. '为什么'는 원인을 규명하는데 중점이 있지만, '怎

么'는 원인을 묻는 것뿐만 아니라 의아함, 놀라움을 내포하고 있다. 어법상으로는 다음과 같은 차이점이 있다.

(1) '为什么'는 술어가 될 수 있지만, '怎么'는 불가능하다.

她说要来，可到现在也不来，这是为什么？

그녀는 온다고 말해 놓고, 지금까지도 오지 않는데, 왜일까?

昨天没解决，推到今天；今天来了，可又说要等一等，这又是为什么？

어제 해결하지 못하고 오늘까지 미뤘다. 그런데 오늘이 되었는데 또 기다려 보자고 하니, 이건 또 왜일까?

(2) '为什么'는 목적어절에 자주 출현하지만 '怎么'는 불가능하다.

他不明白自己为什么还在想着她。그는 자신이 왜 아직도 그녀를 생각하고 있는지 이해하지 못한다.

＊他不明白自己怎么还在想看她。

我知道他为什么生气了。나는 그가 왜 화가 났는지 안다.

？我知道他怎么生气了。('怎么'는 중의가 발생하기 때문에 보통 이렇게 쓸 수 없음)

(3) '为什么'는 관형어절에 출현할 수 있지만. '怎么'는 불가능하다.

请你说明一下今年冬天为什么这么冷的原因。올겨울이 왜 이렇게 추운지 이유를 설명해주세요.

？请你说明一下今年冬天怎么这么冷的原因。

'怎么'는 문장에서 의아함만을 나타낼 수도 있다. '为什么'는 의아함만을 나타낼 수 없다.

怎么，你还没有吃饭？어째서, 너 아직 밥 안 먹었어?

怎么，出事了？어째서, 사고가 났어?

7. '怎么'와 '怎么样'의 비교 분석

'怎么'와 '怎么样' 모두 '不'를 사용하여 부정형식을 만들 수 있다.

'不怎么'는 동사, 형용사를 수식하여 정도가 강하지 않음을 나타내며, 술어나 보어를 담당한다.

我不怎么喜欢吃甜的东西。나는 단 것을 별로 좋아하지 않는다.

她长得不怎么漂亮。그녀는 별로 예쁘지 않다.

他不怎么了解我。그는 나를 그다지 이해하지 못하다.

'不怎么样'은 주로 화자의 만족스럽지 못한 주관적 견해 혹은 평가를 나타내며, 술어, 보어, 관형어를 담당한다.

这件衣服的质量不怎么样，别买了。이 옷은 질이 별로니 사지 마라.

她菜做得不怎么样。그녀는 요리를 잘 못한다.

那篇不怎么样的论文却被评为优秀论文。그 별로인 논문이 우수 논문으로 뽑혔다.

8. '怎么样'과 '什么样'의 비교 분석

怎么样'은 관형어로서 성질이나 상태를 묻는 데 사용하지만, 수식 가능한 명사는 '什么样' 보다 적다. 사물의 구체적인 모양, 재질, 형상 등을 물을 때는 보통 '什么样'만 쓰고, '怎么样'은 쓰지 않는다. '什么样'은 '什么样的'와 같은 명사구조를 형성할 수도 있다.

她的汽车是什么样的？그녀의 자동차는 어떤 거야?

你要租什么样的房子？너는 어떤 집을 구할 거야?

老师穿了一件什么样的衣服？선생님은 어떤 옷을 입으셨니?

상기 예문에서 '什么样'은 모두 '怎么样'으로 바꿀 수 없다.

(五) 几, 多少

둘 다 수량을 물을 때 사용한다.

1. '几'는 대답이 10 이하의 숫자인 경우에 사용한다. '多少'는 대답이 10 이상이거나 불확실한 숫자인 경우에 사용한다.

这个小孩几岁了？이 아이는 몇 살이야?

你家有几口人？식구가 몇 명이야?

那个房间有几扇门？그 방에는 문이 몇 개 있어?

今天开会来了多少人？오늘 회의에는 몇 명이 왔어?

2. '几'는 양사를 수반해야만 명사를 수식할 수 있지만, '多少'는 명사를 수식할 때 양사가 있어도 되고, 없어도 되며 오히려 양사를 쓰지 않는 경우가 일반적이다. '多少'는 단독으로 목적어가 될 수 있지만, '几'는 불가능하다(양사를 반드시 수반해야 함).

她一个月的工资是多少？그녀의 한 달 월급은 얼마야?

苹果是有的，要多少？사과는 충분해, 얼마나 필요해?

3. 동작의 횟수를 물어볼 때 '几'와 '多少' 모두 동량사를 수반해야 한다.

她去国外旅行过几次？그녀는 해외여행을 몇 번이나 해봤어?

你心跳每分钟多少下？네 심장은 1분에 몇 번씩 뛰니?

过年时钟声应该敲多少下？설을 쇨 때 종은 몇 번을 울려야 하니?

4. '多少'는 '亿', '万', '个' 세 개의 자릿수 앞에만 쓸 수 있지만, '几'는 모든 자릿수 앞에 쓸 수 있다. '多少'가 '亿' 앞에 오면 '个'를 삽입할 수 있다.

今天来了几十个外国学生。오늘 몇십 명의 외국 학생들이 왔다.

每月有几百甚至几千人到这里参观。매달 수백 내지 수천 명의 사람이 이곳을 견학한다.

这个地方每年的工业产值有多少个亿？이 지역의 매년 산업 생산액은 몇 억이나 되니?

5. '几' 앞에는 의문대사 '哪'를 쓸 수 있지만 '多少'는 불가능하다.

你学过哪几门外语？너는 몇 개의 어느 외국어를 배운 적이 있어?

哪几个学生想学习太极拳？어느 학생들이 몇 명이나 태극권을 배우고 싶어 하니?

6. '几'와 '多少' 모두 부정량을 나타낼 수 있다. 이때, '几'는 관형어, '多少'는 부사어를 담당한다.

到中国以后，他旅游也去过几个地方。중국에 온 후 그는 여행도 몇 군데 다녀왔다.

我对他多少有些了解。나는 그에 대해 얼마쯤 알고 있다.

二. 의문대사의 비의문 용법

(一) 반문을 나타냄

반어문은 비의문 의문문(의문을 나타내지 않는 의문문)[4]으로, 본래 긍정문에서는 부정의 의미를 강조하고, 부정문에서는 긍정의 의미를 강조한다.

谁说我不想干了？누가 내가 하기 싫다고 했어? (나는 하고 싶다는 의미)

谁不想过幸福的生活呢？누가 행복한 생활을 하고 싶지 않겠어? (누구나 행복한 생활을 하고 싶다는 의미)

世界上哪儿有这样的好事？세상에 이런 좋은 일이 어디 있어? (세상에 이렇게 좋은 일은 없다는 의미)

他什么时候关心过咱们？
그가 언제 우리에게 관심을 가진 적이 있어? (그는 우리에게 관심을 가져본 적이 없다는 의미)

我哪能把你忘了呢？내가 어떻게 너를 잊을 수 있겠어? (나는 너를 잊을 수 없다는 의미)

때때로 '哪儿', '哪里'를 반어문에 사용하기도 하지만, 이때는 장소 의미가 아니다.

我哪儿会唱歌啊？내가 어디 노래를 부를 수 있겠니?

他哪里说过这种话？그가 어디 이런 말을 했겠니?

(二) 임의지시(任指) 나타냄

의문대사는 문장에서 비한정적인 사람/사건/방식 등을 지시하다.

1. 문장에서 의문대사가 불특정한 어떤 사람, 어떤 일, 어떤 방식 등을 지시하는 경우 임의지시 기능을 한다. 이때, 의문대사는 문장에서 '都'나 '也'와 자주 호응한다.

这个问题谁也回答不了。이 문제는 아무도 대답할 수 없다.

这个孩子对什么都感兴趣。이 아이는 뭐든지 다 흥미가 있다.

来中国一年了，我还哪儿都没去过呢！
중국에 온 지 1년이 되었는데, 나는 아직 어디에도 가 본 적이 없네!

我们什么地方都找过了，没找到。우리는 어느 곳이든 다 찾아봤는데, 못 찾았다.

접속사 '无论', '不管' 등과 함께 복문에 출현하여 임의지시를 나타낼 수도 있다.

无论有什么困难，我们都能克服。어떤 어려움이 있더라도 우리는 극복할 수 있다.

无论你怎么劝他，他就是不听。네가 어떻게 타일러도 그는 듣지 않는다.

不管对谁，老张都是这样热情。누구한테나 라오장은 이렇게 친절하다.

不管怎么样，他还是为我们做了很多事情的。어쨌든 간에 그는 우리를 위해 많은 일을 했다.

2. 문장의 앞뒤에 동일한 의문대사를 중복 사용하여 동일한 문장성분을 담당할 수도 있고, 서로 다른 문장성분을 담당할 수도 있다. 이때 중복 사용한 두 개의 의문대사는 동일한 사람, 사물, 장소, 방식 등을 지시한다.

谁工作认真我就选谁。누가 되었든 열심히 일한다면 나는 그 사람을 뽑겠다.

---

4) [역주] 반어문은 대답이 필요하지 않는 의문문으로 원문에서는 '无疑而问'이라고 하였다.

他喜欢去哪儿就去哪儿。그는 가고 싶은 곳은 어디든 간다.

你想怎么做就怎么做。네가 하고 싶은 대로 해라.

老人要吃什么我就给他买什么。어르신이 뭐가 먹고 싶으면 뭐든 사 드린다.

3. 문장의 앞뒤에 동일한 의문대사를 사용하는데 두 개의 의문대사는 서로 다른 문장성분을 담당하기도 한다(주어와 목적어). 이런 경우에는 서로 다른 사람, 사물, 장소, 방식 등을 지시하게 되며 양자가 상호 대응하는 관계임을 서술할 때 주로 사용한다.

他们关系不好，谁也不理谁。그들은 사이가 나빠서 서로 누구도 상대하지 않는다.

我们两个足球队，谁也不服谁。우리 두 축구팀은 둘 중 누구도 상대에게 굴복하지 않는다.

小李和小王虽然是邻居，可是谁也不了解谁。

샤오리와 샤오왕은 이웃이지만, 누구도 서로를 잘 이해하지 못한다.

주의: 이러한 문장의 술어는 보통 부정형식이며 긍정형식은 성립하지 않는다(제5절 三 (一) 3 참조).

제4절 기타 특수대사

특수대사는 다음과 같이 세 종류가 있다.

一. 每

1. '每'는 단독으로 사용할 수 없고 양사가 있어야만 보통명사를 수식할 수 있다. '每'는 시간을 나타내는 명사이면서 동시에 양사인 '分, 秒, 小时, 日, 月, 年'[5]과 직접 결합할 수 있다. 이러한 단어는 '每'와 함께 주로 부사어를 담당한다.

他每天都起得很早。그는 매일 일찍 일어난다.

每年都有很多人到这里来旅游。매년 많은 사람이 이곳으로 여행을 온다.

2. 일정한 시간 간격을 두고 중복된 동작이 예외 없이 발생하는 것을 강조하고 싶다면, '每'는 술어 앞에서 '都'와 공기해야 한다(상기 예문과 같이 동일한 문장에 출현함. 제8장 부사 참조). '예외 없음'을 강조하지 않는다면 '都'를 쓰지 않아도 된다.

我现在每天跟中国朋友聊天，汉语水平有了很大的提高。

나는 현재 매일 중국 친구와 대화를 나누어서, 중국어 실력이 많이 늘었다.

他每年春节回家乡看望父母。그는 매년 설날이면 고향에 돌아가 부모님을 찾아뵙는다.

3. '每 + 시간명사'는 시간명사 중첩형의 의미와 용법은 비슷하다. 그러나 '每 + 양사'가 명사를 수식할 때의 의미와 용법은 양사 중첩형과는 차이점이 있다.[6] '每 + 양사'는 주로 단일한 개체,

---

5) [역주] 해당 명사는 모두 준량사이다. 준량사란 수사와 직접 결합하여 사용할 수 있으며 어법기능이 양사와 기본적으로 비슷한 명사를 가리킨다(제3장 제2절 (一) 5 참조).

단일한 횟수로 전체의 상황을 반영한다. 따라서 상태를 묘사할 때 단독으로 출현할 수 있다(양사 중첩형은 단독으로 출현할 수 없음. 제3장 제2절 참조).

每个运动员都很精神。모든 운동선수들이 다 매우 활기차다.

每个同学都十分紧张和激动。모든 학우들이 다 매우 긴장하고 흥분했다.

每个产品都经过了严格的检验。모든 제품은 다 엄격한 검사를 거쳤다.

'每 + 양사'는 하나하나의 개체를 부분지시(分指)할 수도 있다. 따라서 '每 + 양사 + (명사)'는 규칙 서술, 도리 설명, 명령 발포, 물건 배분, 상품 가격 등을 나타낼 때 사용할 수 있다.

每一种生物，都有自己的生长规律。모든 생물에는 자신의 성장 규칙이 있다.

每个公民都应该为国家尽义务。모든 국민은 국가를 위해 의무를 다해야 한다.

一定要把这个消息告诉每一个学生。반드시 이 소식을 모든 학생에게 알려야 한다.

每本书十块钱。모든 책은 10위안이다.

4. '每 + 명량사'는 보통 관형어를 담당하고, '每 + 시간사/동량사'는 부사어를 담당한다. 부사어를 강조하려면 주어 앞에 놓고, 그렇지 않다면 주어 뒤, 술어 앞에 와야 한다.

我每次去公司找他，看见他都忙得不得了。내가 매번 회사에 가서 그를 찾을 때마다 그는 매우 바빴다.

每次吃饭，他都要喝酒。밥을 먹을 때마다 그는 술을 마신다.

每次上公共汽车前都要准备好零钱。매번 버스에 타기 전에 잔돈을 준비해야 한다.

5. '每 + 양사'구는 중첩할 수 없다. 다음은 학습자의 오류이다.

＊她每天每天都很努力学习。

＊我每次每次考试都很紧张。

6. '每'는 경우에 따라 동사를 직접 수식할 수 있다. 보통 시간이나 조건을 나타내는 복문의 앞 절에 사용한다. 후속절에서 예외 없음(모두 이와 같음)을 강조하고 싶다면 술어 앞에 '都'를 사용한다. 앞 절이 제시한 시간 혹은 조건으로 어떤 상황이 반드시 발생함을 나타낸다면 술어 앞에 '就'를 사용한다.

我们每逢比较长的假日，都要出去旅行。우리는 비교적 긴 연휴를 맞이할 때마다 여행을 떠나고자 한다.

每到要考试，他都会开夜车。그는 시험을 볼 때마다 항상 밤을 새운다.

每到三月初，这里的梅花就会盛开。3월 초가 될 때마다 이곳의 매화는 만개한다.

7. '每'를 쓴 문장은 자주 발생하거나 규칙적으로 반복해서 일어나는 상황을 나타내기 때문에 동사 뒤나 문미에 '了'를 쓸 수 없다. 다음은 학습자의 오류이다.

＊爷爷去年每天早上锻炼身体了。

＊高中的时候，我每星期去辅导班上课了。

---

6) 朱德熙는 중첩형 양사는 '每'의 의미를 포함하므로 '个个'는 '每一个', '张张'은 '每一张'의 의미라고 하였다(朱德熙《语法讲义》). 그러나 최근 연구에서는 이러한 주장에 대하여 수정하는 의견이 제기되고 있다(杨雪梅 2002, 杨凯荣 2003, 제3장 제3절 五 2 참조).

二. 各

'各'와 '每'는 다르다. '各'는 수식하는 명사의 차이점을 강조한다. '各'는 단독으로 사용할 수 있지만, 사용 범위가 제한적이다. '各'는 앞에 전체, 복수 의미의 사람, 사물, 상황을 나타내는 성분이나 문장이 출현하면 앞에 출현한 사람이나 사물을 부분지시(分指) 할 수 있다. 가장 일반적인 형식은 '各 + 동 + 各 + 的……'이다.

坐在屋子里的几个人各有各的想法。방에 앉아 있는 몇몇 사람들은 각자 자기의 생각이 있다.

今天吃饭，咱们AA制，各付各的。오늘은 밥 먹고 더치페이로 각자 계산하자.

告诉大家，各就各位。각자 제자리로 돌아가라고 알려줘라.

这台机器上的几个按钮，各有什么用处？이 기계의 버튼 몇 개는 각각 무슨 용도가 있니?

这几位作家，各有自己的风格。이 작가들은 각자 자신의 스타일이 있다.

'各'는 명사를 직접 수식할 수 있다. 단음절 명사인 경우 '各' 뒤에 양사를 쓰지 않는다. 명사가 이음절이고 조직, 기관을 나타내는 경우에도 양사를 쓰지 않고, 주로 서면어, 정중한 글에 사용한다.

各单位在这次救灾活动中，必须服从命令听指挥。

각 기관은 이번 재난 구조 활동에서 반드시 명령에 복종하고 지휘에 따라야 한다.

各小组要在今天下午五点以前把你们的工作计划交上来。

각 소그룹은 오늘 오후 5시 이전에 여러분의 작업 계획을 제출해야 한다.

'各'가 수식하는 이음절 명사가 조직, 기관이 아닌, 구체적인 사물, 방식 등을 나타낼 경우 보통 양사를 써야 한다.

这里的各台机器都有专人负责。이곳의 각 기계는 모두 전담자가 책임진다.

我想尽了各种办法帮助他。나는 각종 방법을 다해 그를 돕고 싶다.

三. 某

'某'는 직접 명사를 수식할 수 있다. 다음과 같은 두 가지 용법이 있다.

1. 실제지시(实指)에 사용한다. 말하기 불편하거나, 말할 필요가 없거나, 지시하는 대상이 명확하지 않은 사람이나 사물을 지시한다.

这个事件据说跟某个名人有关。이 사건은 어느 유명인과 관계가 있다고 한다.

在南方的某个城市，住着一对年轻夫妇。남쪽 어느 도시에 젊은 부부가 살고 있었다.

我可不像某些人，说一套，做一套。나는 어떤 사람처럼 말과 행동이 다르지 않다.

我不知道现在他在哪儿，肯定在某个地方。

나는 지금 그가 어디에 있는지 모르겠지만, 분명히 어딘가에 있을 거야.

2. 실제지시하지 않는다. 일반적인 상황에서 불특정한 사람이나 사물을 나타낸다. 열거할 때 주로 사용한다.

如果发生了某种意外的情况，就打这个电话。만약 어떤 사고가 발생한다면, 이 번호로 전화를 해라.
当某个消费者的利益受到损害，他有权利投诉。
어떤 소비자의 이익이 손상을 입었을 때, 그는 고소할 권리가 있다.

제5절 대사 관련 학습자 오류

一. 인칭대사 관련 오류

(一) 누락오류

*不大跟中国人接触，所以口语水平没有什么提高。

고친문장: 我不大跟中国人接触，所以口语水平没有什么提高。
나는 중국인들과 교류를 그다지 많이 하지 않아서, 말하기 실력이 별로 향상되지 않았다.

*他一面学中文，一面学英文，很佩服他。

고친문장: 他一面学中文一面学英文，我很佩服他。
그는 중국어를 배우면서 동시에 영어를 배우는데 나는 그에게 매우 감탄했다.

*他分明说过老师是北京人。可是老师没去过北京。又骗了我。

고친문장: 他分明说过老师是北京人，可是老师没去过北京，他又骗了我。
그는 선생님은 베이징 사람이라고 분명히 말했지만, 선생님은 베이징에 가 본 적도 없다. 그는 또 나를 속였다.

*她总是那么温和，我从来没见过发脾气。

고친문장: 她总是那么温和，我从来没见她发过脾气。
그녀는 항상 그렇게 온화해서 나는 여태껏 그녀가 화를 내는 것을 본 적이 없다.

*今天我朋友从英国回来了，我去机场接。

고친문장: 今天我朋友从英国回来了，我去机场接他。
오늘 내 친구가 영국에서 돌아와서 나는 공항으로 마중 나갔다.

*我想去他那儿安慰安慰。

고친문장: 我想去他那儿安慰安慰他。나는 그에게 가서 그를 위로하고 싶다.

*这场事故不是你故意造成的，我们不能责怪。

고친문장: 这场事故不是你故意造成的，我们不能责怪你。
이번 사고는 네가 고의로 일으킨 것이 아니니까 우리는 너를 탓할 수 없다.

*他看了一眼，随即就给我一个任务。

고친문장: 他看了我一眼，随即就给我一个任务。그는 나를 한번 보더니 바로 나에게 임무를 주었다.

*小李病了，起不来床，请你帮助一下。

고친문장: 小李病了，起不来床，请你去帮他一下。샤오리가 아파서 일어나지 못하니 가서 좀 도와줘라.

(二) 첨가오류

* 我哥哥的英语水平不太高，不见得被这个大公司聘用他。

고친문장: 我哥哥的英语水平不太高，不见得能被这个大公司录用。
우리 형은 영어 실력이 그리 좋지 않아서, 이 큰 회사에 채용될 것 같지 않다.

분석: 결과를 나타내는 후속절이 '被'자문이고, 대상자가 앞에 이미 출현했기 때문에 뒤에 다시 출현할 수 없다. 동사 뒤에 '他'를 첨가하려면 주동문인 "这个大公司不见得会聘用他。이 큰 회사가 그를 채용할 것 같지 않다."로 바꿔야 한다.

* 你正当身体虚弱的时候，你应该多休息。

고친문장: 你现在正是身体虚弱的时候，应该多休息。너는 지금 몸이 약할 때니 많이 쉬어야 한다.

* 他就凭着这些救治的方法，他把那个人救活了。

고친문장: 凭着这些救治的方法，他把那个人救活了。이런 치료 방법으로 그는 그 사람을 살렸다.

분석: 위의 예문처럼 시간, 방법, 도구를 나타내는 개사구가 있으면 주어는 한 개만 필요하다.

* 我喜欢有钱的朋友，而更喜欢经常能自己来请客的朋友。

고친문장: 我喜欢有钱的朋友，更喜欢经常能主动请客的朋友。
나는 돈 많은 친구를 좋아하고, 자발적으로 밥을 자주 사주는 친구는 더 좋아한다.

* 他提出的意见谁也不赞成他。

고친문장: 他提出的意见谁也不赞成。그가 제시한 의견은 누구도 찬성하지 않는다.

분석: 사람들이 '찬성하지 않는' 것은 '의견'이지 '그'가 아니므로 '他'를 써서는 안 된다.

(三) 대체오류

1. 대사를 잘못 사용한 경우

* 凭给他中药，他把那个人救活了。

고친문장: 他就是靠那些中药，把那个人救活了。그는 바로 그 한약들로 그 사람을 살렸다.

분석: '他'를 두 번 사용했으나 지시하는 사람이 동일하지 않기 때문에 의미가 불분명하다.

* 任她是谁，我不会告诉。

고친문장: 任他是谁，我都不会告诉他的。그가 누구든지 간에 나는 그에게 알려주지 않을 것이다.

분석: 총칭지시를 할 때 '他'는 쓸 수 있지만 '她'는 쓸 수 없다.

* 这篇文章虽然不长，他的大意倒很有意义。

고친문장: 这篇文章虽然不长，它的内容倒很有意思。
이 글은 비록 길지는 않지만, 그 내용은 아주 재미있다.

분석: 사물을 지시할 때 '他'가 아니라 '它'를 사용한다.

＊把工厂当成我的家里。

고친문장: 我把工厂当成自己的家。나는 공장을 내 집처럼 여긴다.

분석: 주관적인 비유법을 나타낼 때 비유하는 명사 앞에 보통 자칭대사 '自己'가 단독으로, 혹은 1, 2, 3인칭과 함께 수식어로 사용된 경우 '自己'를 쓰지 않으면 부자연스럽다. 아래 문두에 물음표 표시를 한 예문은 모두 부자연스러운 문장이다.

王老师对我非常热情，到了他的家就像到了自己的家一样。

王老师对我非常热情，到了他家就像到了我自己家一样。

왕 선생님은 나를 아주 친절하게 대해 주셔서, 그 집에 가면 마치 내 집에 온 것 같았다.

？王老师对我非常热情，到了他的家就像到了我的家一样。

＊你代我布置你的房间，好吗？

고친문장1: 你代我布置房间，好吗？네가 나 대신 방을 좀 꾸며 줄래?

고친문장2: 我代你布置你的房间，好吗？내가 너를 대신해서 너의 방을 꾸며 줄까?

분석: 상기 오류는 동사 '代'의 행위자와 대상자 관계를 잘못 이해하여 인칭대사를 잘못 사용한 경우이다.

2. 인칭대사를 명사로 잘못 사용한 경우

？长城是中国最有名的古迹之一，我们应该保护名胜古迹。

고친문장: 长城是中国最有名的古迹之一，我们应该保护它。

만리장성은 중국에서 가장 유명한 유적 중의 하나이니, 우리는 반드시 그것을 보호해야 한다.

？小王到底去哪儿了？你尽快找一下小王。

고친문장: 小王到底去哪儿了？你赶快去把他找来。

샤오왕은 도대체 어디에 간 거니? 빨리 가서 그를 찾아와라.

분석: 인칭대사의 중요한 기능 중의 하나는 앞에 출현한 명사를 대체하고 이를 통해 조응 연결하는 것이다. 상기 두 예문은 각각의 절로 보았을 때에는 큰 문제가 없으나 문장의 연결 측면에서 대사를 써야 앞뒤 문장의 관계가 더 긴밀해진다.

(四) 어순오류

＊其实你家并不贫穷，何必你退学呢？

고친문장: 其实你家并不贫穷，你何必退学呢？

사실 너희 집이 가난한 것도 결코 아닌데, 네가 학교를 그만둘 필요가 있니?

＊如果你要去旅行，趁早你出发。

고친문장: 如果你要去旅行，你就早点儿出发吧。만약 네가 여행을 가려고 한다면, 좀 일찍 출발해라.

＊今天我得到了这月份的工资，什么东西也我给你买。

고친문장: 今天我拿到了这个月的工资，你要什么东西我也给你买。

오늘 내가 이번 달 월급을 받았으니, 네가 원하는 것은 무엇이든 너에게 사 주겠다.

* 代我你去吧。

고친문장: 我代你去吧。 내가 대신 갈게.

분석: 이러한 오류는 주어와 부사어를 함께 사용할 때 주로 발생한다(제7장 부사 제3절 참조).

二. 지시대사 관련 오류

(一) 누락오류

1. 연결 작용을 하는 지시대사를 누락한 경우

* 我从小就想当空中小姐，跟我妈有很大关系。

고친문장: 我从小就想当空中小姐，这跟我妈有很大关系。
나는 어릴 때부터 스튜어디스가 되고 싶었는데, 이는 우리 엄마와 큰 관련이 있다.

* 这次，我来中国以前，决定了一件事，就是要多和中国人交往。

고친문장: 这次，我来中国以前，决定了一件事，那就是要多和中国人交往。
이번에 내가 중국에 오기 전에 한 가지 결정을 내렸는데, 그것은 바로 중국인과 더 많은 교류를 하겠다는 것이다.

* 很多留学生愿意去洋洋饺子馆吃饭，是最有名的饺子馆之一。

고친문장: 很多留学生愿意去洋洋饺子馆吃饭，那是最有名的饺子馆之一。
많은 유학생이 양양 만두집에 가서 밥을 먹기를 원하는데, 그곳은 가장 유명한 만두집 중 하나이다.

분석: 텍스트에서 문장과 문장, 단락과 단락의 연결은 지시대사의 재지시 기능을 통해 일어난다. 상기 예문은 후속절에 지시대사가 누락되어 앞뒤의 연결에 문제가 발생한 것이다.

2. 사람을 나타내는 명사가 장소를 나타낼 때 상응하는 지시대사를 누락한 경우

* 我从老师借了一本书。

고친문장: 我从老师那儿借了一本书。 나는 선생님한테 책 한 권을 빌렸다.

* 我没有事的时候，就去姐姐玩儿。

고친문장: 我没有事的时候，就去姐姐那儿玩儿。 나는 일이 없을 때, 언니한테 놀러 간다.

3. 장소를 지시하는 대사를 누락한 경우

* 李老师来到门口一看，他的爱人坐着等他。

고친문장: 李老师来到门口一看，他的爱人正坐在那儿等他呢。
리 선생님이 문 앞으로 와 보니, 그의 아내가 마침 저기 앉아 기다리고 있었다.

4. 상태의 지속을 나타내는 양보구문 중, 형용사절에 지시대사를 누락한 경우

* 你再马虎，就会出事的。

고친문장: 你再这么马虎，是会出事的。 네가 또 이렇게 대충대충 하면 사고가 날 것이다.

(二) 첨가오류

*这的两种大哥大非常小，非常轻，很容易带走。(王硕의 예문, 이하 王)

고친문장: 这两种大哥大非常小，非常轻，便于携带。
이 두 종류의 휴대폰은 매우 작고, 매우 가벼워서 휴대하기 편리하다.

*我觉得这篇课文不算那么难。

고친문장1: 我觉得这篇课文不算难。나는 이 본문이 어려운 편은 아니라고 생각한다.

고친문장2: 我觉得这篇课文不像我想像的那么难。
나는 이 본문이 내가 상상했던 것처럼 그렇게 어렵지는 않다고 생각한다.

분석: 형용사 앞에 '那么'를 쓰면 대개는 지시하는 대상이 있는 경우이다(화자나 청자가 예상했거나 언급한 적이 있음).[7] 반면, 오류문에 나온 '不算' 자체가 이미 '예상'의 의미가 내포되어 있으므로 '那么'를 추가할 필요가 없으므로 고친문장1[8]과 같이 고쳐야 한다.

(三) 대체오류

1. 지시대사와 부사의 용법을 혼동하여 잘못 사용한 경우

*在一个人口多么稀少的国家难道车辆太多？

고친문장: 没想到在一个人口这么稀少的国家里，汽车却是这么多。
인구가 이렇게 적은 나라에서 자동차가 이렇게 많을 줄은 생각지도 못했다.

*无论压力这么大，我们应该坚持下去。

고친문장: 无论压力有多大，我们都应该坚持下去。
스트레스가 아무리 많아도 우리는 반드시 끝까지 해야 한다.

분석: 복문에서 앞 절의 술어가 형용사나 심리동사이면 형용사술어 앞에 '这么', '那么'를 쓰거나 '多么', '多'를 써야 한다.

尽管他身体这么不好，但他还是赶来参加我们的活动。
비록 그의 건강이 이렇게 좋지 않지만, 그는 우리의 행사에 참가하러 달려와 주었다.
不管天气多么冷，他都坚持早上出去跑步。
날씨가 아무리 추워도 그는 꿋꿋하게 아침에 조깅을 하러 나간다.
不管天气有多冷，他都坚持早上出去跑步。
날씨가 아무리 추워도 그는 아침에 뛰러 나간다.
客人来时，无论你心里有多么不高兴，但是都得笑脸相迎。
손님이 오면 아무리 마음이 내키지 않아도 웃으며 맞이해야 한다.

---

7) [역주] '那么'가 지시하는 대상은 문장(단문)에 직접 출현하지 않을 수도 있지만 고친문장2와 같이 '像~'와 같은 형식으로 출현할 수도 있다.

8) [역주] 원문의 서술은 "如修2, 原偏误已有的'不算'本身隐含着'预想'义, 所以不能再加'那么'。"이다. 원문에서는 지시대사 '那么'를 첨가할 수 없는 것으로 고친문장2라고 했지만, 고친문장 예문 두 개를 살펴볼 때, 고친문장1에 해당하는 서술이라 판단되어, '改2'를 '고친문장1'로 수정하여 번역하였다.

상기 예문과 같이 형용사나 심리동사가 무조건적 상황을 나타내는 절에는 '多么', '多'가 수식어를 담당하여, 정도에 대한 강조를 나타낸다('这么', '那么'는 불가능). 무조건적이지 않고 어떠한 사실을 나타내는 문장에는 '这么', '那么'를 사용하며 구체적인 상태의 정도를 강조한다.

* 有人一直要闯红灯，这件事对我的印象那么大。

고친문장1: 有人总是闯红灯，这给我的印象很深。
누군가 줄곧 신호를 위반했던 것이 나에게 매우 기억에 남는다.

고친문장2: 有人总是闯红灯，这给我的印象那么深，以至到现在还常常想起。
누군가 줄곧 신호를 위반했던 것이 나에게는 매우 기억에 남아서 지금까지도 종종 생각난다.

분석: 상기 예문은 '那么'를 잘못 사용했다. 문장에 '没有我想象的'와 같이 비교의 기준이 되는 구가 있거나, '以至到现在还常常想起'와 같이 정도를 보충 설명하는 후속절이 있어야만 '那么'가 형용사를 수식할 수 있다. 즉, '那么'의 지시 내용을 구체적으로 설명하는 성분이나 문장이 있어야만 출현이 가능하다. 이러한 성분이나 문장이 없다면 '那么'를 쓸 수 없다.

2. 지시대사와 인칭대사의 용법을 혼동하여 잘못 사용한 경우

* 听说他刚刚失去了亲人，我想安慰那个人一下。

고친문장: 听说他刚刚失去了亲人，我想去安慰他一下。
그가 방금 가족을 잃었다는 말을 듣고, 나는 그를 좀 위로하고 싶었다.

분석: 앞 절에서는 '他'를 써서 '他'가 화자에게 친숙한 사람이라는 것을 설명한다. 그러나 뒤에는 '那个人'으로 사용하여 지시함으로써 오히려 낯설고 소원함을 나타내고 있다.

3. 기타 지시대사를 잘못 사용한 경우

* "大邱女人多吃苹果，多有美人"，这么说话也有。

고친문장: "大邱女人因为多吃苹果，有很多美人"，这样的说法也有。
"대구 여자는 사과를 많이 먹어서 미인이 많다"라는 말도 있다.

분석: '这么说话'는 말하는 방식을 지시한다. 여기서는 말한 내용을 가리키므로 '这样'을 써야 한다(명사 수식 가능).

* "谁为父母养老？"这样情况不仅是中国的问题。(王硕의 예문, 이하 王)

고친문장: "谁为父母养老？"这种情况不仅是中国的问题。
"누가 부모님을 부양할까?" 이런 상황은 중국만의 문제가 아니다.

* 听说很多人利用那样旅馆。(王)

고친문장: 听说很多人去住那种旅馆。많은 사람이 그런 숙소에 가서 묵는다고 들었다.

4. 지시대사의 지시 성분을 잘못 사용한 경우

* 今天下午来顾客，怪不得这么清扫了。

고친문장: 今天下午要来顾客，怪不得这么拼命地打扫。
오늘 오후에 손님이 오는구나, 어쩐지 그래서 이렇게 필사적으로 청소를 한 거였군.

분석: '清扫'는 동사이고, '这么'가 동사를 수식하면 동작의 방식을 설명한다. 따라서 '这么'를 사용하여 상태를 강조하려면 상태를 나타내는 형용사가 와야 한다.

(四) 어순오류

* 我不明白他为什么做那样。

고친문장: 我不明白他为什么那样做。 나는 그가 왜 그렇게 했는지 모르겠다.

* 这么事重要，你为什么一直不跟我说？(王)

고친문장: 这么重要的事，你为什么一直不跟我说？
이렇게 중요한 일을 너는 왜 계속 나에게 말하지 않니?

* 有时候我也想"我比别人差"，可是我想这样的时候，我做什么都失败。(王)

고친문장: 有时候我也想"我比别人差"，当我这样想的时候，做什么都失败。
가끔은 "내가 남들보다 못하다"는 생각을 하는데, 내가 이런 생각을 할 때면, 무엇을 해도 실패한다.

* 有一天他的单位质量考核，那他的班组不合格的人很多。(王)

고친문장: 有一天他的单位质量考核，他那个班组不合格的人很多。
어느 날 그의 회사에서 품질 심사를 했는데, 그의 팀에는 불합격한 사람이 매우 많았다.

(五) 혼합오류

* 我在旅行路途中写了一点的书，今年一定要着手那本书。

고친문장: 上次跟您说的书，我在旅行途中写了一点儿，这本书今年一定要着手写起来。
지난번에 말씀드린 책을 여행 도중에 좀 썼습니다, 이 책은 올해 반드시 집필에 착수해야 합니다.

분석: 이 예문은 화자가 청자에게 쌍방이 모두 알고 있는 책에 대해서 얘기하는 것이다. 후속절에서 지시대사로 앞에 방금 출현한 내용을 조응하여 재지시하려면 근지시대사 '这'를 써야하고, 이런 경우에는 지시대사를 화제의 위치에 놓는 것이 좋다.

三. 의문대사 관련 오류

(一) 대체오류

1. 유사한 의문대사를 혼동하여 잘못 사용한 경우

* 你要买怎么样的皮鞋？

고친문장: 你要买什么样的皮鞋？ 너는 어떤 구두를 사려고 하니?

* 反复考虑到底什么样最合适，最后才作出了这个决定。

고친문장: 我反复考虑到底怎么样做最合适，最后才作出了这个决定。
나는 도대체 어떻게 하는 것이 가장 적합한지를 여러 번 생각하고 나서야 마침내 결정을 내렸다.

분석: 상기 두 예문은 '怎么样'과 '什么样'의 용법을 혼동했다. 두 번째 예문에서는 '什么样'을 절의 주어로 잘못 사용했다. '怎么样'과 '什么样'은 단독으로 주어가 될 수 없다.

2. 의문대사가 담당해야 할 문장 성분을 잘못 선택한 경우

* 你今天有HSK分班考试了，怎么样？

고친문장: 今天HSK辅导班分班考试，你考得怎么样？오늘 HSK 분반시험 봤는데, 어떻게 봤니?

분석: 이미 완료된 동작의 상황을 물을 때 '怎么样'은 반드시 보어로 써야 한다(제3절 (四) 4 참조).

* 小王正在谁生气呢？

고친문장1: 小王正在生谁的气呢？샤오왕은 누구에게 화를 내고 있니?

고친문장2: 小王正在跟谁生气呢？샤오왕은 누구에게 화를 내고 있니?

3. 의문대사의 임의지시 용법을 혼동하여 잘못 사용한 경우

* 他们俩谁也帮助谁。

고친문장: 他们俩互相帮助。그들 두 사람은 서로 돕는다.

* 我们谁都关心谁。

고친문장: 我们俩互相关心。우리 두 사람은 서로 관심이 있다.

* 这件事很重要，谁也不要告诉谁。

고친문장: 这件事很重要，你谁也不要告诉。이 일은 매우 중요하니, 너는 누구에게도 알려주지 마라.

분석: 상기 예문 중 앞의 두 개는 앞뒤에 오는 주어, 목적어를 지시하는 '谁～谁'를 긍정문에 잘못 사용해서 발생한 오류이다. 세 번째 예문은 '谁～谁'형식을 잘못 사용한 경우로, 임의지시를 나타낼 때 '谁'는 한 개만 있으면 되고 한정적인 주어 '你'는 생략할 수 없다.

(二) 어순오류

* 谁要去就你跟谁去。

고친문장: 你想跟谁去就跟谁去吧。네가 누군가와 가고 싶다면 그 사람과 함께 가라.

* 你买了这件衣服在哪儿？

고친문장: 这件衣服你在哪儿买的？이 옷을 너는 어디에서 샀니?

* 你得告诉我你出去什么时候。

고친문장: 你得告诉我你什么时候出去。너는 나에게 언제 나가는지 알려줘야 한다.

* 你总对他为什么那么凶啊？

고친문장: 你为什么对他总那么凶啊？너는 왜 항상 그를 그렇게 심하게 대하니?

(三) 혼합오류

* 对不起，刚才什么说？

고친문장: 对不起，你刚才说什么来着？미안한데, 너 방금 뭐라고 했니?

* 无论有了道理，什么战争都不应该做。

고친문장: 不管有什么道理，最好都不要打仗。 무슨 이유가 있든 싸움은 하지 않는 게 좋다.

* 他本来每次很努力什么事，最近看起来他增长了社会知识。

고친문장: 他现在做什么事都很努力，看来他最近有了很大的长进。
그는 요새 무슨 일을 해도 매우 열심히 하더니, 최근에 크게 발전한 것 같다.

四. 특수대사 관련 오류

(一) 누락오류

'每' 뒤에 양사를 누락한 경우

* 每她来我家看我的房间，她不满意于乱七八糟的我房间。

고친문장: 每次她来我家，看见我的房间乱七八糟的就很不满意。
매번 그녀가 우리 집에 올 때마다 내 방이 엉망진창인 것을 보고 매우 못마땅해 한다.

(二) 첨가오류

* 每年我和我的朋友都在北京见面了。

고친문장: 每年我和我的朋友都在北京见一次面。 매년 나와 내 친구는 베이징에서 한 번씩 만난다.

분석: '每'는 규칙적으로 발생하는 동작을 나타내기 때문에 뒤에 '了'를 쓰지 않는다(제10장 조사 제5절 참조).

(三) 대체오류

'每 + 양사'를 중첩하여 잘못 사용한 오류

* 他这次期中考试的成绩不好，所以考试的以后每天每天预习和复习

고친문장: 他这次期中考试的成绩不好，所以现在每天都要预习和复习。
그는 이번 중간고사의 성적이 좋지 않아서 현재 매일 예습, 복습한다.

* 我们是老朋友，因此我们每天每天都一起。

고친문장: 我们是老朋友，因此我们每天都在一起。 우리는 오랜 친구이기 때문에 매일 함께 지낸다.

(四) 어순오류

* 每个开始学期我会付钱一个学期费，但是我没有钱，所以我得打工。

고친문장: 每个学期开始我都要付一个学期的学费，但是我没有钱，所以我得打工。
매 학기 개강이면 한 학기 등록금을 내야 하는데 돈이 없으니 아르바이트를 해야 한다.

(五) 혼합오류

* 我来中国一次两年。

고친문장: 我每两年来一次中国。 나는 2년에 한 번씩 중국에 간다.

* 我爸爸的爱好是打高尔夫球，假日的时候每次去打高尔夫球。

고친문장: 我爸爸的爱好是打高尔夫球，每逢假日都去打高尔夫球。

우리 아빠의 취미는 골프를 치는 것이라 휴일마다 골프를 치러 가신다.

분석: 이 오류에는 몇 가지 문제가 있다. 첫째, '每逢'을 잘못 사용하였고, 둘째 어순상 문제가 있으며, 셋째, 공기하는 부사 '都'가 누락 되었다(이는 자주 발생하는 오류임. 제7장 부사 제3절 참조).

제6절 교학적 제언

(一) 인칭대사

1. 1인칭, 2인칭, 3인칭을 지시하는 '我, 你, 他'를 학습자들은 쉽게 이해하는 편이지만, '它'가 지시하는 사물과 용법에 대해서는 주의를 기울이지 않는 편이다(제5절 一 참조). 따라서 수업 교재의 본문 내용을 학습자들의 오류와 결합하여 강조해 줄 필요가 있다. 또한, 중·고급 단계에서는 '他'의 총칭지시 용법과 활용에 관해 적절하게 설명해 주어야 한다.

2. 대사 오류에서 가장 빈번한 것은 생략할 수 없는데 생략하거나, 생략해야 하는 데 생략하지 않는 것이다(위 제5절 참조). 대사를 수업할 때 학습자의 오류를 활용하여 생략이 불가능한 것과 생략이 필요한 것에 대한 규칙을 세워 반복적으로 강조해야 한다. 중·고급 단계에서는 수업 교재 본문에서 문단 내의 조응기능을 언급함으로써 인칭대사의 연결 기능도 함께 설명해 줄 수 있다.

(二) 지시대사

1. 지시대사 '这', '那'의 용법은 단문만을 활용하여 지도해서는 안 된다. 왜냐하면 지시대사의 중요한 기능은 앞 절의 선행사나 내용을 재지시하여 문장과 문장, 단락과 단락을 연결하는 작용이기 때문이다. 따라서 수업 교재 본문 내의 '这', '那'의 용법을 충분히 활용하여 구체적인 분석을 시도해야 한다. 작문 훈련에서도 학습자가 지시대사를 정확하게 사용하도록 의식적으로 지도한다.

2. 학습자의 오류 예시를 활용하여 '这么, 那么'의 사용 조건을 설명해야 한다. 특히 복문에서의 용법을 강조해야 한다. 예를 들어, 가정문 혹은 역접문의 앞 절에서 형용사술어나 심리동사술어의 정도를 강조하려면 '这么, 那么'를 생략할 수 없다는 것을 설명한다(제2절 四 8, 제5절 二 (三) 참조).

3. 중·고급 단계의 학습자들에게는 학습자의 오류 예시를 활용하여 단문과 복문에서의 '多么', '这么' 용법의 차이점을 적절하게 비교 분석해 주도록 한다(제5절 二 참조).

(三) 의문대사

1. '谁, 什么, 哪儿' 등 의문대사의 일반적인 용법은 학습자에게 어렵지 않으나, 초급 단계의 학습자들은 의문대사 학습 후 어순오류를 쉽게 범하게 된다. 따라서 처음 배울 때 의문대사를 사용한 의문문의 어순과 평서문의 어순이 일치하다는 것을 강조해야 한다.

2. '怎么样', '什么样' 등의 의문대사를 학습한 후에 수업 교재의 본문과 학습자들의 오류 예시를 결합시켜 두 단어에 대한 적절한 비교 분석을 해야 한다. 또한 '怎么样' 등 의문대사가 담당하는 문장성분에 따라 질문하는 내용 역시 달라진다는 점을 상세하게 설명한다(제3절 (四) 참조).

3. 중급 단계의 학생에게 의문대사의 임의지시 용법은 어려울 수 있다. 특히 주어와 목적어가 동일한 의문대사를 사용하여 쌍방을 지시하는 용법이 그러하다. 따라서 임의지시의 세 가지 용법을 모두 배운 후, 학습자가 혼동하지 않도록 이들이 각자 가지고 있는 의미와 어법구조의 특징을 비교하여 설명해 주어야 한다.

(四) 특수대사

'每'는 초급 단계에서 반드시 배워야 하고 그만큼 자주 사용하는 고빈도 대사 중 하나이다. '每'의 사용 규칙은 매우 다양하지만, 현재 가르칠 때 이 규칙을 모두 다 설명해 주지 않기 때문에 학습자가 자주 오류를 범하게 된다. 따라서 '每'를 가르칠 때, 출현하는 문형을 활용하여 학습자에게 하나하나 그 사용 규칙을 설명해야 한다. 더불어 오류 예시를 활용하여 이를 강조하도록 한다.

참고문헌

陈平(1987), 释汉语中与名词成分相关的四组概念,《中国语文》第2期.

刘月华(2001),《实用现代汉语语法》(增订本), 商务印书馆.

王硕(1999), 从日本学生的偏误谈汉语的指示代词, 张起旺、王顺洪主编《汉外语言对比与偏误分析论文集》, 北京大学出版社.

杨凯荣(2003), "量词重叠十都 + VP"的句式语义及其动因,《世界汉语教学》第4期.

杨凯荣(2003), "量词重叠十都 + VP"与"每十量词十名词 + (都) + VP"的差异,《日本中国语学会53回全国大会预稿集》.

杨雪梅(2002), "个个"、"每个"和"一个个"的语法语义分析,《汉语学习》第4期.

朱德熙(1999), 语法讲义,《朱德熙文集》(第一卷), 商务印书馆.

제3장 수사와 양사

제1절 수사

一. 수사분류

중국어 수사는 계수사, 자릿수, 어림수가 있다.

(一) 계수사

零영, 一일, 二이, 三삼, 四사, 五오, 六육, 七칠, 八팔, 九구, 十십, 两둘

(二) 자릿수

个개, 十십, 百백, 千천, 万만, 亿억

(三) 어림수

来쯤, 多남짓, 左右가량, 好几여러/몇

二. 기수와 서수

수사는 기수와 서수로 나눌 수 있다. 기수는 수량의 많고 적음을 나타내는 수사이고, 서수는 순서의 앞뒤를 나타내는 수사이다.

(一) 기수

중국어 기수는 계수사와 자릿수로 나뉜다. '十' 이하의 수는 계수사로만 표현할 수 있고, '十' 이상의 수는 계수사와 자릿수를 함께 써야 한다.

四十사십, 三百삼백, 六千육천, 九万구만, 七亿칠억

(二) 서수

'第'를 계수사나 계수구조[1] 앞에 첨가하면 서수사가 된다.

第一첫 번째, 第二두 번째, 第三세 번째……第二百八十五이백팔십오 번째

---

1) [역주] 계수구조는 '계수사 + 자릿수'를 가리킨다.

(三) 기수의 종류: 정수, 분수, 소수, 배수

1. 정수를 읽는 방법

(1) 기수 10~19는 직접 '十, 十一……十九'라고 읽는다. 기수 '一'가 '百, 千, 万, 亿'와 결합할 때는 앞에 '一'를 반드시 읽어야 한다. 후행하는 '十'의 계수사가 '一'일 경우에도 보통 '一'를 읽어야 한다.

118 一百一十八 1114 一千一百一十四

(2) 숫자가 '万' 이상이면 '万'을 단위로 '万' 자리에서 끊어 읽고, '万' 이상의 자릿수는 '万' 이하의 자릿수와 같이 '十', '百', '千'이라고 읽는다.

12567000 一千二百五十六万七千

'亿' 이상의 수를 읽는 방법 역시 '万'과 같다.

(3) 0이 맨 뒤에 나오면 읽지 않는다.

110 一百一十('一百十'라고 읽지 않음) 3650 三千六百五十

백의 자릿수 이상일 경우 중간에 오는 0은 읽어야 하지만, 0이 연속해서 나와도 한 번만 읽는다.

207 二百零七 100080 十万零八十

3007 三千零七('三千零零七'라고 읽지 않지만, '2005년'과 같이 특별히 강조하는 경우에는 '二零零五年'이라고 읽음)

2. 분수 읽는 방법: 분모 기수 + **分之** + 분자 기수

五分之二5분의2 十分之一10분의1

3. 소수 읽는 방법: 정수 기수 + **点** + 소수 뒤 계수

514.9 五百一十四点九

4. 배수 읽는 방법: 수사 + **倍**

배수는 보통 어떤 수가 비교하는 수보다 클 때 사용하는데, 다음 두 가지 용법의 차이점을 주의해야 한다.

A是B的C倍: A=B×C, 二十四是八的三倍。24는 8의 3배이다.

A比B增加了C倍: (A−B)÷B=C, 二十四比八增加了两倍。24는 8보다 2배 증가했다.

三. 어림수

어림수를 나타내는 방법은 다음과 같다.

(一) 인접한 두 개의 숫자를 연속해서 사용한다.

两三个두세 개 五六天대엿새 七八本일고여덟 권

(二) 숫자 뒤에 어림수를 나타내는 단어를 첨가한다. 주로 '多, 来, 好几'가 있다.

1. '多'의 용법

(1) '多'가 시간, 무게, 길이를 나타내는 어림수이면 두 가지 위치에서 출현한다.
앞에 오는 숫자가 일의 자릿수이면 '多'는 양사 또는 '天', '年', '点', '岁' 뒤에 온다.

양사: 一个多小时한 시간 남짓 五个多月오개월 남짓
도량사: 三公斤多세근 남짓 一公里多일킬로미터 남짓 八米多8미터 남짓
기타: 四岁多네 살 남짓 两天多이틀 남짓 六年多육년여 七点多일곱시쯤

앞에 '十, 百, 千, 万, 亿' 등의 정수가 오면 '多'는 이 숫자들 뒤에 오고, 그 뒤에 양사 또는 시간/무게 단위가 온다.

三十多个小时30시간 남짓 二百多天200일 남짓 六十多岁60살 남짓
一百六十多克160그램 남짓 七千多公里7천킬로미터 남짓
十万多10만 남짓(10만 보다는 많고, 11만에 못 미침, 가끔은 10만 5천에도 못 미침)
十多万10여만(12, 13만 정도)

10 이상의 자릿수에 일의 자릿수가 함께 있으면 '多'를 쓸 수 없다.
* 我今年25岁多。
* 妈妈买了十二多公斤米。

(2) '多'가 시간, 무게, 길이를 나타내는 어림수가 아닐 경우 '多'는 '十, 百, 千, 万, 亿' 등 정수 뒤에 온다(양사 뒤에 올 수 없음). 이런 경우, 대부분은 양사를 첨가해야 명사를 수식할 수 있다.

十多辆车차 10대 남짓 五百多(个)人사람 500명 남짓 七十多间屋子방 70여칸 남짓

2. '来'의 용법

(1) '来'가 나타내는 어림수는 '来' 앞에 나온 숫자와 근접한 수로, 그 수보다 약간 많거나 약간 적다. '来'는 주로 '十, 百, 千, 万' 등 자릿수(숫자가 10만을 초과하면 '万', '亿' 뒤에 '来'를 쓰지 않음)와 함께 사용한다. '숫자 + 来'는 양사를 첨가하여 명사를 수식하지만, 그 명사가 앞에 이미 출현한 적이 있다면 명사는 생략할 수 있다.

二百来公里200여 킬로미터 四千来米4천여 미터 五十来公斤50여 킬로그램
十来年10여 년 二十来天20여 일[2] 十来个(人)10여 명(사람)
三十来个(国家)30여 개(국가) 一百十四来头(牛)140여 마리(소) 七万来只(鸡)7만여 마리(닭)

주의: '来'가 '天', '年' 뒤에 오면 어림수가 아니라 '~이래로(以来)'라는 의미이다.

两天来이틀 동안 一年来일 년 동안

(2) '小时', '月'와 '来'가 결합하여 어림수를 나타낼 때는 '个'를 써야 한다('年, 月'는 필요 없음). 두 가지 방식으로 표현된다.

---

2) [역주] 원문의 '二十天来'를 '二十来天'으로 수정하였다.

10 이하의 정수: 三个来小时3시간 남짓 六个来月6개월 남짓 ＊四个来年 ＊七个来天
'10'과 같은 자릿수: 十来个小时 ＊十来个年

(3) '来'가 무게·길이의 어림수를 나타내고, 앞에 일의 자리 정수가 올 경우, 무게·길이를 나타내는 단어 외에 설명의 대상을 나타내는 명사가 수반되어야 한다. 반면, '多'는 두 가지 방법으로 표현된다.

五斤来肉5근 남짓의 고기 ＊五斤来
一米来布1미터 남짓의 천 ＊一米来
五斤多肉5근 남짓의 고기
肉有五斤多。고기가 5근 남짓하다. ＊肉有五斤来。

'里' 뒤에는 '来'가 올 수 있지만, '公里'는 불가능하다. 일부 임시도량을 나타내는 사물 명사는 '来'를 수반할 수 있다.

一里来路1리 남짓 ＊一公里来路
一扁担来长1멜대 남짓의 길이 一胳膊来深1팔 남짓의 깊이

3. '把'의 용법

'把'는 '来'와 의미가 비슷하다. 그러나 '把'는 '百, 千, 万'과 같은 자릿수와 일부 양사 뒤에만 올 수 있다. 또한 자릿수나 양사 앞에 계수사가 올 수 없기 때문에, '一'만을 나타낸다.

百把棵树＝一百来棵树나무 100여 그루 千把条船＝一千来条船배 1000여 척

'把'와 '来'의 차이점은 '把'는 '个' 뒤에서 명사를 수식하고 앞에 '一'를 쓰지 않아도 어림수를 나타낼 뿐만 아니라 '소량 의미'도 나타낸다는 것이다.

个把人(＝一两个人 ＊'个来人') 한 사람 정도
个把星期(＝一个来星期) 일주일 정도
个把小时(＝一个来小时) 한 시간 정도

'来'를 사용하기 위해서는 앞에 '一'가 와야 하며, '来'는 어림수만 나타낼 뿐 '소량 의미'는 나타내지 않는다.

4. 左右

'左右'는 '来'와 의미가 유사하다. '左右' 앞에 있는 수보다 약간 많거나 약간 적음을 나타내며, 보통 수량사 뒤에 온다.

两天左右이틀 정도 四公斤左右4킬로그램 정도 九千人左右9천 명 정도

'左右'는 다양한 수량사(차용양사를 담당하는 명사 포함) 뒤에 올 수 있다. 그러나 '수량사＋명사' 뒤에는 올 수 없으며, 또 '来' 처럼 뒤에 명사가 올 수 없다.

5. 上下

'上下'는 '左右'와 유사한 의미로 사용하지만, 성인의 나이를 추측하는 데 상대적으로 더 많이 사용한다.

三十岁上下서른 살 안팎　　六十五上下육십오 안팎

아래와 같이 '숫자 + 上下'형식으로도 사용할 수 있다. 다만 그 수는 정태적인 어림수가 아닌 어떤 시구간(时段)이나 수량 범위 내에서 유동성을 나타낸다.

他经常锻炼，所以他的体重常在七十公斤上下。
그는 항상 운동을 해서 그의 체중은 70킬로그램 안팎이다.
几年来，这里水稻的平均亩产都在一千斤上下。
몇 년 동안 이곳 벼의 평균 1무(亩)당 수확량은 모두 천 근 안팎이다.

6. 前后

'前后'의 어림수는 확정적인 시점의 전후를 나타낸다. 앞에 나오는 시간 명사는 보통 매우 분명하거나 특정한 시점이다.

国庆节前后국경일 전후　　五一前后노동절 전후　　二十号前后20일 전후

'前后'는 시구간을 나타내는 시간명사 뒤에 올 수 없다. 반면, '左右'는 가능하다.

＊三个星期前后　　三个星期左右3주 정도
＊六个月前后　　六个月左右6개월 정도

四. '二'과 '两'의 비교

중국어의 '二'과 '两'의 차이점은 다음과 같다.

(1) 수를 세거나 서수를 나타낼 때는 '二'을 사용한다. 기수의 자릿수, 분수와 소수 역시 '二'을 사용한다.

(2) 수사 뒤에 양사가 오면 '两'을 써야 한다.
两把椅子의자 두 개　　两斤苹果사과 두 근　　两件事일 두 건

(3) 도량사 앞에는 '二', '两' 모두 쓸 수 있다.
二尺/两尺2척　　二里/两里2리 (보통화는 둘 다 가능하지만, 북경어는 '二尺, 二里'만 씀)

도량사가 '两'인 경우에는 '二'만 쓸 수 있다.
二两饭밥 두 량

(4) '二'과 '两' 모두 계수사가 될 수 있다. '百, 千, 万, 亿' 앞에 둘 다 사용할 수 있지만, '十' 앞에는 반드시 '二'을 써야 한다.

(5) '倍' 앞에 '二'과 '两' 모두 올 수 있다. 반면, '半' 앞에는 '两'을 써야한다. '分成两半둘로 나누다'와 같은 경우이다.

제2절 양사

중국어 양사는 명량사와 동량사 두 가지로 분류할 수 있다.

一. 명량사

명량사는 다음과 같이 분류할 수 있다.

(一) 전용양사

1. 개체양사

개체 사물을 나타내는 명사 앞에는 서로 상응하는 양사를 사용해야 한다. 중국어 양사는 매우 다양하고 복잡하다. 각기 다른 명사는 대부분 양사를 달리 써야 할 뿐 아니라, 반드시 사용해야 한다. 다음은 초급 단계에서 자주 사용하는 개체양사이다.

个개, 本권, 件건, 条줄기, 张장, 间칸, 块(화폐단위)원, 片조각, 篇편

2. 집합양사

두 개 이상의 개체로 구성된 사물에 쓰이는 양사를 집합양사라고 한다.

一双한 쌍　袜子양말/鞋신발/手套장갑
一副한 폭　对联대련/手套장갑
一套한 세트　西装정장/家具가구/茶具다기
一群한 무리　人사람/学生학생/蜜蜂꿀벌
一帮한 무리　人사람/学生학생/流氓건달
一伙한 패　人사람/土匪도적떼/强盜강도
一批한 더미　客人손님/学生학생/产品제품/货物화물

3. 도량사

도량을 측정하는 데 쓰는 계산 단위이다.

무게(重量): 钱돈, (市)两냥, (市)斤근, 克그램, 公斤킬로그램, 吨톤
길이(长度): (市)分푼, (市)寸인치, (市)尺자, 丈장, (华)里리, 厘米(公分)센티미터, 米(公尺)미터, 公里킬로미터, 海里해리(과거에는 '浬'라고 함)
면적(面积): 分분, 亩묘, 顷경, 平方寸평방치(1치 = 약 3.03cm), 平方尺평방자(1자 = 약 30.30cm), 平方米평방미터, 公顷헥타르
부피(体积): 立方寸입방인치, 立方尺입방피트, 立方米입방미터, 立升리터, 加仑갤런, 品脱파인트
용량(容量): 合(gě)홉, 升리터, 斗말, 石(dàn)섬, 公升리터

4. 부정양사

정해지지 않은 수량을 나타내는 양사로 '些', '点儿'이 있고, 이들 앞에는 수사 '一'만 올 수 있다.

(1) '(一)些'의 용법

'(一)些'는 명사를 수식하여 부정량(不定量)을 나타낸다.

他在图书馆借了一些资料。그는 도서관에서 약간의 자료를 빌렸다.

把那些旧报纸卖了吧。그 낡은 신문들을 팔아라.

我们给他提了一些建议。우리는 그에게 몇 가지 건의를 했다.

'些' 앞에 '好'를 첨가하면 수량이 많음을 나타낸다.

妈妈给我买了好些吃的东西。엄마가 나에게 먹을 것을 많이 사 주셨다.

他过生日的时候, 收到了好些礼物。그는 생일에 많은 선물을 받았다.

'(一)些'는 형용사와 일부 심리동사 혹은 인지류 동사 뒤에 올 수 있으며, 정도가 증가하거나 감소함을 나타낸다. 다음과 같은 문형에 쓸 수 있다.

① 명령문에 사용

把空调开大些。에어컨을 좀 세게 틀어라.

你要再细心些。너는 좀 더 꼼꼼하게 해야 해.

放松些, 不要紧张。긴장하지 말고 느긋하게 해.

房间要打扫得干净些。방을 깨끗이 청소해야 해.

또는 '형용사 + 동작동사'의 수식구조 뒤에 사용한다.

外边很冷, 要多穿些衣服。밖이 추우니 옷을 많이 입어라.

② 서술식 비교문에 사용

这儿的夏天比北京凉快些。이곳의 여름은 베이징보다 조금 시원하다.

他写的比说的要好些。그는 말보다 쓰는 것이 좀 낫다.

那个孩子比以前懂事些了。그 아이는 예전보다 철이 좀 들었다.

일부 문장은 '比'자가 없으나 비교 의미를 내포한다.

奶奶的身体好些了。할머니의 건강이 좀 좋아지셨다. (예전과 비교함)

他的发音好些了。그의 발음이 좀 좋아졌다. (상동)

③ 주어나 목적어를 담당하는 주술구 또는 동목구에 사용

少写些也没关系。적게 쓰는 것도 괜찮다.

希望你多干些。네가 좀 더 일하기를 바란다.

(2) '(一)点'의 용법

'(一)点'은 명사 또는 명사를 대체 지시하는 지시대사를 수식할 수 있으며, 부정량을 나타낸다.

我买了点水果。나는 과일을 좀 샀다.

你想吃点什么？——随便吃点什么吧。뭐 좀 먹을래? ——아무거나 좀 먹을게.

'(一)点儿'은 형용사, 일부 동작동사, 심리활동이나 인지류를 나타내는 동사 뒤에 올 수 있으며, 정도가 약간 증가하거나 감소함을 나타내고 비교 의미를 띤다. 주로 명령문이나 기원을 나

타내는 문장에 사용한다.

把声音调小点儿。소리를 좀 낮춰라.

走路当心点儿。조심해서 걸어라.

严肃点儿，别笑了。웃지 말고 좀 진지해라.

行李要捆得紧一点儿。짐을 좀 단단히 묶어라.

希望大家抓紧点儿。모두 서두르길 바란다.

또는 '형용사 + 동작동사'의 수식구조 뒤에 사용한다.

路上要好几天呢，要多准备点儿吃的。가는 길이 며칠 걸릴 테니, 먹을 것을 좀 많이 준비해야 한다.

'(一)点儿'은 서술식의 비교문에 자주 사용한다.

哥哥比弟弟高一点儿。형이 동생보다 조금 크다.

你的能力比他强一点儿。네 능력이 그보다 좀 낫다.

아래 문장의 경우 '比'자는 없지만 동일하게 비교 의미를 내포한다.

天气暖和点儿了。날씨가 좀 따뜻해졌다. (예전과 비교함)

他好像聪明点儿了。그는 좀 똑똑해진 것 같다. (예전과 비교함)

형용사가 나타내는 상태가 예상이나 기대를 약간 초과했을 때, 형용사 뒤에 '了'를 취한 뒤에 '一点儿'을 사용한다.

这个菜咸了一点儿。이 요리는 조금 짜다.

那条裤子长了一点儿。그 바지는 좀 길다.

(3) '(一)些'와 '(一)点'의 비교 분석

① 구어에서는 '(一)点'을 더 자주 사용한다.

② 부정량을 나타낼 때 '(一)些'가 나타내는 양이 '(一)点'보다 조금 많다.

③ 둘 다 지시대사 '这么', '那么'의 수식을 받을 수 있다. '这么点儿', '那么点儿'은 수량이 적음을 강조하고, '这么些', '那么些는 수량이 많음을 강조한다.

④ '好些' 역시 수량이 많음을 나타낸다. 그러나 '点'은 '好'와 결합하여 수량구를 만들 수 없다.

참고: '有(一)点儿'의 용법

'有点儿'은 부사인데 '(一)点儿'과 형태가 비슷해서 학습자가 자주 혼동하기 쉽기 때문에 간략하게 설명하도록 한다. 비교 의미가 있는 문장에서 정도가 약간 증가하거나 감소함을 나타내기 위해서는 형용사나 상태동사 뒤에 '一点儿'을 써야 한다. 반면, 비교의 의미가 없고 주관적인 평가, 추측이나 사람의 어떤 감정을 나타내는 경우 '有点儿'을 써서 형용사나 상태동사를 수식한다.

这件衣服有点儿大。이 옷은 좀 크다.

屋子里好像有点儿热。방안이 좀 더운 것 같다.

今天讲得有点儿多了。오늘 얘기를 좀 많이 했다.

他好像有点儿醉了。그는 좀 취한 것 같다.

我有点儿饿了。나는 조금 배가 고프다.

주의: '有点儿' 뒤에는 '高兴, 认真' 등과 같은 긍정의미의 형용사나 상태동사가 올 수 없다(朱丽云 주편 《实用对外汉语难点词语教学词典》의 '一点儿'과 '有点儿'의 비교 분석 참조).

5. 준량사

준량사란 수사와 직접 결합하여 사용할 수 있으며 어법기능이 양사와 기본적으로 비슷한 명사를 가리킨다.

a. 天일, 年년, 秒초, 分钟분, 国나라

b. 星期주일, 月개월, 小时시간, 县현, 市시, 省성

a조 준량사와 수사 사이에는 다른 양사를 삽입할 수 없고, b조 준량사와 수사 사이에는 '个'를 삽입할 수 있다. 예를 들면 '一个星期1주일, 五个小时5시간, 四个县4개의 현, 三个省3개의 성' 등이 있다. 그러나 '一个年, 两个国'라고 쓸 수 없고, '一年1년, 两国양국'라고 해야 한다. 준량사와 수사가 결합한 구는 관형어를 담당할 수도 있다.

(二) 차용양사

양사로 차용되어 사용가능한 명사를 가리킨다(주로 용기를 나타냄).

a. 杯잔, 碗그릇, 盒상자, 壶주전자, 盆대야, 车차, 桌상(테이블), 箱상자

b. 身몸, 桌子상, 屋子방, 肚子배, 手손, 头머리, 口입

a조 차용양사의 사용 빈도가 b조보다 높고, 전용 개체양사와 성질, 기능이 유사하다.

你要几箱苹果？——两箱。너는 사과 몇 상자가 필요해? ——두 상자.

今天进了几车货？——三车。오늘 화물이 몇 차나 들어왔어? ——세 차.

你们要订几桌(菜)？——五桌。당신들은 몇 테이블을 예약하려고 하나요? ——다섯 테이블.

이러한 차용양사는 중첩할 수 있고, '每', '这', '那'의 수식을 받을 수 있다. 수사(정수)와 결합한 수량구의 형태로 관형어를 담당할 수 있고, 단독으로 사용할 수도 있다.

b조 차용양사의 사용은 제한적이고, 전용 개체양사와 비슷한 성질과 기능이 없다. 보통 양사가 수식하는 명사의 상태, 즉 양이 '가득 찰' 정도로 많은 상태를 묘사할 때 사용한다.

我帮他修车，弄了一手的油。나는 그를 도와 차를 수리하느라, 온 손에 기름이 잔뜩 묻었다.

汽车开过，溅了他一身泥。자동차가 지나가자 그의 온몸에 진흙이 튀었다.

奶奶现在虽已是一头白发，但是身体却硬朗得很。

할머니는 지금 온 머리가 백발이지만 아주 정정하시다.

开学报名的时候，挤了一屋子的人。개학 등록을 하는데 온 방에 사람으로 붐볐다.

이러한 문장에는 수사 '一'만 쓸 수 있다. '一桌子', '一身' 등 수량구는 뒤에 오는 명사와 떨어져 홀로 쓸 수 없다. 또 '一手', '一身', '一头', '一屋子'의 '一'는 모두 '满'으로 대체할 수 있다.

二. 동량사

(一) 전용동량사

동작의 양을 전문적으로 나타내는 양사로 '次, 下, 回, 遍, 顿, 场, 趟, 阵, 番' 등이 있다.

1. 次

완전한 동작의 횟수를 나타내고 가장 자주 쓰이는 동량사이다. 주로 동사 뒤에서 동량보어를 담당하고, 서수 뒤나 분할서술문(分述句)의 문두에 쓸 수 있다.[3)]

这个学校我们访问过三次。이 학교는 우리가 세 번 방문한 적이 있다.

她看过两次中国电影。一次是在读小学的时候，一次就是上个星期四看的。

그녀는 중국 영화를 두 번 본 적이 있다. 한 번은 초등학교 때, 한 번은 지난주 목요일에 봤다.

他是第一次到国外留学。그는 처음으로 외국으로 유학을 갔다.

他们找了好几次了。그들은 여러 번 찾았다.

2. 下

(1) '敲击(치다)'류 동사 뒤에 주로 쓰여 구체적인 횟수를 나타낸다.

过年时，寺庙要敲108下钟。설을 쇨 때 절에서는 종을 108번 울린다.

海关大楼的钟"当、当、当"地敲了十二下。세관 청사의 시계가 '땡, 땡, 땡'하고 열두 번 울렸다.

敲了两下门，没有人来开门。문을 두 번 두드렸지만 아무도 열지 않았다.

(2) 동량사의 가장 일반적인 용법은 동작의 횟수를 나타내는 것으로, 주로 짧은 시간이나 동작량이 적은 동작에 사용한다.

他摸了一下孩子的头。그는 아이의 머리를 쓰다듬었다.

你等一下，我一会儿就来。잠시만 기다려, 내가 곧 올게.

他试了一下开关，很好用。그는 스위치를 시험해 보았는데, 아주 쓰기 편했다.

동사 뒤에 '一下'를 사용하면 문장의 어기를 부드럽고 예의있게 바꿀 수 있다. 이처럼 화용적인 목적으로 '一下'를 사용할 수 있는데 특히 명령문에 주로 사용한다. 다음과 같은 문장에서 '一下'는 구체적인 동작의 횟수를 나타내지 않는다.

你能给我解释一下原因吗？너는 나에게 이유를 좀 설명해 줄 수 있니?

请她有空来一下我的办公室。그녀에게 시간 나면 내 사무실로 잠깐 와달라고 해주세요.

3. 回

(1) 동작의 횟수를 나타내고, 주로 구어에 사용한다.

他爬过两回黄山。그는 황산을 두 번 오른 적이 있다.

我到医院看了他两回。나는 병원에 가서 그를 두 번 보았다.

---

3) [역주] 본고에서 말하는 '분할서술문'은 중국어의 '分述句'를 가리킨다. '분할서술문(分述句)'이란 어떤 대상이나 상황에 관해 세미콜론(;), 콤마(,) 등의 문장부호를 이용해 분할하여 묘사 서술하는 것을 뜻한다.

(2) 건(件)의 의미로, 일을 나타낼 때 사용한다. 앞에 올 수 있는 수사는 '一, 两'으로 제한적이다. 보통 가상지시(虚指), 특별지시(特指) 또는 직시(指别, deixis)(서로 다른 일을 구별함)에 사용한다.

别把它不当一回事。그것을 대수롭지 않게 여기지 마라. (가상지시)

他跟你说的是两回事，不是一回事。

그가 너에게 말한 것은 같은 것이 아니라 별개의 문제이다. (직시)

我真不明白这是怎么回事。나는 이것이 어떻게 된 일인지 정말 모르겠다. (특별지시)

闹了半天，原来是这么回事。한참 동안 소란스럽더니 원래 이런 일이었구나. (상동)

주의: '回'는 정중한 의미의 동사 뒤에 자주 사용하지 않으며, 미래 동작의 횟수를 나타낼 때도 보통 '次'를 쓰고 '回'를 쓰지 않는다.

这个问题准备讨论三次。이 문제는 세 번 토론할 예정이다. ('回'는 사용하지 않음)

我想找他谈一次。나는 그를 만나서 한번 이야기하고 싶다. ('回'는 사용하지 않음)

4. 顿

동작의 횟수를 나타내고, '吃饭(식사하다)'류 동사 뒤에 오는 경우일 때만 구체적인 횟수를 나타낸다. 수사는 '一'에만 국한되지 않는다.

他请我吃过两顿饭。그는 나에게 두 끼를 대접했다.

咱们到哪儿去撮一顿？우리 어디 가서 크게 한번 먹어볼까? ('撮'는 여기서 '먹다'의 뜻)

'打骂，训斥' 등 동사 뒤에 쓰여 동작량이 크고, 무거움을 나타내기도 한다. 수사는 '一'만 쓸 수 있다.

我被老师批评了一顿。나는 선생님께 한바탕 꾸중을 들었다.

非得好好教训他一顿不可。그를 한바탕 훈계해야 한다.

5. 场

(1) 'cháng'으로 읽는 경우, 일이 한 차례 경과한 것을 '一场'이라 한다.

A. 비바람, 질병, 재해, 농사일 등에 사용

已经下了两场雨(雪，雹子)了。벌써 비(눈, 우박)가 두 차례 왔다.

下午刮了一场大风，把树都刮倒了。오후에 바람이 한 차례 세게 불어서 나무가 모두 쓰러졌다.

听说他最近得了一场大病。그는 최근 한 차례 큰 병에 걸렸다고 한다.

B. 동작 행위에만 쓰이고, 뒤에 명사가 올 수 없다.

比赛输了以后，她气得大哭了一场。시합에 진 후 그녀는 화가 나서 한바탕 울었다.

我们决心大干一场，把产量翻一番。우리는 생산량을 두 배로 증가하기로 크게 결심했다.

等了半天，那个歌星也没来，让我们空欢喜一场。

한참을 기다려도 그 가수가 오지 않았으니 우리는 괜히 한바탕 기뻐했다.

주의: '场'은 주로 일정한 시간 내에 완전한 동작이나 활동에 주로 사용한다. 농사일을 제외한 다른 동작의 경우 상대적으로 정도가 심각한 편에 속한다. 때문에 '得过一场病', '闹过一场'은 '得过一次病', '闹过一次'보다 그 상태의 정도가 훨씬 심각하다.

(2) 'chǎng'으로 읽는 경우, 공연 예술, 연설, 체육활동 등이 완전하게 진행된 1회를 '一场'이라 한다. 이러한 활동은 제한된 시간 내에 진행된 것이다.

下午我跟朋友去看了一场电影。오후에 나는 친구와 영화 한 편을 보러 갔다.

甲班和乙班进行了两场比赛。갑반과 을반은 시합을 두 차례 했다.

那位作家作过三场报告。그 작가는 발표를 세 차례 한 적이 있다.

6. 趟

동작의 횟수를 나타낸다. 어떤 곳에 갔다가 다시 원점으로 돌아오는 왕복을 '一趟'이라고 한다.

我想去一趟西安。시안에 한번 다녀오고 싶다.

她去了两趟法国了。그녀는 프랑스에 두 차례 다녀왔다.

7. 遍

하나 또는 일련의 동작에 대한 시작부터 종결까지의 모든 과정을 나타내는 동량사이다.

我学习太极拳的时候，每天都要练习两三遍。나는 태극권을 배울 때 날마다 두세 번씩 연습해야 했다.

请再说一遍，我没听懂。다시 한번 말씀해 주세요, 알아듣지 못했어요.

生词记不住，就要多读几遍。새로운 단어가 외워지지 않으면, 몇 번 더 읽어야 한다.

8. 番

동작의 태도가 진지하고, 시간과 노력이 오래 걸리는 동작에 주로 사용한다. 함께 쓰이는 동사는 보통 이음절 동사 또는 '动脑筋머리를 쓰다, 下工夫공을 들이다'와 같은 관용적 의미가 있는 동사구이다. 서면어에 주로 사용한다. '番' 앞 수사로는 '一'만 쓸 수 있다.

为了搞好这个设计，他很是下了一番工夫。이 설계를 잘하기 위해서 그는 꽤 공을 들였다.

这个问题很复杂，必须认真研究一番。이 문제는 매우 복잡해서 반드시 한 번 진지하게 연구해야 한다.

(二) 차용동량사

도구, 인체 기관, 팔다리 등을 나타내는 명사를 차용동량사로 쓸 수 있다.

她狠狠地瞪了我一眼。그녀는 매섭게 나를 한 번 쏘아보았다.

强盗向警察开了两枪。강도가 경찰에게 총 두 발을 쏘았다.

我踢了他一脚。나는 그를 발로 한 번 걷어찼다.

유사한 차용동량사는 '刀칼, 斧子도끼, 巴掌손바닥, 口입, 拳주먹' 등이 있다.

제3절 수량구의 어법기능

一. 수사와 양사의 단독 사용

수사를 단독으로 사용하는 경우는 많지 않다. 먼저 수사가 단독으로 주어와 목적어를 담당하는 경우는 "二乘二等于四。2 곱하기 2는 4이다.", "十是五的两倍。10은 5의 두 배이다."와 같이 대부분 숫자가 진술 대상을 나타낸다. 다음으로 수사가 나이, 날짜를 나타내는 "爸爸五十五了。아빠는 55세이다.", "明天十一了。내일은 10·1절(국경절)이다."인 경우에는 술어가 될 수 있지만, "明天九一了。", "明天二了。"라고는 할 수 없다. 따라서 수사가 술어를 담당하려면 반드시 특정한 날짜를 나타내거나 '初～'와 같은 이음절 단어가 와서 "明天初二了。내일은 초이튿날이다."라고 해야 한다. 반면에 수량을 배분하는 문장에서는 상술한 이음절 수사도 "一百块钱五个人分，每人二十。100위안은 5명이 나누어 가지면, 한 사람당 20이다."와 같이 단독으로 술어가 될 수 있다.

"我喝了杯茶。나는 차를 마셨다."와 같이 수사 '一'를 생략하는 경우를 제외하고 양사는 보통 단독으로 사용할 수 없다. 왜냐하면 양사는 대부분 수사와 결합하여 수량구를 형성한 후에야 문장성분이 될 수 있기 때문이다.

二. 양사 사용의 강제성과 위치의 고정성

정태문이든 동태문이든 상관없이, 중국어의 명량사, 동량사, 양사구는 명사, 동사와 결합할 때 어느 정도의 강제성을 갖는다. 일부 학습자의 모국어에서 양사는 필수적이지 않지만 중국어 양사는 그 사용이 필수적이다(金珍我 2002). 또한, 필수적으로 사용해야 하는 명량사와 동량사의 위치는 문장에서 보통 고정적이다.

三. '수사 + 명량사'구의 기능

1. 명사를 수식하는 관형어 담당

妈妈买了一件漂亮的毛衣。엄마께서 예쁜 스웨터 하나를 사셨다.
这个贵重的礼物送给谁？이 귀한 선물을 누구에게 줄까?

명사 앞에 명사의 성질, 특징을 설명하는 또 다른 관형어가 있다면, 수량구는 보통 관형어 앞에 위치하여 중심어인 명사와 약간의 거리를 두게 된다. 예를 들어 상기 두 개의 예문에서 '一件', '个'는 '漂亮', '贵重的' 뒤에 올 수 없다.

주술구나 동사구가 관형어인 경우 수량구는 보통 관형어 뒤에 온다.

你昨天写好的那篇关于中国经济的文章能给我看看吗？
네가 어제 쓴 그 중국 경제에 관한 글을 나에게 보여줄 수 있니?
打碎的那两块玻璃装好了吗？깨진 그 유리 두 조각은 잘 담았니?

2. 주어나 목적어를 담당

수량구가 주어나 목적어를 담당하는 경우는 매우 드물다. 일반적으로는 수량구의 수식을 받는 명사가 앞부분에 이미 출현하였고, 후행절에서 앞의 명사에 대해 분할 서술하거나 부분 진술할 때이다.

你去找他，结果有两个，一个他接受你的要求，另一个是拒绝。

네가 그를 찾아가면 결론은 두 개다. 하나는 그가 너의 요구를 들어주는 것이고, 다른 하나는 거절이다.

哥哥有三个好朋友，一个在北京，一个在天津，还有一个在上海。

형에게는 좋은 친구 세 명이 있는데, 한 명은 베이징에 살고, 한 명은 톈진에 살고, 한 명은 상하이에 있다.

我原来有四本辞典，一本丢了，还剩三本。

나는 원래 사전 네 권이 있었는데, 한 권은 잃어버리고 세 권만 남았다.

听说你借了好几本好看的杂志，借我一本吧。

네가 재미있는 잡지를 여러 권 빌렸다던데, 나에게 한 권 빌려줘.

3. 술어를 담당

我二十三岁了。나는 스물세 살이다.

明天二十五。내일은 25일이다.

面包不多，每人一个。빵이 많지 않으니 한 사람당 한 개씩이다.

4. 서수로 구성된 수량구는 주로 부사어를 담당

这是他第一次到国外旅行。이것은 그의 첫 번째 해외여행이다.

到我们第二次见面，大家就很熟了。우리가 두 번째 만났을 때, 모두 친해졌다.

5. '수사 + 준량사(시간을 나타냄)'는 주로 시량보어를 담당

他看了一个小时电视。그는 1시간 동안 텔레비전을 보았다.

我学了两年汉语。나는 2년 동안 중국어를 배웠다.

四. '수사 + 동량사'구의 기능

1. 동량보어를 담당

我去过两次上海。나는 상하이에 두 번 간 적이 있다.

他把学校的情况简单地介绍了一下。그는 학교의 상황을 간단하게 소개했다.

2. 부사어를 담당

他一脚把球踢得老远。그는 한방에 공을 멀리 찼다.

这个运动员两次犯规了。이 선수는 반칙을 두 차례 했다.

3. 관형어를 담당

这次旅行真没意思。이번 여행은 정말 재미없다.

哪回比赛我们输过？어느 시합에서 우리가 진 적이 있니?

那场报告听的人可多呢！그 발표를 듣는 사람이 정말 많구나!

这趟差出得我好苦啊！이번 출장은 내가 매우 힘들구나!

주의: 동량사가 관형어를 담당할 때, 수식을 받는 중심어는 때때로 동사나 동명사 혹은 동사구이다. 한편 '番'은 명량사의 용법도 있기 때문에 명사를 수식할 수 있다.

谢谢你的一番好意。당신의 호의에 감사합니다.

要想学好一门语言，非下一番苦功夫不可。언어 하나를 정복하려면 공을 많이 들여야 한다.

五. 수량사 중첩의 기능

1. 수사의 중첩

수사 '一'는 중첩할 수 있고, '일일이' 의미로 주로 부사어를 담당한다.

他一一问候了受伤的战士。그는 다친 병사에게 일일이 안부를 물었다.

市长和得奖的运动员们一一握手。시장은 상을 받은 선수들과 일일이 악수를 했다.

2. 양사의 중첩

(1) 중첩한 명량사가 주어 또는 재지시주어[4]를 담당

의미와 기능에 따라 명량사 중첩은 다음과 같이 세 종류로 구분된다.

A. 각각의 사물이나 사람의 개체로 구성된 전체를 나타내며, 전체 상태를 묘사하는 평서문에 주로 사용한다. 주어 또는 재지시주어를 담당하는데, 앞에는 양사가 지시하는 사물 혹은 사람의 '전체'를 나타내는 단어나 문장이 출현해야 한다.

学生们人人都睁大了眼睛看着我。학생들은 하나같이 눈을 크게 뜨고 나를 보았다.

运动员们来到了比赛现场，个个摩拳擦掌，准备大干一场。

선수들이 경기 현장에 도착하고 나서 하나같이 단단히 벼르면서 한바탕 열심히 할 준비를 한다.

我这儿的鱼，条条新鲜。내 생선은 하나같이 싱싱하다.

他挑的演员，个个漂亮。그가 고른 배우는 하나같이 예쁘다.

B. 중첩한 명량사가 관형어를 담당하는 경우, 보통 동태적인 묘사에 사용한다. 또한, 문장에서 동작에 따라 '하나하나' 출현하는 사물이 '다양하고, 복잡하고, 다채롭다'라는 함의를 부수적으로 띤다.

湖面上不时有汽艇开过，蓝色的水面上绽开着朵朵浪花。호수 위에 때때로 모터보트가 지나가면, 파란 수면에는 여러 가지 물보라가 피어난다. (물보라의 모양이 다채로움)

他睡不着，外面种种声音都钻进耳朵里。

밖에서 여러 가지 소리가 들려서 그는 잠을 못 잤다. (여러 가지 소리가 다양하고 다채로움)

---

4) [역주] '재지시주어'는 중국어로 '复指主语'라고 한다. 앞서 출현한 명사를 다시 언급하지 않고 명량사 중첩형이 주어 자리에 출현하여 그 명사를 재지시하는 것을 말한다. 예를 들어, 본문의 예문 중 '我这儿的鱼，条条新鲜。'에서 '条条'는 앞서 출현한 명사 '鱼'를 재지시함과 동시에 해당 절의 주어를 담당하고 있다.

C. '天', '月', '年' 등 준량사의 중첩형은 부사어를 담당하며, 주로 반복된 시간 단위 내에서 동작 행위나 동작 결과가 같음을 나타낸다.

她工作认真，年年被评为先进。그녀는 열심히 일해서 해마다 모범 인물로 선정된다.

这个车间月月都超额完成生产任务。이 공장은 매달 생산 과업을 초과 완수한다.

他天天锻炼，所以身体很好。그는 매일 운동을 해서 건강이 매우 좋다.

(2) 동량사의 중첩

동량사 중첩형은 주어를 담당할 수 있다. '동작량의 중복'을 나타내며, 어떤 동작이나 상황의 동작량이 여러 번 중복되어도 상태가 변하지 않고, '예외 없음'을 표현할 때 주로 사용한다.

食堂顿顿都是这么几个菜，我都吃腻了。

식당에서 매끼 이렇게 몇 가지만 요리만 나오니, 나도 이제 질렸다.

他考试回回都在90分以上。그는 시험에서 매번 모두 90점 이상이 나온다.

(3) 수량구의 중첩

수량구 중첩형에서 보통 수사 '一'가 앞에 온다.

1) 수사 + 중첩 명량사

'하나하나(진열, 관찰)', '차례차례(진행)' 의미를 나타내며, 문장이 묘사성을 띠게 한다.

A. 중첩한 수량구는 관형어를 담당한다. 수량구가 수식하는 명사와 관련된 술어는 동작 완료 후의 정지 상태를 나타낸다. 수량구의 중첩을 통해 문장의 묘사성을 강화한다.

展览厅里陈列着一幅幅世界名画。전시실 안에는 세계 명화가 한 폭 한 폭 진열되어 있다.

桌子上摆放着一个个精致的工艺品。탁자 위에는 정교한 공예품들이 하나하나 놓여 있다.

这是一片新住宅区，一幢幢崭新漂亮的小楼很整齐地排列着。

이것은 새 주택단지로, 새롭고 아름다운 건물들이 하나하나 가지런히 배열되어 있다.

他看着医院里躺着的一个个伤员，心情很沉重。

그는 병원에 누워있는 부상자를 하나하나 보며 마음이 매우 무거웠다.

상기 예문은 문중의 사물이나 사람에 대해 '하나하나 관찰'하는 과정을 거쳤음을 내포하고 있다.

B. 술어가 동태적이다. 수량구의 중첩형은 동태적인 추진을 나타낸다. 즉, (양사가 지시하는) 사물이나 사람이 동작에 따라 차례대로 대상자 또는 행위자가 된다.

① 관형어 담당

看到这张照片，使我回想起(一)件件往事。이 사진을 보니 지나간 일들이 하나하나 생각난다.

他抓起一条条活鱼，扔进筐里。그는 활어를 하나씩 잡아 광주리에 던져 넣었다

他十分用功，大学毕业才几年，便发表了一篇篇论文。

그는 매우 열심히 공부해서 대학을 졸업한 지 겨우 몇 년 만에 논문을 한 편 한 편 발표했다.

② 주어 또는 재지시주어를 담당한다. 앞에는 양사가 지시하는 사물이나 사람을 설명하는 단어나 문장이 온다.

他给我们三人提了个很难的问题，一个个问过来。
그는 우리 세 사람에게 어려운 질문을 던지고 한 명씩 물어보았다.
会议开始后，代表们一个个抢着发言。회의가 시작된 후, 대표들은 하나같이 앞다투어 발언하였다.

③ 부사어 담당
她把点心一个个放在盒子里。그녀는 간식을 하나하나 상자 안에 넣었다.
李老师把学生一个个叫进去谈话。리 선생님은 학생들을 하나하나 불러서 이야기했다.

수량구의 중첩형 중 일부는 앞에 오는 '一'를 생략할 수 있다(위에서 괄호가 있는 예문). 그러나 대부분 생략할 수 없다(위에서 괄호가 없는 예문). 수량구 중첩형에서 수식을 받는 명사는 나타내는 양이 많아야 하며, '很多'라는 의미가 부가된다. 그러나 이것이 수량구 중첩형의 의미적인 핵심은 아니고, '하나하나 전시하고 관찰함', '(동작이) 차례차례 진행됨'을 나타내는 묘사성을 두드러지게 하는 것이 수량구 중첩형의 주요 기능이다.

만약 위의 수량구 중첩형을 '很多'로 바꿔 쓰면 이러한 묘사성은 사라지게 된다. 비교하면 다음과 같다.

这是一片新住宅区，一幢幢崭新漂亮的小楼很整齐地排列着。
이것은 새 주택단지로 새롭고 아름다운 건물들이 하나하나 가지런히 배열되어 있다.
？这是一片新住宅区，很多崭新漂亮的小楼很整齐地排列着。(이 문장은 '하나하나 관찰하고 주변을 둘러보니, 모두~하다'는 함의가 없음)
他看着医院里躺着的一个个伤员，心情很沉重。
그는 병원에 누워있는 부상자를 하나하나 보며 마음이 매우 무거웠다.
他看着医院里躺着的很多伤员，心情很沉重。그는 병원에 누워있는 많은 부상자를 보니 마음이 매우 무거웠다. (이 문장은 '(그가) 하나하나 관찰'하는 함의가 없음)
李老师把学生一个个叫进去谈话。리 선생님은 학생들을 하나하나 불러서 이야기했다.
李老师把很多学生叫进去谈话。리 선생님은 많은 학생을 불러서 이야기했다. (이 문장은 위의 예문과 의미가 다름. '차례차례 진행'되는 동작 방식에 대한 묘사가 빠졌으며, '叫进去谈话'는 일회성동작으로 '차례차례'가 아님)

'하나하나, 차례차례' 의미를 강조하지도 않고, 동태적인 묘사도 하지 않으면서(앞의 2 (1) B 참조), 단순히 동작의 영향이 미치는 명사가 '양이 많음'을 나타내려면 수량구 중첩형을 쓸 수 없다. 다음은 학습자의 오류이다.

＊我喜欢漫画，我家里有一本本漫画。
고친문장: 我喜欢漫画，我家里有很多漫画书。나는 만화를 좋아해서, 우리 집에는 만화책이 많이 있다.

2) 수사 + 중첩 동량사

동작이 수차례 반복됨을 나타내며, 관형어나 부사어를 담당한다.

一次次的努力，换来了最后的成功。수차례의 노력으로 마지막 성공을 거두었다.
他一趟趟地跑来找我，要我给他介绍工作。
그는 수차례 나를 찾아와서 나에게 일을 소개해 달라고 했다.

(4) 양사 중첩과 대사 '每'의 차이점

양사 중첩형과 대사 '每 + 명량사/동량사'는 모두 '예외 없음'의 포괄적 의미를 나타낼 수 있다. 따라서 일부 문장에서 서로 호환이 가능하다. 호환 가능한 경우 중, 흔히 볼 수 있는 형식은 시간을 나타내는 준량사, 동량사의 중첩형, 양사의 중첩형이 주어의 수식어로 사용될 때이다.

他天天锻炼，所以身体很好。

他每天锻炼，所以身体很好。그는 매일 운동을 해서 건강이 매우 좋다.

这个孩子考试次次都很紧张。

这个孩子考试每次都很紧张。이 아이는 매번 시험 볼 때마다 매우 긴장한다.

家里的样样事情都要我操心。

家里的每样事情都要我操心。집안의 모든 일은 내가 신경을 써야 한다.

这里家家都有汽车。

这里每家都有汽车。이곳에는 집집마다 자동차가 있다.

그러나 의미상, 어법상 차이점이 있다.

A. '每 + 양사'와 양사 중첩의 강조점은 다르다.

양사 중첩형은 주로 '하나하나', '순서대로'의 누적을 통해 전체의 상태를 묘사한다. 따라서 주어를 담당할 때 전체 의미를 나타내는 큰 맥락에서 벗어날 수 없다. 이러한 양사 중첩형은 주로 상태의 묘사에 사용한다(앞의 2 (1) A 예문 참조).

반면, '每 + 양사'는 주로 단일한 개체, 단일한 횟수를 통해 전체의 상황을 개괄하여 반영한다. 따라서 상태를 묘사할 때 단독으로 출현할 수 있고 전체 의미를 나타내는 큰 맥락에 의존할 필요가 없다. 하지만 양사 중첩형은 이러한 사용이 불가능하다.

每个女孩子都打扮得非常漂亮。모든 여자아이들이 아주 예쁘게 단장하였다.

？个个女孩子都打扮得非常漂亮。

每个男人都红光满面，神采奕奕。모든 남자들이 얼굴에 홍조를 띠며 의기양양했다.

？个个男人都红光满面，神采奕奕。

다만, 양사 중첩형 앞에 만약 전체를 나타내는 단어나 문장이 온다면 이 같은 사용이 가능하다.

台上站着很多女孩，个个都打扮得非常漂亮。

무대에 많은 여자아이가 서 있는데, 하나같이 모두 매우 예쁘게 단장하였다.

男人们个个都红光满面，神采奕奕。남자들은 하나같이 얼굴에 홍조를 띠며 의기양양했다.

B. A의 차이점 때문에 '每 + 양사'는 각각의 개체를 부분 지시하는데 자주 사용한다. 하지만 양사 중첩형은 불가능하다. 때문에 '每 + 양사'는 규칙 서술, 도리 설명, 혹은 명령을 발포할 때 자주 사용하며, 물건의 배분과 상품의 가격 등을 나타낼 때도 사용할 수 있다. 이는 주어를 담당하는 양사 중첩형은 불가능한 것이다.

人是不应该知道太多的，每一个秘密都是一份负担。

사람은 너무 많은 것을 알면 안 된다, 모든 비밀에는 책임이 따르기 때문이다. (규칙 서술)

每一个个体，都会把自己的精华，储存到蛋里。모든 개체는 자신의 정수를 알에 저장한다. (규칙 서술)

每个公民都应该为国家尽义务。모든 국민은 국가를 위해 의무를 다해야 한다. (도리 설명)

今天每个人都得唱一首歌。오늘은 모든 사람이 노래를 한 곡씩 불러야 한다. (명령문, 명령 발포)

十个橘子五个人分，每人两个。귤 열 개에 사람이 다섯이니, 한 사람당 두 개씩이다. (물건 배분)

苹果每公斤10元。사과는 킬로그램당 10위안이다. (상품 가격)

'每 + 양사'는 주어를 담당할 때 이미 발생한 동작을 나타낼 수 있지만, 양사 중첩형은 불가능하다(杨凯荣 2003). 그러나 사실상 전체를 나타내는 큰 맥락만 있다면 양사 중첩형도 이미 발생한 동작을 나타낼 수 있다.

参加救火的每一个消防队员都受了伤。화재 진압에 참여한 모든 소방대원이 다쳤다.

参加救火的消防队员一共有10人，个个都受了伤。

화재 진압에 참여한 소방대원은 모두 10명인데 하나같이 모두 다쳤다.

派到贫困地区每一个干部都圆满完成了任务。

빈곤 지역에 간 모든 간부가 성공적으로 임무를 완수하였다.

派到贫困地区的干部，个个都圆满完成了任务。

빈곤 지역에 간 간부들은 하나같이 성공적으로 임무를 완수하였다.

C. 양사 중첩형이 목적어를 수식하는 관형어를 충당할 때, 주로 동태적인 묘사에 사용한다. 이때 양사 중첩형은 '동작에 따라 하나하나 출현하는 사물이 다양하고, 복잡하고, 다채로움'의 의미를 부차적으로 띠게 되지만 '每 + 양사'는 이러한 의미를 나타낼 수 없다.

湖面上不时有汽艇开过，蓝色的水面上绽开着朵朵浪花。

호수 위에 때때로 모터보트가 지나가면 파란 수면에는 여러 가지 물보라가 피어난다.

* 湖面上不时有汽艇开过，蓝色的水面上绽开着每一朵浪花。

他睡不着，外面种种声音都钻进耳朵里。

밖에서 여러 가지 소리가 들려서 그는 잠을 못 잤다. ('포괄적' 의미가 아니라 다양함을 나타냄)

? 他睡不着，外面每种声音都钻进耳朵里。('포괄적' 의미를 나타내지만 이렇게 말할 수 없음)

D. 수량사 중첩형('一'를 생략할 수 있는 수량구의 중첩형 포함)이 목적어를 수식하는 관형어 또는 부사어를 충당하면, '每 + 명량사/동량사'로 호환이 불가능하다(또는 교체 후 의미가 달라짐). 즉, '每 + 양사'는 '하나하나(전시하고 관찰함)', '차례차례(동태적으로 진행됨)'을 나타낼 수 없고, 동작이 수차례 반복됨을 나타낼 수도 없다.

* 展览厅里陈列着每一幅世界名画。

展览厅里陈列着一幅幅世界名画。전시실 안에 세계 명화가 한 폭 한 폭 진열되어 있다.

* 会议开始后，代表们每一个抢着发言。

고친문장1: 会议开始后，代表们一个个抢着发言。

고친문장2: 会议开始后，每一个代表都抢着发言。

회의가 시작된 후, 대표들은 앞다투어 발언하였다. (모든 대표들이 예외 없이 '앞다투어 발언하다'를 설명하는 것으로 '차례대로' 의미는 없음)

* 她把点心每一个放在盒子里。

고친문장1: 她把点心一个个放在盒子里。

고친문장2: 她把每一个点心都放在盒子里。 그녀는 간식을 하나하나 상자 안에 넣었다.

(모든 간식을 예외 없이 '상자에 넣다'를 설명하는 것으로 '차례대로' 의미는 없음)

* 他每一趟地跑来找我，要我帮他介绍工作。

他一趟趟地跑来找我，要我帮他介绍工作。

그는 수차례 나를 찾아와서 일을 소개해 달라고 했다.

E. 수량구 중첩형만이 '일일이' 혹은 '한 번'을 나타낼 수 있고 부사어를 담당할 수 있다. 그러나 분배를 나타내는 수량구는 부사어가 될 수 없다. 다음은 학습자의 오류이다.

* 一般会席菜漂亮地被摆放在没有脚的，但有黑色或红色的盘里，一人一份地送出来。

고친문장: 一般会席菜都漂亮地摆放在没有脚的，黑色或红色的盘子里，一盘盘地端出来。

일반적인 연회 음식은 발이 없는 검은색이나 빨간색 접시에 예쁘게 차려놓고 한 접시씩 내 놓는다.

一人一份/每人一份。 한 사람당 한 접시/일인당 한 접시이다.

3. '형용사 + 양사'의 중첩

형용사 '大'는 자주 명량사와 결합하여 중첩의 형태로 상태를 묘사하는 데에 사용한다. '하나하나' 전시함 혹은 '차례로' 진행함의 의미를 담고 있다.

瓜地里开着大朵大朵的金黄色的花。 참외밭에 커다란 황금빛 꽃송이가 활짝 피었다.

听了他的话，我的眼泪大股大股地流了出来。 그의 말을 듣고 나는 눈물을 펑펑 쏟았다.

4. 양사식구조(量词式结构)

양사식구조란, 표면적으로는 양사구의 형식을 띠고 있으나 실제로는 해당 양사가 전용 개체양사의 성질을 갖고 있지 않은 경우를 가리킨다. 양사식구조는 상태에 대한 묘사를 할 뿐이다.

他虽然是外国人，却说得一口流利的普通话。 그는 비록 외국인이지만 표준어를 유창하게 한다.

姐姐做得一手好菜。 언니는 요리를 잘한다.

几年的锻炼，他练得一身硬功夫。 몇 년간의 수련으로 그는 탄탄한 기술을 몸에 익혔다.

상기 예문의 양사식구조는 일반적인 양사구와 분명한 차이가 있다.

(1) 양사식구조와 수식을 받는 명사는 서로 대응되지 않는다('话'의 계량단위는 '句'이지 '口'가 아님, '菜'의 계량단위는 '个'이지 '手'가 아님).

(2) 양사식구조는 중첩할 수 없다.

(3) 양사식구조 앞에는 수사 '一'만 올 수 있고 다른 수사는 올 수 없다.

(4) 양사식구조는 일반양사와 다르게 '每', '这', '那'의 수식을 받을 수 없다.

따라서 양사식구조는 사실상 일종의 형식양사로 볼 수 있으며, 주요 기능은 계량이 아닌 묘사이다. 상기 예문들 역시 묘사성을 띠기 때문에 다른 표현 방식을 사용하여 유사한 의미를 나타낼 수 있다.

他虽然是外国人，普通话却说得跟中国人一样流利。

그는 비록 외국인이지만 표준어는 중국인만큼 유창하게 한다.

姐姐菜做得特别好。언니는 요리를 매우 잘한다.

他经过几年的锻炼，练成了打遍天下无敌手的硬功夫。

그는 몇 년간의 단련으로 천하무적의 기술을 연마하였다.

비교해 보면 상술한 표현 방식은 양사식구조를 사용한 예문만큼 간결하거나 생동감이 있지 않고, 명쾌하지도 않다.

제4절 수량사 관련 학습자 오류

一. 수사 관련 오류

1. '两'을 '二'로 잘못 사용하거나 잘못 읽는 경우
2. '多'로 어림수를 나타낼 때, 위치를 잘못 쓰거나 10 이상 숫자에서 일의 자릿수 뒤에 '多'를 추가하는 경우

* 我来北京已经一个多年了。

* 他今年二十一岁多了。

분석: '多'는 동일한 사물의 어림수를 나타낼 때 두 가지 위치가 있다. 일의 자릿수가 '多' 앞에 오면 양사 뒤에 '多'를 사용한다. 그러나 10 이상의 자릿수에 일의 자릿수가 함께 있으면 '多'를 쓸 수 없다.

二. 명량사 관련 오류

1. 누락오류

* 一个国家的文化是脱离不了那国的教育的。

고친문장: 一个国家的文化是脱离不了那个国家的教育的。

한 나라의 문화는 그 나라의 교육과 동떨어질 수 없다.

* 上面介绍了很多，这都是和韩国婚礼有差异。

고친문장: 上面介绍了很多，这些都是中国和韩国在婚礼方面不同的地方。

앞에서 많은 것을 소개했는데, 이들 모두 중국과 한국 결혼식의 다른 점이다.

분석: 중국어 명사는 대부분 직접 지시대사의 수식을 받을 수 없고, 지시대사와 명사 중간에 양사가 와야 한다(중국어 양사 사용의 강제성). 특히 앞에 출현했던 명사를 재지시할 때 그러하다. 앞에 출현한 명사가 단수이면 개체양사를 쓰고, 복수명사이면 '些'를 써야 한다.

2. 첨가오류

* 我们又不得不把帐篷拆掉往西边逃，重新开始一个新的生活。

고친문장: 我们又不得不把帐篷拆掉往西边逃，重新开始新的生活。
우리는 또 어쩔 수 없이 장막을 철거해서 서쪽으로 달아나 새 삶을 시작해야 했다.

분석: 모든 명사 앞에 양사가 올 수 있는 것은 아니다. '生活'과 같은 불가산명사는 양사를 수반하지 않는다.

3. 대체오류

(1) 명량사와 명사의 연어 오류

* 两年前他刚来中国时一位人也不认识。

고친문장: 两年前他刚来中国时一个人也不认识。
2년 전 그가 막 중국에 왔을 때 아는 사람이 한 명도 없었다.

분석: '位'는 보통 존경하는 사람 명사 앞에 사용하므로, '人'과 부정적인 의미가 있는 명사는 수식할 수 없다.

* 她穿着一条西装。

고친문장: 她穿着一套西装。 그녀는 정장을 입고 있다.

* 在这所书店你买过书吗？

고친문장: 在这个书店你买过书吗？이 서점에서 너는 책을 산 적이 있니?

* 这场电影她演得很好。

고친문장: 这个电影她演得很好。 이 영화에서 그녀는 연기를 잘했다.

분석: 양사 '场'은 관객이 관람하고, 시간적 제한이 있는 경우에 사용한다. 이 문장은 '她'라는 여배우가 이 영화에서 연기를 잘했다는 것을 나타내기 때문에 '场'이 아니라 '个'를 써야 한다.

(2) 명량사가 수식하는 명사중심어를 잘못 사용한 경우

* 对这首诗句，我有点感受。

고친문장: 对这首诗，我有点感受。 이 시에 대해 나는 좀 감동을 받았다.

(3) 서수사를 방위사로 잘못 사용한 경우

* 到了下天，他回来了。

고친문장: 到了第二天，他回来了。 다음날이 되어서야 그가 돌아왔다.

(4) 양사 중첩형을 잘못 사용한 경우

* 个个人拥有所有权利，谁也不轻视谁。

고친문장: 这些权利是人人都应该拥有的，谁都不应该受到歧视。
이런 권리는 누구나 가져야 할 것으로 누구도 차별을 받아서는 안 된다.

분석: 양사 중첩형이 주어를 담당할 때, 앞에 양사가 지시하는 사물이나 사람을 대신하는 단어나 문장이 와야 한다(제3절 五 2 (3) 참조). 또한 주로 설명이 아닌 묘사에 사용된다.

* 老师谢谢你对我说的一一句，我很放心。

고친문장: 老师，感谢你对我说的每一句话，听了你的话，我就放心了。
선생님, 저에게 해주신 한 마디 한 마디에 감사드리고, 당신의 말씀을 들으니 안심이 됩니다.

분석: 이 오류는 두 가지 문제가 있다. 첫째, 양사 중첩형을 수사 중첩형으로 잘못 사용했다. 둘째, 이 문장에서는 양사 중첩형을 쓸 수 없다. 전체 중 각각 개체에 대한 부분지시를 강조하는 것이므로 이런 경우에는 '每 + 양사'만 쓸 수 있다(제3절 五 2 (4) 참조).

(5) '(一) 点儿'의 사용 오류

* 今天的考试一点儿难。

고친문장: 今天的考试有点儿难。 오늘 시험은 좀 어렵다.

* 我觉得苏州菜甜一点儿，不辣也不酸。

고친문장: 我觉得苏州菜甜了一点儿，但是不辣也不酸。
나는 쑤저우 요리가 좀 달긴 하지만 맵지도 않고 시지도 않다고 생각한다.

분석: 형용사가 나타내는 상태가 예상이나 기대보다 약간 초과하여 이를 완곡하게 비난하는 경우, 형용사 뒤에 '了'를 써야 한다.

* 我很高兴一点儿。

고친문장1: 我很高兴。 나는 매우 기쁘다.

고친문장2: 我有点儿高兴。 나는 조금 기쁘다.

분석: '很'은 정도가 심함을 나타내기 때문에 '一点儿'과 의미상 상반된다.

* 希望快回家。

고친문장: 我希望快点儿回家。 나는 빨리 집에 돌아가기를 바란다.

* 他说一个月早点儿回国来没关系。

고친문장1: 他说早点儿回国没关系。 그는 좀 일찍 귀국해도 괜찮다고 말했다.

고친문장2: 他说早一个月回国没关系。 그는 한 달 일찍 귀국하는 것도 괜찮다고 말했다.

분석: 시간을 앞당기는 시구간 단어는 '早 + 一点儿'의 앞에 올 수 없다.

* 跟平常不一样，从容点儿。

고친문장: 今天他跟平常不一样，从容一点儿了。 오늘 그는 평소와 달리 좀 여유로웠다.

분석: 조금의 변화가 있음을 나타낼 때 '一点儿' 뒤에 '了'를 써야 한다.

* 请您在这儿等一点儿，我过去问问。

고친문장: 请您在这儿等一会儿，我过去问问。 내가 가서 물어볼 테니, 여기서 잠시 기다려 주세요.

4. 어순오류

(1) '(수사) + 명량사'가 관형어를 담당할 때의 위치 오류

* 我们星期六买了特快两张票。

고친문장: 我们星期六买了两张特快票。 우리는 토요일에 특급 열차표 두 장을 샀다.

분석: 수식을 받는 명사 앞에 여러 개의 관형어가 있을 때, 명사의 성질이나 특징을 설명하는 관형어가 중심어와 가장 가까이에 위치한다. 반면, 수량구는 이러한 관형어의 앞에 위치함으로써 중심어와 조금 거리를 두게 된다(제3장 제3절 三 참조).

(2) 시간을 나타내는 수량구가 보어를 담당할 때 위치 오류

* 他已经学习汉语三年，但是不会说汉语。

고친문장: 他已经学了三年汉语，但是还不会说汉语。
그는 중국어를 3년이나 배웠지만 아직 중국어를 할 줄 모른다.

* 我一整天睡觉了。

고친문장: 我睡了一整天觉。 나는 온종일 잤다.

(3) '些'의 위치 오류

* 你房间里有什么些？

고친문장: 你房间里都有些什么？네 방에는 무엇이 있어?

* 我买衣服的时候常常会看花眼，觉得需要一些讲究。

고친문장: 我买衣服的时候常常会看花眼，买的衣服质量都不太好，今后得讲究些。
나는 옷을 살 때 종종 판단이 흐려져서, 사는 옷의 질이 별로 좋지 않으니, 앞으로 좀 신경을 써야 한다.

분석: 만약, 앞으로 '讲究' 측면에서 한층 더 발전이 있어야 함을 말하고자 한다면, '(一)些'는 '讲究' 뒤에 와야 한다.

5. 혼합오류

* 他吃了一个饭他不喜欢的。(任长慧의 예문, 이하 任)

고친문장: 他吃了一顿他不喜欢吃的饭。 그는 먹기 싫어하는 것으로 밥을 한 끼 먹었다.

* 很要紧会说一个外国话。(任)

고친문장: 会说一种外国话很要紧。 외국어를 할 줄 아는 것은 중요하다.

* 那的事情是不是恋爱，他自己也不知道。(王硕의 예문)

고친문장: 那种情况是不是恋爱，他自己也不知道。 그런 상황이 연애인지 아닌지 그 자신도 모른다.

三. 동량사 관련 오류

1. 대체오류

* 为了买一双合适的鞋，把百货店团团转整整三次。

고친문장: 为了买一双合适的鞋，我在百货商店里整整转了三圈。
맞는 신발을 사기 위해서 나는 백화점을 꼬박 세 바퀴 돌았다.

2. 어순오류

(1) 단문에서의 동량사 위치 오류(하권 제1편 제5장 제6절 四 참조)

* 我打了电话给我妈妈很多次。

고친문장: 我给我妈妈打了很多次电话。나는 우리 엄마에게 여러 번 전화를 걸었다.

* 近一个月，我三次丢了我的自行车。

고친문장1: 最近一个月，我丢了三次自行车。최근 한 달 동안 나는 자전거를 세 번 잃어버렸다.

고친문장2: 最近一个月，我的自行车丢了三次。최근 한 달 동안 내 자전거를 세 번 잃어버렸다.

상기 오류는 초급 학습자가 자주 범하는 것이다. 이 같은 오류는 동작의 대상자가 총칭지시(通指)인지 한정지시(定指)인지와 관련된다. 대상자인 명사가 총칭지시이면(고친문장1의 '自行车'는 사물류를 나타냄) 목적어를 담당할 수 있고, 목적어 앞에 동량사가 올 수 있다. 대상자인 명사가 한정지시이면(고친문장2의 '我的自行车'는 한정적 사물을 나타냄) 문장 앞에서 화제 주어를 담당할 뿐 동사 뒤에서 목적어를 담당할 수 없다.

(2) 연동문에서의 동량사 위치 오류

* 每个暑假，我家人就去一次海边游泳。

고친문장: 每个暑假，我和家人都去海边游一次泳。여름 방학마다 나와 가족들은 바다로 수영하러 간다.

연동문에서 동량사는 두 번째 동사 뒤에 와야 한다. 또한 두 번째 동사가 이합사이면 동량사는 이합사 중간에 와야 한다.

제5절 교학적 제언

(一) 수사 관련

1. 초급 중국어에서 수사는 계수사 1부터 10, 다시 1부터 20까지의 기계적 암기를 강조해야 한다. 학습자에게 큰 숫자를 어떻게 읽는지 가르치는 경우, 만 이상을 초과하는 숫자는 중·고급 단계에서 출현할 가능성이 크기 때문에, 중·고급 단계에서 만 이상의 숫자를 읽는 법을 다시 복습하도록 한다.

2. 양사를 학습한 후에는 '二'과 '两'의 차이점을 반드시 강조해야 한다. 대부분 학습자의 모국

어에는 이러한 차이가 없기 때문이다. 학습자가 기억하기 쉽게 하기 위해서는 다양한 양사를 학습할 때 의식적으로 '两'을 많이 사용해야 한다. 학습자가 '两'을 '二'로 잘못 사용하면 신속하게 교정해 준다.

3. '多'가 나타내는 어림수를 학습할 때, 학습자에게 '多'의 위치와 앞에 오는 수사와의 관계를 분명하게 가르쳐야 한다. 수사의 특징에 따른 '多'의 위치를 어떻게 결정할지, 어떤 숫자 뒤에 '多'가 올 수 없는지 등을 학습자의 오류와 결합하여 반복적으로 설명한다.

(二) 양사 관련

1. 중국어 양사는 다양하고 명사와의 연어 관계 역시 엄격한 규칙이 있다. 이는 외국인 학습자에게는 난점 중 하나이다. 따라서 양사와 명사를 어느 정도 학습한 후에는 학습자에게 명사와 양사의 연어 사용 연습을 자주 시키고, 수차례 반복을 통해 이를 익히고 공고히 다지도록 한다. 朱德熙(1999)는 "명사와 결합하는 개체양사 사이에는 의미상 관련이 있다"고 주장했다. 초급 단계 후반부에는 동일한 양사를 사용하는 다양한 명사를 나열해 주고, 학습자와 함께 이 명사들의 특징을 함께 분석하고 토론함으로써 양사의 사용 근거를 찾도록 한다. 양사의 선택은 수식을 받는 명사가 나타내는 사물의 특징, 담는 도구, 수반하는 동작의 특징 등의 요소와 관련된다. 예를 들어 양사 '张'이 수식하는 '纸종이, 画그림, 地图지도, 床침대, 桌책상' 등 사물은 '네 개의 직각을 갖는 평면'이라는 공통적인 특징이 있다. 또 양사 '把'가 수식하는 '椅子의자, 扇子부채, 刀칼' 등 사물은 모두 손으로 잡는 동작과 관련이 있다. 이러한 분석을 통하여 학습자가 이해를 바탕으로 기억력을 강화할 수 있게끔 도울 수 있다.

2. 지시대사가 명사를 수식할 때, 대부분 양사를 수반해야 한다는 것을 강조해야 한다.

3. 일부 명사는 다양한 양사, 특히 집합명사의 수식을 받을 수 있으나, 의미적으로 차이가 나타난다. 이 양사들은 종종 각각 다른 학습 단계에서 출현하기 때문에 교수자는 새로운 양사가 출현하거나 학습자가 의문이 생기면 이미 학습한 양사와 연결지어 적절하게 비교 분석을 해주어야 한다. 예를 들어, 집합양사 '群', '帮', '伙', '批'는 모두 사람을 나타내는 명사를 수식할 수 있다(제2절 一 (一) 2 집합양사 예문 참조). '群'과 '批'는 중성적이고, '帮', '伙'는 소그룹을 나타내거나 부정적 의미가 약간 있다. '批'는 보통 시간상 서로 다르고 동태적 변화를 나타내는 집합체에 주로 사용한다.

4. 일부 동량사는 학습 후에 비교 분석을 추가해야 한다. 예를 들어, '次'와 '遍', '趟'의 차이점, '顿'과 '番'의 차이점 등이 그러하다(하권 제1편 제5장 제6절 三 참조).

5. 동사 뒤에 목적어와 동량사를 동시에 수반하는 경우, 목적어가 대사인지 명사인지에 따라서 동량사의 위치는 두 가지로 나뉘는데 이를 반복적으로 강조하여 학습자에게 깊은 인상을 남겨야 한다.

6. 중급 단계에서 학습자는 '香味향기', '劲儿힘', '风바람'을 수식하는 '股'와 같은 추상적이고 형체를 파악할 수 없는 양사를 접하게 되는데 '股'의 수식뿐만 아니라 다른 양사의 수식을 받을

수도 있다. 주로 담화 맥락이나 의미에 따라 서로 다른 양사를 사용한다.

大家再使把劲儿。모두 다시 기운 내세요. (명령문, 동작자에게 기운을 좀 더 내라고 요구함)

不知从哪儿来的一股劲儿。어딘가로부터 한 줄기 힘이 솟았다. (평서문, 실질적인 힘을 나타냄, '把'로 수식하는 '劲儿'보다 양이 크고, 유지하는 시간이 김)

他总跟大家别(biè)着一股劲儿。그는 늘 사람들에게 삐딱하게 군다. (평서문, 말로 형용할 수 없는 감각)

참고문헌

金珍我(2002), 汉语和韩语量词比较,《世界汉语教学》第2期.

任长慧(2001),《汉语教学中的偏误分析》, 武汉大学出版社.

王硕(1999), 从日本学生的偏误谈汉语的指示代词, 张起旺、王顺洪主编《汉外语言对比与偏误分析论文集》, 北京大学出版社.

杨凯荣(2003), "量词重叠 + 都 + VP"的句式语义及其动因,《世界汉语教学》第4期.

杨雪梅(2002), "个个"、"每个"和"一个个"的语法语义分析,《汉语学习》第4期。

朱德熙(1999), 语法讲义,《朱德熙文集》(第一卷), 商务印书馆.

제4장 동사

제1절 동사의 어법특징

일반적으로 중국어 동사의 어법특징은 다음과 같다.

1. 동사는 문장에서 주로 술어를 담당한다.
2. 일부 동사는 주어, 관형어, 목적어를 담당할 수 있다.
3. 결과의미를 나타내는 일부 동사는 결과보어를 담당하고, 방향의미를 나타내는 일부 동사는 방향보어를 담당한다. 또한 일부 동사는 기타 성분과 결합하여 상태보어(情态补语)[1]를 담당한다.
4. 동사는 보통 '不'로 부정한다. 일부 동사를 제외한 대부분 동사는 '没'로도 부정할 수 있다.
5. 다수의 동사가 목적어를 수반할 수 있다.

제2절 동사의 분류 및 분류에 따른 기능

동사의 어법기능에 따라 다음과 같이 분류할 수 있다.

一. 타동사(及物动词)와 자동사(不及物动词)

동사와 목적어의 관계에 따른 분류이다. 중국어에서 명사, 대사를 목적어로 수반할 수 있는 동사는 타동사이다. 보통명사, 대사를 목적어로 수반할 수 없는 동사는 자동사이다.[2]

---

1) [역주] 원문에서는 '情态补语'라 쓰고 있지만, 원문 중 '보어'에 관한 설명(하권 제1편 제5장 제2절 참조)에서는 '状态补语'라 명명하고 있다. 용어의 통일성을 위해 '情态补语'와 '状态补语'를 모두 '상태보어'라 번역한다.

2) [역주] 본문 중 타동사와 자동사 개념에서 각각 출현하고 있는 '명사(名词)'와 '보통명사(普通名词)'는 다른 개념으로 분석된다. 타동사 정의에서 '명사(名词)'는 대사, 수량사 등의 상대적 개념인 품사의 일종으로 볼 수 있다. 반면, 자동사 정의에서 '보통명사(普通名词)'는 '명사'의 하위 개념으로 어법 의미에 따른 분류 중 하나로 보는 것이 타당하다. 즉 '去商场', '来了客人', '坐椅子' 등과 같은 장소, 행위자, 방식 등을 나타내는 일부 명사와 구별되는 개념이다. 영어의 '타동사(transitive verb)'는 동작 대상인 목적어를 필요로 하는 동사를 가리키는데, 여기서 '목적어'의 개념은 '동작의 대상이 되는 사람 혹은 사물'이므로 의미상의 개념이지만, 중국어의 목적어는 어순에 따른 개념으로 동사 뒤에 놓이는 명사성분을 포괄적으로 가리키는 경우가 많다. 따라서 중국어에서는 동사가 목적어를 수반하였다고 해서 모두 타동사로 분류하는 것이 아니라 동작의 영향이 직접적으로 미치는 목적어(受事, 对象, 结果 등)의 수반 여부로 타동사와 자동사로 분류한다. 또한, '보통명사'는 제1장 제1절의 명사분류에서 언급하는 '일반명사(一般名词)'와도 구분 지을 필요가 있다. 명사 분류에서의 '일반명사'는 고유명사(专用名词)의 상대적인 개념으로 '中国'와 '上海'가 고유명사라면 이에 대응하는 일반명사는 '国家'와 '城市'이다.

중국어 타동사의 수량은 상당히 많다. 가장 대표적인 목적어는 대상자 목적어(동작의 수용자)로 '吃(饭)(밥을)먹다, 喝(酒)(술을)마시다, 买(东西)(물건을)사다' 등이 있다(괄호 안의 단어는 모두 목적어임, 이하 동일). 일부는 '画(画)(그림을)그리다, 写(字)(글자를)쓰다, 做(饭)(밥을)짓다' 등과 같은 결과(结果)목적어(동작이 야기하는 결과)를 수반한다. 일부는 '服务(社会)(사회에)서비스하다, 宣传(群众)(관중에게)선전하다' 등과 같은 대상(对象)목적어를 수반하는데, 이러한 대상목적어는 매우 제한적이다. 또한 '丰富(生活)(생활을)풍족하게 하다, 去(皮)(껍질을)벗겨내다' 등과 같은 사동(使动)목적어를 수반한다.

중국어 동사 중 위와 같은 목적어를 수반할 수 없는 동사를 자동사라고 부른다. 타동사와 비교하여 자동사의 수량은 적은 편이다.

타동사와 자동사에 대해 다음과 같이 세부적으로 내부 분류를 할 수 있다.

(一) 자동사의 내부 분류

1. 목적어를 수반할 수 없는 자동사

중국어에서 일부 자동사는 뒤에 어떠한 목적어도 수반할 수 없다. 다음과 같은 부류가 있다.

A. 毕业졸업하다, 散步산책하다, 旅行여행하다, 出发출발하다, 启程출발하다

B. 谈话이야기하다, 聊天잡담하다, 见面만나다, 结婚결혼하다, 相同똑같다, 相反상반되다,
照相사진 찍다, 着想고려하다, 送行배웅하다

C. 休息쉬다, 病병나다

A그룹의 동사는 보통 개사를 통해서 장소(地点)명사와 관계가 발생한다. 이러한 장소명사는 직접 A그룹 동사의 목적어가 될 수 없다. 즉, '毕业大学, 散步公园'이라고 할 수 없고, '从大学毕业대학을/으로부터 졸업하다, 在公园散步공원을/에서 산책하다'라고 해야 한다.

B그룹 동사는 보통 개사를 통해서 대상을 나타내는 명사와 관계가 발생한다. 이러한 명사는 직접 B그룹 동사의 목적어가 될 수 없다. 즉, '见面朋友, 结婚她'라고 할 수 없고, 명사는 반드시 개사 '跟, 和' 또는 '给, 为' 등과 결합하여 부사어를 충당해야 한다. 예를 들면 '跟老师谈话/聊天선생님과 이야기를 나누다', '跟他见面/结婚/离婚그와 만나다/결혼하다/이혼하다', '给他照相그에게 사진을 찍어주다, 为你着想당신을(위해) 고려하다' 등과 같다.

C그룹 동사는 일반적인 상황에서는 명사 목적어를 수반할 수 없다. 하지만 다음과 같은 특수한 상황은 예외이다.

这次旅行病倒了好几个人。
이번 여행으로 여러 사람이 병이 났다. ('病'은 결과보어를 취한 다음 목적어 수반 가능)

2. 제한된 상황에서 목적어를 수반할 수 있는 자동사

일부 자동사는 비대상자(非受事) 목적어를 수반할 수 있다.

A. 来오다, 去가다, 走떠나다, 跑뛰다, 飞날다

B. 坐앉다, 站서다, 立서다, 躺눕다, 睡자다

A그룹의 일부 동사는 장소목적어(이동행위의 목적지)를 수반할 수 있다. 예를 들면, '来学校학교에 오다', '去商场상가에 가다', '走路길을 걷다', '飞上海상하이로 날아가다' 등이 있다. 존현문 "家里来了客人집에 손님이 왔다", "天上飞来一只鸟하늘에 새 한 마리가 날아온다" 등에서는 행위자목적어를 수반할 수 있다. 관용적인 동목구조 '跑了第一일등으로 달렸다'(목적어는 동작의 결과를 나타냄), '马走日字말(马)이 일(日)자로 걷다', '象飞田字상(象)이 전(田)자로 날다'[3], '走江湖세상을 떠돌아다니다' 등은 특정한 목적어를 수반할 수 있다.

B그룹의 일부 동사는 "立直了身子몸을 곧게 세웠다", "睡疼了腰허리가 아프도록 잤다"와 같이 결과보어와 결합하면 사동목적어를 수반할 수 있다. '站梅花桩매화장에 서다[4]', '睡硬板床딱딱한 침대에서 자다'과 같은 관용적인 동목구조 혹은 "你睡床还是睡沙发？침대에서 잘래 소파에서 잘래?", "你坐椅子还是坐沙发？의자에 앉을래 소파에 앉을래?"와 같은 특정한 문형(선택의문문과 이에 대한 응답)에서 특정한 목적어(주로 동작 행위의 근거가 되는 도구)를 수반할 수 있다.

(二) 타동사의 내부 분류

타동사는 목적어를 수반할 수 있다. 하지만 동사별로 수반할 수 있는 목적어는 모두 다르다. 동사가 수반할 수 있는 목적어 유형에 따라 다음과 같이 분류할 수 있다.

1. 체언 목적어(명사, 대사, 수량사)만 수반하는 동사

타동사 중 가장 많은 비중을 차지한다.

吃먹다, 喝마시다, 玩놀다, 看보다, 写쓰다, 画그리다, 买사다, 卖팔다, 打치다, 擦닦다, 踢차다, 放놓다, 挂걸다, 贴붙이다, 洗씻다, 穿입다, 脱벗다, 做하다, 学배우다, 说말하다, 参观참관하다……

이러한 동사의 특징은 다음과 같다.

(1) 수반된 목적어가 명량사나 형용사의 수식을 받을 수 있고, 일회성 동작의 완성을 나타내면 동사 뒤에 '了$_1$'가 온다. 하지만 후행하는 목적어 앞에 보통 수식어가 와야 한다.

我喝了一杯咖啡。나는 커피 한 잔을 마셨다.

弟弟画了很多画。남동생이 그림을 많이 그렸다.

혹은 동사 뒤에 보어를 담당하는 동량사가 와야 한다.

我今天洗了三回手。나는 오늘 손을 세 번 씻었다.

他参观了一次故宫。그는 고궁을 한 번 참관했다.

(2) 동사 뒤에 '过'를 첨가한 후 목적어를 수반하여 일찍이 어떤 경험을 한 적 있음을 나타낸다.

他穿过这种鞋。그는 이런 신발을 신은 적이 있다.

我卖过水果。나는 과일을 팔아본 적이 있다.

---

3) '马走日字'와 '象飞田字'는 중국 장기를 두는 주법 혹은 보법 중 하나이다. '말(马)'과 '상(象)'은 장기 말의 종류이며, 일(日)자와 전(田)자는 말을 두는 진행방법 중 하나로 모두 '대각선' 방향을 가리킨다.

4) '매화장'은 중국무술 중 '매화권(梅花拳)'을 가리키는 말이다. '매화장'은 나무로 만든 기둥을 말뚝처럼 꽂아놓은 것을 가리키기도 하므로 '매화장에 서다'는 나무 말뚝에서 매화권을 수련하는 것을 뜻한다.

(3) 동사 중 대다수가 단문에서 '着'만으로 문장을 완성할 수 없다.

*我们买着东西。

*同学们在操场踢着球。(아래 二 (三) 2 丙 약지속동사 참조)

(4) 동사 대부분이 부사 '正在, 在, 正'의 수식을 받을 수 있고, 동작이 마침/한창 진행되고 있음을 나타낸다.

代表们正在参观。대표들이 마침 참관하고 있다.

我正写字呢。나는 마침 글씨를 쓰고 있다.

她在洗衣服。그녀는 옷을 빨고 있다.

(5) 동사 대부분이 결과보어를 수반할 수 있고, 방향보어를 취할 수 있는 것도 적지 않다.

学完第三课再考试。제3과를 다 배운 후에 시험을 보도록 한다.

饭做好了。밥이 다 되었다.

他脱下了外衣，把它放在床上。그는 외투를 벗어서 그것을 침대 위에 놓았다.

2. 용언 목적어(동사, 형용사)를 수반하는 동사

A. 作하다, 进行하다, 加以하다, 给予하다, 给以하다

B. 开始시작하다, 继续계속하다, 结束끝내다

C. 值得가치가 있다, 敢于대담하게~하다, 勇于용감하게~하다, 乐于기꺼이~하다

D. 装作~한 체하다, 打算계획하다, 企图의도하다

E. 喜欢좋아하다, 讨厌싫어하다

A~E 5개 그룹의 동사에 대해서 살펴보자.

A그룹 (作, 进行, 加以, 给予, 给以) 동사는 일반적으로 형식동사라고 부른다.

甲, 형식동사의 특징

(1) 보통 이음절 목적어(동사가 대다수임, 아래 참조)만 수반한다. 주로 서면어 및 공식적인 상황에 쓰인다.

(2) 朱德熙(1999)는 이러한 동사를 허화동사라고 지칭한 바 있다. 이 부류의 동사들은 본래 갖고 있던 어휘 의미가 이미 분명하게 약해졌기 때문에, 일부 문장에서는 이들을 삭제해도 원문의 의미에 영향을 주지 않는다.

我们正在进行辩论。=我们正在辩论。우리는 변론을 하고 있다.

对环境问题必须加以重视。=对环境问题必须重视。환경 문제를 반드시 중시해야 한다.

주의할 점은 상기 예문과 같이 형식동사가 생략 가능한 문장은 구조가 비교적 단순해야 한다는 점이다. 일부 구조가 복잡한 문장에서 형식동사를 사용한 문장을 형식동사가 생략된 문장으로 변환하는 것은 어렵다(아래 丙 참조).

(3) 형식동사의 동사목적어는 뒤에 또 다른 목적어를 수반할 수 없다. 동사목적어의 영향을

받는 대상이 출현하는 경우, 그 대상은 문두에서 화제주어를 담당하거나 개사구 형식으로 형식동사 앞에 출현하여 부사어를 담당하게 된다.

* 必须重新进行详细调查你说的这些情况。

你说的这些情况必须重新进行详细调查。

네가 말한 이 상황들은 반드시 다시 상세하게 조사해야 한다. (대상은 화제주어 담당)

* 认真进行讨论这些问题。

对这些问题进行认真讨论。 이 문제들에 대해 진지하게 토론한다. (대상은 '对'와 결합하여 부사어 담당)

乙, 형식동사 간의 비교

A그룹 형식동사가 수반하는 목적어의 상황을 비교적 상세하게 설명하기 위해 다음과 같이 표로 정리하였다.

<table>
<tr><th></th><th>作</th><th>进行</th><th>加以</th><th>予以</th><th>给予</th><th>给以</th></tr>
<tr><td rowspan="6">연어가능단어</td><td colspan="2">斗争투쟁하다 交涉교섭하다
汇报(최종)보고하다</td><td></td><td></td><td></td><td></td></tr>
<tr><td></td><td colspan="3">实践실천하다 改革개혁하다 改进개진하다 改变바꾸다
改造개조하다 改良개량하다 完善완전하게 하다
部署배치하다 整治손질하다 规范규범화하다
借鉴거울로 삼다 冻结동결하다 纪念기념하다
贯彻관철시키다</td><td colspan="2">服务서비스하다</td></tr>
<tr><td colspan="4">研究연구하다 比较비교하다 统计통계내다 改进개진하다 调查조사하다</td><td></td><td></td></tr>
<tr><td colspan="3">观察관찰하다 实验실험하다 设计설계하다 交流교류하다
测试측정하다</td><td colspan="3">校正교정하다</td></tr>
<tr><td colspan="6">分析분석하다 安排안배하다 解释해석하다 加工가공하다 说明설명하다 指导지도하다
解答해답하다 回答대답하다 答复회답하다 总结총결산하다 指导지도하다 修改수정하다
介绍소개하다 宣传선전하다 报道보도하다 评论평론하다 登记등록하다 调整조정하다
研究연구하다 评价평가하다</td></tr>
<tr><td>准备준비하다
记录기록하다
检讨검토하다
指示지시하다
交代인계하다
补充보충하다
回答대답하다
报告보고하다
讲话이야기하다
讲座연설하다
决定결정하다</td><td colspan="5">奖励장려하다 鼓励독려하다 表扬칭찬하다 表彰표창하다 嘉奖칭찬하고 장려하다
支持지지하다 扶持부축하다 帮助돕다 协助협조하다 援助원조하다
补助보조하다 补贴보조하다 补偿보상하다 赔偿배상하다 照顾돌보다
安慰위안하다 恢复회복하다 考虑고려하다 证实실증하다 合作협력하다
培训양성하다 改造개조하다 平反오류를 바로잡다 保护보호하다 保证보증하다
保障보장하다 解决해결하다 明确명확하게 하다 监督감독하다 清理청산하다
处分처분하다 处理처리하다 处罚처벌하다 批评비평하다 教育교육하다
制裁제재하다 惩罚징벌하다 没收몰수하다 曝光폭로되다 限制제한하다
抵制제압하다 制止제지하다 罚款벌금을 내다 惩处처벌하다 查处조사처리하다
打击공격하다 抨击규탄하다 反击반격하다 还击반격하다 批驳반박하다
驳斥논박하다 纠正시정하다 限制제한하다 控制통제하다</td></tr>
</table>

<table>
<tr><th></th><th>作</th><th>进行</th><th>加以</th><th>予以</th><th>给予</th><th>给以</th></tr>
<tr><td rowspan="7"></td><td rowspan="7">贡献공헌하다
发言발언하다
(稍作)思索
(가볍게)사색하다
(作)陪모시다
(作出)处理
처리하다
(作出)反映
반영하다
回应반응하다</td><td colspan="2">惩戒징계하다 预防예방하다
改良개량하다</td><td colspan="2">惩戒혁신하다</td><td></td></tr>
<tr><td colspan="4">管制단속하다 讽刺풍자하다 减免감면하다 创新창조하다 落实실행하다
调整조정하다 推荐추천하다 执行집행하다</td><td></td></tr>
<tr><td rowspan="2">服务서비스하다
训练훈련하다
学习학습하다
组织조직하다
比赛시합하다
选举선거하다
投票투표하다
访问방문하다
抢救응급처치하다
退换반환하다
审视심사주시하다
思考사고하다
斗争투쟁하다
查询조회하다
指挥지휘하다</td><td></td><td>开除제명하다
撤销폐지하다
撤职해직하다
撤除철수하다</td><td></td><td></td></tr>
<tr><td colspan="4">拒绝거절하다 关注관심을 갖다 肯定확정하다
信任신임하다 重视중시하다 关心관심을 갖다
关怀배려하다 理解이해하다 谅解양해하다
发表발표하다 尊重존중하다</td></tr>
<tr><td colspan="2">抗议하의하다 剥削착취하다
破坏훼손하다</td><td colspan="3">警告경고하다 重奖큰상을 수여하다
优惠우대하다</td></tr>
<tr><td>欺骗속이다
诈骗사기치다
敲诈사기쳐서 빼앗다
勒索강탈하다</td><td></td><td>否认부인하다</td><td>指点지시하다
退换반환하다</td><td></td></tr>
<tr><td>交涉교섭하다
谈判협상하다
会谈회담하다
商谈상담하다
交谈…工作대화하다/
活动활동하다</td><td></td><td>回应반응하다
采纳채납하다</td><td>同情동정하다</td><td>建议
건의
하다</td></tr>
</table>

상기 표와 같이, A그룹 형식동사가 수반할 수 있는 목적어는 이음절 동사, 명동사(제4절 동사와 명사의 겸류 문제 참조)와 일부 형용사(예를 들면, '优惠')와 같은 용언성 목적어가 대다수이다. '进行, 加以' 등의 형식동사는 동일한 목적어를 취할 수 있는 경우도 있고, 그렇지 않은 경우도 있다. A그룹 형식동사가 수반할 수 있는 목적어 상황을 자세하게 살펴보면 어법상, 의미상, 화용상 차이가 있음을 알 수 있다.

첫째, A그룹 형식동사의 어법상 차이

(1) 수반할 수 있는 부가 성분 및 사용 범위

'作'가 '进行', '加以'와 동일한 이음절 목적어를 취할 때, '作'는 뒤에 '一下', '一些' 등 성분을 첨가하여 완곡한 어기의 명령문에 쓰이고, 평서문에도 쓸 수 있다. '进行'도 '一下', '一些' 등 성분을 수반할 수 있지만 보통 명령문이 아닌 평서문에 쓰인다. 그러나 '加以' 뒤에는 '一下', '一些'가 올 수 없다.

关于这个学校的历史，请给我们作一下简单的介绍。
이 학교의 역사에 관해서 우리에게 간단한 소개를 해주세요. (명령문)
关于这个学校的历史，他只进行了一下简单的介绍。
이 학교의 역사에 관해서 그는 간단한 소개만 했다. (평서문)
他这篇文章得作一些修改。그의 이 글은 수정을 좀 해야 한다. (명령문)
李老师经常对学生进行一些学习方法上的指导。
리 선생님은 늘 학생들에게 학습 방법에 대해 지도를 한다. (평서문)
我们已经对设备作了一些改进。우리는 이미 설비를 약간 개선했다. (평서문)

'作'는 '出'와 같은 결과보어를 수반할 수 있으나 '进行', '加以'는 불가능하다.

你必须对这件事作出解释。너는 이 일에 대해 설명을 해야 한다. (명령의 어기가 비교적 강함)

'进行', '加以'는 '어떤 사람에게 규정에 따라 어떤 동작을 하도록 요구'하는 명령문에 자주 쓰이는데 명령의 어기가 비교적 강하다.

必须对所有报到的人都进行登记。도착한 모든 사람에 대해 반드시 등록 절차를 진행해야 한다.
对这些资料要加以统一管理。이 자료들은 통일적으로 관리해야 한다.

'予以', '给予'도 다양한 명령문에 쓰이지만 상용되는 이음절 목적어는 '作, 进行, 加以'와 차이점이 있고, 뒤에 '一下', '一些' 등 성분이 올 수 없다.

请予以解释。설명해 주세요. (명령문)
* 请予以一下解释。
对违反法律规定的单位和个人必须依法予以处理。
법률 규정을 위반한 기관과 개인은 반드시 법에 따라 처리해야 한다.

'予以'는 '허락을 받다'라는 의미로, '请予以批准、登记승인, 등록해 주세요'는 상대방의 허락을 얻어 승인, 등록 받기를 요구하는 것이다. 반면, '予以'나 '给予'는 상대방이 자신에게 베풀도록 요구하는 명령문에 자주 쓰인다.

这次文化交流，希望贵方能予以(给予)合作。
이번 문화 교류에 귀측에서 협조해 주시기 바랍니다. (명령문)

'허락을 구함', '자신에게 베풀도록 함'이라는 의미의 명령문에는 보통 '作, 进行'은 사용할 수 없다.

'加以'는 보통 상술한 명령문에는 사용할 수 없지만, 상급자가 하급자에게 내리는 지도적인/

건설적인 명령문에는 사용할 수 있다.

各部门都应对本年度的工作加以(进行)认真总结。

각 부처는 모두 이번 연도의 업무에 대해 성실히 총결산해야 한다. (보통 '予以', '给予'는 사용 불가능)

(2) 조사 '着', '了', '过' 수반 가능 여부

'作', '进行'이 동작 완성을 나타내고 그 결과성을 강조할 때는 뒤에 '了'를 첨가하고, 일찍이 발생한 적이 있는 동작(먼 과거)을 나타낼 때는 '过'를 첨가한다. 때로는 두 동사 모두 '着'를 수반하여 동작의 지속을 나타낼 수도 있다. 이런 용법은 보통 평서문에 쓰인다.

对此我已经作过解释(了)，不想再重复了。

이에 대해 이미 나는 해명했으니 더는 반복하고 싶지 않다.

他运用生物学的理论对这种现象进行/作了解释。그는 생물학 이론을 활용하여 이 현상을 설명했다.

两国在经济文化等领域进行了多方面的合作。양국은 경제문화 등 분야에서 다방면으로 협력했다.

对事故的原因我们进行/作过多次调查。사고의 원인에 대해 우리는 여러 차례 조사했다.

考试正在紧张地进行着。시험이 한창 긴박하게 진행되고 있다.

他们正在和罪犯进行着不懈的斗争。그들은 한창 범죄와의 끊임없는 투쟁을 하고 있다.

'予以', '给予'는 이미 완성된 동작을 나타낼지라도 대부분 '了'를 수반하지 않는다. 다만, 일부의 경우 '了'를 수반할 수 있다(수반하지 않을 수도 있음).

政府已对犯错误的干部给予(了)严厉的处分。

정부는 잘못을 저지른 간부에 대해 이미 엄중한 처분을 내렸다.

他对上述事实都予以否认。그는 상기 사실들을 모두 부인하였다.

报上今天对抽查中不合格的产品予以曝光。오늘 신문에 표본검사에서 불합격된 제품을 폭로했다.

专家对这项研究成果予以/给予(了)高度评价。전문가들은 이번 연구 성과를 높이 평가했다.

'予以', '给予'는 일반적으로 '着', '过'를 수반하지 않고, '加以'는 '着', '了', '过'를 모두 수반하지 않는다.

(3) 진행 중인 동작/시간, 장소 의미의 부사어 수반 가능 여부

'作', '进行'은 동사(구) 목적어를 수반한 후, 진행 중인 동작에 자주 쓰이며, 시간과 장소를 나타내는 부사어를 동반하기도 한다.

对出现的新的情况，我们正在进行分析。새로운 출현 상황에 대해 우리는 한창 분석을 하고 있다.

去年，双方代表曾在这个楼里进行过长达一个星期的谈判。

지난해 양측 대표는 이 건물에서 일주일간의 긴 협상을 벌인 바 있다.

他正在家里作出发前的准备。그는 집에서 한창 출발 전 준비를 하고 있다.

现在，专家正在教室作专题的讲座。현재, 전문가들은 한창 교실에서 특강을 하고 있다.

场上正在进行激烈的比赛。경기장에서 한창 치열한 경기가 진행 중이다.

'加以', '予以', '给予', '给以'는 보통 부사 '正在'와 함께 사용할 수 없고, 시간과 장소를 나타내는 부사어를 수반할 수도 없다. 이들은 보통 과거에 이미 완성된 동작이나 미래에 발생할 동작

에 쓰이는데 후자의 용법이 훨씬 많다.

(4) '进行'은 '谈判담판하다, 会谈회담하다, 交涉교섭하다, 商谈상담하다' 등과 같은 양방향의 동작성이 비교적 강한 동사를 목적어로 취한다. 이 동사들은 모두 '作', '予以', '给予', '给以'의 목적어가 될 수 없다.

앞서 서술한 '作'와 '进行'의 4가지 특징 및 수반하는 동사목적어를 살펴보면, '作'와 '进行'은 구체적인 동작을 나타낼 때 더 자주 사용한다. 따라서 '关注관심을 갖다, 关心관심을 갖다, 关怀배려하다, 重视중시하다, 理解이해하다, 谅解양해하다' 등과 같이 동작성이 강하지 않은 동사들은 '作'와 '进行'의 목적어가 될 수 없다.[5] 이는 '作'와 '进行'이 '加以', '予以', '给予', '给以' 등과 비교해 동작성이 좀 더 강하다는 것을 설명한다. '作'와 '进行'이 기타 형식동사와 동일한 목적어를 취할 때 구별되는 특징 역시 동작성이 비교적 강하다는 점이다.

둘째, 수반하는 목적어에 따른 의미·화용성의 주요 특징

(1) '加以'는 명령, 지시를 나타내는 문장에 자주 쓰인다. 때문에 '加以'는 주로 어떤 사람이나 사물에게 지도적이고 실질적인 영향을 미칠 수 있는 동사목적어를 수반한다.

政府对国办文化单位应加以扶持。 정부는 국립 문화 기관을 육성해야 한다.

对医疗用品的生产经营要加以规范。 의료용품의 생산 운영을 규범화해야 한다.

---

5) 아래 표 세 개는 필자가 CCL(北京大学语言学研究中心语料库)과《人民日报》인터넷판(1946-2002) 기사에서 '进行, 加以, 予以, 给予, 予以'와 일부 동사의 연어 비율(진하게 표시된 숫자는《人民日报》기사에 출현하는 횟수)을 조사한 것이다. 형식동사의 내부 비교 분석에 참조하도록 한다.

〈표 1〉

	支持	扶持	照顾	表彰	奖励	嘉奖	帮助	处理
进行	1	4	2	25	**255**	**14**	**646**	69
加以	6	16	1	2	**21**	**0**	**105**	19
予以	62	28	4	27	**321**	**34**	**193**	23
给予	128	35	22	33	**1,032**	**25**	**619**	3
给以	3	3	2	1	**0**	**1**	**2**	0

〈표 2〉

	制裁	打击	处罚	警告	处分	拒绝	规范	落实	执行	贯彻
进行	**379**	**498**	21	0	0	**0**	**38**	**38**	**15**	**64**
加以	**71**	**98**	2	0	0	**384**	**29**	**186**	**110**	**335**
予以	**175**	**227**	45	11	4	**271**	**6**	**65**	**73**	**44**
给予	**48**	**64**	32	38	21	**6**	**0**	**5**	**0**	**0**
给以	**17**	**46**	0	2	1	**2**	**0**	**1**	**0**	**0**

주의: CCL을 통한 통계에서 '加以'와 '处分', '警告'의 연어 비율은 0이었다. 그러나 실제로는 연어 관계를 구성할 수 있다.

〈표 3〉

	关注	关心	重视	肯定	借鉴		
进行	**1**	**0**	**0**	**1**	**5**	请/请求进行 1	'请进行'은 '요청'의미 0
加以	**23**	**11**	**412**	**336**	**38**	请/请求加以 0	请……加以 3
予以	**116**	**45**	**392**	**249**	**3**	请/请求予以 46	请/请求……予以 35
给予	**95**	**113**	**131**	**314**	**0**	请/请求给予 15	请/请求……给予 30
给以	**10**	**26**	**24**	**47**	**0**	请给以 3	请……给以 0

为防止传染病的传播，各地卫生部门要采取多项措施加以预防。

전염병의 확산을 방지하기 위해서 각지의 보건당국은 다양한 조치를 취하여 예방해야 한다.

国家和国家之间的问题应该通过和平的手段加以解决。

국가와 국가 간의 문제는 평화적 수단으로 해결해야 한다.

妈妈听说孩子情绪出现异常，马上赶到学校想加以安抚。

엄마는 아이의 정서에 이상이 있다는 말을 듣고 당장 학교에 가서 위로하고 싶었다.

상기 예문을 통해 알 수 있듯이 '加以'의 행위자(내포된 행위자 포함)는 주로 행정권을 쥐고 있는 기관 혹은 사람이고, 대상자와 상하 관계를 이룬다. 행위자와 대상자가 상하 관계가 아닌 경우라 할지라도, '加以'의 행위자는 책임감을 갖고 동작을 수행한다.

她认识到自己已经长大了，对母亲和妹妹要加以照顾，不能再像过去那样依赖母亲了。

그녀는 자신이 이미 다 컸으니 어머니와 여동생을 잘 보살펴야 하며, 예전처럼 그렇게 어머니에게 의지해서는 안 된다는 걸 깨달았다.

只要报纸杂志确认这种批评基本上是正确的，就应当负责加以发表。

신문 잡지는 이런 비판이 기본적으로 옳다는 게 확인되면, 응당 게재해야 할 책임이 있다.

'加以'는 본래 '의식적으로 가함' 혹은 '의식적으로 실행함' 등의 주관성을 띤다. 또한 '落实실행하다, 执行집행하다, 贯彻관철시키다' 등 동사목적어를 종종 수반하며, 상급자의 명령, 정책, 지시 등에 대해 부하가 이에 상응하는 행동을 취하도록 요구한다. 이러한 면에서 '加以'의 사용 빈도는 다른 형식동사보다 훨씬 높다.[6)]

军令如山，各地要高度重视，突出重点，不折不扣地加以落实。

군령은 산과 같으니, 각 지역은 고도로 중시하고, 핵심을 부각시켜, 틀림없이 실행해야 한다.

希望你们对这一指示坚决加以贯彻。너희들이 이 지시를 굳건히 실행시키길 바란다.

'加以'는 일부 동사와 결합하여, 대상자에게 '어떤 동작을 가하다'라는 의미를 나타낼 수 있다.

关于这个事件，好几家报纸都从不同的角度加以报道和评论。

이 사건에 관하여 여러 신문사가 모두 다른 각도로 보도하고 비평하였다.

对于大众文化的创作、生产、消费要用行政的和经济的手段加以规范。

대중문화의 창작, 생산, 소비는 행정적이고 경제적인 수단으로 규범화해야 한다.

상술한 이유로 '加以'는 '把(将)'자문에 사용할 수 있지만, 다른 형식동사는 불가능하다.

他们不得不把这批来源和性质都不相同的资料加以整理。

그들은 어쩔 수 없이 출처와 성질이 각기 다른 이 모든 자료를 정리해야 한다. (朱德熙의 예문, 이하 朱)

将中国文化放在全世界范围内加以比较研究。

중국 문화를 전 세계적인 범위 내에 놓고 비교 연구해야 한다.

在积极建设国际金融中心的过程中，首先应把上海的定位加以明确……

국제금융센터 건립을 적극적으로 추진하는 과정에서 먼저 상하이의 입지를 확실하게 해야 한다……

在制定全局经济社会政策时应把扩大再就业作为重要因素加以考虑。

전면적인 경제사회정책을 제정할 때 재취업의 확대를 중요한 요소로 고려해야 한다.

6) 주석 5)의 표 참조.

(2) '予以'는 주로 법률 조항과 성질이 비슷한 규칙류의 공식적인 문체에 쓰인다. 때문에 '予以'의 행위자는 대부분 집행권이 있는 정부 기관이나 지도자이며, 그들은 법의 집행, 규정의 실행, 권리의 행사, 법률 근거에 따른 동작을 수행한다.

我们已提请地方执法部门对他予以刑事拘留处分。

우리는 이미 지방 집행부가 그를 형사 구류 처분할 것을 제청했다.

市长表示，他本人和市政府对此项工程将予以合作和支持。

시장은 본인과 시 정부가 이 사업에 협력하고 지원하겠다고 밝혔다.

如果您认为这篇小说还可以的话，请予以发表。이 소설이 괜찮으시다면 발표해 주십시오.

广告的经营者发布虚假广告的，消费者可以依法请求主管部门予以惩处。

광고 운영자가 허위 광고를 내는 경우 소비자는 법에 따라 주무부처에 처벌을 요구할 수 있다.

(3) '加以'와 '予以'는 수많은 동일한 목적어를 취할 수 있지만, 이들의 차이점은 다음과 같다. '予以'는 권력을 가진 부서, 기관, 사람의 허락을 얻어 어떤 동작을 수행할 수 있기를 바란다는 의미를 내포한다. 따라서 '请予以'와 '请求予以' 등 표현의 사용 빈도가 매우 높지만, '加以'의 사용 빈도는 낮은 편이다.[7)]

(4) '加以', '予以', '给予', '给以'는 모두 '시혜(施惠)'류와 '장려(奖励)'류의 동사목적어를 수반할 수 있다. 이때, '给予'의 사용 빈도가 가장 높고, 다음은 '予以', 그 다음은 '加以'이고, '给以'의 사용 빈도가 가장 낮다.[8)]

省检查组对该市的卫生工作给予了充分的肯定。

성의 검열팀은 본 시의 위생 업무에 대해 긍정적인 평가를 했다.

对学习认真、成绩优秀者学校将给以奖励。

열심히 공부하고 성적이 우수한 사람에게는 학교가 표창할 것이다.

本服务中心给您生活带来方便，也请您给予我们支持。

본 서비스 센터는 당신의 생활에 편리함을 가져다드릴 것이니 우리를 성원해 주세요.

(5) '给予', '给以'와 '予以', '加以'의 주요 차이점은 다음과 같다. '给予', '给以'의 주요 용법은 대상자의 필요나 요구에 따라 각종 이익을 주는 것이다. 때문에 '借鉴'처럼 '타인으로부터 획득하다'라는 의미가 있는 동사는 '给予', '给以' 목적어가 될 수 없다. 또 '加以, 予以'가 목적어로 동사 '落实'를 취할 때, '加以, 予以'와 목적어는 '方针방침, 政策정책, 规定규정' 등의 수행을 나타내고, 사용 빈도가 높다. 반면에 '给予'와 목적어가 나타내는 것은 '(어떤 사람이 제시한) 요구'에 대한 수행이고, '给以'가 요구하는 것은 '날조된 사건[9)]'의 수행으로 사용 빈도가 매우 낮다.[10)]

(6) '予以'와 '给予'는 모두 '징벌(惩罚)'류의 동사목적어를 자주 수반한다. 목적어의 의미가 무거운 편이면 주로 '予以'를 쓰고, 목적어의 의미가 가벼운 편이면 '给予'의 사용 빈도가 훨씬 높

7) 주석 5)의 표 참조.

8) 주석 5)의 표 참조.

9) [역주] 원문의 '冤假错案'은 문화 대혁명 기간 동안 잘못 형사 처리된 원죄(冤罪)·날조·오심(誤审) 사건을 가리킨다.

10) 주석 5)의 표 참조.

다. 행위자(내포된 행위자 포함)와 대상자의 관계는 보통 상급자와 하급자이다. 행위자는 대부분 법을 집행할 권한이 있거나, 권한을 사용할 수 있는 상급 주관기관 혹은 지도자이다.

公安部发布禁令：严禁违反枪支管理使用规定，违者予以纪律处分；造成严重后果的，予以辞退或者开除。공안부는 "총기 관리 사용 규정의 위반을 엄금하고, 위반자는 징계처분한다. 엄중한 후속 결과를 초래하는 자는 사퇴 또는 제명"시키는 금지령을 발포했다.

对于违反国家政策、情节较轻者，给予批评教育；情节较重的，给予警告处分。
국가 정책 위반 경위가 경미한 자는 비판 교육을 하고, 경위가 엄중한 자는 경고 처분한다.

(7) '给以'는 고객, 독자 등에 대한 약속의 광고문에 자주 쓰인다. '予以', '给予'는 이런 용법이 적은 편이다.

因为产品质量问题必须退换而给您造成的损失，我们生产厂家给以赔偿。
제품의 품질 문제로 인한 교환으로 당신에게 초래한 손실은 우리 생산업체가 배상해 드립니다.

您的资料我们将给以严格的保密。당신의 자료는 우리가 엄격하게 보안을 유지하도록 하겠습니다.

对于您提出的要求，我们将给以详细的回复。
당신이 제기한 요청에 대하여 우리는 상세하게 회신을 하도록 하겠습니다.

(8) '作 + 동사목적어'는 관형어를 담당할 수 있지만, 다른 형식 동사는 이런 용법이 매우 적다.

这是一个很难作简短回答的问题。이것은 간단하게 대답하기 어려운 질문이다.

(9) 각기 다른 형식동사가 동일한 목적어를 취할 때, 화용상, 어법상, 의미상 차이가 발생한다. 예를 들어, '作'와 '进行'은 '监督감독하다/감독, 指挥지휘하다/지휘, 裁判재판하다/재판' 등과 같은 겸류사(兼类词)를 수반할 수 있다. 그러나 모든 단어들은 '作'의 목적어이면 명사의 의미를, '进行'의 목적어이면 동사의 의미를 나타낸다. 또 '进行, 加以, 予以'가 '处理'를 목적어로 취할 때 모두 '처벌하다'는 의미를 나타낸다. 그러나 '进行处理'는 "这些资料用电脑进行处理。이 자료는 컴퓨터로 처리한다."와 같은 예문처럼 '가공 처리하다'의 의미를 나타내기도 한다.

丙, 형식동사문의 표현상 기능

형식동사는 언제 사용해야 하는가? 형식동사는 표현상 어떤 기능이 있는가? 朱德熙(1999)는 "형식동사[11])를 사용하는 이유는 화자가 명동사의 대상자인 명사성 성분을 동사 앞으로 이동시키려는 것"과 관련이 있으며, 또 "형식동사의 역할은 개사구조 뒤에 오는 명동사를 복잡하게 만드는 것"이라고 하였다. 필자가 살펴본 바에 따르면 형식동사의 사용 특징은 다음과 같다.

(1) 형식동사를 사용하면, 동목구조에서는 일반적으로 동사 뒤에 위치하는 목적어가 화제주어 자리로 이동한다. 또는 '对' 등 개사를 사용하여 술어 앞으로 이동시켜 화제화 또는 준화제화 시킴으로써 동작의 대상은 명확해지고, 어기는 매우 정중해진다. 따라서 형식동사는 보통 정중한 서면어에 출현한다.

11) [역주] 원문에서는 朱德熙(1999)의 서술을 그대로 인용하여 형식동사를 '허화동사(虛化动词)'라 적고 있다. 역자는 이를 '형식동사'로 통일하여 옮겼음을 명시한다.

这次成功的经验应该好好地加以总结。이번 성공의 경험은 제대로 총정리해야 한다.

对这场比赛，我们将进行网上直播。이번 경기를 우리는 인터넷으로 생방송 할 것이다.

형식동사를 사용하면 각기 다른 대상자를 아주 명확한 위치에 놓을 수 있으므로 아래와 같은 대구문(对比句)을 쉽게 구성할 수 있다.

对严格遵守纪律者要予以大力表扬，对经常违反纪律者应予以严肃批评。

규율을 엄격히 준수하는 자에게는 대대적으로 표창하고, 규율을 자주 위반하는 자에게는 엄숙하게 비판을 가해야 한다.

(2) 형식동사를 사용하면, 열거된 여러 개의 대상자목적어나 동사구를 한 문장으로 깔끔하게 표현할 수 있다. 아래와 같이 병렬식 구조가 있는 문장의 경우 보통 형식동사가 없는 문장으로 변환하기 쉽지 않다. 일부는 억지로 변환할 수는 있으나 그 효과는 형식동사를 사용한 문장만큼 간결하고 명확하지 않다.

作家有权对社会生活，对当今时代，对某一事件，对某一事情作自己的思考和发言。

작가는 사회생활, 지금 시대, 어떤 사건, 어떤 일에 대해 스스로 생각하고 발언할 권리가 있다.

* 作家有权自己思考和发言社会生活，当今时代，某一事件，某一事情。('发言'은 목적어를 수반할 수 없음, '思考'는 목적어를 수반할 수 있지만 이처럼 여러 개의 목적어를 취할 수 없음)

对检查人员利用职权进行违法办案、越权办案……进行查处……

검찰이 직권을 남용한 위법적인 사안 처리, 월권에 의한 사건 처리……에 대해 조사 처리하다.

本公司可以负责进行产品的研发、设计、生产、销售。

당사는 제품의 연구개발, 설계, 생산, 판매를 책임진다.

朱德熙(1999)는 "형식동사 뒤에 오는 동사는 일반적인 동사와 다르게 명확한 명사성을 지닌다"라고 했다. 예를 들어, 이 중 일부 동사는 수량사나 명사의 수식을 받을 수 있다(예를 들면, "进行一项科学研究과학연구 하나를 진행하다, 进行经济合作경제적 협력을 진행하다"). 그러나 최근에는 형식동사의 사용 빈도가 점차 증가하고, 범위도 확대되면서, 다수의 목적어가 뚜렷한 동사성을 갖는다(위의 표 참조).

B그룹 (开始，继续，结束) 동사

B그룹 동사는 단계성동사라고 부른다. 단계성동사의 특징은 다음과 같다.

(1) 수반할 수 있는 목적어는 지속 가능한 동작동사이다(아래 二 (三) 참조). 이러한 동사는 시작, 지속, 종결 등의 단계를 갖는다. 따라서 동사 앞에 '开始시작하다, 继续계속하다, 结束끝내다'를 첨가하여 동작이 어떤 단계에 있는지를 나타낸다. 예를 들어, '开始学习공부를 시작하다'는 '공부'가 시작 단계에 진입, '继续学习공부를 계속하다'는 '공부는 이미 시작해서 진행 중', '结束学习공부를 끝내다'는 '공부'라는 동작이 끝났음을 나타낸다. '开始，继续'가 수반하는 동사목적어 뒤에는 다시 명사목적어가 올 수 있으며(형식동사와 다름), 동사목적어 앞에 부사어도 올 수 있다.

今天开始学习第二课。오늘은 제2과 공부를 시작한다.

我们继续讨论下一个问题。우리는 계속해서 다음 문제를 토론하겠습니다.

他现在终于开始认真考虑自己的将来了。
그는 지금 마침내 자신의 장래를 진지하게 고민하기 시작했다.

(2) B그룹 동사가 수반하는 동사목적어 앞에는 관형어가 올 수 있으며, 이 경우 목적어의 명사적 특징이 더욱 강해진다.

我开始了对他的调查。나는 그에 대한 조사를 시작했다.
我们是否继续刚才的谈判？우리는 방금 한 협상을 계속할 것인가?

C그룹 (值得, 敢于, 勇于, 乐于) 동사

C그룹 동사의 특징은 다음과 같다.

(1) '值得, 敢于, 勇于, 乐于'와 같은 동사는 본래 주관적인 평가 의미 혹은 감정적인 색채를 띠고 있다. 보통 동작동사(구)가 목적어를 담당한다.

这个展览值得一看。이 전시회는 한 번 볼 만하다.
他勇于探索，敢于创新。그는 용감하게 탐색하고, 대담하게 혁신한다.
小刘是个乐于助人的学生。샤오류는 남을 돕는 것을 좋아하는 학생이다.

(2) 이들 동사 뒤에는 동태조사 '着, 了, 过'가 올 수 없다(본 장 제5절 참조).

D그룹 (装作, 准备, 打算, 企图) 동사

D그룹 동사의 특징은 다음과 같다.

(1) '装作, 准备, 打算, 企图' 등은 동사나 동사구(동목구)를 목적어로 수반한다.

她装作不知道。그녀는 모른 체했다.
你准备什么时候出发？너는 언제 출발하니?
我打算去国外留学。나는 외국으로 유학 갈 계획이다.
他企图搞破坏活动。그는 파괴 행위를 기도했다.

'准备, 打算'은 겸어구조를 목적어로 수반할 수도 있다.

爸爸准备让哥哥接替他的工作。아버지는 형이 아버지의 일을 물려받도록 준비하고 있다.
我打算派他去北京出差。나는 그를 베이징으로 출장을 보내려고 한다.

이들 동사 중에서 '准备'만 명사성목적어를 수반할 수 있고 다른 동사는 불가능하다.

她在准备讨论的材料。그녀는 토론할 자료를 준비하고 있다.

(2) 이들 동사가 목적어를 수반할 때, 뒤에 보통 동태조사 '着, 了, 过'가 올 수 없다. 다음은 학습자의 오류이다.

＊我们准备了明天比赛。
＊他装作了不认识我。

E그룹 (喜欢, 讨厌) 동사

E그룹 동사의 특징은 다음과 같다.

(1) '喜欢, 讨厌'은 동사(구)가 목적어로 올 수 있고, 체언성목적어도 올 수 있다.

我喜欢/讨厌写文章。나는 글 쓰는 것을 좋아한다/싫어한다.

他喜欢/讨厌你。그는 너를 좋아한다/싫어한다.

(2) '喜欢, 讨厌'은 겸어(兼语)를 수반할 수 있다.

她喜欢你老实。그녀는 네가 성실해서 좋다.

我讨厌他这么做。나는 그가 이렇게 하는 게 싫다.

3. 주술구(절)목적어를 수반하는 동사

이들은 다시 다음과 같이 세분류할 수 있다.

A. 说말하다, 看보다, 看见보이다, 听见들리다, 发现발견하다, 发觉깨닫다, 相信믿다, 怀疑의심하다, 忘잊다, 忘记잊어버리다, 记住기억해 두다, 爱사랑하다, 怕두렵다, 欢迎환영하다, 考虑고려하다, 讨论토론하다, 允许허락하다, 认识알다, 赞成찬성하다, 反对반대하다, 同意동의하다, 通知통지하다, 决定결정하다

B. 知道알다, 记得기억하다, 指出지적하다, 想생각하다, 听说~이라 한다, 记着기억하다, 需要필요하다, 担心걱정하다, 注意주의하다, 建议건의하다

C. 希望희망하다, 盼望갈망하다, 主张주장하다, 以为여기다, 认为생각하다, 觉得~라고 생각하다, 感到느끼다

이 동사들의 특징은 다음과 같다.

(1) A류, B류, C류의 동사는 모두 주술구를 목적어로 수반할 수 있다. 이들 중에서 '希望, 盼望, 忘, 忘记, 记住, 爱, 怕, 欢迎, 考虑, 讨论, 允许, 赞成, 反对, 同意, 决定'은 동사구를 목적어로 수반하기도 한다.

小张听见隔壁有人说话。샤오장은 옆집에서 누군가 말하는 것을 들었다.

你别忘了我们明天下午开会。너는 우리가 내일 오후에 회의를 한다는 것을 잊지 마라.

我记得她那天没来学校。나는 그녀가 그날 학교에 오지 않은 것을 기억한다.

她希望能考上名牌大学。그녀는 명문 대학에 합격하기를 희망한다.

我盼望着早点儿毕业。나는 빨리 졸업하기를 고대한다.

我同意跟你合作。나는 너와 협력하는 것에 동의한다.

주의: A류, B류, C류 동사 중 '忘'을 제외하고, 주술구나 동사구가 목적어를 담당하는 경우 동작이 이미 완성되었을지라도 동사 뒤에 '了'를 첨가할 수 없다. 다음은 학습자의 오류이다.

＊我发现了同学们都回家了。

＊小林看见了你在商店买东西。

＊我们决定了坐飞机去北京。

(2) A그룹 동사 중, '看见, 听见, 发现, 相信, 忘, 讨论, 同意'는 체언성목적어도 수반할 수 있다. 동작의 완성을 나타내는 경우 동사 뒤에 '$了_1$'를 첨가해야 한다. 이들 동사와 '怀疑의심하다' 등이 변화를 나타내면 문미에 '$了_2$'이 와야 한다.

我发现了他的秘密。나는 그의 비밀을 발견했다.

他竟然相信了你这个骗子。그는 뜻밖에도 이 사기꾼을 믿었다.

他可能听见了什么风声。그는 무슨 소문을 들었을 것이다.

他看见咱们了。그는 우리를 보게 되었다.

警察怀疑你了。경찰이 너를 의심하게 되었다.

(3) B그룹 동사가 체언성목적어를 수반하는 경우 동작이 완성되었을지라도 동사 뒤에 '$了_1$'를 첨가할 수 없다. 그러나 '知道, 想, 听说, 需要, 注意'가 체언성 목적어를 수반하고 변화를 나타내면 문미에 '$了_2$'이 와야 한다.

我听说他的事情了。 ？我听说了他的事情。(뒤에 후속절이 와야 함)
나는 그의 사정을 들었다.

现在你需要我了？ ＊现在你需要了我？
이제 너는 내가 필요해진 거야?

警察已经注意他了。 ＊警察已经注意了他。
경찰은 이미 그를 주목했다.

(4) C그룹 동사 중에서 '感到'만 체언성목적어를 수반하고 동사 뒤에 '$了_1$'를 첨가할 수 있다. 반면, 다른 동사는 대부분 주술구를 목적어로 수반하고 동사 뒤에 '$了_1$'를 첨가할 수 없다.

4. 이중목적어를 수반하는 동사

이들은 다음과 같이 세분류할 수 있다.

A. 教가르치다, 问묻다, 给주다, 请教가르침을 받다, 还돌려주다

B. 告诉알리다, 求요청하다, 托부탁하다, 赏(상을) 주다

C. 借빌리다/빌려 주다, 拿잡다, 送보내다, 租세놓다, 分나누다, 买사다, 花소비하다, 费소비하다

D. 称칭하다, 叫부르다, 称呼호칭하다

E. 交건네다, 寄부치다, 卖팔다, 传전하다, 递건네다, 输나르다, 留머무르다 (뒤에 '给'를 첨가해야 간접목적어 수반 가능)

상기 동사들은 두 개의 목적어를 수반할 수 있다. 목적어1은 보통 동작이 영향을 미치거나 가해진 대상(간접목적어)이고, 목적어2는 동작과 관련된 사물(직접목적어)이다.

A류 예: 李老师教我们汉语。(李老师教我们。/ 李老师教汉语。)
리 선생님이 우리에게 중국어를 가르쳐 주신다.

B류 예: 他告诉了我他家的地址。(他告诉了我。/＊他告诉了他家的地址。)
그는 나에게 그의 집 주소를 알려주었다.

C류 예: 我借了她一点儿钱。(＊我借了她。/ 我借了一点儿钱。)
나는 그녀에게 돈을 조금 빌려주었다./빌렸다.

D류 예: 我们都叫他老张。
우리는 모두 그를 라오장이라고 부른다.

E류 예: 妈妈寄给我一个包裹。(？妈妈寄给我。/ 妈妈寄一个包裹。)
어머니께서 나에게 소포 하나를 보내 주셨다.

상기 다섯 그룹의 동사는 이중목적어의 출현 상황에 따라 다음과 같이 구분할 수 있다(구체적인 목적어 출현 상황은 하권 제1편 제2장 참조).

(1) A류의 목적어1, 목적어2는 모두 단독으로 사용할 수 있다.

(2) B류의 목적어1은 단독 사용이 가능하지만, 목적어2는 단독 사용이 불가능하다.

(3) C, E류의 목적어1은 단독 사용이 불가능하고, 목적어2는 단독 사용이 가능하다('送'은 "我送他나는 그를 배웅한다"라고 할 수 있지만, "我送他一件礼物나는 그에게 선물을 준다"에서의 '送'과 의미가 다름).

(4) D류는 목적어 두 개가 모두 출현해야 한다(위 특징들은 吕叔湘(1999: 32)를 참조).

(5) 상기 다섯 그룹의 동사 중, E류는 뒤에 '给'를 첨가한 후에 이중목적어를 수반할 수 있다. 다른 네 그룹의 동사 중에도, '还, 托, 赏, 借, 拿, 租, 分'은 뒤에 '给'를 첨가한 후(첨가하지 않을 수도 있음) 이중목적어를 수반할 수 있지만, 이들을 제외한 다른 동사에는 '给'가 올 수 없다. 다음은 외국인 학습자가 자주 범하는 오류이다.

＊王老师教给我们汉语。

＊他告诉给我一个秘密。(제8장 제3절 三 아래의 '给' 부분 참조)

二. 관계동사, 상태동사, 동작동사

동사 의미의 주요 특징과 이와 관련된 어법특징에 따라 동사는 관계동사, 상태동사, 동작동사로 분류할 수 있다.

(一) 관계(关系)동사

관계동사는 사람과 사람, 사람과 사물, 사물과 사물 사이의 관계를 나타내는 동사이다. 주로 '是~이다, 叫(호칭 의미)~라고 부르다, 姓~을 성으로 하다, 当作~으로 삼다, 成为~이 되다, 像마치~와 같다, 等于~와 같다, 属于~에 속하다' 등이 있다. 이들 동사의 어법특징은 다음과 같다.

(1) '叫, 姓' 뒤에는 경우에 따라 '过, 着'를 첨가할 수 있지만, 대부분 '着, 了, 过'를 첨가할 수 없다.

(2) '叫, 姓, 成为, 当作'는 경우에 따라 '没'로 부정할 수 있으나, 보통 '不'로 부정한다.

(3) '叫, 姓'은 경우에 따라 중첩이 가능하지만, 보통 중첩하지 않는다.

(4) '像'을 제외한 대부분의 관계동사는 정도부사의 수식을 받을 수 없다.

(5) '叫, 姓'은 뒤에 동량, 시구간을 나타내는 단어를 수반할 수 있으나, 다른 관계동사는 불가능하다.

(6) ‘叫, 姓’을 제외한 다른 동사는 명령문에 사용할 수 없다.

(7) ‘当作’는 ‘把’자문에 사용할 수 있으나, 다른 관계동사는 ‘把’자문에 사용할 수 없다.

(二) 상태(状态)동사

상태동사는 생리(A류), 인지 또는 심리상태(B류~E류)를 나타내는 동사이다.

A. 病아프다, 饿배고프다, 聋귀가 먹다, 瞎눈이 멀다, 醉취하다, 醒깨다, 困졸리다

B. 知道알다, 明白이해하다, 懂이해하다, 放心안심하다

C. 认识알다, 熟悉익숙하다, 了解이해하다, 误解오해하다, 相信믿다, 忽视경시하다, 轻视얕보다

D. 喜欢좋아하다, 讨厌싫어하다, 爱사랑하다, 恨원망하다, 想(念)그리워하다, 气화나다, 吓놀라다, 怀疑의심하다, 认得알다, 重视중요시하다, 爱护애호하다

E. 希望희망하다, 记得기억하다, 担心걱정하다, 操心걱정하다

상태동사의 어법특징은 다음과 같다.

(1) A류 동사 중 ‘聋, 瞎’를 제외한 다른 동사는 ‘着’를 수반할 수 있다. 반면, B－E류 동사 중 ‘爱, 恨, 想, 气’를 제외한 다른 동사는 ‘着’를 수반할 수 없다.

(2) A－E류 동사 중 ‘知道, 认识, 认得, 爱护, 希望, 记得’는 뒤에 ‘过’가 올 수 없지만, 다른 동사는 ‘过’를 첨가해서 일찍이 경험한 적이 있음을 나타낸다.

(3) A, B, C류 동사의 행위자나 대상자는 동사 앞에 오고, 동사 뒤에는 ‘了($了_1$ + $了_2$)’를 첨가하여 새로운 상황 즉, 변화를 나타낸다. 즉, 동사가 나타내는 그 상태로 변했으며, 그 상태가 지속되고 있음을 나타낸다.

爷爷的眼睛瞎了。할아버지의 눈이 멀었다.

这件事情我知道了。이 일을 나는 알았다.

这一带他已经熟悉了。이 일대에 그는 이미 익숙해졌다.

C류 동사 중 유일하게 ‘相信’은 ‘$了_1$ + 단순 목적어[12]’로 문장을 완성할 수 있다.

听了他的话，我们就相信了他。그의 말을 듣고 우리는 그를 믿었다.

C류의 다른 동사는 ‘$了_1$ + 단순 목적어’만을 첨가하여 문장을 완성할 수 없고, 수량사가 앞에서 목적어를 수식해야 한다.

他在火车上认识了一个中国朋友。그는 기차에서 중국 친구 하나를 알게 되었다.

我了解了一下那个学校的情况。나는 그 학교의 상황을 좀 이해했다(알아봤다).

D류 동사 중 일부 동사는 목적어를 먼저 취한 경우에만 ‘$了_2$’를 수반하여 변화를 나타낼 수 있다.

我有点儿想家了。나는 집이 조금 그리워졌다.

孩子讨厌去幼儿园了。아이는 유치원에 가는 게 싫어졌다.

---

12) [역주] 단순 목적어(简单宾语)란 목적어를 담당하는 명사성분이 다른 수식어를 수반하지 않고 중심어 하나만으로 구성되어 있는 것을 가리킨다.

일부 동사는 동작의 완성을 나타내거나 정도를 강조하는 경우, 먼저 보어를 취한 경우에만 '了$_1$' 또는 '了$_2$'을 사용할 수 있다.

小伙子爱上了那个姑娘。젊은이는 그 아가씨를 사랑하게 되었다.

他恨死你了。그는 너를 죽도록 미워한다.

我吓了一跳。나는 깜짝 놀랐다.

E류 동사는 보통 '了$_1$' 또는 '了$_2$'을 수반할 수 없다. 다음은 학습자의 오류이다.

*我希望了去国外留学。

*他走了以后，我们担心了。

(4) 상태동사 중 '醒, 认识, 了解, 熟悉, 重视, 爱护'는 중첩할 수 있지만, 다른 상태동사는 보통 중첩형을 쓰지 않는다.

(5) 상태동사 '病'은 '不'로 부정할 수 없다(가정문 제외). 그러나 다른 상태동사는 술어를 담당할 때 보통 '不'로 부정한다. 또 '知道, 记得, 认识, 认得'는 '没'로 부정할 수 없지만,[13] 다른 상태동사는 '没'로 부정할 수 있다(제8장 상용부사 '不'와 '没有'의 비교 분석 참조).

(6) '病, 醒, 醉, 记得, 知道, 认识, 认得'를 제외하고 다른 상태동사는 정도부사의 수식을 받을 수 있다.

(7) '相信, 醒, 认识, 了解, 熟悉, 重视, 爱护'를 제외하고 다른 상태동사는 보통 명령문에 쓰지 않는다.

(8) '了解'는 '把'자문에 쓸 수 있고, '困, 饿, 恨, 爱' 등은 숙어의 성질을 띠는 사역성 '把'자문에 쓸 수 있다. 그러나 다른 상태동사는 '把'자문에 쓸 수 없다(하권 제2편 제2장 제12절 '把'자문 참조).

(三) 동작(动作)동사

동작동사는 동작 행위를 나타내는 동사이다. 동사 중 가장 많은 수량을 차지한다.

동작동사는 지속 가능 여부에 따라 지속동사(持续动词)와 비지속동사(非持续动词)로 나눌 수 있다. 지속동사는 지속할 수 있는 동작을 나타낸다. 비지속동사가 나타내는 것은 지속이 불가능한 것으로, 종종 순간적으로 완성되는 동작을 나타내기 때문에 순간동사(瞬间动词)라고도 한다. 아래에서 각 유형에 대해 살펴보자.

1. 비지속동사(非持续动词)

비지속동사의 수량은 많지 않다. 주로 다음과 같다.

死죽다, 丢잃어버리다, 到도착하다, 来오다, 去가다, 回돌아오다/가다, 走('떠나다' 의미), 离开떠나다, 完끝나다, 没사라지다/없다, 跑('도망가다' 의미), 断단절하다, 塌무너지다, 垮붕괴하다,

13) '没认识'는 술어는 될 수 없지만, 관형어를 담당할 수 있다. 예를 들면, "在没认识他之前，我在这儿一个朋友也没有。그를 알기 전에, 나는 여기에 친구가 한 명도 없었다."가 있다.

散(会)('(집회를) 해산하다' 의미), 溜(走)달아나다, 掉떨어지다, 熄꺼지다, 灭꺼지다, 败지다, 胜이기다, 失败실패하다, 迟到지각하다, 出发출발하다, 出现출현하다, 发现발견하다, 爆发폭발하다, 发生발생하다, 毕业졸업하다, 结婚결혼하다, 离婚이혼하다, 分手헤어지다, 分别이별하다, 告别작별하다, 启程출발하다, 提拔선발하다, 批准비준하다, 开始시작하다, 结束끝내다

비지속동사의 특징은 다음과 같다.

(1) '发生'은 '着'를 수반할 수 있지만(예를 들어, "这里正发生着翻天覆地的变化。이곳은 천지개벽할 변화가 일어나고 있다."), 다른 동사는 '着'를 수반할 수 없다.

(2) 동사 뒤에 '了'를 첨가하여 동작의 완성 및 완성 이후의 상태가 여전히 유지되고 있음을 나타낸다.

爷爷死了。할아버지께서 돌아가셨다.

钱包丢了。지갑을 잃어버렸다.

房子塌了。집이 무너졌다.

'비지속동사 + $了_1$' 뒤에는 종종 시량보어가 출현하여 동작 완성을 나타내며, 이때 시량보어는 동작 완성 이후의 상태가 지속된 시간을 나타낸다. 문미에 다시 '$了_2$'을 추가할 경우, 동작완성 이후의 상태가 발화시까지 줄곧 지속되고 있음을 나타낸다.

她来了三天。그녀가 온 지 3일 되었다.

钱包丢了一个星期。지갑을 잃어버린 지 1주일 되었다.

会议结束了两天了。회의가 끝난 지 이틀째 되었다.

我毕业了一年多了。나는 졸업한 지 1년 넘었다.

주의: '胜, 败'는 보통 이러한 시량보어를 수반하지 않는다.

(3) '毕业, 走, 开始, 结束'는 '过'를 수반할 수 없지만, 다른 동사는 가능하며 동작이나 상황이 일찍이 발생한 적이 있음을 나타낸다.

小李来过。샤오리는 온 적이 있다.

这种情况以前发生过。이런 상황은 이전에 발생한 적이 있다.

(4) '提拔'는 중첩이 가능하지만, 다른 동사는 중첩형을 쓰지 않는다.

(5) 모두 '没'를 사용해 부정할 수 있다. 단문에서 '丢, 到, 完, 发现, 爆发, 开始'는 '不'로 부정할 수 없지만, 다른 동사는 '不'로 부정할 수 있다. 이밖에 '丢, 到, 完, 发现, 爆发, 开始'도 조건문이나 가정문의 앞 절에서는 '不'로 부정할 수 있다.

不到夏天，就想不起喝冷饮。여름이 되기 전에는 찬 음료수가 생각나지 않는다.

如果战争不爆发，人们就会一直过着安居乐业的日子。

전쟁이 발발하지 않는다면, 사람들은 계속 편안하고 안락하게 생활하며 살게 될 것이다.

会议要是现在还不开始，到七点就结束不了。

회의를 지금도 시작하지 않으면, 7시가 되어도 끝날 수 없다.

(第7장 第2절 五 부정부사 참조)

他种过花儿。그는 꽃을 심은 적이 있다.

哥哥画过几年画。형은 몇 년 동안 그림을 그린 적이 있다.

(10) B, C류 동사 중, '捆, 拿, 存, 扣, 夹' 뒤에는 '过'가 올 수 없다. 그러나 이들을 제외한 동사와 '关' 뒤에 '过'가 오고, 장소사가 주어인 경우 문장에서는 어떤 장소에 어떤 사물이나 사람이 어떤 상태로 존재한 적이 있음을 나타낸다.

这里关过犯人。이곳에 범인을 가둔 적이 있다.

那间屋子放过几年粮食。그 방에 몇 년 동안 양식을 놓은 적이 있다.

(11) 중지속동사는 모두 '不'과 '没'로 부정할 수 있다.

(12) 중지속동사 중 '藏'을 제외한 모든 동사는 중첩할 수 있다.

丙, 약지속동사

동작동사 중 상술한 강지속동사와 중지속동사를 제외한 나머지는 모두 약지속동사에 속한다. 약지속동사는 수량이 많은 편이므로 아래에 열거되었을 뿐이다. 상용되는 약지속동사는 다음과 같다.

A. 安排배치하다, 安慰위로하다, 搬옮기다, 办처리하다, 比비교하다, 表演연기하다, 表扬칭찬하다, 裁재단하다, 擦닦다, 查조사하다, 唱노래하다, 吃먹다, 抽피우다, 吹(气)(허풍을) 떨다, 吵('말다툼하다'의미), 答대답하다, 打치다, 打扫청소하다, 点끄덕이다, 掉(头)(고개를)돌리다, 动움직이다, 读읽다, 锻炼단련하다, 对대답하다, 发보내다, 发展발전하다, 翻뒤집다, 翻译번역하다, 分나누다, 分析분석하다, 复习복습하다, 改바꾸다, 改变고치다, 干하다, 搞하다, 告诉알리다, 给주다, 够도달하다, 刮깎다, 广播방송하다, 喊소리치다, 喝마시다, 还돌려주다, 换바꾸다, 回答대답하다, 讲강의하다, 介绍소개하다, 看보다, 考굽다, 烤(面包)(빵을)굽다, 领导지도하다, 卖팔다, 念읽다, 敲두드리다, 商量상의하다, 收거두다, 收拾수습하다, 刷솔로 닦다, 扫쓸다, 上(课)(수업을)하다, 烧끓이다, 拾줍다, 说말하다, 送보내다, 踢차다, 讨论토론하다, 听듣다, 跳춤추다, 推밀다, 问묻다, 洗씻다, 研究연구하다, 演공연하다, 摘따다/벗다, 走(路)(길을)걷다……

B. 买사다, 剪자르다, 浇뿌리다, 理(发)이발하다, 吃먹다, 喝마시다, 学배우다, 教가르치다, 修수리하다……

약지속동사의 어법특징은 다음과 같다.

(1) '学, 听, 看'은 '着'와 결합하여 명령문에 쓰인다(평서문에 사용 불가능). 이를 제외한 나머지 다른 동사는 단독으로 '着'와 결합하여 문장을 이룰 수 없다.

学着点儿！공부 좀 해! (명령문, 반드시 뒤에 '点儿' 첨가. '看'도 이러한 문장에 사용 가능)

好好听着！잘 들어! (명령문)

你看着我！나를 봐! (명령문)

＊他学着汉语。(평서문)

＊我听着录音。(평서문)

＊他吃着饭。(평서문)

(2) 약지속동사는 부사 '正'의 수식을 받을 수 있고, 동사 뒤에 '着'를 수반하고, 문미에는 보통 '呢'가 와야 한다. 동작이 마침(막) 진행되고 있는 상태를 나타낸다.

爸爸正喝着酒呢。아버지께서 마침 술을 마시고 계신다.

我去找他的时候，他正听着音乐呢。내가 그를 찾아갔을 때 그는 한창 음악을 듣고 있었다.

(3) '看，说，聊，讲，听，干，跳，唱，吵，闹，走(路)'는 '동사1 + 着 + 동사2 + 着……'형식으로 자주 쓰인다. 선행 동작이 반복되는 과정 중 부지불식간에 후행 동작의 결과 또는 변화가 발생했음을 나타낸다. 이러한 문장의 앞뒤 동사는 동일한 것일 수 있다.

她说着说着眼圈红了。그녀는 말을 하다 보니 눈시울이 붉어졌다.

她躺在床上听录音，听着听着就睡着了。그녀는 침대에 누워서 녹음을 듣다 보니 잠이 들었다.

我们跳着唱着，几个小时很快就过去了。우리는 춤추고 노래하다 보니, 몇 시간이 아주 빨리 지나갔다.

(4) '商量，讨论，研究' 등 동사는 '着'와 결합할 수 있고(결합하지 않을 수도 있음), 뒤에는 관련된 내용을 나타내는 동사구가 온다.

我们正商量着去哪儿玩呢。우리는 마침 어디로 놀러 갈지 의논하고 있다.

干部们正研究怎么防洪呢。임원진은 홍수를 어떻게 막을 것인지 연구하고 있다.

(5) 약지속동사는 보통 '동사 + 了 + 단순목적어'의 형식으로 문장을 이룰 수 없다(제10장 제3절 동태조사 참조). A, B류 동사는 뒤에 시량보어를 수반하여 동작이 지속된 시간을 나타내고, 문미에 '$了_2$'을 추가하면 동작이 발화 시점까지 지속되고 있음을 나타낸다.

她学了三年汉语。그녀는 3년 동안 중국어를 배웠다. ＊她学了汉语。

我洗了一个小时衣服。나는 한 시간 동안 빨래를 했다. ＊我洗了衣服。

他们上了一个星期课了。그들은 일주일째 수업을 들었다. ＊他们上了课。

주의: 가끔 B류 동사 뒤에 '$了_1$'와 시량보어가 오는 경우 동작이 지속된 시간이 아닌 동작이 완성된 이후부터 발화 시점까지의 시간을 나타내기도 한다. 이때, 뒤에는 대개 후속절이 와야 한다.

苹果买了一个星期了，不新鲜了。사과를 산 지 일주일이 되어서 신선하지 않다.

饭刚吃了一个小时，你怎么又吃起蛋糕来了？
밥을 먹은 지 막 1시간이 지났는데, 너는 어쩜 또 케이크를 먹기 시작했니?

电视机刚修了一天，又坏了。텔레비전을 수리한 지 막 하루가 지났는데, 또 고장이 났다.

이러한 문장은 보통 대상자주어문이고, 시량보어 앞에 오는 '了'는 생략할 수 없다.

(6) 대상자가 주어를 담당하는 문장에서 동사는 '了'만 있어도 문장을 완성할 수 있다.

饭他已经吃了。밥을 그는 벌써 먹었다. ＊他吃了饭。

이러한 문장은 동사 뒤에 시량보어를 첨가하여 동작이 지속된 시간을 나타낼 수 있다.

房间打扫了两天。방을 이틀 동안 청소했다.

这件事讨论了几天了。이 일은 며칠째 토론하고 있다.

电视机买了好多年了。텔레비전을 산 지 몇 년이 되었다.

(7) 모든 약지속동사 뒤에 '过'를 첨가하여 일찍이 경험한 적이 있음을 나타낼 수 있다. 뒤에 시량보어가 오면 어떤 동작에 종사한 시간을 나타낸다.

我踢过足球。 나는 축구를 한 적이 있다.

哥哥演过几年戏。 형은 몇 년 동안 연기한 적이 있다.

(8) 약지속동사는 모두 '不'과 '没'로 부정한다.

(9) 약지속동사는 모두 중첩할 수 있다.

주의: 상기 동사와 '着', '了', '过'의 용법은 제10장 조사 참조.

三. 의지동사(自主动词)와 비의지동사(非自主动词)

동작행위가 의식적으로 행해졌는지의 여부에 따라 중국어 동사는 의지(自主)동사와 비의지(非自主)동사로 나눌 수 있다. 의지동사는 의식적/의도적인 동작행위를 나타내는 동사로, 행위자는 해당 동작을 주도적으로 실행하고, 주관적으로 결정하며, 자율적으로 통제한다. 반면, 비의지동사는 무의식적/비의도적인 동작행위를 나타내며, 행위자는 해당 동작을 자율적으로 통제하지 못한다. 한편, 비의지동사는 변화나 속성을 나타내기도 하는데, 무의식적 동작행위는 변화나 속성의 일종으로도 볼 수 있기 때문이다. 이 중 변화가 동태적이라면, 속성은 정태적이라 할 수 있으며, 그것이 동태적이든 정태적이든 모두 행위자나 주체의 영향을 받지 않는다(马庆株 1992).

의지동사 중 일부는 요구, 권유, 명령을 나타내는 명령문에 사용할 수 있다. 또 일부 의지동사는 화자의 계획, 의도를 표현할 수 있다. 이러한 용법으로 사용할 수 있는 동사라면 의지동사이고, 사용할 수 없는 동사는 비의지동사이다.

의지동사와 비의지동사의 어법상 차이점은 다음과 같다.

(1) 의지동사는 대부분 중첩이 가능하나, 비의지동사는 보통 중첩할 수 없다(앞 (二) 동사 분류 중 각 동사의 세분류 설명 참조).

(2) 의지동사는 '不'와 '没'로 부정할 수 있다. 비의지동사는 '不' 부정, '没' 부정(아래 동사 하위 분류에서 굵은 글씨로 표기), '不'와 '没' 둘 다 부정하는 경우(아래 동사 세분류에서 굵은 글씨로 표기하지 않음) 세 가지가 있다.

(3) 의지동사는 대부분 '把'자문에 쓰일 수 있고, 극히 일부 동사만 불가능하다. 반면, 비의지동사는 대부분 '把'자문에 사용할 수 없고, 일부 동사만 가능하다(아래 참조).

아래는 '把'자문에 자주 사용되는지 여부에 따라 의지동사와 비의지동사를 재분류한 것이다.

1. **'把'**자문에 사용할 수 없는 동사(아래 진하게 표시된 것은 모두 이합사이며, '短语词(구로 이루어진 단어)'라고도 함)

비의지동사

甲, 관계동사, 존재동사

(타동): 是, 成为, 像, 等于, 属于('不'로 부정) ; 不如, 关系(부정형식 없음)

(타동): 有('没'로 부정), 在('不'로 부정)

(자동): 相同, 相反('不'로 부정)

乙, 상태동사

(타동): 记得, 明白, 懂, 知道, 感到, 认识, 认得, 放心, 忽视, 轻视, 爱护(보통 '不'로 부정, 그러나 특별히 사실을 강조하는 경우 '懂, 感到, 忽视, 轻视'는 '没'로 부정할 수 있음)

(자동): 聋, 瞎, 着想

丙, 동작동사 중 비지속동사

(타동): 出现, 发现, 爆发, 发生, 成

(자동): 毕业('没'로만 부정), 胜, 败, 失败, 完, 迟到, 走('떠나다'의 의미), 离开, 住('멈추다'의 의미), 出

의지동사

甲, 관계동사

(타동): 姓

乙, 상태동사

(타동): 讨厌, 相信, 怀疑, 希望, 爱护

丙, 동작동사

(1) 비지속동사

(타동): 开始, 批准, 结束

(자동): 到, 来, 去, 回, 走, 飞, **结婚**, **离婚**, **分手**, 分别, 回, 出发, 启程, 动身

(2) 강지속동사

(타동): 忍, 当(面), 哆嗦, 陪, 担任, 兼, 养活, 躲, 避, 指, 凑合, 上(学), 注意, 盼, 记, 惦, 惦记, 就(着), 关心, 依赖

(자동): 立, 活

(3) 약지속동사

(타동): 见, 帮, 帮助, 比赛, 表示(感谢 등), 表示(추상의미), 表现(意义), 表现(自己), 参观, 参加, 反对, 同意, 访问, 丰富, 服务, 负责, 感谢, 工作, 欢迎, 麻烦, 实践, 使用, 学习, 演出, 要求, 影响, 过(日子)

(자동): **谈话**, **考试**, **聊天**, **见面**, **照相**, **散步**, **游泳**, **洗澡**, **睡觉**, **帮忙**, 劳动, 旅行, 送行, 休息, 生活

2. '把'자문에 사용 가능한 동사

비의지동사

乙, 상태동사

(타동): 想(念), 气, 吓, 担心, 重视, 了解, 熟悉

(자동): 病(주로 '没'로 부정, 가정문에서는 '不' 사용 가능), 困, 饿, 醉

丙, 동작동사 중 약지속동사

(타동): (风)吹, (日)晒

(자동): 冻('没'로 부정), 冰, 吵, 闹('떠들석하다'의 의미)

의지동사

甲, 관계동사

(타동): 叫('부르다' 의미), 当(作)

乙, 상태동사

(타동): 喜欢, 爱, 恨, 重视

丙, 동작동사

(1) 비지속동사

(자동): 跑('도망가다'의 의미), 变, 死, 结束, 灭, 丢, 生

(2) 강지속동사

(타동): 握, 追, 抱, 举, 背, 拿, 带, 端, 抬, 逼, 催, 搂, 盯, 搀, 扶, 拉, 跟, 重复, 打量, 养(饲养), 张罗, 照顾, 琢磨, 惯(孩子), 管, 坚持, 玩, 攒, 保持, 保留, 保存, 用, 占, 折磨, 叨唠, 望

(자동): 等, 站, 坐, 躺, 睡, 蹲, 歇, 笑, 哭

(3) 중지속동사

(타동): 关, 开, 锁, 停, 挂, 放, 插, 摆, 贴, 种, 盛, 装, 铺, 捆, 栽, 写, 画, 搁, 存, 藏, 刻, 镶, 扣, 穿, 戴, 披, 涂, 插, 抹, 系, 扎, 梳, 染, 拿, 夹, 镶

(4) 약지속동사

(타동): 安排, 安慰, 搬, 办, 比, 表演, 表扬, 裁, 擦, 查, 唱, 吃, 抽, 吹(气), 吵('말다툼하다' 의미), 答, 打, 打扫, 点, 掉(头), 动, 读, 锻炼, 对, 发, 发展, 翻, 翻译, 分, 分析, 复习, 改, 改变, 干, 搞, 告诉, 给, 改, 够, 刮, 广播, 喊, 喝, 还, 换, 回答, 浇, 剪, 教, 讲, 介绍, 看, 考, 烤(面包), 拉, 领导, 买, 卖, 念, 敲, 商量, 收拾, 刷, 踢, 扫, 上(课), 烧, 拾, 说, 送, 讨论, 听, 跳, 推, 问, 学, 修, 洗, 研究, 演, 摘

위에서 "'把'자문에 사용할 수 없는 경우"는 상용되는 용법을 기준으로 설명한 것으로, 특수한 상황에서 화용적인 필요에 의해 사용되는 예외적인 용법은 제외하였다. 위에 나열한 내용으로 보듯 관계동사, 상태동사는 대부분 비의지동사로, 비의지동사는 대부분 '把'자문에 쓸 수 없다. 동작동사는 대부분 의지동사인데 그중 단음절 동사가 이음절 동사보다 '把'자문에 훨씬 많이 쓰인다. 이밖에 이합사는 보통 자동사(진하게 표기)로 '把'자문에 쓸 수 없다. 동작동사 중 중지속동사들의 용법이 가장 일치하는 경향을 보이는데, 이들은 모두 의지동사이고 '把'자문에 쓸 수 있다('把'자문 관해서는 하권 제2편 제2장 제12절 참조).

이밖에도 동사는 동보구를 구성할 수 있다. 비의지동사로 구성된 동보구 역시 비의지적이다. 비의지적 동보구로는 다음과 같은 경우가 있다.

(1) 가능보어구는 모두 비의지적이다. 예를 들어, '写不完다 쓸 수 없다, 赶得上따라잡을 수 있다, 吃不下더 이상 먹을 수 없다, 看不得차마 볼 수 없다'가 있다.

(2) 결과보어구는 '考上(大学)(대학에)합격하다' 등 목적 달성을 나타내는 '上'과 결합한 경우, '找到(钱包)(지갑을)찾다' 등 획득 의미가 있는 '到'와 결합한 경우, '遇着'등 '着(zhao)'가 보어를 담당하는 경우, 그리고 '写错잘못 쓰다, 听腻질리게 먹다' 등과 같이 '错, 坏, 乱, 丢, 病, 糟, 腻, 麻, 拧, 岔' 등이 보어가 될 수 있다.

의지동사로 구성된 동보구는 복잡한 편으로, 상용되는 의지적 동보구는 다음과 같다.

(1) 의지동사에 도달의 의미가 있는 '到' 첨가
送到, 搬到, 拿到, 做到, 等到, 说到, 翻到, 看到

(2) 의지동사 뒤에 공간의 방향을 나타내는 보어 첨가
打开, 推开, 拉开, 走开, 穿上, 写上, 关上, 贴上, 放下, 脱下, 拆下, 拿起, 抬起, 端上来, 拿下去, 搬进来, 拉出去, 递过来, 传过去, 还回来, 带回去

(3) 의지동사에 '住, 倒(dǎo), 掉' 등 보어 첨가
记住, 站住, 挡住, 控制住, 打倒, 推倒, 搬倒, 驳倒, 扔掉, 搬掉, 换掉

(4) 의지동사에 시간의 연속을 나타내는 '下去' 첨가
说下去, 听下去, 等下去, 写下去, 住下去, 学下去, 坚持下去

(세부사항은 马庆株(1992) 참조)

제3절 동사의 중첩

중국어 동사는 중첩하여 사용할 수 있으며, 중첩한 후에는 일정한 의미가 발생하여 화용상 특정한 기능을 갖는다.

一. 동사 중첩의 형식과 제약

(一) 동사의 중첩형

다음과 같이 분류할 수 있다.

(1) 단음절 동사의 중첩형은 AA이다.
走走, 看看, 说说, 念念

중첩한 음절은 경성으로 읽는다.

(2) 이음절 동사의 중첩형은 ABAB이다.

学习学习，介绍介绍，休息休息

동사의 두 번째 음절은 경성으로 읽는다.

(3) 이음절 이합사의 중첩형은 AAB이다.

散散步，洗洗澡

중첩한 음절은 경성으로 읽는다.

(二) 동사 중첩의 제약

1. 모든 동사가 중첩할 수 있는 것은 아니다.

제2절의 '二, 관계동사, 상태동사, 동작동사' 부분에서 설명한 것처럼 관계동사와 상태동사는 중첩할 수 없다('醒' 제외). 동작동사 중 비지속동사는 중첩할 수 없다('提拔' 제외). 강지속동사는 '跟, 养活, 惯, 流行'을 제외하고 모두 중첩할 수 있다. 중지속동사 중에는 '藏'을 제외하고 모두 중첩할 수 있다. 약지속동사는 모두 중첩할 수 있다. 비의지동사 대다수는 중첩할 수 없다. 일부 비의지동사는 아래와 같이 두 유형의 문장 안에서만 중첩할 수 있다.

(1) 명령문

小张，快醒醒，要迟到了！샤오장, 빨리 좀 일어나, 지각하겠어!

出去晒晒太阳，别老呆在家里。집에만 있지 말고 밖에 나가서 햇볕 좀 쬐라.

(2) '让'자 겸어문 혹은 조건문

湿衣服晾在外面让风吹吹。젖은 옷은 밖에 널어서 바람 좀 맞게 해 주어라.

有点儿感冒多睡睡就会好的。감기 기운이 조금 있을 땐 잠을 좀 푹 자면 좋아질 거야.

형용사를 겸하는 동사, 사동 의미가 있는 동사는 아래와 같은 문장에서 보통 중첩을 해야 한다.

快点把这个消息告诉他，让他高兴高兴。빨리 이 소식을 그에게 알려서 그를 기쁘게 하자.

打开空调，让大家暖和暖和。에어컨을 켜서 모두를 따뜻하게 하자.

2. 중첩 가능한 동사를 모든 문형에서 자유롭게 쓸 수 있는 것은 아니다.

일부 동사의 중첩형은 사용할 수 있는 상황이 제한적이다. 다음은 학습자의 오류이다.

* 我在军队里的时候经常想想以前和朋友在一起过的日子。

고친문장: 我在军队里的时候经常回想起以前和朋友在一起的日子。

나는 군대에 있을 때 옛날에 친구와 함께 했던 날들을 자주 떠올렸다.

분석: '想想'이 '회상하다, 추억하다' 의미를 나타내면, 보통 명령문에 사용한다. 예를 들어, "你好好想想，那天是几点到家的？잘 좀 생각해봐, 그날 몇 시에 집에 도착했니?"가 있다. 따라서 평서문에서는 '回想'만 사용할 수 있다.

二. 동사 중첩의 의미

동사는 중첩된 후 시간의 짧음, 시도, 주기적인 동작, 동작의 반복 진행 등의 의미를 나타낸다. 동사 중첩형이 나타내는 동작은 동작이 실현된 시간에 따라 의미상 큰 차이를 보인다.

1. 이미 실현된 동작을 나타내는 동사 중첩형은 주로 평서문에 출현하며, 보통 동작시간이 짧고, 가벼움을 나타낸다.

她不好意思地笑笑，眨眨眼睛，红了脸。그녀는 멋쩍게 웃음을 지으며 눈을 깜박이며 얼굴을 붉혔다.

他朝我点了点头。그는 나를 향해 고개를 끄덕였다.

姐姐看了看我，无可奈何地摇摇头，叹了口气。

누나는 나를 쳐다보더니 어쩔 수 없이 고개를 가로 저으며 한숨을 내쉬었다.

이러한 동사 중첩형은 묘사의 기능이 있다. 짧은 동작으로 인물의 표정, 심리 활동, 사물에 대한 태도 등을 묘사한다. 보통 '동사 + 了 + 동사'의 형식으로 사용되며, 몇 개의 동작이 연속으로 발생하는 경우에는 제일 마지막 동사만 중첩할 수 있다. 앞의 동사를 중첩한다면 동사 사이의 '了'는 생략할 수 있다. 이 용법과 관련하여 다음과 같은 점을 강조할 필요가 있다.

(1) 이미 발생한 동작의 '가벼움, 편한대로 함'을 강조할 때, 특히 문장 안에 '只是，随便，稍微'와 같은 수식어가 있다면 일반적으로 동사 중첩형을 사용해야 한다. 아래는 학습자의 오류이다.

* 那本书我稍微翻，没仔细看。

고친문장: 那本书我稍微翻了翻，没仔细看。나는 그 책을 조금 뒤적거리고 자세히 보지 않았다.

* 我只是随便说的，何必这么认真呢？

고친문장: 我只是随便说说的，何必这么认真呢？

나는 그저 아무렇게나 한 말인데, 이렇게 진지할 필요가 있니?

주의: '只是' 뒤 중첩한 동사 사이에는 '了'를 사용하지 않는다.

(2) 동사 중첩형은 보통 과거에 열심히 여러 번 반복한 후 완성된 동작에는 쓸 수 없다. 다음은 학습자의 오류이다.

* 我的自行车在外边停着呢，可是我们吃完了以后看外边，我自行车不在那儿。我找找很多次，但是找不到。

고친문장: 我的自行车放在外边。可是等我们吃完饭往外边一看，发现我的自行车不见了。我到处找都没找到。

내 자전거는 밖에 놓았다. 그런데 우리가 밥을 먹고 밖으로 나와 보니, 내 자전거가 보이지 않았다. 나는 여기저기서 찾아보았지만 찾지 못했다.

* 今天是我爸爸的生日，我和妈妈想了想为爸爸送什么礼物好。

고친문장: 今天是我爸爸的生日，我和妈妈想了半天，该送给爸爸什么礼物好。

오늘은 우리 아빠의 생신이다. 나와 엄마는 아빠에게 무슨 선물을 드려야 좋을지 한참 동안 생각했다.

2. 미실현 동작을 나타내는 동사 중첩형은 주로 대화에서 볼 수 있다. 주요 기능은 어기를 완화시키거나 주관적인 희망을 완곡하게 표현하는 것이다. 이때 단음절 동사를 중첩하는 경우에는 주로 중간에 '一'를 삽입할 수 있다(삽입하지 않아도 됨).

A식: 休息休息吧。좀 쉬어라. (2인칭 동작자)
东西太重了，帮忙抬一抬。물건이 너무 무거우니 좀 들어 줘.

B식: 让我看(一)看。제가 좀 볼께요. (1인칭 동작자)
我来试(一)试。제가 좀 해볼께요.

C식: 叫他等一等。그에게 좀 기다리라고 해라. (3인칭 동작자)
这个菜给她尝(一)尝。그녀에게 맛을 좀 보게 해라.

D식: 她真希望老师能跟她谈谈。그녀는 선생님과 이야기할 수 있기를 정말 원한다.
妈妈很想去北京看看。엄마는 베이징에 가보고 싶어 하신다.

상기 동사의 중첩형은 대화 중에서 A, B식과 같은 명령문으로 자주 쓰인다. 이러한 유형의 예문에서 동사 중첩형의 주요 기능은 어기를 완화시키는 것으로, 본래 어기가 강하고, 딱딱한 명령문과 기원문을 완곡하고 부드럽게 바꿔 준다. 즉, 겸손하고 예의 있게 명령이나 요구, 기원을 나타낸다. 따라서 상대방에게 완곡하게 어떤 요구를 하려면 동사 중첩형(또는 '一下' 삽입)을 사용해야 한다. 다음은 학습자의 오류이다.

* 你昨天买的这本英文书，我怎么看也看不懂，帮我教看英文，好吗？

고친문장: 你昨天买的这本英文书，我怎么看也看不懂，教教我怎么看英文书，好吗？
네가 어제 산 이 영어책을 나는 아무리 봐도 이해할 수가 없다. 나에게 어떻게 영어책을 읽는지 가르쳐 줄 수 있니?

분석: '帮我教'은 다른 사람에게 자신을 대신하여 '教가르치다'라는 동작을 하기를 요구하는 것이지, '教教我나를 가르쳐줘'라고 부탁하는 의미가 아니다.

3. 일부 동사의 중첩형은 주기적이고 주동적으로 반복하는 동작을 나타낸다. 이런 용법은 실현, 미실현 동작에 모두 쓰인다. 화자는 이 동작을 평범하고 가볍게 여긴다.

我星期天在家，常常是看看电视，听听音乐，休息休息。
나는 일요일에 집에 있으면, 늘 TV도 보고, 음악도 듣고, 휴식도 취한다.

下班到家，洗洗衣服，做做饭，一会儿几个小时就过去了。
퇴근하고 집에 와, 빨래도 하고 밥도 하고 나면 몇 시간이 금방 지나간다.

상기 예문들은 주기적인 동작을 나타낸다. 이러한 문장은 여러 개의 동사 중첩형을 연용하는 경우가 많으며, 일반적으로 동사 중첩형을 한 개만 사용할 수는 없다. 아래의 예문은 반복적으로 진행되는 동작을 나타낸다.

照几张照片纪念纪念。사진을 몇 장 찍어서 기념합시다.

在中国，到处走走看看，觉得很有意思。중국에서 여기저기 다니면서 둘러보는 게 아주 재미있다.

이러한 동사의 중첩형은 '가볍고, 편한대로 한다'는 의미가 있다.

4. '多', '好好', '非……不可' 등의 단어나 구조는 동사 중첩형과 함께 사용할 수 있으며 명령이나 주관적인 기원을 나타낸다. 이러한 동작은 아직 발생하지 않은 것으로, 미래에 열심히, 반복해서 수행하기를 요구하거나 기원한다.

孩子该让他多锻炼锻炼。아이는 그가 더 단련시키도록 해야 한다.

他总干坏事，非得好好教训教训他不可！그는 늘 나쁜 짓만 하니, 호되게 꾸짖지 않으면 안 돼!

你为什么总是出错，好好检查检查！너는 왜 자꾸 실수하니, 잘 검토해라!

这间屋子有一年多没有住人了，得好好打扫打扫！

이 방은 1년 넘게 사람이 살지 않았으니, 잘 청소해야 한다!

三. 동사 중첩의 통사특징

1. 진행되고 있는 동작에 쓸 수 없다. 다음은 학습자의 오류이다.

*我和我的朋友正在等一等白晓华。

고친문장: 我和我的朋友正在等白晓华。나와 내 친구는 지금 바이샤오화를 기다리고 있다.

2. 동시에 진행되고 있는 두 개 또는 두 개 이상의 동작에 쓸 수 없다. 다음은 학습자의 오류이다.

*女儿一面吃，一面聊聊，爸爸生气来了。

고친문장: 女儿一边吃饭，一边说话，爸爸生气了。딸이 밥을 먹으면서 말을 하자, 아버지가 화를 내셨다.

3. 중첩한 동사는 보통 술어를 담당하지만, 때에 따라 주어나 목적어를 담당할 수도 있다. 그러나 부사어나 보어는 담당할 수 없다.

多活动活动对身体有好处。많이 움직이면 건강에 좋다.

写写算算对他来说，小事一桩。기록하고 계산하는 것은 그에게 식은 죽 먹기이다.

这孩子从小喜欢涂涂画画的。이 아이는 어릴 때부터 끄적거리는 것을 좋아했다.

지도(教授)류, 발화(言说)류 동사는 중첩 후에 동사구 혹은 주술구를 목적어로 취할 수 있다.

介绍介绍你是怎么搞发明的。어떻게 발명을 하게 된 것인지 소개 좀 해줘.

教教我拉二胡，好吗？나에게 얼후를 좀 가르쳐 줄 수 있니?

4. 동사 중첩형은 단독으로 관형어가 될 수 없다. 다음은 학습자의 오류이다.

*我在街上逛逛的时候，被自行车撞了。

고친문장: 我在街上逛的时候，被自行车撞了。나는 거리를 배회하다가 자전거에 치였다.

단, 아래의 경우에는 동사 중첩형이 관형어를 담당할 수 있다.

(1) 동사 중첩형이 번갈아 진행되는 동작 혹은 두 개(이상)의 동작을 나타내는 경우

他退休了，过着看看电视，下下棋，养养花的生活。

그는 퇴직을 하고, 텔레비전을 보거나, 바둑을 두거나, 꽃을 기르면서 지낸다.

(2) 동사 중첩형이 연동구나 겸어구의 후반부에 출현할 경우

现在不少人都有到国外去看看的愿望。지금 적지 않은 사람들이 외국에 가보고 싶은 희망을 갖고 있다.

你给我们找一个能叫大家乐一乐的地方。네가 우리에게 모두가 좋아할 수 있는 곳을 찾아줘라.

5. 이미 완성된 동작을 서술하는 연접(承接)복문에는 비묘사성의 동사 중첩형을 삽입할 수 없다. 다음은 학습자의 오류이다.

* 昨天下了课，我和朋友玩玩，然后才回家。

고친문장: 昨天下了课，我和朋友玩了一会儿，然后才回家。

어제 수업이 끝나고 나는 친구와 잠시 놀고 난 후에야 집에 갔다.

분석: 몇 개의 동작이 연속하여 발생함을 나타내는 연접문에서 사용할 수 있는 동사 중첩형은 보통 묘사성을 띠어야 한다(위 二 참조). 그러나 '玩玩'은 서술성(记叙性)을 띠며 비묘사적이다.

6. 중첩한 동사를 부정사를 사용해 부정하는 상황은 매우 드물다. 동사 중첩형의 부정 용법은 주로 다음과 같은 경우 사용된다.

(1) 가정, 조건을 나타내는 축약문이나 복문에 사용

黄瓜不洗洗就吃，要拉肚子的。오이를 씻지 않고 먹으면 설사를 할 것이다.

不亲口尝尝，就不知道这菜这么好吃。직접 맛보지 않으면 이 음식이 이렇게 맛있는 줄 모른다.

(2) 의문문, 반어문 혹은 후행하는 의문문이나 반어문에 사용

那本书你不再找找了？너는 이제 그 책을 다시 찾지 않는 거니?

你不查查账，少的钱自己会跑出来吗？장부를 확인하지 않고서야 줄어든 돈이 스스로 튀쳐 나온다니?

你也不打听打听，我是什么人？너도 내가 누구인지 알아보지 않았니?

你不问问他，他到底想干什么？그가 도대체 무엇을 하고 싶은지 그에게 물어보지 않았니?

제4절 동사와 명사의 겸류

一. 중국어 동사 중 일부는 명사를 겸한다. 다음과 같이 세분류할 수 있다.

(一) 본래 가진 동작의 의미가 아닌 사물 지칭의 의미를 나타낼 경우 일부 동사는 명사를 겸하게 된다. 아래의 단어들이 명사 의미를 나타내면 양사, 형용사가 관형어로 올 수 있다.[15)]

A. 伴동반하다/동반자 暴动폭동을 일으키다/폭동 比喻비유하다/비유 编制편성하다/편제 变迁변천하다/변천 标志상징하다/상징 猜想추측하다/짐작 倡议제안하다/제안 称呼호칭하다/호칭 出身출신이다/출신 雕刻조각하다/조각 雕塑조각하다/조각과 조소 花费소비하다/비용 绘画그림 그리다/회화 教导지도하다/지도 简称약칭하다/약칭 命명령하다/명령 劝告권고하다/권고 现代化현대화하다/현대화 笑话비웃다/우스갯고리 祝贺축하하다/축하 祝愿기원하다/기원

15) 본 절에서 제시한 단어는 주로《汉语水平词汇与汉字等级大纲》(2001)를 참조한 것이다.

B. 爱好애호하다/취미 安排배치하다/배치 保证보증하다/보증 保障보장하다/보장 报道보도하다/보도 报告보고하다/보고 比赛경기하다/경기 变化변화하다/변화 变动변동하다/변동 变革개혁하다/개혁 辩论변론하다/변론 表示표시하다/표정 表现표현하다/표현 表演연기하다/연기 剥削착취하다/착취 补贴보조하다/보조금 补助보조하다/보조 裁决결재하다/판결 采访취재하다/인터뷰 传说전하다/소문 尝试시행하다/시행 测试측정하다/측정 处罚처벌하다/처벌 处理처리하다/처리 创新창조하다/창조 刺激자극하다/자극 调查조사하다/조사 答复대답하다/답변 负担부담하다/부담 计划계획하다/계획 决心결심하다/결심 干扰방해하다/방해 感觉느끼다/감각 革新혁신하다/혁신 顾虑염려하다/걱정 工作일하다/일 幻想환상적이다/환상 汇报보고하다/(종합)보고 建议건의하다/건의 检讨검토하다/검토 鉴定감정하다/감정 建筑건축하다/건축물 奖励장려하다/장려 教训훈계하다/훈계 交流교류하다/교류 解释해석하다/해석 借口핑계 삼다/핑계 警告경고하다/경고 决算결산하다/결산 决战결전하다/결전 抗议항의하다/항의 考验시험하다/시험,검증 考察고찰하다/고찰,시찰 梦想갈망하다/갈망 迷信맹신하다/미신 命令명령하다/명령 判断판단하다/판단 偏向역성 들다/두둔,비호 批示지시하다/지시 批注평어와 주해를 달다/평어와 주해 企图의도하다/의도 邀请초청하다/초청 请求요청하다/부탁 倾向경도되다/경향,추세 区别구별하다/구별,차이 伤다치다/상처 设计설계하다/설계 设想구상하다/구상 声明성명하다/성명 说明설명하다/설명 实验실험하다/실험 收获수확하다/수확,성과 收入수입이 있다/소득 通知통지하다/통지 统计통계내다/통계 投入투입하다/투입 危害해치다/위해 武装무장하다/무장 限制제한하다/제한 享受누리다/향락 行动행동하다/행동 宣传선전하다/선전 选举선거하다/선거 选择선택하다/선택 意识의식하다/의식 演出연출하다/연출 赢利이득을 얻다/이득 盈利이윤을 얻다/이윤 影响영향을 주다/영향 研究연구하다/연구 预言예언하다/예언 障碍방해하다/장애 折磨괴롭히다/고통 证明증명하다/증명 指示지시하다/지시 指导지도하다/지도 主张주장하다/주장 注解주해하다/주해 装备설비하다/설비 装置설치하다/설치 装饰장식하다/장식 注释주석하다/주석 准备준비하다/준비 组织조직하다/조직 作用작용하다/작용

상기 B그룹의 단어는 종종 '有, 作, 进行, 加以, 予以, 给予, 给以' 중의 하나 혹은 여러 동사의 목적어가 될 수 있으며, 명사의 직접적인 수식을 받을 수 있는데, 이들을 명동사(名动词)라고 칭한다.

(二) 아래의 단어들은 동작을 나타낸다. 그러나 어떤 동작이나 직책을 맡은 사람을 나타내는 명사로도 쓰인다.

保管보관하다/보관인 编辑편집하다/편집인 裁判심판하다/심판 参谋자문하다/참모 代办대행하다/대리인 陪同수행하다/수행인 统帅통솔하다/통솔자 指挥지휘하다/지휘관 主编책임 편집하다/편집장 主演주연하다/주인공

(三) 아래의 단어들은 동작을 나타낼 수도 있고, 사물을 지칭할 수도 있다.

仇恨증오하다/증오 解放해방하다/해방 航海항해하다/항해 启发계몽하다/계몽 起源기원하다/기원 锈녹슬다/녹 依靠의지하다/의지가 되는 사람이나 물건 疑心의심하다/의심 怨원망하다/원망 针灸침 놓다/침 把握파악하다,포착하다/파악 包装포장하다/포장 保障보장하다/보장 报复보복하다/보복

暴动폭동을 일으키다/폭동 沉淀침전하다/침전 出入출입하다/출입 反击반격하다/반격 飞跃비약하다/비약 计계산하다/계산 记忆기억하다/기억 讲究중히 여기다/주의할 만한 내용 间隔간격을 두다/간격 见识견문을 넓히다/견문 教养교육하고 양성하다/교양 考古(유물, 유적 자료를)연구하다/고고학 空想공상하다/공상 尿소변을 보다/소변 剩余남다/나머지 妄想망상하다/망상 指望기대하다/기대 阻碍방해하다/방해

二. 일부 명사가 동사를 겸하기도 한다.

病병/병나다 铲삽/깎다 处分처분/처분하다 春耕봄갈이/봄갈이를 하다 代表대표/대표하다 导演감독/연출하다 导游가이드/안내하다 感冒감기/감기에 걸리다 感受감상/(영향을)받다 关系관계/관련되다 规范규범/규범에 맞다 害손해/해롭다

제5절 동사 관련 학습자 오류

1. 누락오류

(1) 동사의 누락

* 我姐姐在小学老师。

고친문장: 我姐姐在小学当老师。 우리 누나는 초등학교에서 선생님을 한다.

* 朋友对我说，这次考试他很充分，从而取得了优异成绩。

고친문장: 朋友对我说，这次考试他准备得很充分，从而取得了优异成绩。
친구는 나에게 이번 시험에서 그가 아주 열심히 준비했기 때문에 우수한 성적을 거두었다고 말했다.

* 老师叫我报名这样的奖学金。

고친문장: 老师叫我报名申请这样的奖学金。 선생님께서 나에게 이 장학금을 신청하라고 하셨다.

* 那个小伙子对她故意沉默，因为他打算拒绝她。

고친문장: 那个小伙子对她故意保持沉默，因为他打算拒绝她。
그 젊은이는 그녀를 거절하려고 그녀에게 고의로 침묵했다.

(2) 중첩 동사 사이의 '了' 누락

* 我去过商店看看自行车，可是没买。

고친문장: 我去过商店，看了看那儿的自行车，可是没买。
나는 상점에 가서 그곳의 자전거를 보았지만 사지는 않았다.

분석: 위의 오류는 과거 시도한 적이 있는 이미 완성된 동작으로 중첩한 동사 사이에 반드시 '了'를 첨가해야 한다.

2. 첨가오류

* 明天我有上课。

고친문장: 明天我有课。내일 나는 수업이 있다.

* 爸爸每天做工作，很辛苦。

고친문장: 爸爸每天工作，很辛苦。아버지는 매일 일을 하느라 고생하신다.

분석: 일본과 한국의 학습자가 자주 범하는 오류로, 모국어 간섭으로 발생한 것이다.

* 我们一起去到饭店吃晚饭。

고친문장: 我们一起去饭店吃晚饭。우리는 함께 저녁을 먹으러 식당에 간다.

* 上个周末，我的中国朋友过来苏州看我。

고친문장: 上个周末，我的中国朋友来苏州看我。지난 주말에 내 중국 친구가 나를 보러 쑤저우에 왔다.

* 我打算跨骑自行车去上海。

고친문장: 我打算骑自行车去上海。나는 자전거를 타고 상하이에 갈 계획이다.

* 我的妈妈得了生病，我不得不提前回日本看望她。

고친문장: 我的妈妈得了重病，我不得不提前回日本去看望她。
엄마께서 큰 병에 걸려서, 나는 어쩔 수 없이 그녀를 보러 앞당겨 일본에 간다.

3. 대체오류

(1) 자동사와 타동사의 용법을 혼동하여 잘못 사용한 경우

* 玛丽结婚了杰克。

고친문장: 玛丽跟杰克结婚了。매리는 잭과 결혼했다.

* 我想见面很多中国人，所以我想提高汉语的说。

고친문장: 我想跟很多中国人接触，所以我要提高汉语的口语能力。
나는 많은 중국인과 교류하고 싶다. 그래서 중국어 회화 능력을 향상시키려 한다.

* 1958年我毕业了东京大学，我以此自豪。

고친문장: 1958年我从东京大学毕业了，我以此为自豪。
나는 1958년 도쿄대학교를 졸업했고, 이를 난 자랑스럽게 생각한다.

분석: 위의 오류는 개사목적어(介宾)형식이 필요한 자동사를 타동사로 잘못 사용한 경우이다. 이러한 동사(이합사)의 용법을 특별히 강조해야 한다.

* 如果你不帮忙我拿上来这些东西，我不能回家。

고친문장: 如果你不帮我拿这些东西，我就回不了家了。
네가 이 물건들을 나르는 것을 도와주지 않으면, 나는 집에 돌아갈 수 없게 된다.

(2) 유의어 용법을 혼동하여 잘못 사용한 경우

* 我想这里的夏天很热。

고친문장: 我觉得这里的夏天很热。내 생각에는 이곳의 여름은 매우 덥다.

* 我看的于老师，对于自己的国家带有了相当的自信心和优越感。

고친문장: 我觉得于老师对自己的国家有相当的自信心和优越感。
나는 위 선생님이 본인의 나라에 대해 상당한 자신감과 우월감을 느끼고 계신다고 생각한다.

분석: '想', '觉得', '看'은 모두 목적어절(小句宾语)을 수반할 수 있다. 차이점은 '想'은 사람의 생각, 회상, 추측, 예측을 나타내고 신체의 감각을 나타내지는 않는다. '看'은 비교적 확신이 있는 추측과 평가를 나타낸다. '觉得'는 신체의 감각을 나타낼 수도 있고 추측, 예측, 평가를 나타낼 수도 있지만, 어기는 '看'만큼 확신이 있지 않다.

* 我把这个消息传达他。

고친문장: 我把这个消息告诉他。나는 이 소식을 그에게 알렸다.

분석: '传达'는 일반적으로 상급자가 부하에게 내리는 명령, 지시 등을 전달하는 정중한 상황에 쓰인다.

* 请招呼他，今天的会延期了。

고친문장: 请告诉他，今天的会延期了。그에게 오늘 회의가 연기되었다고 알려주세요.

분석: '招呼'는 정보 전달의 의미를 나타내지 않는다.

* 我妈妈不让我马上回国，她以为我一定后悔等我到日本的时候。

고친문장: 我妈妈不让我马上回国，她认为等我回到日本的时候一定会后悔的。
엄마는 내가 당장 귀국하지 못하게 했는데, 그녀는 내가 일본으로 돌아오면 후회할 거라고 생각한다.

분석: '以为'는 사건이 발생한 후에 관점, 견해, 예측이 정확하지 않았음을 증명하거나, 실제의 상황과 부합하지 않을 때 사용한다. '认为'는 정확성과 상관없이 주관적인 생각을 나타낸다(朱丽云 주편의《实用对外汉语难点词语教学词典》의 '认为'과 '以为'의 비교 분석 참조).

* 我妈妈不喜欢我中途回国。

고친문장: 我妈妈不希望我中途回国。엄마는 내가 도중에 귀국하는 것을 원하지 않는다.

분석: '喜欢'은 겸어를 수반할 수 있고, 후행하는 술어는 특성이나 주기적인 습관을 나타낸다. 예를 들어, "我喜欢他老实，但我不喜欢他抽烟。나는 그가 성실해서 좋은데, 흡연하는 것은 좋아하지 않는다."와 같다. 때문에 상기 오류와 같이 일회성 동작을 나타내는 목적어절은 수반할 수 없다. '希望'은 다양한 목적어절을 수반할 수 있는데, 어떤 사람의 동작이나 사건에 대한 태도를 나타낸다.

* 我也怕中国人对我的态度冷淡。

고친문장: 我也担心中国人会对我很冷淡。나도 중국인들이 나를 냉담하게 대할까 봐 걱정된다.

* 我们跟她约会好了，可是她没来，好像她忘了。

고친문장: 我们跟她约好了，可是她没来，她可能忘了。
우리는 그녀와 약속을 했지만, 그녀가 오지 않았다. 그녀는 아마 잊은 것 같다.

분석: 중국어는 동일한 동작을 '约'와 '约会', '学'와 '学习' 등과 같이 단음절과 이음절 두 가지 동사로

나타낼 수 있다. 이들의 용법은 때로 차이가 나타난다. 동사가 결과보어를 수반하려면 반드시 단음절 동사를 써야 한다. 따라서 상기 예문은 결과를 나타내는 '好'를 수반해야 하므로 단음절 동사 '约'를 써야 한다. 또 다른 예를 들면, '服'가 '服从복종하다'는 의미를 나타내면, 대개 "他就服你管。그는 너의 결정에 따른다."와 같이 겸어가 와야 한다. 반면, '服从'은 명사, 대사, 동사 목적어를 직접 수반할 수 있다. 아래는 이러한 차이를 이해하지 못해서 발생한 오류이다.

＊她总是表面上服了我们的指导，其实她的心里上不愿意的。

고친문장: 她总是表面上服从我们的领导，但她的心里并不愿意这样做。
그녀는 항상 겉으로는 우리의 가르침을 따르지만, 그녀의 마음속으로는 이렇게 하기를 원하지 않는다.

아래는 음절의 조화를 위해 단음절 단어를 이음절 단어로 교체한 것이다.

＊他与客户谈态度总是很从容。

고친문장1: 他与客户谈判时的态度总是很从容。그가 거래처와 협상할 때의 태도는 늘 침착하다.

고친문장2: 他与客户谈话时的态度总是很从容。그가 거래처와 대화할 때의 태도는 늘 침착하다.

＊今学期七月才完了。

고친문장: 这个学期七月才结束。이번 학기는 7월에야 끝난다.

＊现在学生要有学生证入苏州大学。

고친문장: 学生要有学生证才能进苏州大学。학생들은 학생증이 있어야 쑤저우대학에 들어갈 수 있다.

분석: '入'와 '进'의 대체오류는 문체의 차이를 이해하지 못해 발생한 것이다.

(3) 동사와 관련된 단어의 사용 오류

＊冬天终于走了。

고친문장: 冬天终于过去了。겨울이 마침내 지나갔다.

＊大家常常说他的名字。

고친문장: 大家常常提起他的名字。모두가 종종 그의 이름을 입에 올린다.

＊我遇到任何困难也不要逃走。

고친문장: 我遇到任何困难也不能退缩。나는 어떤 곤경에 부딪혀도 위축될 수 없다.

＊虽然我们失败了，可是我们不是白搭了时间。

고친문장: 虽然我们失败了，可是我们并不是白费时间。
비록 우리는 실패했지만, 결코 시간을 허비하지 않았다.

＊他是个通情达理的人，值得我们欣赏。

고친문장: 他很通情达理，我们很欣赏这他一点。
그는 사리에 매우 밝아서 우리는 그의 이러한 점을 높이 평가한다.

＊这个人常常拆人家的和气。

고친문장: 这个人常常破坏人家的关系。이 사람은 언제나 사람들의 관계를 망가뜨린다.

* 房子被大风摔倒了。

고친문장: 房子被大风刮倒了。집이 강한 바람에 쓰러졌다.

* 在日本养狗负应该被检验病的义务。

고친문장: 在日本，养狗必须定期带狗去检查。일본에서 개를 키우려면 정기적으로 검사를 받아야 한다.

분석: '摔'는 사물이 아니라 사람에 쓰이고, '检验'의 목적어는 보통 상품, 진리 등으로, '사람'이나 '동물'은 '检验'의 목적어로 사용할 수 없다.

* 日本的地铁总是塞满了人。

고친문장: 日本的地铁总是挤满了人。일본의 지하철은 늘 사람으로 붐빈다.

분석: 동사 '塞'의 목적어는 물건이어야 하며, 사람은 쓸 수 없다.

* 他每天讲究穿衣服，可别人看有点儿奇怪。

고친문장: 他很讲究穿着，可在别人看来却有点儿奇怪。
그는 옷차림에 신경을 많이 쓰지만, 남들이 보기에는 오히려 좀 이상하다.

* 公共地方需要讲究规律。

고친문장: 在公共场所应该遵守公共秩序。공공장소에서는 공공질서를 반드시 지켜야 한다.

* 我一向讲究实在经验。

고친문장: 我一向重视实际经验。나는 줄곧 실제의 경험을 중시해 왔다.

분석: '重视'는 '중요하게 생각해서 진지하게 대하다'라는 뜻으로, 수반할 수 있는 목적어가 '讲究'보다 많다. '重视'는 '经验경험, 友谊우정, 团结단결, 合作협력, 学习공부, 锻炼단련, 教育교육' 등과 같이 추상적이고 개괄적인 단어를 목적어로 수반할 수 있지만, '讲究'는 불가능하다. '讲究'는 '중요하게 생각하여 높은 기준과 요구에 따라 그것을 실현하고자 노력한다'는 뜻으로 '吃穿의식, 穿着옷차림, 衣着복장, 穿戴옷차림, 卫生위생, 质量품질, 营养영양, 形式형식, 款式스타일' 등과 같이 구체적이고, 일상적인 생활과 긴밀하게 관련된 단어를 목적어로 수반한다. 따라서 '穿衣服옷을 입다'와 같은 동목구는 '讲究'의 목적어가 될 수 없다.

* 无论我怎么样恳求他，他都不肯原谅我，从此我们失去了关系。

고친문장: 无论我怎么恳求他，他都不肯原谅我，从此我们中断了关系。
내가 아무리 그에게 간청해도 그가 나를 용서하려 하지 않았고, 그 이후로 우리는 관계를 끊었다.

* 我把钱包放在公共汽车，倒霉透了。

고친문장: 我把钱包忘在公共汽车上了。나는 지갑을 버스에 놓고 내렸다.

* 我来到中国，从此我的改变了。

고친문장: 我来到中国以后，就开始变了。나는 중국에 온 이후로 변하기 시작했다.

분석: '失去'는 비의지동사이다. 그러나 오류문은 동작자가 주동적으로 '中断중단하다'는 의미이다(의지동사). '放'은 의지동사이다. 하지만 오류문은 무의식적인 동작을 나타내므로 '忘'을 써야 한다. '改变'은 의식적인 행동이나, 오류문은 무의식 중에 발생한 변화를 나타내고 있다.

＊从那以后，我渐渐对中国有兴趣了。

고친문장: 从那以后，我渐渐对中国产生了兴趣。그때부터, 나는 점점 중국에 관심을 갖게 되었다.

분석: '对'가 대상(对象)목적어를 이끄는 문장에서 '有'의 사용은 매우 제한적이다. 보통 다음과 같이 정태문에 쓰인다.

他对自己的家乡很有感情。그는 자신의 고향에 애정이 깊다.

她对这个老师很有看法。그녀는 이 선생님에 대해 불만이 많다.

오류문의 수식어 '渐渐'은 점진적이고 동태적인 동작을 설명하므로 동사 '有'는 '产生'으로 바꿔야 한다.

＊所以我对实在的中国人的生活和他们的思想感情等的经验没有。

고친문장: 所以我对现在中国人的生活和他们的思想感情等并不了解。
그래서 나는 현재 중국인들의 삶과 그들의 사상, 감정 등에 대해 잘 이해하지 못한다.

(4) 모국어 한자어를 그대로 사용하여 발생한 오류

＊我保证你一定会满足于这个餐厅。

고친문장: 我保证你一定会对这个餐厅感到满意的。나는 네가 반드시 이 식당에 만족할 거라고 확신한다.

＊在日本停车违反的罚钱太贵了。

고친문장: 在日本违章停车罚金很高。일본에서 주차 위반 과태료는 매우 비싸다.

분석: 상기 두 예는 일본인 학습자가 일본어 단어 '满足', '停止违反'을 그대로 사용하여 발생한 오류이다.

(5) 동사 중첩 관련 오류

＊在这个城市里随便看，随便走，都能发现很多有趣的事情。

고친문장: 在这个城市里随便走一走，看一看，都能发现很多有趣的事情。
이 도시는 자유롭게 거닐고, 구경하다 보면 많은 재미있는 일들을 발견할 수 있다.

분석: 이 예문은 가볍고 편하게 이루어지는 동작 여러 개가 열거된 경우로 반드시 동사 중첩형을 써야 한다.

＊他常常丢丢东西。

고친문장1: 他常常丢东西。그는 물건을 자주 잃어버린다. ('丢'는 '잃다'의 의미)

고친문장2: 他常常随便乱扔东西。그는 항상 물건을 아무 데나 버린다.

분석: '丢'는 순간적으로 완성된 동작을 나타내는, 비지속동사이기 때문에 중첩할 수 없다(앞의 제3절 一 (二) 1 참조).

＊爷爷常常出去散步散步。

고친문장: 爷爷常常出去散步。할아버지는 자주 산책하러 나가신다.

＊他从小就喜欢拆拆机器了。

고친문장: 他从小就喜欢拆机器。그는 어려서부터 기계 분해하는 것을 좋아했다.

분석: 주기적으로 반복되는 단일 동작을 나타낼 때, 동사 중첩형을 사용할 수 없다. 하지만 건의하거나(미래의 동작) 주기적으로 반복되는 가벼운 동작을 여러 개 열거할 때는 동사 중첩형을 사용할 수 있다. 예를 들면, "咱们去散散步吧。우리 산책 좀 하러 가자.", "他早上锻炼，总是散散步，打打拳什么的。그는 아침에 운동을 하는 데, 늘 산책을 하거나 태극권 등을 한다."가 있다(앞의 제3절 二 3 참조).

* 我始终想一想，但是还不明白意思。

고친문장: 我想了半天，但还是不明白是什么意思。나는 한참을 생각했지만 무슨 뜻인지 모르겠다.

분석: 과거에 열심히, 비교적 긴 시간을 들여 완성한 동작에는 동사 중첩형을 사용할 수 없다(앞의 제3절 二 1 참조).

* 我正在休息休息，朋友来了。(李大忠의 예문, 이하 李)

고친문장: 我正在休息，朋友来了。내가 마침 쉬고 있는데 친구가 왔다.

* 我们俩在院子里的树下聊天聊天。(李)

고친문장: 我们俩在院子里的树下聊了会儿天。우리 둘은 정원의 나무 아래에서 잠시 잡담을 했다.

분석: 단독으로 진행 중이거나 지속되는 동작을 나타낼 때 동사 중첩형을 사용할 수 없다.

* 我要讲讲的故事是在美国发生的。(李)

고친문장: 我要讲的故事是在美国发生的。내가 하려는 이야기는 미국에서 벌어진 일에 대한 것이다.

* 他们谈谈的时候，一个瑶族老人来了。(李)

고친문장: 他们谈话的时候，一个瑶族老人来了。
그들이 대화를 나누고 있을 때 요족 노인 한 분이 오셨다.

분석: 동사 하나가 단독으로 관형어를 담당하면 중첩형을 사용하지 않는다(앞의 제3절 三 4 참조).[16)]

* 每天吃完晚饭，我和妈妈谈谈话，然后再做作业。

고친문장: 每天吃完晚饭，我先和妈妈聊会儿天，然后再做作业。
매일 저녁을 먹고 나는 먼저 엄마와 잠시 이야기를 나눈 후에 숙제를 한다.

분석: 두 개의 동작이 앞뒤로 서로 연결되고, 주기적인 동작을 나타내는 연접복문인 경우, 앞 절에는 동사 중첩형을 쓰지 않고, '가벼운' 의미를 나타내려면 시간의 짧음을 나타내는 보어를 사용해야 한다(고친문장 참조).

* 我觉得很多谈谈是好的方法学习汉语。

고친문장: 我觉得多跟中国人谈话是学习汉语的好方法。
나는 중국인과 대화를 많이 하는 것이 중국어를 배우는 좋은 방법이라고 생각한다.

분석: '多谈谈'은 보통 어떤 사람이 다른 사람과 많은 이야기를 하기를 제안할 때 사용하므로 아직 실행되

16) [역주] '제3절 三 4'에서는 두 개(이상)의 동작이 번갈아 진행되거나, 연동구 혹은 겸어구를 이루는 경우 동사의 중첩형이 관형어로 사용될 수 있다고 설명한다. 즉, 관형어로 사용되는 동사가 두 개 이상이면 중첩형으로 사용이 가능하다는 것을 의미한다.

지 않은 동작이다. 그러나 오류문의 본래 의미는 제안이 아닌 보편적인 규율을 나타내는 것이므로 중첩형을 사용할 수 없다.

* 这件事我不过从她听一听，不太清楚。

고친문장: 这件事我只不过从她那儿听到一点儿，不太清楚。
이 일을 나는 그녀에게서 조금 들었을 뿐이지 잘 모른다.

분석: '听一听'은 주로 발생하지 않은 명령문이나 가정문에 쓰인다. 이는 이미 완성된 동작을 서술하고 있는 오류문의 본래 의도와 부합하지 않는다.

4. 어순오류

* 他对我很不好，从此开始我反抗他。

고친문장: 他对我很不好，从此我开始反抗他。
그가 나에게 잘 대해주지 않은 이후로 나는 그에게 반항하기 시작했다.

* 他在苏州住跟一个韩国朋友。

고친문장: 他在苏州跟一个韩国朋友一起住。 그는 쑤저우에서 한국인 친구 한 명과 함께 지낸다.

* 学生们在运动场里分散了，老师叫的声音听到然后凑起来。

고친문장: 学生们在运动场上解散了，听到老师的叫声又集中到一起。
학생들은 운동장에서 흩어졌다가 선생님의 고함 소리를 듣고는 다시 모였다.

5. 동사와 기타 성분 관련 오류(예문 생략, 제10장 제5절, 하권 제1편 제5장 각각의 보어 오류 참조)

제6절 교학적 제언

1. 각각의 동사를 단독으로 가르칠 때는 동작의 시연, 예문 제시, 구체적인 연어 단어의 설명 등의 방법을 통해서 동사의 사용 범위를 최대한 구체적으로 설명한다. 예를 들어, 학습자가 '拿, 带, 提, 抱, 端, 捧, 举' 등의 동사를 학습한 후에는 동작 시연과 수반할 수 있는 목적어가 무엇인지를 지도함으로써 이들 사이의 미세한 차이를 강조한다.

한 동사의 사용 범위에 대한 설명이 지나치게 광범위해서는 안 된다. 예를 들면, '讲究'를 설명할 때, '讲究吃喝먹고 마시는 것을 신경쓰다', '讲究享受즐기는 것을 신경쓰다', '讲究穿戴옷차림을 신경쓰다', '讲究穿着打扮(옷, 장식 등의)차림새에 신경쓰다' 등을 지나치게 열거하면 '이 동사는 자주 동사(구)를 목적어로 수반한다'라고 잘못된 결론을 내릴 수도 있다. 이처럼 설명의 범위가 지나치게 넓으면 학생들은 "*她很讲究穿衣服"와 같은 오류를 범하게 된다. 사실상 '讲究'가 수반할 수 있는 동사성 목적어는 위에 제시한 고정적인 몇 개밖에 없으며, '穿衣服옷을 입다'류의 동목구는 '讲究'의 목적어가 될 수 없다.

2. 학습자들은 처음 동사를 배울 때, 어떤 동사들이 목적어를 가질 수 있고, 어떤 동사들이 목적어를 가질 수 없는지 모르기 때문에 자동사에 목적어를 첨가하는 오류를 자주 범하게 된다. 따라서 '见面, 毕业, 结婚, 约会, 迟到'와 같은 자동사를 처음으로 가르칠 때는 이들 동사가 목적어를 수반할 수 없다는 것을 분명하게 알려주어야 한다.

3. 중국어 학습이 초급 단계 후반부, 중급 단계 이상에 도달한 학습자에게는 이미 학습했던 상용 동사와 관련지어 유의어, 반의어와의 관련성을 설명해야 한다(적절하게 보충해야 함). 상용 유의어라면 간단한 비교 분석을 해도 좋다. 더불어 학습자 오류와 결합하여 동사의 의미상, 어법상, 화용상 제약을 설명한다. 유의 동사를 비교 분석할 때는 핵심의미를 부각시켜 주요 차이점이 무엇인지를 파악하도록 해야 한다. 비교 분석은 동작 방식, 연어 관계(목적어 수반 가능 여부와 수반하는 목적어의 종류 등을 포함), 의미의 경중(轻重), 사용 상황(문체 포함) 등 여러 측면에서 가능하다.

경우에 따라 하나의 동사가 다양한 목적어를 수반할 수 있다. 그러나 이때, 수반하는 목적어에 따라 반의 동사는 달라질 수 있다. 예를 들어, 동사 '拆'를 살펴보면 '把信拆开편지를 뜯다'에서의 경우 반의어는 '封好봉합하다'가 되고, '拆机器기계를 분해하다' 반의어는 '装조립하다'이 되고, '拆房子집을 헐다'이면 반의어는 '盖(집을)짓다'가 되고, '拆包裹소포를 뜯다'이면 반의어는 '缝(소포를) 싸다'가 된다.[17] 이와 같은 예를 통해서 목적어에 따라 이를 수반하는 동사가 달라질 수 있다는 것을 설명해야 한다. 이로써 과도한 유추로 인한 학습자 오류를 방지할 수 있다(제5절 3 참조).

4. 위의 제5절 누락오류, 대체오류 중의 일부는 초급 단계의 학습자가 자주 범하는 오류이고, 일부는 중급 단계의 학습자가 범하는 오류이다. 이같은 오류의 원인은 대다수 학습자가 해당 동사가 어떤 단어(목적어, 술어, 수식어 등)와 연어 관계에 있는지를 잘 모르기 때문이다. 그러므로 새로운 동사를 가르칠 때, 반드시 이 부분에 대한 보충이 필요하다. 예를 들어, '穿'을 가르칠 때 학습자에게 취할 수 있는 목적어를 말해 보도록 하고, 반의어 '脱'도 함께 소개한다. '戴'를 가르칠 때는 본문 중에 나온 '帽子모자' 이외에도 학습자가 일상생활 중에서 자주 볼 수 있는 '手表손목시계, 眼镜안경, 首饰장신구'를 부가 설명하고, 동시에 반의어 '摘'도 함께 소개한다. 더 나아가, 결합하는 목적어가 다르다는 것을 통해 '穿'과 '戴' 두 동사가 갖는 차이점이 무엇인지 설명해 줄 수 있다. 이렇게 여러 번 비교 과정을 반복하면 '＊脱手表'와 같은 오류를 줄이거나 피할 수 있다.

5. 동사 중첩은 동사 부분의 난점 중 하나이다. 동사 중첩형이 나타내는 의미 차이를 가르칠 때, 단계를 나누어 진행한다. 초급 단계의 학습자에게는 교재 본문 내용에 충실하여 해당 의미를 설명해 주기만 하면 된다. 즉, 본문에 어떤 유형의 동사 중첩형이 하나 출현했다면 우선 그 유형만 설명한다. 중급 단계가 되면 상기 몇 가지 다른 의미를 전체적으로 소개하며, 학습자가

---

17) [역주] 원문의 예시를 살펴보면 "如动词'拆'：把信拆开←封好、拆←装机器、拆←盖房子、拆←缝包裹"로 반의 관계를 표기하였다. 역자는 원문의 부호 '←'표기 대신 통일된 서술 방식을 통해 반의관계를 번역하였다.

동사 중첩형은 단지 동작의 짧은 시간과 시도의 의미만 나타낸다고 오해하지 않도록 한다. 또한 동사 특히, 중첩을 처음 설명할 때, 학습자에게 모든 동사가 중첩할 수 있는 것이 아니라고 반드시 설명하고, 중급 단계에서 그 규칙을 소개한다. 학습자가 쉽게 범하는 오류를 '분류하여 정리'하는 것도 좋은 방법이다. 예를 들어, 동사의 관형어 용법을 가르칠 때 동사 중첩형은 보통 단독으로 관형어가 될 수 없다는 것을 설명해 준다. 그리고 이합사를 가르칠 때는 이합사의 특수한 중첩형을 강조한다.

6. 앞의 제2절에서 우리는 중국어 동사는 세분류에 따라 서로 다른 어법특징이 있다는 것을 소개했다. '着', '了', '没', '不', 동사의 중첩, '把'자문 등과 같이 동사와 밀접한 관련이 있는 용법을 가르칠 때, 학습자에게 일부 용법은 어떤 동사에나 모두 사용할 수 있는 것이 아님을 알려주어야 한다. 학습자가 이미 학습한 동사를 예로 들어 동사들이 받는 제약 등을 설명한다. 중·고급 단계가 되면 학습자가 학습한 동사들을 유형별로 분류하여 각 유형별 용법을 복습하면서 설명한다. 위에 나열한 용법의 제한을 받는 동사 유형의 특징을 반복적으로 강조해줄 필요가 있다. 이를 통해 학습자는 전반적인 규칙을 바탕으로 동사를 파악하는 능력을 향상시킬 수 있다.

참고문헌

国家汉语水平考试委员会办公室考试中心制定(2001),《汉语水平词汇与汉字等级大纲》, 经济科学出版社.
李大忠(1996),《外国人学习汉语语法偏误分析》, 北京语言文化大学出版社.
李临定(1986),《现代汉语句型》, 商务印书馆.
李临定(1987),《句型和动词》, 语文出版社.
吕叔湘(1999), 现代汉语语法要点,《现代汉语八百词》(增订本), 商务印书馆.
马庆株(1992),《汉语动词和动词性结构》, 北京语言学院出版社.
任长慧(2001),《汉语教学中的偏误分析》, 武汉大学出版社.
朱德熙(1999), 现代书面汉语里的虚化动词和名动词,《朱德熙文集》(第三卷), 商务印书馆.

제5장 조동사

제1절 조동사의 분류 및 어법특징

一. 조동사의 분류

조동사는 의미상 다음과 같이 세분류할 수 있다.

1. 바람/기원: 要, 想, 愿望, 肯
2. 이치/사리에 대한 판단: 应该, 应当, 应, 该, 得(děi), 必须, 要
3. 주관적, 객관적 조건에 대한 판단: 能, 可以, 能够
4. 허락/허가: 能, 可以
5. 가능: 可能, 能, 会, 要, 得(děi)

위에서 열거한 바와 같이, 다수의 조동사가 여러 가지 용법을 동시에 갖고 있다. 이는 중국어 조동사 학습의 난점이기도 하다.

二. 조동사의 어법특징

1. 조동사는 다른 동사와 함께 술어를 담당하여 다양한 보충적인 의미를 나타낸다.

2. 조동사는 부정사 '不'의 수식을 받을 수 있다. '能, 会, 可能, 想, 愿意' 등은 '很'과 같은 정도부사의 수식을 받을 수 있다.

我很想去国外旅行。그는 해외여행을 몹시 가고 싶다.

他很愿意帮助别人。그는 다른 사람을 매우 돕고 싶다.

下午很可能下雨。오후에 아마도 비가 올 것이다.

'想, 要, 能, 能够, 会, 得(děi)'는 종종 '一定' 등 부사의 수식을 받을 수 있다.

你一定要用汉语唱这首歌。너는 꼭 중국어로 이 노래를 불러야 한다.

只要活动搞得有意思，大家一定愿意参加的。
행사가 재미있기만 하면 모두가 반드시 참가하고 싶어 할 것이다.

我们这次一定能赢。우리가 이번에는 꼭 이길 수 있다.

'应该, 应当, 该'는 반어문에서 '一定' 등 부사의 수식을 받을 수 있다.

老师就一定应该什么都知道吗？선생님이면 반드시 뭐든지 다 알아야 하니?

3. '要, 应, 得(děi)'를 제외한 대부분의 조동사는 단독으로 술어를 담당할 수 있고, 주로 대답할 때 사용한다.

你会游泳吗？——会。너는 수영을 할 줄 아니? ——할 줄 알아.

你们想看这个电影吗？——想。너희들 이 영화를 보고 싶니? ——보고 싶어.

作为学生应该不应该按时上课？——应该。

학생으로서 시간 맞춰 수업을 들어야 하는 거 아니니? ——그래야지.

我可以进去吗？——可以。내가 들어가도 되니? ——돼.

4. 긍정, 부정의 병렬방식으로 의문을 나타낼 수 있다.

这里可以不可以抽烟？여기서 담배를 피워도 됩니까(안 됩니까)?

你能不能帮我拿一下行李？짐을 좀 들어 줄 수 있나요(없나요)?

你们要不要先去换钱？너희들 먼저 환전하러 갈래(안 갈래)?

5. 조동사 뒤에 동태조사 '着, 了, 过'를 첨가할 수 없다.

6. 조동사는 원칙적으로 과거, 현재, 미래에 사용할 수 있다. 그러나 실제 활용에서는 후행하는 동사가 나타내는 동작의 발생 시간의 영향을 받는다(제2절 三 (二) 3 (1) 참조).

7. '必须, 可以'는 주어 앞에 올 수 있지만(제2절 二, 三 참조), 그 밖의 조동사는 일반적으로 주어 앞에 올 수 없다. 또한 조동사는 목적어를 직접 수반할 수 없어서, 사람을 의미 지향할지라도 사람을 나타내는 대사나 명사 앞에 바로 올 수 없다.[1)]

可能是小李把你的车骑走了吧。아마도 샤오리가 네 자전거를 타고 갔나 봐.

这件事应该怪你。이 일은 분명 네 탓이야.

8. 조동사는 단독으로 관형어가 될 수 없다.

9. 일부 조동사는 연용할 수 있으나, 일부는 불가능하다.

제2절 조동사의 의미와 용법

一. 바람/기원을 나타내는 조동사

(一) 조동사 '要, 想, 肯, 愿意'의 의미와 용법

1. 要

(1) 어떤 일을 하겠다는 의지를 나타낸다.

我要学跳舞。나는 춤을 배우려고 한다.

他要买皮鞋。그는 구두를 사려고 한다.

---

1) [역주] 여기서 '사람을 나타내는 대사나 명사'는 의미상 화자가 조동사를 통해 나타내고자 하는 기원, 추측, 판단, 허락/허가 등의 대상일 수 있다. 그러나 형식상 조동사의 목적어로서 자동사에 바로 후행할 수는 없다는 의미이다.

부정은 '不要'가 아니라, '不想' 혹은 '不愿意'로 한다.

我不想去旅行了。나는 여행을 가고 싶지 않다.

他不愿意见你。그는 너를 만나고 싶어 하지 않는다.

(2) 동사 앞에서 반드시 뒤에 오는 동작을 실행해야 함을 나타내고, 주로 명령, 환기, 권유, 당부 등에 사용한다. 어기는 '应该'보다 강하고, '必须'보다 약하다(아래 二 (二) 참조).

你们要注意身体。너희들은 건강에 유의해야 한다.

你是学生，要好好学习。너는 학생이니 공부를 열심히 해야 한다.

考试的时候要认真检查。시험 볼 때는 꼼꼼하게 검토해야 한다.

'要' 앞에 '应该, 必须, 得(děi) 등이 올 수 있다.

爬山时，必须要注意安全。등산할 때는 반드시 안전에 주의해야 한다.

你的病还没有好，应该要经常去医院检查。
너의 병이 아직 낫지 않았으니, 자주 병원에 가서 검사를 받아야 한다.

부정은 '不要'로 하며, 금지나 만류에 사용한다.

公共场合不要大声说话。공공장소에서 큰 소리로 얘기하지 마라.

这件事可不要说出去。이 일을 절대 발설하지 마라.

不要睡得太晚了。너무 늦게 자지 마라.

开会不要迟到。회의에 지각하지 마라.

不要违反交通规则。교통 법규를 위반하지 마라.

위의 '不要'는 '别'와 바꿔 사용할 수 있다.

(3) 가능을 나타내고, 미래에 발생할 수 있는 불리한 상황을 예측한다. 문장 끝에 '的'가 자주 함께 출현한다. 보통 이로운 상황의 예측에는 사용되지 않고, '会'보다 어기가 강하다.

你穿这么少，要感冒的。이렇게 옷을 적게 입으니 감기 걸리겠다.

开车这么快，要出事的。이렇게 빨리 차를 몰다니, 사고 나겠다.

(4) 곧~하다. 종종 앞에서 '快', '就'의 수식을 받는다.

看样子，天要下雨了。보아하니 곧 비가 올 것 같다.

车就要开了，快上车吧。차가 곧 출발하니 빨리 차에 타라.

我们快放假了。우리는 곧 방학이다.

(5) 비교문에서 추측을 나타낸다. '比……' 앞에 올 수 있고, 내포 비교문에도 사용하며, 정도를 나타내는 형용사 앞에 온다. 주요 기능은 청자가 화자의 의견에 대해 주의를 기울이게 할 수 있고, 청자의 선택에 영향을 미칠 수 있도록 한다.

飞机要比火车快得多。비행기가 기차보다 훨씬 빠를 것이다.

她的汉语比我要好得多。그녀가 나보다 중국어를 훨씬 잘할 것이다.

如果是晴天，远处看的要清楚一些。날씨가 맑으면 먼 곳도 선명하게 보일 것이다.

山上要凉快一点儿。산 위는 좀 시원할 것이다.

(6) 규칙성을 띤 동작을 수반할 수 있다. '每', '往常', '往往' 등의 단어와 자주 호응하여 사용되고, '要' 앞에 '都, '总' 등의 부사의 수식을 받을 수 있다.

他每次从外地回来，总要来我家玩。그는 매번 타지에서 돌아올 때마다, 늘 우리 집에 놀러 온다.

我每年都要去中学看望我的老师。나는 매년 중(고등)학교에 가서 나의 선생님을 찾아뵙는다.

一到星期天，他往往都要去打网球，可是今天实在太忙了，抽不出时间来。

일요일이면 그는 자주 테니스를 치러 가는데, 오늘은 정말 너무 바빠서 시간을 낼 수가 없다.

'要' 앞에 '想, 打算' 등이 올 수 있는데, 여기서 '要'는 '장차~하려 하다(将要)'라는 의미를 나타낸다.

她想要干什么？그녀는 (장차) 무엇을 하고 싶어 해?

朋友打算要去中国留学。친구는 (장차) 중국에 유학 가려고 한다.

'想' 앞에 '要'를 첨가할 수도 있다. 그러나 여기서 '要'는 조동사가 아니라 '만약 ~이라면'의 의미를 나타내는 접속사이다. '要想……'은 '想要'처럼 단문에 출현할 수 없으며, '要'는 '要是', '如果'로 바꿀 수 있기 때문이다.

要想学好汉语，非下苦工夫不可。중국어를 잘 배우고 싶으면, 각고의 노력을 기울이지 않으면 안 된다.

要是/如果想学好汉语，非下苦功夫不可。

중국어를 잘 배우고 싶으면, 각고의 노력을 기울이지 않으면 안 된다.

2. 想

(1) 희망/계획하다.

뒤에 동사구를 수반할 수 있고, 연동구조나 겸어구조 등도 수반할 수 있다.

他想借一本词典。그는 사전 한 권을 빌리고 싶다.

我们想坐船去南方。우리는 배를 타고 남쪽으로 가고 싶다.

他想回家去把家里人都接来。그는 집에 가서 식구들을 모두 데려오려고 한다.

我想叫你帮我搬家。나는 너에게 이사하는 것을 도와달라고 부탁하고 싶다.

부정은 '不想'으로 한다.

他不想参加这个晚会。그는 이 파티에 참석하고 싶지 않다.

(2) 예상/추측하다.

我想他一定能赢。나는 그가 반드시 이길 수 있다고 생각한다.

你想他会同意我们的意见吗？너는 그가 우리의 의견에 동의하리라 생각하니?

부정은 '想' 뒤에 오는 목적어절의 술어(小句谓语) 앞에 부정사를 사용한다.

我想他不会来了。나는 그가 오지 않으리라 생각한다.

他想她大概已经不生气了。그는 그녀가 이미 화가 풀렸다고 생각한다.

3. 肯

고민하고 비교한 후에 선택한 바람/기원을 나타낸다. '肯' 뒤에 오는 동사는 보통 동작자가 대가를 치러야 하거나, 손해를 보거나, 본래 세운 계획을 포기하는 등의 의미를 나타낸다.

(1) 어떤 동작을 하는 것을 좋아하고 바란다. '很'의 수식을 자주 받고, 동작은 일반적으로 동작자의 에너지, 재력, 노력 등을 요구한다.

她很肯帮助人。그녀는 기꺼이 남을 돕는다.

对技术，弟弟很肯下功夫钻研。

기술에 대해서는 동생은 기꺼이 각고의 노력을 기울여 심도 있게 연구하려 한다.

只要你肯下功夫，就一定取得好成绩。

네가 기꺼이 각고의 노력을 기울인다면 반드시 좋은 성적을 거둘 것이다.

(2) 외부의 제안, 부탁, 객관적인 필요에 대해 고민하고 비교한 후에 선택한 주관적인 의사를 나타낸다.

我跟他谈过了，他肯去外地工作了。나는 그와 상의를 했고, 그는 기꺼이 타지에 가서 일할 것이다.

我们让他早点回家，他就是不肯。우리는 그에게 일찍 집에 오라고 했는데, 그는 원하지 않는다.

这次募捐，你们肯出多少钱？이번 모금에 너희들은 기꺼이 얼마를 내겠니?

尽管我们很需要他的帮助，可是他就是不肯帮忙。

우리는 그의 도움이 매우 필요하지만, 그는 돕기를 원하지 않는다.

'肯'의 부정형은 일반적으로 '不肯'이고, 동작자가 어떤 동작을 끝까지 하지 않으려는 것을 나타낸다. 이러한 동작은 다음과 같이 구분할 수 있다.

① 동작자가 지키는 평소의 일관된 원칙이나 방법에 위배되어 하지 않는 경우

对工作，他从来不肯马虎。일에 대하여 그는 여태껏 소홀히 하려 하지 않았다.

对于钱，他向来不肯放松一个。돈에 대해서 그는 여태껏 하나도 관대하지 않았다.

那人始终不肯抢别人的买卖。그 사람은 한결같이 다른 사람의 사업을 빼앗으려 하지 않았다.

谁也不肯白吃别人的，所以都出了礼钱。누구도 공짜로 먹으려 하지 않아서 모두 축의금을 냈다.

他为人十分老实，不肯说假话，不肯发脾气。

그는 사람됨이 매우 성실해서 거짓말도 하지 않고 화를 내지도 않는다.

② 동작이 가져올 불리한 영향 때문에 하지 않는 경우

他不肯跟她出去，因为觉得跟她一起很丢人。

그는 그녀와 같이 있으면 창피해서 그녀와 함께 나가려 하지 않는다.

她不肯离开家，因为舍不得自己的孩子。

그녀는 자신의 아이와 헤어지기 아쉬워서 집을 떠나려 하지 않는다.

他不肯得罪老板。그는 사장의 기분을 상하게 하려 하지 않는다.

③ 고집스럽게 어떤 동작을 계속하면서 바꾸지 않는 경우(외부의 권유를 듣지 않고 버티는 경우 포함)

孩子已经很困了，但是还不肯去睡。아이는 이미 매우 졸리지만 아직 자려고 하지 않는다.

他虽然发着高烧，却不肯回去休息。그는 비록 고열이 나지만 돌아가서 쉬려 하지 않는다.

他已经觉得身体不如年轻人了，但嘴上却不肯服输。

그는 이미 몸이 젊은 사람보다 못하다고 느꼈지만, 입으로는 패배를 인정하려 하지 않는다.

双方都坚持自己的意见而不肯让步。양측 모두 자기의 의견을 고집하며 양보하려 하지 않는다.

주의: 동작자가 발화시점 이전이나 과거 어떤 시점 전까지 어떤 동작을 계속하지 않았음을 강조할 때는 '没'로 부정할 수 있다.

尽管大家都叫他回家休息，可他也没肯回去。

모두가 그에게 집에 가서 쉬라고 했지만, 그는 돌아가려 하지 않았다.

(제7장 부사 '没'와 '不' 부분 참조)

4. 愿意

마음에서 우러나오는 적극적이고 주동적인 기원/바람을 나타낸다. '愿意' 뒤의 동작은 동작자가 기꺼이 할 만한 가치가 있다고 생각하는 것이다. 다음과 같이 분류할 수 있다.

(1) 어떤 사람이나 사물을 위해 주동적으로 희생한다. 어기가 강하고, 긍정문에 주로 쓰이며, 결의를 나타내는 상황에 자주 사용한다.

为了祖国，我愿意献出自己的一切。조국을 위해서라면, 나는 나 자신의 모든 것을 바치길 바란다.

我愿意为你做任何事情。나는 너를 위해서라면 무슨 일이라도 하기를 바란다.

她愿意照顾你一辈子。그녀는 평생 너를 돌보길 바란다.

(2) 기꺼이 어떤 동작을 한다. 의문문에서 의견을 구할 때 자주 사용한다. 부정문은 '不'를 사용한다.

你愿意参加这次活动吗？너는 이번 행사에 참여하기를 바라니?

我不愿意跟他合作。나는 그와 협력하고 싶지 않다.

他不愿意到离家比较远的地方工作。그는 집에서 다소 먼 곳에서 일하기를 원치 않는다.

(二) '要, 想, 肯, 愿意'의 내부 비교 분석

1. '要'와 '想'의 비교 분석

(1) '想'은 '要'보다 어기가 가볍다. 때문에 '想'은 '很', '非常', '特别' 등의 정도부사의 수식을 받을 수 있다.

我特别想去国外旅游。나는 해외여행을 매우 가고 싶다.

他很想跟中国人聊天。그는 중국인과 매우 이야기하고 싶다.

妹妹非常想学跳舞。여동생은 춤을 몹시 배우고 싶어 한다.

(2) 구체적인 교류 상황에서 '想'은 '要' 보다 완곡하고 정중하다. 의지가 강하거나, 결심/계획이 이미 정해진 경우에는 일반적으로 '要'를 사용한다. 아래 예문의 '要'는 주관적인 의지가 강하기 때문에 '想'으로 바꿀 수 없다.

不管你说什么，我都要去那儿旅行。네가 무슨 말을 하든지 나는 거기로 여행을 가겠다.

我们一定要赢他们。우리는 반드시 그들을 이길 것이다.

孩子哭着要跟妈妈一起出去。아이가 울면서 엄마와 함께 나가려고 한다.

再苦，也要让孩子上学。아무리 고생스러워도 아이를 학교에 보내야겠다.

그러나, '要' 앞에 '想'이나 '打算'이 오면 어기가 약해진다.

他想要借留学的机会在中国到处看一看，走一走。

그는 유학을 기회로 삼아 중국 이곳저곳을 둘러보고 다니고 싶어 한다.

你打算要在这里住多长时间？너는 여기서 얼마나 머무를 예정이니?

이와 달리, '想'은 일반적으로 '打算' 뒤에 올 수 없다.

(3) '想'은 동사구와 함께 일부 동사의 목적어를 담당할 수 있으며, '别' 뒤에 올 수도 있다. 그러나 '要'는 일반적으로 이렇게 쓸 수 없다.

看见他那个怪样子，我忍不住想笑。그의 그런 괴상한 모습을 보고 나는 웃고 싶은 걸 참을 수가 없었다.

她太熟悉他了，什么事也别想瞒他。그녀는 그를 너무 잘 안다. 그러니 무슨 일이라도 속일 생각 마라.

2. **'肯'**과 **'愿意'**의 비교 분석

'肯'과 '愿意'는 모두 기꺼이 어떤 동작을 한다는 의미이다. '肯' 뒤에 오는 동사는 일반적으로 동작자의 노력, 에너지, 재력 등이 필요한 동작을 나타낸다(어떤 의미에서는 손해를 나타냄). 반면 '愿意'는 동작자의 바람만을 나타낼 뿐 동작에 따르는 대가나 이익을 요구하지 않는다.

(1) '肯'은 단독으로 1인칭의 바람을 나타낼 수 없지만, '愿意'는 이러한 제약을 받지 않는다.

我不愿意(？肯)闲着，我喜欢工作。나는 빈둥거리기는 싫고 일하는 것이 좋다.

我愿意(？肯)跟你一起工作。나는 너와 함께 일하고 싶다.

(2) 대가가 필요한 동작에는 '肯'과' 愿意' 둘 다 사용할 수 있다. 동작이 대가와 무관하거나 이익을 얻을 수 있는 경우 보통 '愿意'를 쓰고, '肯'은 사용할 수 없다.

你肯(愿意)教我英语吗？너는 나에게 영어를 기꺼이 가르쳐 줄 수 있니? (동작의 대가 필요)

这次活动，他肯(愿意)出多少钱？이번 행사에서 그는 얼마를 기꺼이 내겠니? (동작의 대가 필요)

你愿意(？肯)参加学校的圣诞晚会吗？

너는 학교의 크리스마스 파티에 참석하기를 원하니? (동작의 대가 불필요)

她愿意(＊肯)找一个收入高又轻松的工作。

그녀는 수입도 높고 수월한 일을 찾기를 원한다. (이익을 얻는 동작)

(3) '肯' 뒤에 올 수 있는 동사 중 일부는 '努力노력하다, 卖力(气)열심히 일하다, 吃苦고생하다, 吃亏손해를 보다, 花时间시간을 들이다, 下功夫공들이다, 动脑筋머리를 쓰다' 등과 같이 자율성 혹은 관용적 성격을 띠고 있다. '愿意'는 긍정문에서 보통 이러한 동사 앞에 올 수 없지만, 부정문에서는 이들 중 일부 동사 앞에 올 수 있다.

小李工作认真，又肯(＊愿意)吃苦，所以领导很信任他。
샤오리는 일도 성실하게 하고 고생도 기꺼이 하려고 하니 상사는 그를 매우 신임한다.
只要你肯(＊愿意)努力，我相信你一定能取得好成绩。
네가 기꺼이 노력만 한다면, 나는 네가 반드시 좋은 성적을 얻을 수 있다고 믿는다.
他觉得，自己肯(＊愿意)卖力挣钱，生活是不成问题的。
그는 자기가 기꺼이 열심히 돈을 버니, 생활은 문제가 아니라고 생각한다.
这孩子做什么事情都不愿意动脑筋，懒得很。
이 아이는 무슨 일을 하든지 머리를 쓰려 하지 않고 아주 게으르다.

(4) '愿意'와 '肯'을 복문이나 문단의 앞·뒤 절에 각각 사용한 경우 둘의 자리를 서로 바꿀 수 없다. '愿意'는 동작자의 주관적인 생각만을 나타내지만, '肯'은 동작자가 어떤 동작(부정적인 동작 포함)을 끝까지 하겠다는 의지를 강조한다. 또한 긍정문에서 '愿意' 뒤에는 동작자 혹은 화자가 희망하는 상황(대부분 이로운 상황)이 올 수 있지만, '肯'은 그렇지 않다.

舞厅里太闹了，他不肯进去，他愿意找一个清静的地方坐一会儿。
무도회장 안은 너무 소란스러워서, 그는 들어가려 하지 않았다. 그는 조용한 곳을 찾아 좀 앉고 싶었다.
他不愿意再干了，但又不肯收工。그는 일을 더 하고 싶지 않았지만, 일을 끝내려 하지도 않았다.

부정문에서 '肯' 뒤에는 동작자 혹은 화자가 유익하다고 생각하는 상황이 온다.

爸爸虽然上了年纪，但是工作时从不肯挑轻松的活干。
아버지는 비록 연세가 많으시지만, 일할 때는 결코 수월한 일을 골라 하려고 하지 않으신다.
你已经这么累了，怎么还不肯休息休息？너는 이미 이렇게 피곤한데, 어째서 아직도 쉬려고 하지 않니?

二. 이치/사리에 대한 판단을 나타내는 조동사

이른바 이치와 사리란 사회 규약(법률, 각종 규칙 제도, 윤리 도덕, 풍속 습관)과 자연 규약(현실 상황에 대한 제약과 제한, 자연 진화 규칙 등)을 가리킨다. 이 유형의 조동사 중 일부는 사용 범위가 비교적 광범위하고(예를 들면, '应该'), 일부는 범위가 넓지 않다(예를 들면, '必须').

(一) 조동사 '应该(应当), 该, 应, 得(děi), 必须'의 의미와 용법

1. 应该(应当)

(1) 도리상 어떤 동작을 해야 함을 나타낸다. 단독으로 질문에 대한 대답으로 사용할 수 있다. 부정은 '不应该'로 한다.

我们应该热爱祖国，保卫祖国。우리는 마땅히 조국을 사랑하고, 수호해야 한다.
你妈妈身体不好，你应该多关心她。
네 어머니 건강이 좋지 않으시니, 너는 그녀에게 관심을 많이 가져야 한다.
学生应该好好学习。학생은 공부를 열심히 해야 한다.
我觉得自己不应该在困难面前低头。나는 스스로가 역경 앞에서 고개를 숙여서는 안 된다고 생각한다.

(2) 이치상의 추측 혹은 예측에 사용하고, 마땅히 그러해야 함을 나타낸다.

他坐的这趟火车，应该3点钟到。그가 탄 이 기차는 분명 3시에 도착할 것이다.

你是北方人，不应该怕冷。너는 북방 사람이니 추위를 두려워하지 않을 것이다.

已经五月了，天应该暖和了。벌써 5월이 되었으니 날씨가 따뜻해질 것이다.

상기 예문은 모두 사실이나 자연의 섭리를 근거로 예측한 것이다.

2. 该

'该'와 '应该'의 의미는 같다. '应该'를 쓴 문장은 대부분 '该'로 바꿔 사용할 수 있다. 주로 구어에 사용한다.

天不早了，我该走了。시간이 늦었으니 나는 가야겠다.

他这么晚还没来，该不会出什么问题吧。

그가 이렇게 늦도록 오지 않는데 무슨 문제가 생긴 것은 아니겠지.

3. 应

'应'은 주로 서면어에 사용한다. 사용 빈도는 '应该'보다 훨씬 낮다. 일부 관용구조에서는 '应'만 사용할 수 있다.

这个计划应重新加以考虑。이 계획은 반드시 다시 고려해야 한다.

此事应如何处理呢？이 일은 어떻게 처리해야 하니?

理应如此。마땅히 그러하다. (관용구조에서 '应该', '应当', '该'는 사용 불가능하지만, '当'은 사용 가능함)

유사한 관용구조로 '罪有应得벌을 받아 마땅하다'가 있다.

4. 得(děi)

이치상으로나 현실적으로 모두 필요함을 나타낸다. '得'는 사람의 의지로 바꿀 수 없다(하기 싫어도 해야 함)는 의미를 내포한다. 단독으로 질문에 대한 대답으로 사용할 수 없다고, 주로 구어에 사용되며, 어기는 '应该'보다 강하다.

我没有钱，我得打工。나는 돈이 없어서 아르바이트해야 한다.

他上班的地方很远，每天很早就得起来。그는 출근하는 곳이 아주 멀어서 매일 일찍 일어나야 한다.

既然是研究，总得搞得认真一点儿吧。이왕 연구하는 거라면 좀 더 진지하게 해봐라.

咱们十多年没见了，这次你说什么也得多住几天。우리는 십여 년 동안 만나지 못했으니, 이번에는 네가 뭐라고 하든지 며칠은 더 머물러야 한다. (만약 '应该'를 사용하였다면 어기가 '得'보다 간절하지 않음)

부정은 일반적으로 '不用，用不着，甭'으로 하고, '不得'는 사용하지 않는다.

买这辆车得花很多钱吧？——不用多少钱。이 차를 사려면 돈이 많이 들지? ——얼마 들지 않아.

今天晚上得加班吧？——大家抓紧点儿，就用不着加班了。

오늘 저녁에 초과 근무를 해야 합니까? ——여러분이 서둘러 준다면, 초과 근무를 하지 않아도 됩니다.

5. 必须

동사 앞에서 '이치상으로나 현실적으로 어떤 동작을 해야 함'을 나타낸다. 명령문에 쓰이며 어기가 비교적 강하다.

论文明天必须交。논문은 내일 반드시 제출해야 한다.

你必须把你知道的情况都告诉我。너는 마땅히 네가 알고 있는 상황을 모두 나에게 알려야 한다.

부정은 '不必' 혹은 '无须'로 한다(후자는 보통 서면어에 사용).

这个会议你不必参加。이 회의에 너는 참석할 필요가 없다.

事故的原因已经很清楚，你无须解释了。사고의 원인은 이미 명백하니, 너는 설명할 필요가 없다.

반드시 어떤 행위자에 의해 실행되어야 함을 강조할 때 '必须'는 주어 앞에 올 수 있다.

这个手续必须你自己去办。이 수속 절차는 반드시 너 자신이 해야 한다.

丢失的东西必须本人领取。분실한 물건은 반드시 본인이 수령해야 한다.

주의: 《现代汉语八百词》에서는 '必须'를 부사라고 했지만, 《汉语水平词汇与汉字等级大纲》 수정본에서는 조동사라고 했다. 이에 따라 본 교재는 조동사로 처리한다.

(二) '应该(应当), 该, 应, 得(děi), 必须'의 내부 및 외부 비교 분석

1. **'应该', '应'**과 **'该'**의 비교 분석

(1) '应该', '该'는 단독으로 질문에 대답할 수 있으나, '应'은 불가능하다. '应'은 주로 서면어에 사용하고, '该'는 주로 구어에 사용한다.

(2) '该'는 가정문의 후속절에 사용할 수 있으며, 이치와 사리에 근거한 추측이나 감탄을 나타낸다.

你要是回家太晚，你爸爸又该说你了。

네가 너무 늦게 집에 오면 네 아버지가 또 너를 꾸짖으실 것이다. (통상적인 상황에 따른 추측)

如果王老师能再教我们，该有多好啊！왕 선생님이 다시 우리를 가르쳐 주신다면 얼마나 좋을까!

'应该'와 '应'은 이와 같은 가정문의 후속절에 사용할 수 없다. 따라서 규칙적인 반복 의미를 나타내는 부사 '又'의 수식을 받을 수 없고, 감탄을 나타내는 '有多 + 형용사'구조 앞에도 올 수 없다.

2. **'应该(1)', '要(2)', '得(děi)', '必须'**의 비교 분석

이들은 지위상 상급자가 하급자에게 또는 평등한 지위의 사람 간에 사용한다. 따라서 화자가 하급자이고 청자가 상급자인 경우에는 사용할 수 없다. 이들 조동사의 의미는 매우 유사하지만, 사용 범위와 중점이 다르다.

(1) 대화문에서 긍정문에 사용되는 '应该'는 이치나 도리를 말하고 제안하는데 사용한다(상대방은 그대로 하지 않을 수 있음). '要', '得', '必须'는 주로 상대방에게 어떤 것을 요구하고, 그러한 요구에 따르도록 하는데 사용한다. '要', '得'는 권유나 명령문에 사용하고, '必须'는 보통 강경한 명령문에 쓰이며 상대방은 그 동작을 반드시 그대로 해야 하고, 바꿀 수 없으며, 협상도

불가능하다. 그러므로 어기적인 차이로 보면 '必须'가 가장 강하고, '得', '要'가 그다음이며, '应该'는 상대적으로 약한 편이다. 다음 예문을 보자.

要想学好汉语，应该多读，多写，多听，多说。(일반적 제안)

要想学好汉语，要/得多读，多写，多听，多说。(지도성 제안)

要想学好汉语，必须多读，多写，多听，多说。(명령의 어투)

중국어를 잘하려면 많이 읽고, 많이 쓰고, 많이 듣고, 많이 말해야 한다.

你身体不好，应该多休息。(제안)

你身体不好，要/得多休息。(권유)

你身体不好，必须多休息。(명령)

너는 몸이 좋지 않으니 반드시 많이 쉬어야 해.

이와 같은 이유로 '应该', '要', '得'는 제안, 권유문에 자주 쓰이며, 어기가 비교적 완곡한 동사 중첩형 혹은 '동사 + 一下' 앞에 자주 사용한다. 반면 '必须'는 이런 용법으로 잘 사용되지 않는다.

你应该/要/得好好想想。너는 마땅히 잘 생각해 보아야 한다.

做完题目，应该/要/得认真检查一下。문제를 다 풀었으면 반드시 잘 검토해야 한다.

'必须'는 명령 의미가 있는 겸어문에 사용할 수 있다.

领导指示，让外出的干部一月七日必须赶回来，八号要开紧急会议。

책임자는 외출한 간부에게 1월 7일에는 반드시 돌아와서 8일에 긴급회의를 소집하라고 지시했다.

他叫我们必须把屋里的东西搬干净。그는 우리에게 집 안의 물건을 깨끗하게 옮기라고 했다.

'应该', '要'는 이와 같은 겸어문에 사용할 수 없다. '得'를 사용하여 알맞게 바꿀 수 있으나, 문장이 성립하지 않을 수도 있다.

领导指示，外出的干部得在一月七日前赶回来，八号要开紧急会议。

책임자는 외출한 간부는 1월 7일 전에 서둘러 돌아와서 8일에 긴급회의를 소집하라고 지시했다.

？他叫我们得把屋里的东西搬干净。

(2) '要', '得'는 '一定', '可'의 수식을 받을 수 있으나, '应该'는 '一定', '可'의 수식을 받을 수 없다. 반면 '真', '是', '当然', '也许', '至少'와 같이 주관적 추측을 나타내는 어기(语气)부사의 수식은 받을 수 있다('要', '得'도 가능). 하지만 '必须' 앞에는 이같은 어기부사를 사용할 수 없다.

(3) '应该'은 논리성이 강한 추측에 자주 사용한다. 이치상 주관적인 추측을 하거나(사실과 부합하지 않을 수 있음) 자연의 섭리에 근거하여 추측을 하는 경우에는 '应该'를 사용한다. 아래 문장의 '应该'는 '要', '得', '必须'로 바꿀 수 없다.

按理说，人的本性应该是善良的。이치상 사람의 본성은 분명 선량하다.

已经是冬天了，天不应该这么暖和。이미 겨울이 되었으니 날씨가 이렇게 따뜻하면 안 된다.

(4) '应该'는 긍정형식으로 반어문/의문문에 사용할 수 있다. 일반적으로 이치를 따지거나 반박할 때 사용한다.

为什么她应该服从你呢？왜 그녀가 너에게 복종해야 하니? ('要'는 사용 불가능, '得', '必须'로 호환 가능)

你以为一个人应该把自己的快乐建立在别人的痛苦之上吗？네가 보기에 사람은 자고로 자신의 기쁨을 다른 사람의 고통 위에 세워야 한다는 거니? ('要'는 사용 불가능, '得', '必须'로 호환 가능)

'得'는 부정형식으로만 반어문에 사용되어 화자의 추측을 나타낼 수 있다. 화자가 결론에 대해 조금도 의심하지 않음을 의미한다(뒤의 三 (一) 5 得(děi) 참조).

这事要是让他去办，还不得办砸了？이 일을 만약 그가 처리하게 한다면 망칠 리는 없겠지?

(5) 법률, 규정 등에 근거하여 역할을 확정하거나, 책임을 추궁하는 경우 보통 '应该'를 사용하고, '要'는 사용할 수 없다.

这个工作应该由他负责。

이 일은 마땅히 그가 책임져야 한다. ('必须'로 호환 가능, 어기는 '应该'보다 강함)

你是警察，有人犯罪，难道不应该管管吗？

너는 경찰이니 누군가 범죄를 저지르면, 마땅히 단속해야 하지 않겠니? ('要', '必须'는 사용 불가능)

(6) 객관적인 사실을 토대로 추론하여 얻은 결론이 보편적인 규칙성(보통 사실과 부합함)을 띠는 경우, 종종 '得'를 사용한다.

他慢慢懂得，人活着，就得随时准备经受磨难。

사람이 살다 보면 언제든 고난을 겪을 준비를 해야 한다는 것을 그는 차차 깨달았다. ('必须' 사용 가능)

干什么都得下苦功夫。무슨 일을 하든지 각고의 노력을 기울여야 한다. (상동)

(7) 술어가 '觉得', '认为' 등이면 '应该', '得', '必须'는 주관적인 생각을 나타내는 절에 사용할 수 있다. 하지만 본래 주관적인 염원을 나타내는 '要'는 사용할 수 없다.

我觉得自己应该坚强起来。

나는 스스로 강해져야 한다고 생각한다. ('必须', '得'로 호환 가능, 어기는 더 강해짐)

他认为你得提前一个小时出发。

그는 네가 한 시간 앞당겨 출발해야 한다고 생각한다. ('必须', '应该'로 호환 가능)

(8) 규정을 근거로 요구할 때는 보통 '要'를 사용한다. 반드시 그렇게 해야함을 강조할 때는 '得', '必须'를 사용할 수 있다.

要先交了书费，才能领书。먼저 책값을 지불해야 책을 받을 수 있다.

住宿要登记。숙박하려면 체크인을 해야 한다.

(9) '应该'를 부정문에 쓰면, 이미 발생했거나 존재하는 사실에 대해 평가하는 데 중점을 두게 된다. 반면, '要'는 아직 발생하지 않은 동작에 대한 금지, 권고, 경고, 당부 등에 사용한다.

考试时，你不应该这么马虎。

시험 볼 때 너는 이렇게 대충대충 해서는 안 된다. (부당한 행동이 발생한 한 후의 비판)

考试时，你不要这么马虎。시험 볼 때, 너는 이렇게 대충대충 하지 마라. (사전의 경고)

公共场合不应该大声说话。

공공장소에서는 큰 소리로 이야기해서는 안 된다. (이미 발생한 상황에 대해 이치를 설명)

公共场合不要大声说话。

공공장소에서 큰 소리로 이야기하지 마라. (현장에서 권유 또는 사전에 하는 경고)

这件事不应该说出去。이 일은 발설해서는 안 되었다. (부당한 행동이 발생한 한 후의 비판)

这件事可不要说出去。이 일을 발설하지 마라. (사전에 하는 당부)

(10) '应该'는 부정형식으로 술어를 담당하기도 한다. 술어는 보통 '真', '太' 등 부사의 수식을 받는다.

你这样做真不应该。너는 정말 이렇게 해서는 안 된다.

这样处理太不应该了。이렇게 처리하는 것은 정말 안 된다.

'应该'는 다음과 문장에도 자주 사용한다.

这些都是我应该做的，你不用谢我。이것들은 모두 내가 당연히 할 일이니, 나에게 감사할 필요 없다.

'得', '要', '必须'는 위와 같은 용법이 없다. 그 밖에 '得', '要'는 동사로 쓰일 수 있으며 직접 수량사 목적어를 수반할 수 있는데, '应该', '必须'는 불가능하다

买这辆汽车，大概得十万元。이 차를 사려면 대략 10만 위안이 필요하다.

抬这台机器，至少要四个人。이 기계를 들려면 최소한 네 사람은 필요하다.

三. 능력, 가능, 판단, 허락/허가 등을 나타내는 조동사

(一) 조동사 '能(能够)', '可以', '会', '可能', '得(děi)'의 의미와 용법

1. 能(能够)

(1) 어떤 일을 할 수 있는 능력이 있음을 나타낸다.

我能看中文杂志。나는 중국어 잡지를 볼 수 있다.

他虽然是外国人，但是能写很多汉字。그는 비록 외국인이지만 많은 한자를 쓸 수 있다.

'能'은 어떤 능력이 일정한 수준에 도달했거나 원래 있던 능력이 회복되었음을 나타낸다.

她能用汉语写信了。그녀는 중국어로 편지를 쓸 수 있다.

弟弟的伤好了，能走路了。동생의 상처가 다 나아서 걸을 수 있게 되었다.

我一个小时能打两千多字。나는 한 시간에 2천여 자를 칠 수 있다.

'很', '特别', '真' 등 부사의 수식을 받을 수 있고, 동작의 능력이 상당한 수준에 도달했음을 나타낸다.

这个人很能吃，一顿吃了几个人的饭。이 사람은 아주 잘 먹어서 한 끼에 몇 인분의 밥을 먹는다.

他可真能说，已经说了几个小时了。그는 정말 말을 잘해서, 벌써 몇 시간을 이야기했다.

(2) 객관적인 조건을 갖춘 후의 가능성을 나타낸다.

下星期我有空，能去旅行。다음 주에 시간이 있어서 여행을 갈 수 있다.

前面在修路，汽车不能过来。앞에서 도로를 공사하고 있어서 차가 지나갈 수 없다.

(3) 사물 자체가 갖추고 있는 가능성을 나타낸다.

这个小船只能坐五个人。이 조각배는 다섯 사람밖에 탈 수 없다.

那个箱子能装多少本书？그 상자에는 책을 몇 권 담을 수 있니?

这种野菜不能吃。이런 산나물은 먹을 수 없다.

(4) 허락/허가를 나타낸다. 의문문이나 부정문에 주로 사용한다.

考试能用英语回答吗？——不能。시험에서 영어로 대답해도 되나요? ——안 됩니다.

现在我能回家吗？지금 내가 집에 가도 될까?

阅览室里不能唱歌。열람실에서는 노래를 부를 수 없다.

中学生不能吸烟。중고등학생은 담배를 피울 수 없다.

(5) 예측이나 추측을 나타낸다.

他的病能好吗？그의 병이 나을 수 있을까?

我想她大概不能按时到。나는 그녀가 아마도 제시간에 도착하지 못하리라 생각한다.

这次试验肯定能成功。이번 실험은 틀림없이 성공할 것이다.

(6) 자연적으로 존재하거나 일정한 규칙이 있는 가능성을 나타낸다. 주로 긍정문에서 객관적 묘사에 사용된다.

在这片树林里，总能看到野兔出没，也能听到小鸟的鸣叫声。

이 숲에서는 늘 산토끼가 출몰하는 것을 볼 수 있고, 작은 새가 지저귀는 소리도 들을 수 있다.

每天早上你总能看见他在跑步。매일 아침 너는 늘 그가 달리는 것을 볼 수 있다.

상술한 '能'의 부정형식은 보통 '不能'이다. 그러나 어떤 동작이 발화시점 이전이나 과거 어떤 순간 이전에 조건이 갖추어지지 않아서 완료되지 못했음을 강조할 때는(앞의 (2) 참조) '没'로 부정할 수 있다.

那天因为太忙，没能去参加你的生日晚会，真对不起。

그날 너무 바빠서 생일 파티에 가지 못했던 거 정말 미안해.

(제7장 제2절 五 부정부사 참조)

2. 可以

(1) 어떤 일을 할 수 있는 능력이 있음을 나타낸다.

你放心，他可以自己站起来。걱정마라, 그는 스스로 일어날 수 있다.

他一小时可以打一千多字。그는 한 시간에 1천여 자를 칠 수 있다.

(2) 객관적인 조건을 갖춘 후의 가능성을 나타낸다.

坐这趟车一小时就可以到。이번 버스를 타면 한 시간이면 도착할 수 있다.

现在凉快了，可以看书了。이제 선선해졌으니 책을 읽을 수 있게 되었다.

你可以帮我一个忙吗？부탁 하나만 들어줄 수 있니?

부정은 보통 '不能'으로 한다.

奶奶脚疼，不能走很多路。할머니는 발이 아파서 많이 걸을 수 없다.

明天我有事，不能参帮你照看孩子了。내일 일이 있어서 아이를 돌봐줄 수 없다.

他病了，不能上课了。그는 아파서 수업을 들을 수 없다.

(3) 이치상의 허락/허가를 나타낸다.

这些东西可以收起来了。이 물건들은 치워도 되겠다.

时间不早了，你可以回家了。시간이 늦었으니 너는 집에 돌아가도 된다.

(4) 허락/허가를 나타내며 주로 의문문에 사용한다. 부정은 '不能'으로 하고, '不可以'는 사용할 수 없다.

可以问个问题吗？——可以。질문 하나 해도 될까요? ——네.

这里可以停车吗？——不能。여기에 주차할 수 있나요? ——아니요.

(5) ~할 만한 가치가 있음을 나타내며, 추천이나 제안에 자주 사용한다.

那个展览办得不错，可以去看看。그 전시회는 잘 되어 있으니 가서 볼만 하다.

这里的风景很美，可以多拍几张照片。이곳의 풍경은 매우 아름다우니 사진을 몇 장 더 찍어도 좋다.

3. 会

(1) 후천적으로 습득한 동작의 기술/기능을 익혀서 어떤 동작을 하는 방법을 터득했음을 나타낸다.

他会打网球。그는 테니스를 칠 수 있다.

王老师会说三门外语。왕 선생님은 세 종류의 외국어를 할 수 있다.

부정형식은 '不会'이다.

我不会游泳。나는 수영을 못 한다.

这孩子还不会走。아이는 걷지 못한다.

'很', '特别', '真' 등 부사의 수식을 받아, 어떤 동작에 소질이 있음을 나타낼 수 있고, 동작자가 동작의 기술을 터득하고 있음을 강조한다.

她很会买东西。买的东西又好又便宜。그녀는 물건을 잘 산다. 산 물건은 좋고 싸다.

妈妈很会做菜，普通的蔬菜经她一做，特别好吃。

엄마는 요리를 잘하셔서 평범한 채소도 그녀가 만들면 아주 맛있다.

李老师真会安慰人，一会儿小明就高兴起来了。

리 선생님이 위로를 정말 잘해줘서, 샤오밍은 이내 기분이 좋아졌다.

(2) '会'는 주관적인 예상, 예측, 추측을 나타내는 긍정/부정문에 자주 사용한다. 주로 동작의 발생이나 상황이 출현할 수 있는지의 가능성 여부를 나타내고, 문장 끝에 어기사 '的'를 자주 사용한다.

明天不会下雨。내일은 비가 오지 않을 것이다.

我想他会很高兴的。나는 그가 매우 기뻐하리라 생각한다.

一边算账，一边说话，会算错的。계산하면서 말을 하면 계산이 틀릴 거야.

(3) 사람/사물이 갖는 규칙적인 객관성을 근거로 예측하는 데 사용한다. 이러한 특징은 일반

적인 사람/동식물/사물의 속성이나 특징일 수도 있고, 개별적인 사람이나 사물의 특성일 수도 있다.[2)]

人都会死的。사람은 다 죽을 것이다.

鸟都会飞，鱼都会游。새는 모두 날 수 있고, 물고기는 모두 헤엄칠 수 있다.

这里一到梅雨季节就会下雨。여기는 장마철만 되면 비가 온다.

他每天早上都会去操场跑步。그는 매일 아침 달리기하러 운동장에 간다.

4. 可能

예상, 추측을 나타낸다. 어기는 확정적이지 않다. '可能'은 주로 술어 앞에 쓰이지만, 때때로 주어(주어절 포함) 앞에 올 수도 있다. 뒤에 '会'를 수반하는 경우에는 어기만을 나타낸다. '很'의 수식을 받을 수 있다.

如果他来处理这件事，可能情况会好些？만약 그가 이 일을 해결한다면 상황이 나아질까?

吃了这种药，病不但不会好，很可能还会起副作用。

이런 약을 먹으면 병이 나아지지 않을 뿐만 아니라 부작용이 발생할 가능성도 매우 크다.

我想可能我们还会有做得不周到的地方。나는 우리가 여전히 미흡한 점이 있을 수 있다고 생각한다.

부정은 '不可能'이다.

要在这么短的时间里完成这个任务，是根本不可能做到的。

이렇게 짧은 시간 내에 이 임무를 완성하려고 하는 것은 도저히 할 수 없는 것이다.

谁也不可能记住这么多人的名字。누구도 이렇게 많은 사람의 이름을 기억할 수 없다.

'可能'은 술어를 담당할 수 있고, 주로 부정형식으로 출현한다.

这本书是她写的？绝对不可能。이 책을 그녀가 쓴 것이라고? 절대 불가능하다.

现在要在3点钟到火车站已经不可能了。이제 3시에 기차역에 도착하려 하는 것은 이미 불가능하다.

小王在这次比赛中打破世界纪录是很可能的。

샤오왕이 이번 시합에서 세계 기록을 깨는 것은 매우 가능성이 높다.

주의: 《现代汉语八百词》에서는 상기 용법의 '可能'을 부사라고 했지만, 《汉语水平词汇与汉字等级大纲》 수정본에서는 조동사라고 했다. 이에 따라 본 교재는 조동사로 처리한다.

5. '得(děi)'

추측 및 틀림없이 그러함을 나타낸다. '会'보다 어기가 확정적이고, 확신의 어투를 띤다. 단독으로 질문의 대답에 사용할 수 없다. 보통 부정형식이 없고, 주로 구어에 사용한다.

你又没做作业，老师准得说你了。네가 또 숙제를 안 했으니, 선생님이 분명히 너를 야단칠 것이다.

---

2) 鲁晓琨(2003)은 이것이 '현실적으로 존재하는 필연성'이라고 해석하였다. 그러나 필자는 '필연성'이라는 의미는 지나치게 절대적이라고 생각한다. '필연성'은 고정불변인데, '会'가 나타내는 추측은 대부분 필연적으로 발생하는 상황이기도 하지만, "他每天早上都会在这里锻炼，为什么今天没有来呢？그는 매일 아침 여기로 운동하러 오는데, 왜 오늘은 오지 않았지?"와 같이 일상적인 상황과 반대되는 변화를 배제할 수도 없기 때문이다.

这场比赛又输了，大家又得笑话咱们了。이번 경기에서 또 졌으니, 모두가 또 우리를 비웃을 것이다.

주의: '不得'는 반어문에 쓰여 확정의 의미를 나타낸다.

等出了问题，还不得我去处理？문제가 생기면 내가 처리할 수밖에 없지 않겠니?

('마땅히 내가 처리해야 함', '得(děi)'의 첫 번째 용법[3])

要是让他知道了，还不得吵翻天了？만약 그가 알게 되면 틀림없이 야단법석을 떨지 않겠니?

('틀림없이 야단법석을 떰', '得(děi)'의 두 번째 용법[4])

(二) '能(能够)', '可以', '会', '可能', '得(děi)'의 내부 및 외부 비교 분석

1. '能'과 '可以'의 비교 분석

능력을 나타낼 때 차이점은 다음과 같다.

(1) '能'은 어떤 일을 능숙하게 잘함을 나타낸다(동작 완료의 양이 큼을 강조[5]). 앞에 '很'과 함께 자주 사용한다. '可以'는 이러한 용법이 없다.

他很能(＊可以)说，一说就说一个小时。

그는 아주 말을 잘해서 한 번 이야기 하면 한 시간 동안이나 한다.

十八岁，正是能(＊可以)吃能(＊可以)睡的年龄。18살은 한창 잘 먹고, 잘 자는 나이이다.

(2) '能'은 후천적인 학습을 통해 습득한 능력을 나타내고, '可以'으로 거의 사용되지 않는다.

我学过汉语，这篇文章我能(可以)看懂。나는 중국어를 배운 적이 있어서 이 글을 이해할 수 있다.

听说你还能(＊可以)给人看病。듣자하니 네가 사람을 잘 치료할 수 있다고 하던데.

가능성을 나타낼 때의 차이점은 다음과 같다.

(1) 객관적인 상황과 조건을 근거로 도출된 가능성을 나타낼 때는 일반적으로 '能'을 사용하고, '可以'는 사용할 수 없다.

A. 의문문에 주로 사용되는데, 가능성에 대해 의구심을 나타내거나 희망이나 예상을 나타내는 동사 뒤에 사용한다.

他还能(＊可以)给我写信吗？그가 또 나에게 편지를 쓰겠니?

过一会儿，雨大概能(＊可以)停。조금 있으면 비는 아마도 그칠 것 같다.

---

3) [역주] 여기서 '得(děi)'의 첫 번째 용법은 '본 장 제2절 二 (一) 4'에서 소개했던 이치와 사리판단을 나타내는 용법으로 '마땅히 ~ 해야 한다'라는 의미를 나타낸다. 본래 '得'의 첫 번째 용법에 대한 부정은 '不用, 用不着'를 써서 나타내고 '不得'는 쓰지 않는다. 그러나 본 예문 "还不得我去处理？"중의 '不得'는 '得'의 부정 용법이 아닌 반어 용법으로 사용하였다.

4) [역주] 여기서 '得(děi)'의 두 번째 용법은 추측 및 틀림없이 그러함을 나타내는 것이다.

5) [역주] '동작 완료의 양'은 '능력의 양화(量化)'와 관련이 있다. 조동사 '能'과 '会'는 수량사가 포함된 동목구조와 함께 출현하면 '어떤 능력이 구체적으로 도달한 총량'을 나타낸다. 예를 들어, "我会(能)说两门外语。나는 두 종류의 외국어를 할 수 있다."와 같은 경우이다. 그러나 시간량이나 동작량을 나타내는 부사어가 함께 와서 그 제한된 시간 혹은 동작 횟수 내에서 실현 가능한 능력의 효율 혹은 한계량을 나타낼 때는 보통 '能'을 사용한다. 예를 들어, "小李二十分钟能打扫两个房间。샤오리는 20분 동안 방 두 개를 청소할 수 있다." 등과 같은 경우이다.(아래 제2절 三 (二) 2 (3) 참조)

他希望将来能(＊可以)当一名医生。그는 장차 의사가 되기를 희망한다.

我觉得他的病能(＊可以)好。나는 그의 병이 나아질 수 있을 것이라 생각한다.

B. '能'은 범위를 제한하거나 정도가 약함을 나타내는 부사 '只, 刚, 才' 및 빈도를 나타내는 부사 '总' 등의 수식을 자주 받지만, '可以'는 보통 불가능하다.

没有汽车了，我只能(？可以)走回家了。차가 없으니, 나는 걸어서 집에 갈 수밖에 없다.

这个小孩刚能(＊可以)走。이 아이는 막 걸을 수 있게 되었다.

我一个小时才能(？可以)打300字。나는 한 시간에 겨우 300자를 칠 수 있다.

C. 규칙성을 띠는 객관적 상황을 근거로 가능성을 예측하는 경우, 일반적으로 '能'을 쓰고 '可以'는 쓰지 않는다.

他非常注意锻炼身体，每天早上你总能(＊可以)看见他在跑步。

그는 체력 단련에 매우 신경을 써서, 매일 아침 너는 그가 달리는 것을 볼 수 있다.

(2) 나타내고자 하는 가능성이 주관적 이치나 의지의 판단에 의한 것이라면, 즉 객관적 사실을 근거로 가능성에 대해 판단과 추론을 하거나 동작에 대해 주관적인 선택을 하는 경우, 긍정문에는 보통 '可以'(극소수 '能' 사용)를 쓰고, 부정문에는 '不能'을 사용한다.

A. 객관적 사실을 근거로 비교적 확신이 있는 추측이나 판단을 하는 경우

从现在掌握的情况可以断定，他就是我们要找的人。

현재 파악한 상황으로 판단하면 그가 바로 우리가 찾는 사람이다.

从她的表情可以看出，她好像不太愿意。그녀의 표정으로 보아 그녀는 별로 내키지 않는 것 같다.

光看这场比赛还不能肯定谁能最后得到冠军。

이번 경기만 놓고 보면 누가 최후에 우승할지는 아직 확실치 않다.

根据大量事实，我这时已经完全能断定这封信是谁写的了。

많은 사실을 근거로 나는 이때 벌써 이 편지를 누가 썼는지 완전히 단정할 수 있었다.

B. 어떤 동작을 회피하도록 허락/허가할 수 있는 조건이 갖추어진 경우, 일반적으로 '可以不'를 사용한다.

明天正好要出差，这样就可以不去见他了。

내일 마침 출장을 가야 하니, 이러면 그를 만나러 가지 않아도 된다.

孩子说他肚子疼，这样就可以不做功课了。아이가 배가 아프다고 하니, 이러면 숙제를 안 해도 된다.

C. 동작자가 양보 동작(한 발짝 물러섬)을 선택할 가능성이 있는 경우, 긍정문에서는 보통 '可以'를 쓰고, 부정문에서는 '不能'을 사용한다.

他不在不要紧，我可以(＊能)等他。그가 없어도 괜찮아, 나는 그를 기다릴 수 있다.

你可以(＊能)原谅我，但我却不能原谅自己。

너는 나를 용서할 수 있지만, 나는 나 자신을 용서할 수 없다.

D. 동작의 몇 가지 선택 가능성을 허락/허가하는 경우, '可以'만 사용할 수 있다.

我去学校，可以坐车，也可以骑车。나는 학교에 갈 때, 차를 탈 수도 있고, 자전거를 탈 수도 있다.

这个工作你可以一个人干，也可以叫几个人来一起干。
이 일은 당신 혼자 할 수도 있고, 몇 사람을 불러 함께 할 수도 있다.
可以他来，也可以你去。그가 올 수도 있고, 네가 갈 수도 있다.
明天聚会，来我家也可以，去你家也可以。내일 모임은 우리 집에 와도 되고, 너의 집에 가도 된다.

상기 예문에서 '可以'는 술어를 담당할 수 있고, 주어 앞에도 올 수 있다. 그러나 '能'은 이러한 기능이 없다.

(3) '能'은 반어문에 자주 사용한다. 허락/허가 또는 가능을 나타낸다.
你怎么能(？可以)把护照丢了呢？네가 어떻게 여권을 잃어버릴 수 있니? (허락/허가)
他这么努力，学习成绩还能(＊可以)不好吗？
그가 이렇게 노력하는데 학업 성적이 좋지 않을 수 있겠니? (가능)
这事她能(＊可以)不知道吗？이 일을 그녀가 모를 수 있겠니? (가능)

'可以'는 반어문에 매우 드물게 사용하는데, 동작의 방식을 추궁하는 반어문에 출현하여 허락/허가만을 나타낸다.
你是父亲，就可以(能)这么做吗？당신이 아버지인데, 이렇게 해도 되는 건가요? (허락/허가)

(4) '可以', '能'은 허락/허가를 나타낼 수 있다. 주로 의문문의 형식으로 상대방의 의견을 묻거나 상대방에게 어떤 요구를 할 때 사용되며, 비교적 정중한 어기를 나타낸다. 답문에서 '能'은 주로 부정문에 쓰고, '可以'는 긍정문에 사용한다.
A: 老师，我现在可以(能)回家吗？선생님, 이제 집에 가도 되나요?
B: 可以。그래도 좋다.
A: 考试可以(能)用铅笔吗？시험에서 연필을 사용해도 되나요?
B: 不能。안 된다.

주의: 실제 대화에서는 부정으로 대답할 때도 '不能'을 자주 쓰지는 않으며, 주로 '不行', '不成'을 사용한다.

상술한 '能'과 '可以'의 다양한 차이점을 아래와 같이 표로 정리하였다(＋가능, －불가능, 아래도 동일).

'能'과 '可以'의 공통점과 차이점			
1. 태어날 때부터 가진 능력 혹은 이러한 능력의 회복을 나타냄		能	可以
		긍정: 能 부정: 不能	긍정: 可以 부정: 不能
	일반적인 능력	＋	＋
	후천적인 습득	＋	－
	어떤 일을 잘함	＋	－

'能'과 '可以'의 공통점과 차이점

		能	可以
		긍정: 能 부정: 不能	긍정: 可以 부정: 不能
2. 객관적인 조건상 또는 제한적인 상황에서의 가능성을 나타냄	일반적인 가능성	+	+
	규칙적인 가능성	+	−
	희망, 예측의 가능성	+	−
	'只, 刚, 才' 등의 부사 수식을 받을 수 있음	+	−
	반어문에 사용	+	−
3. 나타내는 가능성은 반드시 주관적인 이치 혹은 의지의 참여가 있어야 함	객관적 사실을 근거로 비교적 확신 있는 추측이나 판단을 내림	거의 사용되지 않음	+
	어떠한 동작을 하지 않아도 되는 조건이 있는 경우	−	+
	동작을 하나 또는 다양한 선택을 할 수 있는 가능성	−	+
		긍정: 能 부정: 不能	긍정: 可以 부정: 不能
4. 허락/허가		+ 부정에 많이 쓰임	+ 긍정에 많이 쓰임

2. '会'와 '能'의 비교 분석

'능력이 있음'을 나타낼 때는 다음과 같은 차이가 있다.

(1) '会'는 후천적으로 습득한 능력만을 나타낸다. '能'은 다양한 능력을 나타내는데, 대부분 어떠한 조건을 갖춘 후에 생긴 능력이다(자세한 내용은 아래 참조). 두 단어는 소수 문장에서만 호환이 가능하다.

她会(能)说汉语。 그녀는 중국어를 할 수 있다.

대부분 '能'은 여러 가지 '능력'의 의미를 나타내기 때문에 중의가 발생할 수 있다. 따라서 앞·뒤 문장을 통해 의미를 파악해야 한다. 반면에 '会'의 의미는 단순하고 명확하다. 그러므로 단문에서 어떤 사람이 어떤 기술을 갖추고 있음을 나타내는 경우 보통 '会'를 사용한다.

小王会踢足球。 샤오왕은 축구를 할 수 있다. (축구를 할 수 있는 기술을 갖춤)

小王能踢足球。 샤오왕은 축구를 할 수 있다.

{ 샤오왕은 중고등학교 시절 학교 대표팀이었기 때문에, 축구를 할 수 있다. (축구를 할 수 있는 기술을 갖춤)
샤오왕은 체력이 좋아, 축구를 할 수 있다. (축구에 필요한 체력 조건을 갖춤)

这孩子会走路了。이 아이는 걸을 수 있게 되었다. (걷는 방법을 습득)

这孩子能走路了。이 아이는 걸을 수 있게 되었다.

{ 이 아이는 연습을 통해서, 걸을 수 있게 되었다. (걷는 방법을 습득)
이 아이는 다리가 나아서, 이제는 걸을 수 있게 되었다. (잃어버린 능력의 회복)

또한 '能'은 연습과 훈련을 통해 생긴 어떤 능력, 인내력, 절제력을 나타낼 수 있지만, '会'는 불가능하다. 아래 문장의 '能'은 '会'로 바꿀 수 없다.

再大的困难，我都能克服。아무리 큰 역경이라도 나는 이겨낼 수 있다.

以前有过许多比这更严重的打击，他都能承受。

이전에 이보다 더한 심한 충격이 있었지만, 그는 모두 감당할 수 있었다.

老张能在任何场合都保持镇定。라오장은 어떤 상황에서도 침착함을 유지할 수 있다.

(2) '会'와 '能'은 어떤 일을 능숙하게 잘함을 나타낼 수 있고, 모두 '很, 真, 最'의 부사 수식을 받을 수 있다. 그러나 두 단어가 강조하는 부분이 다르다.

他很会吃。/ 她真会说。/ 姐姐最会买东西。

그는 잘 먹는다. / 그녀는 정말 말을 잘한다. / 언니는 정말 물건을 잘 산다. ('会' 뒤 동작의 기술력이 높음을 강조)

他很能吃。/ 她真能说。/ 姐姐最能买东西。

그는 잘 먹는다. / 그녀는 정말 말을 잘한다. / 언니는 정말 물건을 잘 산다. ('能' 뒤 동작의 양이 큼을 강조)

따라서 술어동사가 나타내는 동작이 양으로 평가할 수 없는 것이라면 '能'을 사용할 수 없다.

他真会过日子。그는 정말 잘 지낸다. ＊你真能过日子。

她很会安慰人。그녀는 위로를 잘한다. ＊她很能安慰人。

他很会待人接物。그는 사람들과 잘 어울린다. ＊他很能待人接物。

이와 유사한 동사는 '照顾보살피다, 分析분석하다, 总结총괄하다, 概括개괄하다, 处世처세하다, 察言观色(안색을)살피다' 등이 있다.

(3) 두 단어가 능력의 양화(量化)을 나타낼 때 차이점이 있다.

어떤 능력이 구체적으로 도달한 총량(总量)을 나타낼 때 '会'와 '能'의 의미는 같다.

我会(能)说两门外语。나는 외국어를 2개 할 수 있다.

四岁的孩子会(能)写三千个汉字。네 살짜리 아이가 한자를 3천 개 쓸 수 있다.

그러나 문장에 시간량이나 동작량을 나타내는 부사어가 있으면, 보통 '能'을 사용하여 능력을 나타낸다. 이런 문장의 '能'은 '会'로 억지로 바꿔 사용할 수는 있어도 능력을 나타낼 수는 없다.

？小李二十分钟会打扫两个房间。('会'는 능력이 아닌 가능성을 나타냄)

小李二十分钟能打扫两个房间。('能'은 능력의 효율을 나타냄)

샤오리는 20분 동안 방 두 개를 청소할 수 있다.

?爸爸一顿会喝一斤白酒。('会'는 능력이 아닌 가능성을 나타냄)

爸爸一顿能喝一斤白酒。('能'는 능력의 한계량을 나타냄)

아버지께서는 한 끼에 고량주 한 근을 마실 수 있다.

(4) 동작의 방식과 결과를 나타낼 때 차이점이 있다.

술어동사(구)에 결과의 의미가 있는 경우, 앞에 '会'나 '能'을 사용한다. 그러나 두 단어가 나타내는 의미는 다르다.

我会说服他(的)。나는 그를 설득할 것이다. ('会'는 가능을 나타냄)

我能说服他。나는 그를 설득할 수 있다. ('能'은 능력을 나타냄)

你一定会找到他。너는 꼭 그를 찾을 것이다. (가능)

你一定能找到他。너는 꼭 그를 찾을 수 있다. (능력)

我们一定会把东西搬走的。우리는 반드시 물건을 옮길 것이다. (가능)

我们一定能把东西搬走。우리는 반드시 물건을 옮길 수 있다. (능력)

'가능성이 있음'을 나타낼 때 '会'와 '能'은 공통점과 차이점이 있다.

먼저 '会'와 '能'의 공통점은 다음과 같으며, 이 경우 호환이 가능하다.

A. 의문문

明天会(能)下雨吗？내일 비가 올 것 같니?

这事换了你，你会(能)答应吗？이 일을 너로 교체하면, 네가 승낙하겠니?

B. 조건문 혹은 인과문

只有看到孩子平安回来，家长才会(能)放心。

아이가 무사히 돌아오는 모습을 봐야만 학부모는 안심할 수 있다.

下这么大的雨，明天的运动会大概不会(能)开了。

이렇게 비가 많이 오니 내일 운동회는 아마 못 열릴 것이다.

다음으로 '가능성이 있음'을 나타낼 때의 '会'와 '能'의 차이점은 다음과 같다.

(1) 구조와 단어가 완전히 같은 문장에서 의미나 어기가 미세하게 다르다.

这一回甲队会赢。이번에는 갑팀이 이길 것이다. ≠这一回甲队能赢。이번에는 갑팀이 이길 수 있다.

你的病会好的。너의 병은 나을 것이다. ≠你的病能好。너의 병은 나을 수 있다.

위의 두 문장에서 '能'은 '会'보다 어기가 조금 더 확정적이다. '能'을 사용하면 화자의 추측이 객관적인 조건을 근거로 내린 것임을 암시한다. 따라서 이러한 추측은 신뢰할 만하다. 반면에 '会'를 사용한 추측은 주관적인 임의성이 비교적 커서 사실을 토대로 할 수도 있고, 짐작이나 감정으로만 추측할 수도 있다.

警察告诉一位母亲，她的儿子杀了人。面对事实，母亲接受不了，她会说："不会，不会的，我的孩子不会杀人的。"

경찰은 어머니에게 그녀의 아들이 사람을 죽였다고 말했다. 사실을 받아들일 수 없는 어머니는 "아니, 그럴 리가 없어. 내 자식이 사람을 죽였을 리가 없어."라고 말할 것이다.

때때로 '会'는 통상적인 규칙이나 상식으로 미루어 짐작할 수 있는 경우에 사용할 수 있다.

上山这么冷，你不能停下来，停下来会冻坏的。

산 위가 이렇게 추우니 너는 멈춰서는 안 된다, 멈추면 얼어 죽을 것이다.

你穿得这么土，人家会看不起你的。 네가 이렇게 촌스럽게 입으면 남들이 너를 무시할 것이다.

(2) '会'가 가능을 나타낼 때, 긍정의미와 부정의미에 모두 사용될 수 있다. 그러나 '能'은 긍정의미에만 사용할 수 있다. 따라서 아래 두 문장의 '会'는 '能'으로 호환할 수 없다.

没想到他也会病。 그도 병이 날 줄은 몰랐다. ＊没想到他也能病。

不注意安全生产，会出事故的。 ＊不注意安全生产，能出事故的。

안전한 생산에 신경 쓰지 않으면 사고가 발생할 것이다.

긍정적인 가능성을 나타낼 때는 두 단어를 모두 사용할 수 있다.

没想到他也会(能)取得这么好的成绩。 그도 이렇게 좋은 성적을 얻을 줄 몰랐다.

我相信你会(能)改正错误。 나는 네가 잘못을 고칠 것이라고 믿는다.

위의 두 문장에서 '能'은 중의적인 의미로 가능 또는 능력을 나타낸다.

(3) '会'는 심리동사가 술어를 담당하는 평서문에서 '가능'을 나타낼 수 있지만, '能'은 불가능하다. 이러한 평서문을 의문문으로 바꾸게 되면 '能'을 사용하여 가능을 나타낼 수 있다.

大家都会(＊能)喜欢她的。

모두 다 그녀를 좋아할 것이다. (大家都能喜欢她吗？모두 다 그녀를 좋아할 수 있니?)

领导会(＊能)信任你的。 상사는 너를 신임할 것이다. (领导能信任你吗？상사가 너를 신임할 수 있니?)

我不会(＊能)后悔的。 나는 후회하지 않을 것이다.

(4) '会'가 '실현, 완료, 결과'의 의미에 사용되는 경우에는 중의 없이 모두 '가능'을 나타낸다. 그러므로 동작의 결과에 대한 추측을 나타낼 때는 주로 '会'를 사용한다. 이와 달리, '能'은 '능력' 또는 '가능'을 나타낼 수도 있으므로, 앞·뒤 문장이 없으면 중의가 발생한다.

没想到过了这么多年还会(能)见到你。

이렇게 오랜 시간이 지났는데 당신을 만날 수 있을 거라고 생각도 못 했다. (가능)

我知道你会(＊能)夸他的。 나는 네가 그를 칭찬할 것을 안다.

代表团会参观工厂的。 대표단은 공장을 견학할 것이다. (가능)

代表团能参观工厂。 대표단은 공장을 견학해도 된다. (허락/허가)

小明会打开箱子的。 샤오밍은 상자를 열 것이다. (가능)

小明能打开箱子的。 샤오밍은 상자를 열 수 있다. (능력)

他会把电影票都退了。 그는 영화표를 모두 환불할 것이다. (가능)

他能把电影票都退了。 그는 영화표를 모두 환불할 것이다/ 환불할 수 있다. (중의, 가능 또는 능력)

상술한 '会'와 '能'의 비교 분석 내용을 다음과 같이 표로 정리하였다.

<table>
<tr><th colspan="6">'会'와 '能'의 공통점과 차이점</th></tr>
<tr><th>1. 능력이 있음</th><th>会</th><th>能</th><th>2. 가능성이 있음</th><th>会</th><th>能</th></tr>
<tr><td>후천적인 학습을 통해 얻은 능력</td><td>+</td><td>+</td><td>중점 의미: 주관적인 추측</td><td>+</td><td>−</td></tr>
<tr><td>선천적으로 가지고 있는 조건이나 능력</td><td>−</td><td>+</td><td>중점 의미: 객관적인 분석</td><td>−</td><td>+</td></tr>
<tr><td>객관적 조건을 갖춘 후에 획득</td><td>−</td><td>+</td><td>의문문에 사용 가능</td><td>+</td><td>+</td></tr>
<tr><td>단련을 통해 얻은 인내력</td><td>−</td><td>+</td><td>조건문에 사용 가능(인과복문 포함)</td><td>+</td><td>+</td></tr>
<tr><td>원래 있던 능력의 회복</td><td>−</td><td>+</td><td>술어가 긍정의미를 나타낼 때</td><td>+</td><td>+</td></tr>
<tr><td>능력의 효율 혹은 한계</td><td>−</td><td>+</td><td>술어가 부정의미를 나타낼 때</td><td>+</td><td>−</td></tr>
<tr><td>어떤 동작의 기능과 요령을 터득함</td><td>+</td><td>−</td><td rowspan="2">술어가 심리동사일 때</td><td rowspan="2">+</td><td rowspan="2">−</td></tr>
<tr><td>어떻게 동작(방식)을 진행할지 터득함</td><td>+</td><td>−</td></tr>
<tr><td>동작의 진행이 상당량에 도달함</td><td>−</td><td>+</td><td rowspan="2">동작완성, 실현의 결과</td><td rowspan="2">+</td><td rowspan="2">소수</td></tr>
<tr><td>어떤 동작을 완료 또는 실현할 수 있는 능력(결과)</td><td>−</td><td>+</td></tr>
</table>

3. **'应该'**, **'该'**, **'得'**, **'会'**, **'可能'**, **'能'**과 **'要'**의 비교 분석

상기 조동사는 모두 예측, 추측을 나타내지만, 용법은 각기 다르다.

(1) 동작이 나타내는 시태(时态)가 다르다. 일반적인 동사술어 앞에서 '可能', '应该', '该'는 이미 발생한 동작이나 아직 발생하지 않은 동작에 모두 사용할 수 있다. 그러나 '得', '会', '能'은 아직 발생하지 않은 동작에만 사용할 수 있다(상세한 내용은 아래 예문 참조).

他们可能/应该已经出发了。그들은 이미 출발했을 것이다.

＊他们能/会/得已经出发了。

'会', '能'은 주술구가 목적어로 오면 이미 발생한 동작을 나타낼 수 있다.

我没想到他会这么生气。나는 그가 이렇게 화를 낼 줄 몰랐다.

大家都没想到老师会(能)来。모두 선생님이 오실 거라고 예상하지 못했다.

我就知道你一定能行。나는 네가 꼭 할 수 있을 줄 알았다.

(2) '可能'이 나타내는 어기는 불확정적이다. 추측에는 일정한 근거가 있을 수도 있고 없을 수도 있다. '应该'와 '该'는 일반적인 이치에 근거한 추측으로 일정한 근거가 있고, 어기는 비교적 확정적이다.

现在十点了，他应该(该)来了。

지금 10시니까 그가 올 것이다. (통상적인 규칙, 관례 또는 약속을 근거로 내린 추측)

现在十点了，他可能来了。지금 10시니까 그가 올 것이다. (주관적인 추측만 나타냄)

(3) '应该', '该', '能'은 부정적인 상황의 출현이나 어떤 원인을 예상하는 경우에는 일반적으로 사용하지 않는다. 반면, '会', '可能'은 이러한 제약을 받지 않는다.

他比较马虎，可能(＊应该/该)以前也出过错。

그는 조심성이 없는 편이어서, 아마 이전에도 실수한 적이 있을 것이다.

老师没来参加咱们的活动，可能(＊应该/该)是因为忙。

선생님이 우리의 행사에 참여하지 않은 것은 아마도 바쁘기 때문일 것이다.

她跟咱们在同一个班学习过，你应该(该/可能)见过她。

그녀는 우리와 같은 반에서 공부했으니, 너는 아마도 그녀를 본 적이 있을 것이다.

你学过几年英语，这个说明书应该(该/可能)看得懂。

너는 영어를 몇 년 동안 공부했으니 이 설명서는 이해할 수 있을 것이다.

孩子穿这么少，会(＊能)感冒的。아이가 이렇게 옷을 적게 입으면 감기에 걸릴 것이다.

我想你这次会/能成功。나는 네가 이번에는 성공하리라 생각한다.

(4) '可能'의 어기는 불확정적이기 때문에 '很' 등 부사의 수식을 받을 수 있지만 '应该', '该', '会', '要'는 불가능하다.

据小李的推测，她现在很可能住在她姐姐家里。

샤오리의 추측에 따르면 그녀는 지금 언니 집에서 살고 있을 가능성이 크다

办这个手续，很可能还要交钱。이 수속을 밟으려면 돈을 더 내야 할 가능성이 크다.

(5) 가능의 의미를 나타낼 때, '要'와 '会'의 어기는 '可能'보다 확정적이다. 미실현 동작에 사용하는 경우 '要'는 주로 부정적인 상황에 쓰이며, 화자의 주관적인 추측을 나타내는 어기는 '会'보다 강하다. 때문에 '要'는 주로 경고식의 주의 환기에 사용한다. 반면에 '会'는 예측하는 상황이 긍정적이든 부정적이든 모두 사용할 수 있으므로 주의 환기나 격려하는 경우에 모두 사용할 수 있다. 마지막으로 '应该'는 '相信믿다, 坚信굳게 믿다, 肯定확신하다' 등과 같이 의심의 여지 없이 확실함을 나타내는 동사에 후행하는 목적어절에 사용할 수 없다. 또한 미래에 출현 가능한 부정적인 상황의 추측에도 사용할 수 없지만 이미 발생한 상황에 대한 평가에는 사용할 수 있다(이 때는 '추측'이 아닌 '당연히 그러함'의 의미를 나타냄).

你不遵守交通规则，总有一天要(会)出事的。

교통 법규를 지키지 않으면, 언젠가는 사고가 날 것이다. ('应该' 사용 불가능)

你老干坏事，肯定要(会)受到惩罚的。

자꾸 나쁜 짓을 하면 반드시 벌을 받을 것이다. (미래에 발생할 상황 예측)

你老干坏事，应该受到惩罚。

자꾸 나쁜 짓을 하니 벌을 받아야 마땅하다. (이미 발생한 상황에 대한 견해)

只要下苦功夫，你一定会有大的进步的。

각고의 노력을 기울이기만 하면 너는 반드시 큰 발전이 있을 것이다. (격려, '要' 사용 불가능)

只要下苦功夫，你应该会有进步的。각고의 노력을 기울이기만 하면 너는 발전할 수 있을 것이다.

('应该'를 쓰면, 격려의 어기가 위의 예문만큼 강하지 않음)

我相信他将来会有出息的。나는 그가 미래에 성공할 것이라고 믿는다. (‘应该, 要’ 사용 불가능)

‘能’이 추측을 나타내는 경우 주로 의문문에 사용한다. 보통 어떤 상황의 출현 가능성에 대한 의구심을 나타낸다.

他能准时到吗？그가 제시간에 도착할 수 있겠니?

小孩子怎么能一个人做这么多事吗？어린아이가 어떻게 혼자서 이렇게 많은 일을 할 수 있니?

(6) ‘得’는 추측을 나타낼 때 보통 부정적인 상황에만 사용한다. 또한, 어기가 매우 확정적인 추측에 사용한다. ‘准틀림없이’, ‘非……不可~하지 않으면 안 된다’ 등 강조의 의미를 나타내는 단어나 구조와 함께 자주 사용한다.

你把爸爸心爱的瓷器打碎了，非得挨骂不可。

너는 아버지가 아끼는 도자기를 깨뜨렸으니 반드시 꾸중을 들을 것이다.

他现在还不出门，准得迟到。그가 아직도 집을 나서지 않았으니, 틀림없이 지각할 것이다.

일반적으로 다른 조동사는 이런 용법으로 사용할 수 없다.

(7) ‘可能’은 예측을 나타내는 ‘要’, ‘会’의 앞에 올 수 있다. 이때 ‘可能’의 주요 기능은 전체 문장의 어기를 부드럽게 하는 것이다. ‘要’, ‘会’는 동작이 미실현임을 알리는 기능이 있다.

吃了这种药，你很可能胃里觉得不太舒服。이 약을 먹으면 너는 아마 위가 불편하게 느껴질 것이다.

这件事如果解决得不好，他们可能要来找你的。

이 일이 잘 해결되지 않으면, 그들은 너를 찾아올 것이다.

‘可能’은 명사 용법도 있는데, 주로 ‘有’의 목적어를 담당하며 동사구가 후행한다. ‘有’ 앞에 ‘很’, ‘极’ 등의 부사가 출현하여 ‘有可能’을 수식할 수 있다.

这次比赛，我们很有可能赢他们。이번 경기에서 우리가 그들을 이길 가능성이 크다.

如果办公司缺钱的话，他极有可能把房子卖了。

회사를 운영하는데 돈이 부족하면 그가 집을 팔 가능성이 매우 크다.

‘可能’ 앞에는 동사구 관형어가 와서 함께 ‘有’의 목적어를 담당할 수 있다.

大家要是不努力，这个工作就有完不成的可能。

모두가 노력하지 않는다면 이 일은 완성하지 못할 가능성이 있다.

‘可能’은 일부 동사의 목적어를 담당할 수 있다.

他一连串的许多举措远远超过了实际可能。

그의 일련의 많은 조치들은 현실적인 가능성을 훨씬 넘어섰다.

제3절 조동사 관련 학습자 오류

1. 누락오류

(1) 조동사의 누락

* 上公共汽车时，先把一块钱塞进投币箱里。

고친문장: 上公共汽车时，先要把一块钱塞进投币箱里。
버스에 탈 때, 먼저 동전 투입구에 1위안을 집어넣어야 한다.

* 沿着这条路一直往北走，就到邮局。

고친문장: 沿着这条路一直往北走，就能到邮局。
이 길을 따라 북쪽으로 쭉 가면 우체국에 도착할 수 있다.

* 我始终相信他的成功。

고친문장: 我始终相信他会成功。 나는 한결같이 그가 성공할 것이라고 믿는다.

* 据说这种药治愈这种严重疾病。

고친문장: 据说这种药能治这种疑难病症。 이 약이 난치병을 치료할 수 있을 거라고 한다.

* 据说这种药吃一个月后效果显出来。

고친문장: 据说这种药吃了一个月之后，就会有效果。
이 약을 한 달 동안 먹으면 효과가 나타날 거라고 한다.

* 我觉得帮助她。

고친문장: 我觉得应该帮助她。 나는 그녀를 도와야 한다고 생각한다.

* 大家都知道，在这样的情况下，是非分明。

고친문장: 大家都知道，在这样的情况下，必须是非分明。
모두가 이런 상황에서는 옳고 그름을 분명히 해야 한다는 것을 안다.

분석: 상기 오류 중 마지막 두 개는 모두 이치상, 도리상 어떤 동작이 필요함을 나타낸다. 이 때는 '应该', '必须' 등의 조동사를 써야 한다.

(2) 조동사와 그와 관련된 부사의 누락

* 你来中国旅行，如果不会说汉语，你处处觉得很困难。

고친문장: 你来中国旅行，如果不会说汉语，你处处都会觉得很困难。
중국 여행을 오는데 중국어를 못하면 여러 가지 면에서 어려움을 느낄 것이다.

* 到什么时候天气好？

고친문장: 到什么时候天气才会好？ 언제쯤 날씨가 좋아질까?

분석: 미래에 출현할 수 있는 어떤 상황을 예측하는 문장에는 보통 '会'를 사용한다.

2. 첨가오류

* 我希望不是只要了解中国文化，同时也必须了解别的国家的文化。

고친문장: 我希望不仅了解中国文化，同时也了解别的国家的文化。
나는 중국 문화뿐 아니라 다른 나라 문화도 알고 싶다.

* 我到了一个新的班， 尽管不知道我们能上到什么时候， 我还是有信心能把这个月的课上完。

고친문장: 我到了一个新的班，尽管不知道我们能上到什么时候，我还是有信心把这个月的课上完。 나는 새로운 반에 왔고 비록 우리가 언제까지 수업할 수 있을지는 모르지만, 나는 이번 달 수업을 끝낼 자신이 있다.

분석: '有信心'은 비교적 강한 주관적 바람을 나타내는 표현으로 객관적인 가능성을 나타내는 '能'과 함께 쓰면 의미상 모순이다.

* 我20岁了，可以能喝酒了。(陈绂의 예문, 이하 陈)

고친문장: 我20岁了，可以喝酒了。 나는 20살이니까 술을 마셔도 된다.

분석: '可以'와 '能'은 연용해서 사용할 수 없다.

3. 대체오류

(1) '会', '能' 및 가능보어의 용법을 혼동하여 잘못 사용한 경우

* 我今天必须把这本书看完，哪怕不会睡觉。

고친문장: 我今天必须把这本书看完，哪怕不能睡觉。
나는 오늘 잠을 못 자더라도 이 책을 다 봐야 한다.

분석: '能'은 객관적 조건의 허용 여부를 나타낼 수 있지만, '会'는 이러한 용법이 없다.

* 根据我的经验来说，学生要打工。打工会挣钱，而且会学习很多事情。

고친문장: 根据我的经验，学生应该打工。打工能挣到钱，而且能学到很多东西。 내 경험에 의하면 학생은 반드시 아르바이트해야 한다. 아르바이트하면 돈도 벌 수 있고 많은 것을 배울 수도 있다.

* 她每天睡觉的地方不一样。她在沙发上、床上、椅子上都会睡觉。她想反正在哪里我会睡觉，何必要讲究呢？

고친문장: 她每天睡觉的地方不一样。她在沙发上、床上、椅子上都能睡着。她想反正在哪里都能睡着，何必讲究呢？ 그녀는 매일 자는 곳이 다르다. 소파, 침대, 의자에서 다 잘 잔다. 그녀는 어차피 어디에서든 잠은 잘 수 있는데, 구태여 따질 필요가 있을까 생각한다.

* 有一个朋友做事特别精细，又有好记性，给她多少任务都会完成。

고친문장: 我有一个朋友做事特别精细，记性又好，给她多少任务都能完成。 나의 한 친구는 일을 아주 꼼꼼하게 하고 기억력도 좋아서 그녀에게 아무리 많은 업무를 주어도 모두 다 해낼 수 있다.

* 我们学过的生词不会用到会话里，就不能算掌握。

고친문장: 我们学过的生词不能用到会话里，就不能算掌握。
우리가 배운 새 단어를 회화에 사용할 수 없다면 완전히 습득한 거라고 할 수 없다.

* 我今天下午有事，不会去见你。

고친문장: 我今下午有事，不能去见你。나는 오늘 오후에 일이 있어서 너를 만나러 갈 수 없다.

* 他不能游泳，以前没有学过。

고친문장: 他不会游泳，以前没有学过。그는 예전에 배운 적이 없어서 수영할 줄 모른다.

분석: 중국어의 '会'와 '能'은 의미와 용법상에서 많은 차이점이 있다(자세한 내용은 위의 三 (二) 2를 참조). 그러나 많은 다양한 언어에는 이러한 차이점이 없다. 예를 들어, '会'와 '能'은 모두 영어에서 'can'으로 쓰이며, 일어에서는 'できる, れる, られる'(동사의 가능태)로 나타낸다. 한국어 역시 동일한 형식을 사용하여 나타낸다. 따라서 '会'와 '能'의 용법 혼동은 외국인 학습자가 가장 자주 범하는 오류이다.

* 有些问题看起来很容易解决，事实上，谁也不会解决。

고친문장: 有些问题看起来很容易解决，但是实际上，谁也解决不了。
어떤 문제들은 쉽게 풀릴 것으로 보여도 실제로는 누구도 해결할 수 없다.

* 这件数学问题真的难，别说学生不能做，即使老师也不能做。

고친문장: 这道数学题真的很难，别说学生做不出来，即使老师也做不出来。이 수학 문제는 정말 어려운데, 학생이 풀지 못하는 건 말할 필요도 없고, 선생님이라 할지라도 풀지 못한다.

분석: 능력을 나타내는 '会'는 완료나 결과의 의미를 나타내는 동사와 동보구조 앞에 사용할 수 없다. '能'은 가능하긴 하지만, "能做出来。해낼 수 있다."와 같이 보통 긍정문에 사용한다. 어떤 동작을 수행할 수 있는 능력이 없음을 나타낼 때는 보통 가능보어의 부정형식을 사용한다.

(2) '要'와 '想'의 용법을 혼동하여 잘못 사용한 경우

* 他们不要伤害走路的人。(陈)

고친문장: 他们不想伤害过路人。그들은 지나가는 사람을 다치게 하고 싶지 않다.

분석: '不要'는 의지동사 앞에 쓰여 "不要说话！말하지 마라!"와 같이 금지의 의미를 나타내고, 비의지동사 앞에서는 "注意不要摔倒了！넘어지지 않도록 조심해!"와 같이 주의를 환기시키는 의미가 있다. 만약 부정적인 바람을 나타내려면, 오직 '不想'만 사용할 수 있고, '不要'는 불가능하다.

* 今年九月开始上课的时候，我不想去二班，我一定想去三班。

고친문장: 今年九月开学后，我不想去二班，我一定要去三班。
올해 9월에 개학하면, 나는 2반에 가고 싶지 않고, 반드시 3반에 갈 거다.

분석: '一定想'은 다른 사람의 행동을 예측할 때 사용하므로, 1인칭에는 사용할 수 없다.

(3) '要'와 '能'의 용법을 혼동하여 잘못 사용한 경우

* 我遇到任何困难也不要逃走。

고친문장: 我遇到任何困难也不能逃避。나는 어떤 곤경에 처해도 도망칠 수 없다.

＊现在女孩子大都希望结婚以后也要工作。

고친문장: 现在女孩子大都希望结婚以后还能工作。

요즘 여자들은 대부분 결혼 후에도 일을 할 수 있기를 바란다.

＊我希望他始终要陪伴我。

고친문장: 我希望他始终能陪伴我。 나는 그가 언제나 나와 동행하기를 바란다.

분석: 기원을 나타내는 '要'는 기원을 나타내는 동사 '希望' 뒤에 올 수 없다. 이 두 예문과 상기 '2. 첨가오류' 부분에서 소개한 "我希望不是只要了解中国文化……"('希望'과 '要'를 함께 사용)는 각각 일본, 한국, 독일 세 나라의 학습자가 범한 오류이다. 이로써 이 같은 오류가 보편적인 문제라는 것을 알 수 있다.

＊阿里写作业时非常认真，不能轻易干扰他。

고친문장: 阿里写作业时非常认真，不要轻易打搅他。

아리는 숙제를 할 때 아주 진지하니까, 그를 함부로 방해하지 마라.

(4) 기타 조동사 간의 용법을 혼동하여 잘못 사용한 경우

＊如果不了解，结婚后应该发生矛盾。(陈)

고친문장: 如果互相不了解，结婚后就可能发生矛盾。

서로를 잘 이해하지 못하면 결혼 후 갈등이 생길 수 있다.

분석: '应该'는 미래에 출현할 수 있는 부정적인 상황을 예측하는데 사용할 수 없다

＊每个开始学期我会付钱一个学期费，但是我没有钱。

고친문장: 每个学期开学时，我得付一个学期的学费，但是我没有钱。

매 학기 개학할 때 한 학기 등록금을 내야 하는데 나는 돈이 없다.

분석: '会'는 미래에 어떤 동작을 할 것을 나타낸다. 그러나 이 문장은 어쩔 수 없이 해야 하는 동작을 말하는 것이기 때문에 '得'를 써야 한다.

(5) 기타 품사의 용법을 혼동하여 잘못 사용한 경우

A. 유사한 형태/의미 간의 혼동

＊我知道，中国有很多善良的、肯定帮助别人的人。

고친문장: 我知道，中国有很多善良的、愿意帮助别人的人。

중국에는 선량하고 남을 도우려는 사람들이 많다는 것을 안다.

＊我愿望在中国的贸易公司工作。(陈)

고친문장: 我愿意在中国的贸易公司工作。 나는 중국에 있는 무역회사에서 일하길 원한다.

＊日本公司现在要外国人打工。(陈)

고친문장: 日本公司现在需要外国人打工。 일본 회사는 현재 외국인 아르바이트생이 필요하다.

＊这个会议凭证明书好让你参加。

고친문장: 这个会议凭介绍信你就可以参加。이 회의는 소개서만 있으면 참가할 수 있다.

분석: '好'는 주로 목적을 나타내는 절의 앞에 사용하여, 뒤의 목적을 달성하기 '위하여' 앞의 동작을 하는 것을 나타낸다. 하지만 이 문장은 어떤 조건을 갖춘 후에 어떤 일을 하도록 허락/허가하는 것을 나타낸다. 따라서 반드시 '可以'를 써야 한다.

＊在很多人的地方，需要讲究规则。

고친문장: 在公共场所，应该遵守秩序。공공장소에서는 반드시 질서를 지켜야 한다.

＊我的一个朋友想去苏州，他愿意我一起去苏州。

고친문장: 我的一个朋友想去苏州，他希望我跟他一起去苏州。
나의 한 친구가 쑤저우에 가고 싶어 하는데, 그는 내가 그와 함께 쑤저우에 가기를 희망한다.

분석: '愿意'는 조동사이므로 목적어절을 수반할 수 없다.

B. 기타 어법 형식 간의 혼동

＊天气冷，所以，那穿得多一点的衣服。

고친문장: 天气冷，所以，得多穿一点衣服。날씨가 추우니 옷을 좀 많이 입어야 한다.

분석: 구조조사 '得'와 조동사 '得'의 용법을 혼동하였다.

4. 어순오류

＊我愿意跟随姥爷不一起玩。(陈)

고친문장: 我不愿意跟姥爷一起玩。나는 외할아버지와 함께 놀고 싶지 않다.

＊要我喝可乐。(陈)

고친문장: 我要喝可乐。나는 콜라를 마시겠다.

＊为了健康，应该我运动。(陈)

고친문장: 为了健康，我应该运动。건강을 위해서 나는 운동을 해야 한다.

5. 혼합오류

＊对父母来说，讲究教育孩子是应该的。

고친문장: 作为父母，应该重视对孩子的教育。부모로서 자녀의 교육을 중요시해야 한다.

＊人生不算长，所以人生中的时间就是最珍惜的。

고친문장: 人生不算长，所以时间是最应珍惜的。
인생은 긴 편이 아니므로 시간은 가장 소중히 여겨야 하는 것이다.

＊我应该对韩国人的都知道这样餐厅。

고친문장: 我觉得韩国人都应该知道这个餐厅。나는 한국인은 누구나 이 식당을 알 거라고 생각한다.

＊合同上，我应该我错了。

고친문장: 根据合同，应该是我理解错了。계약서에 따르면 내가 잘못 이해한 것 같다.

＊住在北京能够的期间是两个月多。

고친문장: 在北京能住两个多月。 베이징에서 두 달 남짓 묵을 수 있다.

분석: 미래에 출현할 수 있는 가능성의 예측을 나타낼 때는 일반적으로 '会'나 '能'을 사용한다. '会'가 나타내는 예측은 주관성이 강하지만, '能'은 객관적인 근거로 추측하기 때문에 객관성이 조금 더 강하다.

제4절 교학적 제언

一. 조동사는 난이도에 따라 단계를 나누어 점층적으로 지도해야 한다.

중국어 조동사는 종류가 다양하며, 대부분의 조동사는 다의어이다. 그런데 적지 않은 조동사가 다른 품사의 기능을 겸한다(예를 들어, '可能'은 명사, '会', '想', '要'는 동사가 될 수 있음). 일부 조동사는 표현 기능상 각각 공통점과 차이점이 있다(앞의 제2절 각 유형별 조동사 (二) 비교 분석 참조). 중국어에서는 비교적 세밀하게 나뉘어 있는 용법이 일부 학습자의 모국어에서는 그렇지 않은 경우도 있다(예를 들어, 능력을 나타내는 '会', '能', '가능보어'). 이러한 이유로 학습자는 조동사를 배울 때 어려움을 느끼고 쉽게 혼동한다.

현재의 대외한어교학대강(对外汉语教学大纲)에 따르면 조동사는 일반적으로 초급 단계에 집중해서 다의어 조동사의 다양한 용법을 한 번에 학습자에게 가르치는 경우가 종종 있다. 그러나 이후 본문에 출현하는 여러 가지 용법의 빈도는 결코 균형적이지 않다. 이 때문에 학습자가 각각의 조동사를 습득하는 정도에 불균형이 발생하고 서로 다른 용법과 혼동하기에 이른다. 예를 들어 조동사 '要'는 학습자가 기원이나 금지('不要')를 나타내는 용법은 자주 접하므로 이 두 가지 용법은 충분히 알고 있지만, '～해야 한다', '곧～할 것이다', '추측하다'를 나타내는 용법은 익숙하지 않다. 때문에 기원의 의미를 부정할 때 '不想'이 아니라 '不要'로 잘못 사용하는 오류를 범하면서(제2절 一 (一) 1 참조) 오히려 '～해야 한다', '곧～할 것이다', '추측하다'를 나타낼 때는 누락시킨다.

본 장 제3절에서 제시한 오류는 대부분 중급 수준의 학습자들이 범하는 것이다. 그중, 용법을 혼동하는 오류의 비중이 제일 크다. 이는 조동사를 초급 단계에서 집중적으로 한 번만 가르치는 것이 충분하지 않다는 것을 뜻한다. 가장 좋은 방법은 조동사 용법을 사용 빈도와 난이도에 따라 단계별로 나누는 것이다. 기원을 나타내는 '想'과 '要'는 쉬운 편에 해당하므로 초급 단계에서 지도했다면 다시 설명할 필요가 없다. 그러나 학습자가 자주 오류를 범하는 비교적 어려운 조동사는 중급 단계에서 다시 한번 더 높은 수준으로 각인시켜야 한다. 예를 들어, 중급 단계에는 조동사의 화용적 조건과 사용 규칙, 유의어 조동사의 비교 분석 등을 반드시 다루도록 한다. 더불어 이러한 내용과 관련된 연습을 함께 진행하여 학습한 내용을 공고히 하도록 한다.

二. 중급 단계에서는 설명과 연습을 통해 유의어 조동사의 비교 분석을 강화한다.

초급 단계, 특히 1단계에서 '会, 能, 可以' 등 조동사에 대해 단 한 번의 비교 분석으로 이들을 구분하기는 쉽지 않다.[6] 초급 단계는 중국어 수준이 높지 않기 때문에 학습자가 이성적으로 이들의 차이점을 구분하기 매우 어렵기 때문이다(제2절 三(二) 참조). 그러나 중급 단계에 이르면 학습자는 이미 초급 단계에서 접한 조동사의 분석을 대체로 이해할 수 있게 된다. 더욱이 기습득한 단어와 어법 포인트가 조동사를 분석하고 이해하는 데 도움이 된다. 연습의 재구성도 충분히 전개할 수 있다. 따라서 중급 단계에서는 유의어 조동사의 설명과 연습을 강화해야 한다.

三. 화용적 조건을 설명하고, 세부적인 사용 규칙을 귀납해야 한다.

학습자의 오류를 통해 알 수 있듯이 학습자들은 언제 어떠한 조동사를 써야 하고 언제 조동사를 사용할 수 없는지 분명하게 알지 못한다. 그러나 현재 대부분의 중국어 교재는 의미적인 분석만 하고 조동사의 화용적 조건과 사용 규칙을 구체적으로 설명하지 않고 있다. 따라서 학습자의 오류와 고충에 초점을 맞추어 의미적, 어법적, 화용적 측면에서 사용 규칙을 좀 더 세부적으로 귀납해야 한다(본 장의 비교 분석에서 이미 다룸). 다음은 본 장의 분석과 제3절의 일부 오류를 근거로 하여 사용 규칙들을 보다 심층적으로 귀납한 것이다.

(一) 조동사 사용의 화용적 조건

1. 규칙을 근거로 어떤 동작을 반드시 해야 하는 경우, 술어동사 앞에 반드시 '要' '必须'류 조동사를 사용해야 한다.

上公共汽车时，先要把一块钱塞进投币箱里。
버스에 탈 때, 먼저 동전 투입구에 1위안을 집어넣어야 한다.

报到时必须/要先交学费再领书。 등록할 때는 반드시 먼저 학비를 납부하고 책을 수령해야 한다.

2. 어떤 사물이 불러올 효과를 예측하는데 어기가 그다지 확정적이지 않으면 일반적으로 술어동사 앞에 조동사 '能'을 사용한다.

据说这种药能治这种疑难病症。 이 약은 이런 난치병을 치료할 수 있다고 한다.

3. 어떤 사람의 의지적 동작이 장차 만들어낼 결과를 예측하는 것이라면(긍정/중성의미), 일반적으로 술어동사 앞에 조동사 '能'(확실한 객관적인 근거가 필요) 혹은 '会'(어떤 근거도 필요하지 않음)를 사용해야 한다.

---

6) 2002년 출판된 国家汉办의 《高等学校外国留学生汉语教学大纲》(长期进修)(첨부)에서 '초급단계어법항목(一)'에 출현하는 조동사의 어법 포인트는 다음과 같다. "能, 会, 要, 想, 可能, 可以, 应该, 愿意'와 '能', '会', '可以'의 비교"(大纲 149쪽 참조). '초급단계어법항목(二)'에 출현하는 조동사의 어법 포인트는 '得(děi), 肯, 能够, 应, 该, 应当'이지만 비교 분석을 하는 내용이 없다(大纲 159쪽 참조). 중급 단계와 고급 단계에는 조동사와 관련된 어떠한 어법 포인트도 다루지 않는다.

沿着这条路一直往北走，就能到邮局。이 길을 따라 북쪽으로 쭉 가면 우체국에 도착할 수 있다.

只要你不断努力，肯定能/会取得好成绩。

네가 열심히 노력하기만 한다면 반드시 좋은 성적을 거둘 것이다.

4. 미래의 비의지적 동작 혹은 결과의 출현(긍정/중성의미)을 예측하는 경우, 일반적으로 '会'를 사용한다.

我始终相信他会成功。나는 한결같이 그가 성공할 것이라고 믿는다.

她的病据医生说马上就会好的。의사 말에 따르면 그녀의 병은 곧 나을 것이라고 한다.

5. 비의지적인 결과(부정의미)를 예측하는 경우, 어기가 비교적 확정적이면 '要'를 쓰고, 그다지 확정적이지 않으면 '会'를 사용한다.

你不遵守交通规则，要/会出事故的。교통 법규를 지키지 않으면, 사고가 날 것이다.

6. 법률, 도의, 의무, 이치나 사리에 근거하여 어떤 동작을 해야 한다고 설명할 때, 일반적으로 '应该' 등을 사용한다.

父母应该抚养孩子。부모는 마땅히 자식을 양육해야 한다.

我觉得应该帮助她。나는 마땅히 그녀를 도와야 한다고 생각한다.

他一时想不起该对父母说什么。그는 잠깐 부모님께 무슨 말을 해야 할지 생각이 나지 않았다.

人生不算长，所以时间是最应珍惜的。인생은 긴 편이 아니므로, 시간은 가장 소중히 여겨야 하는 것이다.

7. 어떤 조건/요구/기준에 도달해야만 동작이 실현될 수 있는 경우, 술어동사 앞에 '能' 혹은 '可以'를 사용한다.

现在要凭学生证才能/可以进学校。지금은 학생증이 있어야 학교에 들어갈 수 있다.

考试及格才能/可以毕业。시험에 합격해야만 졸업할 수 있다.

成绩都在85分以上才能参加评奖学金。성적이 모두 85점 이상이어야만 장학금 심사를 받을 수 있다.

(二) 조동사 사용의 제약

1. '希望, 盼望' 등의 주관적 희망을 나타내는 동사는 보통 주관적 기원을 나타내는 조동사 '要', '想'과 단문에서 동시에 출현할 수 없다. 그러나 이들 동사 뒤에 '能' 등의 조동사는 사용할 수 있다(제3절 3 (3) 오류 참조).

2. 강한 의지를 나타내는 동사구('有决心', '有信心')는 보통 단문에서 조동사 '能'과 함께 사용할 수 없다. 그러나 추측을 나타내는 동사 '觉得', '认为', '想' 뒤에는 '能'을 사용할 수 있다(제3절 2 오류 참조)

3. 조동사 '可以'와 '能'은 연용할 수 없다(제3절 2 오류 참조)

4. 추측을 나타낼 때, '应该'와 '能'은 부정적인 경우에 사용하지 않는다.

참고문헌

陈绂(2002), 浅析日本学生学习助动词的难点与误区,《语言文字应用》(对外汉语教学与研究专辑).

国家对外汉语教学领导办公室编(2002), 《高等学校外国留学生汉语教学大纲》(长期进修)(附件), 北京语言文化大学出版社.

国家汉语水平考试委员会办公室考试中心(2001),《汉语水平词汇与汉字等级大纲》(修订本), 经济科学出版社.

黄郁纯(1999), 汉语能愿动词之语义研究, 台湾师范大学华语文教学研究所硕士论文.

陆庆和(1995), "会"与"能"辨析,《语言研究集刊》(第四辑), 江苏教育出版社.

鲁晓琨(2001), 助动词"能"的语义构成及其肯否不对称现象,《现代中国语研究》(总3期), (日本)朋友书店.

鲁晓琨(2003), 助动词"会"和"能"的隐喻对比, 赵金铭主编、崔希亮、张旺熹副主编《对外汉语研究的跨学科探索》, 北京语言大学出版社.

吕叔湘(1999),《现代汉语八百词》(增订本), 商务印书馆.

陶炼(2002), 表示"必要"的助动词"应该""必须""要""得"之差异研究, 陈光磊主编《语法研究与对外汉语语法教学》, 山西人民出版社.

朱立元主编(2002),《新世纪新视野——华东地区对外汉语教学研究论文集》, 山西人民出版社.

제6장 형용사

제1절 형용사의 구성과 분류

一. 형용사의 구성

형용사의 구성은 아래 몇 가지로 나누어 분류할 수 있다.

(1) 일음절 형용사

大크다 小작다 多많다 少적다 高높다 低낮다 黑검다 白희다 长길다 短짧다
真진짜이다 假가짜이다 对맞다 错틀리다

(2) 형용사형태소와 형용사형태소 혹은 형용사형태소와 명사형태소로 구성된 복합형용사, 즉 대부분의 이음절 형용사

认真성실하다 严肃엄숙하다 和气온화하다 仔细꼼꼼하다 粗心부주의하다 庄严장엄하다
重要중요하다 平静평온하다 清楚명확하다 漂亮예쁘다 干净깨끗하다 伟大위대하다
美丽아름답다 安静조용하다 紧张긴장하다 轻松홀가분하다

(3) 명사형태소나 동사형태소가 형용사형태소와 결합하여 구성된 복합형용사

雪白눈처럼 희다 冰凉얼음장처럼 차다 漆黑칠흑같이 어둡다 喷香향기가 진동하다 通红새빨갛다
笔直똑바르다

(4) 접사를 수반하는 형용사

A. 형용사 + 중첩형 접미사: 黑糊糊새카맣다 绿油油짙푸르다 红彤彤새빨갛다
B. 형용사 + 비중첩 다음절 접미사: 黑不拉叽거무튀튀하다 灰不溜秋희끄무레하다
C. 접두사 + 형용사: 稀巴烂죽사발이 되다 滴溜圆둥글둥글하다

二. 형용사의 분류

(一) 형식에 따른 분류: 단순형용사와 복합형용사

朱德熙(1999)는 형용사를 단순형용사와 복합형용사 두 유형으로 분류하였다.

1. 단순형용사(简单式)

형용사의 기본형식으로 일음절 형용사와 대부분의 이음절 형용사가 이에 속한다. 의미적으로 단순형용사는 단순한 속성과 성질을 나타낸다. 일음절 형용사와 이음절 형용사의 명확한 차이점은 다음과 같다.

(1) 일음절 형용사는 '的'를 첨가하여 체언성 구조를 만들 수 있다.

那顶帽子是黑的。 저 모자는 검은 것이다.

我的字典是新的。 나의 사전은 새 것이다.

그러나 대부분의 이음절 형용사는 '的'를 첨가하여 체언성 구조를 만들 수 없다.

(2) 이음절 형용사가 담당하는 관형어는 묘사성이 강하며 고유명사 혹은 인칭대사를 수식할 수 있다.

伟大的毛泽东위대한 마오쩌둥　　细心的她세심한 그녀

일음절 형용사는 일반적으로 고유명사나 인칭대사를 수식할 수 없다. '真的李逵진짜 리쿠이[1]'와 같은 상황에서만 가능하다.

2. 복합형용사(复杂式)

복합형용사는 다음과 같은 형식으로 출현 가능하다.

(1) 중첩형

일음절 형용사의 중첩형인 'AA식'

大大매우 크다　　红红매우 붉다　　细细매우 가늘다

이음절 형용사의 중첩형인 'AABB식' 혹은 'A里AB식'

清清楚楚매우 명확하다　　安安静静매우 조용하다 (완전 중첩)

啰里啰唆수다스럽다　　糊里糊涂흐리멍텅하다 (불완전 중첩)

(2) 중첩형 접미사를 수반한 형식

黑糊糊새카맣다　　绿油油짙푸르다　　臭烘烘악취가 물씬 나다

(3) '雪白'류 형용사중첩형

'雪白눈처럼 희다, 冰凉얼음장처럼 차다, 漆黑칠흑같이 어둡다, 喷香향기가 진동하다, 通红새빨갛다, 笔直똑바르다' 류의 형용사는 그 수가 많지는 않지만, 중첩형식은 두 가지 형태로 나타난다.

ABAB식: 雪白雪白눈처럼 새하얗다　　冰凉冰凉얼음장처럼 차디차다　　通红通红매우 새빨갛다
漆黑漆黑칠흑같이 어두컴컴하다　　笔直笔直매우 똑바르다

BAA식: 黑漆漆칠흑같이 어두컴컴하다　　香喷喷향기가 코를 찌를 듯 진동하다　　红彤彤매우 새빨갛다
凉冰冰얼음장처럼 차디차다

주의: 위 두 종류의 중첩형은 의미와 용법, 빈도에서 차이점을 보인다.[2]

---

1) [역주] '리쿠이(李逵)'는 중국 소설《수호전(水浒传)》에 나오는 인물 중 하나이다.《수호전》제42막의 내용을 살펴보면, '리쿠이'가 량산(梁山)을 내려와 노모를 뵈러 가던 중 자신이 량산의 호걸인 '리쿠이'라고 사칭하는 강도 '리구이(李鬼)'를 만나게 되고 결국 '리구이'를 죽이게 된다. 이 이야기에서 '真的李逵遇见假的李鬼。진짜 리쿠이가 가짜 리구이를 만나다.'라는 표현이 나오게 되었으며 이는 '가짜가 진짜를 만나다'라는 의미의 상용표현으로 종종 사용된다.

(4) 형용사를 중심으로 구성된 구

A. 很高(매우)높다 挺难매우 어렵다 非常漂亮대단히 예쁘다 那么努力저렇게 노력하다 多么美丽얼마나 아름다운가

B. 又高又大높고 크다 又聪明又可爱똑똑하고 귀엽다

의미적으로, 이 같은 형용사 복합형식이 나타내는 속성은 일종의 '양(量)'적 개념 혹은 해당 속성에 대한 화자의 주관적 견해와 관련이 있다(상세 내용은 아래 참고).

(二) 어법기능에 따른 분류

1. 일반형용사

일반형용사는 술어와 관형어 기능을 모두 할 수 있는 형용사를 가리킨다. 대다수의 형용사가 이에 속한다.

2. 비술어형용사

비술어형용사는 술어, 부사어, 보어로는 기능하지 않고, 명사를 수식하는 관형어의 기능만을 담당하는 형용사를 가리킨다. '구별사'라고도 한다. 비술어형용사는 그 수가 많지 않으며, 주로 다음과 같은 예를 들 수 있다.

男남 女여 金금 银은 正정 副부 主要주요 次要부차 长期장기 短期단기 根本근본 基本기본 个别개별

비술어형용사의 특징은 다음과 같다.

(1) 관형어로만 사용되며 명사를 수식할 때 일반적으로 뒤에 '的'를 첨가하지 않는다.

男人남자 主要问题주요 문제 长期生장기생 基本工作기본 업무

(2) 술어와 부사어, 보어로 사용될 수 없다.

(3) '非'를 사용하여 반대 속성을 나타낼 수 있으나, '不'는 사용하지 않는다.

(4) '个别개별', '主要주요', '次要부차' 등을 제외한 대부분의 비술어형용사는 '很'의 수식을 받지 못한다.

(三) 표현기능에 따른 분류

1. 성질형용사

사물 혹은 사람의 성질을 나타내는 형용사를 성질형용사라고 한다. 일음절 형용사와 대부분의 이음절 형용사가 이에 속한다.

---

2) 필자가 CCL(北京大学语言学中心语料库)을 조사한 결과, '喷香喷香'의 용례는 1개(잘 구워진 고기를 형용), '香喷喷'의 용례는 81개였다. '喷香'은 먹는 것과 마실 것 뿐 아니라 건초향, 향수향 역시 형용할 수 있는데 후자의 경우에는 일반적으로 '喷香喷香'을 사용하지 않는다. '漆黑漆黑'의 용례는 2개 뿐이며, 망아지나 나뭇잎 등의 색이 특히 검은 경우에 사용된다.

2. 상태형용사

사물 혹은 사람의 상태를 묘사하는 형용사를 상태형용사라고 한다. 그 예는 다음과 같다.

(1) 일음절 형용사의 중첩형: 轻轻매우 가볍다, 暖暖매우 따뜻하다, 远远매우 멀다

(2) 이음절 형용사의 중첩형: 安安静静매우 조용하다, 认认真真매우 성실하다, 仔仔细细매우 자세하다, 糊里糊涂흐리멍텅하다

(3) '雪白눈처럼 하얗다, 冰凉얼음처럼 차갑다, 漆黑칠흑같이 어둡다, 喷香향기가 진동하다, 通红새빨갛다, 笔直똑바르다' 등의 형용사 및 그 중첩형

(4) 접미사를 수반하는 ABB식: 黑糊糊새카맣다, 绿油油짙푸르다
A里BC식: 稀里哗啦산산조각나다
A不BC식: 灰不溜秋희끄무레하다

(5) 정도부사 '很' 등 + 형용사 + 的: 挺难매우 어렵다, 很新매우 새롭다, 非常甜매우 달다

(四) 의미와 기능에 따른 복합적 분류

1. 의미와 기능에 따른 소분류

(1) 긍정적 의미와 부정적 의미의 형용사

'好좋다, 对맞다, 积极적극적이다, 美아름답다, 容易쉽다, 聪明똑똑하다, 漂亮예쁘다, 认真성실하다, 仔细꼼꼼하다, 细心세심하다, 细致세밀하다, 努力노력하다, 清楚명확하다, 高兴기쁘다, 满意만족스럽다, 严肃엄숙하다, 严格엄격하다' 등은 긍정적 의미의 형용사로, '坏나쁘다, 烂헐다, 烫뜨겁다, 差부족하다, 糟부실하다, 难어렵다, 消极소극적이다, 丑추하다, 难看못생기다, 笨어리석다, 马虎건성건성하다, 粗心부주의하다, 困难곤란하다, 懒게으르다, 模糊모호하다, 糊涂애매하다, 痛苦고통스럽다, 悲伤슬프다' 등은 부정적 의미의 형용사로 분류할 수 있다.

(2) 고량(高量)형용사와 저량(低量)형용사[3)]

일부 형용사는 사물의 양(예를 들어, 빛의 '亮밝다', '暗어둡다', 마음의 '激动감격하다', '平静평온하다'과 같이 물리적 척도나 사람이 느낄 수 있는 사물 혹은 심리적 강약 등)을 나타낼 수 있다. 고량(高量)형용사는 양이 많음 혹은 정도가 강함을 나타내는 형용사로 '大크다, 长길다, 高높다, 胖뚱뚱하다, 粗두껍다, 快빠르다, 熟익다, 亮밝다, 热闹시끄럽다, 激动감격하다, 兴奋흥분하다' 등이 있다. 저량(低量)형용사는 양이 적음 혹은 정도가 약함을 나타내는 형용사로 '小작다, 短짧다, 矮(키가)작다, 低낮다, 瘦마르다, 细얇다, 慢느리다, 生덜익다, 暗어둡다, 黑(빛이)어둡다, 静정적이다, 安静조용하다, 冷静냉정하다, 平静평온하다' 등이 있다. 이 두 유형의 형용사는 대부분 반의(反意) 관계를 갖는다.

---

3) 이 두 가지 유형의 형용사와 아래 상변량형용사의 명칭은 沈家煊(1999)의 다음 관점을 참고한 것이다. 그는 "통상적으로 '多长얼마나 긴지', '多深얼마나 깊은지', '多高얼마나 높은지'라고는 질문하지만, '多短', '多浅', '多低'라고는 질문하지 않으며, 대답할 때 역시 '三寸长세 치 길이', '五尺深오 척 깊이', '一丈高일 장 높이'로 하고 '三寸短', '五尺浅', '一丈低'는 쓰지 않는다. 의미적으로 분석해 보면, '长－深－高'는 [+척도성]의 의미자질을 가지고 있고 '短－浅－低'는 [－척도성]의 특징을 갖는다."라고 하였다. 따라서 형용사는 양에 따라 분류가 가능하며, 이는 외국인 학습자가 이 같은 유형의 형용사와 관련된 어법규율을 숙지하는데 필수적이다.

(3) 상변량(常变量)형용사

'冷차갑다, 热뜨겁다, 凉快시원하다, 暖和따뜻하다' 등은 상변량을 나타내는 형용사이다.

(4) 절대성질형용사

'真진짜이다, 假가짜이다, 错틀리다, 横가로의, 竖세로의, 紫자색의, 温따뜻하다[4]' 등은 절대적 성질을 나타내는 형용사이다.

2. 소분류에 따른 어법기능

위의 네 가지 유형의 형용사는 각기 다른 어법기능을 갖는다.

(1) 절대성질형용사는 정도부사의 수식을 받지 못하지만, 기타 유형의 형용사는 모두 정도부사의 수식을 받을 수 있다.

＊很错　　＊很温

(2) '很不매우 아니다', '不大그다지'는 긍정적 의미의 형용사를 수식할 수 있지만, 부정적 의미의 형용사, 고량·저량형용사('平静평온하다', '冷静냉정하다'은 제외), 상변량형용사 등은 수식할 수 없다. 부사 '有点儿조금'은 '很不매우 아니다'와 달리 긍정적 의미의 형용사를 제외한 나머지 유형의 형용사를 수식할 수 있다(보다 자세한 내용은 제7장 부사 부분 참조).

他好像很不高兴。그는 매우 기분이 나쁜 것 같다.　　＊他好像有点儿高兴。

小刘长得不大漂亮。샤오류는 그다지 예쁘지 않다.　　＊小刘长得有点漂亮。

＊她很不马虎。　　她有点儿马虎。그녀는 조금 건성건성이다.

＊这张照片不大模糊。　　这张照片有点儿模糊。이 사진은 조금 흐리다.

外面有点儿/不太冷。밖이 조금 쌀쌀하다./그다지 쌀쌀하지 않다.

(3) 상변량형용사와 고량형용사는 모두 '起来'를 보어로 취하여 상태에 변화가 생기기 시작했음을 나타낼 수 있다. '细致세밀하다, 努力노력하다, 满意만족스럽다, 美아름답다, 坏나쁘다, 丑추하다, 笨어리석다, 难어렵다, 容易쉽다'를 제외한 긍정적·부정적 의미의 형용사 역시 '起来'를 보어로 취하여 이 같은 의미를 나타낼 수 있다(보다 자세한 내용은 하권 제1편 제5장 제4절 방향보어 참조).

(4) 모든 상변량형용사와 일부 부정적 의미의 형용사('消极소극적이다, 笨어리석다, 马虎건성건성하다, 懒게으르다, 糊涂애매하다' 등), 일부 고량·저량형용사('胖뚱뚱하다, 小작다, 烂헐다, 瘦마르다, 差부족하다' 등), 그리고 '错틀리다'는 양보문의 선행절 혹은 경고를 나타내는 명령문에서 '下去'를 보어로 취한다.[5]

---

4) [역주] 반의어의 의미체계 척도에 따르면, '长길다/短짧다', '热뜨겁다/冷차갑다'류의 의미 척도 체계는 '길이', '온도'라는 동일한 차원을 나타내어 '长/短'사이의 임의의 중간 영역에는 이 두 대립 의미 자질에 모두 해당하지 않는 '中'이라는 길이의 범위가 존재할 수 있다. 마찬가지로 '热/冷'사이의 중간 영역은 0값의 단계에 해당하는데, 이 단계에는 두 대립 의미 자질에 모두 해당하지 않는 '温'이라는 온도의 범위가 존재할 수 있다(이지현 2017).

5) 긍정적 의미의 형용사 중 '努力노력하다'와 같은 소수의 경우만 '下去'와 결합할 수 있다. '你只要照现在这样努力下去，是一定会获得成功的。너는 지금처럼 이렇게 노력해 나가면, 분명히 성공할 것이다.'와 같은 문장이 그 예이다. 그리고

再这么冷下去，该穿毛衣了。계속 이렇게 춥다면, 스웨터를 입어야 하겠다.

再这么胖下去，要走不动路了。계속 이렇게 살이 찐다면, 걷는 것도 힘들어지겠다.

你可不能再这么错下去了！너는 계속 이렇게 틀리면 안 된다!

你再这么消极下去，则将一事无成。
(너는) 계속 이렇게 소극적으로 나간다면, 아무 일도 이루지 못할 것이다.

상반된 의미의 형용사 뒤에 '起来', '下去'를 첨부하면 의미적 대구를 이루게 된다.

孩子一天天胖了起来，母亲却一天天瘦了下去。
아이는 하루하루 살이 쪄 가는데, 엄마는 오히려 하루하루 말라 간다.

(5) 대다수의 저량형용사(低낮다, 瘦마르다, 慢느리다, 暗어둡다, 黑어둡다, 静정적이다, 安静조용하다, 冷静냉정하다, 平静평온하다 等)와 '凉快시원하다'는 '下来'를 보어로 취할 수 있으며, 대개 상태가 강함에서 약함으로 변화함을 나타낸다(세부 사항은 하권 제1편 제5장 제4절 방향보어 참조).

(6) '没有'가 출현하는 비교문에는 대부분 긍정적 의미의 형용사, 고량형용사, 상변량형용사가 술어로 사용되며, 부정적 의미의 형용사와 저량형용사는 사용되지 않는다.

我的成绩没有他好。나의 성적은 그만큼 좋지 않다. ＊我的成绩没有他差。

爸爸的血压没有妈妈高。아빠의 혈압이 엄마만큼 높지 않다. ＊爸爸的血压买油妈妈低。

上海的夏天没有大连凉快。상하이의 여름은 다롄만큼 시원하지 않다.

楼下没有楼上热。아래층은 위층만큼 덥지 않다.

그러나 형용사 앞에 '这么이렇게'나 '那么저렇게'를 첨가하면 부정적 의미의 형용사나 저량형용사도 '没有' 비교문에 사용될 수 있다.

他的身体没有你说的这么差。그의 체력은 네가 말한 것만큼 이렇게 형편없지 않다.

哥哥的个子没有弟弟那么矮。오빠의 키는 남동생만큼 그렇게 작지 않다.

(7) '～比以前 + 형용사 + 了 + 一点' 형식의 비교문에 사용되는 형용사는 대부분 긍정적 의미의 형용사, 고량·저량형용사와 상변량형용사이다.

他说的汉语比以前流利了一点儿。그의 중국어는 예전보다 좀 더 유창해졌다.

树上的苹果比以前大了一点儿。나무 위의 사과가 예전보다 좀 더 커졌다.

老师好像比以前瘦了一点儿。선생님은 예전보다 좀 더 마른 것 같다.

这里的冬天比以前暖和了一点。이곳의 겨울은 예전보다 좀 더 따뜻해졌다.

부정적 의미의 형용사가 이와 유사한 비교의미의 상태 변화를 나타내고자 할 때는 '一点儿조금'을 사용할 수 없다((6), (7)과 관련된 세부사항은 하권 제2편 제2장 제14절 '비교문' 참조).

爷爷的身体比以前差了。할아버지의 건강이 예전보다 안 좋아졌다.

公司的经济情况比以前更糟了。회사의 경제 상황이 예전보다 훨씬 나빠졌다.

중국인들이 '希望我们能继续好下去。우리가 계속 사이좋기를 바란다.'라는 표현을 자주 사용하는데, 이 문장 중 '好'는 '好坏좋고 나쁨'의 '好'가 아니라 '友好우호적이다'의 '好'로 동사이다.

제2절 형용사의 어법특징과 통사기능

一. 형용사의 어법특징

1. 절대성질형용사와 비술어형용사(제1절 二 (二) 2, (四) 1 (4) 참조)를 제외한 나머지 단순형용사(대부분의 일음절·이음절 형용사)는 모두 정도부사의 수식을 받는다. 복합형용사(제1절 二 (一) 참조)는 일반적으로 정도부사의 수식을 받지 않는다. 다음은 학습자의 관련 오류이다.

  * 他是个很马马虎虎的人。

2. 사동의미를 나타내는 일부 겸류 형용사를 제외한 대부분의 형용사는 목적어를 수반하지 않는다. 다음은 학습자의 오류이다.

  * 要不是你告诉我，我几乎错了办法。

3. 형용사는 과거의 상태를 나타낼지라도 '了'를 수반하지 않는다(일부 형용사의 경우 변화를 나타낼 때 '了'를 수반할 수 있다. 세부 내용은 제10장 조사 부분 참조). 그러나 대부분 외국인 학습자의 모국어 중에는 형용사가 술어로 사용될 때 과거 형태를 가지기 때문에 이로 인한 학습자 오류가 빈번히 발생한다.

  * 火车是二层，很长了。
  * 他们爬上了长城，很高兴了。(본 장 제5절 참조)

4. 일음절 형용사와 일부 이음절 형용사(제1절 一 '형용사의 구성' 중 (1), (2), (3)류 형용사)는 중첩이 가능하다. 하지만 '新鲜신선하다, 伟大위대하다, 好看보기 좋다, 好听듣기 좋다, 痛苦고통스럽다, 悲伤슬프다, 激动감격하다, 兴奋흥분하다' 등 일부 이음절 형용사는 중첩할 수 없다. 다음은 학습자의 오류이다.

  * 这个商店的肉总是新新鲜鲜的。

二. 형용사의 통사적 기능

(一) 관형어로 사용

단순 형식: 红毛衣붉은 스웨터　新书새 책　认真的人성실한 사람　快乐的节日즐거운 명절
복합 형식: 厚厚的大衣도톰한 코트　软软的沙发폭신폭신한 소파　高高的个子훤칠한 키
非常痛苦的表情매우 고통스러운 표정　黑糊糊的墙새카만 벽
雪白的桌布눈처럼 하얀 테이블보　鲜红的围巾선홍빛의 목도리

1. 일음절 형용사는 '新书새책', '旧书낡은 책', '红毛衣붉은 스웨터'처럼 '的'를 첨가하지 않고 직접 명사를 수식할 수 있다. 다만 발화자가 특별히 구별적 특징을 강조하고자 할 때는 '的'를 첨가할 수 있다.

我要那条黑的裙子，不是这条蓝的。나는 저 검정 치마를 살 것이고, 이 파란 것은 안 살 것이다.

你不应该把那本旧的词典送给她，要送旧该送新的。

너는 그 낡은 사전을 그녀에게 주어서는 안 된다. 낡은 것을 줄 거면 새것을 주어야 한다.

2. 이음절 형용사가 관형어로 사용될 때에는 비술어형용사를 제외한 대부분의 경우 뒤에 '的'를 첨가한다. 다만 사용 빈도가 높거나 고정적으로 '관형어－중심어'구를 이루는 경우에는 '的'를 첨가하지 않는다. '老实人진실한 사람', '客气话격식있는 말', '麻烦事번거로운 일', '关键问题(人物, 场合)결정적인 문제(인물, 장소)', '重要内容(问题, 人物, 场合)중요한 내용(문제, 인물, 장소)', '新鲜空气(肉, 水果)신선한 공기(고기, 과일)'이 그 예이다. 이러한 형용사의 경우 수식을 받는 중심어가 다른 명사로 변경될 경우 '的'를 첨가해야 한다. 예를 들어 '老实的学生진실한 학생', '客气的态度격식있는 태도', '麻烦的工作번거로운 업무', '关键的比赛결정적인 경기', '重要的中药중요한 한약'과 같다.

3. 단순 수량을 나타내는 형용사 '多많다'와 '少적다'는 명사를 직접 수식할 수 없다. 다음은 학습자의 오류이다

* 那里有多美人。

고친문장: 那里有很多美人。저 곳에는 많은 미인들이 있다.

* 我只有少钱。

고친문장: 我只有很少的钱。나는 적은 돈 밖에는 없다.

'很多많은, 不少적지 않은'는 '的'의 첨가 없이 직접 명사를 수식할 수 있다.

很多学生出去玩儿了。많은 학생들이 놀러 나갔다.

他把不少书都送了人。그가 적지 않은(많은) 책들을 모두 사람들에게 주었다.

4. 단순형용사가 관형어로 쓰일 때 중심어 앞에 수량사가 출현할 경우, 수량사는 반드시 형용사 앞에 놓아야 한다. 반면, 복합형용사가 관형어로 쓰일 때 중심어 앞에 수량사가 출현할 경우, 수량사는 다음과 같은 두 가지 위치에 놓일 수 있다.

(1) 수량사가 형용사 앞에 놓이는 경우, 일반적인 묘사에 쓰인다.

他穿着一件雪白的衬衫。그는 눈처럼 하얀 (한 벌의) 셔츠를 입고 있다.

刘老师是一个很认真的人。류 선생님은 (한 명의) 성실한 사람이다.

(2) 수량사가 형용사 뒤에 놓이는 경우, 형용사가 나타내는 상태를 강조하게 되며 문장은 종종 역접의 의미를 나타내게 된다.

雪白的一件衬衫上却溅了墨汁。눈처럼 하얀 (한 벌의) 셔츠에 먹물이 튀었다.

没想到这么认真的一个人工作上也会出错。

이렇게 성실한 (한) 사람이 일에서 실수를 할 줄은 생각지 못했다.

5. 형용사와 수식을 받는 명사는 상호 선택 관계에 있다. 즉, 결합에 제약이 있다. 이 결합은 대부분 의미상 제약을 받게 되며 때문에 학습자는 종종 오류를 범하게 된다(제5절 참조). 이 밖에 형용사는 수식어로 사용될 때 음절상의 제약도 받는다. 다음은 학습자의 오류이다.

* 难问题他都能回答。

고친문장: 很难的问题他都能回答。아주 어려운 문제도 그는 모두 대답할 수 있다.

* 宽路两边有很多商店。

고친문장: 宽宽的马路两边有很多商店。넓찍한 길 양 쪽에 아주 많은 상점이 있다.

(二) 술어로 사용

1. 단문에서 형용사는 정도부사의 수식을 받거나, '중첩형 + 的' 등 복합형용사의 형태로 술어 자리에 출현한다.

天气很热。날씨가 덥다.

那个人十分热情。저 사람은 대단히 열정적이다.

他总是匆匆忙忙的。그는 늘 매우 바쁘다.

院子里干干净净的。정원 안은 매우 깨끗하다.

대비를 나타내는 문장에서는 단순형용사의 형태로 술어를 충당할 수 있다.

哥哥个子高，妹妹个子矮。오빠는 키가 크고, 여동생은 키가 작다.

小李细心，小张粗心。샤오리는 세심하고, 샤오장은 부주의하다.

2. 학습자가 '的'의 용법과 형용사의 중첩 용법을 습득한 후에는 다음과 같은 사항을 강조해 줄 필요가 있다.

(1) 단순형용사 뒤에 사용되는 '的'에는 명사화 기능이 있지만, 복합형용사 뒤의 '的'에는 그러한 기능이 없다. 예를 들어, 단순형용사 앞에는 수량사나 지시사를 첨가하여 '一个大的큰 것 하나', '那件新的그 새로운 것(옷)' 등이 가능하지만 '一个大大的', '那件新新的'는 불가능하다.

(2) '단순형용사 + 的'가 술어로 쓰일 때, 앞에는 반드시 '是'가 출현해야 하지만 복합형용사는 '是'가 없어도 직접 술어를 담당할 수 있다. 이때 '是'의 유무에 따라 화용적 의미에는 차이가 발생한다.

她的脸是圆的。그녀의 얼굴은 둥글다. (설명에 쓰이며, 발화자의 주관적 판단을 나타낸다)

院子里是干净的。정원 안은 깨끗하다. (상동)

她的脸圆圆的。그녀의 얼굴은 둥글둥글하다. (묘사에 쓰이며, 발화자의 주관적 감정을 나타낸다)

院子里干干净净的。정원 안은 매우 깨끗하다. (상동)

(3) '단순형용사 + 的'는 일반적으로 정도부사 외 다른 부사의 수식을 받지 않는다('단순형용사 + 的'에 '很매우', '挺매우' 등을 첨가하면 복합형용사로 바뀌어 이 같은 제약에서 자유로움). 반면, '복합형용사 + 的'는 부사의 수식을 받을 수 있다(이때 부사는 '복합형용사 + 的' 자체가 내포하는 정도부사 의미를 제외한 부사를 가리킴).

她脸上永远红扑扑的。그녀 얼굴은 언제나 불그스레하다. * 她脸上永远红的。

天已经黑糊糊的了。날이 이미 어두컴컴해졌다. * 天已经黑的了。

他一直忙忙碌碌的。그는 계속 눈코 뜰 새 없이 바쁘다. * 他一直忙碌的。
学生都挺认真的。학생은 모두 정말 성실하다. * 学生都认真的。

(4) '단순형용사 + 的'는 보어로 사용될 수 없지만, '복합형용사 + 的'는 보어로 빈번히 사용된다.
眼睛瞪得大大的。눈을 커다랗게 뜨다. * 眼睛瞪得大的。
土豆切得细细的。감자를 잘게 썰다. * 土豆切得细的。
屋子里收拾得整整齐齐的。집 안을 가지런하게 정리하다. * 屋子里收拾得整齐的。

(5) 단순형용사는 동사를 수식할 수 없지만, 복합형용사는 동사를 수식할 수 있으며 일반적으로 뒤에 '地'를 수반한다.
那人重重地打了他一巴掌。그 사람은 그를 세게 한 대 때렸다. * 那人重打了他一巴掌。
我们美美地吃了一顿。우리는 우아하게 한 끼를 먹었다. * 我们美吃了一顿。

주의: "美餐了一顿。한 끼 잘 먹었다."은 가능하다(서면어에서 고정적으로 사용되는 표현이다).

일부 학습자들은 '是 + 형용사 + 的'가 사물의 성질이나 상태를 설명할 수 있다는 점을 이해하지 못하고 다음과 같은 오류를 범하게 된다.

* 他头发有黄的颜色。
고친문장: 他的头发是黄的。/黄色的。그의 머리카락은 노랗다. /노란색이다.

* 那条河是最丽亮，有蓝色，是很干净的。
고친문장: 那条河是最漂亮的，蓝蓝的，又很干净。그 강은 가장 아름답게 빛나고 푸르르며, 깨끗하다.

복합형용사(형용사성 특징을 띠는 성어 등 일부 고정구조 포함)가 수식하는 대상은 일정한 제약을 받게 된다.

* 他讲的内容一塌糊涂的，叫人莫名其妙。
고친문장: 他讲的内容乱七八糟的，叫人莫名其妙。그가 말한 내용은 엉망진창이라 이해할 수가 없다.

(三) 부사어로 사용

1. 단순형용사를 부사어로 사용할 때에는 다음 몇 가지 경우에 주의해야 한다.

(1) 일음절 동사만 수식할 수 있는 일부 일음절 형용사는 단일 동사의 부사어(이러한 형용사 뒤에는 '地'를 첨가할 필요가 없음)로 사용할 수 있다. 대부분 서면어에 사용된다.

高喊큰 소리로 외치다 高举높이 들다 低吟낮은 소리로 읊다 快走빨리 걷다 慢跑느리게 뛰다
轻放살짝 놓다 远望멀리 바라보다 近看가까이 보다 静养조용히 수양하다 重罚엄히 벌하다
怪叫이상하게 소리내다 臭骂호되게 꾸짖다 直说솔직히 말하다 歪戴삐뚤게 쓰다
斜躺비스듬히 눕다 横写가로로 쓰다 竖放세로로 놓다 紧握단단히 쥐다

위 일음절 형용사가 수식할 수 있는 일음절 동사 역시 일반적으로 제한적이다.

高喊口号구호를 큰 소리로 외치다 * 高叫口号
一个声音高叫着목소리를 크게 내다 * 一个声音高喊着

远望, 远看멀리 바라보다　　　　* 远站
慢跑천천히 뛰다　　　　* 慢爬(아래 (3) 참조)

이 밖에, 반의 관계에 있는 형용사 중 소수의 경우만 동일한 동사를 수식할 수 있다. '慢跑느리게 뛰다'와 '快跑빨리 뛰다', '远看멀리 보다'와 '近看가까이 보다', '横写가로로 쓰다'와 '竖写세로로 쓰다' 등이 이러한 예이다. 하지만 일부 반의 관계에 있는 형용사들은 동일한 동사를 수식할 수 없다. 예를 들어, '远望멀리 바라보다'은 가능하지만 '近望'은 불가능하다. 동사 '望'은 '먼 곳을 바라보다'라는 의미로만 쓰이기 때문이다. 그리고 '快干(gàn)빨리 해'(명령문에 사용)은 가능하지만 '慢干'은 불가능하다. 상술한 기타 일음절 형용사와 그 반의 형용사 역시 대부분 동일한 동사를 수식할 수 없다. 즉, 반의구가 존재하지 않는 것이다. 예를 들어 '高举높이 들다'는 가능하지만 '低举'는 불가능하고, '直说솔직히 말하다(직언하다)'는 가능하지만 '曲说'는 불가능하다. '歪戴삐뚤게 쓰다'는 가능하지만 '正戴'는 불가능하고, '紧握단단히 쥐다'는 가능하지만 '松握'는 불가능하다.

(2) 일음절 동사와 이음절 동사 모두 수식할 수 있는 일음절 형용사는 다음과 같다.

多说많이 말하다　多锻炼많이 단련하다　少吃적게 먹다　少说话적게 말하다
好说말하기 쉽다　好商量의논하기 쉽다　穷吃실컷 먹다　穷研究끝까지 연구하다

이 유형의 형용사는 수량이 많지 않으며 '少적다, 早이르다, 真진짜의, 假가짜의, 全전부의, 好좋은/쉬운, 晚늦은, 穷끝까지, 乱무질서한' 등이 있다. 주의해야 할 점은 '多많은, 少적은, 好좋은/쉬운' 등은 수식 가능한 동사가 많지만, 일부 형용사는 수식 가능한 동사에 제약이 있다는 것이다. 예를 들어 '穷研究끝까지 연구하다'는 가능하지만 '穷休息'는 불가능하다. 또한 '晚늦은'이 부사어로 쓰일 때, 자주 쓰이는 '晚走늦게 가다', '晚来늦게 오다'나 '晚婚晚育늦게 결혼하고 늦게 출산하다'와 같은 고정구를 제외하고[6] 기타 자주 사용되는 부사어구는 대부분 '早来晚走일찍 와서 늦게 가다', '晚睡早起늦게 자고 일찍 일어나다' 등 '早~'와 함께 병렬구문을 형성한다.

(3) 일부 일음절 형용사는 일음절 동사 및 그 중첩형을 모두 수식할 수 있다.

细想숙고하다　细想想숙고해서 생각해보다　细算算세밀히 계산해보다
粗算얼추 계산하다　粗算算얼추 계산해보다　粗算一下얼추 계산해보다

일음절 형용사가 부사어로 사용되는 경우는 상술한 (1), (2), (3)에 제시한 형용사로 한정된다.

(4) 소수의 일음절 형용사는 고정된 동사구만 수식 가능하다.

长叹了一口气。길게 한숨을 쉬었다.

秘密深藏在心里。비밀을 마음속 깊이 숨기다.

(5) 일음절 형용사가 복잡한 형식(중첩형 또는 기타방식)으로 변하면 수식 가능한 동사와 구의 범위가 넓어져 본래 일음절 형용사의 수식을 받지 못하던 동사도 수식을 받을 수 있게 된다.

---

6) CCL을 조사한 결과, '晚'이 단독으로 부사어를 충당하는 예문은 극히 드물었다. 가장 높은 빈도로 사용된 것은 '晚婚늦게 결혼한'(46개)였으며, 그 중 '晚婚晚育늦게 결혼하고 늦게 출산하다'가 20개, '晚走/来/去늦게 가다/오다/가다 + 시량보어'가 15개, '早 + 동사'와 병렬되어 대구를 이룬 경우가(본문 중 예문 제시) 24개였다.

她远远地站在那里看。그녀는 저쪽에 멀리 서서 보았다. ＊她远站在那里看。
他慢慢地往前爬着。그는 앞으로 천천히 기어오르고 있다. ＊他慢往前爬着。

상술한 형용사중첩형이 동작의 상태를 나타낸다면, 아래의 중첩형은 동작의 결과를 나타낸다.

我热热地喝了一碗汤。나는 탕 한 그릇을 뜨겁게 마셨다. ＊我热喝了一碗汤。
他圆圆地画了一个圈。그는 원 하나를 동그랗게 그렸다. ＊他圆画了一个圈。
她浓浓地沏了一杯茶。그녀는 차 한 잔을 진하게 탔다. ＊她浓沏了一杯茶。

2. 이음절 형용사가 부사어를 담당할 때에는 다음 몇 가지 사항에 주의해야 한다.

(1) 사람이 어떤 동작을 할 때의 태도, 표정, 속도, 빈도 및 동작 과정 중 처한 상태나 자태 등을 나타내는 이음절 동사는 쉽게 부사어가 될 수 있다.

A조(부사어와 보어에 모두 사용 가능, '地' 없이 부사어로 사용 가능)

认真성실하다 仔细꼼꼼하다 随便마음대로 하다 严厉호되다 严格엄격하다 细心세심하다
细致세밀하다 努力노력하다 干脆명쾌하다 勉强마지못하다 耐心끈기있다 一般일반적이다
深刻핵심을 찌르다 镇静진중하다 积极적극적이다 直接직접적이다 突然갑작스럽다
偶然우연하다 特别특별하다 老实솔직하다 热情열정적이다

B조(부사어로 사용 가능, 보어로 사용되지 못하거나 소수만 사용 가능, '地' 없이 부사어로 사용 가능)

经常일상적이다 间接간접적이다 公开공개적이다 大量도량이 넓다 大批대량의
广泛광범위하다 普遍보편적이다 秘密비밀스럽다 聪明똑똑하다

C조(부사어와 보어에 모두 사용 가능, '地'를 반드시 첨가해야 부사어로 사용 가능)

清楚명확하다 客气예의 바르다 高兴기쁘다 伤心상심하다 悲痛비통하다 勇敢용감하다
大胆대범하다 轻松홀가분하다 爽快상쾌하다 端正단정하다 大方시원스럽다 委屈억울하다
紧张긴장해있다 冷静냉정하다 激动감격하다 兴奋흥분하다 模糊모호하다 痛苦고통스럽다
悲伤슬프다 愉快유쾌하다 整齐가지런하다 方便편리하다 漂亮예쁘다(동작의 자태, 과정을 나타냄)

D조(대개 보어로는 사용되지 않고, 부사어로만 사용 가능)

生气화나다 着急('地'필요)조급하다 完全('地'필요 없음)완전하다

E조(부사어로 사용되지 않고, 보어로만 사용 가능)

马虎건성건성하다 粗心부주의하다 流利유창하다 辛苦고생스럽다

A와 B조에 속하는 이음절 형용사는 부사어로 사용될 때 뒤에 '地'를 첨가해도 되고 안 해도 되지만, C조 이음절 형용사의 경우 '地'를 첨가해야 한다. D조는 때에 따라 첨가 가능하다.

A조: 认真学习열심히 공부하다 仔细检查꼼꼼히 검사하다 随便坐마음대로 앉다
迅速作出决定신속하게 결정을 내리다

B조: 经常发言자주 발언하다 公开声明공개적으로 성명하다 正式通知정식으로 통지하다
广泛收集광범위하게 수집하다

C조: 清楚地记得명확하게 기억하다 客气地让了座예의 바르게 자리를 양보하다
勇敢地冲了上去용감하게 돌진해 나가다

D조: 生气地说화를 내며 말하다 完全了解완전히 이해하다

E조 형용사 역시 태도나 과정을 나타내긴 하지만 일반적으로 부사어에 사용되지 않으며 보어 기능만 담당한다. '马虎건성건성하다', '辛苦고생스럽다'의 경우, 중첩형에 한해 부사어를 담당할 수 있다.

他马马虎虎地检查了一遍，就把作业交了。그는 건성건성 한 번 검사를 하고, 바로 숙제를 제출했다.

我辛辛苦苦地把你养大，你却这样对待我！
(내가) 고생스럽게 너를 길렀는데, 네가 나를 이렇게 대하다니!

(2) 동작의 진행 상태를 나타내지 못하고, 사람 혹은 사물의 정적인 상태나 성질만을 나타내는 이음절 형용사는 부사어로 사용되는 경우가 극히 드물다.

干净깨끗하다 笨어리석다 不错훌륭하다 好吃맛있다 好看보기 좋다 难看보기 힘들다
好听듣기 좋다 暖和따뜻하다 便宜저렴하다

이러한 유형의 형용사는 동작이 완성된 후 동작과 관련된 사물의 상태 혹은 성질을 설명하거나 평가할 때 사용되며 대부분은 보어로 기능한다.

衣服洗得很干净。옷을 깨끗하게 빨았다.

玛丽的汉字写得不错。메리는 한자를 아주 잘 썼다.

水果卖得很便宜。과일을 매우 저렴하게 팔았다.

菜烧得真好吃。음식이 아주 맛있게 요리되었다.

(四) 보어로 사용

형용사는 상태보어 및 결과보어로 사용된다.

1. 상태보어로 사용 가능한 형용사는 비교적 많다.

他的汉语说得很好。그는 중국어를 잘한다.

屋子里收拾得很整齐。집 안이 가지런히 정리되었다.

주의: 평서문에서 상태보어로 사용되는 형용사는 대부분 복잡한 형식을 띤다. 단순형용사가 상태보어로 사용되는 경우는 아래 두 가지 상황으로 제한된다.

(1) 칭찬, 찬탄을 표현하는 감탄문에 사용될 경우

干得好！잘했다!

手术做得漂亮！수술이 잘 되었다!

(2) 대구를 이루는 문장에 사용될 경우

哥哥长得高，弟弟长得矮。오빠는 크고, 남동생은 작다.

하지만 모든 형용사가 상태보어로 사용되는 것은 아니다. 이음절 형용사가 보어로 기능하는

경우에 관해서는 앞서 서술한 (三)의 설명을 보면 알 수 있다. 상태보어로 사용 가능한 일음절 형용사는 다음과 같다.

好좋다 多많다 少적다 饱배부르다 对맞다 烂헐다 烫뜨겁다 糟부실하다 大크다 小작다 长길다 短짧다 高높다 低낮다 矮(키가)작다 细가늘다 粗두껍다 快빠르다 慢느리다 熟익다 生설다 硬딱딱하다 软부드럽다 凉차다 热뜨겁다 冷춥다 宽넓다 窄좁다 破하찮다 黑검다 红붉다 白희다 近가깝다 远멀다 紧팽팽하다 松느슨하다 满가득하다 深깊다 酸시다 甜달다 苦쓰다 辣맵다 咸짜다 脏더럽다 差부족하다 胖뚱뚱하다 瘦마르다 贵비싸다 丑추하다 笨어리석다

위 일음절 형용사 중 '笨어리석다, 矮작다, 生설다'이 상태보어로만 사용되는 것을 제외하고, 나머지 다른 형용사들은 상태보어와 결과보어로 모두 사용 가능하다. '坏나쁘다, 错틀리다, 新새롭다, 旧낡다, 强강하다, 弱약하다, 难어렵다, 浅얕다' 등 일부 일음절 형용사는 상태보어로는 사용이 불가능하고 결과보어로만 쓰인다. '饿배고프다'와 같은 형용사는 상태보어와 결과보어로 모두 사용이 불가능하다.

2. 결과보어로 사용 가능한 형용사는 상대적으로 그 수가 적은 편이다(결과보어로 사용 가능한 일음절 형용사는 위를 참조). 결과보어로 사용 가능한 이음절 형용사는 다음과 같다.

干净깨끗하다 整齐가지런하다 清楚명확하다 明白분명하다 端正단정하다

제3절 형용사의 중첩

一. 형용사중첩형의 어법특징

1. 형용사는 중첩한 후에 그 자체로 정도의 심화를 나타낸다. 따라서 정도부사의 수식을 받을 수 없다.

2. 형용사의 중첩형은 다음 몇 가지 어법기능을 담당한다.

(1) 관형어. 일반적으로 뒤에 '的'를 첨가한다.
她穿着厚厚的毛衣。그는 도톰한 스웨터를 입고 있다.
蓝蓝的天上飘着几朵白云。푸르른 하늘에 구름이 몇 점 떠 있다.

(2) 서술어. 일반적으로 뒤에 '的'를 첨가한다.
孩子的脸红红的。아이의 얼굴이 불그스레하다.
展览馆里冷冷清清的，没有几个人。전시관 안은 적막하니, 몇 명 없다.

(3) 부사어. 일반적으로 뒤에 '地'를 첨가한다. 형용사중첩형의 가장 보편적인 용법이다.
医生轻轻地推开了门。의사는 살살 문을 밀어 열었다.
爸爸匆匆忙忙地上班去了。아빠가 분주히 출근을 하셨다.

(4) 보어. 동작이 완성된 후의 결과를 나타낸다.

屋子打扫得干干净净的。집 안은 아주 가지런히 정리되어 있다.

我要把你打扮得漂漂亮亮的。내가 너에게 화장을 아주 예쁘게 해 주겠다.

(5) 소수의 형용사중첩형은 동사의 목적어를 충당하기도 한다. 일반적으로 뒤에 '的'를 첨가한다.

他总显得慌慌张张的。그는 언제나 허둥지둥하는 것처럼 보인다.

二. 형용사중첩형과 '정도부사 + 형용사'의 차이점

형용사중첩형은 그 사용에 여러 가지 제약을 받기 때문에 외국인 학습자들이 학습하기에 까다로운 부분이기도 하다. 예를 들어, "你慢慢说，别急。천천히 말하렴, 조급해하지 말고."라고는 말하지만 "你晚晚来", "你短短剪", "你早早起" 등은 쓰지 않는다.

또한 형용사중첩형은 때때로 '부사 + 형용사'와 용법상 큰 차이가 없어 보이기도 한다.

a. 他非常恭敬地站在我们面前。그는 매우 공손하게 우리의 앞에 섰다.

b. 他恭恭敬敬地站在我们面前。그는 매우 공손하게 우리의 앞에 섰다.

따라서 학습자는 중첩이 가능한 형용사가 어떠한 상황에서 중첩을 할 수 없는지, '부사 + 형용사'와 형용사중첩형이 동사를 수식할 때 용법상 어떠한 차이점이 있는지(郭春贵 2002) 등에 대해 어려움을 느끼게 된다. 이에 아래에서는 어법 형식, 의미, 화용 등 몇 가지 부분에서 이 문제에 관해 설명하도록 한다.

(一) '정도부사 + 형용사'와 형용사중첩형에서 나타나는 형용사 별 사용 양상 차이점

甲류: 술어나 수식어를 담당하는 경우 중첩형은 가능하나 '부사 + 형용사'형식은 극히 드물거나 없는 형용사

AA식:

我隐隐听见了远处的狗叫声。

나는 먼 곳에서 나는 개 울음소리를 어렴풋이 들었다. ('很阴'은 쓰지 않음)

喝了酒后，她的脸微微有点儿红。술을 마신 후, 그녀의 얼굴은 조금 붉다. ('很微'는 쓰지 않음)

AABB식:

那里的山重重叠叠，一眼望不到边。

저쪽의 산이 첩첩산중이라 한눈에 보기 묘연하다. ('很重叠'는 쓰지 않음)

重重叠叠的庄稼挡住了我的视线。겹겹이 쌓인 농작물이 나의 시야를 가렸다.

她递给我一块叠得方方正正的手绢。

그녀는 반듯반듯하게 접은 손수건 한 장을 나에게 전해 주었다. ('很方正'은 쓰지 않음)

이러한 유형의 형용사로는 이 밖에도 '缓느릿하다, 隐约은은하다, 鬼祟수상쩍다, 浩荡웅대하다, 弯曲

구불구불하다, 坦荡평탄하다, 恍惚어리둥절하다, 迷瞪골몰하다, 和美화목하다, 安生편안하다, 零落드문드문하다, 斑驳얼룩얼룩하다, 悲切비통하다' 등이 있다. 이 중 '隐约은은하다, 恍惚어리둥절하다' 등은 중첩 없이 단독으로 부사어를 담당할 수 있고, '浩荡웅대하다, 斑驳얼룩얼룩하다, 悲切비통하다' 등은 단독으로 술어를 충당할 수 있다. 그러나 이들 모두 '부사 + 형용사'의 형식으로는 사용되지 않거나 극소수만 사용 가능하다.

일부 형용사는 중첩형만 존재하고 비중첩형과 '부사 + 형용사'의 형식은 존재하지 않는데, '断断续续끊어졌다 이어졌다 하다, 密密麻麻빼곡하다, 稀稀拉拉드문드문하다, 歪歪扭扭삐뚤삐뚤하다, 拉拉杂杂지저분하다, 慢慢腾腾(慢慢吞吞)느릿느릿하다, 慢慢悠悠느리적거리다, 空空荡荡휑하다, 晕晕乎乎(머리가)어질어질하다' 등이 이에 속한다. 따라서 중첩형과 '부사 + 형용사'의 차이점을 설명할 때 이 유형의 형용사는 제외하도록 한다.

乙류: 중첩형과 '부사 + 형용사' 모두 가능한 형용사

이러한 유형의 형용사 중에는 두 형식의 의미 및 어법기능에 차이가 있는 경우도 있고, 어법기능상 차이가 없는 경우도 있다. 그러나 후자의 경우일지라도 그 어법 의미와 화용상에서는 미세한 차이가 나타난다(세부논의는 표 2～표 4 참조). 다음 표 1은 형용사의 두 가지 형식이 각각 담당하는 어법 성분을 보여준다.

표 1.

<table>
<tr><th></th><th>형용사중첩형</th><th>정도부사 + 형용사</th></tr>
<tr><td rowspan="2">주로 술어 충당</td><td colspan="2">A 认真성실하다 仔细꼼꼼하다 爽快시원스럽다 干脆명쾌하다 恭敬공손하다
客气예의가 바르다 大方시원스럽다 安静조용하다 安全안전하다 快乐즐겁다
端正(태도,자세가)바르다 慌张황당하다 干净깨끗하다 短짧다 整齐가지런하다
清楚명확하다 工整세밀하고 정제되다 高兴기쁘다 满가득하다
凉차다 圆둥글다 厚두껍다 宽넓다 窄좁다
胖뚱뚱하다 瘦날씬하다 高(키다)크다 矮(키가)작다 浓진하다
淡옅다 粗두껍다 细얇다 软부드럽다 硬딱딱하다
怪이상하다 马虎건성건성하다 踏实(마음이)놓이다</td></tr>
<tr><td>B 匆忙분주하다</td><td>C 远멀다 辛苦고생스럽다 静정적이다
急조급하다 深깊다 冷춥다
热덥다 暖따뜻하다 紧팽팽하다
松느슨하다 慢느리다 快빠르다
轻가볍다 重무겁다 长길다
淡싱겁다 甜달다 舒服편안하다
早이르다 从容침착하다 慌张황당하다
漂亮예쁘다</td></tr>
</table>

<table>
<tr><th></th><th>형용사중첩형</th><th>정도부사 + 형용사</th></tr>
<tr><td rowspan="2">주로
부사어
충당</td><td colspan="2">A 端正(태도,자세가)바르다 从容침착하다 慌张황당하다 清楚명확하다 工整세밀하고 정제되다
高兴기쁘다 认真성실하다 仔细꼼꼼하다 爽快시원스럽다 干脆명쾌하다
恭敬공손하다 客气예의가 바르다 大方시원스럽다 安静조용하다 快乐즐겁다</td></tr>
<tr><td>B 远멀다 辛苦고생스럽다 静정적이다
急조급하다 深깊다 冷춥다
热덥다 暖따뜻하다 紧팽팽하다
松느슨하다 慢느리다 快빠르다
轻가볍다 重무겁다 长길다
淡싱겁다 甜달다 凉차다
圆둥글다 满가득하다 硬딱딱하다
早이르다 马虎건성건성하다 漂亮예쁘다
踏实(마음이)놓이다 真切진지하다
确实확실하다 实在실속있다 切实착실하다
深깊다 足풍족하다 整단정하다</td><td></td></tr>
<tr><td rowspan="2">주로
보어
충당</td><td colspan="2">A 凉차다 圆둥글다 远멀다 清楚명확하다 端正(태도,자세가)바르다 舒服편안하다
干净깨끗하다 工整세밀하고 정제되다 高兴기쁘다 漂亮예쁘다</td></tr>
<tr><td>B 真切진지하다 确实확실하다 实在실속있다</td><td>C 匆忙분주하다 认真성실하다 仔细꼼꼼하다
马虎건성건성하다</td></tr>
<tr><td rowspan="2">주로
관형어
충당</td><td colspan="2">A 认真성실하다 仔细꼼꼼하다 爽快시원스럽다 干脆명쾌하다 干净깨끗하다
工整세밀하고 정제되다 高兴기쁘다 漂亮예쁘다 踏实(마음이)놓이다 硬딱딱하다</td></tr>
<tr><td>B 真切진지하다 确实확실하다 实在실속있다
切实착실하다 地道(일이)알치다</td><td></td></tr>
<tr><td rowspan="2">주로
목적어
충당</td><td colspan="2">A 慌张황당하다 匆忙('显得'의 목적어가 됨)분주하다</td></tr>
<tr><td></td><td>C 干净깨끗하다 漂亮예쁘다</td></tr>
</table>

표 1을 통해 알 수 있듯이, A류 형용사의 두 형식만이 주로 동일한 어법 성분을 담당한다(화용상의 차이점은 아래 (三)에서 논의하도록 한다). B류 형용사의 중첩형은 대부분 부사어로 사용되며 C류 형용사는 대부분 정도부사의 수식을 받아 술어를 담당한다.

(二) 형용사중첩형과 '부사 + 형용사'의 주관성에 따른 차이점

1. 중첩 가능한 형용사의 분류

沈家煊(1999)은 형용사중첩형은 주관적 감정 색채를 강하게 띤다고 지적한 바 있다. 언어의 주관성, 형용사가 나타내는 '양의 변화 유무'와 '지각성(可感知性)'[7]에 따라 중첩 가능한 형용사는 다음과 같이 분류할 수 있다.

유형1. 도량이 가능하고 물리적 양을 나타내는 형용사

长길다 短짧다 大크나 小작다 多많다 轻가볍다 重무겁다 圆둥글다 方네모지다
尖뾰족하다 平평평하다 薄얇다 松느슨하다 紧팽팽하다 厚두껍다 宽넓다 窄좁다
快빠르다 慢느리다 早이르다 白희다 黑검다 红붉다 黄노랗다 青푸르다 蓝파랗다
紫자주빛의 灰잿빛의 冷춥다 暖따뜻하다 热덥다 凉차다 干건조하다 潮습하다
满가득하다 空비다 光번들번들하다 浅얕다 深깊다 扁납작하다 胖뚱뚱하다 高높다
矮(키가)작다 低낮다 浓진하다 淡옅다 粗두껍다 细얇다 稳침착하다 静정적이다
密빽빽하다 稀드물다 稠걸쭉하다 弯굽다 软부드럽다 硬딱딱하다 歪삐뚤다 斜기울다
直곧다 亮밝다

유형2. 눈, 귀, 코, 혀, 신체, 사지(四肢) 등 감각기관을 통해 감지하는 감각이나 상태 혹은 정서상의 감각을 나타내는 형용사

香향기롭다 臭구리다 痒가렵다 晕어지럽다 甜달다 酸시다 苦쓰다 辣맵다 美아름답다
缓느리다 急조급하다 嫩연하다 滑미끄럽다 脆바삭하다 油미끌하다 肥기름지다 腻느끼하다
干건조하다 狠흉악하다 死생기없다 牢견고하다 活활기차다 昏흐리멍텅하다 懒게으르다
饱배부르다 清(정신이)맑다 烂헐다 蔫의기소침하다 粘끈기있다 浑미련하다 麻까칠까칠하다
闷답답하다 紧절박하다 松긴장이 풀리다 舒服편안하다 别扭거북하다 痛快통쾌하다
紧张긴장하다 忙碌분주하다 轻松홀가분하다 快活쾌활하다 自在자유롭다 高兴기쁘다
快乐즐겁다 亲热다정하다 亲切친근하다 清楚명확하다 明白명백하다 愉快유쾌하다
从容침착하다 慌张황당하다 慌忙황급하다 惊慌허둥지둥하다 小心조심하다 漂亮예쁘다
干净깨끗하다 清爽가뿐하다 邋遢불결하다 整洁깔끔하다 安静조용하다 吵闹시끄럽다
热闹북적거리다 冷清냉담하다 荒凉쓸쓸하다 精神활기차다 疲沓엉성하다 悠扬(소리가)은은하다
欢快경쾌하다 悲切비통하다 素雅점잖다 富丽화려하다 结巴(말을)더듬거리다 浩荡호탕하다
苍茫창망하다 渺茫아득하다 平静평온하다 弯曲구부정하다 破烂남루하다 零星자질구레하다
零散너저분하다 零碎자잘하다 稳当믿음직하다 粗壮(소리가)크고 우렁차다 蓬松텁수룩하다
高大높고 크다 亮堂(소리가)우렁차다 厚实두툼하고 실하다 干瘪바싹 말라 쪼글쪼글하다
歪斜일그러지다 模糊흐릿하다 朦胧어렴풋하다 恍惚(감각이)흐릿하다 迷糊혼미하다

---

7) 沈家煊(2001)에 따르면, 언어의 주관성은 다음 세 가지를 반영하고 있다.
(1) 발화자의 시각(perspective)
(2) 발화자의 정서(affect) (감정, 정서, 의향, 태도 등)
(3) 발화자의 인식(epistemic modality)
朱景松(2003)은 형용사가 나타내는 '양의 변화 유무'와 '지각성'(보고 듣고 만질 수 있거나 구체적인 상상이 가능한 것)에 따라 중첩의 가능 여부에 대해 세밀한 분석을 한 바 있다. 본 절의 분류는 이 두 학자의 관점에서 출발하였음을 밝혀 둔다. '漂亮예쁘다, 干净깨끗하다, 精神활기차다' 등 형용사는 일정한 주관성을 지니며 유형2에 속하지만, 형용사가 나ㅎ타내는 성질 상태가 특정사회의 주관성에 한정됨을 강조할 때는 유형3에 속할 수도 있다. '整완전하다, 足충분하다'는 단어 자체는 유형2에 속하지만, 중첩 후에는 주관적 강조의 어기를 갖기 때문에 유형3에 속하게 된다.

迷瞪멍하다　疑惑의문스럽다　勉强마지못하다　真切진지하다　奇怪이상하다　委屈억울하다
结实(신체가)건장하다

유형3. 사회의 각종 판단기준(사회규약, 행동수칙, 생활상식, 도덕적 관습 등) 혹은 개인적 관점에 따른 주관적 판단을 나타내는 형용사

笨어리석다　傻미련하다　痴분별없다　乖말을 잘 듣다　呆둔하다　大(나이가)많다　乱무질서하다
好좋다, 우호적이다　迟굼뜨다　草어설프다　足풍족하다　整단정하다　愣경솔하다　严엄하다
怪이상하다　老实솔직하다　规矩(행위가)단정하다　端正(태도,자세가)바르다　恭敬공손하다
大方고상하다　认真성실하다　仔细꼼꼼하다　妖冶요염하다　马虎건성건성하다
工整세밀하고 정제되다　平安평안무사하다　安稳안정하다　安顿평온하다　太平태평하다
安生편안하다　和气(태도가)온화하다　和美사이가 좋다　和睦화목하다　白净희고 깨끗하다
圆润충만하고 윤택하다　活泼활발하다　死板활기가 없다　客气예의가 바르다　踏实(마음이)놓이다
空洞공허하다　牢靠믿음직하다　确实확실하다　实在실속있다　切实착실하다　真切진지하다
朴实소박하다　犹豫망설이다　迟疑주저하다　干脆간단명료하다　爽快시원스럽다
利索(동작이)깔끔하다　黏糊우물쭈물하다　自然자연스럽다　诚恳성실하다
恩爱(부부 간에)사랑이 깊다　妥帖매우 타당하다　服帖적절하다　地道(일이)알차다
婉转(표현이)완곡하다　郑重정중하다　勤恳근면 성실하다　辛勤부지런하다　殷勤정성스럽다
辛苦고생스럽다　清白명백하다　简单간단하다　斯文고상하다　文静우아하고 조용하다
硬朗강경하다　坚强(조직이나 지위가)굳고 강하다　严实야무지다　普通보통이다　平常수수하다
曲折곡절이 많다　顺利순조롭다　顺当뜻대로 된다　坦荡(마음에)거리낌이 없다　含糊모호하다
单纯단순하다　拖拉(일을)질질 끌다　拖沓(일을)꾸물거리다　磨蹭늑장부리다　絮叨시시콜콜하다
正规정규적이다　正经(태도가)올바르다　随便제멋대로 하다　冒失경솔하다　莽撞(행동이)거칠다
窝囊분하다　稳重침착하다　伶俐영리하다　疯제정신이 아니다(주로 '傻'와 함께 중첩되어 사용)

위 세 가지 유형의 형용사는 의미의 주관·객관적 정도에 따라 다음과 같이 나열할 수 있다.

객관적 정도 : 유형1 〉 유형2 〉 유형3

주관적 정도 : 유형1 〈 유형2 〈 유형3

위 세 가지 유형의 형용사는 단독으로 사용될 경우 각각 그 기본 의미와 주관·객관적 정도에서 차이를 보인다. 따라서 이들의 중첩형이 나타내는 어법 의미와 주관성 역시 기본형이 나타내는 의미 및 주관성과 어느 정도 관련된다.

2. 다의형용사의 중첩형과 '부사 + 형용사'의 의미 용법 차이

위 유형1과 유형2 형용사 중 다수는 다의성을 갖는다. 다시 말해, 구체적이고 감각기관을 통해 직접적으로 느껴지는 상태(표 2의 좌측, 표 3의 우측)를 표현할 수도 있고, 다소 추상적인 내재적 감정(표 3의 좌측)이나 이성적 추리를 통해서만 얻을 수 있는 상태 역시 나타낼 수 있다(이와 같은 의미는 '은유'와 '환유'를 통해 생성된다. 세부논의는 다음 표 2 중간 예시를 통해 살펴보도록 한다).

표 2.

중첩형만 가능	'부사 + 형용사'만 가능	중첩형, '부사 + 형용사' 모두 가능
감각기관을 통해 감지할 수 있는 구체적인 느낌 혹은 상태	추상적 의미(소수에 한해 구체적 의미 가능), 주로 평가에 사용됨	중첩형: 감각기관을 통해 감지할 수 있는 구체적인 느낌 혹은 상태 '부사 + 형용사': 주로 평가에 사용됨
我热热地喝了杯茶。 나는 차를 뜨겁게 마셨다.	这个专业现在很热。 이 전공이 지금 인기 있다.	
他急急地说…… 그는 다급하게 말했다.	事情很急。 사안이 시급하다.	
他紧紧地握着我的手。 그는 나의 손을 꽉 잡았다.	时间很紧。 시간이 촉박하다. 手头很紧。 주머니 사정이 여의치 않다.	
老人长长地叹了口气。 노인은 한숨을 길게 쉬었다.	你前面的路还很长，要继续努力。 네 앞의 길은 여전히 멀었으니, 계속 노력해야 한다.	
他两眼直直地看着我。 그의 두 눈이 줄곧 나를 보고 있다.	这人挺直的。 이 사람은 대단히 꼿꼿하다.	
浓浓地沏了一杯茶。 차 한 잔을 진하게 탔다.	大家的兴趣很浓。 모두의 흥미가 높다.	眉毛浓浓的。 眉毛很浓。눈썹이 진하다. 茶泡得浓浓的。 茶泡得很浓。차를 진하게 탔다. 他喝了一杯浓浓的咖啡。 他喝了一杯很浓的咖啡。 그는 진한 커피를 한 잔 마셨다.
老李慢慢地站了起来。 라오리는 천천히 서기 시작했다.	他的反应很慢。 그의 반응은 참 느리다.	
	那个人很滑。 그 사람은 교활하다.	那块玉摸上去滑滑的。 那块玉摸上去很滑。 그 옥은 만져보니 반들반들하다.
	他的心特黑。 그의 마음은 시커멓다.	他的脸黑黑的。 他的脸很黑。 그의 얼굴은 검다.
他重重地打了我一拳。 그는 나를 세게 한 대 쳤다.	责任很重。负担很重。 책임이 무겁다. 부담이 크다. 罚得很重。처벌이 무겁다.	

표 3.

'부사 + 형용사'만 가능	중첩형, '부사 + 형용사' 모두 가능
추상적 의미(소수에 한해 구체적 의미 가능), 평가에 사용됨	중첩형: 감각기관을 통해 감지할 수 있는 구체적인 느낌 혹은 상태 '부사 + 형용사': 평가
她的眼睛(耳朵、鼻子)特尖。 그녀의 눈(귀, 코)는 날카롭다. 这人可尖了。이 사람은 참 날카롭다.	把铅笔削得尖尖的。 把铅笔削得很尖。연필을 뾰족하게 깎았다.
他外面的路子很宽。그의 바깥 길은 넓다.	马路宽宽的。 马路很宽。길이 널찍하다.
水平、地位、要求很高。수준, 지위, 요구가 높다. 警惕性很高。경계심이 높다.	那人个子高高的。 那人很高。그 사람은 (키가)크다.
水平、地位、要求很低。수준, 지위, 요구가 낮다.	声音压得低低的。 声音压得很低。목소리가 낮게 가라앉았다.
气力很大。기운이 세다. 口气很大。입김이 세다. 大家意见很大。모두 불만이 많다. 气量很大。기량이 세다. 胆子很大。담력이 세다.	眼睛大大的。 眼睛很大。눈이 크다.
他心眼很小。그는 심지가 약하다. 他气量很小。그는 기량이 약하다.	眼睛小小的。 眼睛很小。눈이 작다.
人情很薄。인정이 박하다.	嘴唇薄薄的。 嘴唇很薄。입술이 얇다.
他在我们学校很臭。 그는 우리 학교에서 평판이 나쁘다.	臭豆腐闻上去臭臭的。 臭豆腐很臭。취두부는 냄새가 지독하다.
	他现在做领导还太嫩。 그가 지금 지도자를 하기엔 아직 너무 연약하다. 菜炒得嫩嫩的。 菜炒得很嫩。음식이 부드럽게 볶아졌다.
我心理很乱。나는 마음이 복잡하다. 脑子里很乱。머릿속이 복잡하다.	头发乱乱的。 头发很乱。머리카락이 헝클어졌다.
他的手很松。그의 손은 느슨하다. 检查得很松。검사가 느슨하다.	她松松地打了个结。 她很松地打了个结。 그녀는 매듭을 느슨하게 지었다.

'부사 + 형용사'만 가능	중첩형, '부사 + 형용사' 모두 가능
她的嘴很甜。그녀는 말을 달콤하게 한다. 她笑得很甜。그녀는 달콤하게 웃는다.	西瓜我咬了一口，甜甜的。 西瓜我咬了一口，很甜。 수박을 한 입 베어 물었는데, 참 달다.
她心里很苦。그녀는 마음이 고통스럽다.	
责任很轻。책임이 가볍다. 负担很轻。부담이 가볍다. 处罚很轻。처벌이 가볍다.	他轻轻地走了进来。그는 살살 걸어 들어왔다.
这种东西在农村很香。 이 물건은 농촌에서 인기 있다.	我要香香地睡个够。 나는 아주 달게 잠을 충분히 잘 것이다.

표 4.

중첩형만 가능	'부사 + 형용사'만 가능	중첩형, '부사 + 형용사' 모두 가능
내재적인 감정에 대해 묘사	감각기관을 통해 감지할 수 있는 구체적인 느낌 혹은 상태	모두 감각기관을 통해 감지할 수 있는 구체적인 느낌 혹은 상태 나타냄
他苦苦地哀求父母。 나는 간절히 부모님께 애원했다.	苦瓜的味道很苦。 여주의 맛이 쓰다.	
她淡淡地说了几句。 그녀가 담담히 몇 마디 했다.		颜色淡淡的。 颜色很淡。색깔이 옅다.
他冷冷地看着我。 그는 냉랭하게 나를 바라보고 있다. 她的目光冷冷的。 그녀의 눈빛은 냉랭하다.	风很冷。바람이 차다.	
看见队友们都上了场，我心里痒痒的。 팀원이 필드에 나간 것을 보니 마음이 편치 않다.		被蚊子咬了之后，身上很痒。 被蚊子咬了之后，身上痒痒的。 모기에 물린 뒤로 몸이 가렵다.
看见别人比自己强，心里酸酸的。 다른 사람이 자신보다 훌륭한 것을 보니 질투심이 생긴다.		葡萄很酸。 葡萄酸酸的。포도가 시다.
听了他的话，心里暖暖的。 그의 말을 들으니 마음이 따듯하다.		

위 대조표를 통해 알 수 있듯이, 형용사의 중첩형은 감각기관에 의지하여 구체적인 의미를

나타낸다. 주로 감각기관의 느낌을 언어로 환기시킴으로써 중첩형의 구체적 의미를 표현하게 된다. 일부 형용사중첩형은 다소 추상적인 내재적 감정(표 4의 좌측)을 나타내기도 하는데, 이 역시 감각기관을 통해 내재적 감정을 구체화 혹은 감성화시킨 것이라 할 수 있다. 이에 반해 '부사 + 형용사' 형식은 감성과 이성을 모두 나타낼 수 있다. 또한 위 표 2의 우측 용례를 통해 알 수 있듯이, 추상적 의미는 대부분 '부사 + 형용사'를 통해 표현된다. 즉, 중국어의 중첩형과 '부사 + 형용사'는 주관적 측면에 있어 이미 기본적인 역할 분담을 이루고 있는 것이다. 종합해 보자면, 중첩형은 비교적 구체적인 감정을 나타내고, '부사 + 형용사'는 이성적 판단과 부연 과정을 통해 얻게 된 추상적 의미를 나타낸다.

3. 형용사중첩형의 어법 의미[8]

첫째, 객관적이고 구체적인 형상의 상태를 나타낸다.

他的脸黑黑的。그의 얼굴은 거무칙칙하다.

老人慢慢地站了起来。노인이 천천히 일어섰다.

她看看这个人，眼睛大大的，额头高高的，很像自己。她想这可能就是自己爸爸了。(张抗抗《隐形伴侣》)

그녀는 이 사람을 훑어보았는데, 눈은 크고, 이마는 높은 것이 마치 자기 자신 같았다. 그녀는 어쩌면 자신의 아빠일지도 모른다고 생각했다.

她在板房里洗澡，一板之隔，前面的说话声清清楚楚，她听见大哥咕嘟咕嘟喝水，打哈欠，她妈妈在用大蒲扇啪嗒啪嗒地给他扇凉。(张抗抗《隐形伴侣》중 문장 수정)

그녀가 판잣집에서 샤워를 하는데, 판자 너머로 앞집의 말소리가 명확하게 들렸다. 그녀는 큰 오빠가 꿀꺽꿀꺽 물 마시는 소리, 하품하는 소리, 그녀의 어머니가 부들부채를 들고 그에게 살랑살랑 부채질해주는 소리를 들었다.

위 예문들 중 중첩형은 모두 상태 진행에 대한 형상적인 묘사이며, 마지막 예문의 경우 중첩형 뒤에 상태에 대한 부연설명이 나오는데 그 내용 또한 매우 구체적이고 형상적이다. 이 예문은 모두 유형1, 유형2 형용사의 중첩형을 사용하고 있으며, 비교적 객관적이다. 반면, 아래 예문은 유형3 형용사의 중첩형을 사용하고 있으며, 상태를 나타내는 동시에 발화자의 주관적 평가 역시 내포하고 있다.

老李摇摇头，没说一句话，只是傻傻地一笑。

라오리는 고개를 저으며 한 마디도 하지 않았다. 그저 바보같이 웃을 뿐이었다.

教授冷冷的目光，使他不由得紧张得簌簌发抖。

교수의 냉랭한 시선은 그를 자신도 모르게 벌벌 떨게 했다.

둘째, 주관적이고 가중된 양을 나타낸다.

'형용사중첩형은 양의 가중을 나타낸다'(朱景松 2003). 이때의 '양'은 주로 명확한 주관성을 나타낸다. 주로 아래와 같은 몇 가지 경우에 해당한다.

---

8) 朱景松(2003)은 형용사중첩형의 어법 의미를 '상태 표현(表示某种状态)', '적당한/충분한 양 표현(表达适度的，足够的量)', '주체의 상태를 유발하는 능동성(激发主体显现状态的能动性)' 등의 세 가지로 분류하였다. 본 절에 사용된 용어는 이러한 관점을 바탕으로 수정된 것이다.

(1) 평서문에 사용된 중첩형이 발화자의 주관적 기준에 부합함을 나타낼 경우, '적절함'의 의미를 띠게 된다.

他在黑板上端端正正地写下了五个大字。그는 칠판 위에 붓글씨 다섯 글사를 가지런히 썼다.

(2) 중첩형이 발화자의 의도에 부합하거나 예측을 넘어섬을 나타내는 경우, '만족'의 의미를 띠게 된다.

我舒舒服服地睡了一大觉。나는 아주 편안하게 한숨 푹 잤다.

没想到，他只学了短短的一个月汉语，就能说得这么流利。

그는 단지 한 달이라는 짧은 기간 동안 중국어를 배웠을 뿐인데, 이렇게 유창하게 말할 수 있으리라고는 생각지 못했다.

(3) 중첩형이 예측한 기준에 부합하지 않거나 도달하지 못함을 나타내는 경우, '불만족'의 의미를 띠게 된다.

你做事这么马马虎虎，我真不放心。네가 일을 이렇세 대강대상하니, 나는 정말 안심할 수가 없다.

셋째, 주관적 의사를 나타낸다.

이러한 유형의 형용사중첩형은 발화자의 '의사'를 표현하는 경우가 많다(행동에 대한 희망, 타인의 행동에 대한 요구나 타인의 의사에 따라 행동할 것을 승낙하는 등의 의미를 나타내기도 한다).

小小礼物快快跑 去向朋友问个好。작고 작은 선물아 어서 빨리 뛰어가 친구에게 안부를 전해라. (의사)

要好好听老师的话。선생님의 말씀을 잘 들어야 한다. (요구)

我会仔仔细细为他做检查的。난 그를 위해 매우 꼼꼼하게 검토할 것이다. (승낙)

넷째, 주관적 시각을 나타낸다.

见到傻傻集团总经理杨世海，我问他们为什么叫"傻傻"？ 精明能干的杨经理说: "别人总说我们山里人傻傻的。傻就傻吧，咱们就把一门傻心思用在为山区回汉人民脱贫至富上。"

양스하이 '사사(傻傻, 얼간이)' 그룹 총재를 만나, 나는 그들에게 왜 '얼간이'라고 부르는지 물었다. 똑똑하고 유능한 양 총재는 이렇게 말했다. "다른 사람들은 우리 산촌 사람들을 얼간이 같다고 말합니다. 얼간이라면 얼간이이겠지요, 우린 그저 이 얼간이 같은 순수한 마음을 이곳 산촌 사람들이 가난을 벗고 부유해지는 데에 사용하면 됩니다." (马利《洋芋蛋唱"大戏"》,《人民日报》(이하《人》) 1998년 10월 19일 / 4판)

跟当初不同的是，现在的文化人多半善于自我调侃，自我解嘲。同样是自惭行秽，却没有先前那种傻傻的真诚，而换作一种油油的腔调了。

초창기와 달리, 현대 문화인은 대부분 스스로를 풍자하고 그걸 스스로 푸는데 능숙하다. 마찬가지로 옳지 않은 행실을 스스로 부끄러워하지만 예전 사람들처럼 이를 바보같이 성실하게 반성하는 것이 아니라 능청스러운 말 한마디로 바꾼다. (李庆西《标准？》,《人》1992년 12월 17일 / 5판)

有时孩子学着大人谈话中的英文词，那笨笨的发音，逗得她高兴地笑出声来，满屋子洋溢着欢乐的气氛。

때때로 아이는 어른의 대화 속 영어 단어를 배우곤 하는데, 바보 같은 발음은 그녀를 기쁘게 하여 웃게 만들고 온 집안은 유쾌한 분위기가 가득해진다. (王光美《永恒的纪念》,《人》1981년 6월 2일 / 3판)

'傻傻'가 사용된 상기 두 예문 중, 첫 번째 예시는 '傻傻'가 나타내는 정도에 대한 발화자의 긍정적 태도를 반영함으로써 중성으로 사용되었다. 반면, 두 번째 예시에서는 '真诚성실한'과 결합하고 '油油능청스러운'와 대비시킴으로써 긍정적 의미를 띠고 있다. 한편, '笨笨'의 예시는 '笨笨'에 대한 발화자의 인정을 나타냄으로써 '사랑스러움'의 의미를 갖게 되었다. 요컨대, 중첩형이 주관적 감정을 띠는지 여부는 전·후 맥락의 영향을 크게 받으며, 중첩형이 '만족, 사랑스러움'과 같은 주관적 색채를 자주 나타냄에 따라 부정적 의미의 형용사 역시 특정 맥락에 사용될 경우 임시적으로 그 의미가 달라질 수 있음을 알 수 있다.

다섯째, 상황에 대한 확신의 여부를 나타낸다.

他的话我听得真真切切。그의 말을 나는 아주 성실히 들었다.

这种承诺是实实在在的。이 맹세는 정말 실질적인 것이다.

为了找这本书，她整整花了两天时间。이 책을 찾기 위해, 그녀는 꼬박 이틀의 시간을 소모했다.

我模模糊糊地记得那天好像有人来过。나는 그날 어떤 사람이 왔었던 것 같다고 어렴풋이 기억한다.

'确实확실하다, 实在실속있다, 真切진지하다, 切实착실하다, 地道알차다, 深깊다, 足풍족하다, 整단정하다'와 '模糊흐릿하다, 朦胧어렴풋하다, 恍惚흐릿하다' 등의 중첩형이 부사어로 기능할 때, 상황의 정도 혹은 양에 대한 발화자의 주관적 확신 혹은 불확신을 나타낼 수 있다.

4. '부사 + 형용사'의 어법 의미

앞서 소개한 형용사중첩형과 달리 '부사 + 형용사'는 발화자의 주관적 인식을 주로 나타내지만, 이는 주관적 감정이나 의사와는 거리가 멀다. 문장 중 발화자의 관점을 명확히 표현하는 어휘가 출현할 때, 이러한 특징은 한 층 더 부각 된다.

我得承认，他讲得很认真、很细心，对我确有启发。

나는 그가 성실하고 세심하게 이야기하였고 나에게 분명 깨우침을 주었다고 인정해야 한다.

大家都觉得这孩子挺乖的。모두들 이 아이가 말을 참 잘 듣는다고 여긴다.

老王这个人很呆板，我想让他做接待工作不太合适。

라오왕 이 사람은 참 고지식해서, 난 그에게 접대 업무를 맡기는 게 적합하지 않다고 생각한다.

我坚信，他会很快获得成功的。난 그가 빨리 성공할 것이라고 굳게 믿는다.

해당 문장 중에 이러한 관점을 표현하는 어휘가 사용되지 않은 경우에도, 전·후 맥락을 통해 '부사 + 형용사'가 주관적 인식을 나타냄을 확인할 수 있다.

陈旭告诉她说，济南车站很乱，我们可以说是在禹城上的车，补一张六毛钱的票出站，管保没事。

천쉬는 그녀에게 지난 역이 복잡하여 우리는 위청시에서 차를 탄 것이고 6마오를 보태어 역을 나오면 분명 아무 일 없을 것이라고 알려 주었다. (张抗抗《隐行伴侣》)

农场的宿舍也很阴凉，像灵隐的山洞，走进去，汗就收干了。

농장의 숙소 역시 서늘한 것이 마치 링인의 동굴 같아, 걸어 들어가자마자 땀이 바로 말랐다. (상동)

他是在收到一份电传后才命秘书取出合同文本的。那是一份很普通的电传。文字极短，通知全权代表何日到达而已。

그는 전보를 한 통 받은 후에야 비서에게 계약서를 가지고 오라 명하였다. 그것은 짧은 글로 전권 대표가 언제 도착하는지 통보해 주는 평범한 전보였다. (梁晓声《钳工王》)

'很乱복잡하다', '很阴凉서늘하다', '很普通평범하다' 뒤에 모두 부연 설명하는 내용이 사용되고 있는데, 이는 모두 '부사 + 형용사'가 나타내는 주관적 견해를 증명하기 위한 사실적 근거로 추상적 추리에 필수적인 과정이다.

(三) 형용사중첩형과 '부사 + 형용사'의 화용상 차이점

1. '부사 + 형용사'는 주로 사람 혹은 사물에 대한 평가나 설명에 사용된다.

(1) 단문 형식으로 부정적 의미의 상태를 나타낼 경우 '부사 + 형용사'를 사용한다. 반면, 중첩형은 단문에서 부정형을 만들 수 없다(중첩형은 주관적 혹은 확정적인 양을 나타내므로 양화되거나 부정을 나타낼 수 없다).

她来得不很早。그녀는 그다지 일찍 오지 않았다. ＊她来得不早早。

那里夏天不很热。그 곳의 여름은 그다지 덥지 않다. ＊那里夏天不热热。

行李不很重。짐이 많이 무겁지 않다. ＊行李不重重。

题目不十分难。문제가 아주 어렵지는 않다. ＊题目不十分难难。

她学习不是非常认真。그녀는 공부를 그다지 열심히 하지는 않는다. ＊她学习不认认真真。

중첩형은 가정복문 중 선행절인 조건절에 한해 출현 가능하다. 이때 조건절에서 중첩형이 나타내는 의미는 주관적 의사이지 양에 대한 부정은 아니다.

你不认认真真地学习，就不可能成为优秀的学生。

열심히 공부하지 않으면, 넌 우수한 학생이 될 수 없다.

要是明天不早早地起来，恐怕就赶不上这班飞机。

만일 내일 일찌감치 일어나지 않으면, 이 항공편을 탑승하지 못할지도 모른다.

(2) '부사 + 형용사'는 일반적인 상태나 일회성 동작 상황에 대해 평가할 경우 주로 사용한다.

她对人非常恭敬그녀는 사람들에게 매우 공손하다. ？她对人恭恭敬敬的。
(후속절 필요. 세부논의는 아래 참조)

今天大家玩得很高兴。오늘 모두 즐겁게 놀았다. ？今天大家玩得高高兴兴的。(상동)

你这次的作业写得很清楚。너는 이번 과제를 명확하게 썼다. ？你这次的作业写得清清楚楚。

'부사 + 형용사'가 위와 같이 평가를 나타낼 때, 종종 '看得出来알아차릴 수 있다', '觉得생각하다', '认为여기다' 등 주관적 견해를 나타내는 동사 혹은 '是……的' 등 주관적 견해를 나타내는 구문과 함께 사용된다.

看得出来，她对你非常恭敬。 ？看得出来，她对你恭恭敬敬的。

그녀가 너에게 매우 공손하다는 걸 알아차릴 수 있다.

领导认为老王工作很认真。 ？领导认为老王工作认认真真的。

지도자는 라오왕이 일을 매우 열심히 한다고 생각한다.

我觉得房间打扫得很干净。　　　　　　? 我觉得房间打扫得干干净净的。(후속절 필요)

나는 방을 깨끗이 청소했다고 생각한다.

这条路是很长的。이 길은 아주 길었다.

题目是非常难的。문제는 매우 어려웠다.

那里的冬天很冷的。그곳의 겨울은 참 추웠다.

(3) 어떤 사람 혹은 사물의 일관된 성질이나 특징에 대해 객관적 설명과 소개를 덧붙이는 경우, 특히 객관적 원인을 설명할 때 주로 '부사 + 형용사'를 사용한다.

这个学生听课时十分认真，笔记记得也很仔细、很快。

이 학생은 수업을 들을 때 상당히 성실하며, 노트 필기도 꼼꼼하고 재빠르다.

他工作十分踏实、认真，所以得到了大家一直好评。

그는 일을 매우 믿음직하고 성실하게 한다. 그래서 줄곧 사람들의 호평을 받았다.

办公室的同事彼此都很客气，很少发生争吵的事。

사무실의 동료와 서로 예의를 차리느라, 말다툼하는 일은 매우 적다.

2. 형용사중첩형은 발화자 혹은 동작 주체의 의사나 감정을 나타낼 때 사용한다.

(1) 朱景松(2003)에 따르면, 일부 형용사는 능동의미를 가지는 경우가 있는데, 각 형용사마다 나타내는 능동의미는 의미적으로 강약의 정도에 차이가 있다. 이러한 능동의미가 드러나는 전형적인 언어 환경은 명령문에 사용될 경우이다. 앞서 제2절에서 언급했던 세 가지 유형의 형용사 중 '潮습하다, 瘦마르다, 矮작다, 静조용하다, 痒가렵다, 晕어지럽다, 安静조용하다, 缓느리다, 急조급하다, 呆둔하다'를 제외한 모든 형용사의 중첩형은 명령문에 출현할 수 있다. 발화자가 감정적 색채를 띤 상태로 상대방에게 어떤 구체적 요구를 제시할 경우(예를 들어 당부, 분부, 적극적인 건의, 강압, 명령 등), 주로 중첩형을 사용한다. 이러한 형식의 명령문을 통해 발화자는 자신의 각종 의사를 전달할 수 있다.

A. 청자(문장의 주어)에게 자신의 행동을 통제하여 적절한 정도에 다다르도록 요구하는 명령문

在这儿必须规规矩矩，不许乱说乱动！여기에선 단정히 예의를 지켜야지, 함부로 말하고 행동하면 안 된다!

乖乖地，听话！착하게, 말 잘 들어라!

慢慢吃，别急。천천히 먹으렴, 서두르지 말고.

动作快点儿，别磨磨蹭蹭的！동작을 더 빨리 해라, 꾸물거리지 말고!

你必须完完全全地按照上面的指示去做，不能出半点偏差！

(너는) 윗선의 지시에 따라 완벽하게 행동해야 한다. 한 치의 오차도 있어서는 안 된다!

B. 청자(문장의 주어)가 어떠한 태도를 취하도록 요구하는 명령문

认认真真唱戏，清清白白做人。열심히 공연하고, 진실한 사람이 되어라.

做完题目以后，要仔仔细细地检查！프로젝트를 마친 후에는, 아주 꼼꼼히 검토해보아야 한다!

马马虎虎吃点儿算了！되는 대로 좀 먹으면 된다!

有话爽爽快快地说，别支支吾吾的！할 말이 있으면 시원시원하게 말해라, 얼버무리지 말고!

干干脆脆地回掉他不就完了，有什么可犹豫的。

깔끔하게 그에게 답을 줘 버리면 되지, 뭘 망설일 게 있어.

C. 발화자(담화의 주어)의 소망을 표출하는 명령문. 때로 청자(문장의 주어)를 포함하기도 한다.

快快长大吧。어서 어서 자라렴.

咱们今天就痛痛快快地玩一个晚上。우리 오늘 통쾌하게 하룻밤을 놀아 보자.

D. 청자(문장의 주어)의 행동이 어떤 결과에 도달하도록 요구하는 명령문. 때로 발화자가 포함되기도 한다. 이 유형의 명령문은 일반적으로 (1) 중첩형이 부사어로 사용되거나, (2) '把'자문의 보어로 사용되는 두 가지 형식으로 나타난다.

浓浓地沏杯茶来。차를 진하게 타 와라.

热热地烫壶酒来。술을 뜨끈하게 데워 내 와라.

把灯开得亮亮的！불을 밝게 켜라!

把这些东西给我扔得远远的！이 물건을 나에게서 멀리 내다 버려라!

咱们要把喜事办得热热闹闹的！우리는 혼사를 아주 시끌벅적하게 치러야 한다.

(2) 명령문이 아니더라도 발화자의 소망, 이상, 결심 등을 나타내는 경우라면 중첩형을 사용할 수 있다.

一定要把我们的城市建设得漂漂亮亮。반드시 우리 도시를 아주 아름답게 건설해야 한다.

我将来要造一座高高的大楼，比现在世界上最高的楼还要高。

나는 훗날 아주 높은 빌딩을 지을 것이다. 현재 세계에서 가장 높은 빌딩보다 더 높게 말이다.

她真想伏在妈妈膝头痛痛快快大哭一场。

그녀는 정말로 엄마의 무릎에 엎드려 한바탕 통쾌하게 울고 싶었다.

他真想赶快找到一个旅馆，饱饱地吃上一吨饭，美美地睡上一觉。

그는 정말로 얼른 여관을 찾아 배불리 식사를 한 끼 한 다음, 마음껏 한 잠 자고 싶었다.

(3) 동작의 주체가 의도적으로 어떠한 태도나 방식을 취하여 특정 행동을 진행함을 나타낼 경우, 주로 중첩형을 사용한다.

("来客登记单")找到了。怕受到士兵的斥责， 认认真真地用手抚平展了， 才敢持着重新入楼。(梁晓声《红卫兵代表》)

('방문객명단'을) 찾았다. 병사의 질책을 받을까 두려워 손으로 열심히 펴 누른 뒤에야, 명단을 들고 건물 안으로 다시 들어갈 수 있었다.

她仔仔细细地把供桌擦干净，恭恭敬敬放上供品，点上香。

그녀는 제사상을 꼼꼼히 닦고, 제수품을 공손히 올린 후, 향을 피웠다.

다음과 같이 '그렇게 할 의지가 있다'라는 의미를 내포하기도 한다.

姐姐打扮得漂漂亮亮地出去了。언니는 아주 예쁘게 꾸미고 나갔다.

단장을 '예쁘게(漂漂亮亮)' 한다는 것은 어떠한 목적을 위해 그렇게 할 의지가 있음을 나타내지만, 그러한 의지가 문장에는 드러나지 않을 뿐이다.

(4) 중첩형은 발화자의 감정을 표현하는 평서문에 사용된다.

A. 발화자의 호감이나 친근함과 같은 감정을 표현할 때 주로 중첩형을 사용한다.

这个孩子像是上帝赐给她的天使，眼睛大大的，头发卷卷的，笑起来甜甜的，非常可爱。

이 아이는 아마도 하느님이 그녀에게 내려준 천사일 것이다. 큰 눈에 곱슬곱슬한 머리카락, 달콤한 웃음, 정말 사랑스럽다.

这个小伙子高高的个子，浓浓的眉毛，亮亮的眼睛，长得真帅！

이 젊은이는 큰 키에 짙은 눈썹, 반짝이는 눈, 정말 잘 생겼다!

天蓝蓝的，海水也是蓝蓝的。하늘은 푸르르고, 바닷물도 푸르르다.

B. 형용사 자체는 중성적 의미를 띠나, 묘사 대상에게 호감을 표현하고 부정적 의미를 배제하고자 할 경우 주로 중첩형을 사용한다.

房间的东西都整理得井井有条，这是那个胖胖的姑娘干的。

방 안의 물건들이 모두 질서정연하게 정돈되어 있는데, 그 통통한 아가씨가 한 것이다.

坝上人给人的印象是笨笨的，是商品生产的萌芽使他们变乖了。

둑 위의 사람들이 주는 인상은 미련하다는 것이다. 제품 생산의 시작이 그들을 이렇게 착하게 만들었다.

(吴昊《唐保在变化》,《人》1988년 8월 30일 / 2판)

상술한 예문의 중첩형인 '胖胖통통하다, 笨笨미련한'이 만약 '부사 + 형용사'형식인 '很胖뚱뚱한, 很笨어리석은'으로 대체된다면 다소 부정적인 의미를 내포하게 된다.

C. 이미 완성되었거나 발생한 동작에 대해 만족 혹은 불만족을 표현할 경우 주로 중첩형을 사용한다.

我们几个人美美地吃了一顿晚餐。우리 몇 명은 저녁 한 끼를 아주 마음껏 먹었다.

他的一席话，说得我心里暖暖的。그의 연설로 나의 마음은 따뜻해졌다.

她竟然随随便便把外人带到家里来了。그녀는 놀랍게도 아주 제멋대로 외부인을 집으로 데리고 왔다.

那件事他拖拖拉拉用了一个星期才办完。그 일을 그는 질질 끌며 일주일을 보내고서야 끝마쳤다.

(5) '总늘, 老是항상' 등의 어휘가 사용되고, 문장이 일관된 상태를 묘사할 경우, 주로 중첩형을 사용한다.[9)]

多少年来，老人的衣服总是干干净净的。몇 년 동안, 노인의 옷은 늘 아주 말끔했다.

在公共汽车站，不论有无栏杆，等车的人总是整整齐齐地排成一队。

버스정류장에 난간이 있든 없든, 버스를 기다리는 사람은 언제나 질서정연하게 줄을 선다.

我叫他干什么事，他老是拖拖拉拉的。내가 그에게 무슨 일을 하라고 시키면, 그는 언제나 질질 끈다.

---

9) 필자는《인민일보》인터넷판(1946년-2002년)에서 '认真성실하다, 恭敬공경하다, 老实솔직하다, 干净깨끗하다, 整齐가지런하다, 端正단정하다' 등 몇 가지 형용사가 '总是늘, 老是항상'와 함께 출현하는 용례를 조사한 바 있다. 그 결과, 이들 형용사의 중첩형이 '总是늘, 老是항상'와 함께 출현하는 빈도와 '부사 + 형용사'의 빈도는 26 : 2의 비율로 나타났다('부사 + 형용사'의 용례 두 개 중 하나는 추상적 의미를 나타내어 형용사중첩형으로는 나타낼 수 없는 상황이었다).

(6) 중첩형이 발화자의 주관적 평가나 예측을 내포할 경우, '부사 + 형용사'와 같이 단문의 형식으로 출현할 수 없고, 결론을 나타내는 후속절을 취해야 한다. 앞서 '?'로 표시된 형용사 중첩문이 추론적 결론을 나타내는 후속절을 취할 경우, 대부분 정문이 된다(아래 예문 중 괄호 안에는 후속절이 나타내는 의미를 표시하였다).

她对你恭恭敬敬的，一定很崇拜你。

그녀가 너에게 아주 공손한 것을 보니, 분명 너를 존경하는 것이다. (후속절은 선행절을 통해 추론한 결론임)

孩子的手黑黑的，肯定是摸了什么脏东西。

아이의 손이 거뭇거뭇한 것을 보니, 분명 무슨 더러운 물건을 만진 것이다. (상동)

书上写得清清楚楚的，你怎么还不明白呢？

책에 아주 명확하게 쓰여 있는데, 너는 어째서 아직도 이해를 못하니?

(마땅히 이해할 것이라 예측함, 꼭 있어야 할 결과가 아직 나타나지 않은 것을 의아하게 느낌)

看你白白净净的像个知识分子，怎么这道理都不懂？

널 보면 아주 말쑥한 지식인인데, 어떻게 이 이치도 깨닫지 못하니? (상동)

今天大家玩得高高兴兴的，就别提那件不愉快的事情吧。

오늘 모두들 아주 즐겁게 놀았으니, 그 불쾌했던 일은 꺼내지 말라. (만족한 결과가 유지되기를 희망)

위 예문은 모두 주관적 추측을 나타내는 인과복문이다. 선행절의 중첩형은 술어, 보어, 관형어를 담당하고 있으며, 이들이 나타내는 상태에는 발화자의 강력한 주관적 경향성이 드러난다. 따라서 후속절은 이러한 추론적 근거를 통해 얻어진 결론 혹은 주관적 예측을 나타낸다.

(7) 어떤 사람이나 사물 혹은 장면에 대해 비교적 생동감 있고 구체적이며 다각적으로 묘사하여, 형상적 특징을 나타내도록 할 경우, 주로 중첩형을 사용한다. 이러한 용법은 문학작품에서 자주 나타난다.

他记得，那是一个冬天的早晨，青青的细竹上，闪烁着晶亮的雨珠子，他在一层淡淡的水汽中，望见一个小小的人影，穿件淡紫色碎花布棉袄罩衫，一条蓝布裤，两支齐肩的小辫，扎着两团宽宽的红玻璃丝，在茫茫雨雾中，格外惹眼。

그의 기억으로 때는 어느 겨울의 아침이었다. 푸르른 대나무에 맑은 비 구슬이 반짝이고 있었다. 그는 흐릿한 안개 사이에서 아주 작은 그림자를 보았다. 옅은 자주빛 꽃무늬 블라우스와 푸른색 바지를 입고, 어깨에 닿은 땋은 머리는 커다랗고 붉은 유리실을 묶어 놓은 듯했다. 아득한 비안개 속에서도 유독 눈에 띄었다. (张抗抗《隐行伴侣》)

위 단락의 묘사 중에는 '青青푸르른, 淡淡옅은, 小小작은, 宽宽넓은, 茫茫아득한' 등 다섯 개의 중첩형이 사용되고 있는데, 이들이 출현하는 문장은 모두 구체적 이미지에 대해 묘사하고 있으며, 한 폭의 생동감 넘치는 풍경을 형상화하고 있다.

주관성의 측면에서, 형용사중첩형과 '부사 + 형용사'의 차이는 다음과 같이 정리할 수 있다.

중첩형은 묘사 기능이 강하게 나타난다. 따라서 사람이나 사물 혹은 장면을 다각도에서 객관적이고 구체적으로 묘사하거나, 주관적 감정 색채를 띠는 상태, 주관적 의사, 특정한 시각 등을 나타낼 수 있다. 가장 보편적으로는 부사어를 담당한다.

'부사 + 형용사'는 평가와 설명의 기능이 강하여, 주로 성질이나 상태에 대한 평가에 사용된다.

일반적으로 주관적 감정 색채는 배제되며, 상대적으로 객관적인 인식을 나타낸다. 가장 보편적으로는 술어를 담당한다. 추상적 의미를 나타낼 때도 주로 '부사 + 형용사' 형식을 사용한다.

이 두 가지 형식이 기타 어법 성분을 담당할 경우에도 위와 같은 차이점을 드러낸다.

三. 상용 일음절 형용사 간 용법 분석

조사에 따르면, 형용사중첩형이 가장 보편적으로 사용되는 문형은 평서문이다. 출현 제약이 다소 많은 문형은 명령문이며 특히 일음절 형용사의 경우 그 제약이 더 많아진다. 앞서 언급했던 "你早早吃", "你晚晚来", "你短短剪" 등은 모두 일음절 형용사의 중첩형이 명령문에서 부사어로 출현하였기 때문에 성립이 불가능하다. 이 외에도 단음절 형용사의 사용 제약에 대한 이해 부족으로 학습자의 오류가 빈번하게 발생하고 있다. 이에 아래에서는 오류 분석과 함께 자주 쓰이는 일음절 형용사들 중 '早'와 '晚', '快'와 '慢', '多'와 '少'에 관해 살펴보도록 한다.

(一) '早'와 '晚'

'早이른'와 '晚늦은'은 부사어로 자주 사용되지만, 중첩형의 쓰임에서는 비대칭적 특징을 보인다.

1. '早'는 단독 혹은 중첩형으로 부사어를 담당한다.

(1) 발화자의 주관적 바람(상대방 혹은 제3자가 어떤 행동을 반드시 '일찍'하기를 요구하거나 그렇게 여기는 경우)를 나타낼 때, '早'는 종종 단독으로 동사를 수식한다.

早去早回吧！일찍 가서 일찍 돌아오라! (명령문)

事已至此，你必须早做打算。

일이 이미 이 지경에 이르렀으니 반드시 빨리 방법을 생각해 내야 한다. (명령의 의미(使令义)를 띠는 겸어문)

你为什么不早告诉我？왜 나에게 일찍 알려주지 않았니? (의문문)

你早干什么去了？일찍부터 뭐 하러 갔니? (반어문)

'早早' 역시 명령문이나 명령의 의미를 띠는 겸어문에 사용이 가능하지만, 그 사용 빈도는 상술한 '早'에 비해 현저히 낮다.

少喝点酒，早早回家去。술은 조금만 마시고 일찍 집에 들어가라.

叫她早早来。그녀에게 일찍 오라고 해라.

(2) 동작자가 어떠한 동작을 일찍 했음을 객관적으로 서술할 경우(즉, 평서문), 대부분 '早'가 단독으로 동사를 수식한다. 서면어의 평서문 중에는 '早'의 중첩형이 부사어로 사용된 용례를 다수 발견할 수 있으나, 그 사용 빈도 역시 '早'가 단독으로 부사어를 충당한 경우에 비해서는 현저히 낮다. 특히 '早 + 동사'는 종종 연용되거나 '晚 + 동사'와 대구를 이루어 사용되지만, 중첩형 '早早'는 이러한 용법으로 사용되지 않는다.

早睡早起身体好。일찍 자고 일찍 일어나는 게 건강에 좋다.

父亲总是早出晚归，我们很少见到他。

아버지는 언제나 일찍 나가셔서 늦게 귀가하시므로, 우리는 아버지를 자주 보지 못한다.

他每天早早地起床，到外面去练习长跑。그는 매일 일찍 일어나서 밖에 나가 장거리 뛰기를 연습한다.

吃罢晚饭，她早早就睡了。[10] 저녁밥을 먹고 나서, 그녀는 일찌감치 잤다.

(3) 동작이 일찍이 발생하였음을 객관적으로 서술하고자 할 때는 중첩형을 사용할 수 있다. 하지만 수식하는 동사가 인지류 동사('知道알다, 认识알다' 등)인 경우, 단순 형식을 사용해야 하며 중첩형은 사용할 수 없다.

今天奶奶早早地就起来了。오늘 할머니께서 일찍 일어나셨다.

今天不知道为什么，我早早地就醒了。오늘 웬일인지 몰라도 (나는) 일찍 깨어났다.

他早就知道了。그는 진작에 알았다. ＊他早早就知道了。

我早就认识他了。나는 진작 그를 알았다. ＊我早早就认识他了。

이러한 단문에서는 일반적으로 '就'가 함께 사용되며, 문미 어기조사 '了'가 '早早'와 공기하여 '(시간적) 이름'을 강조한다.

(4) 수식을 받는 술어동사가 연동문의 첫 번째 동사일 경우, 대개 '很 + 早'를 사용하며 이때 '早'는 단독으로 출현할 수 없다. 다음은 학습자의 오류이다.

＊他虽然近八十岁了，但是每天早起来去运动。

고친문장: 他虽然近八十岁了，但是每天很早起来去运动。

그는 80세가 다 되었지만, 매일 일찍 일어나 운동을 하러 간다.

2. '晚'은 단독으로 부사어를 담당한다.

'晚'은 일반적으로 중첩형이 없다. '晚'이 단독으로 부사어를 충당하여 단순 술어동사를 수식하는 것에는 많은 제약이 따르며, 자주 사용되는 예는 고정용법에 가까운 '晚婚晚育늦게 결혼하고 늦게 출산하다' 정도이다. '晚'이 부사어를 충당하는 예는 다음과 같다.

他每天早来晚走，工作非常认真。그는 매일 일찍 와서 늦게 가며, 일을 아주 열심히 한다.

这位作家天天早起晚睡，笔耕不辍。이 작가는 날마다 일찍 일어나고 늦게 자며, 글쓰기를 멈추지 않는다.

我可能要晚来十分钟，你们先吃吧。난 아마도 10분 늦을 것 같으니 너희들 먼저 먹어라.

孩子是急性肺炎，医生说再晚来一步孩子就完了。

아이가 급성폐렴에 걸렸다. 의사 말로는 한 발만 늦었어도 아이는 끝났을 것이라 했다.

这条路晚走不如早走。이 길은 늦게 가는 것보다 빨리 가는 게 낫다. (길이 비교적 걷기 어려움)

3. 동작 발생이 다소 이르거나 늦었다는 발화자의 주관적 인식을 나타낼 경우, 대개 부사어를 담당하는 '早'와 '晚' 앞에 정도를 나타내는 부사나 대사가 출현하여 이를 수식한다.

你怎么这么早就起来了？너는 어째서 이렇게 일찍 일어났니?

10) 필자가 '早'와 '早早'가 부사어로 사용되는 경우를 CCL을 통해 조사한 결과, '早早'가 부사어로 사용된 522개 용례 중 16개만이 명령문 혹은 명령의미를 띠는 겸어문에 사용되었고 나머지는 모두 객관적 서술을 나타내는 평서문에 사용되고 있었다. '일찍 일어나다'의 의미로 쓰인 '早起'와 '早早起'의 경우 그 사용 비율은 152 : 29이었으며, 주관적 바람을 나타내는 '想 + 早 + 동사'와 '想 + 早早 + 동사'의 사용 비율은 44 : 4로 나타났다.

老师很晚才回家。선생님께서는 아주 늦게 귀가하셨다.

在世界历史上，日本是一个较晚走上资本主义道路的国家。

세계 역사상, 일본은 비교적 늦게 자본주의의 길로 들어선 나라이다.

4. 이미 발생한 동작이 규정된 시간보다 늦거나 이를 경우, '早'와 '晚'은 대개 보어로 사용되며 부사어로 사용되지 않는다. 다음은 학습자의 오류이다.

*对不起，我晚来了。

고친문장: 对不起，我来晚了。미안합니다. 제가 늦게 왔습니다.

*我们早来了，别人还都没来呢！

고친문장: 我们来早了，别人还都没来呢！우리가 일찍 왔구나, 다른 사람은 아직 아무도 안 왔네!

(二) '慢'과 '快'

1. '快빠른'는 단독 혹은 중첩형으로 부사어를 담당한다.

'快'가 재촉의 의미를 나타내는 명령문에 사용될 경우, 아래 여섯 가지 형식으로 나타난다.

1) 快！빨리! (혹은 연속 나열: 快！快！快！, 다급함의 어기를 띠지만, 중첩형은 아니다)
2) 快走！빨리 가라! (혹은 "快走！快走！")
3) 快一点儿！좀 빨리!
4) 快（一）点儿写！좀 빨리 써라!
5) 快快儿的！빨리 빨리! (상기 1)에 비해 가벼운 어기)
6) 时间不早了，快快起来！[11] 시간이 늦었으니, 빨리 일어나라!

재촉 의미의 명령문 중 5), 6)과 같은 중첩형은 손윗사람이 아랫사람에게 명령하는 경우 사용된다. 가장 자주 사용되는 형식은 2), 3), 4)이며 이 세 유형은 겸어문에도 사용될 수 있다.

你的孩子病得很重，医生叫你快去。당신 아이의 병이 심각하니, 의사가 당신에게 빨리 가라고 했다.

他让咱们快点儿去把大门打开。그는 우리에게 빨리 가서 대문을 열라고 했다.

爸爸叫你快点儿洗。아빠는 나에게 빨리 씻으라고 했다.

주의할 점은 '快快儿的'는 재촉 의미의 명령문에만 사용할 수 있다는 것이다. 또한, 구조가 비교적 단순한 평서문의 경우 '快'의 중첩형은 부사어, 술어 및 보어를 충당하지 못하고, '부사 + 형용사'의 형식으로만 사용될 수 있다. 다음은 모두 이와 관련된 학습자의 오류이다.

---

11) 다음은 CCL 중 '快快'를 조사한 결과이다.
'快快'가 객관적인 서술에 사용되는 용례는 12개뿐이며 명령문에 사용된 용례는 51개, 주관적 바람을 나타내는 용례는 69개이다. '快快'가 수식할 수 있는 동사는 대부분 '回来돌아오다, 回家집으로 돌아가다, 去가다, 过桥다리를 건너다, 走가다/떠나다, 离开떠나다, 赶路길을 재촉하다, 解决해결하다, 结束끝나다, 完结끝나다, 长大자라다'와 같이 이동성이나 결과성을 띠는 동사 혹은 '去 + 동사' 형태의 연동구조이며, '快快'가 '写쓰다, 吃먹다, 看보다, 说말하다, 走(역주: 그러나 '走'는 역자가 CCL와 BCC의 용례를 살펴본 결과, '快快'가 '走'를 수식하는 경우가 일부 발견되었다.)' 등을 수식하는 경우는 발견하지 못했다. 반면, '快看'(33개), '快吃'(30개), '快写'(9개), '快说'(84개), '快走'(165개)와 같이 일음절 '快'가 이러한 일음절 동사를 수식하는 경우는 다수 발견되었다.

* 两个小时经过快快地。(술어)

* 两个小时快快地过去了。(부사어)

고친문장: 两个小时很快就过去了。두 시간이 빨리 지나갔다.

* 我吃得快快地并且不留。(보어)

고친문장: 我吃得很快，一点儿也没剩。나는 빨리 먹었고, 하나도 남기지 않았다.

한편, 다소 복잡한 형식의 서면어 문장에서 '快快'는 동사목적어를 수식할 수 있다. 이 경우 대개 관형어가 선행한다.

她发现他居然一点儿也不惋惜自己的快快离去，这使她很伤心。

그녀는 그가 뜻밖에도 자신이 빨리 떠나는 것을 조금도 아쉬워하지 않는다는 걸 알았고, 이 일로 많이 상심했다.

2. '慢느린'은 단독 혹은 중첩형으로 부사어를 담당한다.

'快'의 반의어인 '慢' 역시 명령문에서 상기 여섯 가지 형식으로 사용되지만, 그 의미와 용법에는 다소 차이가 있다.

1) 且慢！잠깐 기다려! (명령의 어기가 강하고 어떤 동작을 잠시 제지하려는 의미를 나타낸다. 대개 복수의 '慢'을 연용하지 않는다)
2) 慢走！慢用！조심히 가세요! 천천히 드세요! (고정적 격식어로, "慢跑!", "慢写!"와 같이 확장하여 사용할 수 없다)
3) 慢点儿吃！천천히 드세요!
4) 慢一点儿！조금만 천천히! (어기가 가볍지만 5)에 비해서는 무겁다)
5) 慢慢儿的！천천히 천천히! (상대방에 대한 관심에서 비롯, 상대방에게 동작을 늦출 것을 권함, 완곡한 표현)
6) 别急，慢慢说！조급해하지 말고, 천천히 말하렴! (가장 완곡한 어기)

'快'와 달리. 명령문에서 '慢'의 5), 6) 중첩형은 자주 사용되며, 3), 4)의 형식도 자주 사용된다. 3), 4), 6)은 겸어문에도 사용될 수 있다.

叫她扶奶奶下楼时慢一点儿。그녀에게 할머니를 부축하여 아래층으로 내려올 때는 천천히 하라고 했다.

你让他慢慢写，不用着急。그에게 천천히 쓰고 급할 것 없다고 하라.

평서문에서 '慢'의 중첩형은 부사어로 자주 사용된다.

老人慢慢地站了起来。노인은 천천히 일어났다.

过了些日子，他慢慢地也把那件事忘了。며칠이 지나고, 그는 서서히 그 일을 잊었다.

(三) '多'와 '少'

'多많은'와 '少적은'가 단독으로 동사를 수식할 경우, 대개 명령문에 사용된다.

学好汉语，要多读多写多听多说。

중국어를 잘 배우려면, 많이 읽고 많이 쓰고 많이 듣고 많이 말해야 한다.

做事之前要多考虑考虑。일을 하기 전에 많이 생각해야 한다.

少说话，多干事。말은 적게 하고, 일은 많이 하라.

少喝酒，多吃菜。술은 적게 마시고, 음식은 많이 먹어라.

중첩형인 '多多'가 가장 자주 쓰이는 경우는 일부 격식을 차려야 하는 응대어(양해나 가르침 부탁)에서이다.

请多多包涵！많은 양해 부탁드립니다!

请多多指教！많은 지도 편달 부탁드립니다!

이 용법에서 '多多'가 수식하는 동사는 대부분 고정된 형태로 '指点지적하다, 批评비평하다, 拜托부탁하다, 担待보살피다, 关照돌보다, 帮助돕다, 原谅양해하다' 등이다. '多多'는 경우에 따라 지도성 건의를 나타내는 문장에 사용되기도 한다.

要想说好汉语，看来今后还要多多练习啊！

중국어를 잘하고 싶다면, 보아하니 앞으로 많이 연습해야 할 것 같다!

要想在很多人面前说话不紧张，还得多多锻炼才行。[12]

많은 사람들 앞에서 긴장하지 않고 말하고 싶다면, 훈련을 많이 해야 한다.

그러나 '多多'의 동사 수식, 특히 일음절 동사의 수식에는 많은 제약이 따른다. 다음은 학습자의 오류이다.

*老师，请多多吃吧！

고친문장: 请多吃一点儿！많이 드세요!

*请多多休息！

고친문장: 好好休息！푹 쉬세요!

(四) 형용사중첩형과 명령문

위 (三) 부분에서 언급한 여러 예문을 통해 알 수 있듯이, 명령문에 출현하는 형용사중첩형은 그 사용에 적지 않은 제약을 받으며, 의미가 상반되는 형용사 간의 사용에도 뚜렷한 비대칭성이 드러난다. 기타 형용사의 경우, 명령문에서는 대부분 '동사 + 형용사 + 一点儿'의 형식으로 사용되어 동작결과에 대한 요구를 나타낼 뿐, 중첩형으로는 사용되지 않는다.

头发剪短一点儿！머리를 좀 짧게 잘라라　　*头发短短剪！

书放得整齐一点儿！책을 좀 가지런히 놓아라!　　*书整整齐齐地放！

打扮得漂亮一点儿！좀 예쁘게 단장해라!　　*漂漂亮亮地打扮！

四. 형용사 + 一点儿

1. '형용사 + 一点儿'은 정도가 약간 심화됨을 의미하며 재촉, 요구 등을 나타내는 명령문이나

---

12) 1990년대 '福满多'라는 컵라면 광고에서 '福气多多', '满意多多'라는 표현이 사용된 적이 있었는데, 그 후로 일부 신문 표제어에서도 이와 유사하게 '多多'가 술어로 쓰인 주술구가 사용되었다. 그러나 최근에는 '多多'가 단문에서 술어로 사용되는 경우는 찾아보기 어렵다.

겸어문, 또는 소망, 허가 등을 나타내는 문장에서 부사어로 사용된다. 이때 술어는 일반적으로 향후 발생할 동작을 나타낸다.

慢一点儿吃，别噎着！천천히 좀 먹으렴, (목에) 걸리지 않도록!

明天早一点儿来。내일은 좀 일찍 와라.

老师叫咱们早一点儿集合。선생님께서 우리를 좀 일찍 집합시켰다.

我希望会议快一点儿结束。나는 회의가 좀 빨리 끝나기를 바란다.

明天是星期天，早上可以晚一点儿起床。내일은 일요일이니까, 아침에 좀 늦게 일어날 수 있다.

你坐特快，可以早一点儿到家。특급열차를 타면 집에 좀 일찍 도착할 수 있다.

주의가 필요한 점은, '형용사 + 一点儿'의 형식으로 부사어를 충당하는 형용사는 대부분 '快빠른, 慢느린, 早이른, 晚늦은' 등 소수의 형용사로 제한되며, 그조차 어느 때나 사용 가능한 것은 아니라는 것이다. 다음은 학습자의 오류이다.

* 据中国人说，使用筷子能快一点儿吃菜。

고친문장: 据说，用筷子吃饭能吃得快一点儿。

듣기로는, 젓가락으로 밥을 먹으면 좀 더 빨리 먹을 수 있다.

2. '형용사 + 一点儿'은 주로 상태보어로 사용되어, 동작 진행 중 출현 가능한 상태나 동작 완성 이후 결과가 나타낼 수 있는 상태를 나타낸다. 이러한 용법으로 사용 가능한 형용사는 앞서 살펴본 부사어의 경우보다 많다.

让老司机开车，能把车开得稳一点儿。숙련된 기사에게 운전을 시키면, 차를 좀 더 부드럽게 몰 수 있다.

用这支笔写，能把字写得清楚一点儿。이 펜으로 쓰면, 글씨를 좀 더 깔끔하게 쓸 수 있다.

'형용사 + 一点儿'이 상태보어로 사용되는 경우는 명령문에서도 쉽게 찾아볼 수 있다.

把门开得大一点儿。문을 좀 더 많이 열어라.

把行李捆得紧一点儿。짐을 좀 더 단단히 묶어라.

3. '형용사 + 了 + 一点儿'은 상태보어로 쓰여 이미 완성된 동작의 상태가 예상했던 기준을 살짝 초과함을 나타낸다. 이러한 형식으로 사용 가능한 형용사 역시 앞서 살펴본 부사어의 경우에 비해 많다.

早上走得急了一点儿，忘了带雨伞。아침에 좀 급하게 떠나는 바람에 우산 챙기는 걸 잊었다.

今天饭吃得多了一点儿，胃里有点儿不舒服。오늘 밥을 좀 많이 먹었더니 속이 좀 불편하다.

这个菜做得咸了一点儿，所以大家都不爱吃。이 음식은 좀 짜게 만들어서 다들 먹고 싶어 하지 않는다.

4. '형용사 + 一点儿'은 '比'자문에도 사용될 수 있다.

这件衣服比那件大一点儿。이 옷은 저 옷보다 좀 크다. (횡적 비교)

她比以前胖了一点儿。그녀는 예전보다 살이 좀 쪘다. (종적 비교, 형용사 뒤에는 了가 첨가되어야 함)

'比'자문을 제외하고, 설령 어떠한 상태의 정도가 비교적 높음(비교 의미 내포)을 나타낼지라도 '一点儿'을 사용할 수 없다. 다음은 학습자의 오류이다.

＊我谈谈我的学习收获。这次进修收获多一点儿。

고친문장: 我谈谈我的学习收获。这次进修收获比较大。
나의 학습 성과를 이야기하자면, 이번 연수의 성과가 비교적 크다.

제4절 형용사와 기타 품사의 겸류(兼类) 문제

一. 형용사의 부사 용법

어떠한 단어가 문장에서 성질이나 상태를 나타내는 형용사의 기능을 상실하고 시간, 빈도, 정도, 범위, 어기 등을 나타낸다면, 이는 이미 부사로 기능하게 되었음을 의미한다. 다음은 이와 같은 겸류사의 형용사 용법과 부사 용법을 비교한 것이다.

	형용사 용법	부사 용법
好	这是一本好书。 이건 좋은 책이다. 天气很好。 날씨가 좋다.	많음 혹은 오래됨 강조: 过了好半天，我才明白过来。 한참이 지나고 나서야, 나는 알게 되었다. 学生提了好几个问题。 학생은 수많은 질문을 했다. 정도가 높음: 今天考试的题目好难啊！ 오늘 시험 문제는 정말 어려웠어! 他挨了老师好一顿批评。 그는 선생님께 꾸중을 심하게 들었다.
怪	我们学校出了一件怪事。 우리 학교에서 이상한 일이 일어났다.	정도가 높음: 这孩子怪可爱的。 이 아이는 참 귀엽다.
光	这个桌子表面很光。 이 책상의 표면은 아주 매끄럽다.	범위 한정: 光学费就交了五千元。 학비로만 오천 위안을 냈다.
白	他穿了一件白衬衫。 그는 하얀 셔츠를 한 벌 입었다.	효과가 없음: 他一直没来，让我白等了一下午。 그는 줄곧 오지 않았고, 나를 오후 내내 괜히 기다리게 했다. 대가, 보상이 없음: 不能白吃饭不干活。 대가 없이 밥을 먹고 일을 안 할 수는 없다. 老板不给钱，让我们白给他干。 사장이 돈은 주지 않고 우리에게 대가 없는 일을 시켰다.
老	爷爷老了，走不动了。 할아버지는 늙으셔서 거동이 어렵다. 这个肉片炒老了。 이 고기는 너무 오래 볶아서 질겨졌다.	줄곧, 재삼: 别老给人家添麻烦。 사람을 그만 좀 피곤하게 해라. 정도가 높음: 太阳都老高了，他们才出发。 태양이 높이 뜨고서야 그들은 출발했다.

부사를 겸하는 형용사는 이 밖에도 '直곧다/곧장,직접, 快빠르다/빨리, 偏측면의/공교롭게, 死생기가 없다/절대로, 全완전하다/완전히' 등이 있다. 한편, 부사가 형용사를 겸하는 경우도 있다.

一定:	他做事没有一定的计划。(형용사) 그가 일하는 것은 일정한 계획이 없다.	你明天一定要来。(부사) 내일은 반드시 와야 한다.
非常:	非常事件 (형용사) 비상사태	她非常努力。(부사) 그녀는 매우 노력한다.
原来:	原来的房间 (형용사) 원래의 방	他原来是学生。(부사) 그는 원래 학생이었다.

二. 형용사의 동사 용법

형용사는 목적어를 수반하지 않으며 중첩형은 일반적으로 AABB형식이다. 그러나 일부 형용사는 목적어를 수반하거나 동사와 같이 ABAB형식으로 중첩되어 시도, 짧은 시간 의미를 나타내기도 한다. 이를 형용사의 동사용법이라 한다. 이러한 겸류 형용사는 어법기능에 따라 다음 몇 가지 유형으로 나누어 볼 수 있다.

(一) 형용사중첩형 및 동사중첩형으로 모두 중첩할 수 있으며, 목적어를 수반할 수 있는 경우

这酒要温一温才能喝。이 술은 한 번 따뜻하게 데워야 마실 수 있다.

要做好工作，必须端正态度。일을 잘 하려면 반드시 태도를 단정히 해야 한다.

请大家静一静，校长有重要的事情宣布。

모두 조용히 해 주세요, 총장님께서 중요한 사안을 발표하십니다.

我这次来找他，专为明白明白这件事。

내가 이번에 그를 찾아온 것은 특별히 이번 일을 명명백백하게 알기 위해서이다. ('把这件事弄明白이 일을 이해하다'의 의미임)

踢踢腿，弯弯腰，活动活动。발로도 좀 차고, 허리도 좀 돌리며, 좀 움직여라.

抓什么工作，只要紧一紧就上去，松一松就会下来。

어떤 일을 하든, 빡빡하게 하면 올라가고, 느슨해지면 바로 내려간다.

이러한 유형의 형용사로는 이 밖에도 '热덥다/데우다, 弯굽다/구부리다, 直곧다/곧게 펴다, 壮튼튼하다/힘을 내다, 正바르다/바르게 하다, 斜기울다/기울이다, 平평평하다/평평하게 하다, 松느슨하다/늦추다, 紧팽팽하다/바짝 죄다, 烫뜨겁다/데다, 宽넓다/넓히다, 匀균등하다/균등하게 하다, 省줄다/줄이다' 등이 있다. 이 중 일음절 형용사는 대부분 동사와 같이 '동사 + 一 + 동사' 형식으로 중첩되어 동작 시간의 짧음, 시도 등의 의미를 나타낸다. 이러한 형식은 주로 명령문에 사용되며, 어기는 한층 더 완곡해진다.

(二) 형용사중첩형 및 동사중첩형으로 모두 중첩할 수 있으나, 목적어 수반은 불가능한 경우

太冷了，把空调打开，让大家暖和暖和。너무 춥네, 히터를 켜서 사람들을 따뜻하게 해 주자.

放假后，学校组织旅游，为的是让老师和学生轻松轻松。

방학을 하면 학교에서 여행을 계획하는데, 이는 교사와 학생에게 휴식을 주기 위해서이다.

이 밖에도 '高兴기쁘다/기뻐하다, 痛快상쾌하다/마음껏 즐기다, 舒服편안하다/편안하게 하다, 快活즐겁다/즐기다, 快乐유쾌하다/유쾌하게 보내다, 亲热친밀하다/친하게 지내다, 凉快시원하다/시원한 바람을 쐬다, 安静조용하다/조용히 하다, 干净깨끗하다/깨끗이 하다, 精神활기차다/기운을 내다' 등이 있다. 이들 형용사는 동사를 겸할 경우, 주로 '让 + 사람 + ABAB' 형식으로 사용되며 어떤 사람이 해당 단어가 나타내는 상태에 도달하도록 함의 의미를 나타낸다. 이러한 유형의 형용사는 (一) 유형과 같이 '동사 + 一 + 동사' 형식으로는 중첩할 수 없다.

(三) 형용사중첩형으로만 중첩하며, 목적어를 수반할 수 있는 경우

这个城市这几年多了些绿地，少了些破破烂烂的房子。
이 도시는 최근 몇 년 동안 녹지는 많아지고, 낡은 집들은 줄었다.

做什么都不要勉强自己。무엇을 하든지 무리하지 마세요.

眼泪模糊了我的眼睛。눈물이 내 눈을 흐리게 했다.

동일한 유형의 형용사로는 이 밖에도 '厚두껍다/중시하다, 薄얇다/경시하다, 黑검다/모함하다, 哑소리 나지 않다/(목이) 쉬다, 破낡다/파손되다, 乱어지럽다/어지럽히다' 등이 있다. 이러한 유형은 목적어를 수반할 수 있지만 수반 가능한 목적어가 대부분 고정적이며 숙어가 되는 경향을 보인다(즉, 목적어와 결합하여 성어나 관용어, 속담 등을 만든다). 그 예로 '厚今薄古현재 것을 중시하고 옛것을 경시하다, 厚此薄彼한 쪽을 중시하고 다른 한 쪽을 냉대하다, 黑了良心나쁜 마음을 먹다, 哑着嗓子목이 잠기다, 破记录기록을 깨다, 破规矩규율을 깨다, 破财免灾액땜하다, 乱了阵脚질서가 흐트러지다, 乱了方寸제 정신이 아니다, 多了块心病마음의 병이 늘다' 등이 있다.

(四) 동사중첩형으로만 중첩하며, 목적어를 수반할 수 있는 경우

要完成这一工作，大家必须统一思想。이 업무를 완수하려면, 모두 생각을 통일시켜야 한다.

他很讲究穿着打扮。그는 옷차림새를 중시한다.

领导应该深入群众。지도자는 반드시 군중에 깊이 파고 들어야 한다.

刚戴眼镜时，会觉得不舒服，习惯习惯就好了。
안경을 막 쓰기 시작하면 불편하다고 느낄 수 있지만, 익숙해지면 괜찮다.

他很满意自己的工作。그는 그의 일에 만족한다.

이 밖에도 '饿배고프다/굶다, 挤빽빽하다/빽빽이 들어차다, 严格엄격하다/엄하게 하다, 严肃엄숙하다/엄숙하게 하다, 可怜가련하다/동정하다, 清醒맑고 깨끗하다/의식을 회복하다, 纯洁순결하다/순결하게 하다, 固定고정적이다/고정하다, 公开공개적이다/공개하다, 方便편리하다/편의를 도모하다, 坦白솔직하다/솔직하게 말하다, 缓和완화되다/완화시키다, 开阔넓다/넓히다, 肯定긍정적이다/인정하다, 壮大강대하다/강화하다, 平均균등하다/고르게 하다, 健全건전하다/갖추다, 突出두드러지다/돋보이게 하다, 繁荣번영하다/번영시키다, 密切밀접하다/밀접하게 하다, 滋润촉촉하다/적시다, 集中집약되다/집중시키다, 普及보편화되다/보편화시키다' 등이 있다.

(五) 목적어를 수반할 수 있으나, 중첩형으로는 사용되지 않는 경우

他一天到晚地忙工作，顾不得照顾家里人。그는 하루 종일 바쁘게 일하느라 가족들을 돌보지 못한다.

我们要坚定信心，继续努力，一定要把这项实验搞到底。

우리는 신념을 확고히 하고 계속 노력하여, 반드시 이 실험을 끝까지 해내야 한다.

你不要冤枉好人。좋은 사람을 억울하게 하지 말라.

我够不着上面那本书，你帮我拿一下。나는 위에 있는 저 책이 닿지 않으니, 네가 대신 좀 내려줘.

이 밖에도 '对맞다/맞추다, 错틀리다/엇갈리다, 差부족하다/틀리다, 讨厌싫다/싫어하다, 便宜저렴하다/이롭게 해 주다, 焕发빛나다/진작하다, 固执고집스럽다/고집하다, 瞎혼란스럽다/눈이 멀다, 瘸절름거리다/절다, 松懈소원하다/게을리하다' 등이 있다.

三. 형용사의 명사 용법

일부 형용사가 성질이나 상태를 나타내는 본래의 기능을 잃고 사물을 지칭하거나 일부 명사의 어법특징(명량사 수반, 목적어 충당, 다른 형용사의 수식을 받는 등)을 나타낼 경우, 이를 형용사의 명사 용법이라 한다.

旅行要注意安全。여행을 할 때는 안전에 주의해야 한다.

产品检验要有一定的标准。제품 검사에는 일정한 기준이 있어야 한다.

他喜欢占小便宜。그는 작은 잇속을 차리는 것을 좋아한다.

我买了两份保险。나는 보험 두 개를 들었다.

이 밖에도 '错틀리다/착오, 横가로의/가로, 竖세로의/세로, 习惯익숙하다/습관, 方便편리하다/편의, 困难곤란하다/역경, 秘密은밀하다/비밀, 痛苦고통스럽다/고통, 烦恼걱정하다/걱정, 麻烦번거롭다/고생' 등이 있다.

제5절 형용사 관련 학습자 오류

1. 누락오류

단문에 출현하는 형용사술어 앞에는 정도부사를 생략할 수 없다(자세한 논의는 제7장 부사 부분 제3절 참조).

? 天安门广场大。

고친문장: 天安门广场很大。톈안먼 광장은 크다.

* 他给了我满满的酒。

고친문장: 他递给我满满的一杯酒。그는 나에게 가득 담긴 술 한 잔을 따라주었다.

분석: '满满'이 관형어나 부사어를 충당할 경우 수식을 받는 대상은 반드시 수량사를 동반해야 한다. 위 문장은 "他满满地给我倒了一杯酒。그는 나에게 술 한 잔을 가득 따라주었다."로도 수정할 수 있다.

2. 첨가오류

(1) 형용사 술어 앞에 '是'를 첨가한 경우

* 那里夏天是很热。
* 我住在苏州。苏州是很漂亮。
* 回答是很简单。

분석: 중국어는 어떤 사람의 말을 긍정할 경우에만 상태형용사 앞에 '是'를 첨가할 수 있다. 위 문장 중 '是'는 모두 잘못 첨가된 것이다.

(2) 과거의 상태를 나타내는 형용사 뒤에 '了'를 첨가한 경우

* 那天是第一次上课，我有些紧张了。
* 我才来中国上课的时候听不懂，特别是语法很难了。
* 我刚来中国时，饭菜不合口味，中国的生活很困难了。
* 夏天真的热了。

고친문장: 夏天真的很热。여름은 정말 덥다.

분석: 이는 비교적 빈번하게 발생하는 오류의 하나로, '了'의 기능을 지도하는 과정에서 형용사의 어법특징 역시 강조하여 설명할 필요가 있다(제10장 제2절 동태조사 참고).

(3) 형용사를 잘못 첨가한 경우

* 我认真很努力学习。

고친문장1: 我认真学习。

고친문장2: 我努力学习。나는 열심히 공부한다.

(4) 중첩형에 정도부사나 '的'를 잘못 첨가한 경우

* 这条路非常地弯弯曲曲的。

고친문장: 这条路弯弯曲曲的。이 길은 구불구불하다.

(5) 중첩형에 '的'를 잘못 첨가한 경우

* 这个菜味道马马虎虎的，你尝尝。

고친문장: 这个菜味道马马虎虎，你尝尝。이 음식은 맛이 그저 그렇네, 네가 맛을 좀 보렴

3. 대체오류

(1) 술어를 담당하는 형용사를 잘못 사용한 경우

* 下班的时候，道路上的交通很厉害。

고친문장: 下班的时候，道路上的交通很拥挤。퇴근 시간에는 도로 교통이 혼잡하다.

* 他的病据医生说很深。

고친문장: 他的病据医生说很重。그의 병세가 의사 말로는 매우 위중하다.

* 这里的老师都很热闹，总是耐心地回答我们的问题。

고친문장: 这里的老师都很热情，总是耐心地回答我们的问题。
이곳 선생님들은 모두 열정적이며, 늘 우리 질문에 인내심을 가지고 답해주신다.

* 她跟我一样高，可是她比我薄。

고친문장: 她跟我一样高，可是她比我瘦。 그녀는 나와 (키가) 같지만, 그녀가 나보다 말랐다.

* 现在我们该做的事很分明。

고친문장: 现在我们该做的事很清楚。 현재 우리가 해야 하는 일은 명확하다.

분석: '分明'에 '명확하다'라는 의미가 있기는 하지만 '分明'이 술어로 쓰일 경우 그 주어는 '立场입장', '态度태도', 선명한 대비를 나타내는 '黑白흑백' 등 일부 단어로 제한되며, 이 외의 명사(구)는 '分明'의 주어가 될 수 없다.

* 有人一直要闯红灯，这件事对我的印象那么大。

고친문장: 有人一直要闯红灯，这件事给我的印象很深。
어떤 사람이 줄곧 무단횡단을 하려고 하는데, 이 일이 내게 준 인상이 깊다.

* 他睡得很深，怎么叫也叫不醒。

고친문장: 他睡得很沉，怎么叫也叫不醒。 그는 깊이 잠들어서, 어떻게 불러도 깨지 않았다.

* 南京的生活很贵。

고친문장: 在南京生活，花费比较大。 난징에서의 생활은 소비가 비교적 컸다.

* 吃了药，我的头疼才慢慢镇静下来。

고친문장: 吃了药，我的头疼才慢慢减轻了。 약을 먹자, 두통이 비로소 서서히 가셨다.

(2) 술어나 목적어를 담당해야 하는 형용사를 관형어로 잘못 사용한 경우

* 期中考试是相当难的事。

고친문장: 期中考试是相当难的。 중간고사는 상당히 어려웠다.

* 他和你站在一起显得矮的兄弟。

고친문장: 他是你的兄弟，跟你站在一起显得很矮。
그는 너의 형제인데, 너랑 함께 서 있으니 작아 보인다.

(3) 형용사의 수식어를 잘못 사용한 경우

* 他个子中等，身体很不瘦。

고친문장: 他个子中等，身体不太瘦。 그는 키가 중간 정도이고, 체격은 그다지 마르지 않았다.

분석: '瘦'와 같은 저량형용사는 '很不'의 수식을 받을 수 없다(제1절 二 (四) 2 참고).

(4) 동사를 사용해야 할 곳에 형용사를 사용한 경우

* 李老师对自己的研究非常热情，他的家简直就像一个藏书室。

고친문장: 李老师非常热爱自己的研究工作，他的家简直就像一个藏书室。
리 선생님은 자신의 연구 업무를 매우 사랑하여, 그의 집은 그야말로 장서실 같다.

* 圣诞节那天，家庭也显得很丰富。

고친문장: 圣诞节那天，家庭也充满了节日气氛。크리스마스 당일, 집도 연말 분위기가 가득했다.

* 因为有海，蔚山发达国外贸易。

고친문장: 因为靠海，蔚山大力发展海外贸易。
바다와 맞닿아 있어서, 울산은 해외무역을 크게 발전시켰다.

분석: '发达'는 형용사이므로 목적어를 수반할 수 없다(동사를 겸하는 겸류 형용사 제외).

(5) 동사를 형용사로 착각하여 잘못 사용한 경우

* 电影快开演了，现在去恐怕晚点。

고친문장: 电影快开演了，现在去恐怕已经晚了。영화가 곧 시작하는데, 지금 가도 이미 늦었을 것이다.

(6) 관형어로 쓰인 형용사를 잘못 사용한 경우

* 她穿着很矮的裙子。

고친문장: 她穿着很短的裙子。그녀는 짧은 치마를 입고 있다.

분석: '矮작은'는 '个子키, 树木나무, 建筑건물' 등을 수식하고, 의복류의 수식에는 '短짧은'을 사용해야 한다.

* 看他那么坚强的态度，我也无可奈何。

고친문장: 看他的态度那么坚决，我也无可奈何。
그의 태도가 그처럼 완강한 것을 보니 나도 어쩔 수 없다.

분석: '坚强강건한'은 '意志의지'를 수식하고, '坚决완강한'은 '态度태도'를 형용한다.

(7) 관형어로 쓰인 형용사를 이음절이 아닌 일음절로 잘못 사용한 경우

* 她碰到了孩子的凉手……

고친문장: 她碰到了孩子冰凉的手…… 그녀는 아이의 차디찬 손을 만졌다……

분석: 제2절 二 (一)에서 소개한 바와 같이, 모든 일음절 형용사가 직접 명사를 수식하는 관형어로 사용될 수 있는 것은 아니다. '冷찬, 热더운, 凉시원한, 温따뜻한'이 모두 '水물'를 수식할 수 있고, '温'을 제외한 나머지 형용사가 '饭밥, 菜요리, 茶차, 气기운' 등의 명사를 수식할 수 있으나, '冷水찬물, 冷气찬기운, 凉水시원한 물' 등과 같이 모두 상대적으로 고정적인 용법들이다. '冷, 热, 凉, 温'은 단순 형식으로 직접 사람의 신체나 사지 등을 수식할 수 없다.

(8) 관형어로 사용되어야 할 형용사를 술어로 잘못 사용한 경우

* 在这儿有外国人很多。

고친문장: 在这儿有很多外国人。여기에는 많은 외국인이 있다.

* 韩国有名造船。[13)]

고친문장: 韩国造船很有名。한국의 조선업은 유명하다.

13) [역주] 이 예문은 술어로 사용되어야 할 형용사를 관형어로 잘못 사용한 경우이다.

(9) 부사어로 사용되어야 할 형용사를 술어로 잘못 사용한 경우

* 我们也教老师热心。

고친문장: 我们也热心地教老师。 우리도 열성적으로 선생님을 가르쳐드리겠습니다.

* 冬天看下雪的很难。我想快回国！

고친문장: 冬天很难看到下雪。我想快回国！
겨울인데 눈 내리는 걸 보기가 힘들다. (나는) 빨리 귀국하고 싶다!

(10) 부사어로 사용해야 할 형용사를 보어로 잘못 사용한 경우

* 鲁讯的作品中国的大学生也看得很难懂。

고친문장: 鲁讯的作品中国的大学生也很难看懂。
루쉰의 작품은 중국의 대학생도 이해하기 어렵다.

* 他援助得热心地。

고친문장: 他热心地做援助工作。 그는 열성적으로 업무를 돕는다.

(11) 단순 형식으로 부사어를 충당한 경우

* 他看着，久时间不离开。

고친문장1: 他看着他可爱的孩子，久久不愿意离开。
그는 자신의 귀여운 아이를 보며, 오래도록 떠나고 싶어하지 않았다.

고친문장2: 他看着他可爱的孩子，很长时间都不愿意离开。
그는 자신의 귀여운 아이를 보며, 오랜 시간 동안 떠나고 싶어하지 않았다.

* 有些问题看起来很容易解决，事实上，好想一想就知道这个问题很难解决。

고친문장: 有些问题看起来很容易解决，但实际却是很难解决的。
어떤 문제들은 보기에는 쉽게 해결할 수 있을 것 같지만, 사실상 해결하기 매우 어렵다.

(12) 중첩형이 보어로 쓰일 때 오류가 발생한 경우

* 我们去东部车站得快快地。

고친문장: 我们得快点儿去东边的车站了。 우리는 서둘러 동쪽의 정류장으로 가야 한다.

* 他检查得仔仔细细。

고친문장1: 他仔仔细细地检查了一遍。

고친문장2: 他检查得很仔细。 그는 아주 꼼꼼하게 검사를 했다.

* 今天游泳游得真痛痛快快的。

고친문장1: 今天游泳游得真痛快。 오늘 수영은 정말 즐거웠다.

고친문장2: 今天痛痛快快地游了一个泳。 오늘 정말 즐겁게 수영을 했다.

분석: '快빠른, 仔细자세한, 痛快즐거운'의 중첩형은 부사어로만 사용되며 보어로는 사용되지 않는다(세부논의는 제3절 二 참조).

(13) 부사어로 사용되어야 할 중첩형을 술어로 잘못 사용한 경우

* 他写马马虎虎。

고친문장1: 他写得很马虎。그의 글씨는 그저 그렇다.

고친문장2: 他马马虎虎地写了几个字。그는 어설프게 몇 글자를 썼다.

* 今天晚上大家好好儿玩儿，痛痛快快的。

고친문장: 今天晚上大家痛痛快快地好好玩儿。오늘 저녁 모두들 아주 즐겁게 잘 놀았다.

(14) 부사어로 사용되어야 할 중첩형을 관형어로 잘못 사용한 경우

* 他站在远远的地方。

고친문장: 他远远地站在那儿看。그는 멀리 저쪽에서 서서 본다.

(15) 보어로 사용되어야 할 중첩형을 술어로 잘못 사용한 경우

* 你经常要把屋子里整整齐齐。

고친문장: 你应该把屋子收拾得整整齐齐的。너는 집을 가지런하게 정리해야 한다.

(16) 명령문에 사용할 수 없는 중첩형을 잘못 사용한 경우

* 你们安安静静地说吧，已经过了十二点了。

고친문장: 你们说话小声一点儿，已经过了十二点了。
너희들 좀 작은 소리로 말하렴, 이미 12시가 넘었다.

* 请你地地道道地干这个活。

고친문장: 请你把这个活干得地道一点儿。이 일을 좀 제대로 해주세요.

(17) 단순형용사 혹은 '부사 + 형용사'를 사용해야 할 곳에 중첩형을 잘못 사용한 경우

* 我觉得学习汉语最好的办法是多多写汉字，多多读书。

고친문장: 我觉得学习汉语最好的办法是多读多写。
(나는) 중국어를 배우는 가장 좋은 방법은 많이 읽고 많이 쓰는 것이라 생각한다.

* 我冷冷静静地对他解释我的想法。

고친문장: 我很冷静地向他解释我的想法。나는 그에게 나의 생각을 냉정하게 해명했다.

(18) 형용사를 중첩한 후 의미상 결합에 오류가 있는 경우

* 今天没有什么事，我随随便便地看你来了。

고친문장: 今天没有什么事，我随便过来看看你。오늘 별다른 일이 없어서 편하게 너를 좀 보러 왔다.

분석: '随便'의 중첩형은 '열심히 하지 않는, 정중하지 않은, 엄숙하지 않은' 등과 같은 부정적 의미를 내포하고 있다. 따라서 문장이 본래 의도하고자 하는 의미에 부합하지 않는다.

* 富裕人的食品有的也是朴朴素素的。

고친문장1: 富裕的人有的吃得也很一般。부유한 사람 중에도 어떤 사람은 평범하게 먹고산다.

고친문장2: 富裕的人有的也过着朴朴素素的生活。부유한 사람 중에도 어떤 사람은 소박하게 생활한다.

(19) '형용사중첩형 + 的'를 잘못 사용한 경우

* 经理说一声，场内一下子变成安安静静的。

고친문장: 经理一讲话，场内一下子安静下来。사장이 말하기 시작하니, 장내는 일순간 조용해졌다.

* 最近我的生活马马虎虎的。

고친문장: 最近我的生活马马虎虎还过得去。요즘 내 생활은 그럭저럭 그렇게 지내고 있다.

분석: '马虎'의 중첩형은 두 가지 의미를 나타낸다. '马马虎虎的'는 '열심히 하지 않는다'의 의미로 주로 업무태도를 나타낼 때 사용한다. 상기 예문은 학습자에게 본래의 의도를 확인한 후 수정한 것이다. 한편, '(生活)马马虎虎'는 '그럭저럭 괜찮다, 그런대로 하다'의 의미를 나타낸다.

4. 어순오류

* 晚饭是自助餐，吃随便。

고친문장: 晚饭是自助餐，随便吃。저녁밥은 뷔페이니, 마음껏 드세요.

* 他很好游泳。

고친문장: 他游泳很好。그는 수영을 잘한다.

* 有人很多猜错了。

고친문장: 很多人猜错了。많은 사람들이 맞히지 못했다.

5. 혼합오류

* 他头发很灰白。

고친문장: 他头发是灰白的。그의 머리카락은 회백색이다.

* 那个女演员自自然然地表演主人公。

고친문장: 那个女演员表演得很自然。그 여배우는 매우 자연스럽게 연기한다.

* 她打扮起来显得漂亮的演员。

고친문장: 这个演员打扮起来就很漂亮。이 배우는 꾸며 놓으니 참 예쁘다.

* 他准备了努力演讲比赛，就得满分。

고친문장: 他认真准备了演讲比赛，所以得了满分。그는 웅변대회를 열심히 준비하였고, 만점을 받았다.

* 我想见面他快快地。

고친문장1: 我想早一点跟他见面。나는 하루빨리 그를 만나고 싶다.

고친문장2: 我希望能很快跟他见面。나는 빨리 그와 만날 수 있기를 희망한다.

* 什么东西吃多了，恐怕对身体有营养。

고친문장: 大概什么东西多吃些，对身体总会有好处。뭐든 많이 먹으면, 어쨌든 건강에 도움이 된다.

분석: '형용사 + 了'가 술어동사 뒤에 출현할 경우, 동작이 예상 정도를 초과하였음을 나타낸다. 그러나 본래의 문장에서는 이러한 의미가 나타나지 않는다.

제6절 교학적 제언

1. 위 제5절의 오류 분석 중 형용사가 어떠한 성분으로 사용되는지와 관련된 오류는 대부분 초급 학습자에게서 자주 나타난다. 따라서 초급 학습자가 형용사의 용법을 학습하기 시작할 때 교수자는 형용사가 담당하는 다양한 문장 성분과 관련한 올바른 예시를 제시하고, 동시에 어떠한 형용사가 어떠한 성분으로 사용되지 않는지에 대해서도 함께 설명해야 한다. 특히 '대부분의 형용사는 목적어를 수반하지 않음, 형용사가 과거의 상태를 나타내더라도 '了'는 사용하지 않음' 등 일부 보편적 규칙에 대해서는 반드시 반복적으로 강조해 줄 필요가 있다.

2. 의미, 어휘 결합 상의 오류는 초급과 중급 학습자 모두에게서 발생한다. 새로운 형용사를 학습할 때 이미 배웠던 유사한 어휘, 혹은 학습자가 혼동하기 쉬운 어휘를 함께 연계시켜 이들의 차이점을 설명해 주어야 한다. '瘦마른'와 '薄얇은', '矮작은'와 '低낮은' 등의 유의어 및 동일한 형태소가 포함된 '热心열성적인'과 '热情열정적인/친절한', '坚决완강한'와 '坚强강건한' 등이 그러한 예이다. 특히 '分明명확한' 및 '清楚분명한'과 같이 각각의 사전적 뜻풀이에 사용되는 유의어의 경우 학습자가 그 의미를 명확히 구분하기 어려우므로, 처음부터 이들의 서로 다른 용법에 대해 자세히 설명해 주어야 한다.

3. 형용사중첩형 역시 그 형식과 용법이 매우 복잡하여 많은 오류가 발생하는데, 특히 일음절 형용사에서 학습자의 오류가 많이 나타난다. 형용사의 중첩형을 학습할 때에는 모든 형용사가 중첩이 가능한 것은 아니며 중첩 이후에도 모든 문장 성분으로 사용될 수 있는 것은 아니라는 점을 반드시 짚어주어야 한다. 또한 화용적 특징과 결합하여 중첩형의 용법을 소개하고 학습자의 오류 문장을 함께 언급하여 형용사중첩형의 유형별 사용 규칙을 설명하도록 한다.

참고문헌

郭春贵(2002), 对日汉语语法教学的难点,《对外汉语教学语法探索》, 中国社会科学出版社.

刘月华(1992), 状语与补语的比较,《现代汉语补语研究资料》, 北京语言学院出版社.

陆庆和(2003), 关于汉语形容词重叠的几个问题的探讨,《こだはら》26号(日本帝塚山学院大学).

邱丕君·施建基(1990), 程度与情状,《中国语文》第6期.

沈家煊(1999),《不对称与标记论》, 江西教育出版社.

沈家煊(2001), 语言的"主观性"和"主观化",《外语教学与研究》第7期.

王麦巧(2000), 形容词重叠"AA"式在广告中的新用,《渭南师范学院学报》(增刊).

吴一安(2003), 空间指示语与语言的主观性,《外语教学与研究》第6期.

张爱民(1996), 形容词重叠式作状语与作其他成分的比较,《语言教学与研究》第2期.

赵元任(1994),《中国话的文法》丁邦新译, 台湾学生书局.

朱德熙(1999), 现代汉语形容词研究,《朱德熙文集》(第二卷), 商务印书馆.

朱德熙(1999), 语法讲义,《朱德熙文集》(第一卷), 商务印书馆.

朱景松(2002), 形容词能动意义德确定和提取,《语言教学与研究》第3期.

朱景松(2003), 形容词重叠式的语法意义,《语文研究》第3期.

제7장 부사

제1절 부사의 어법특징과 분류

一. 부사의 어법특징

1. '不않다, 没有않다, 别마라, 当然당연히, 也许아마도, 一定반드시, 差不多거의' 등 소수의 부사를 제외하고 대다수의 부사는 질문에 대한 대답으로 단독 사용이 불가능하다.

2. 특수 구문 혹은 특수한 언어 환경을 제외하고 부사는 명사를 수식할 수 없으며, 동사와 형용사 혹은 기타 부사만 수식할 수 있다(반면, 형용사는 동사와 명사를 모두 수식할 수 있으며, 이것이 부사와 형용사의 주된 차이점임).

3. '渐渐점점, 常常종종, 刚刚방금, 仅仅단지' 등 일부 이음절 부사를 제외한 대부분의 부사는 모두 중첩이 불가능하다.

4. 부사는 긍정과 부정을 반복하여 의문 형식을 만들 수 없다.

5. 부사는 주로 부사어로 사용된다. '渐渐점점' 등 소수 부사를 제외한 대부분의 부사는 '地'를 사용하지 않는다.

6. 부사와 주어의 어순은 대부분 고정적이다.

(1) '光오직, 只단지, 就바로, 单오직, 单单오직' 등 범위부사가 주어에 대한 범위 한정의 의미를 나타낼 경우, 반드시 주어 앞에 놓인다.

(2) 어기부사 중 추측을 나타내는 '难道설마, 甚至심지어, 大概대략, 恐怕어쩌면, 也许아마도, 可能아마도, 几乎거의, 居然뜻밖에도, 不料의외로, 果然역시, 幸亏다행히, 幸而다행히, 好在다행히, 多亏덕분에, 偏偏하필, 反正어쨌든, 其实사실, 究竟도대체, 到底도대체, 毕竟결국, 难怪어쩐지, 怪不得어쩐지' 등의 부사는 크게 두 가지 어순으로 사용될 수 있다. 발화자가 주어를 강조할 때는 주어 앞에 위치하고, 술어를 강조할 때는 주어 뒤에 놓인다.

(3) 상술한 두 유형의 부사 이외에 기타 부사들은 모두 주어의 뒤에 놓인다.

7. 중국어 부사의 일부는 다소 엄격한 '공기'와 '호응' 규칙을 준수한다. '공기(共现)'란 단문 중 어떤 어휘나 어법 성분이 출현했을 때 반드시 이에 상응하는 부사가 그 문장에 함께 출현하는 것을 뜻한다. '호응(呼应)'이란 복문 중 어떤 어휘(대부분은 접속사)가 출현할 때 그 후행절에 이에 상응하는 부사가 출현하는 것을 가리킨다. 아래 7개의 예문 중 앞의 3개는 '공기'이고 뒤의 4개는 '호응'이다. 이 두 가지 상황에 속하는 단어는 모두 진하게 표시하였다.

所有的学生**都**要登记。모든 학생들은 등록해야 한다.

太累了，咱们**稍微**休息**一下**吧。너무 피곤한데, 우리 조금만 쉬도록 하자.

一连下了三**天**雨。연속으로 3일 동안 비가 내렸다.

哪怕我们在北京只住三天，**也**一定要去游览长城。

설령 우리가 베이징에서 3일만 머무른다 해도, 만리장성은 반드시 구경하러 가야 한다.

如果明天下雨，我们**就**不去旅游了。만약 내일 비가 온다면, 우리는 여행을 안 갈 것이다.

不管你怎么劝他，他**都**不听。네가 그를 어떻게 설득해도 그는 듣지 않는다.

只有他来了以后，我们**才**能进去。그가 온 이후에야 우리는 비로소 들어갈 수 있었다.

위 예문은 모두 후행하는 부사가 반드시 선행 어휘와 '공기'하거나 '호응'해야 하며 이를 각각 '절대 공기' 및 '절대 호응'이라 한다. 이 밖에도, 표현상 필요에 따라 부사는 '상대적'인 '공기' 혹은 '호응' 규칙을 따르기도 하는데, 즉, 어떤 의미나 문장 중 특정 단어를 강조할 필요가 있을 경우, 부사와 다른 단어 혹은 성분이 '공기'하거나 '호응'해야 하는 것이다.

难怪他肚子疼，谁让他一连吃了四个冰淇淋呢。

어쩐지 그가 배가 아프더라니, 누가 그에게 아이스크림 4개를 연달아 먹도록 한 것인가. (선행절의 술어는 주술구)

怪不得他认识老刘，原来他俩在上周的晚会上见过面。

어쩐지 그가 라오류를 알고 있더라니, 알고 보니 그 둘은 지난주 만찬에서 만난 적이 있었어. (선행절의 술어는 인지류의 심리동사)

难怪彼得**这么了解**北京，原来他在北京呆过三年。

어쩐지 피터가 베이징을 이렇게 잘 알더라니, 알고 보니 그는 베이징에 3년 동안 머물렀었더군.

怪不得奶奶哭得**那么伤心**，原来她最好的朋友去世了。

어쩐지 할머니께서 그렇게나 속상하게 우시더라니, 알고 보니 할머니의 가장 친한 친구가 돌아가셨대.

难怪他**如此兴奋**，原来他得了大奖。어쩐지 그가 이렇게 흥분하더라니, 알고 보니 그가 큰 상을 탔대.

'难怪어쩐지', '怪不得어쩐지'가 출현하는 절의 술어가 형용사 또는 감정, 정서, 이해를 나타내는 심리동사('高兴기쁘다, 难过힘들다, 伤心속상하다, 激动감격하다, 兴奋흥분하다, 了解이해하다, 熟悉익숙하다' 등)이고 술어에 후행하는 보어가 형용사인 경우, 이들 형용사나 동사의 앞에는 정도를 강조하는 대사('这么이렇게', '那么저렇게' 혹은 '如此이러하다' 등)가 공기한다. 그러나 '难怪', '怪不得'의 술어가 인지류 심리동사('觉得생각하다, 知道알다, 感到느끼다, 认识인식하다' 등)이거나 술어가 형용사를 중심으로 하는 주술구조인 경우 반드시 대사와 공기할 필요는 없다. 따라서 이와 같은 '공기'는 '상대적인 조건부 정밀공기(严式共现)'[1]라 할 수 있다.

일부 다의성을 가지는 부사의 경우, 나타내는 의미에 따라 공기 성분이 필요한 경우도 있고 필요하지 않은 경우도 있다. 예를 들어 '恨不得못하는 것이 한스럽다/간절히 원하다'는 두 가지 의미가 있는데, 첫 번째는 어떤 일을 조속히 완성하길 바라다의 의미로(단시간 내에 즉각적으로 하기 어려운 일에 자주 쓰인다) 매우 절박한 심정을 강조하는 것이다. 이 경우 반드시 '马上곧, 立刻바로, 一下子순식간에' 등의 어휘가 '恨不得'와 공기해야 한다(이 역시 '상대적인 조건부 정밀공기'

1) [역주] '정밀공기' 및 '약식공기'는 '严式共现' 및 '宽式共现'에 대응하는 한국어가 없어 저자의 설명을 바탕으로 역자가 임의 선택한 용어이다.

에 속함).

我**恨不得立刻**把这个消息告诉她。나는 이 소식을 곧바로 그녀에게 알려주고 싶은 마음이 간절하다.

听说妈妈得了重病，我**恨不得马上**飞到她的身边。

듣자하니 어머니께서 큰 병에 걸리셨다고 하던데, 나는 당장 비행기를 타고 어머니 곁으로 가고 싶은 마음이 간절하다.

他**恨不得**把这些问题**一下子**都解决了。

그는 이 문제들을 단번에 모두 해결해버리고 싶은 마음이 간절하다.

'恨不得'의 또 다른 의미는 주관적 정서(사랑, 미움, 상심, 부끄러움 등의 감정이 극에 다다름)를 나타내는 것이다. 이 경우 특별히 요구되는 공기 성분은 없지만 '恨不得'가 출현하는 문장 의미가 종종 과장성(동작이 실현되기 어려움)을 띤다는 특징을 갖는다.

他特别疼爱他的女儿，恨不得天天捧在手上。

그는 딸을 너무 사랑해서, 매일같이 손 위에 받쳐두고 싶은 마음이 간절하다.

我觉得丢人死了，恨不得找个地缝钻进去。

나는 너무 창피해서, 쥐구멍이라도 찾아 들어가고 싶은 마음이 간절하다.

때로 '真진짜'이 '恨不得'의 앞에 출현하기도 하는데, 이들의 공기는 수의(随意)적이다(따라서 이를 '약식 공기(宽式共现)'라 칭함).

他太不懂礼貌了，我(真)恨不得骂他一顿。

그는 너무 예의가 없어서, 난 정말로 그에게 한바탕 욕을 하고 싶다.

我跟男朋友吹了，(真)恨不得大哭一场。나는 남자친구와 헤어지고, 정말로 한바탕 크게 울고 싶었다.

(부사의 '공기'에 관한 세부논의는 본 장의 주요부사 부분 참조, 관련 부사의 '호응'에 관한 설명은 하권 제3편 복문 부분 참조)

二. 부사의 분류

부사는 나타내는 의미에 따라 다음 몇 가지로 분류할 수 있다.

1. 정도부사

很매우, 挺아주, 怪아주, 非常대단히, 十分충분히, 格外특별히, 分外유달리, 相当상당히

太너무, 真진짜, 可꽤, 多많이, 多么얼마나

特别특히, 尤其특히, 比较비교적, 较비교적, 极극히, 最가장, 顶아주

更더, 更加더욱더, 越发더욱, 越加한층더

稍微조금, 稍약간, 稍稍다소, 略微조금

有点儿조금, 几乎거의, 过于지나치게

2. 시간부사

才비로소, 就바로, 刚방금, 刚刚방금, 正마침, 正在마침 -는 중이다, 在 -는 중이다, 要곧

就要머지않아, 快要곧

一直줄곧, 一时한때, 一向줄곧, 向来여태까지, 从来이제껏, 始终언제나, 总算마침내, 终于마침내
原来원래/알고보니, 本来본래, 随时언제나, 时时늘, 已经이미, 已이미, 曾经일찍이, 曾일찍이
将장차, 将要장차, 立刻바로, 马上곧, 顿时바로, 起初처음에, 原先원래, 好久오랫동안, 永远영원히

3. 범위부사

都모두, 全전부, 一共다 합하여, 共다 합하여, 只단지, 才겨우, 仅仅단지, 仅단지, 光오직, 单단지
唯独유독, 一起함께, 같이, 一块儿함께/같이, 一同함께/같이, 一齐일제히, 一道같이, 一概모조리
净온통

4. 병존, 결합, 반복부사

也역시, 还그리고, 또, 再다시, 又또, 再三재삼, 反复반복하여, 不断부단히, 重新처음부터 다시

5. 빈도부사

常자주/종종, 常常자주/종종, 时常늘/자주, 经常늘, 往往흔히/종종, 总是늘/언제나, 总늘/언제나
老늘/언제나, 老是늘/언제나, 偶尔가끔, 一连잇따라/연이어, 连连잇따라/연이어

6. 부정부사

没(有)않다, 不않다, 别금지, 不用－할 필요없다, 不必－할 것까지는 없다

7. 추측부사

也许아마도, 大概대략, 恐怕어쩌면, 可能아마도, 一定반드시, 准틀림없이
未必반드시 그렇다고 할 순 없다, 必定반드시/기필코

8. 어기부사

可강조, 却오히려, 倒오히려, 究竟도대체, 到底도대체, 毕竟결국, 几乎거의, 差点儿하마터면
简直그야말로, 果然역시, 明明분명히, 难道설마, 居然뜻밖에도, 竟然의외로, 偏偏하필이면
偏하필이면, 甚至심지어, 只好어쩔 수 없이, 不料의외로, 其实사실, 难怪어쩐지, 怪不得어쩐지
反正어쨌든, 索性차라리, 多亏덕분에, 幸亏다행히, 幸而다행히, 好在다행히

9. 의문부사

多么얼마나

10. 양상부사

渐渐점점/점차, 逐渐점점/점차, 逐步차츰 차츰, 亲自몸소/친히, 互相서로/상호, 仍然여전히
依然전과 다름없이, 猛然갑자기/문득, 擅自제멋대로, 特地특히/일부러, 赶快빨리/얼른
赶紧서둘러/급히, 赶忙서둘러/급히

11. 관련부사

就곧, 才비로소, 更더욱, 还여전히, 都모두, 只단지, 再다시, 也도, 不않다, 非아니다, 倒도리어

유형11 관련부사에 관하여 张谊生(2000)은 "중국어의 전형적인 관련부사는 대부분 본래 자주 쓰이는 시간(才, 就), 정도(更, 还), 부정(不, 非), 반복(再, 也)류의 제한성(限制性) 부사 및 일부 평가성(评注性) 부사(连, 倒)이다.[2] 이러한 부사들이 문장 구조에서 부사어를 담당할 경우 종종 이중성을 띤다. 해당 부사가 제한하거나 평가하는 성분으로 보자면 제한성 또는 평가성 부사로서의 본 의미를 나타내지만, 선행 혹은 후행하는 성분이나 전체 문장 및 문단으로 보자면, 이들 부사는 연결의 기능을 겸한다."라고 주장한다. 현재까지 관련부사는 대외한어교학에서 별도의 유형으로 논의되고 있지 않으며, 대부분 각 부사 유형의 주요 의미를 소개하면서 이들이 부가적으로 관련된 기능 역시 나타낼 수 있음을 언급하는 정도이다. 복문을 학습하는 과정에서 어떠한 접속사가 어떠한 부사와 호응하는지에 대해 학습하게 되는데, 이때 이러한 관련성을 나타내는 부사들은 반드시 복문에 출현한다는 점을 강조해야 한다(세부논의는 아래 주요 부사에 관한 분석과 하권 제3편 복문 부분 참조). 하지만 학습자들이 이 점을 쉽게 간과하기 때문에 학습에 어려움을 겪게 된다. 관련부사에 관하여 본 장에서는 논의하지 않고 관련된 용법과 오류 분석은 하권 제3편 복문 부분에서 함께 논의하기로 한다.

제2절 부사의 유형별 특징과 용법

一. 정도부사

정도부사는 다시 아래와 같이 세분류된다.

1. 객관성 정도부사 : 很, 非常, 十分, 特别, 极
2. 주관성 정도부사 : 太, 真, 多(么), 好, 有点儿
3. 비교성 정도부사 : 更, 还,[3] 最, 稍微, 稍稍

(一) 객관성 정도부사

1. 객관성 정도부사의 의미와 어법특징

술어의 정도가 높음을 객관적으로 설명하거나 묘사하는 부사로 평서문에 자주 사용되며 비교문에는 사용되지 않는다.

---

2) [역주] 张谊生(2000)에 따르면, 제한성 부사란 '술어를 의미적으로 제한 혹은 구별하는데 사용되는 성분'으로 보편적인 부사들이 모두 이에 속한다. 평가성(评注性, evaluative) 부사에는 소위 '어기부사'라 일컬어지는 '索性차라리, 反正어쨌든, 简直실로, 也许아마도, 显然명백히, 难道설마, 果然과연' 등이 포함된다. 이들의 주요 기능을 살펴보면, 사실상 부사어를 담당하거나 어기를 나타내기보다는 술어에 대한 주관적 평가를 내리는 것에 치중되어 있음을 알 수 있다. 따라서 제한성 부사와는 통사적 기능이나 의미 기능에서 본질적인 차이를 보인다.

3) 王力(1957)는 정도부사를 의미에 따라 상대정도부사와 절대정도부사로 구분한 바 있다. 외국인 학습자의 이해와 사용에 용이하도록 본 장에서는 이 같은 명칭 대신 '很'류 정도부사를 '객관성 정도부사', '最, 更'류 부사를 '비교성 정도부사'라 칭하기로 한다.

2. 주요 객관성 정도부사에 관한 설명

很

기본 의미는 '정도가 심화됨'이다. 형용사술어문 혹은 형용사가 상태보어를 담당하는 문장에서 형용사 앞에 출현하여 수식기능을 한다.

我发现这个学校很漂亮。나는 이 학교가 예쁘다는 것을 알게 되었다.

他做什么都很认真，很仔细。그는 무엇을 하든 모두 열심히, 꼼꼼히 한다.

哥哥的画画得很好。형의 그림은 잘 그렸다.

'很'은 그 사용 빈도가 매우 높기 때문에 '정도가 심화됨'을 특별히 강조하는 경우(대개 의미적 강세를 취함) 이외에는 대부분 그 의미가 약화되어 사용된다. 예를 들어 단문의 형용사술어문이라면 술어 앞에 '很'을 반드시 첨가해야 하며, '多많은', '少적은'가 관형어를 담당할 때 역시 '很'이 반드시 필요하다. 이때 '很'은 '정도가 심화됨'을 나타내지 않고, 단지 음절상의 필요로 인해 첨가된 것이다.

주의할 점은 술어를 담당하는 모든 형용사 앞에 꼭 '很'류 정도부사가 필요한 것은 아니라는 점이다. 비교문에 사용된 형용사나 상태를 나타내는 형용사의 중첩형, 성어, 정도를 강조하는 '这么이렇게', '那么그렇게'에 후행하는 형용사 및 '越来越……점점'에 후행하는 형용사 등은 모두 '很'류 정도부사의 수식을 받을 수 없다(제3절 오류 분석 참조). 다음은 학습자의 오류이다.

＊北京的冬天比上海很冷。

＊她是一个爱笑的人，从来都很笑呵呵的。

＊他做事情总是很精益求精。

＊教室里的人越来越很多。

＊这么很重的行李，你一个人搬得动吗？

3. 객관성 정도부사의 비교 분석

(1) 의미상 차이를 살펴보면, 정도부사 '很, 非常, 十分, 特别, 极'가 나타내는 정도는 나열한 순서에 따라 점차 강해지며 '极'가 가장 높은 정도를 나타낸다. 어법기능적으로 '很, 非常, 十分, 特别, 极'는 모두 긍정문에 사용할 수 있으며, 긍정문에서 '很'의 수식을 받는 형용사나 동사(대부분은 심리동사)는 상술한 나머지 정도부사의 수식 역시 받을 수 있다. 사용 빈도에 있어 가장 자주 사용되는 것은 '很'이며, 서면어에서만 사용되는 '极'는 상대적으로 빈도가 낮다.

(2) 이 다섯 개의 객관성 정도부사는 부정사와의 결합에서도 차이를 보인다.

A. 부정사 '不'는 '很', '十分' 앞에 놓여 형용사술어나 심리동사술어를 수식할 수 있지만, 대개 '非常', '极', '特别' 앞에는 출현하지 않는다.

她长得不很(十分)漂亮。그녀는 아주 예쁘지는 않다.

我们对他并不十分(很)满意。우리는 그에게 충분히 만족한 것은 아니다.

＊他不特别(非常/极)仔细。

‘特别’는 조건절에서만 ‘不’의 수식을 받을 수 있다.

如果不特别仔细的话，是不会发现这个问题的。

만약 특별히 꼼꼼하지 않으면, 이 문제는 발견하지 못할 것이다.

주의: ‘特别’가 정도가 아닌 ‘特地’의 의미를 나타낼 경우, 단문에서 ‘不’나 ‘没有’의 수식을 받을 수 있다. 그러나 수식하는 성분은 대부분 동작동사이다.

我没有特别照顾她。나는 그녀를 일부러 보살피지 않았다.

关于这一点，我不特别说明了。이 점에 관해서 나는 일부러 설명하지는 않겠다.

B. ‘不’가 정도부사 ‘很’의 뒤에 출현하는 경우, 일반적으로 긍정적 의미의 형용사를 수식한다(제6장 제1절 (四) 참조). 나머지 부사들의 용법은 ‘很’과 동일한 부분도 있고 다른 부분도 있다(다음 예문에서 문장 중 괄호에 있는 부사는 모두 대체 가능함).

这些年他很(非常/十分/特别/极)不容易。최근 몇 년 동안 그는 쉽지 않았다.

他的工作态度很(非常/十分/特别/极)不认真。그의 업무 태도는 매우 불성실하다.

教室里很(特别)不干净。교실 안이 너무 지저분하다. (일반적으로 ‘非常, 十分, 极’는 사용하지 않음)

他的成绩很(非常/特别)不好。그의 성적은 너무 안 좋다. (일반적으로 ‘十分, 极’는 사용하지 않음)

听了这话，他很(非常/特别)不高兴。

이 말을 들으니, 그는 대단히 불쾌해 했다. (일반적으로 ‘十分, 极’는 사용하지 않음)

(3) ‘极’는 명사 ‘少数소수’와 형용사 ‘个别일부의’ 등을 수식할 수 있다. 반면, ‘很’은 ‘个别’는 수식할 수 있지만 ‘少数’는 수식할 수 없다. 한편, ‘少数’와 ‘个别’는 ‘非常’, ‘十分’, ‘特别’의 수식은 받지 않는다.

(二) 주관성 정도부사

1. 주관성 정도부사의 특징

‘太, 真, 多, 多么, 好’는 모두 발화자의 강한 주관적 감정 색채를 나타내는 부사이다. 이 유형의 부사는 대부분 감탄과 평가를 나타내는 문장에 사용된다. 대개 객관적으로 설명하고 서술하는 평서문에는 사용되지 않는다. 즉, 평서문 내의 부사어와 관형어를 담당하지 않는다(제3절 오류 부분 참조). 또한 비교문에도 사용할 수 없다.

2. 주요 주관성 정도부사에 관한 설명

太

(1) 정도가 도를 넘어섬을 나타낸다. 주로 어떠한 상황이 발화자의 관점, 평가, 기준, 요구에 부합하지 않는 경우 사용한다. 주요 형식은 ‘太 + 형용사/동사 + (了)(문장 끝에 종종 ‘了’가 함께 출현함)’이다.

这件衣服太贵了。이 옷은 너무 비싸다.

他太相信别人了。그는 너무 사람을 잘 믿는다.

因为工作负担太重，他病倒了。업무 부담감이 너무 막중하여, 그는 병으로 쓰러졌다.

상술한 '太……了'는 주로 불만족을 나타낼 때 많이 사용하지만, 때로 격식있는 교제 상황에 사용하기도 한다.

您太谦虚了。너무 겸손하시군요.

您太过奖了，我没有您说的那么好。과찬이십니다. 저는 말씀하신 것만큼 그렇게 대단하지 않습니다.

'太 + 형용사/동사 + 了 + 一点儿'은 비난, 비판의 의미를 나타낼 경우에만 사용되는데, '一点儿'을 취하지 않은 '太……了'에 비해 다소 약한 어기를 나타낸다.

这个人太严肃了一点儿。이 사람은 너무 좀 진지하다.

今天的考试太难了一点儿。오늘 시험은 너무 좀 어려웠다.

'太 + 不 + 형용사/동사 + (了)'는 부정의 정도를 심화하며, 이때 형용사, 동사는 대부분 긍정적이거나 중성적 의미를 나타내는 것이다.

他太不认真了。그는 너무 불성실하다.

你太不关心孩子了。너는 아이에게 너무 관심이 없다.

她太不把工作当回事了。그녀는 너무 일을 안중에 두지 않는다.

때로 '太 + 没 + 명사(대부분 추상명사) + 了'의 형식으로 출현하여 비평이나 비판을 나타내기도 한다.

你也太没责任感了，这么重要的事情怎么能忘了呢！
너도 책임감이 너무 없어, 이렇게 중요한 일을 어떻게 잊을 수가 있니!

他太没良心了！그는 정말 양심이 없다!

다른 사람의 겸손을 칭찬하거나 자신의 겸손함을 표현하는 경우를 제외하고, '太'의 첫 번째 용법은 대개 '뜻대로 되지 않음(不如意)'을 나타내는 것이다. 이때 수식하는 단어는 대부분 부정적이거나 중성적 의미를 나타내는 것이다. 감탄문에 자주 사용되며, 그 앞에는 주로 '实在확실히', '的确분명히' 등 감탄의 어기를 심화하는 단어가 함께 사용된다.

他的确是太对不起你了。그는 분명 너에게 미안해한다.

昨天街上的人实在太多了。어제 거리에는 확실히 사람이 너무 많았다.

'太' 앞에는 종종 '似乎마치, 未免아무래도, 有点儿좀, 也역시' 등이 출현하여 '정도의 과함'을 강조하는 어기를 약화시킨다. 이 경우 '太'만을 사용할 때보다 어기가 완곡해진다.

你对孩子的要求未免太严格了。너는 아이에 대한 요구가 아무래도 너무 엄격한 것 같다.

这件屋子也太小了，换一间吧。이 집도 좀 너무 작아, 바꿔야겠다.

他有点儿太老实了，谁都可以欺负他。그는 좀 너무 온순해서, 누구나 그를 괴롭힐 수 있다.

(2) 정도가 매우 높고, '보통이 아님'을 나타낸다. 주요 형식은 '太 + 형용사/동사(대부분 긍정적 의미의 단어)'이며 주로 감탄에 사용된다.

你太了不起了！너 정말 대단하구나!

他太能干了。그는 정말 능력자다!

你对我太好了，我真不知道怎么感谢你。

네가 내게 너무 잘 해주는데, 나는 너에게 어떻게 감사를 표해야 할지 모르겠다.

'太'의 두 번째 용법은 선행절에 출현했던 형용사나 동사를 다시 한 번 반복할 때 사용되며, 이때 감탄의 어기가 강하게 드러난다.

您说得对，太对了！당신이 말씀하신 게 맞아요, 정말 맞습니다!

谢谢，太谢谢了！고맙습니다, 정말 고맙습니다!

'不 + 太 + 형용사/동사'는 부정의 정도를 약화시켜, 어기를 완곡하게 한다.

我不太赞成这种做法。나는 이 방법에 그다지 찬성하지 않는다.

爷爷的身体不太好。할아버지의 건강이 그다지 좋지 않다.

这件事对你来说，不太困难。이 일은 너에게 그다지 어렵지 않다.

别担心，手续并不太麻烦。걱정 마십시오, 절차는 그다지 번거롭지 않습니다.

주의: '不大' 역시 '不太'와 유사한 의미를 나타낼 수 있지만, '不大'는 긍정적 의미의 형용사 및 동사만을 수식하는 반면, '不太'는 긍정적 의미와 부정적 의미, 중성적 의미의 단어를 모두 수식할 수 있다.

(三) 비교성 정도부사

비교성 정도부사는 정도의 증가 혹은 정도가 깊지 않음을 나타낸다.

1. 비교성 정도부사의 특징

비교성 정도부사는 형용사, 동사, 조동사 등(긍정, 부정, 중성적 의미 모두 가능)을 수식하며 비교를 나타내는 문장에 자주 출현한다.

2. 주요 비교성 정도부사에 관한 설명

更

(1) '更'은 비교표지가 있는 긍정 비교문에 출현하여 형용사나 동사를 수식한다. 주요 형식은 다음과 같다.

형식1: A比B + 更 + 형용사/동사

형식2: 比起A来，B + 更 + 형용사/동사

他比你更努力。

그는 너보다 더 노력한다. ("他比你还努力。"도 가능. 반면, 아래 세 문장은 '更'을 '还'로 대체할 수 없다.)

天比以前更热了。날씨가 예전보다 더 더워졌다.

比起爬山来，我更喜欢游泳。등산에 비해 나는 수영을 더 좋아한다.

比起以前来，他更成熟了。예전에 비해, 그는 더 성숙해졌다.

(2) '更'은 'A没有B + 형용사/동사 + 得 + 형용사', 'A不比B + 형용사/동사 + 得 + 형용사', 'A不如B + 형용사/동사 + 得 + 형용사' 형식의 비교문에는 사용하지 않는다. 다음은 학습자의 오류이다.

＊老年人更喜欢打拳不如年轻人。

고친문장: 比起年轻人来，老年人更喜欢打拳。젊은이에 비해 노인이 더 태극권을 좋아한다.

(3) '更'은 '没有比A + 형용사'에서 형용사 앞에 수식어로 출현하여 정도가 '어떤 것도 A를 넘어설 수 없음'을 나타낸다.

他觉得再没有比小刘更可爱的人了！그는 샤오류보다 더 사랑스러운 사람은 없을 것이라 여긴다.

跑遍全国，要说足球的普及好像还没有比这个城市更突出的。

전국을 돌아다녀 보아도, 축구의 보급이 이 도시보다 더 두드러지는 곳은 없다.

(4) '更'은 비교표지가 없는 비교문에도 사용할 수 있다.

听你这么一说，我就更想去北京了。

네가 이렇게 말하는 것을 들으니, 나는 더욱 베이징에 가고 싶어졌다.

雪停以后，天就更冷了。눈이 그친 후, 날씨가 더 추워졌다.

还(1)

'还' 또한 비교문에 자주 사용되는 정도부사이다. '更'에 비해 '还'는 강조와 과장의 어기가 더욱 두드러진다. 비교의 결과는 대개 이미 완료되고 일반 상식이나 발화자의 예상을 뛰어넘는 것이다.

(1) '还'는 비교표지가 있는 긍정 비교문에 출현하여 형용사나 동사를 수식한다. 주요 형식은 다음과 같다.

형식1: A比B + 还 + 형용사/동사

你信不信，他比运动员跑得还快。

네가 믿든 안 믿든, 그는 운동선수보다 더 빨리 뛴다. (그는 운동선수가 아니다)

弟弟的个子比哥哥还高。동생의 키가 형보다 더 크다. (일반적인 상식으로는 형이 동생보다 크다)

他得奖，你怎么比他还激动？그가 상을 받는 건데, 네가 어째서 그보다 더 감격한 거니?

(발화자는 '你'의 '激动'이 상식적 상황이나 예상을 넘어선다고 느낀다)

다음 문장은 동일한 'A比B + 还 + 형용사'의 형식이지만, 비유에 사용된 예시이다.

桌上的资料堆得比小山还高。책상 위의 자료가 산보다 더 높이 쌓여있다.

他比狐狸还狡猾。그는 여우보다 더 교활하다.

형식2: A比B + 还 + 형용사 + 수량사

这间屋子比那间屋子还大10平方米。이 집은 저 집보다 10평방미터가 더 크다.

他比我还小一岁呢。그는 나보다 한 살이 더 어리다.

표면적으로는 비교표지가 없지만, 실제 비교항이 명확히 존재하는 경우도 있다.

你别不满意了，我领到的钱还要少。

못마땅해하지 마, 내가 수령한 돈은 더 적어. (즉, 너에 비해 더 적다)

(2) '还'도 '更'과 동일하게 'A没有B + 형용사/동사 + 得 + 형용사', 'A不比B + 형용사/동사 +

得 + 형용사', 'A不如B + 형용사/동사 + 得 + 형용사' 형식의 비교문에는 사용하지 않는다.

(3) '还'는 비교표지가 없는 비교문에 사용할 수 있다(아래 비교 분석 부분 참조).

(4) '还'가 '不如' 앞에 출현하면 정도의 증가보다는 비교 이후의 선택을 나타낸다. '不如'의 후행 서술어는 대부분 동사(구)로 제한된다.

如果这样出去丢人，还不如不去！이렇게 나가서 망신당하느니, 차라리 안 가는 게 낫다!

去上海旅游还不如去苏州。상하이로 여행을 가느니 차라리 쑤저우로 가는 게 낫다.

写信还不如打电话快呢。편지를 쓰느니 차라리 전화를 하는 게 빠르겠네.

3. '更'과 '还'의 비교

(1) '更'과 '还'는 모두 세 가지 항목 비교에 사용할 수 있지만, 화용적으로 약간의 차이가 있다.

A楼比B楼高，C楼比A楼就更高了。A동이 B동보다 높고, C동이 A동보다 더 높다.

A楼比B楼高，C楼比A楼还高。A동이 B동보다 높은데, C동은 A동보다도 더 높다.

北京的人口比天津的多，上海的人口就比北京更多了。

베이징의 인구가 톈진보다 많고, 상하이의 인구가 베이징보다 더 많다.

北京的人口比天津的多，上海的人口比北京还多。

베이징의 인구가 톈진보다 많은데, 상하이의 인구는 베이징보다도 더 많다.

'更'을 사용한 3항 비교문이 객관적 상황을 소개하고 있는 반면, '还'가 사용된 경우 강조의 어기가 더해져 발화자가 느끼기에 자신의 예상을 뛰어넘었음을 나타내거나 청자의 예상을 뛰어넘을 것임을 암시한다('还'는 어떤 사람이 생각하는 상황이 실제 상황에 부합하지 않음을 전제함).

(2) 'A比B + 还 + 형용사 + 수량사' 형식에서 '还'는 '更'으로 대체할 수 없다. 즉, '更'은 구체적인 수량을 비교하는 비교문에 사용할 수 없다.

(3) 비교를 나타내는 여러 유형 중에서 '更'의 사용범위가 '还'보다 넓으므로, 그 사용 빈도 역시 '还'보다 높다. 앞서 서술한 '更'의 형식2 중 일부는 '更'을 '还'로 대체할 수 없다. 다음 소개할 몇 가지 자주 쓰이는 '更'을 사용한 문장에서도 모두 '还'로 대체할 수 없다.

A. '更 + 형용사/동사(구) + 的'가 주어를 담당하는 문장

这次外出，更重要的是，一定要注意安全。

이번 출장 시 더욱 중요한 것은 반드시 안전에 유의해야 한다는 점이다.

更使人惊奇的是，他能在刀上走而不受伤。

더욱 놀라웠던 점은, 그는 칼 위를 걸어도 다치지 않는다는 점이다.

B. '更 + 형용사/동사(구)'

비교표지가 없는 비교문으로, '更'은 정도의 증가를 나타낸다. 경우에 따라 종적 비교(이전 상황과의 비교 혹은 미래와 현재의 비교 등)와 횡적 비교를 모두 나타낼 수 있다. 이 형식은 술어로 사용될 뿐 아니라 관형어로도 자주 쓰이며, 이때 '更'은 '还'로 대체할 수 없다.

奶奶的病更重了。할머니의 병이 더 위중해졌다.

你说他画的像老虎，我看更像猫。

너는 그가 그린 것이 호랑이 같다고 했지만, 내가 보기에는 고양이를 더 닮았다.

今后我们要迎接更大的挑战。앞으로 우리는 더 큰 도전과 마주하게 될 것이다.

希望你能写得更详细一点儿。당신이 좀 더 상세하게 쓸 수 있기를 바랍니다.

学的东西难了，就更应该努力。배우는 것이 어려워지면, 더 노력해야 한다.

穿上这身衣服就会更漂亮。이 옷을 입으면 더 예쁠 것이다.

C. '还'가 비교표지 없는 비교문에 출현하면 '정도의 약함'만을 나타낸다. '还'는 긍정 의미나 중성 의미의 형용사를 수식하여, 정도가 발화자의 기준이나 요구보다 다소 낮거나 간신히 부합함을 나타낸다. 따라서 양사 '一点儿'이나 부사 '稍微', '有点儿' 등과 함께 자주 사용된다. 때로 뒤에 '算-인 편이다'을 수반하여 간신히 다다랐다는 어기를 강조해주기도 한다. '更'은 이 같은 용법으로 사용할 수 없다.

他对人还算热情。그는 사람들에게 친절한 편이다.

这里的生活条件还可以。이곳의 생활 조건은 괜찮은 편이다.

我对足球还算有点儿兴趣。난 축구에 흥미가 있는 편이라 할 수 있다.

这件衣服还稍微便宜点儿。이 옷은 그래도 좀 저렴하다.

D. '更'은 점층식 비교문에 출현하여 선행절에 출현한 첫 번째 비교항에 비해 후행절에 출현하는 두 번째 비교항의 정도가 더 심함을 나타낸다. '还'는 이러한 용법으로 사용할 수 없다.

他坐在这里很难受，听这些人说话更难受。

그는 여기에 앉아 있는 것이 힘들었고, 이 사람들 말을 듣는 것은 더 힘들었다.

妹妹能说，姐姐就更能说。여동생이 말을 잘하는데, 언니는 더 잘한다.

迟到本来就不应该，不去上学，就更不应该了。

원래 지각을 해서는 안 되는데, 등교를 하지 않는 것은 더더욱 안 된다.

他在生活上很注意，不喝酒，更不抽烟。

그는 생활에 주의를 기울여 술을 마시지 않고, 흡연은 더더욱 하지 않는다.

이 용법은 'A比B……' 등 비교표지가 있는 비교문에는 사용할 수 없다.

E. '更'은 '还'와 달리 비유 용법으로는 사용할 수 없다('还' (1) 참조).

稍微，稍，稍稍，略微

'稍微，稍稍，略微'류 부사는 정도가 가볍거나 깊지 않음을 나타낸다. 이들은 대개 단순한 형식의 형용사나 동사는 수식하지 못하고, 문장 중에 '有点儿', '一点儿', '些' 등과 공기해야 한다.

(1) '稍微'류 부사가 형용사를 수식할 경우, 주로 아래 네 가지 상용 형식으로 사용된다.

A. A比B + '稍微'류 부사 + 형용사 + 一点儿/些

他的年龄比你稍稍大一点儿。그의 나이는 너보다 조금 더 많다.

这座楼比那座楼稍微高些。이 빌딩은 저 빌딩보다 조금 더 높다.

B. A(比B) + 稍微'류 부사 + 형용사 + 了 + 一点儿/些

이 형식은 어떤 사람이나 사물이 예상 기준을 다소 초과했음(이때 형용사는 긍정적, 부정적 의미의 제약을 받지 않음)을 나타낼 뿐 아니라 비교와 변화를 나타내기도 한다.

汤稍稍咸了一点儿。탕이 좀 짜다. (예상 기준을 넘어섬)

跟甲队相比，乙队的力量好像稍微强些。갑팀에 비해 을팀의 실력이 조금 낫다. (단순 비교)

他的成绩比上个学期略微好了一点儿。그의 성적은 지난 학기에 비해 약간 좋아졌다. (비교와 변화)

C. '稍微'류 부사 + 有点儿 + 형용사

这双鞋稍微有点儿大。이 신발은 조금 크다.

今天的考试稍微有点儿难。오늘 시험은 조금 어렵다.

이 형식은 어떤 사람이나 사물의 정도가 예상 기준을 약간 초과했음을 나타내며, 그다지 만족스럽지 못함의 어기를 띤다. 주관성 정도부사인 '有点儿'은 비교표지가 있는 비교문에 사용할 수 없으며 대부분 부정적 의미의 형용사, 고량·저량형용사 및 상변량형용사를 수식한다(제6장 형용사 제1절 二 (四) 참조)

D. '稍微'류 부사 + 형용사 + 了 + 下来

이 형식에 출현할 수 있는 형용사는 '静정적이다, 平静평온하다, 安静조용하다' 등 소수에 불과하며, 정도가 이전과 비교하여 다소 낮아졌음(동적인 상태에서 정적인 상태로 변화함)을 나타낸다. 이 형식은 다른 형용사나 동사(심리동사 포함)로 사용이 확장될 수 없으며, '下来'를 다른 방향보어로 대체하는 것은 더더욱 불가능하다(하권 제1편 제5장 제4절 참조).

马路上的喧闹声，直到晚上十点以后，才稍稍静了下来。

길거리의 시끄러운 소리는 저녁 10시 이후에야 조금 조용해졌다.

打了针以后，那个病人才稍微安静了下来。주사를 맞은 후에야 그 환자는 조금 안정되었다.

(2) '稍微'류 부사가 수식하는 동사는 주로 중첩형이어야 하며, 또는 소량을 나타내는 명량사('一点儿', '一些'), 동량사('一下'), 시량사('一会儿')를 수반해야 한다.

让她稍微走两步给我看看。그녀에게 내게 몇 걸음을 좀 걸어 보이라고 해라.

到了家门口，他略微停了停，显出犹豫的神色。

집 문 앞에 도착하자 그는 잠시 멈춰 서더니 망설이는 기색을 보였다.

你稍微等我一会儿，我马上就来。잠시만 좀 기다려주세요, 곧 가겠습니다.

过了好久，他的心情才稍稍平静了一些。오랜 시간이 지난 후에야 그의 마음은 조금 평정을 찾았다.

队伍稍微休息了一下，又上路了。군대는 잠시 좀 쉬더니 다시 여정에 올랐다.

'稍'는 관용어와 유사한 용법으로 사용되기도 하는데, 비교적 정중한 사교 표현이나 서면어에 출현하며, 이때 피수식 동사는 상술한 공기 성분을 수반하지 않는다. 예를 들어, "请稍等잠시 기다려주세요.", "请稍候잠시 기다려주세요.", "稍作休息잠시 쉬세요.", "稍作调整약간 조정하세요" 등이 있다.

二. 시간부사

시간부사는 다시 아래와 같이 세분류된다.

1. 동작의 이름과 늦음, 빠름과 느림: 才, 就, 刚, 刚刚, 立刻, 马上, 好久
2. 동작의 진행: 正, 正在, 在
3. 동작이나 상태의 지속: 一直, 一向, 向来, 从来
4. 동작의 완성 혹은 일찍이 완성됨: 已经, 已, 曾经, 曾
5. 동작이 곧 발생함 혹은 실행됨: 将, 将要
6. 과거에 대한 회상과 서술: 原来, 本来, 起初, 原先
7. 동작과 시간의 각종 관계 서술: 随时, 时时, 一时, 顿时, 永远

주요 시간부사는 다음과 같다.

(一) 동작의 이름과 늦음, 빠름과 느림을 나타내는 부사

1. 특징
이들 부사는 모두 동사 앞에 출현하며, 주어 앞에 사용될 수 없다.

2. 주요 부사에 관한 설명

'就'와 '才'

시간을 나타내는 '就'와 '才'는 시간을 나타내는 어휘와 함께 출현하며, 시간적으로 상반된 의미를 나타낸다. 시간사와 '就', '才'는 두 가지 다른 어순으로 배열할 수 있으며 어순에 따라 의미가 달라진다.

(1) 시간사가 부사 '就'와 '才' 앞에 오는 경우
시점을 나타내는 단어(연령 포함)가 '就' 앞에 오면 발화자가 보기에 동작 발생이 이름을 나타내며, '才' 앞에 오면 동작 발생이 늦음을 나타낸다.

早上七点他就出门了。아침 7시에 그는 집을 나섰다. (이름)
早上十点他才出门。아침 10시가 되어서야 그는 집을 나섰다. (늦음)
小张五岁就上学了，可我八岁才上学。
샤오장은 5살에 학교에 갔지만, 나는 8살이 되어서야 학교에 갔다. (이름과 늦음)

반면, 시구간(시간의 길이)을 나타내는 단어가 '就' 앞에 오면 발화자가 보기에 동작이 빨리 진행되어 소모한 시간이 짧음을 의미한다. 반대로 '才' 앞에 오면 동작이 느리게 진행되어 소모한 시간이 김을 의미한다.

我一会儿就把作业做好了。나는 잠깐만에 바로 숙제를 끝마쳤다. (빠름)
这篇文章他看了一天才看完。이 글을 그는 하루가 지나서야 다 읽었다. (느림)

동작의 양, 즉 동량을 나타내는 단어가 '就'와 '才' 앞에 사용될 경우에도 위와 같은 의미를 나타낼 수 있다.

他的记性特别好，生词看两遍就记住了。

그는 기억력이 아주 좋아서, 새 단어를 두 번 만에 바로 기억한다. (빠름, 소모한 횟수가 적음)

我的钥匙找了好几回才找到。

나는 열쇠를 몇 번이나 찾은 후에야 발견하였다. (느림, 소모한 횟수가 많음)

주의: 시구간을 나타내는 단어는 반드시 '就'나 '才'와 공기해야 하며, 이 중 하나의 성분이라도 누락이 되면 비문이 된다. 다음은 학습자의 오류이다.

* 我刚跟他说的话，他过了一会儿忘了。

고친문장: 我刚跟他说的话，他过了一会儿就忘了。

내가 방금 그에게 한 말을, 그는 조금 있다가 바로 잊었다.

* 我拆了信就读完了。

고친문장: 我拆开信，一会儿就读完了。 나는 편지를 뜯어서 이내 다 읽었다.

* 我就感受到苏州人的温暖。

고친문장: 来苏州不久，我就感受到苏州人的热情。

쑤저우에 온 지 얼마 되지 않아, 나는 이내 쑤저우 사람의 따뜻함을 느끼게 되었다.

(2) 시간사가 부사 '就'와 '才' 뒤에 오는 경우

시점을 나타내는 단어가 '就' 뒤에 오면 발화자가 보기에 동작의 발생 시간이 늦음을 의미하고, '才' 뒤에 오면 동작의 발생 시간이 이름을 의미한다.

爸爸下班回到家，就9点多了。

아빠가 퇴근하여 집에 오시니 벌써 9시가 넘었다. (늦음, 문장 끝에 '了'를 사용해야 함)

我们到车站的时候，才下午2点。

우리가 역에 도착했을 때는 겨우 오후 2시였다. (이름, 문장 끝에 '了' 사용 불가)

단순 문장에서 시구간을 나타내는 어휘가 '就/才 + 술어'의 뒤에 출현할 경우, 모두 발화자가 보기에 동작의 진행이 빠르고 소모된 시간이 적음을 의미하게 된다.

写这篇论文，他就(才)花了一个星期。 이 논문을 쓰는 데에, 그는 겨우 일주일이 걸렸다.

修这辆自行车，刘师傅才(就)用了十分钟。 이 자전거를 고치는 데, 류 사부는 겨우 10분이 걸렸다.

주의: 위 두 문장 중, '就'와 '才'는 한정의 의미를 나타내는 범위부사로 쓰였기 때문에 강세를 주어 읽어야 하며 '只'로 대체할 수 있다. '就'에 강세를 두면 소모한 시간이 적음을 나타내고, 반면, '就'을 가볍게 읽으면 소모 시간이 많음을 나타낼 수 있다.

만약 '就 + 시구간 단어'가 아래의 예시와 같이 한정을 나타내는 범위부사('光, 只是')의 수식을 받는 동사구 뒤에 출현한다면, 동작 진행이 느리고 소모한 시간이 많음을 나타내게 된다.

光搬行李就用了两个多小时。 짐을 옮기는 데에만 2시간이 넘게 걸렸다.

我们只是调查情况，就调查了半个月。 우리는 상황을 조사하는 데에만 보름이 걸렸다.

이처럼 소모한 시간의 양이 많음을 나타내는 문장에서는 시구간을 나타내는 단어가 강세를 받는다.

(3) 부사 '就', '才'는 종종 두 개의 동사 사이에 출현하여 두 동작이 연속으로 발생함을 나타낼 수 있다. '就'를 사용할 경우 두 동작의 발생 간격이 짧아 첫 번째 동작이 끝난 직후 연이어 두 번째 동작이 발생하였음을 나타내어 '신속함'의 의미를 내포한다. 반면, '才'를 사용할 경우 발화자가 보기에 두 번째 동작의 발생이 다소 늦음을 의미하게 된다. '就'는 요구를 제기하는 명령문에 출현하여 향후 해당 동작이 신속히 발생할 것을 요구하거나, 이미 발생한 동작을 서술하는 평서문에도 사용할 수 있다. 이에 비해, '才'는 이미 완성된 동작을 나타내는 경우에만 사용할 수 있다. 평서문과 의문문에도 사용할 수 있으나, 의문문에 사용할 경우 대부분 불만의 어기를 띠게 된다.

下了课你就来找我。 수업이 끝나면 곧바로 날 찾아와라. (명령문)

你到了那儿就给我打电话。 그곳에 도착하면 바로 나에게 전화해라. (상동)

妈妈吃了饭就出去了。 엄마는 식사를 하신 뒤 바로 나가셨다. (평서문)

他看见火车开了才回家。 그는 기차가 떠나는 것을 확인한 뒤에야 집으로 돌아갔다. (상동)

你怎么吃了饭才来？ 너는 어째서 밥을 먹고 나서야 왔니? (의문문)

주의: 이러한 예문 중 '就'와 '才' 앞에는 대개 동작의 완성을 나타내는 동사구가 출현하는데, 주로 '동사 + 了 + 목적어'의 형식으로 사용되며 동사가 단독으로 올 수 없다. 반면, '就'와 '才'에 후행하는 동사는 단독으로 사용될 수도 있고 동사구의 형태로 출현할 수도 있다.

(4) '就'는 '一……就……'의 구조에 출현하여 동사와 동사, 형용사, 주술구 등을 연결하기도 한다. 이때 '就'는 선행 동작이 완성된 후 후행 동작이나 상태가 곧바로 연이어 발생함을 나타내게 된다. 이러한 동작은 일회성에 그칠 수도 있고, 자주 발생하는 동작일 수도 있다.

小林一下班就去看电影了。

샤오린은 퇴근 후 곧바로 영화를 보러 갔다. (일회성 동작, 동작이 완성되었다면, 대개 문장 끝에 '了' 사용)

我一考试就紧张。 나는 시험만 보면 긴장한다. (주기적 동작, 문장 끝에 '了'는 사용하지 않음)

他一在大家面前说话就脸红。 그는 사람들 앞에서 말을 하면 바로 얼굴이 빨개진다. (상동)

주의: '一……就……'는 선행 동작이 종료된 시점이 곧 후행 동작의 시작점이 된다. 만약 두 동작 사이에 일정한 시간 간격이 필요하다면 이러한 구조는 사용할 수 없다. 다음은 학습자의 오류이다.

* 他们俩一接触就结婚了。

고친문장1: 他们俩交往不久就结婚了。 그 두 사람은 사귄 지 얼마 되지 않아 바로 결혼했다.

고친문장2: 他们俩刚认识就结婚了。 그 두 사람은 만나자마자 곧바로 결혼했다.

(5) '才'는 동사(구) 앞에 출현하여 해당 동작이 발화하기 얼마 전에 발생하였음을 나타낼 수 있다. 그러나 '就'는 이러한 용법에 사용할 수 없다.

他才下飞机，让他休息一会儿。 그는 막 비행기에서 내렸으니 잠시 쉬도록 해 주자.

我才放下电话，他就来找我了 내가 전화기를 막 내려놓자 그가 나를 찾아 왔다.

(二) 동작의 진행을 나타내는 부사

正, 正在, 在

1. 부사 '正, 正在, 在'는 동사(구) 앞에서 동작이 현재 진행 중임을 나타낸다.

我正看书呢。나는 책을 보고 있다. (正 + 동사……呢)(문미 '呢'는 생략 불가)

老师正在上课。선생님은 수업 중이시다. (正在 + 동사……)(문미 '呢'는 생략 가능)

他在学习汉语。그는 중국어를 공부하고 있다. (在 + 동사……)(문미 '呢'는 생략 가능)

부정형은 '没(有) + 동사' 혹은 '没 + 在 + 동사'이다.

你在干什么呢？——我没干什么。너 지금 뭐하니? ——나 아무 것도 안 해.

他正在看电视吗？——他没在看电视。

그는 텔레비전을 보는 중인가요? ——그는 텔레비전을 보고 있지 않아요.

你在写字吗？——我没在写字，我在看书。

너는 글씨를 쓰고 있니? ——나는 글씨를 쓰고 있지 않고 책을 보고 있어.

2. '正, 在, 正在'와 '동사 + 着'의 비교

공통점은 동작의 진행 혹은 상태의 지속을 나타낸다는 것이다.
차이점은 다음 몇 가지로 나누어 살펴볼 수 있다.

(1) '正'은 시간(발화하는 그 시간에 어떠한 동작이 진행 중이며, 중단할 수 없음)에 초점을 두는 반면,[4] '在'는 상태(어떠한 동작이 진행·지속의 상태에 있으며, 이러한 상태는 아직 끝나지 않았음)에 초점을 둔다. '正在'는 시간과 상태 모두에 초점을 둔다. 아래 두 대화의 예를 살펴보자.

대화1. 갑: 姐姐，你的电话！언니, 전화!

을: 我正洗澡呢！나 지금 씻는 중이야! (동작을 멈추고 전화를 받을 수 없음)

대화2. 갑: 他起床了吗？그는 일어났나요?

을: 没有，还在睡觉呢！아니요, 아직 자고 있는데요! (상태가 여전히 지속되고 있음)

(2) '正' 뒤에는 단순한 형식의 동사가 출현할 수 없지만(문미에 반드시 '呢' 사용), '在, 正在'는 이러한 제약을 받지 않는다.

他们在上课。그들은 수업 중이다.

他们正在上课。그들은 마침 수업 중이다.

他们正上课呢。그들은 마침 수업 중이다. ＊他们正上课。

(3) '正, 正在'는 '从 + 장소'개사구와 결합하여 이동 동작이 진행 중임을 나타낼 수 있다. '在'

4) [역주] 하지만 엄밀한 의미에서 '正'은 그 자체로 진행을 나타내지 못하고, '在', '呢'와 공기할 경우에만 진행을 나타낸다. '正'은 '때마침', '한창', '딱'의 의미를 나타내어 동작의 진행 시점을 강조하는 기능을 담당한다.

는 이 같은 용법으로 사용되지 않는다.

他正从商店里走出来。그가 마침 상점에서 걸어 나온다.

他正在从商店里走出来。그가 마침 상점에서 걸어 나오고 있다.

＊他在从商店里走出来。

(4) '在'는 반복적으로 출현하는 동작의 진행 상태를 나타낼 수 있으며, 상태가 연속적 혹은 장기적으로 지속됨을 나타낼 수도 있다. 따라서 '还여전히', '又또', '总是늘', '一直줄곧' 등 부사의 수식을 받는다. 그러나 '正, 正在'는 이러한 의미를 나타낼 수 없다.

我经常看见他在锻炼。　＊我经常看见他正(正在)锻炼。

나는 그가 운동하고 있는 것을 자주 본다.

他一直在学习。그는 줄곧 공부하는 중이다.　＊我一直正(正在)学习。

别人都回家了，他还在工作。　＊别人都回家了，他还正(正在)工作。

다른 사람은 다 집에 갔는데, 그는 여전히 일을 하고 있다.

(5) 陈月明(2000)에 따르면, '在'는 활동(activity)의 진행을, '着'는 동작(action)의 지속을 나타낸다. '着'가 나타내는 동작은 대부분 직관적 행위인 데 반해, 활동은 이와 다르게 은폐성(隐蔽性) 행위이다.[5] '着'는 직관적 행위를 나타내는 동사 뒤에 출현하고 은폐성을 띠는 동사구 뒤에는 출현하지 않는다. 반면, '在'는 이 두 가지 상황에 모두 출현 가능하다.

他在寄包裹。그는 소포를 부치고 있다.　＊他寄着包裹。('寄'는 은폐성 행위임)

주의해야 할 점은 이 같은 규칙은 대부분 동작성이 비교적 강한 약지속동사(제4장 제2절 二(三) 참조)를 대상으로 하고 있다는 것이다. 이 유형의 동사가 직관적 동작의 지속을 나타낼 때 '동사 + 着'의 형식은 단독으로 문장을 형성하지 못한다.

＊我吃着饭。

이 경우 반드시 후속절을 취해야만 적법한 문장이 된다.

我吃着饭，他看着书，谁也不说话。나는 밥을 먹고 있고, 그는 책을 보고 있고, 아무도 말을 하지 않는다.

다음은 베이징대학언어연구소말뭉치(이하 'CCL'로 칭함)에서 수집한 '吃着'가 출현한 예시로, 이 같은 특징을 잘 드러나고 있다.

大人忙着要资料、买书，小孩子不停嘴地吃着薏仁米做的雪糕、煮熟的良种玉米。

어른은 자료를 찾고 책을 사느라 바쁘고, 아이는 율무쌀로 만든 아이스크림과 잘 익은 옥수수를 쉬지 않고 먹고 있다.

5) [역주] 陈月明(2000)에 따르면, 활동(activity)은 때때로 복합(复合)성과 은회(隐晦: 의미가 명확하지 않음)성을 나타낸다. 만약 우리가 병원 복도를 걸어가다가 동료와 마주쳤다고 했을 때, 그 동료의 직관적 동작은 '走걷다'이지만, 그는 걷는 동안 '看病진료하다', '找人사람을 찾다'와 같은 비직관적이며 은회적인 행위를 내포하고 있을 수도 있다. 이 밖에도 '考试시험보다', '拜访방문하다' 등의 활동을 나타내는 행위는 단순한 하나의 동작으로 이루어져 있지 않다. 본문 예시의 동사 '寄부치다' 역시 하나의 동작이 아니라 소포를 부치기 위한 여러 가지 일련의 동작(포장, 주소 기재, 접수 등)이 복합적으로 내포되어 있는 비직관적 활동이라 할 수 있다. 본고의 저자는 이러한 '복합성과 은회성'을 '은폐성(隐蔽性)'이라 칭하고 있다.

5个司机正捧着热汤面，蹲在地上，痛痛快快地，吃着，笑着，说着。

기사 5명이 뜨거운 탕면을 손에 들고 바닥에 웅크려 앉아, 아주 신나게 먹고, 웃고, 떠들고 있다.

三位外国顾客在津津有味地吃着红高粱快餐食品。

외국 고객 세 분께서 홍가오량 패스트푸드의 음식을 아주 맛있게 드시고 있다.

10年过去了，牛玉琴一家依然住在老屋里，依然每天吃着黄米饭和乔面，依然背着7000元债务……

10년이 지났다. 뉴위친 일가는 여전히 당시 그 집에 살고 있고, 여전히 기장쌀밥과 메밀면을 먹고 있으며, 여전히 7,000위안의 부채를 지고 있다. ('背着……'는 상태의 지속을 나타냄)

36个工区的1300多名养路工，吃着雪水拌的糌粑,[6] 陪伴着煤油灯，常年分段养护着青藏公路。[7]

36개 공사장에 있는 도로 보수공 1,300여 명은 눈 녹인 물에 갠 참파를 먹으며 등유등을 벗 삼아 일 년 내내 칭짱공로를 구간별로 보수하고 있다. ('养护'는 은폐성 행위임)

위 예시를 살펴보면, '동사 + 着' 앞에는 주로 '地'를 수반하는 부사어나 또 다른 '동사 + 着', 부사 '在' 등이 공기하고 있다. 복수의 '동사 + 着'가 연용될 때에는 직관적이고 동작성이 강한 동사가 지속성이 강한 상태동사('背', '养护' 등)와 병렬하여 사용된다.

강지속동사와 중지속동사(제4장 제2절 二 (三) 참조)는 모두 동작성이 강하지 않고 상태성이 비교적 강하기 때문에 흔히 '着'를 수반하여 문장을 만들며, '在'와 단독으로 결합할 경우 문장이 성립하지 않는다.

他站着，我坐着。그는 서 있고, 나는 앉아 있다. ＊他在站，我在坐。

这些材料他一直保留着。이 자료들을 그는 줄곧 보관해왔다. ＊这些材料他一直在保留。

(6) 泽田启二(1983)에 따르면, '在'는 동사와 함께 '是'자문에 자주 출현하고, 또한 어기부사 '到底도대체, 究竟도대체', 삽입구 '看起来보아하니, 你瞧보아라' 등과 공기하여 '어떠한 행위가 존재함을 주장하거나 추측'한다. 반면, '동사 + 着'는 '地'를 수반하는 부사어와 공기한다. 陈前瑞(2003)에 따르면, '在 + 동사'는 주관성을 띠고 '동사 + 着'는 객관성을 띤다. 반면, '正, 正在'는 모두 주관성이 약한 편인데, '正'은 사건 당시의 상태 서술에 치중하므로 상대적으로 '着'에 가깝다고 할 수 있으나 '正在'는 당시의 동작행위에만 초점을 둔다.

我走进了屋子，看见爸爸正忙着招呼客人。

내가 집에 들어갔을 때, 아빠가 마침 손님을 맞이하느라 바쁜 것을 보았다.

我国农村经济正面临着一个大发展的机会。

우리나라 농촌 경제는 지금 큰 발전 기회에 직면에 있다. (CCL)

他们正在开会，你等一会儿。그들은 한창 회의 중이니, 잠시만 기다려라.

严重的环境污染正在破坏建筑物，威胁社会生产，危害人体健康。

심각한 환경오염은 건물을 훼손시키고, 사회 생산을 위협하며, 인류의 건강을 해치고 있다. (CCL)

---

6) [역주] 참파(rtsam-pa). '青稞(麦)'(청과맥)의 볶은 가루를 '酥酒茶유제식품을 넣어 만든 차'나 '青稞酒'청과맥으로 빚은 술에 개어 먹는 경단으로 티베트 족의 주식이다(『고려대학교 중한사전』 참조).

7) [역주] 칭짱공로. 칭하이(青海) 성의 시닝(西宁)과 시짱(西藏) 자치구의 라싸(拉萨)를 잇는 도로.

(三) 동작이나 상태의 지속을 나타내는 부사

一直, 从来, 始终

이 세 개의 부사는 모두 시간과 관련이 있다. 의미와 용법이 유사하지만 차이점도 있다.

1. '从来'와 '一直'의 비교

'从来여지껏'는 비교적 긴 시간(과거부터 현재까지)동안 어떠한 상황의 앞·뒤가 일치하며, 예외가 없음을 나타낸다. '一直줄곧'는 일정한 시간(길 수도 있고 짧을 수도 있음) 동안 동작이나 상태가 지속됨을 나타낸다.

'从来'와 '一直'의 차이점은 이들이 출현하는 문장형식과 관련이 있다.

(1) 긍정문에 출현하는 '从来'와 '一直'

'从来'가 긍정문에 출현하는 경우는 극히 드물다.[8] '从来'가 긍정문에 출현하는 상황은 다음 세 가지로 제한되는데 '一直'로 대체가 가능한 경우도 있고 불가능한 경우도 있다(아래 예문 중 괄호에 표기한 경우만 대체 가능, ＊표시가 있으면 대체할 수 없음).

첫 번째, 형용사술어 앞이나 '是……的' 구문과 출현하여, 사람 혹은 사물이 긴 시간 동안 지속된 상태를 나타낸다.

我家从来(一直)就很干净。 우리 집은 여태껏(줄곧) 깨끗하다.

我看见他从来(一直)都是笑呵呵的。 나는 그가 여태껏(늘) 허허 웃는 것만 보았다.

我想让她觉得咱们家从来(一直)都是完整的。

나는 그녀에게 우리 집이 늘 완벽하다고 느끼게 해주고 싶다.

두 번째, 형용사술어나 동사술어의 앞, 혹은 '是……的' 구문에 출현하여 일관된 태도를 나타낸다.

他对客人从来(一直)都很客气。 그는 손님에게 지금까지(늘) 예의가 바르다.

我们从来(一直)都是支持你的。 우리는 지금까지(늘) 너를 응원하고 있다.

상기 예문에서 '从来'와 '一直'는 모두 호환 가능하지만 이들이 강조하는 부분은 각기 다르다. '从来'는 수차례 반복하여 출현한 상태나 태도가 모두 동일하고 예외 없음을 강조하는 반면, '一直'는 변함없이 지속됨을 강조한다.

세 번째, 수차례 반복하여 출현한 동작의 방식이나 원칙이 일관됨을 강조할 때 '从来'는 사용할 수 있지만 '一直'는 사용할 수 없다.

在古代奥林匹克运动会上，跑步从来(＊一直)就被列为第一项。

고대올림픽에서 달리기는 늘 첫 번째 종목으로 분류된다.

他从来(＊一直)都很少组织大家去旅游。 그는 지금껏 사람들을 모아 여행을 가는 일이 극히 드물었다.

---

8) 필자가 조사한 말뭉치에서 '从来'가 긍정문과 부정문에 출현한 비율은 4 : 59였다. 반면 '一直'는 120 : 12, '始终'은 21 : 26이었다(陆庆和 2002 참조).

高明的领导谈意见从来(＊一直)只是原则性的。
고명하신 사장님은 의견을 나눌 때 늘 원칙적인 태도만을 보인다.

위 예문은 상당 시간 동안 지속적으로 반복되던 방식이 일종의 규칙이 되었음을 강조하거나 규칙으로 변하지는 않았더라도 긴 시간 동안 어떤 방식이 일관되게 변함없이 지켜져 왔음을 강조한다. 위 세 가지 긍정문은 모두 상태성이 강하고 동작성이 약하다는 특징을 갖는다.

'从来'와 달리 '一直'는 주로 긍정문에 사용된다. 앞서 살펴 본 '从来'만 사용 가능한 세 가지 유형의 긍정문을 제외하고, '一直'는 동작이나 상태의 지속을 나타내는 대부분의 긍정문에 모두 사용 가능하다.

他多少年来就一直恨着她。그는 수년간 줄곧 그녀를 싫어한다. (호·불호 등의 심리상태가 지속됨)
我一直想去国外旅行。나는 줄곧 해외여행을 가고 싶다. (소망의 지속)
我一直在找你。나는 줄곧 너를 찾고 있다. (동작의 지속)
刚才你一直在船上？아까 너는 줄곧 배 위에 있었니? (상태의 지속)
几年来，她一直是最受欢迎的歌手。수년 동안 그녀는 줄곧 가장 사랑받는 가수이다. (상동)
她脑子一直都很灵。그녀는 줄곧 영리하다. (상동)

주의: 상기 긍정문은 모두 '从来'를 사용할 수 없다. 다음은 학습자의 오류이다.

＊哥哥从来喜欢足球。

긍정문에서 '从来'는 소망을 나타내는 술어동사 앞에 출현할 수 없다.

(2) 부정문에 출현하는 '从来'와 '一直'

'从来'는 주로 부정문에 사용되며, 부정사 '没(有)'와 함께 출현할 경우 일음절 동사나 형용사 뒤에는 통상 '过'를 수반해야 한다. '一直'가 부정문에 출현하는 경우는 긍정문에 비해 훨씬 적다.

A. 만약 부정문에서 나타내고자 하는 것이 어떠한 습관, 태도, 상태 또는 발생하지 않은 동작이라면 '从来'와 '一直'를 모두 사용할 수 있다. 다만 구체적인 언어 환경과 내포하는 의미에는 다소 차이가 나타난다. '从来'를 사용한 부정문은 부정하고자 하는 상태가 상당히 긴 시간 동안 (과거로부터 현재까지) 지속된 반면, '一直'를 사용한 부정문의 경우 지속된 시간이 길 수도 짧을 수도 있다. 이 밖에도 내포하는 의미에도 차이가 존재한다.

奶奶从来(一直)不看报。할머니는 여태껏(줄곧) 신문을 보시지 않는다. (습관)
他从来(一直)不跟我说话。
그는 이제까지(줄곧) 나와 말을 하지 않았다. (태도, 과거로부터 지금까지, 장시간)
他今天一直(＊从来) 不跟我说话。
그는 오늘 줄곧 나와 말을 하지 않았다. (태도, 가까운 과거로부터 지금까지, 단시간)
爸爸的头脑从来(一直)就没有闲着。아빠의 머리는 여태껏(줄곧) 쉬지 않고 있다. (특정 상태)
上个星期，忙得不得了，我一直(＊从来)没空过。
지난주에는 너무 바빠서, 나는 계속 여유가 없었다. (과거의 특정 시구간)

我从来没见过她。나는 이제껏 그녀를 만난 적이 없다.

(동작이 오래도록 발생하지 않았고, 나와 그녀는 근본적으로 모른다)

最近，我一直没见过她。요즘 들어, 나는 줄곧 그녀를 만난 적이 없다.

(동작이 단시간 내에 발생하지 않았고, 나와 그녀는 원래 아는 사이이다)

B. 객관적 상태를 묘사하는 부정문에는 대개 '一直'를 사용하고 '从来'는 사용하지 않는다.

他书包上的红颜色一直(*从来)不褪。

그의 책가방에 있는 붉은 색이 계속 빠지지 않는다. (자연적 규율에 따라 마땅히 퇴색되어야 함)

〈대화〉

甲：我给你介绍的对象你考虑得怎么样了？갑: 내가 너에게 소개해준 사람 생각해 봤니?

乙：对不起，我一直没有时间考虑。을: 미안해, 나는 줄곧 생각할 겨를이 없었어.

상기 대화에서 을은 사실상 원하지 않고 있으나 '一直'를 사용하여 발화자의 주관적 의향에 대한 직답을 회피하고 있는데, 적절한 사용이라 할 수 있다. 만일 '从来'를 사용한다면 상대방의 체면을 손상시키게 될 것이다.

C. 부정문에서 '从来'는 발화자의 주관적 의향이나 애증, 또는 '절대적인 긍정이나 절대적인 부정의 어기'를 띤다(王还 1992). 다음 세 가지 유형의 문장에서는 '从来'만 사용할 수 있다.

① 동작 주체가 어떤 이유로 인해 동작을 하지 않음을 강조할 경우

我知道你爱睡，所以从来不声不响，免得吵醒你。

나는 네가 잠자기 좋아하는 것을 알기에 너를 깨우지 않으려고 이제껏 아무 소리도 내지 않았어.

因为觉得浪费时间，他从来不打牌。시간 낭비라고 생각해서, 그는 이제껏 카드놀이는 하지 않았다.

② 문장이 발화자의 애증, 좋고 싫음을 내포하는 경우

我从来没见过这么不讲道理的人！나는 여태껏 이렇게 막무가내인 사람은 본 적이 없어!

他就是这样，总替别人考虑，从来不考虑自己。

그 사람이 그래, 늘 다른 사람은 걱정하면서 자신은 걱정하지 않아.

③ 문장이 해명이나 반박에 사용된 경우.

他从来不抽烟，烟头怎么会是他扔的呢？

그는 이제껏 흡연을 하지 않았는데, 담배 꽁초를 버린 게 어떻게 그 사람일 수 있겠어?

我从来没说过我比你能干。나는 이제껏 내가 너보다 유능하다고 말한 적이 없다.

'从来'와 '一直'가 각각 연관된 앞·뒤 절에 함께 출현할 경우, 이러한 주관성 및 객관성의 대비가 더욱 선명하게 드러난다.

他从来不隐瞒自己有个认识14年的女朋友，但一直给不了她太多的时间相处。

그는 이제껏 자신에게 14년을 사귄 여자 친구가 있다는 것은 숨긴 적은 없지만, 줄곧 그녀와 함께하는 일에 많은 시간을 할애하지는 못했다.

선행절에는 '从来'를 사용하여 주관적 태도를 서술하고, 후행절에서는 '一直'를 사용하여 객관적이고 '어쩔 수 없는 상황'임을 강조하고 있다.

D. 대비를 강조하는 부정문에는 대개 '从来'만 사용 가능하다. 이러한 대비는 예상을 벗어났음의 어기를 나타내는데, 대비의 특징에 따라 다음 몇 가지로 분류할 수 있다.

① 횡적 대비(비교대상이 되는 사물이나 사람이 문장에 출현할 수도 있고 출현하지 않을 수도 있음)

外国菜里从来没有鸡鸭肫肝，我在伦敦看见成箱的鸡鸭肫肝贱得一文不值……

외국 음식에는 이제껏 닭과 오리의 모래주머니와 간이 사용되지 않는데, 나는 런던에서 닭과 오리의 모래주머니와 간이 한 상자에 1파운드도 안 되는 염가에 판매되고 있는 것을 보았다. (외국음식을 중국음식과 비교, 钱钟书《围城》)

全世界的长跑高手后半程从来没有跑过这么快！

전 세계 마라톤 고수가 경기 후반에 이렇게 빨리 달린 적은 없다!

② 종적 대비(비교대상이 되는 시구간이 문장에 출현할 수도 출현하지 않을 수도 있음)

我从来没得过这么多奖。나는 이제껏 이렇게 많은 상을 받아본 적이 없다. (과거와 비교)

能住上这么好的房子，过去我们从来想都不敢想。

이렇게 좋은 집에 살 수 있을 것이라고 과거 우리는 감히 상상도 하지 못했다.

③ 횡적·종적 대비의 결합

那时候从来也没人赞助过他一分钱。그때 그에게 한 푼이라도 보태주는 사람은 한 번도 없었다.

在历史上还从来没有哪一个国家能在短短的几年内经济发展得如此迅速。

역사적으로 지금껏 이렇게 단시간 내에 이토록 빠른 경제 발전을 이룩한 나라는 없었다.

이를 통해 알 수 있듯이, 부정문에서 '从来'는 주로 주관적 설명이나 대비에 사용되며 비교적 긴 시간 동안(오래된 과거부터 현재까지)의 상황을 나타낸다. 반면, '一直'는 주로 객관적 서술에 사용되며 상황에 적용되는 시간은 길 수도 짧을 수도 있다. 즉, 오래된 과거로부터 현재까지 혹은 가까운 과거로부터 현재까지의 상황을 모두 나타낼 수 있으며 과거의 특정 시구간을 나타내는 데 사용할 수도 있다.

2. '始终'과 '一直'

'始终'은 처음부터 끝까지 변하지 않고 지속됨을 나타낸다. 즉, '처음부터 끝까지'와 '변치 않음'이 부사 '始终'의 주요 특징이라 할 수 있다. '始终'과 '一直'는 그 의미와 용법에서 다음과 같은 몇 가지 차이점을 보인다.

(1) 문장에 시간부사어가 없거나 시간의 시작점을 나타내는 부사어만 있는 경우, '始终'이 나타내는 동작은 대개 발화시점까지만 지속되고, 발화시점이 동작의 종점이 된다. 반면, '一直'는 이 같은 경우 상황이 여전히 지속되고 있음을 나타낸다.

我跟她始终(一直)保持着亲密的关系。난 그녀와 시종일관(늘) 친밀한 관계를 유지해왔다.

一家人始终(一直)过着幸福的生活。일가족이 시종일관(늘) 행복한 생활을 해 왔다.

(2) '始终'이 나타내는 동작의 종점이 만약 발화 이전의 한 시점이라면, 문장에는 반드시 시작을 나타내는 시구간부사어가 출현해야 한다. '一直'도 이와 마찬가지이다.

从比赛开始到结束，他始终(一直)在为运动员加油。
경기 시작부터 끝까지 그는 시종일관(줄곧) 선수를 응원하고 있다.
从去年三月到七月，我始终(一直)没见过他。
작년 3월부터 7월까지, 나는 시종일관(줄곧) 그를 만난 적이 없다.

(3) '始终'은 변치 않는 규율이나 도리 등을 나타낸다. '一直'에는 이러한 용법이 없다.
谣言往往始终(＊一直)是谣言，好像谈鬼说狐那样，不会说着说着就真见了鬼。
유언비어는 언제나 유언비어일 뿐이다. 마치 귀신 이야기처럼 말을 하다 하다 진짜로 귀신을 보게 되는 그런 경우는 없다. (钱钟书《围城》)
一般来说，研究人情的学问始终(＊一直)应该跟研究物理的学问分开来。
일반적으로 인문학은 언제나 물리학과 구분되어 한다. (상동)

(4) '始终'은 동작 주체가 오랜 시간 동안 주관적인 노력을 통해 어떤 동작을 지속적으로 하지 않거나 아직 하지 않았음을 나타낼 수 있다.
我再三向爸爸要求去国外留学，可他始终不答应。
나는 아버지께 외국에 나가 유학을 하고 싶다고 재차 말씀드렸지만, 그는 시종일관 허락하지 않으신다.
他头很晕，但是始终没肯坐下。 그는 머리가 어지러웠지만, 시종일관 앉으려 하지 않는다.
老人很饿，用手摸了好几回包子，始终没往起拿。
노인은 배가 고파 손으로 몇 번씩이나 찐빵을 만졌지만, 끝내 손에 들지 않았다.

상기 세 예문에 사용된 '始终'은 부정적 동작이 발화 전에 이미 종결되었음을 나타낸다. 위 예문의 '始终'은 '一直'로 대체 가능하지만, 이 경우 동작 주체의 주관적 노력에 대한 강조는 약해지고, 이러한 상황이 여전히 지속되고 있음을 내포하게 된다.

(5) '始终'은 오랜 시간 노력했음에도 최종적으로 완성하고자 했던 동작을 완성하지 못한 경우에 사용된다.
及至见了她，他把这句话在心中转了好几次，始终(＊一直)说不出来。
그녀를 만나게 되었을 때, 그는 이 말을 마음속으로 몇 번이나 되뇌었지만, 끝내 입 밖으로 꺼내지 못했다.
我想买那件衣服，可又嫌贵，侃了半天价钱，始终(＊一直)谈不成。
나는 저 옷이 사고 싶었지만 너무 비싼 거 같아 한참을 흥정했지만 끝내 성사되지 않았다.

아래 예문과 같이 '一直'와 '始终'이 각각 복문의 앞·뒤 절에 사용되었을 때, 이 두 단어의 차이점을 명확히 알 수 있다.
他一直在帮我查那个打匿名电话的人，但是始终没能查出。
그는 줄곧 나를 도와 그 익명의 전화를 한 사람을 조사하고 있지만 끝내 찾지 못했다.

위 문장에서 '一直'는 동작의 지속을 나타내고, '始终'은 최종 결과가 부정적임을 나타낸다.

(6) '始终'은 '현재/지금' 등과 같이 종점(미래 포함)이 없는 동작이나, 술어의 후행 성분이 명확하게 동작의 종점을 나타내는 경우 사용할 수 없다. '一直'는 사용 가능하다.
姐姐现在一直(＊始终)在学汉语。 누나는 지금 계속 중국어 공부를 하고 있다.

自学习了书法以后，爷爷一直(＊始终)天天写大字。
서예를 배우신 이후, 할아버지는 늘 매일같이 붓글씨를 쓰신다.
他一直(＊始终)把朋友送到车站，看到她们上了车，才回家。
그는 항상 친구를 정류장까지 데려다주고, 그녀들이 차에 타는 것을 본 후에야 집으로 돌아간다.
战士们一直(＊始终)战斗到流尽最后一滴血。전사들은 마지막 피 한 방울을 다 쏟아낼 때까지 싸운다.

(7) '一直'는 지속된 동작이나 상황의 시작점이 불분명한 경우에도 사용할 수 있지만, '始终'은 사용할 수 없다.

他过去一直(＊始终)开出租车。그는 예전에 줄곧 택시를 몰았다.
在调到这个公司之前，我一直(＊始终)做贸易工作。
이 회사로 옮기기 전, 나는 줄곧 무역 업무를 했다.

(8) '始终'은 '변치 않음'을 강조한다. 아래와 같이 상황의 변화를 나타내는 후행절이 연이어 출현하는 경우 '始终'은 사용할 수 없고 '一直'만 사용할 수 있다.

打这儿以后，公司的发展一直(？始终)不顺利，最后终于倒闭了。
이때 이후로 회사 발전이 줄곧 순조롭지 않더니 결국 파산하였다.
一年前，他一直(？始终)是学校的一般教师，去年才当了校长。
일 년 전까지 그는 줄곧 학교에서 일반 교사를 하다가, 작년에야 교장이 되었다.

종합해 보면, '始终'은 '처음부터 끝까지 변치 않음'을 강조하며, 과거의 어느 시점에서 시작하여 발화 시점까지 이어지거나, 발화 이전 특정 시점에 종결되는 시구간을 나타낸다. 반면, '一直'는 '동작이나 상태의 지속'을 강조하며, 후행하는 동사술어가 동작의 종점을 나타내는 성분을 수반하거나, 변화를 나타내는 후속절을 취할 수 있다. '一直'가 나타내는 시구간은 가까운 과거일 수도, 오래된 과거일 수도 있으며, 현재 또는 미래일 수도 있다.

三. 범위부사

都

범위부사 '都모두'는 아래 몇 가지 용법으로 사용된다.

1. 총괄(总括)을 나타낸다.

'都'는 '동일하게 총괄함'을 나타내며 항상 총괄하려는 사물 혹은 사람의 뒤에 놓인다. 주로 동사(구)나 형용사(구) 앞에 출현하며, 주어 앞에는 출현할 수 없다. 복수(둘 이상)의 사람이나 사물이 예외 없이 모두 동일한 성질이나 행위를 갖추고 있음을 나타낸다. 주로 아래와 같은 유형의 문장에 사용된다.

(1) 복수(둘 이상)의 주어나 화제를 '동일하게 총괄'할 경우, 술어는 '都'의 수식을 받는다.

他们都是留学生。그들은 모두 유학생이다. (동일한 속성)
三个人都付了钱。세 사람 모두 돈을 지불했다. (행위를 동일한 것으로 총괄)
院子里的花都开了。정원의 꽃이 모두 피었다. (상태를 동일한 것으로 총괄)

明天和后天我都在家。내일과 모레 나는 모두 집에 있다. (다른 시간 속 상태를 동일한 것으로 총괄)

위 예문들은 '都'가 없어도 문장이 성립되지만, 이 경우 '예외 없이 모두 동일함'의 의미는 사라지게 된다(암묵적으로 다른 사람이나 사물이 존재함을 나타내게 되는데, '都'를 사용할 경우 다른 사람이나 사물의 존재가 배제됨). 따라서 배제를 나타내는 문장이 자체적으로 '예외 없이 동일함'의 의미를 분명히 나타내지 않을 경우, 술어 앞에 '都'를 사용해 이를 강조해 주어야 한다.

除了操场，别的地方我都找过了，就是没看见他。

운동장을 제외한 다른 곳은 모두 찾아보았지만 그를 찾지 못했다.

除了小林，别人都要去游泳。

샤오린을 제외한 다른 사람들은 모두 수영하러 가고 싶어 한다. (제8장 개사 제2절 '除了' 부분 참조)

(2) 분배지시(逐指)를 나타내는 '每매'와 임의지시(任指)를 나타내는 '任何어떠한', 의문대사 혹은 총괄지시(统指)를 나타내는 '所有모든', '一切일체', '全部전부', '整전체' 등의 단어가 주어의 관형어를 충당하고, '동일하게 총괄함'의 의미를 나타내고자 한다면 술어 앞에 반드시 '都'가 출현해야 한다.

每个房间都有电话。방 마다 모두 전화가 있다. ('每 + 일반명사', 술어는 각 개체의 공통점을 강조)

每个老师都很认真。선생님 마다 모두 성실하시다. (상동)

任何时候都要注意安全。언제든 모두 안전에 주의해야 한다.

谁都不认识这个人。누구도 이 사람을 모른다.

所有的房间都住了人。모든 방에는 다 사람이 묵고 있다.

一切准备工作都做好了。일체의 준비 작업이 모두 끝났다.

全部行李都装到汽车上去了。짐 전부를 모두 차에 실었다.

整箱的苹果都烂了。사과 한 박스가 모두 썩었다.

'每', '整'이 시간명사를 수식하고 '예외 없음', 동일한 동작이 수차례 규칙적으로 발생함을 강조할 경우 '都'를 사용해야 한다. 반면, '동일함'을 강조하지 않고 단지 일반적인 상황을 설명하는 경우라면 '都'를 생략할 수 있다.

她每天都写汉字。그녀는 매일같이 한자를 쓴다.

/她每天写汉字。그녀는 매일 한자를 쓴다.

我们每年都要放两次长假。우리는 해마다 두 번씩 장기휴가를 내 왔다.

/我们每年要放两次长假。우리는 매년 두 번 장기휴가를 낸다.

他整天都在复习功课。그는 하루 온 종일 복습을 하고 있다.

/他整天在复习功课。그는 하루 종일 복습을 하고 있다.

이와 유사하게, 문장 중 '满 + 명사', '浑身온몸에', '随时언제나', '到处도처에' 등 총괄 또는 보편적 의미를 나타내는 성분이 있을 때도 '都'가 사용되거나 사용되지 않을 수 있다.

小张满头都是汗。샤오장은 온 머리가 땀으로 범벅이 되었다.

/小张满头是汗。샤오장은 머리 전체에 땀이 났다.

那个受伤的人浑身都是血。그 부상자는 온몸이 피로 범벅되었다.

/那个受伤的人浑身是血。그 부상자의 몸은 온통 피가 묻어 있다.

你有问题随时都可以来问我。질문이 있으면 언제든지 나에게 물어보러 와도 돼.

/你有问题随时可以来问我。질문이 있으면 언제든 와서 물어도 좋다.

大多数人都喜欢自然风光。사람들은 대부분 모두 자연풍경을 좋아한다.

/大多数人喜欢自然风光。대다수의 사람이 자연풍경을 좋아한다.

公园里到处都是人。공원에는 도처에 사람들이 깔려있다.

/公园里到处是人。공원에는 도처가 사람이다.

(3) 복문 중 선행절에 임의지시 조건을 나타내는 '不管 - 을 막론하고', '无论 - 에 관계없이', '任 - 을 막론하고', '任凭 - 일지라도', 술어의 정반구조, 총괄을 나타내는 '凡是무릇' 등이 출현하고 후행절이 '동일하게 총괄'한 결과나 동작을 나타낼 경우, 후행절의 술어 앞에는 이들과 호흥하는 '都'가 사용되어야 한다.

不管(无论)明天天好不好，我们都要去种树。

내일 날씨가 좋든 안 좋든, 우리는 나무를 심으러 갈 것이다.

凡是这个作家的小说，我都看过。이 작가의 소설은 나는 모두 다 보았다.

任你怎么说他，他都不听。네가 그에게 어떻게 말하든 그는 듣지 않는다.

2. 극단(极端) 혹은 최저한도(最低限度)를 나타낸다.

'都'는 극단 혹은 최저한도를 나타내며, 주로 다음 두 종류의 문형에 출현한다.

(1) 비주제대비문[9]에서 극단 혹은 최저한도보다 낮음을 나타낸다. 이때 '都'는 극단항 혹은 최저한도항 뒤에 출현해야 한다.

A. 극단항과 기본한도항은 '都' 앞에 출현한다.

他水都没喝就走了。그는 물도 마시지 않고 떠났다.

这个人真没礼貌，见了人招呼都不打。이 사람은 정말 예의가 없어서 사람을 만났는데 인사도 안 한다.

(사람을 만나 인사하는 것은 예의의 최저한도임)

극단항은 언어 환경과 관련되어 가장 불가능한 상황 혹은 가장 있어서는 안 되는 상황을 나타낸다. 때로 극단항은 과장된 형식으로 출현하기도 한다.

到了发胖的年龄，喝凉水都长肉。살이 찌는 나이가 되면, 냉수만 마셔도 살이 찐다.

'喝凉水'는 실제 상황이 아니라 일종의 과장된 극단적 상황일 뿐이다.

B. '都'는 또한 (대비초점을 나타내는) '连조차', '甚至심지어'와 공기하여 '连……都', '甚至(连)……都' 구조를 형성하는데, 이때 대비되는 극단항 역시 '都' 앞에 출현해야 한다(하권 제2편 제

9) [역주] 刘月华 등(2001: 217)에서 '都'는 개사 '连', 부사 '甚至', 수사 '一(+양사+명사)'와 결합하는 경우, 주제대비초점(话题对比焦点) 뒤에 와야 한다고 했다. 주로 '连……都', '甚至……都', '一……都'의 형식으로 사용한다. 때로 부사 '都'만 사용해도 동일한 의미를 나타낸다. 이에 원문의 '非对比句'를 '비주제대비문'으로 번역하였다.

2장 제16절 참조).

我忙得连饭都顾不上吃。나는 너무 바빠서 밥 먹는 것조차 신경 쓰지 못할 정도이다.

他紧张得甚至连话都说不出来了。그는 너무 긴장해서 말도 하지 못할 정도이다.

她对父母照顾得特别周到，连茶都端到手上。

그녀는 부모님을 정말 극진히 모시는데, 차조차 손에 올려드릴 정도이다.

C. 동작량이 '0'인 절대 부정문에서 극단항은 대개 '一 + 양사'의 형식으로 '都' 앞에 출현한다. 이 둘은 대다수 상황에서 공기해야 한다.

他一句话都不说。그는 한마디도 하지 않는다.

听写时，那个学生一个字都没写。받아쓰기를 할 때, 그 학생은 한 글자도 쓰지 않았다.

我难受极了，一口饭都不想吃。나는 너무 괴로워서 밥 한 입도 먹고 싶지 않다.

D. '即使설령', '就是설사', '哪怕비록' 등 양보를 나타내는 복문에서 만약 선행절이 최저량(극단적 상황)을 나타낸다면, 후행절에는 대개 '都'(또는 '也')가 이에 호응하여 출현하고 뒤에는 결과를 나타내는 술어가 함께 사용되어야 한다.

孩子即使有一点点进步，都会让父母高兴半天的。

아이가 아주 약간의 발전만 보이더라도, 부모는 한참을 기뻐할 것이다.

在人最困难的时候，哪怕是一句鼓励的话，都能起很大作用。

사람이 가장 힘든 순간에는 힘을 주는 단 한마디의 말일지라도 아주 큰 역할을 할 수 있다.

E. 수량사는 '都'의 앞에서 이와 공기한다. 수량사가 나타내는 양은 발화자가 예상한 최저한도보다 적은 양이며 '都' 뒤의 술어는 대개 부정형이 사용된다.

两个小时都不到，他就把文章写出来了。

두 시간도 안 되어 그는 글을 써내었다. (두 시간 이상일 것으로 예상함)

学了半年，六篇课文都没学习完。

반년을 배웠는데, 본문 6편조차도 다 배우지 못했다. (6편 이상일 것으로 예상함)

F. '都'는 '동사 + 都 + 不/没 + 동사'의 부정형식에 출현할 수 있으며, 결과를 나타내는 동사구가 후행한다. 동사가 나타내는 동작은 발화자가 보기에 최소한 반드시 해야 하는 동작이다.

你怎么问都不问，就把他带到这儿来了？너는 어째서 물어보지도 않고 그를 여기에 데리고 온 것이니?

他递给我钱的时候，我看都没看就放进了钱包。

그가 나에게 돈을 건네었을 때, 나는 쳐다보지도 않고 바로 지갑에 넣었다.

(2) 대비구에 출현하여 강조를 나타낸다.

대비구에서 '都'는 대비 극단항과 공기하며, 때로 '甚至심지어', '连조차'과 함께 출현한다.

这个问题连小孩子都会回答，你怎么还不会！

이 문제는 어린아이도 대답할 수 있을 것인데, 너는 어째서 대답을 못 하니!

他都去帮忙了，你却坐在这儿不动！그조차 가서 돕는데, 너는 여기에 앉아 꼼짝을 하지 않는구나!

老师都没说什么，要你多嘴干什么！선생님도 아무 말씀 안 하시는데, 네가 왜 참견을 하는 거니!

她本人都不着急，你急什么！그녀 자신도 조급해하지 않는데, 네가 뭘 조급해하니!

위 예시를 통해 알 수 있듯이, 문장에는 대비 극단항의 상대항(예를 들어 '小孩'의 상대항은 '你'이다)이 반드시 출현해야 한다. '都' 뒤 술어는 긍정형식과 부정형식 모두 사용 가능하다.

3. 예상한 한도를 초과하였음을 나타낸다.

'都'는 예상한 한도를 초과하였음을 나타낸다. 상술한 두 의미의 '都'와 달리, 이 같은 '都'는 예상한 한도를 초과한 단어나 구 앞에 출현한다. 주로 발화자가 청자의 주의를 환기하고자 하는 상황을 나타내며, 대개 문장 끝에 어기사 '了'가 함께 사용된다.

都十点了，你还不起床。벌써 10시인데, 너는 아직도 일어나지 않았구나.

外面都结冰了，可要多穿点儿啊！밖은 이미 꽁꽁 얼었어, 더 단단히 껴입어야 해!

他都七十岁了，可干起活来一点不比年轻人差。

그는 이미 일흔이지만, 일하는 것을 보면 젊은이들 못지않다.

이러한 용법의 '都'는 상태보어 앞에 출현하여 정도가 높음을 강조하기도 하는데, 때로는 과장의 어기를 띠기도 한다.

听说她累得都晕过去了。들자하니, 그녀는 너무 피곤해서 기절할 지경이었다.

他激动得都不知道说什么好了。그는 너무 격분한 나머지 무슨 말을 해야 좋을지 몰랐다.

他气得都快发疯了。그는 너무 화가 나서 미칠 지경이었다.

四. 병존(并存), 결합(加合), 반복(重复)부사

1. 병존, 결합, 반복부사의 특징

과거에는 이 유형의 부사를 모두 반복부사로 통칭했지만 이중 일부 부사는 병존이나 결합이 주요 의미인 경우가 다수 있다(예를 들어 '也'은 병존, '还'는 결합을 주로 나타냄). 이 세 가지 의미는 서로 밀접한 관련성을 갖는다. '병존'은 두 개 이상의 동작이나 상황이 동시에 존재하는 것을 가리키며, '결합'이란 동일한 동작 후 그 동작과 관련된 사물 혹은 사람이 수량적으로 증가하는 것을 의미한다. '반복'은 동일한 동작 상황이 다시 한번 출현하는 것으로 사실상 두 종류 이상의 동작이나 상황이 다른 시간대에 병존하거나 결합(증가)하는 것이라 볼 수 있다. 일부 부사들은 이 세 유형의 의미를 모두 나타내기도 하고(예를 들어 '又') 동시에 두 유형의 의미를 나타낼 수도 있다(예를 들어 '再三'은 반복과 동작량 증가를 나타냄). 이러한 유형의 부사는 반드시 주어 뒤에 출현하며, 부사어를 담당한다.

2. 주요 부사에 관한 설명

也

(1) '也'의 기본의미는 '유사 동일(类同)'(동일하거나 유사한 동작, 상황의 병존)이며 유사하거나 동일한 속성, 성질/상태, 동작, 변화 등을 가리킨다. '也'는 술어 없이 대답에 사용할 수 없으며, 반드시 주어 뒤에 위치해야 한다.

A. '也'는 병렬복문에 출현하여 몇 개의 동작이나 상황이 동시에 존재함을 나타낸다.

他学习汉语，也学习英语。그는 중국어를 배우고, 영어도 배운다.

你喜欢足球，我也喜欢足球。너는 축구를 좋아하고, 나도 축구를 좋아한다.

春天来了，河里的冰化了，山也绿了，花也开了。

봄이 오니 강의 얼음은 녹았고, 산도 초록빛이 되었고, 꽃도 피었다. (유사한 변화들이 동시에 존재함)

经济发展了，人民的生活水平也提高了，大家的精神也不一样了。

경제가 발전하니, 국민 생활수준도 높아졌고, 사람들의 활력도 달라졌다. (상동)

B. 임의지시를 나타내는 의문대사가 출현하고 술어가 부정형식일 경우, 대부분 부사가 공기하게 되는데, 이때 주로 '也'가 사용된다('都'도 가능).

我哪儿也没去。나는 어디도 가지 않았다.

他什么球也不玩儿。그는 어떤 구기종목도 하지 않는다.

她谁的话也不听。그녀는 누구의 말도 듣지 않는다.

C. 복문에서 '也'는 '即使설령', '就是설사', '哪怕비록' 등의 접속사와 호응하여 사용된다. '也'가 출현하는 절은 긍정형식과 부정형식이 모두 가능하며, 주로 다음 두 가지 유형으로 나누어진다.

① 복문 중 양보를 나타내는 '即使', '就是' 등이 극단적인 상황을 나타낼 경우, 후속절에는 '也'가 이들과 호응하여 출현해야 한다. '也'가 있는 후속절은 그러한 극단적인 상황의 결과가 비극단적 상황의 결과와 유사함을 나타낸다.

即使走着去车站，也来得及。걸어서 정류장에 가도 늦지 않는다.

即使你不说我也猜得出来。네가 말해주지 않아도 나는 추측해낼 수 있다.

就是地上的一根麻绳，他也要捡起来收好。땅에 떨어진 노끈조차도 그는 모두 주워 모은다.

상술한 극단적 상황은 모두 실현 가능한 것이거나 실제 상황이다. 하지만 거론되는 극단적 상황이 현실적으로 실현 불가능한 경우도 있는데, 이때에는 과장의 의미를 띠게 된다.

你即使把心掏出来给他看，他也不会相信你。

네가 심장을 꺼내어 그에게 보여줘도 그는 아마 너를 믿지 않을 것이다.

别说是下大雨，就是下刀子，我也要出去！

비가 많이 오는 것은 물론이고, 목에 칼이 들어온다 해도 나는 나갈 것이다!

② 복문 중 양보를 나타내는 '即使', '就是' 등이 현실에서 보기 힘든 상황을 나타낼 경우, 후속절은 이러한 상황에서 나타내는 결과가 보편적 상황의 결과와 거의 유사함을 나타낸다. 이때 '也'가 이들과 호응하여 사용된다.

这里夏天很凉快，即使再热，也不过28度左右。

이곳의 여름은 선선해서, 아무리 더워도 28도 안팎을 넘지 않는다.

夫妻俩关系很好，即使偶尔拌两句嘴，也从不往心里去。

부부는 사이가 좋아서 가끔 한두 마디 말다툼을 하더라도 마음에 담아두지 않는다.

D. 복문 중 '不管막론하고', '无论막론하고', '虽然비록', '尽管비록', '如果만약', '要是만약' 등이 출현하고 후속절이 선행절의 상황에서 도출한 사실·결론이 내포된 상반되는 사실·결론과 '유사 동일'을 나타낸다면, 역시 '也'를 사용하여 호응관계를 만들어야 한다. 이 경우 '也'가 출현하는 절

은 대부분 동작자 혹은 발화자의 주관적 바람, 추측, 견해, 태도 등을 나타내며, 긍정문과 부정문 모두 가능하다.

尽管看见外面在下雨，孩子也吵着要出去。
밖에 비가 내리는 것을 보고도, 아이들은 나가겠다고 야단이다. ('비가 내리지 않는 상황' 내포)
无论要花多少时间，我也要把他找到。
시간이 아무리 걸려도 나는 그를 찾아내고야 말 것이다. ('시간을 많이 쓰지 않았음'을 내포)
无论有多大的困难，我们也能克服。
아무리 큰 역경이 있을지라도, 우린 극복할 수 있다. ('어려움이 크지 않음'을 내포)
不管你有多忙，家里的事情也该关心关心。
네가 아무리 바빠도, 집안일에는 좀 관심을 가져야 한다. ('바쁘지 않은 상황'을 내포)
我宁可不睡觉，也要把论文写出来。
나는 잠을 안 자는 한이 있어도, 논문을 꼭 써내고 말 것이다. ('자는 상황'을 내포)
要是你想跟我一起住也可以。
네가 원한다면 나와 함께 살아도 좋다. ('네가 나와 같이 살고 싶지 않음'을 내포)
虽然家里条件不太好，但也该让孩子生活得好一些。
집안 사정이 썩 좋지는 않지만, 아이들은 좀 더 나은 생활을 하도록 해주어야 한다. ('조건이 좋음'을 내포)
尽管我知道他是无心的，但我也不能原谅他。
그가 별 뜻이 없었다는 걸 알지만, 나는 그를 용서할 수 없다. ('그가 일부러 그런 것임'을 내포)

다음 예시의 '也'는 어기만을 나타내는 정도로 그 의미가 약화된 경우이다(아래 (3)의 '완곡한 어기' 부분 참조).

要是没有大家的帮助，这件事也办不成。 여러분의 도움이 없다면, 이 일은 성사될 수 없습니다.
虽然工作累点儿，但也不该发脾气啊！ 일이 좀 고되더라도 화를 내서는 안 된다.

접속사 중 '虽然비록'과 '不仅뿐 아니라/(不但)'이 '也'와 호응할 경우 사실에 대한 설명을 나타낼 수 있다.

他成绩虽然不太好，也被分到了高班。
그는 성적이 그다지 좋지 않지만, 고급반으로 편성되었다. (결과가 '성적이 좋음'일 때와 유사함)
我不仅去过北京，也去过天津。 나는 베이징에 가봤을 뿐 아니라, 텐진에도 가봤다.

(2) 극단 혹은 최저한도를 나타낸다. 발화자가 주관적으로 느꼈을 때 극단적이거나 최저한도의 상황을 보편적 상황과 유사하다고 여기는 경우이다.

A. '也'는 비주제대비문 부정문에서 극단적인 상황 혹은 최저한도보다 더 낮은 상황을 나타낸다. 주요 형식은 다음과 같다.

① '극단항 또는 기본한도항 + 也……' 중 '也' 뒤에는 대부분 동사의 부정형식이 사용된다.

他水也没喝就走了。 그는 물도 마시지 않고 떠났다.
这个人真没礼貌，见了人招呼也不打。
이 사람은 정말 예의가 없다. 사람을 만났는데 인사도 안 한다. (사람을 만나면 인사를 하는 것이 최저한도임)

② '连 + 극단항 + 也……', '甚至(连) + 극단항 + 也……' 중 '也' 뒤에는 대개 동사(구)가 사용된다.

我忙得连汗也顾不上擦。나는 너무 바빠서 땀조차도 닦을 겨를이 없다.

他激动得甚至连声音也发抖了。그는 너무 격분하여 심지어 목소리조차 떨렸다.

他平时什么家务也不干，连手绢也是我给他洗。

그는 평소에 어떠한 집안일도 하지 않으며, 손수건조차도 내가 빨아준다.

③ 동작량이 '0'인 절대부정문에서 극단항은 대부분 '一 + 양사'의 형식으로 '也' 앞에 출현한다. 즉, '一 + 양사 + 也 + 不/没……'의 형식으로 사용된다.

他一句话也不说。그는 한 마디도 하지 않는다.

听写时，那个学生一个字也没写。받아쓰기를 할 때, 그 학생은 한 글자도 쓰지 않았다.

我难受极了，一口饭也不想吃。나는 너무 고통스러워서, 밥을 한 입도 먹고 싶지 않다.

④ '即使', '就是', '哪怕' 등 양보를 나타내는 복문에서 선행절이 최저한도(극단적인 상황)를 나타내면, 후행절에는 대개 '也'가 출현하여 이와 호응관계를 이루고, 그 뒤에는 결과를 나타내는 술어가 사용된다.

即使犯一点小错误，他也会唠叨半天的。작은 실수만 해도, 그는 한나절 잔소리를 할 것이다.

在他饿得快死的时候，哪怕是一块面包，也能救他一条命啊。

그가 배고파 죽을 지경일 때는, 설사 빵 한 조각이라 해도 그의 생명을 구할 수 있다.

⑤ '수량사 + 也……'에서 수량사는 발화자가 예상한 최저한도보다 적은 양을 나타낸다. '也' 뒤에는 대개 부정형식이 사용된다.

做完整个练习，两个小时也不到。

모든 연습을 완료하는 데에 두 시간도 걸리지 않았다. (두 시간 이상은 걸릴 것으로 예상함)

学了半年，六篇课文也没学习完。

반년을 배웠는데, 본문 6편도 다 배우지 못했다. (여섯 편 이상은 공부했을 것으로 예상함)

⑥ '동사 + 也 + 不/没 + 동사……'의 뒤에는 결과를 나타내는 동사구가 사용되어야 한다. 동사는 발화자가 보기에 최저한도로 해야 마땅한 동작을 나타낸다.

警察看见我们，问也不问，就让我们走了。경찰은 우리를 보자 묻지도 않고 우리에게 가라고 했다.

弟弟一看到用鸡蛋做的菜，尝也没尝就说不好吃。

남동생은 달걀로 만든 음식을 보고 먹어 보지도 않고 맛이 없다고 한다.

B. 주제대비문(对比句)에서 강조를 나타낸다.

주제대비문에서 '也'는 대비 극단항과 공기하며, 때로 '甚至심지어', '连조차' 역시 추가로 공기하여 사용된다. 이때 또 다른 대비항 역시 필수적으로 수반되어야 한다. '也' 뒤의 술어는 대부분 부정형식이지만, 경우에 따라 긍정형식도 가능하다(긍정문에는 '都'가 더 자주 쓰임).

他甚至连上课也忘了，还能记着做别的吗？

그는 심지어 수업조차도 잊어버렸는데, 다른 것을 기억할 수 있을까?

现在农民也住上楼房了，你却住在这样的地方！

현재는 농민조차 아파트에 살게 되었는데, 너는 오히려 이런 곳에 살다니!

这个问题连张工程师也解决不了，就别说咱们了。
이 문제는 장 기사조차도 해결하지 못하는데, 우리는 말할 것도 없다.
他连报也不看，怎么会看这种理论书呢？
그는 신문조차도 보지 않는데, 이런 이론서를 어찌 볼 수 있겠는가?

(3) 완곡한 어기를 나타낸다. 비평이나 건의, 주관적 견해를 나타내는 상황에 자주 쓰인다.
你说话也太不注意了。너는 말을 할 때도 너무 부주의하다.
大家都说甲队能赢，我看也不一定。
다들 갑팀이 이길 수 있을 것이라 말하지만, 내가 보기에는 꼭 그럴 것 같지는 않다.
他也不是小孩子了，别老管着他。그도 이제 어린아이가 아니니, 계속 그에게 간섭하지 말라.
他这样做也不能说不对。그가 이렇게 하는 것도 틀렸다 말할 수는 없다.

还(2)

(1) 발화 전 이미 존재하던 상태 혹은 진행 중인 동작이 변함없이 연속됨을 나타낸다.
爸爸还没来。아빠는 아직 오지 않으셨다.
教室里还很冷。교실 안은 여전히 춥다.
他还在学校。그는 아직 학교에 있다.

'还'는 의문문과 반어문에 출현하여, 현재 지속 중인 동작 혹은 상태가 더이상 지속되어서는 안된다는 발화자의 생각을 나타낸다.
你怎么还在喝酒啊？너는 어째서 아직도 술을 마시고 있니?
他怎么还不回家？그는 어째서 아직도 집에 가지 않은 거니?

(2) '还'는 '在 + 시간명사/시간을 나타내는 동사구' 형식의 앞에 출현하여, 어떠한 동작이나 상태가 오래 전부터 현재까지 줄곧 지속되어 왔음을 나타낸다.
还在三千年以前，这里就有人居住了。3천 년 이전부터 이곳에는 사람들이 살았다.
还在你没出生之前，我们俩就认识了。네가 태어나기 전부터 우리 둘은 서로 알고 있었다.

(3) 첨가를 나타낸다. 일반적으로 어떤 상황을 보여주는 선행절이 동반되는데, '还'가 출현하는 후행절은 앞서 출현한 상황 이외에 다른 상황이 증가하거나 보충됨을 나타낸다.

A. '还'가 단독으로 사용되는 경우
我们那天种了树，还拔了草。우리는 그날 나무를 심었고, 풀도 뽑았다.
饭吃到最后，还会上一盘水果。식사 마지막에는 과일 한 접시가 또 올라올 것이다.

대화에서, 이러한 '还'는 대개 의문문에 출현한다.
你还要点儿什么？또 무엇을 주문하시겠습니까?
他还问了你哪些问题？그는 너에게 또 어떤 질문을 했니?

B. 선행절에 '除了……(以外)제외하고' 개사구 혹은 '不但뿐 아니라', '不仅뿐 아니라' 등 병렬을 나타내는 접속사가 출현하고, 후행절이 첨가나 보충을 나타내는 경우, 모두 '还'가 호응하여 사용

되어야 한다.

除了交学费外，还要交书费。학비뿐만 아니라, 책값도 내야 한다.

我来中国不但要学习汉语，还要了解中国文化。

내가 중국에 온 것은 중국어를 배우려는 것 뿐만 아니라, 중국문화를 이해하기 위해서이다.

他们不仅参观了几个村子，还在农民家住了几个晚上。

그들은 마을 몇 군데를 살펴보았을 뿐 아니라, 농가에서 며칠 밤을 묵기도 했다.

又

'又'의 기본 의미는 병존과 결합이다. 또한 이러한 의미를 바탕으로 '반복'의 의미도 나타낼 수 있다.

(1) 병존

A. 동일한 성질이 각기 다른 상황에 병존함을 나타낸다. 여기서 '각기 다른 상황'은 다른 동작일 수도 있고 다른 상태일 수도 있다. 이 경우 '又'는 단독으로도 사용이 가능하지만 '又'를 연용하거나 '既……又'의 접속사구에 사용될 수도 있다.

她不喜欢那个小伙子，没有修养，长得又不帅。

그녀는 그 사내를 좋아하지 않는다. 교양이 없을 뿐 아니라 생긴 것도 멋있지 않기 때문이다.

大家又唱又跳，玩得可高兴呢！다들 노래 부르고 춤 추고, 아주 즐겁게 놀았다!

听到这个消息，我又惊又喜又慌又怕。

이 소식을 들으니, 나는 놀랍고 기쁘면서도 당황스럽고 두렵기도 하다.

这个店里的东西既便宜又好。이 상점의 물건은 저렴하고 (품질도) 좋다.

B. 동일한 성질이 상반되는 상황에 병존함을 나타낸다. 이 경우 '상반되는 상황'은 동사나 형용사를 사용해 표현하는데, 대개는 일회성으로 완성된 동작이 아닌 모순적 상황에 놓인 상태를 나타낸다.

我想去又不想去。나는 가고 싶기도 하고 안 가고 싶기도 하다.

这件事对他来说，又重要又不重要。이 일은 그에게 중요하기도 하고 중요하지 않기도 하다.

他上又上不去，下又下不来，急得不得了。

그는 올라가지도 못하고 내려오지도 못하고, 마음이 아주 조급하다.

(2) 반복

동일한 부류의 동작이 다른 시간대에 병존하는 것을 나타낸다. 대부분은 동작의 회복, 동작의 순환, 동작의 반복을 가리킨다.

A. 동작 후, 행위자 혹은 대상자가 원래의 상태나 위치로 돌아감. 동작은 대개 이미 발생한 동작이며, 동사 뒤에는 종종 동작의 완성을 나타내는 보어, 동태조사 '了' 혹은 어기사 '了'를 수반한다.

她回头看了我一眼，又回过头去。그녀는 고개를 돌려 나를 한 번 보더니, 다시 고개를 돌렸다.

妈妈悄悄地走下搂来……停了一会，又上去了。

엄마는 살그머니 걸어 내려와……잠시 멈추더니 다시 올라가셨다.

老师把他叫到研究室，把他交的论文又还给了他。
선생님은 그를 연구실로 불러, 그가 제출한 논문을 다시 그에게 돌려주었다.
试车时，他把汽车开出去又开了回来。 차량 시승 시, 그는 차를 몰고 나갔다가 다시 몰고 들어왔다.

다음과 같은 표현도 이러한 용법에 해당한다.

话又说回来… 다시 말하자면…

B. 규칙성을 가진 상황이 반복적으로 출현할 것으로 예측함. 사실상 유사한 상황의 순환 반복을 가리키며, 대개 미래에 발생할 동작을 의미한다. 문장 끝에 '了'를 수반한다.

明天又是星期天了。 내일은 또 일요일이다.
这么晚回去，我妈又该说我了。 이렇게 늦게 돌아가면, 엄마가 또 나를 꾸짖으실 것이다.
学校又要开课了，又能看到老师和同学们了。
학교가 곧 또 수업을 시작하니, 선생님과 친구들을 또 만날 수 있게 되었다.
看地里的庄稼，今年又将是一个丰收年。 땅 위의 농작물을 보니, 올해도 역시 풍년이겠구나.

C. 규칙성이 없는 상황이나 동작이 반복 출현함.

① 반복되는 동작, 상태가 이미 발생한 적이 있는 경우. 문장 끝에 '了'를 수반하며, 단문에 출현하면 예전에 유사한 동작이나 상태가 존재한 바 있음을 암시한다.

她又去图书馆了。 그녀는 또 도서관에 갔다. (이전에 동일한 동작이 발생한 적이 있음을 암시)
我的钱包又找不到了。 나는 지갑을 또 잃어버렸다. (상동)
他昨天迟到了，今天又迟到了。 그는 어제 지각을 했고, 오늘 또 지각을 했다.
这个汉字你写错过几次了，怎么又写错了？이 한자를 너는 몇 번이나 틀렸는데, 어째서 또 틀린 거니?

부정형식은 '又' 뒤에 '没'를 첨가한다.

她昨天没来学校，今天又没来。 그녀는 어제 학교에 오지 않았는데, 오늘 또 오지 않았다.

주의: 후행절에 '又'가 출현하면 선행절의 상황이 반복됨을 의미한다(아래 '再' 부분 참조).

② 반복되는 동작, 상태가 향후 또 발생할 경우

你又要出差了？너 또 출장 가?
过两天又要考试了。 며칠 후면 또 시험이다.
听说明天又要下雨了。 듣자하니 내일 또 비가 온다고 한다.

이러한 용법의 '又' 뒤에는 향후 발생을 나타내는 '要'와 문미 어기사 '了'가 함께 출현한다. 술어동사는 대개 발화자가 반복을 원치 않거나 반복해서는 안 되는 동작이며, 발화자가 느끼기에 동작의 반복 횟수가 과하다는 어기를 나타낸다. 다음 예시의 경우 그러한 어기가 명확히 드러난다.

你看你，又来了，能不能少说两句啊！네 꼴을 좀 보렴, 또 시작이구나, 말을 좀 줄일 수 없겠니!

위 예시에서 '来'는 '오다'의 의미가 아니라 '你'가 또 발화자가 듣기 싫어하는 말을 하기 시작했다는 의미를 나타낸다. 이때 문장은 싫어함의 어기를 띤다.

D. 수차례 반복됨. '又'는 동일한 동사, 동량사, 명량사 사이에 출현하며, 다음 두 가지 형식에 사용된다.

① '又'는 동일한 두 개의 동사나 명량사를 연결해주는 역할을 한다. 선행동사는 대개 '了'를 취하며, 결과를 나타내는 후속절을 수반한다.

他挑了又挑，终于挑中了一件比较满意的大衣。

그는 고르고 또 고르더니, 결국은 비교적 만족할만한 코트를 골랐다.

我改了又改，用了两天时间才把文章写好。

난 고치고 또 고치느라, 이틀이 지나서야 글을 완성하였다.

小李唱了一首又一首，大家拼命给他鼓掌。

샤오리는 노래를 부르고 또 불렀고, 다들 최선을 다해 그에게 박수를 보냈다.

② '又'는 두 개의 동일한 동량사를 연결하여 방식을 나타내는 부사어를 충당한다. 이 유형의 문장에서도 결과를 나타내는 후행절이 수반되어야 한다.

他一遍又一遍地练习，终于学会了太极拳。

그는 한 번 또 한 번 반복해서 연습했고, 결국 태극권을 습득하였다.

他一趟又一趟地往学校跑，弄得大家都认识他了。

그는 한 차례 또 한 차례 반복해서 학교로 뛰어갔고, 모두 그를 알게 되었다.

(3) 결합

'又'는 동작 후 그 동작과 관련된 사물 혹은 사람이 수량적으로 증가함을 나타낸다.

自从认识了小张，他又多了一个好朋友。샤오장을 알게 된 이후, 그는 좋은 친구가 하나 더 늘었다.

女儿生日的时候，我给她买了一根项链，又添上了一对耳环。

딸의 생일 날, 나는 그녀에게 목걸이를 선물해 주었고, 귀걸이도 한 쌍 주었다.

我们已经得了两块金牌了，今天又得了一块。

우리는 이미 금메달을 두 개나 획득하였는데, 오늘 또 한 개를 땄다.

除了三个男同学，我又叫了两个女同学。남학생 세 명 이외에도, 나는 또 여학생 두 명을 더 불렀다.

(4) 어기

어기를 나타내는 '又'는 대화 상황을 제외하고는 대개 단독으로 단문에 출현할 수 없으며 선행절이나 후행절을 필요로 한다.

A. 역접문의 '又'는 상호 모순적 의미의 문장을 연결한다.

他说马上给我办，可是又坐着不动。그는 바로 일을 처리해 준다고 했지만, 또 앉아서 움직이지 않고 있다.

我不想再听他讲了，但是又不好意思离开。

나는 그의 말을 더 이상 듣고 싶지 않지만, 그렇다고 그냥 떠나기는 또 미안하다.

她从书包里拿出一本书，打开，但又不想读。

그녀는 책가방에서 책 한 권을 꺼내어 펼쳤지만, 그렇다고 또 읽고 싶지는 않다.

B. 부정문의 '又'는 대개 감탄, 의문, 반어를 나타내는 후속절과 함께 사용된다.

你又不是我爸爸，用不着你管！당신이 그렇다고 또 우리 아빠는 아니잖아요, 간섭할 필요 없어요!

我又没叫你，你来干什么！내가 너를 부른 것도 아닌데, 뭐하러 온 거니!

你又不是哑巴，为什么问你你总不说话？

너는 벙어리도 아니면서, 왜 물어봐도 늘 말을 하지 않는 거니?

이러한 용법의 '又'가 사용된 문장은 명확한 모순적 상황을 공존시켜 극명한 대비를 이루어, 강한 부정, 놀라움의 어기를 나타내며, 반박이나 추궁에 자주 사용된다.

C. 이중부정문에 사용되는 '又'

你又不是不知道，我最近刚买了房子，哪有钱啊？

네가 모르는 것도 아니고, 최근에 집을 샀는데 내게 무슨 돈이 있겠니?

他又不是没念过书，学校的规矩怎么能不知道呢？

그가 학교를 안 다녔던 것도 아니고, 학교의 규율을 어떻게 모를 수가 있겠니?

이러한 '又' 이중부정문의 뒤에는 주로 평서문이나 반어문이 동반되며 '의심의 여지가 없음' 혹은 '반박할 필요가 없음'의 어기를 띤다.

D. 반어문에 사용되는 '又'

你平时从来不学习，现在要考试了，着急又有什么用呢？

평소에 줄곧 공부를 안 했으면서, 지금 와서 곧 시험이라고 조급해한들 무슨 소용이니?

孩子在国外学习生活都挺好，又有什么可担心的呢？

아이가 외국에서 공부도 생활도 모두 잘 하고 있는데, 또 무슨 걱정을 하는 거니?

이때의 '又' 역시 '의심의 여지가 없음' 혹은 '반박할 필요가 없음'의 어기를 나타내, 주로 발화자의 견해를 표현하는 데에 사용되며 권고, 위로, 반박 등에도 사용 가능하다. 이러한 유형의 반어문 앞에는 대개 발화자의 견해를 뒷받침해주는 문장이 출현한다. 대화 속 문장에서는 '又'를 사용한 반어문이 단독으로 출현할 수 있다.

A：别说了，老李来了。그만 말하자, 라오리가 왔다.

B：老李来了又怎么样？라오리가 왔으면 또 어때서?

再

동작이 중단된 후 다시 반복됨을 나타낸다. 일반적으로 주어의 뒤에 출현하며 주요 용법은 다음과 같다.

(1) 동작의 반복 혹은 상태의 지속을 나타낸다. '再'가 수식하는 동사는 대부분 아직 실현되지 않은 동작이다.

A. 이미 발생한 바 있는 동작이 발화 후 바로 반복되거나 이어서 실행되는 경우

能再说一遍吗？

한 번 더 말해주실 수 있나요? (앞서 이미 한 번 말한 적이 있으며 반복될 동작은 아직 실행되지 않았음)

他的可乐喝完了，再给他倒点儿。그가 콜라를 다 마셨으니, 다시 좀 따라 주렴.

你再继续往下说吧，我们都听着呢。계속 말하렴, 우리는 모두 듣고 있단다.

B. 이미 끝난 동작이 향후 반복 발생할 경우

这个电影虽然上星期看过了，可我想再看一遍。이 영화는 지난주에 봤지만 나는 한 번 더 보고 싶다.

欢迎你以后再来。다음에 또 오세요.

到了海关，行李还要再检查的。세관에 도착하면, 짐을 또 다시 검사해야 한다.

你应该再去医院看看。너는 다시 병원에 가서 진료를 받아 봐야 한다.

반복 행위에 대한 부정은 다음의 몇 가지로 나누어진다.

① 어느 시점 혹은 이미 완성된 동작 이후 해당 동작이 추가적으로 반복되지 않았음을 나타낸다. '再'와 부정사의 어순은 의미에 따라 두 가지 형식으로 나타난다.

형식1: 再也 + 没 + 동사

毕业以后，我就再也没见到过他。졸업 후, 나는 단 한 번도 그를 다시 만나보지 못했다.

打那以后，那扇大门再也没有打开过。그때 이후로, 그 대문은 단 한 번도 다시 열리지 않았다.

비교적 강한 어기를 띠며 '단 한 번도' 반복된 적이 없음을 강조한다.

형식2: 没 + 再 + 동사

从那次分手后，我没再跟他联系。그때 헤어진 이후, 나는 그와 다시 연락하지 않았다.

出院以后，他没再犯过病。퇴원 이후, 그는 병이 재발하지 않았다.

일반적인 어기를 띠며, 두 번째 동작이 반복 발생하지 않았음을 설명한다.

② 동작이 발화 시점에 종결되었으며 향후 반복하여 발생하지 않을 것이라는 주관적 판단을 나타낸다. '再'와 부정사의 어순은 의미에 따라 두 가지 형식으로 나타난다.

형식1: 再也 + 不 + (조동사) + 동사

我再也不想见到他。나는 두 번 다시 그를 만나고 싶지 않다.

你骗了我们，我们再也不相信你了。너는 우리를 속였으니, 우리는 두 번 다시 너를 믿지 않겠다.

비교적 강한 어기를 띠며, 해당 동작을 영원히 반복하지 않겠다는 맹세의 의미를 나타낸다.

형식2: 부정사 + (조동사) + 再 + 동사

那个地方我们不想再去了。그곳에 우리는 다시 가고 싶지 않다.

这首歌唱完咱们就不再唱了。이 노래를 다 부르면 우리는 더 부르지 않을 것이다.

단지 해당 동작을 다시 반복하지 않겠다는 주관적으로 결정을 나타낼 뿐, '영원히 하지 않겠다'는 맹세의 의미를 나타내지는 않는다.

C. 일정한 시간적 공백 이후, 앞서 이미 발생한 적이 있는 동작이 다시 반복된 과거에 대한 발화자의 회상(술회)을 나타낸다. '再'는 동사 앞에 위치한다. 다만 이 경우 단독으로 문장을 형성하지 못하고, 동작이 이전에 발생한 적이 있음을 연결해주는 문장이 선행되어야 한다.

十年前我们来这儿时，这儿还是一片农田。五年后再来，已经是一个新的工业区了。

10년 전 우리가 이곳에 왔을 때, 이곳은 아직 논밭이었다. 5년이 지나 다시 와 보니, 이미 새로운 공업지대가 되어 있었다.

他抬头看窗外，有个人在对面站着。过了一会儿，再往外看时，那个人已经不见了。
그가 고개를 들어 창밖을 보았을 때, 어떤 사람이 맞은편에 서 있었다. 잠시 후 다시 밖을 보니, 그 사람은 이미 사라지고 없었다.

이 용법은 고대 중국어의 '再'가 나타내었던 '두 번째' 의미의 흔적이라 할 수 있다. 그러나 이 역시 앞서 서술한 여타의 용법과 마찬가지로 '중단 후 반복'이라는 의미적 특징을 드러낸다.

D. '동사 + 下去/着' 형식의 앞이나 가정복문의 선행절 형용사술어 앞에 출현하고, 지시대사 '这么이렇게'와 공기하여 동작 혹은 상태의 지속을 나타낸다. 그러나 사실상 문장은 해당 동작 혹은 상태가 더 이상 계속되지 않고 끝나기 바라는 발화자의 바람을 내포한다.

你劝劝她，别再这么干下去了。네가 그녀를 한 번 설득해봐, 더는 이렇게 하지 않도록 말이야.

既然你的病已经好了，就别再这么闲呆着。병도 이미 좋아졌으니, 더는 이렇게 빈둥거리고 있지 말거라.

'再这么……'는 상태의 지속을 원하지 않음을 나타내므로, 후행절의 결과는 주로 부정적인 의미의 것이어야 한다(제2장 제2절 '这么' 부분 참조).

再这么干下去，我真受不了了。이렇게 계속해 나간다면, 나는 정말 참지 못할 것이다.

你再这么马虎，还会出错的。또 이렇게 계속 건성건성 해 나가면, 너는 또 실수를 하게 될 것이다.

주의: 만약 후행 결과절이 긍정적 의미를 나타낸다면, '再'는 사용할 수 없다.

研究照这么进行下去，肯定能成功。연구를 이렇게 계속 진행해 나간다면, 분명 성공할 것이다.

(2) 동작이 어느 시점 또는 어떠한 동작의 완성 이후 발생할 것임을 나타낸다.

A. '再'는 향후 발생할 동작을 나타내는 동사 앞에 위치하여 해당 동작이 잠시 실행되지 않고 있으나 곧 실행될 것임을 나타낸다.

今天讨论就到这儿吧。剩下的问题明天再讨论。
오늘 논의는 여기까지 합시다. 남은 문제는 내일 다시 논의합시다.

这个事情等老李来了再说。이 사안은 라오리가 오면 다시 이야기합시다.

B. 동작의 순서를 나타낸다. 선행 동작이 끝난 후 이어서 후행 동작이 발생함을 나타내며 '再'는 후행 동사의 앞에 위치한다. 선행절에 '先'이 호응하여 출현하거나 '然后'가 '再'와 공기하기도 한다.

我们把课文讲完以后再做练习。우리는 본문을 다 배운 후에 연습문제를 푼다.

你先洗个澡，然后再吃饭。먼저 샤워를 하고, 그 다음 밥을 먹자.

(3) 정도의 심화 혹은 약화를 나타낸다.

A. '再' + 형용사 + 一点儿

水再热一点儿就好了。물을 조금 더 데우면 좋겠다.

有没有颜色再淡一点儿的？색이 좀 더 옅은 건 없나요?

请说得再慢一点儿。말을 조금만 더 천천히 해 주세요.

B. '再 + 동사 + 得 + 형용사' 혹은 '再 + 동사 + 형용사 + 一点儿/(一)些'

你的字再写得清楚一点。글씨를 조금만 더 정확하게 써 보아라.

再走近些，黑板上的字就看得清楚了。조금만 더 가까이 가면, 칠판의 글자가 명확하게 보일 것이다.

이러한 형식은 주로 명령문이나 바람을 나타내는 문장에 사용되며, 동작 완성 후 도출된 결과의 도달 정도에 대한 요구를 제시한다.

C. 양보문의 선행절에 사용

'再' + 형용사/상태동사……

困难再大，我们也能克服。어려움이 아무리 커도 우리는 이겨낼 수 있다.

工作再苦，再累，都没关系。일이 아무리 고되고 힘들어도, 상관없다.

你即使再饿，也不能把别人的饭都吃了啊！

너는 배가 아무리 고파도 다른 사람의 밥을 다 먹어버릴 수는 없다!

天就是再冷，他都坚持出去锻炼。날씨가 아무리 추워도, 그는 끝까지 운동을 하러 나갈 것이다.

D. 비교에 사용

① '……没有比…… + 再 + 형용사 + 的 + 명사 + 了'

没有比这儿再漂亮的地方了。이곳보다 더 예쁜 곳은 없다.

没有比他再可恶的人了。그보다 더 얄미운 사람은 없다.

② '再(也)没有比…… 更 + 형용사 + 了'

再也没有比这趟车更快的了。이 차보다 더 빠른 차는 없을 것이다.

再也没有比这个更让人高兴的事情了。이보다 사람들을 기쁘게 해 줄 일은 없을 것이다.

③ '再 + 형용사 + 也没有/不过了'

你要是能给我们打折，真是再好也没有了。

당신이 조금 더 깎아줄 수만 있다면, 정말로 더할 나위 없이 좋을 것이다.

我们俩住一个屋子，真是再合适不过了。우리 둘이 한 집에 산다면, 정말 더없이 잘 맞을 것이다.

E. 첨가를 나타냄. 본래의 수준을 기준으로 다소 증가함 나타내며, 동작동사 앞에 위치한다.

你穿这种衣服，再戴一副墨镜，简直像个坏人。

너는 이런 옷에 선글라스까지 쓴다면, 그야말로 악당처럼 보일 것이다.

天冷的时候，外面再穿一件大衣就行了。날씨가 추울 때는 겉에 외투 하나만 더 걸쳐주면 된다.

天热，再加上身体不好，她晕倒了。날씨도 더운데, 게다가 몸까지 좋지 않아서, 그녀는 쓰러지고 말았다.

3. 유의 부사 간 비교 분석

'也'와 '都'의 비교 분석

(1) 극단과 최저한도를 나타내는 문장이 부정문일 경우, '都'를 사용할 수 있는 자리에는 모두 '也' 역시 사용할 수 있다.

(2) '都'와 '也'가 임의지시를 나타내는 의문대사 뒤에 위치할 경우, 모두 '양화(量化)[10)]'의 특징을 가지게 된다.

什么菜也/都没买。(=一个菜也/都没买。) 어떤 음식도 사지 않았다.(=음식을 하나도 사지 않았다.)
哪儿也/都没去。(=一个地方也/都没去。) 어디에도 가지 않았다.(=한 군데도 가지 않았다.)

그러나 '都'는 '총량(universal quantity, 혹은 '전체량)'을 가리키는 반면, '也'는 '최소량(minimum quantity)'을 가리킨다(杨凯荣 2000). 이러한 차이는 부정문에서는 동작에 대한 부정(동작량이 '0')으로 인해 잘 드러나지 않지만, 긍정문에서는 매우 명확히 드러난다.

只要是中国菜，我什么都喜欢。(=所有的中国菜我都喜欢。)
중국음식이라면 나는 무엇이든 다 좋다. (=모든 중국음식을 나는 다 좋아한다.)
只要是中国菜，*我什么也喜欢。("也"는 총량을 나타내는 데 사용할 수 없음)

'也'는 '극소량'을 나타내므로, 아래와 같은 사항에 주의해야 한다.

A. 의문대사를 통해 임의지시를 나타내는(즉, 다양한 선택항을 가짐) 긍정문에는 '都'만 사용할 수 있고, '也'는 사용할 수 없다.

B. 긍정문 중 명확하게 '총량(또는 전체량)'을 나타내는 단어가 출현할 경우, '也'는 사용할 수 없다.

다음은 학습자의 오류 문장으로 아래 출현한 '也'는 모두 '都'로 대체 수정해야 한다.

*明天我没有事，什么时候去也行。
*下了课我们一起去吃饭，哪个地方也可以。
*哪种药也规定了一天的用量。
*她买什么也一笔一笔地算。
*一切准备工作也得做好。

주의: 만약 '유사 동일'의 문맥을 제공하는 또 다른 문장이 함께 사용되었을 경우라면, '也'를 사용할 수 있다.

所有的窗户都要关好，所有的门也必须上锁。
모든 창문을 다 닫아야 하고, 모든 문도 반드시 잠가야 한다.
凡是这个作家的传记，我要看。凡是这个作家的小说，我也要看。
이 작가의 전기라면 나는 다 볼 것이다. 이 작가의 소설 역시 나는 전부 볼 것이다.

---

10) [역주] 양화(量化)란 'Quantification'에 해당하는 개념으로 어떠한 사물을 수의 개념으로 표현하는 것을 말한다. 현대중국어에서 일부 어휘들은 일정한 범위 내에서 전체 대상 혹은 부분 대상을 지칭한다. 이러한 단어들은 문장 내 명사구에 대해 양적인 제한 작용을 하는데 이를 양화사 또는 양화표현식이라 한다(김현철·양영매 2013). 현대중국어에는 명사나 명사구뿐 아니라 명사의 중첩형, 일부 부사, 일부 수량구, 일부 형용사도 양화의 의미를 나타낸다. 또한 의문대사 역시 양화의미를 나타낼 수 있다. 刘丹青(2013)은 양화사를 기능에 따라 전칭양화('全部, 所有, 每' 등), 존재양화('一些, 有些, 很多, 大量' 등), 전칭부정('没有人, 没有东西, 没有任何, 什么都不' 등)으로 분류한 바 있는데, 본문에서 말하는 '都'와 '也'의 양화 기능의 차이점을 살펴보면 '都'는 전칭양화와 전칭부정이 모두 가능한 반면, 최소량을 나타내는 '也'는 전칭부정만 가능한 것으로 분석이 가능하다.

이때 '也'는 총량을 나타내는 단어가 아닌, 함께 사용된 문장과 '유사 동일'의 관계를 형성한다.

C. '也'가 나타내는 '최소량'의 의미로 인해, 복문 중 긍정형식의 절에 출현하는 '也'는 대부분 발화자나 동작 주체의 주관적 바람이나 견해를 나타내며('也'에 관한 설명 (1) D 부분 참조), 이때의 바람이나 견해는 모두 발화자가 이미 결정한 것으로 임의 선택할 수 없다. 동시에 문장은 '최소량'의 의미 역시 나타낸다. 이 같은 문장에 사용된 '也'는 '都'로 대체 가능한 경우도 있고, 대체가 불가능하거나 어색한 경우가 있다.

无论要花多少时间，我都要把他找到。

시간이 얼마나 걸려도 나는 그를 찾아내고야 말 것이다. (두 가지 이상의 방법 혹은 상황 중에서 하나를 선택)

尽管看见外面在下雨，孩子都吵着要出去。

밖에 비가 내리는 것을 보고도, 아이들은 모두 나가겠다고 야단이다. (상동)

我宁可不睡觉，都要把论文写出来。

나는 잠을 안 자는 한이 있어도, 논문을 꼭 써내고 말 것이다. (상동)

不管你有多忙，家里的事情都该关心关心。

네가 아무리 바빠도, 집안일에는 관심을 좀 가져야 한다. (주관적인 견해나 태도를 나타냄)

위와 같이 대체 가능한 예시를 통해 알 수 있듯이, 긍정문의 경우 문장 자체가 나타내고자 하는 양이 '총량'(두 개 이상)인 경우 '也'는 '都'로 대체할 수 있다. 물론 대체할 수 있더라도 일부 문장은 의미상 차이를 보이기도 한다. 예를 들어, "家里的事情都该关心关心"의 경우 발화자는 '都'를 사용하여 총량에 초점을 두고 있지만, '也'를 사용하면 해당 행동이 최소한의 요구임을 나타내어 '약간의 관심만 가져주면 된다'의 의미를 전달하게 된다.

다음 예시들은 '也'를 '都'로 대체할 경우 다소 어색한 경우이다.

？要是你想跟我一起住都可以。(선택된 양은 단일하며, 총량이 아님)

？虽然家里条件不太好，但都该让孩子生活得好一些。(상동)

위 A, B, C의 분석을 통해 알 수 있듯이, '也'를 긍정문에 사용하는 경우 많은 제약이 따른다. 그리고 이는 '也'의 긍정문 출현 빈도가 낮은 원인이라 할 수 있다.[11)]

(3) '也'는 대개 '即使', '就是', '哪怕' 등 양보를 나타내는 접속사와 복문에서 호응을 이루어 사용된다. 또한 앞서 언급했듯이 '都' 역시 최저조건을 나타내는 선행절의 '即使', '就是', '哪怕' 등과 호응하여 복문의 후속절에 출현할 수 있는데, 이러한 유형의 긍정형식에 사용된 '都'는 '也'로 대체할 수 있다.

孩子即使有一点点进步，也会让父母高兴半天的。

아이가 아주 약간의 발전만 보이더라도, 부모는 한참을 기뻐할 것이다.

在人最困难的时候，哪怕是一句鼓励的话，也能起很大的作用。

사람이 가장 힘든 순간에는 힘을 주는 단 한마디의 말일지라도 아주 큰 역할을 할 수 있다.

---

11) 杨凯荣(2000)이 110개의 '의문대사 + 也/都'의 예문을 수집 분석한 결과, '也'가 사용된 긍정문과 부정문의 출현 비율은 2 : 62였으며, '都'는 38 : 8이었다. 본 장의 '都'와 '也'의 비교 분석은 杨凯荣의 견해를 주로 참고하였다.

'又'와 '再'의 비교 분석

(1) '又'와 '再'는 모두 '반복'을 나타낸다. 이미 발생한 반복 동작에는 대부분 '又'를 쓰지만, 과거에 반복된 동작을 술회할 경우, '再'를 사용할 수 있다('再'에 관한 설명 중 (1) C 부분 참조).

(2) '又'는 대부분 과거 동작의 반복을 나타내지만, 다음 두 가지 상황에서는 아직 발생하지 않은 동작의 반복에도 사용할 수 있다. 첫 번째는 규칙성을 가진 상황의 반복 출현을 예측하는 경우이고, 두 번째는 발화자가 보기에 반복되는 횟수가 과할 정도로 많은 경우이다('又'에 관한 설명 중 (2) B, C 부분 참조).

(3) 모두 아직 발생하지 않은 동작의 반복을 나타내지만, '再' 뒤에는 대개 발화자 혹은 동작 주체가 실행되기 바라거나 반드시 실행되어야 하는 동작이 출현한다. 따라서 '再'는 동작의 반복을 요구하는 명령문이나 주관적 바람을 나타내는 문장에 자주 사용된다. 반면, '又'는 이러한 명령문이나 바람을 나타내는 문장에 출현할 수 없다.

(4) '再这么 + 술어('再'에 관한 설명 중 (2) 부분 참조)'는 해당 동작이나 상태가 계속되기를 바라지 않을 경우에 사용한다. 그러나 '又'는 이러한 용법으로 사용되지 않는다.

'还'와 '又'의 비교 분석

(1) '还'는 첨가를, '又'는 결합을 나타낼 수 있어, 이들은 때에 따라 대체 사용이 가능하다.

他给我们介绍了学校的历史，还(又)给我们介绍了现在的一些情况。
그는 우리에게 학교의 역사를 소개해주었고, 현재의 일부 상황도 소개해주었다.

星期天我洗了衣服，还(又)打扫了房间。 일요일에 나는 옷을 세탁하고, 방 청소도 했다.

她买了面包，还(又)买了两斤苹果。 그녀는 빵을 샀고, 사과도 2근 샀다.

(2) '还'는 염원 혹은 필요를 나타내는 '要'와 자주 연용되어 첨가를 나타내며 평서문과 의문문에 사용할 수 있다. '又'는 미래 임박을 나타내는 '要'와 연용되어 반복을 나타내는데 동작의 반복 횟수가 과하게 많다고 느끼는 발화자의 주관적 정서를 내포한다. 이러한 주관적 정서는 때로 불쾌함/싫음의 어기를 띠기도 한다. '还'는 이 같은 의미와 어기를 나타내지 않는다.

还要做练习吗？
더 연습해야 하니? (어떠한 동작의 필요 여부를 묻는 경우, 문장 끝에 '吗' 사용)

又要做练习了？
또 연습하려고? (책문, 곧 반복될 동작이 너무 자주 발생하고 번거롭다고 느끼는 경우, 문장 끝에 '了' 사용)

除了交学费外，还要交书费。
학비 이외에 책값도 지불해야 한다. (그밖에 해야 할 일을 일반적으로 설명)

除了交学费外，又要交书费。
학비 말고도 책값을 또 지불해야 한다. (지불해야 하는 비용이 다소 많음을 암시)

'还'와 '再'의 비교 분석

'还'와 '再'의 주된 의미 차이는 동작의 연속과 중단 여부에서 나타난다. '还'는 동작이 변함없이 지속됨을 강조('还'가 미래 동작을 나타내는 경우에도, 해당 동작은 선행 동작의 연속)하는 반면, '再'는 선행 동작이 종료된 이후의 반복을 강조하며 전·후 동작은 비연속적 특징을 보인다.

(1) '再'는 향후 동작이 반복될지 여부를 묻는 경우 사용할 수 없다.

* 你下个星期再来吗？

고친문장: 你下个星期还来吗？너 다음 주에 다시 오니?
(발화자는 '이미 온' 사실을 바탕으로, 이러한 동작이 향후 연속될지 여부를 묻고 있다)

(2) '还'는 반복되는 두 동작이 비연속적인 경우 사용할 수 없다.

* 欢迎你还来中国。

고친문장: 欢迎你再来中国。중국에 또 오세요.
(다음 동작과 이번 동작 사이에 다소 긴 시간적 간격이 있을 수 있다)

(3) '还'는 '要', '想' 등 조동사 앞에 출현하지만, '再'는 이들 조동사 뒤에 위치한다.

他还想听一会儿音乐。그는 음악을 좀 더 듣고 싶다.

我要再复习一遍。난 다시 한번 복습해야 한다.

(4) '还'는 형용사술어 앞에서 어떠한 상태의 변함없는 지속을 나타낼 수 있지만, '再'는 이러한 용법으로 사용할 수 없다.

外边还很热。밖은 여전히 덥다.

教室里还不太干净。교실 안은 여전히 별로 깨끗하지 않다.

(5) 발화 시점에 동작을 멈추었다가 향후 다시 반복하도록 요구할 경우 대개 '再'를 사용한다. 반면, 동작이나 상태가 변치 않고 계속되기를 바라는 경우 '还'를 사용한다.

* 这件事情今天办不了，你明天还来吧。

고친문장: 这件事情今天办不了，你明天再来吧。이 사안은 오늘 처리할 수 없으니, 내일 다시 오십시오.

* 希望我们以后再能见面。

고친문장: 希望我们以后还能见面。우리가 나중에 또 만날 수 있기를 희망합니다.

(6) 문장 형식이 동일하더라도 의미와 말투에서 차이가 나타난다.

我明天再来。나 내일 다시 올게. (해당 동작이 종료된 후 반복하여 발생할 것임을 표현, 일반적 말투)

你不答应，我明天还来。네가 승낙하지 않으면, 나는 내일 또 올 것이다. ('我'의 목표가 달성되지 않을 경우 해당 동작이 계속 발생할 것임을 강조, 위협의 말투)

五. 부정부사

(一) 부정부사의 특징

부정을 나타내는 부사를 부정부사라 한다. 주요 부정부사로는 '没(有)않다, 不않다, 别마라, 不用할 필요가 없다, 不必할 필요가 없다' 등이 있다. 부정부사는 대개 부정하고자 하는 성분 앞에 출현하지만, 항상 술어 앞에 놓이는 것은 아니다.

(二) 주요 부정부사에 관한 설명

'不'와 '没(有)'

1. '不'와 '没(有)'의 주요 차이점

'不'는 두 가지 상황을 부정할 수 있다. 첫 번째, 시간적 제약이 없거나 시간적 제약을 무시할 수 있는 경우 또는 연속이 가능한 상태를 부정한다. 두 번째, 시간적 제약이 없거나 발화 시간 이후(미래 포함)의 연속 가능한 동작의 실행을 부정한다. 반면, '没(有)'는 시간적 제약이 없는 상태를 부정할 수 없으며, 특정 시한 이전(과거의 어느 시점 혹은 시구간, 발화시까지 또는 미래의 어떠한 시한 등) 어떠한 동작의 실행, 결과의 출현 및 변화의 발생을 부정한다.[12)]

2. '不'와 '没(有)'의 부정범주 비교

不

(1) '不'가 부정하는 첫 번째 범주는 시한이 없는 상태이다. 이때의 상태는 대부분 객관적 상태를 가리키며 일부 주관적 상태를 포함하고 있다. 예를 들어, '바람, 태도, 감정, 판단, 성질, 평가, 규율, 진리, 조건, 가능성, 능력, 감각, 습관, 계획, 예측, 정황' 등이 이에 속한다.

다음의 A-C는 '不'가 자주 사용되는 술어문으로, '주어 + 술어(동사/형용사)……吗？' 혹은 '주어 + 조동사 + 술어(동사)……吗？'에 대한 대답이다.

A. 술어가 일반적 상태를 나타내는 형용사나 심리동사일 때, 시제(과거, 현재, 미래)에 상관없이 부정형은 모두 '不'를 사용하며 '没(有)'는 사용할 수 없다.

---

12) '不'와 '没有'의 차이점에 관한 견해는 다음 세 가지로 정리해볼 수 있다.

(1) '不'는 주로 현재와 미래의 동작을 부정하고, '没'는 과거와 현재의 동작을 부정한다. '不'와 '没'의 주된 차이는 시간과 관련이 깊으며 현재 대부분의 대외한어교학에서 이러한 관점을 취하고 있다.

(2) '不'는 주로 주관적인 의사를 부정하고, '没'는 객관적 사실을 부정한다. 대표적인 학자로는 李英(1992)과 白荃(2000) 등이 있다. 白荃(2000)은 '没'가 미래시제에 사용된 용례를 통해 '不'와 '没(有)'의 주요 차이점이 시간에 있다는 사실을 반박하였으며, '不'와 '没(有)'의 가장 큰 차이점은 '不'는 주관적 의사를, '没'는 객관적 사실을 각각 부정하는 것이라 밝혔다.

(3) 卢福波(2002)는 "만약 부정이 행위자가 출현하는 문장(동작행위자, 동작행위, 이와 관련된 시간과 장소가 포함된 문장)에 사용되는 경우만 본다면 '不'는 주관적 의사를 부정하고 '没'는 객관적 서술을 부정한다고 여겨질 수 있다. 그러나 '不'가 행위자가 출현하지 않는 문장에서도 주관과 객관을 논할 수 있는지는 명확히 말하기 어렵다."라고 지적했다. 卢福波(2002)는 여러 예시를 통해 '不'가 주관적 의사와 객관적 사실을 모두 부정할 수 있음을 증명하였다. 卢福波는 郭锐(1999)가 주장한 "'不'는 비(非)과정상, 즉 술어성분 자체의 성질을 부정하는 반면, '没(有)'는 과정상, 즉 사건 혹은 사물의 존재를 부정한다."라는 견해를 더 넓은 범주로 확대하였으며 '不'와 '没'의 대립이 바로 과정성과 비과정성의 대립이라 주장했다. 이때 '과정'이란 시간 축 상 흐름을 가진 동태적 과정으로, 그 첫째는 시간 축 위의 표현이고, 둘째는 종점을 가지거나 가지지 않는 선(线)형 표현이다. 卢福波는 '不'와 '没'의 사용 제약과 관련하여 "행위자가 출현하는 문장에서 '不'는 동작의 과정이 발생하지 않았을 때 사용되고, '没'는 동작 과정의 시작 후 혹은 끝난 후에 사용된다."고 하였다. 필자는 이러한 卢福波의 의견을 따르고 있다. 학습자의 이해와 수용 정도, 그리고 형식적 표지를 통해 문장을 구별하는 능력(예를 들어 '没'를 사용하는 문장에는 대개 시간적 제한을 나타내는 단어가 함께 출현한다) 등을 고려하여, 본 절은 '과정과 비과정'의 용어 대신 '시간적 제약의 유무'를 통해 두 부정부사의 차이를 설명한다.

这里夏天热吗？——这里夏天不热。

이곳의 여름은 덥습니까? ——이곳의 여름은 덥지 않습니다. (객관적 상태, 시간적 제약 없음)

上午的考试难吗？——不难。

오전 시험은 어려웠나요? ——어렵지 않았습니다. (과거의 상태, 시간적 제약을 무시함, 주관적 평가)

你听了他的话生气吗？——不生气。

그의 말을 듣고 화났니? ——화 안났어. (객관적 상태, 감정)

昨天玩得高兴吗？——不高兴。

어제 즐겁게 놀았니? ——즐겁지 않았어. (과거의 상태, 시간적 제약을 무시함)

B. 술어가 '是이다, 在있다, 像같다, 姓성이-이다, 属于속하다, 知道알다' 등 성질, 속성 등을 나타내는 동사일 때, 부정형은 '没'가 아닌 '不'를 사용한다.

她是学生吗？——不是。그녀는 학생입니까? ——아닙니다. (객관, 상태, 성질)

你知道这件事吗？——不知道。당신은 이 일을 알고 있나요? ——모릅니다. (객관, 상태, 인지)

C. 술어가 객관적인 상태를 나타내는 '조동사 + 동사' 구조일 때, 부정형은 대개 '不'를 사용한다.

他会说汉语吗？——他不会说汉语。

그는 중국어를 할 줄 압니까? ——그는 중국어를 할 줄 모릅니다. (객관적 상태, 능력)

考试能带参考书吗？——不能。시험 때 참고서를 가져와도 되나요? ——안 됩니다. (객관적 규율)

다만, '想하고싶다, 敢감히-하다, 肯기꺼이-하다, 能할 수 있다' 등 일부 조동사에 한하여 정해진 시한 이전의 상황을 특별히 강조하는 경우 '没'로 부정할 수 있다(아래 참조).

(2) '不'가 부정하는 두 번째 범주는 동작의 실행 혹은 발생이다. 주로 동작동사술어문, 동보구조문, 주관적 예측을 나타내는 동사술어문 등이 이에 포함된다.

A. 술어동사가 발화 이후(미래 포함)의 동작 실행이나 발생을 부정하는 경우, 모두 '不'를 사용한다. 이때 부정문은 동작 주체의 주관적 의사 혹은 예측과 관련이 있을 수도 있고, 객관적 사실이나 습관, 계획 등을 나타낼 수도 있다.

他去南方旅游吗？——他不去南方旅游。▲

그는 남쪽으로 여행을 갑니까? ——그는 남쪽으로 여행을 가지 않습니다. (행위자의 주관적 의사를 나타내는 것일 수도 있고, 객관적으로 '그'의 계획을 서술하는 것일 수도 있음)

你喝啤酒吗？——我不喝啤酒。▲

너 맥주 마실래? ——나 맥주 안 마셔. (주관적 바람, 동작)

下星期开运动会吗？——不开。

다음 주에 체육대회가 열리나요? ——열리지 않습니다. (이미 결정된 계획에 관한 객관적 설명)

明天下雨吗？——不下。

내일 비가 오나요? ——오지 않습니다. (일기 예보를 전달, 혹은 주관적 예측)

他吃辣吗？——他不吃辣。

그는 매운 음식을 먹나요? ——그는 매운 음식을 먹지 않습니다. (객관적 습관이나 상태에 관한 소개)

만약 질문에 대한 대답이라는 사실을 고려하지 않는다면, 위 동사술어문 중 뒤에 ▲가 있는 문장은 '没(有)'로 대체 가능하며, 다만 특정 시한과 관련이 있는지 여부에 차이가 나타난다.

B. 가능보어, 상태보어의 부정형은 모두 '不'를 사용한다. 이때 '不'의 위치는 일반적인 형용사 술어문이나 동사술어문과는 차이가 있다.

这么多菜，我吃不了。이렇게 많은 음식을, 저는 다 못 먹습니다.

他的话我听不懂。그의 말을 저는 알아들을 수 없습니다.

我的汉字写得不好。나는 한자를 잘 쓰지 못합니다.

C. 술어가 이미 발생한 동작의 행위자나 시간, 장소, 방식에 대해 객관적으로 설명하는 경우 (주로 '是……的' 형식임) 역시 '不'를 사용한다.

她是去年来的吗？——她不是去年来的。

그녀는 작년에 왔나요? ——그녀는 작년에 온 것이 아닙니다. (객관, 설명, 사실)

花瓶是你打碎的吗？——不是。

꽃병은 당신이 깨뜨렸나요? ——아닙니다. (객관, 설명, 사실)

D. '不'는 과거부터 현재까지 한 시구간 내 어떠한 동작이 실행되었음을 부정할 수 있다. 이때 강조하고자 하는 것은 완성된 일회성 동작이 아니라 전반적인 부정적 상태이다(상세 내용은 아래 3. (2) 참조).

她从来不吃生的东西。그녀는 이제껏 날 것을 먹지 않았다. (중간에 '一次'를 삽입할 수 없음)

会议已经开了三个小时了，老刘始终不说一句话。

회의는 이미 세 시간째 열리고 있는데, 라오류는 시종일관 한마디도 하지 않는다. (상동)

E. 술어동사 뒤에 수량보어가 올 때, '不'는 대개 동사 앞에 위치한다. 다만, 이 같은 부정문은 의문문일 경우에만 단문으로 사용되며, 동량보어의 수사는 주로 '一' 또는 '어림수(허수)'이다.

这个大钟你不敲一下吗？이 큰 종을 너는 한 번 안 쳐보니?

写完了不检查两遍吗？다 쓰고 나서 몇 번 검사 안 해보니? ('两'은 어림수, 가상지시)

보어가 시량사이거나 동량보어의 수사가 '一'가 아닌 경우, 부정문은 단문으로 사용할 수 없으며 대개 조건문의 조건절에 출현한다. 이때 보어를 담당하는 수사로 실수와 어림수 모두 사용 가능하다.

生词不抄五遍就记不住。새 단어는 다섯 번씩 쓰지 않으면 기억하지 못 한다.

大学本科不学习四年就不能毕业。대학 학부는 4년간 다니지 않으면 졸업을 할 수 없다.

学习外语，不花上五六年或七八年是学不好的。

외국어를 배울 때, 5-6년 혹은 7-8년 정도 할애하지 않고는 제대도 배울 수 없다.

没(有)

(1) '没(有)'를 사용하는 부정문은 아래와 같은 의문문 혹은 상태에 대한 부정대답에 사용된다.

A. '주어 + 술어(동사) + (목적어) + 了吗？'의 부정대답으로 쓰여, 일회성 동작의 완성 및 실행을 부정한다. 즉, 어느 시점 이전 혹은 과거의 특정 시구간 내에 어떠한 동작이 실행되지 않았음을 나타낸다.

他洗澡了吗？——他没洗澡。

그는 샤워했나요? ——그는 샤워하지 않았습니다. (발화시까지, 행위자동사술어문)

昨天考试了吗？——昨天没考试。

어제 시험 봤나요? ——어제 시험 안 봤습니다. (행위자동사술어문)

B. '주어 + 술어(결과보어구/방향보어구)了吗？'의 부정대답으로 쓰여, 일회성 동작 결과에 대한 부정, 즉 어느 시점 이전에 어떠한 동작이 완성되지 않았음을 나타낸다.

你作业做完了吗？——还没做完。

너 숙제 다 했니? ——아직 다 안 했어. (발화시까지, 행위자동사술어문)

你要是下个星期二来找他，可能他还没回来呢。

다음 주 화요일에 그를 찾아온다면, 그는 아직 돌아오지 않았을 것이다. (다음 주 화요일까지)

C. '주어 + 술어(동사) + 过 + (목적어)吗？'에 대한 부정대답으로 쓰여 일회성 동작 경험에 대한 부정, 즉 어느 시점 이전에 어떠한 동작 경험이 없음을 나타낸다.

你学过法语吗？——我没学过法语。

프랑스어 배운 적 있나요? ——나는 프랑스어를 배운 적이 없습니다. (발화시까지, 행위자동사술어문)

她来过中国吗？——她没来过中国。

그녀는 중국에 온 적이 있습니까? ——그녀는 중국에 온 적이 없습니다. (발화시까지, 행위자동사술어문)

D. '동사 + 着'에 대한 부정으로 쓰여, 일회성 동작의 완성 후 결과의 지속 상태에 대한 부정을 나타낸다. 즉, 어느 시점 이전에 그 동작의 결과 상태가 출현하지 않았음 또는 계속 지속되고 있지 않았음을 나타낸다.

他躺着吗？——他没躺着。

그는 누워있나요? ——그는 누워있지 않습니다. (지속상태가 출현하지 않았음)

墙上贴着什么？——墙上什么也没贴着。

벽에 무엇이 붙어 있나요? ——벽에는 아무것도 붙어 있지 않습니다. (지속상태가 출현하지 않았음)

你别老坐着。——我没老坐着!

계속 앉아만 있지 말아라. ——난 계속 앉아 있지는 않았어. (지속상태가 지속되지 않았음, 중단됨)

E. '주어 + 술어(형용사)了吗？'의 부정대답으로 쓰여, 일회성 상태 변화에 대한 부정을 나타낸다.

洗澡水热了吗？——洗澡水还没热。 목욕물이 데워졌나요? ——목욕물은 아직 데워지지 않았어요.

주의: 이러한 유형의 문장이 부정하는 동작은 모두 시한(时限)이 있으며 부정적 상황은 연속되지 않는다. 문장에 시간을 나타내는 단어가 없을 경우 시간의 참조점은 발화시까지 되지만, 만약 과거의 시간을 나타내는 단어가 출현한다면 해당 문장은 어떠한 동작이 그 시간범위 내에 실행되지 않았음을 나타낸다. 반면, 문장에 미래를 나타내는 시간사가 있다면 이는 동작이 실행되지 않는 미래의 시한을 나타낸다.

(2) '没(有)'의 주요 부정범주

A. 행위자동사술어문

이 범주에서는 다음 몇 가지 사항을 강조할 필요가 있다.

첫째, '看见보다, 见面만나다, 听见듣다, 听说듣기에' 등 결과를 나타내는 구는 '没有'로만 부정한다.

둘째, '死죽다, 丢잃다, 诞生탄생하다, 受伤부상입다, 通过통과하다, 完완성하다, 塌무너지다, 掉떨어지다, 垮무너지다' 등 결과의 의미를 띠는 동사가 술어를 충당하는 경우 모두 '没有'로 부정한다. 다만 조건문이나 대구문에 출현할 때에 한해 '不'로 부정할 수 있다.

我不死，我要活。나는 죽지 않아, 나는 살 거야. (대구문)

考试不通过，就拿不到毕业证书。시험을 통과하지 못하면, 졸업장을 받을 수 없다. (조건문)

셋째, '주어 + 没 + 동사 + 着'의 용법은 어법 및 화용상 제약으로 인해 흔히 사용되지 않는다. 이러한 용법으로 사용되는 동사는 대개 '站서다, 坐앉다, 躺눕다, 睡자다, 歇쉬다, 盯주시하다, 跟따르다, 抱안다, 搂품다, 挽끌다, 扶부축하다, 端두 손으로 받쳐들다, 带지니다' 등 강지속동사나 '挂걸다, 摆놓다, 插삽입하다, 贴붙이다, 盛담다, 装싣다, 锁잠그다, 开열다, 关닫다, 捆묶다, 种심다, 写쓰다, 记기록하다, 穿입다, 戴입다' 등 동작 완성 후 상태의 지속을 나타내는 중지속동사로 제한된다(제4장 제2절 二 참조).

老师没坐着。선생님은 앉아 있지 않다.

墙上没贴着画。벽에 그림이 붙어 있지 않다.

＊我没吃着(zhe)饭。

＊他们没打着(zhe)球。

위 두 문장이 성립되지 않는 이유는 '吃'와 '打'가 동작 완성 후 상태의 지속을 나타낼 수 없는 동사이기 때문이다.

또한, 앞서 소개한 상태지속을 나타낼 수 있는 두 유형의 동사가 '着'와 결합한 뒤 '没'의 수식을 받는 경우, 대개 일반적인 진술을 나타내지 못한다. 필자가 120만 자의 소설 말뭉치를 조사한 결과에서도 '没 + 동사 + 着' 형식의 문장은 찾지 못했다. '주어 + 没 + 동사 + 着'는 대부분 대화 중 어떠한 사실에 대한 해명이나 반박에 주로 사용될 뿐, '동사 + 着……吗？'에 대한 부정대답으로 사용되지는 않는다.13)

A：你别老躺着。계속 누워만 있지 마라.

B：我没老躺着。나는 계속 누워있지 않았어. (사실에 대한 해명, 상대방에 대한 반박)

A：黑板上好像写着你的名字吧？칠판 위에 네 이름이 쓰여 있던 것 같은데?

B：黑板上没写着我的名字。칠판 위에 내 이름은 안 쓰여 있어. (상동)

A：这件事他的日记里可能记着。이 일은 그의 일기장에 기록되어 있을 거야.

B：他的日记里什么也没记着。그의 일기장에는 아무것도 기록되어 있지 않아. (상동)

---

13) 赵元任에 따르면, '没'와 동사의 결합은 동사와 '着, 过, 了'의 결합에 대한 부정이다. 예를 들어, '别老站着！계속 그렇게 서 있지 마!', '我没老站着나는 계속 서 있지 않았어' 등이 이에 속한다. 본 절의 내용은 이 같은 赵元任의 견해를 어법 화용적으로 보완한 것이다(상세 내역은 丁邦新 역, 赵元任 1980 참고).

어떠한 동작이 지속되고 있는지 묻고 그에 대한 대답이 부정일 경우, 대개 '正在, 在'를 사용한다. 대답으로 사용된 부정형식은 크게 두 가지 유형으로 나타나며, 화용적으로 차이를 보인다.

'不'로 부정하는 경우

A：外面在下雨吗？밖에 비가 오고 있나요?

B：外面不在下雨。밖에 비가 오고 있지 않아요. (질문에 대한 단순 대답, 객관적 설명)

A：你在看电视吗？당신은 텔레비전을 보는 중인가요?

B：我不在看电视。저는 텔레비전을 보고 있지 않아요. (질문에 대한 단순 대답, 객관적 설명)

'没'로 부정하는 경우

A：小明，外面正在下雨，咱们就别出去了。샤오밍, 밖에 비가 오고 있으니 우리 나가지 말자.

B：外面没在下雨，你骗人！밖에 비 안 와, 거짓말쟁이! (사실에 대한 해명, 상대방에 대한 반박)

A：你怎么又在看电视！너는 어떻게 또 텔레비전을 보고 있는 거니!

B：我没在看电视。저는 텔레비전을 보고 있지 않아요. (사실에 대한 해명, 상대방에 대한 반박)

다음은 학습자의 오류이다.

*外面下着雨吗？—— *外面没下着雨。

*你看着电视吗？—— *我没看着电视。

'没'는 다음과 같이 복문의 선행절에 출현하여 '동사 + 着'를 부정할 수 있다.

咱们又没带着钱，进商店干什么？우리는 돈을 가지고 있는 것도 아닌데, 상점에 들어가서 뭐하니?

箱子又没锁着，为什么不打开看看呢？상자가 잠겨 있는 것도 아닌데, 왜 한 번 열어보지 않는 거니?

위와 같이, 복문의 선행절에 나오는 '没(有) + 동사 + 着'는 후행하는 반문 혹은 의문문에 대한 전제조건으로 출현한다. 다만, 이때의 동사는 모두 지속동사이며 '没'는 이들 동사와 결합하여 '발생하지 않은 상태의 지속'을 나타낼 수 있다. 위 두 문장에서 '着'는 모두 생략 가능하다.

넷째, 대화나 담화에서 '没' 부정문은 대개 보편적 이치에 따라 어떠한 동작이 실행 혹은 완성되어야 마땅하거나 어떠한 상태가 반드시 출현해야 함에도 그 결과가 부정적인 경우에 사용된다.

天是越来越冷了，可他似乎没觉察到。날씨가 점점 추워지는데, 그는 느끼지 못한 듯하다.

"这个座位已经有人了。" 他仿佛没听见，还是坐了下来。

"이 자리는 이미 주인이 있어요." 그는 마치 듣지 못한 것처럼 그냥 앉아 버렸다.

医生叫她，她坐着没动。护士给她两片药，她也没吃。

의사가 그녀를 불렀지만, 그녀는 앉은 채로 움직이지 않았다. 간호사가 그녀에게 약 두 알을 주었지만 그녀는 이 역시 먹지 않았다.

他满脸是汗，可也没顾得上擦。그는 얼굴이 온통 땀범벅이었지만 닦을 생각도 할 수 없었다.

他闯了红灯，警察并没罚他的款，只是说了他几句。

그가 무단횡단을 했는데도, 경찰은 그에게 벌금을 물리지 않고 몇 마디 훈계만 했다.

老人大骂了他一顿，可他并没说话，也没生气。

노인이 그에게 한바탕 욕을 퍼부었지만, 그는 아무 말도 하지 않았고, 화도 내지 않았다.

B. 형용사술어문

'没'가 형용사 앞에 놓이면, 과거의 상태를 나타내는 것이 아니라, 발화시까지 형용사 상태가 아직 출현하지 않았음을 나타낸다.

饭熟了吗？——还没熟。밥이 다 되었나요? ——아직 안되었어요.

天亮了吗？——还没亮。날이 밝았나요? ——아직 안 밝았어요.

已经立夏了，可天还没热过。벌써 입하인데, 아직까지 더웠던 적이 없다.

3. '不'와 '没'의 비교 분석

(1) 결과의 부정과 변화의 부정

'没 + 동사'는 동작이 실행 또는 완성되지 않았음을 나타내고(즉, 결과가 없음), '没 + 형용사'는 상태에 변화가 없음을 나타낸다.

老师没走。선생님은 떠나지 않았다. (실행되지 않음)

我作业没有做完。나는 숙제를 다 하지 않았다. (완성되지 않음)

天还没热呢。날씨가 아직 더워지지 않았다. (변화하지 않음)

'没(有) + 술어(동사, 형용사)'는 모두 제한된 시간 내의 동작 혹은 상태를 설명하기 때문에, 상기 예문은 시간사가 없어도 발화 시간 이전의 부정적 상황을 나타낸다.

'把'자문과 '被'자문이 실행, 완성되지 않았음과 같은 부정적 결과의 의미를 나타낼 경우에도 '没'를 사용한다.

她没把词典带到学校来。그녀는 사전을 학교에 가지고 오지 않았다.

服务员没把房间打扫干净。종업원은 방을 깨끗이 청소하지 않았다.

门没被风吹开。문이 바람에 열리지 않았다.

问题还没有被解决。문제는 아직 해결되지 않았다.

반면 문장이 과거의 낡은 상황이나 생각, 계획을 부정한다면, 즉 일종의 변화를 나타낼 경우에는 '不'를 사용한다.

她现在不是老师了，她已经换了工作了。그녀는 지금 선생님이 아니다, 이미 직업을 바꾸었다.

我不想去旅游了。나는 여행을 안 가고 싶어졌다.

小李不来了。샤오리는 오지 않게 되었다.

(2) 일회성 동작의 부정과 전체 상태의 부정

발화 시간 이전 혹은 과거의 어느 시구간에 발생한 동작을 부정할 경우 '没'가 부정하는 동작의 양은 '일회(혹은 일회도 없을 수도 있음)'이며, 이 경우 동사는 대개 '过'를 수반하고, 그 뒤에는 주로 '一(次, 遍, 回, 趟)' 등이 출현한다. '不' 역시 이러한 시간사의 뒤에 사용할 수 있지만, 이 경우 동사는 '过'를 수반하지 않으며, '一(次, 遍, 回, 趟) 등도 함께 출현하지 않는다.

三年来，他从来没迟到过一回。

3년 동안, 그는 한 차례도 지각한 적이 없다. (동작의 양이 적음을 나타냄)

三年来，他从来不迟到。

3년 동안 그는 줄곧 지각하지 않았다. ('一回'를 첨가할 수 없으며, 전체 상태를 나타냄)

从去年3月8日，他居然没给家里打过一次电话。

작년 3월 8일부터, 그는 뜻밖에도 집에 전화를 한 번도 한 적이 없다. (동작의 양이 적음을 나타냄)

从去年3月8日，他居然不给家里打电话。

작년 3월 8일부터, 그는 뜻밖에도 집에 전화를 하지 않았다. ('一次'를 첨가할 수 없으며, 전체 상태를 나타냄)

위 예시를 통해 알 수 있듯이, '不'가 과거의 한 시구간 혹은 과거부터 현재까지의 동작을 부정할 경우, 해당 동작은 차례로 완성되거나 단독으로 완성될 수 있는 것이 아니라, 연속적이고 전체적인 하나의 상태로 간주된다.[14)]

他从来不抽烟。

그는 이제껏 줄곧 흡연을 하지 않았다. (과거부터 현재까지의 습관, 이후에도 유지될 수 있음)

* 我昨天不买衣服。(과거, 일회성 동작)

고친문장: 我昨天不想买衣服，所以什么也没买。

나는 어제 옷을 사고 싶지 않아서, 아무것도 사지 않았다.

다시 말해, '不'는 과거에 완성 가능한 일회성 동작을 부정할 수 없다.

(3) 주관 부정과 객관 부정

'不'는 동작 주체의 바람을 부정할 수 있다(위 (1) 참조). 반면, '没'는 대부분 객관적 설명에 사용되지만, 다음과 같은 몇 가지 상황에서는 주관적 바람과 관련되기도 한다.

첫째, 객관적 설명을 통해 주관적 바람을 회피하거나 배제할 경우 '没'를 사용한다.

真对不起，我真的没想伤害你。 정말 죄송합니다, 저는 정말로 당신을 다치게 하고 싶지 않았습니다. (그러한 주관적 바람이 전혀 없었음을 강조)

你给我介绍的工作我还没考虑呢。 네가 나에게 소개해 준 일을 나는 아직 고려해보지 않았다. (동작이 아직 발생하지 않았음을 객관적으로 설명하거나, 사실상 발화자가 이미 고려해보았으나 그 결론이 부정적일 때, 상대의 체면을 상하지 않도록 하기 위해 자신의 주관적 바람을 회피함)

둘째, 주관적 노력을 기울였으나 그 객관적 결과가 부정적일 때, '没'를 사용할 수 있다.

我们拼命争取，但是没争取到。 우리는 필사적으로 쟁취하고자 하였으나, 쟁취하지 못했다.

他做了很多努力，却始终没能站起来。 그는 많은 노력을 했지만 끝내 일어나지 못했다.

셋째, 동작 주체가 어떠한 동작을 이행하지 않으려고 의도적인 노력을 기울인 경우, '没'를 사용할 수 있다.

---

14) 石毓智(2001)는 "비정량동사(非定量动词) 뒤에 수량성분이나 결과보어가 후행하는 경우, 동사는 하나의 완전한(完整) 동작을 나타내며, 이들은 분산적(离散)이어서, '没'로만 부정할 수 있다. 예를 들어, '不看清楚' 혹은 '不看三回' 등의 표현은 불가능하다. (중략) '没'의 동사 부정은 사실상 '동사 + 了'에 대한 부정이라 말할 수 있다. (중략) 이때 사용된 실현상 표지 '了'는 '没'로 부정할 경우 동사는 시작점과 종점을 가진 분산량으로 간주되는 반면, '不'로 부정할 경우 '不 + 동사'의 긍정문은 '동사' 자체임을 보여준다. (중략) 따라서 뒤에 '了'를 첨가할 수 없으며, 이를 통해 해당 동사가 일련의 연속된 변화를 가진 과정으로 간주된다는 사실을 알 수 있다."라고 주장했다.

老人很饿，用手摸了好几回包子，始终没往起拿。
노인은 배가 고파 손으로 몇 번씩이나 찐빵을 만졌지만, 끝내 손에 들지 않았다.

那天我忍了又忍，才没打他。그 날 나는 참고 또 참았기에 그를 때리지 않았다.

상술한 주관적 바람과 동작은 모두 시간적 제한(시한)이 있는 것이며, 참조점은 문장에 제시된 시간 혹은 발화 시간이다.

(4) 부정사와 결과보어구(动结短语)의 관계

단문에 출현하는 결과보어구의 부정은 대개 '没'를 사용한다(상술 내용 참고). '不'는 결과보어구가 조건문에 출현한 경우에만 '결과보어구'의 앞에 사용할 수 있다.

不做完作业不许出去。숙제를 다 하지 않으면 나갈 수 없다.

不出去走走，怎么能知道外面的世界？나가서 걸어보지 않으면, 어떻게 바깥세상을 알 수가 있겠는가?

(5) '不'와 '没'를 모두 사용할 수 있는 술어문에 대한 비교분석

외국인 학습자가 가장 많이 혼동하는 것이 바로 이러한 유형의 문장이다. '不'와 '没'가 모두 사용 가능한 문장을 비교할 때 가장 중요하게 강조해야 하는 것은 '不'와 '没'의 차이점이 시간적 제한의 유무, 부정상황의 지속 가능 여부에 있다는 점이다.

他不想去国外留学。그는 외국으로 유학을 가고 싶지 않다.
(주관적으로 이러한 생각이 있었음을 부정, 이러한 부정적 생각은 발화 이후에도 지속될 수 있다)

他没想去国外留学。그는 외국으로 유학을 가고 싶지 않았다.
(주관적으로 이러한 생각이 있었음을 부정, 이러한 부정적 생각은 지속되지 않고 발화시점에 종료된다. 이 같은 문장은 대개 상대방의 말에 대한 반박으로 사용되며, 이 예시는 어떤 사람이 그가 유학을 가고 싶어한다고 말한 것을 전제로 한다)

我看他正在发火，就没敢跟他说什么。그가 화를 내고 있어, 그에게 어떤 말도 할 수가 없었다.
(부정하는 상황이 발화 이전 혹은 더 이전에 종료되었으며, 지속되지 않는다)

我看他正在发火，就不敢跟他说什么了。그가 화를 내고 있어, 그에게 어떤 말도 할 수가 없다.
(부정하는 상황이 발화 이후에도 지속될 수 있다)

我明天有事，不能参加你的生日晚会了，真对不起。나는 내일 일이 있어서 너의 생일 파티에 갈 수 없게 되었어. 정말 미안해. (부정적 동작이 발화 시간 이후에 발생)

那天因为有事，没能参加你的生日晚会了，真对不起。그 날은 일이 있어서 너의 생일 파티에 가지 못했어. 정말 미안해. (부정적 동작이 발화 시간 이전의 어느 시점에 발생)

小王从来不跟陌生人说话。샤오왕은 이제껏 낯선 사람과 말을 하지 않는다.
(일관된 상시적 태도를 나타내며, 지속될 수 있다)

小王从来没跟陌生人说过话。샤오왕은 이제껏 한 번도 낯선 사람과 말을 한 적이 없다.
(발화 시간까지의 상황으로 지속되지 않는다. 한 번도 이러한 동작을 한 적이 없음을 나타낸다)

4. '不', '没'와 기타 성분의 어순 관계

상태보어와 가능보어를 제외하고, 단순한 형태의 형용사, 동사, 조동사술어문의 경우 문장에 또 다른 부사어가 없다면 '不'와 '没'는 술어 혹은 조동사 앞에 위치한다. 그러나 술어가 다소

복잡한 형태인 경우에는 '不'와 '没'의 위치에 관하여 학습자들에게 다음과 같은 몇 가지 사항을 강조해 주어야 한다.

(1) '来', '去'가 포함된 연동문 혹은 겸어문인 경우, '不'와 '没'는 모두 '来, 去, 请, 叫, 让' 등 첫 번째 동사 앞에 위치한다.

他不来上班。그는 출근하러 오지 않는다.

妈妈没去看病。엄마는 진료를 받으러 가지 않았다.

我没请他参加今天的晚会，他怎么来了？

나는 그를 오늘 저녁 파티에 초대하지 않았는데, 그가 어떻게 왔지?

老师没叫你看这本书吗？선생님께서 너에게 이 책을 읽으라고 하지 않으셨니?

他不让我说，我就没说。그가 나한테 말하지 말라고 해서, 나는 말하지 않았어.

(2) 문장 내에 다른 부사어가 있는 경우, '不'와 '没'의 위치는 다소 복잡해진다.

A. 개사구와 '不', '没'의 어순

① 부정문에 출현하는 '把, 被, 给, 跟, 对, 向, 朝, 从(공간적 시작점), 靠, 凭, 按' 등 개사구는 모두 '不'와 '没'의 뒤에 위치한다(아래 제3절 학습자 오류 부분 참조).

你为什么不把孩子带来？너는 왜 아이를 데려오지 않니?

行李没被人拿走。짐은 다른 사람이 가져가지 않았다.

那人没朝我开枪。그 사람은 나를 향해 총을 쏘지 않았다.

我们不从这条路走。우리는 이 길로 가지 않는다.

부정사가 '不必', '不用'인 경우 역시 '把, 给, 对, 靠, 向' 등 개사구는 부정사 뒤에 위치한다.

她不用给家里打电话了，我已经打了。그녀는 집에 전화를 걸 필요가 없다, 내가 이미 걸었다.

你不用把他的话当回事。너는 그의 말을 염두에 둘 필요가 없다.

这件事不必对别人讲。이 일은 다른 사람에게 말할 필요가 없다.

小李有能力，不必靠别人养活。샤오리는 능력이 되기 때문에 다른 사람에게 의지해 살아갈 필요가 없다.

在这个超市买东西，不用向售货员询问，价格都标得清清楚楚。

이 슈퍼에서 물건을 살 때는 점원에게 물어볼 필요가 없다. 가격이 모두 명확하게 표기되어 있기 때문이다.

② '对于('对于'의 의미로 쓰인 '对' 포함), 关于', 시간의 시작점을 나타내는 '从, 由', 범위를 나타내는 '从' 등의 개사구는 대개 부정사 '不'와 '没'('不必, 不用' 및 부정형식의 보어구문 포함)의 앞에 위치한다(아래 학습자 오류 부분 참조).[15]

他对于环境问题，没有做过研究。그는 환경 문제에 대해 연구해 본 적이 없다.

关于这个问题，我不想发表什么意见。이 문제에 관해, 나는 어떠한 의견도 내고 싶지 않다.

15) 侯学超에 따르면, "대부분의 개사구 앞에는 '没有'가 출현가능하다. (중략) 그러나 '除, 当……时候, 对于, 较, 较之, 一任, 由, 于, 自, 自从, 关于' 등의 개사구 앞에는 '没有'가 올 수 없다(《现代汉语虚词词典》 1999년, 北京大学出版社). 이 중 '除, 当……时候, 较, 较之, 一任, 于, 自, 自从'은 대부분 긍정문에 사용되는 개사로, 부정사를 사용해 부정할 수 없다."라고 하였다. 따라서 본 절에서는 부정문에 출현하는 개사에 한하여 논의하도록 한다.

从昨天晚上到现在，我还一口水都没喝呢。
어제 저녁부터 지금까지, 나는 여전히 물 한 모금도 마시지 않았다.
这条街从东到西，看不到一家旅馆。이 길은 동쪽에서부터 서쪽까지 여관 하나 보이지 않는다.
从老师到学生，都不赞成这么做。선생님부터 학생까지, 모두 이렇게 하는 것에 찬성하지 않는다.

③ 일부 개사의 경우, 의미에 따라 부정사의 앞과 뒤에 모두 위치할 수 있다. 이는 문장이 나타내는 의미가 현실인지 가정인지 여부와 관련이 있다.

他们对我不好，所以我很生气。그들이 나에게 잘 해주지 않아서, 나는 화가 난다. (현실)
他们不对我好，我就不理他们。
그들이 나에게 잘 해주지 않으면, 나도 그들을 상대하지 않을 것이다. (가정)
你怎么不对他好点儿呢？这不，把人家给气走了。[16]
너는 어째서 그에게 좀 더 잘 해주지 않는 거니? 그렇지 않으면 사람들은 화가 나서 떠날 거야. (의문)

B. 기타 부사어와 '不', '没'의 어순

① 시간을 나타내는 명사, 의문 혹은 임의지시를 나타내는 의문대사는 '不'와 '没'의 앞에 위치한다.

我那天怎么没看见你？나는 그날 어째서 너를 만나지 못했지?
明天不上课。내일은 수업하지 않는다.

특수대사인 '每'는 시간명사와 결합하여 시간명사구를 만든다. 이 경우 부정사와 해당 시간명사구는 두 가지 어순을 갖지만, 나타내는 의미는 각기 다르다.

他不每天锻炼，身体也挺好。
그는 운동을 매일 하지는 않아도, 건강은 꽤 좋은 편이다. (가끔은 운동을 하고 가끔은 안 한다)
他每天不锻炼，身体也挺好。
그는 하루도 운동을 하지 않지만, 건강은 꽤 좋은 편이다. (하루도 운동하지 않는다)

② 어기, 추측, 관련, 시간을 나타내는 부사는 대개 부정사 '不'와 '没' 앞에 위치한다.

我简直不相信这幅画是他画的。나는 이 그림이 그가 그린 것이라는 사실을 도저히 믿을 수가 없다.
你难道没看见那个通知吗？너는 설마 그 공지를 못 봤니?
明天要是有事，就不能跟你一起吃饭了。내일 일이 생기면 너와 밥을 먹지 못할 것이야.
爸爸一直不同意我跟你结婚。아버지께서는 나와 너의 결혼에 줄곧 동의하지 않으셨다.

③ 빈도, 범위, 정도, 시간을 나타내는 부사는 대개 부정사 '不'와 '没'의 앞에 위치한다. 그러나 일부 부사의 경우 부정사의 앞과 뒤에 모두 놓일 수가 있는데, '부정사 + 부사'의 어순일 때 부정하는 대상은 부사이고, '부사 + 부정사'의 어순일 때 부정하는 대상은 대개 술어가 된다. 따라서 두 어순이 나타내는 의미에도 다소 차이가 있다.

他的身体不很好。그의 건강은 그다지 좋지 않다. ('很好'를 부정)

---

16) 石毓智(2001)의 예문 참조.

他的身体很不好。그의 건강은 아주 좋지 않다. ('不好'에 비해 정도가 높음, '很差아주 나쁨'의 의미)

我们不都去看电影。우리가 모두 영화를 보러 가는 것은 아니다. (일부는 가고, 일부는 가지 않음)

我们都不去看电影。우리는 모두 영화를 보러 가지 않는다. (모두 가지 않음)

他这么一喊，大家马上不说话了。

그가 이렇게 소리를 지르자, 다들 곧바로 말이 없어졌다. ('不'의 부정대상은 동작)

我不马上走，你不用着急。

나는 지금 당장 떠나지 않으니, (너는) 너무 조급해할 필요 없다. ('不'의 부정대상은 시간)

小张常常不参加同学的聚会。샤오장은 동창회에 참석하지 않는 일이 자주 있다.

('不'가 동사 앞에 위치해 동작 주체의 주관적 바람을 나타냄)

小张不常参加同学的聚会。샤오장은 동창회에 자주 참석하는 것은 아니다.

('不'가 '常' 앞에 위치해 빈도에 대해서만 부정, 객관적 설명임)

다음 문장은 객관적 상황을 나타내고 있으므로, 하나의 어순으로만 사용된다.

这里不常下雨。이곳은 비가 자주 내리지 않는다.

*这里常不下雨。

④ 협동, 방식, 반복을 나타내는 부사는 대개 부정사 '不'와 '没'의 뒤에 위치한다.

我不跟他一起出去。나는 그와 함께 나가지 않는다.

他只搞设计，从来不亲自动手做衣服。그는 디자인만 할 뿐, 이제껏 손수 옷을 만들지는 않았다.

这台机器你不重新检查一下吗？이 기계를 너는 다시 한 번 검사하지 않니?

'再'와 부정사는 두 가지 어순이 모두 가능하다(차이점은 '再' 부분 설명 참조).

你不再喝点儿什么吗？너 뭐 좀 더 안 마실래?

我再也不去那儿了。나는 두 번 다시는 그곳에 가지 않을 것이다.

'又', '也'는 출현하는 문형에 따라 부정사와의 어순이 달라진다.

老李又没来。라오리는 또 오지 않았다. (평서문)

他也不去旅游。그도 여행을 가지 않는다. (평서문)

要是你们都不来，他不又该怪我了？너희들이 모두 안 오면, 그가 또 나를 탓하지 않겠니? (반어문)

你不也是外国人吗？너도 외국인 아니니? (반어문)

협동부사 '一律예외 없이', 양상부사 '忽然갑자기', '突然갑자기' 등은 '不'의 앞에 위치해야 한다.

非机动车，一律不准从这条路走。비동력 차량은 예외 없이 이 길로 다닐 수 없다.

突然，汽车不动了。갑자기 자동차가 움직이지 않는다.

忽然，灯不亮了。갑가지 불이 켜지지 않는다.

양상부사 '仍然여전히, 依然여전히'은 대개 부정사 앞에 놓이지만 '亲自직접'는 부정사 뒤에 놓인다(대부분은 가정문이나 의문문에 출현한다). 반면, '互相서로'은 두 가지 어순으로 모두 사용 가능하다.

我劝了他半天，他仍然不肯参加比赛。
내가 그를 한참이나 설득했지만, 그는 여전히 경기에 참가하려 하지 않는다.
如果不亲自带队，他就不放心。직접 무리를 이끌지 않으면, 그는 마음을 놓지 못한다. (조건문)
你不亲自到医院去看望他吗？너는 직접 병원에 가서 그를 찾아뵈지 않을 거니? (의문문)
他们俩互相不信任。그들 둘은 서로 믿지 않는다.
咱们不互相帮助，难道还等别人帮助咱们不成？
우리가 서로 돕지 않는데, 설마 다른 사람이 우리를 도와주길 기다리는 것은 아니겠지? (조건문)

제3절 부사 관련 학습자 오류

一. 정도부사 관련 오류

1. 누락오류

(1) 부사 등 어휘가 누락된 경우

* 在中国到处多人。
고친문장: 在中国到处都有很多人。중국에는 곳곳에 많은 사람이 있다.

* 何老师好像年轻。
고친문장: 何老师好像很年轻。허 선생님은 젊은 것 같다.

(2) 공기 성분이 누락된 경우

* 今天比昨天稍微暖和了。
고친문장: 今天比昨天稍微暖和了些/一点儿。오늘은 어제보다 약간 따뜻해졌다.

* 你的文章给我稍微看。
고친문장1: 你的文章给我稍微看看。
고친문장2: 你的文章给我稍微看一下。너의 글을 나에게 좀 보여주렴.

2. 첨가오류

* 今天的天气很阴沉沉的。
고친문장: 今天的天气阴沉沉的。오늘 날씨는 어두침침하다.

* 他这次考试第一名，很得意洋洋地说："谁也不如我聪明。"
고친문장: 他这次考试考了第一名，得意洋洋地说："谁也不如我聪明。"
그는 이번 시험에서 1등을 한 뒤 득의양양하게 말했다. "누구도 나만큼 똑똑하지 않아."

* 这么很难喝的咖啡，你喝得下去吗？
고친문장: 这么难喝的咖啡，你喝得下去吗？이렇게 맛없는 커피를 넌 계속 마실 수 있니?

* 商店在路上特别很有意思。

고친문장: 路上的商店特别有意思。거리 위의 상점들은 매우 재미있다.

분석: 위 문장들은 모두 '很'을 잘못 첨가한 오류이다. '阴沉沉', '得意洋洋'은 모두 형용사 중첩형에 해당하므로 정도부사의 수식을 받을 수 없다. 또한 형용사 앞에 지시대사 '这么이렇게'나 부사 '特别특히'가 이미 출현한 경우에도 정도부사의 수식을 받을 수 없다.

* 他们正在相当努力学习呢。

고친문장: 他们正在努力学习呢。그들은 지금 열심히 공부 중이다.

분석: '正在' 뒤에 형용사부사어가 출현하면, 그 형용사는 대개 '相当상당히'의 수식을 추가로 받을 수 없다.

3. 대체오류

(1) 부사를 잘못 사용한 경우

* 尽管我的病太严重，我还是把这篇文章翻译完了。

고친문장: 尽管我的病很严重，我还是把这篇文章翻译完了。
(나의) 병이 심각하다고 해도 나는 여전히 이 글을 다 번역할 것이다.

* 他是太懒的人，所以不喜欢打工。

고친문장1: 他是很懒的人，所以不喜欢打工。그는 게으른 사람이라서 아르바이트도 싫어한다.

고친문장2: 他这个人太懒，不喜欢打工。그는 너무 게을러서 아르바이트를 싫어한다.

* 是的，不过他真精神的人。

고친문장1: 他这个人很精神。그는 매우 활기차다.

고친문장2: 他这个人真精神。그는 정말 활기차다.

분석: 상기 예문은 모두 객관적 설명 또는 묘사에 주관성 정도부사인 '太너무'와 '真정말'을 잘못 사용하고 있다.

* 有人选了比较好看的日语文字在裤子上写出来了。它虽然对中国人好看， 可对我们日本人并不好看，真不需要的东西。

고친문장: 有人把日语文字印在裤子上。虽然他们觉得好看，可我们日本人觉得并不好看，真是没有必要这么做。
일본 문자를 바지에 프린트하는 사람이 있다. 그들에게는 보기 좋을 수 있으나, 우리 일본인이 보기에는 전혀 예쁘지 않아서, 정말이지 이렇게 할 필요가 없다.

분석: 주관성 정도부사인 '太'와 '真'은 명사구를 직접 수식할 수 없다. 즉, 관형어를 충당할 수 없다(제2절 ― 정도부사 부분 참고).

* 他汉语真好说了。

고친문장: 他汉语说得真好！그는 중국어를 정말 잘 한다.

* 我来了苏州过一个半月，时间真快过了。

고친문장: 我来了苏州已经过了一个半月了，时间过得真快！
내가 쑤저우에 온 지 이미 한 달 반이 되었다니, 시간이 참 빠르다!

분석: '太'와 '真' 등 주관성 정도부사가 감탄을 나타낼 경우, 부사어 역할을 하는 형용사는 수식할 수 없고, 보어 역할을 하는 형용사는 수식할 수 있다(제2절 一. 정도부사 참조).

* 我觉得他们都相当不好。
고친문장: 我觉得他们都很不好。내가 생각하기에 그들은 모두 좋지 않다.

* 我的意见跟他的相当不一样。
고친문장: 我的意见跟他的很不一样。나의 생각은 그와 많이 다르다.

(2) 부사를 사용해야 할 곳에 다른 성분을 사용한 경우

* 你吵得不得了，闭嘴吧。
고친문장: 你太吵了，能不能闭上嘴啊！너는 너무 시끄러워, 입을 좀 다물 순 없겠니!

4. 어순오류

* 他是真吝啬的人。
고친문장: 他真是个吝啬的人。그는 정말로 인색한 사람이다.

* 这篇文章我要理解更详细。
고친문장: 这篇文章我要仔细地研究一下。이 글은 내가 한 번 면밀히 살펴봐야겠다.

* 我在北京住了十年了，比较算熟悉。
고친문장: 我在北京住了十年了，算比较熟悉。
나는 베이징에 10년 동안 살고 있으니 비교적 익숙하다 할 수 있다.

5. 혼합오류

* 她学习非常努力，因此没有人比她更提高汉语水平。
고친문장: 她学习非常努力，因此没有人汉语水平比她提高得更快。
그녀는 대단히 열심히 공부하기 때문에, 그녀보다 중국어 실력이 더 빨리 향상된 사람은 없다.

* 我把盐稍稍放在汤里一下。
고친문장: 我稍微放了一点儿盐在汤里。나는 탕에 소금을 살짝 넣었다.

* 听了我的话，他稍稍高兴起来。
고친문장: 他的心情好像稍稍好了一点儿。그의 기분은 조금씩 나아지고 있는 듯하다.

二. 시간부사 관련 오류

1. 누락오류

* 他刚才生气了，可过了一会儿忘了。
고친문장: 他刚才生气了，可过了一会儿就忘了。그는 방금 막 화를 냈는데, 잠시 후 바로 잊어버렸다.

* 那个女主角真了不起，演得好像真正的老人，实际上她二十岁。

고친문장: 那个女主角真了不起，演得真像老人，实际上她刚(才)二十岁。
그 여주인공은 정말 대단해. 진짜 노인처럼 연기하던데 사실 그녀는 20살밖에 안 되었거든.

분석: '她그녀'가 젊다(수량의 적음)는 것을 강조하려면 반드시 수량사 앞에 부사 '刚막' 혹은 '才비로소/겨우'가 있어야 한다.

* 自江户时代以来，东京是日本的政治经济中心。

고친문장: 自江户时代以来，东京一直是日本的政治经济中心。
에도 시대 이후, 도쿄는 줄곧 일본의 정치·경제의 중심지였다.

* 我是家里最小的女儿，受到父亲的宠爱，他去世以后，我时刻怀念他。

고친문장: 我是家里最小的女儿，一直受到父亲的宠爱，他去世以后，我时刻怀念他。
나는 우리 집 막내딸이라, 늘 아버지의 총애를 받아왔다. 그가 돌아가신 후 나는 늘 그를 그리워한다.

분석: 위 두 문장 중 첫 번째 문장에는 동작이나 상태의 시작점을 나타내는 어휘가 사용되고 있고, 두 번째 문장에는 동작의 완료된 시점을 나타내는 어휘는 출현하지만, 시작점(태어났을 때)은 드러나지 않고 있다. 이 문장들이 모두 '긴 시간 동안 지속됨'을 나타내기 위해서는 반드시 '一直줄곧'가 있어야 한다.

2. 첨가오류

부사를 잘못 첨가한 경우

* 他曾经受过大学教育。

고친문장: 他没受过大学教育。그는 대학 교육을 받은 적이 없다.

분석: '曾经일찍이'은 '동사 + 过'의 긍정문에만 사용 가능하다.

* 北京有些名胜古迹我从来一直想去游览。

고친문장: 北京有些名胜古迹我一直想去游览。베이징의 일부 명승고적을 나는 늘 구경해보고 싶었다.

* 他从来一直没有发觉自己说的汉语不标准。

고친문장: 他从来/一直没有发觉自己说的汉语不标准。
그는 자신이 하는 중국어가 표준적이지 않다는 사실을 줄곧 자각하지 못했다.

분석: 위 두 문장은 학습자들이 '从来지금까지'를 '从……以来이래로'의 의미로 잘못 인식하여 '一直줄곧'와 함께 사용한 것으로 추측된다. 첫 번째 예문에서는 '一直'만 사용할 수 있는데, 그 이유는 '从来'는 긍정적 의사를 표현하는 술어동사 앞에 출현할 수 없기 때문이다(제2절 2의 '从来'와 '一直'의 비교 분석 부분 참조). 두 번째 문장에서는 '从来'와 '一直' 둘 다 사용할 수 있다.

* 他的化验已经过了几年没出来，他真始终倒霉。

고친문장: 他的化验结果已经过了几年了都没出来，真够倒霉的。
그의 화학실험 결과는 이미 몇 년 동안이나 나오지 않고 있으니, 정말 운도 없다.

3. 대체오류

(1) 다른 부사 용법과 혼동한 경우

＊我一听，都想起来过去的难过的事情。

고친문장1: 我一听，就想起过去难过的事情。나는 듣자마자, 과거의 힘들었던 일이 떠올랐다.

고친문장2: 我听了他说的话，过去难过的事情都想起来了。

나는 그의 말을 듣고, 과거의 힘들었던 일들이 모두 떠올랐다.

분석: 중국어는 동사 앞에 '一'가 있으면 뒤에는 '就'가 후행하여 호응관계를 이루어 '一……就…… -하자마다-하다' 구조를 형성한다. 만일 '都'를 사용하여 '힘들었던 모든 일이 생각났다'라는 의미를 표현하고 싶다면 고친문장2와 같이 바꾸어야 한다.

＊我今天九点有考试，现在刚差四分九点，来不及。

고친문장: 我今天九点有考试，现在已经差四分九点了，来不及了。

난 오늘 9시에 시험이 있는데, 지금은 이미 9시 4분 전이니, 이미 늦었다.

분석: '刚막'은 시간의 이름을 강조하므로, 위 문장에서 나타내려는 의미와 상반된다.

＊我等一会儿才告诉你。

고친문장: 我等一会再告诉你。내가 잠시 후에 다시 알려줄게.

＊他掏了半天箱子，但是终于没找到他需要的东西。

고친문장: 他掏了半天箱子，但是始终没找到他需要的东西。

그는 한참 동안 상자를 뒤졌지만, 끝내는 그가 필요한 물건을 찾지 못했다.

분석: '终于마침내'는 동사의 부정형식을 수식할 수 없으므로 '始终시종'으로 바꾸어야 한다.

＊他母亲从年轻时起都吸烟。

고친문장1: 他母亲从年轻时起一直都吸烟。그의 어머니는 젊은 시절부터 줄곧 흡연을 하셨다.

고친문장2: 他母亲从年轻时起就一直吸烟。그의 어머니는 젊은 시절부터 이미 흡연을 하고 계셨다.

분석: 위 오류는 '都'를 사용하여 '줄곧 흡연을 해왔다'라는 의미를 표현하고자 하여 발생한 것이다. 그러나 '都'는 동작의 지속을 나타낼 수 없다. 만약 '都'가 술어동사 앞에서 시간의 시작점을 나타내는 어휘와 함께 출현한다면, 반드시 '一直'(고친문장1)를 함께 사용하여 지속이 의미를 나타내야 한다. 이때 '都'가 총괄하는 것은 전체 시구간이다. 고친문장2는 '就'를 사용하여 흡연 동작이 일찍부터 시작되었음을 나타낸 것이다.

＊每天早上我始终睡懒觉，所以我每天迟到。

고친문장: 每天早上我总是睡懒觉，所以我每天迟到。

매일 아침 나는 항상 늦잠을 자기 때문에 매일 지각을 한다.

＊这件事才今天完成结束了，所以我相当满意。

고친문장: 这件事总算结束了，所以我很高兴。이 일이 마침내 마무리되었으니 난 기쁘다.

분석: '才비로소'는 동작의 완성이 늦어짐을 나타낼 뿐, 바라는 결과가 이루어진다는 의미는 나타내지 않는다.

따라서 '总算마침내'으로 바꾸어야 한다.

(2) 다른 어휘 혹은 다른 문법형식과 혼용한 경우

* 昨天有个同学告诉我，他从来学过英语、日语、还有德语，但是汉语最难。

고친문장: 昨天有个同学告诉我，他以前学过英语、日语、还有德语，比较起来，汉语最难。
어제 한 친구가 내게 말하길, 그는 예전에 영어, 일본어, 그리고 독일어도 배운 적이 있는데 비교해 보면 중국어가 가장 어렵다고 했다.

* 我跟他有朋友的联系。

고친문장: 我跟他一直有联系。난 그와 줄곧 연락을 하고 지낸다.

* 我刚才来一会儿。

고친문장: 我刚来一会儿。난 이제 막 왔다.

분석: 많은 외국인 학습자들이 '刚才방금'를 '刚막'으로 잘못 이해하는 경우가 있다. 이는 '刚才'와 '刚'이 혼동하기 쉬운 어휘라는 것을 의미한다.

* 在这儿有外国人很多，日本人、韩国人、美国人，但是泰国人才有我和我姐姐。

고친문장: 在这儿有很多外国人，日本人、韩国人、美国人，但是泰国人只有我和我姐姐。
이곳엔 일본인, 한국인, 미국인 등 많은 외국인이 있는데, 태국인은 나와 우리 언니뿐이다.

(3) 접속사 혹은 기타부사와 용법을 혼동한 경우

* 我从来觉得在苏州观前街是最热闹的地方，可是石路也是热闹的地方。

고친문장: 我一直觉得在苏州观前街是最热闹的地方，其实石路也是热闹的地方。
나는 줄곧 쑤저우의 관첸가가 제일 번화한 곳이라 여겨왔는데, 사실은 스로 역시 번화한 곳이었다.

(4) 부사 관련 어휘 혹은 형식을 잘못 사용한 경우

* 他曾经打了好几份工。

고친문장: 他曾经打过好几份工。그는 일찍이 여러 개의 아르바이트를 한 바 있다.

분석: 부사 '曾经일찍이'이 수식하는 동사 뒤에는 '过'가 와야 하며 '了'는 올 수 없다.

* 我一直爱上他，可是他跟我的朋友结婚了。

고친문장: 我一直爱着他，可是他跟我的朋友结婚了。
나는 줄곧 그를 사랑해왔지만, 그는 나의 친구와 결혼했다.

분석: 결과보어에는 두 종류가 있는데, 그 첫째는 '爱上'과 같이 자체적으로 지속의 의미를 나타내지 않아[17] '一直줄곧'와 공기하지 못하는 유형이다. 이때 지속을 나타내려면 '爱着'로 바꾸어야 한다. 다른 한 종류는 수차례 반복이 가능한 경우로 이때에는 '一直줄곧'와 함께 사용하여 동작의 반복 출현을 나타낼 수 있다. '看见보다, 碰见마주치다, 遇见만나다' 등 소수의 동보구조가 이에 속한다.

---

17) [역주] 원저에서는 "一种是本身就表示持续，不能用'一直'，如'爱上'。"이라고 제시되어 있으나, 결과보어가 사용된 '爱上사랑에 빠지다'은 사랑에 빠진 순간적 변화를 나타내어 지속의 의미를 나타내지 않는다. 일반적으로 결과보어가 사용된 결과보어구(动结式)는 진행상 표지 '(正)在'와의 공기에 많은 제약이 따르는 것으로 알려져 있다.

我最近一直碰见他。나는 최근 들어 계속 그와 마주친다.

你一直能在商场看见她忙碌的身影。너는 상점에서 그녀의 바쁜 모습을 항상 볼 수 있다.

다음 두 개의 예시는 '一直줄곧'를 사용하여 술어동사의 지속상태를 나타내고자 한 것이다. 그러나 학습자들은 이 경우 종종 뒤에 '了'를 첨가하는 오류를 범한다.

* 我一直看了对面人的眼睛。

고친문장: 我一直看着对面人的眼睛。나는 줄곧 맞은 편 사람의 눈을 바라보았다.

* 中学毕业后，我一直留了头发。

고친문장: 中学毕业后，我一直留头发。중고등학교를 졸업한 후, 나는 줄곧 머리를 길러왔다.

* 直到明天晚上我才离开博物馆。

고친문장1: 直到昨天晚上我才离开博物馆。어제 저녁까지 줄곧 있다가 나는 그제야 박물관을 떠났다.

고친문장2: 我要到明天晚上才离开博物馆。나는 내일 저녁이 되어야 박물관을 떠날 것이다.

분석: '直到……才……'는 이미 완성된 동작에 사용한다. 만약 미래에 완성될 동작을 나타내고자 한다면 '要到……'를 써야 한다.

4. 어순오류

(1) 부사와 주어의 어순오류

* 我们一起去了喝酒，所以才两点我睡觉了。

고친문장: 我们一起去喝了酒，所以直到两点我才睡觉。
우리는 함께 가서 술을 마셨고, 2시까지 줄곧 마시고서야 잠을 잤다.

* 已经时间太晚了。(孙红娟의 예문, 이하 孙)

고친문장: 时间已经太晚了。시간이 이미 너무 늦었다.

* 等你写完这封信，就我们去散步。

고친문장: 等你写完这封信，我们就去散步。네가 이 편지를 다 쓰면 우리 산책하러 가자.

* 等画完蛇脚，再你喝那壶酒。

고친문장: 等画完蛇脚，你再喝那壶酒。뱀의 다리를 다 그리고 (너는) 그 술을 마셔라.

(2) 부사와 개사구의 어순오류

? 他在苏州一直工作。

고친문장: 他一直在苏州工作。그는 계속 쑤저우에서 일한다.

분석: '一直'와 장소개사구는 두 가지 어순으로 나타난다. 만약 어떠한 동작이 줄곧 지속됨을 나타낸다면 '一直 + 在 + 장소 + 동사' 어순으로 나타나지만, 술어가 나타내는 것이 어떠한 상태의 지속이라면 (부정적 동작 상태 포함) '在 + 장소 + 一直 + 동사'의 어순으로 사용되어야 한다.

我在苏州一直没看见他。나는 쑤저우에서 줄곧 그를 만나지 못했다.

他在北京一直很顺利。그는 베이징에서 줄곧 순조로웠다.

5. 혼합오류

*他每天始终迟到上课。

고친문장: 他每天上课总是迟到。그는 매일 수업에 지각한다.

*我在北京的时始终学习。

고친문장: 我在北京的时候一直学习汉语。나는 베이징에 있을 때 줄곧 중국어를 배웠다.

*大家都不喜欢的才只她一个人非常喜欢，我们都莫名其妙。

고친문장: 大家都不喜欢的她才/却喜欢，我们都莫名其妙。
다들 안 좋아하는 것을 그녀는 오히려 좋아하니, 우리는 모두 영문을 모르겠다.

*她从来开的玩笑是会笑死人的。

고친문장: 她开的玩笑常常会笑死人的。그녀가 하는 농담은 자주 사람을 웃긴다.

분석: '从来여지껏'가 긍정문에 사용되는 경우는 변하지 않는 상태, 태도, 방식, 원칙 등을 나타낼 때뿐이며, 동작의 결과가 자주 발생함을 나타낼 수는 없다.

三. 범위부사 관련 오류

1. 누락오류

(1) 부사를 누락한 경우

*每个人要带词典来。

고친문장: 每个人都要带词典来。한 사람 한 사람 모두 사전을 들고 와라.

*他把他所有的财产赌没了。

고친문장: 他把他所有的财产都赌没了。그는 그의 모든 재산을 모두 도박으로 날렸다.

*他很聪明，对什么事情能迅速地思考。

고친문장: 他很聪明，对什么事情都能迅速地思考。
그는 똑똑해서, 어떤 일이든 재빠르게 생각할 줄 안다.

*我一切准备好了。

고친문장: 我一切都准备好了。나는 모든 것이 다 준비되었다.

*左等右等他没来，我白花很长的时间。

고친문장: 左等右等他都没来，我白花了很长的时间。
아무리 초조하게 기다려도 그는 오지 않았고, 나는 많은 시간을 허비했다.

(2) 부사와 조동사를 누락한 경우

*我的听力不是很好，听中国人说话大致上了解。

고친문장: 我的听力不是很好，听中国人说话只能听懂个大概。
내 듣기 능력은 그다지 좋지 않아서, 중국인이 하는 말을 들어도 대략적인 내용만 알아들을 수 있다.

2. 첨가오류

(1) 부사를 잘못 첨가한 경우

＊她做什么也都很仔细。

고친문장: 她做什么都很仔细。그녀는 무엇을 하든지 매우 꼼꼼하다.

＊这个东西太重，你只一个人拿不动。

고친문장: 这个东西太重，你一个人拿不动。이 물건은 너무 무거워서, 너 혼자서는 옮길 수 없다.

(2) 동사를 잘못 첨가한 경우

＊只有过了几分钟。

고친문장: 只过了几分钟。단지 몇 분이 지났을 뿐이다.

3. 대체오류

＊随便什么影片，我也爱看。

고친문장: 随便什么影片，我都爱看。어떤 영화든 나는 다 보는 것을 좋아한다.

＊一个月前，他都回国了。

고친문장: 一个月前，他就回国了。한 달 전에 이미 그는 귀국했다.

4. 어순오류

＊吃什么都我没关系。

고친문장: 吃什么我都没关系。무엇을 먹든 나는 상관없다.

5. 혼합오류

＊他是很霸道的人，谁也都无可奈何。

고친문장: 他是很霸道的人，谁对他都无可奈何。그는 포악한 사람이라 누구도 그를 어찌할 도리가 없다.

＊我们班同学都知道了，不过我只不知道。

고친문장: 我们班同学都知道了，不过只有我不知道。우리 반 친구들은 다 알고 있는데, 나만 모른다.

분석: 모두 범위를 한정하는 부사이지만, 부사 '就'는 단독으로 명사 혹은 대사 앞에 출현할 수 있는 반면, '只'는 '有'와 함께 사용한 경우에만 출현할 수 있다.

四. 병존, 결합, 반복부사 관련 오류

1. 누락오류

부사를 누락한 경우

＊我劝了他半天，他根本不听，我无可奈何。

고친문장: 我劝了他半天，他根本不听，我也无可奈何。
난 그를 한참 동안 설득했지만, 그는 도무지 듣지를 않았고, 나도 어찌할 도리가 없다.

* 他们夫妻感情很好，但偶尔吵架。

고친문장: 他们夫妻感情很好，但偶尔也吵架。그들 부부는 사이가 좋지만, 가끔 싸우기도 한다.

2. 대체오류

(1) 유사 의미의 부사를 잘못 사용한 경우

* 今天我们再去那个火锅店了。

고친문장: 今天我们又去那个火锅店了。오늘 우리는 또 그 훠궈집에 갔다.

(2) 일음절 부사를 써야할 곳에 이음절 부사를 사용한 경우

* 我们再也不能让中日之间过去发生的悲剧重新演。

고친문장: 我们再也不能让中日之间过去发生的悲剧重演。
우리는 두 번 다시 중·일 간 과거에 발생했던 비극을 되풀이해서는 안 된다.

3. 어순오류

* 任何条件也我受不了。

고친문장: 任何条件我也不能接受。어떤 조건이라도 나는 받아드릴 수 없다.

4. 혼합오류

* 别人对我说了什么也我要相信下去。

고친문장: 别人对我说了什么我都相信。다른 사람들이 나에게 뭐라고 말하든 나는 모두 믿는다.

* 你再说你刚才说的。

고친문장: 你刚说的再说一遍。네가 방금 한 말을 다시 한번 말해 보렴.

* 他又被她拒绝了，感受到感情的挫折。

고친문장: 他又被她拒绝了，又一次在爱情上受到了挫折。
그는 그녀에게 또 거절당했고, 사랑에 또 한 번 좌절당했다.

五. 부정부사 관련 오류

1. 누락오류 및 첨가오류

(1) 동사 뒤의 '了' 혹은 문미의 '了'를 누락한 경우

* 我好久没吃日本菜，吃日本菜的时候，我始终感激。

고친문장: 我好久没吃日本菜了，吃日本菜的时候，我很感激。
난 오랫동안 일본 음식을 먹지 못해서, 일본 음식을 먹었을 때 감격스러웠다.

분석: "我好久没吃日本菜了"는 '주어 + 시간사(시간의 길이) + 没 + 동사 + 了'구조이다. 이 형식은 어떠한 동작이 과거의 어느 시점부터 오랜 시간 동안 실행되지 않았음을 나타낸다. '没 + 동사'와 다른 점은 문장 끝에 '了'가 출현한다는 점이다.

(2) '没 + 동사'형식의 끝에 '了'를 잘못 첨가한 경우

＊今天有下午上课了，我朋友没来上课了。

고친문장: 今天下午有课，我朋友没来上课。오늘 오후에 수업이 있었는데, 내 친구는 수업에 오지 않았다.

＊北京他好像他没来过了。

고친문장: 北京他好像没来过。[18] 베이징에 그는 온 적이 없는 것 같다.

분석: 이러한 오류는 상당히 자주 발생하는데, 일부 학습자의 경우 모국어의 간섭으로 인해 이와 같은 오류를 자주 범하는 것으로 보인다. 또한 조사에 따르면, 앞서 살펴본 '没' 뒤에 '了'가 오는 유형(1) 문형의 간섭을 받는 것으로도 분석된다.

2. 대체오류

(1) '不'와 '没' 용법을 혼동한 경우

A. '没'를 사용해야 할 곳에 '不'를 잘못 사용한 경우

＊这次考试他又不通过。

고친문장: 这次考试他又没通过。이번 시험 역시 그는 또 통과하지 못했다.

＊他昨天来过，以后我不看见他。

고친문장: 他昨天来过，以后我没再看见他。그는 어제 왔었는데, 이후에 나는 그를 다시 보지 못 했다.

＊他是我小学生的时候很熟的朋友，后来我们不见面。

고친문장: 他是我小学时很熟的朋友，但是后来我们没见过面。
그는 내가 초등학생 때 친했던 친구이지만, 그 후에 우리는 만난 적이 없다.

＊以前我从来不学英语。最近才开始学习。

고친문장: 以前我没有学过英语。最近才开始学习。
이전에 나는 영어를 배운 적이 없다. 최근에야 배우기 시작했다.

B. '不'를 사용해야 할 곳에 '没有'를 잘못 사용한 경우

＊现在他没有在，他拉肚子，他跑洗手间过去了。

고친문장: 现在他不在，他拉肚子，去洗手间了。
지금 그는 없습니다. 그는 배탈이 나서 화장실에 갔습니다.

＊他的字写得漂亮不漂亮我没有关心。

고친문장: 他的字写得漂亮不漂亮我不关心。그의 글씨가 예쁜지 안 예쁜지 나는 관심이 없다.

＊昨晚刮了一夜大风，并没有很冷。

고친문장: 昨晚刮了一夜大风，但并不很冷。어젯밤에 밤새 큰바람이 불었지만, 그렇게 춥지는 않았다.

＊我来到这儿时，谁也没认识。

고친문장: 我刚到这儿的时候，谁也不认识。내가 이곳에 막 도착했을 때는 아는 사람이 아무도 없었다.

---

18) [역주] 원문은 '北京他好像他没来过。' 이지만, 이는 오타로 보인다.

분석: 위 오류 문장들의 술어는 모두 상태를 나타내는 동사 혹은 형용사이다. 처음 이러한 유형의 부정문을 학습할 때 학습자들은 모두 '不'로 부정해야 한다고 배우게 된다. 그러나 추후 '没有'를 학습하면서 이 유형의 술어는 '没有'로 부정할 수 없다는 점을 한 번 더 강조해주지 않기 때문에, '没' 학습 이후 이전에 학습했던 '不' 용법 활용 시 간섭을 받게 된다.

C. '不'를 사용해야 할 곳에 기타 부정부사를 잘못 사용한 경우

* 我的妈妈可别像我似的，她的房间总既干净又整齐。

고친문장: 我的妈妈可不像我似的，她的房间总是既干净又整齐。
우리 엄마는 나 같지 않으셔서, 그녀의 방은 언제나 깨끗하고 정돈되어 있다.

D. '没'와 관련된 조사를 혼동하여 잘못 사용한 경우

* 结婚以后，她没写信了。

고친문장: 结婚以后，她没再写过信。 결혼한 이후, 그녀는 다시 편지를 써 본 적이 없다.

* 我十几岁就离开家了，从此我再也没有回家了。

고친문장: 我十几岁就离开家了，从此我再也没有回过家。
나는 십여 세 때 집을 떠났고, 그 이후로 다시는 집에 돌아간 적이 없다.

분석: 위의 두 오류 문장은 다소 먼 과거(원시 과거)부터 발화 시점까지 비교적 긴 시구간 내에 해당 동작이 단 한 차례도 발생하지 않았음을 나타낸다. 이 경우 '再'와 '没'를 모두 사용해야 하지만, 위 두 문장에 출현하는 '再'와 '没'의 어순이 의미에 따라 각기 다르게 나타나고 있으며, 모두 문미 '了'를 사용할 수 없다. 학습자가 이러한 규칙을 명확히 이해하지 못했기 때문에 상기와 같은 오류가 발생하게 된다.

(2) 부정형식의 사용에 오류가 있는 경우

* 现在他生活得轻松、愉快，一句牢骚也说不出来。

고친문장1: 现在他生活得轻松、愉快，一句牢骚也不说。
현재 그는 매우 홀가분하고 유쾌하게 생활하고 있어서, 불평은 한마디도 하지 않는다.

고친문장2: 现在他生活得轻松、愉快，一句牢骚也没有。 현재 그는 매우 홀가분하고 유쾌하게 생활하고 있어서, 불평이 한 마디도 없다. (여기서 '没有'는 동사임)

분석: 가능보어의 부정형식인 '说不出来'는 말하고 싶은 주관적 의사는 있으나 그 동작을 완성할 수 없는 경우에 사용한다. 따라서 위 문장이 나타내고자 하는 의미에 부합하지 않는다.

* 他显得年轻，其实不是年轻。

고친문장1: 他显得年轻，其实并不年轻。 그는 어려 보이지만, 사실은 그리 어리진 않다.

고친문장2: 他显得年轻，其实已经不年轻了。 그는 어려 보이지만, 사실 이제 어리지 않다.

분석: 이는 형용사술어문의 부정형식에서 나타나는 오류로, 영어 형용사술어문의 영향을 받은 것으로 분석된다.

3. 어순오류

(1) 부정사와 주어의 어순오류

＊她说她能来，可是并她没有来。

고친문장: 她说她能来，可是她并没有来。그녀는 올 수 있다고 말했지만, 오지 않았다.

＊这件事我们谁也没告诉他，可未必他不知道。

고친문장: 这件事我们谁也没告诉他，可他未必不知道。
이 일에 대해 우리 중 누구도 그에게 알리지 않았지만, 그가 모른다고 장담할 수는 없다.

(2) '没'와 개사구의 어순오류

＊我把这本小说还没看完呢。

고친문장1: 我还没把这本小说看完呢。나는 아직 이 소설을 다 읽지 않았는 걸.

고친문장2: 这本小说我还没看完呢。이 책을 나는 아직 다 읽지 않았는 걸.

＊任你怎么说，我把这个秘密不告诉别人了。

고친문장: 任你怎么说，我也不会把这个秘密告诉别人。
네가 어떻게 말하든지, 나는 이 비밀을 다른 사람에게 알리지 않을 것이다.

＊从来没他被人注意过。

고친문장: 他从来没被人注意过。그는 이제껏 한 번도 사람들에게 주목을 받아본 적이 없다.

＊那个秘密，他始终向别人没说。

고친문장: 那个秘密，他始终没对别人说。그 비밀을, 그는 시종일관 다른 사람에게 말하지 않았다.

＊我给妹妹没买生日礼物。

고친문장: 我没给妹妹买生日礼物。난 여동생에게 생일 선물을 사 주지 않았다.

＊他从来按时没上过课。

고친문장: 他从来没按时上过课。그는 이제껏 시간에 맞추어 수업을 간 적이 없다.

＊昨天我跟他没去公园，他是一个人去的。

고친문장: 昨天我没跟他去公园，他是一个人去的。
어제 나는 그와 공원에 가지 않았고, 그는 혼자서 갔다.

＊我从来关于我将来的事跟爸爸没商量过。

고친문장: 关于我将来的事，从来没跟爸爸商量过。
내 장래의 일에 관해, 이제껏 아빠와 상의해본 적이 없다.

(3) '没'와 기타 부사어의 어순오류

＊她和朋友没去那天公园，因为那天天气阴了。

고친문장: 她和朋友那天没去公园，因为那天是阴天。
그녀와 친구는 그 날 공원에 가지 않았다. 그 날은 날씨가 흐렸기 때문이다.

분석: 시간사는 반드시 부정사의 앞에 놓여야 한다.

(4) '不'와 동사, 조동사의 어순오류

* 他被打败是不偶然的。

고친문장: 他被打败不是偶然的。그가 패배한 건 우연이 아니다.

* 张师傅会决不开这种玩笑。

고친문장: 张师傅决不会开这种玩笑。장 사부는 결단코 이런 농담은 하지 않을 것이다.

(5) 보어 관련 부정사의 어순오류

* 张老师的话不听懂。

고친문장1: 张老师的话我没听懂。장 선생님의 말씀을 나는 이해하지 못했다.

고친문장2: 张老师的话我听不懂。장 선생님의 말씀을 나는 이해할 수 없다.

* 一个星期后也会他的病还不治好，不用出院。

고친문장: 一个星期后他的病也治不好，不能出院。
일주일이 지나도 그의 병은 완치되지 않아서, 퇴원할 수 없다.

분석: 가능보어 '不'의 위치와 결과보어 부정형 간의 차이(아래 (2) 참고) 역시 학습자들이 쉽게 구분하지 못하는 부분이다. 학습자들은 종종 '没听懂'과 '听不懂', '没想到'와 '想不到'가 어떤 차이점이 있는지 묻곤 한다. '没听懂'은 발화 시점 이전에 어떤 사람이 한 말을 정확히 듣지 못했다는 뜻으로 1회성 동작이며 연속되지 않는다. 반면 '听不懂'은 부정 상황이 일회성으로 끝나지 않고 연속될 수 있다. '没想到'와 '想不到' 역시 동일한 차이점을 가진다.

我想出去看看，没想到自己的腿软得站不起来。
나는 나가서 한번 보고 싶었는데, 일어나지 못할 정도로 다리가 풀렸을 줄은 생각 못했다. (일회성, 연속되지 않음)
我想出去看看，想不到自己的腿软得站不起来。
나는 나가서 한번 보고 싶었는데, 일어나지 못할 정도로 다리가 풀렸으리라고는 생각도 못했다. (상황이 연속될 수 있음)

* 她汉语不说得流利。

고친문장: 她汉语说得不流利。그녀의 중국어는 유창하지 않다.

* 我在中国学习三年了，可是并不学好。

고친문장: 我在中国学习三年了，可是汉语学得并不好。
나는 중국에서 3년 동안 공부했지만, 중국어를 잘 배우지 못했다.

분석: 위 오류는 학습자들이 상태보어의 부정형에 대해 제대로 파악하지 못하고 있음을 보여준다. 동작의 상태를 부정할 경우 '并不'는 반드시 '得' 뒤, 형용사 앞에 출현해야 한다. 반면, '并'은 중급단계의 어휘이기 때문에 학습자는 '并不'가 직접 술어를 부정하는 구조에 익숙할 것이고, 상태보어에 대해서도 동일하게 적용하는 오류를 범하게 된다.

4. 복문 중 부정형식과 관련된 연결 오류

(1) 인과복문의 선행절에 출현하는 보어구문이 후행절에 제약을 주는 경우

＊昨天晚上我睡不着，所以那个词现在我想不起来了。

고친문장: 昨天晚上我没睡好，所以那个词现在我想不起来了。

어젯밤에 나는 잠을 잘 자지 못했고, 그래서 그 단어가 지금 생각나지 않는다.

분석: 인과복문의 선행 보어절이 후행절의 의미에 제약을 주는 경우를 보여주는 예이다. '睡不着'가 부정하는 상황은 지속되는 것으로 후속절에는 잠을 자지 못함으로 인해 어떠한 동작을 계속 이어서 해야 하는 상황이 출현해야 한다. 그러나 상기 예문의 후행절은 '잠을 잘 자지 못함(没睡好)'이라는 지속 불가능한 결과로 인해 기억력 저하가 발생(想不起来)하였다는 상황을 나타낸다. 따라서 가능보어의 부정형이 아닌 결과보어의 부정형을 사용해야 한다.

(2) 가정복문이 후행절의 부정형식에 제약을 주는 경우

＊① 如果他来晚了几分钟，差点儿没跟她见面。

고친문장1: 如果他再晚来几分钟，就差点儿见不到她。

만약 그가 몇 분만 더 늦게 왔더라면, 하마터면 그녀를 만나지 못할 뻔했다.

고친문장2: 如果他再晚来几分钟，就见不到她了。

만약 그가 몇 분만 더 늦게 왔더라면, 그녀를 만나지 못했을 것이다.

＊② 这件事如果你不提起，简直不解决了。

고친문장1: 这件事如果你不管，就解决不了。이 일은 네가 관여하지 않으면, 해결할 수 없다.

고친문장2: 这件事如果你不管，就不可能解决。이 일은 네가 관여하지 않으면, 해결이 불가능하다.

＊③ 这件事如果你不提起，我们没有成功。你简直心眼快。

고친문장1: 这件事如果不是你出了那么好的主意，我们就不会成功。

이 일은 네가 그렇게 좋은 아이디어를 내지 않았다면 성공하지 못했을 것이다.

고친문장2: 这件事如果不是你出了那么好的主意，我们就不可能成功。

이 일은 네가 그렇게 좋은 아이디어를 내지 않았다면 성공하지 못했을 것이다.

＊④ 买那本词典的人很多，多亏我早点儿去买，不然的话，差点儿没买。

고친문장: 买那本词典的人很多，幸亏我去得早，不然的话，差点儿就买不到了。

그 사전은 사려는 사람이 많았는데 내가 일찍 가서 다행이지, 아니었으면 하마터면 못 살 뻔 했어.

분석: 단문 혹은 일반 평서문의 경우, '差点儿'에 후행하는 동사 혹은 동보구는 '没'로 부정할 수 있다. 그러나 해당 동작이 발화자가 원한 것인지 아닌지에 따라 정반대의 의미를 나타낸다.

a. 今天差点儿没迟到。

오늘 하마터면 지각할 뻔했다. (간신히 지각하지 않았다) (지각하지 않았음, 부정형식과 의미 일치)

b. 今天在雨中走，差一点没湿透了。

오늘 빗속을 걷는데 하마터면 다 젖을 뻔했다. (간신히 다 젖는 것을 면했다) (젖지 않았음, 부정형식과 의미 일치)

c. 今天买那本书的人特别多，差点儿没买到。
오늘 저 책을 사는 사람이 유독 많아서, 하마터면 사지 못 할 뻔했다. (샀음, 부정형을 사용해 긍정의미 표현)

그러나 a, b, c 문장 모두 다음과 같은 축하, 감사를 나타내는 가정문에는 사용할 수 없다.

＊要不是搭你的车，今天差点儿没迟到。
고친문장: 要不是搭你的车，今天差点儿就迟到了。 너의 차를 타지 않았더라면 오늘 지각할 뻔했다.

＊多亏今天带了雨伞，不然差一点没湿透了。
고친문장: 多亏今天带了雨伞，不然差一点就湿透了。
오늘 우산을 챙기길 다행이지, 아니었으면 다 젖을 뻔했다.

＊如果再晚去几分钟，那本书差点儿没买到。
고친문장: 如果再晚去几分钟，那本书差点儿就买不到了。
만약 몇 분만 더 늦었어도, 그 책은 사지 못할 뻔 했다.

위의 ①-④는 모두 축하(다행스러움), 감사 등을 나타내는 가정문이다. 이러한 오류 유형을 통해 다음과 같은 규칙을 발견할 수 있다.

1) 축하(다행스러움), 감사 등을 나타내는 가정문의 부정형식에는 부사 '没(有)'를 사용할 수 없고, '不'만 사용한다.[19]

2) 비교적 만족스러운 결과를 얻었고, 이에 대한 축하(다행스러움), 감사 등을 나타내는 가정문에서 '不'가 부정하는 것은 가능한 결과를 나타내는 동사구로, 이러한 의미를 가지지 않은 동사는 사용할 수 없다(오류문 ＊② 참고).

六. 빈도부사 관련 오류

1. 누락오류

＊他毕竟是有名的歌手，他的周围有很多很多的人。
고친문장: 他毕竟是有名的歌手，他的周围总是有很多很多的人。
그는 분명 유명한 가수이고, 그의 주변은 늘 아주 많은 사람이 있다.

2. 어순오류

＊你做事总是不是很认真吗？
고친문장: 你做事不总是很认真吗？ 너는 일을 할 때 늘 열심히 하지 않니?

19) 여기에서 부사 '没有'라고 강조하는 것은, 오류 문장 ＊② ＊③을 다음과 같이 고칠 수 있기 때문이다.
② 고친문장3: 这件事如果你不管，就没有解决的可能。 이 일은 네가 관여하지 않으면 성공할 가능성이 없다.
③ 고친문장3: 这件事如果不是你出了那么好的主意，我们就没有成功的可能。
이 일은 네가 그렇게 좋은 아이디어를 내지 않았다면 우리가 성공할 가능성은 없었다.
위의 고친문장에서 '没有'는 부사가 아닌 동사로 사용되었다.

3. 혼합오류

* 在这里买东西的时候，我如此总吃了亏。

고친문장: 在这里买东西的时候，我总是吃亏。이곳에서 물건을 살 때면 나는 항상 손해를 본다.

七. 추측부사 관련 오류

1. 누락오류

부사 관련 조동사를 누락한 경우

* 他的工作负担那么重，一定影响家庭。

고친문장: 他的工作负担那么重，一定会影响家庭。
그의 업무 부담이 그렇게 큰 것은, 분명 가정에도 영향을 줄 것이다.

2. 첨가오류

* 他还没买到飞机票呢，明天未必不去旅行。

고친문장: 他还没买到飞机票呢，明天未必能去旅行。
그는 아직 비행기표를 사지 못했으니, 내일 여행을 간다고 장담할 수 없다.

* 最近他身体不好，今晚的音乐会，他未必不来参加。

고친문장: 最近他身体不好，今晚的音乐会，他未必会来参加。
최근에 그는 건강이 좋지 않아서, 오늘 저녁 음악회에 참석할 수 있을지 장담할 수 없다.

위 두 개의 오류문은 모두 부정사를 남용한 예이다. 어기부사 '未必'는 단독으로 부정을 나타낼 수 있어 '不'를 또 사용할 경우 이중 부정이 되어 오히려 긍정을 나타내게 된다.

3. 혼합오류

* 什么东西吃多了，恐怕对身体有营养。

고친문장: 吃什么东西，大概对身体都有好处吧。
무슨 음식을 먹든지, 대개는 건강에 모두 좋은 점이 있겠지.

분석: '恐怕', '大概'는 모두 추측을 나타내는 부사이지만, '大概'가 '恐怕'보다 긍정적이고 확실한 어기를 띤다. 따라서 위 오류문의 경우 의미상 '大概'를 사용하는 것이 적절하다.

八. 어기부사 관련 오류

1. 누락오류

(1) 부사를 누락한 경우

* 国家经济发展，工人负担增加了。

고친문장: 国家经济发展了，工人负担却加重了。
나라의 경제가 발전하면서, 노동자의 부담은 오히려 가중되었다.

(2) 부사와 어기사를 누락한 경우

* 他简直喜欢打篮球，每天都去。(孙)

고친문장: 他简直太喜欢打篮球了，每天都去。그는 그야말로 농구를 너무나 좋아해서 매일 간다.

(3) 부사 관련 어휘를 누락한 경우

* 我们以为他好好说话儿，他竟火冒三丈。

고친문장: 我们以为他会好好说话儿，没想到他竟火冒三丈。

우리는 그가 말을 잘 할 거라고 여겼는데, 그가 그렇게 불같이 화를 낼 줄은 생각지 못했다.

* 怪不得大家打扮得漂亮，今天在体育馆有舞会。

고친문장: 怪不得大家打扮得这么漂亮，原来今天在体育馆有舞会。

어쩐지 다들 이렇게 예쁘게 꾸몄더라니, 알고 보니 오늘 체육관에서 댄스파티가 있구나.

* 难怪他今天这么哭，原来他失恋了。

고친문장: 难怪他哭得这么伤心，原来他失恋了。

어쩐지 그가 이렇게 속상하게 울더라니, 알고 보니 실연을 당했구나.

분석: '难怪(怪不得)어쩐지'의 술어로 일반 동작동사가 사용된 경우, 동사 앞에 단순히 정도를 나타내는 어휘('这么이렇게' 등)를 사용하는 것만으로는 올바른 문장을 형성할 수 없고, '동사 + 得 + 这么 + 형용사/심리동사(감정류)' 형식을 사용해야 한다. 위의 오류문 중 일부는 형용사 앞에 '这么'가 누락되어 발생한 오류이다.

(4) 의미를 연결해주는 절을 누락한 경우

* 听说明天会下雨，反正我们到常州去旅行。

고친문장: 听说明天会下雨，不管下不下，反正我们要到常州去旅行。

듣자하니 내일 비가 올 거라는데, 비가 내리든 안 내리든 상관없이, 어쨌든 우리는 창저우로 여행을 갈 것이다.

분석: '反正어쨌든'은 어떤 상황에서도 결정이나 태도를 바꾸지 않음의 의미를 나타낼 때 자주 사용한다. 상기 오류문의 경우, 선행절에서 한 가지 상황에 대해서만 제시하고 있으므로, 앞·뒤 절의 의미 연결을 고려하여 '不管', '无论' 등 임의지시조건을 나타내는 절 혹은 구가 이와 호응하여 사용되어야 한다(陆庆和 2001 참조).

2. 첨가오류

조동사를 잘못 첨가한 경우

* 他不愿意住院，可是没办法，只好要听医生的话。

고친문장: 他不愿意住院，可是没办法，只好听医生的话。

그는 입원을 원하지 않지만, 어쩔 수 없이 의사의 말을 들어야 한다.

분석: '只好'는 '다른 선택이 없음, 어쩔 도리가 없음'의 상황에서 수동적인 결정을 할 때 사용하는 반면, '要'는 어떤 사건에 대한 주관적 의지를 나타낸다. 따라서 의미가 상충하는 '只好'와 '要'는 공기할 수 없다.

3. 대체오류

(1) 기타 부사 혹은 의문대사의 용법을 혼동하여 잘못 사용한 경우

＊看起来，他的行动简直快呀！

고친문장1: 你看，他的行动多快呀！네가 봐라, 그의 행동이 얼마나 빠른지!

고친문장2: 他的行动简直快得像风一样。그의 행동은 그야말로 바람처럼 빠르다.

고친문장3: 他的行动简直太快了。그의 행동은 정말이지 너무나 빠르다.

분석: 어기부사 '简直그야말로'는 형용사를 직접 수식하여 감탄을 나타낼 수 없다. 반면, 주관적 정도부사는 형용사 앞에 출현하여 감탄의 어기를 나타낼 수 있다. 이때 '简直'는 '太……了너무-하다', '형용사+得+像……一样마치 -같다'와 같은 구조를 수식할 수 있다.

＊你毕竟要做这么没用的事吗？

고친문장: 你为什么要做这么没用的事呢？너는 왜 이렇게 쓸모없는 일을 하려고 하니?

(2) 부사의 사용이 의미 상 오류가 있는 경우

＊他住的屋子不大，倒不舒服。

고친문장1: 他住的屋子不大，倒很舒服。그가 사는 집은 크지 않지만 (오히려) 안락하다.

고친문장2: 他的屋子不大，住在里面很不舒服。그의 집은 크지 않아서, 안에 들어가면 아주 불편하다.

분석: '倒'는 상태를 나타내는 두 개의 문장 사이에 출현하여 가벼운 역접의 어기를 띤다. 앞 문장이 부정적 상태를 나타내면 뒷 문장은 비교적 긍정적 상황이 출현하는 것이다. '倒'는 동일한 상태를 나타내는 순접 관계에는 사용할 수 없다.

4. 어순오류

＊我去找他，他不在，只好我后天再去。

고친문장: 我去找他，他不在，我只好后天再去。
나는 그를 찾으러 갔지만 그는 없었고, 어쩔 수 없이 모레 다시 간다.

＊大家都说他唱得好，却我觉得他唱得并不好。

고친문장: 大家都说他唱得好，我却觉得他唱得并不好。
다들 그가 노래를 잘 한다고 말하지만, 내가 보기엔 오히려 노래를 잘하지 못한다.

5. 혼합오류

＊难怪他现在努力学习，原来明天举行期中考试。

고친문장: 难怪他现在学习这么努力，原来明天要举行期中考试。
어쩐지 그가 지금 이렇게 열심히 공부하더라니, 알고 보니 내일 중간고사가 있다.

＊我不想这个留学白花时间。

고친문장: 这次留学我不想让时间白白地溜走，一定要有所收获。
이번 유학은 시간을 헛되이 보내고 싶지 않고, 반드시 성과를 얻을 것이다.

*关于改进工作方法的问题，明天要开会，大家都一定参加吧。

고친문장1: 关于改进工作方法的问题，明天要开会，大家一定都要参加。

업무 방식 개선 문제에 관해, 내일 회의가 열릴 것이니, 모두들 반드시 참석해야 한다.

분석: '一定반드시'은 어기부사로 부사의 연용 순서(제4절의 분석 참고)에 따라 범위부사 '都모두' 앞에 놓여야 한다. '一定'은 어기가 강한 편이어서 상의, 추측의 어기를 표현하는 '吧'와는 공기하지 않는다. 만약 '吧'를 사용해야 한다면 '一定'은 사용하지 않는다.

고친문장2: 关于改进工作方法的问题，明天要开会，大家都参加吧。

업무 방식 개선 문제에 관해, 내일 회의가 열릴 것이니, 모두 참여하세요.

九. 양상부사(情态副词) 관련 오류

대체오류

대사의 용법과 혼동하여 잘못 사용한 경우

*我不想连累你，亲自找了他商量一下。

고친문장: 我不想连累你，自己找他商量了一下。

나는 너를 연루시키고 싶지 않아 혼자 그를 찾아가 상의했다.

*我现在住的楼房太贵了，如果公司不付房租，我们亲自付不起。

고친문장: 我现在住的楼房太贵了，如果公司不给我们付房租，我们自己付不起。

내가 지금 사는 아파트는 너무 비싸서, 회사에서 방세를 내주지 않으면, 스스로 내기는 어렵다.

분석: '亲自직접'는 '自己자기/스스로'처럼 자기지시(自指)에 사용될 수 없다. '亲自'는 술어동사를 수식할 경우, 원래 다른 사람이 해야 할 동작을 본인이 주동적으로 나서서 대신 함을 나타낸다. 따라서 다음과 같은 특수한 상황에만 사용할 수 있다.

你最好亲自跟他说，我说不如你说效果好。

아무래도 네가 직접 그에게 말하는 것이 좋을 것이다. 내가 말하는 것보다는 네가 하는 것이 효과적이다.

工人要是住院了，他这个当厂长的总是亲自去医院看望。

노동자가 입원을 하면, 공장장인 그는 언제나 직접 병원을 찾아가 병문안을 한다.

상기 오류문 중 '付房租방세를 내다'는 자신이 주동적으로 나서서 하는 동작이 아니므로 '亲自'를 쓸 수 없다.

*临入世时，国家领导人再次特地强调全面提高国民经济整体素质和竞争力的重要性。

고친문장: 临入世时，国家领导人再次特别强调全面提高国民经济整体素质和竞争力的重要性。

세계무역기구(WTO) 가입이 임박했을 당시, 국가지도자는 국민경제의 전반적인 자질과 경쟁력을 전면 제고하는 것에 대한 중요성을 다시 한번 특히 강조하였다.

분석: '特地각별히/일부러'는 동사를 수식하여 어떤 목표를 달성하기 위해 평소에 자주 사용하지 않는 전문적인 방식을 통해 동작을 실행함을 나타낸다. 그러나 위 문장에서는 '강조하다'라는 동작이 단순히 정도 상의 증가를 나타낼 뿐이므로 '特别특히'가 적합하다.

제4절 교학적 제언

제3절의 오류 분석에서 살펴본 바와 같이, 학습자들은 부사의 여러 방면에서 활용에 어려움을 겪고 있다. 이 문제에 관해 교학적으로는 어떠한 점에 주의해야 하는지 살펴보도록 하자.

1. 부사 관련 오류는 초급 단계의 고빈도 상용 甲급 부사에 집중되어 발생하므로 이들 부사가 교학의 중점이 되어야 한다. 이들 부사는 초급 단계에서뿐 아니라 중급 단계에서도 반복적으로 출현하기 때문이다.

2. '也도, 又또, 还여전히, 再다시, 就곧'를 비롯한 중국어의 고빈도 부사는 대부분 다의성을 띤다. 다의 부사가 갖는 각각의 의미는 반드시 단계별로 지도해야 하며, 학습의 후반부에는 이를 종합하여 정리해줄 필요가 있다. 예를 들어, '就'는 출현하는 위치에 따라 그 의미가 달라진다.

下了课我就回家。

수업이 끝나고 나는 곧바로 집에 간다. ('就'는 동작 '回家'가 빠른 시간 안에 연결하여 발생함을 나타냄)

下了课就我回家。

수업이 끝나고 나만 집에 간다. ('就'는 범위를 한정하며, 나 혼자 귀가함을 나타냄)

부사 '就'는 이 밖에도 다양한 복문에 출현하여 연결의 기능을 담당한다. 이러한 기능 역시 중급 단계에서 반드시 언급하고 정리해주어야 한다.

3. 다의성을 띠는 부사라 할지라도 그중에는 반드시 기본의미가 존재하므로, 교수자는 학습자가 기본의미를 통해 다른 파생의미까지 습득할 수 있도록 이끌어주어야 한다. 예를 들어, '也'의 기본의미는 '유사함, 일치함(类比)'(马真 1985)이고, '还'의 기본의미는 '연속'이며, '再'는 '중단 후 반복'이다. '又'의 기본의미에 관해서는 '병존'이라는 의견(陆庆和 2003)과 '결합'이라는 의견(邵敬民·饶春红 1985)이 있다.

4. 부사의 누락오류를 줄이기 위해, 구체적인 맥락에서 강제성을 띠는 공기 성분이나 문장 성분에 대해 일종의 어법 규칙으로 명확히 인지시킨다(제1절과 주요부사에 관한 설명 부분 참조). 이에 대해 '자주 사용한다, 많이 사용한다'와 같은 모호한 표현은 가급적 사용하지 않는다.

5. 학습자가 과도한 짐작이나 유추로 부사를 남용하지 않도록 하기 위해, 해당 부사를 반드시 써야 하는 경우와 쓰지 말아야 하는 경우에 대해 설명한다. 예를 들어, 형용사술어문에 관해 처음 지도할 때 형용사 앞에 반드시 '很매우'을 사용해야 한다는 점을 강조하되, 이후에는 '很'류의 정도부사를 사용할 수 없는 문형과 어법형식들에 관해서도 함께 짚어주어야 한다.

6. 부사의 어순 문제 역시 부사 학습의 난점 중 하나이다. 어순오류는 크게 다음과 같이 나타난다.

(1) 부사와 주어의 어순오류. 이 두 성분의 어순 규칙은 비교적 경계가 명확한 편이다. 본 장 제1절에서도 부사와 주어의 어순 규칙에 관해 명확하게 소개한 바 있다. 각각의 부사를 처음

학습할 때 어순, 특히 정해진 자리에만 출현 가능한 부사들에 대해 더욱 강조해줄 필요가 있다. 어순에 대해서는 중급 단계까지 지속적으로 반복 지도해주어야 한다.

(2) 술어 앞에 다항 부사어(다항부사 포함)가 출현할 경우, 부사의 어순 문제는 한층 복잡해진다. 부사를 연용할 시, 각 부사의 유형 별 전·후 위치에 관해 张谊生(1999)은 '평가성 부사(필자 주: 사건이나 명제에 대해 발화자의 주관적 평가와 태도를 나타내는 부사로, 본 장에서 말하는 어기부사가 이에 포함된다), 관련부사, 시간부사, 빈도부사, 범위부사, 정도부사, 부정부사, 협동(协同)부사, 반복(重复)부사, 묘사성 부사(필자 주: 행위와 상태에 관해 묘사 혹은 형상화하는 부사로 본 장의 양상부사가 이에 속한다)'의 어순 규칙에 대해 언급한 바 있다. 그러나 이는 대략적인 어순일 뿐이며, 이미 본 장에서 언급한 바 있는 부정부사와 기타 부사 간의 어순 관계와 같이, 동일한 부사 간에도 각기 다른 어순이 나타나기도 한다. 일부 부사는 두 가지 어순으로 사용되기도 하는데, 어순에 따라 의미 및 출현 가능한 문형이 달라진다. 따라서 이러한 어순 문제는 대외한어교학의 측면에 있어서도 한층 더 세분화될 필요가 있다. 부사와 개사구의 어순 역시 본 장에서 대략적인 분석을 한 바 있지만, 중급 단계의 학습자들에게는 일종의 규율로써 체계적으로 설명될 필요가 있다.

7. 부정부사 역시 주요한 학습 요소로, 그 규칙을 세분화하고 수준별 층차적 교수법을 모색할 필요가 있다. 앞서 부정부사의 오류 분석에서도 보았듯, '不' 및 '没(有)'와 관련된 문제는 부정부사 관련 오류의 상당한 비중을 차지하고 있다. 설사 학습자가 단문에서 사용되는 '不'와 '没'의 차이점을 명확히 이해했을지라도(초급학습자의 경우 이러한 가능성 또한 매우 드물다), 여러 유형의 오류 중 극히 일부분의 문제만 해결이 가능한 정도이다. 앞서 살펴본 오류 유형들은 대부분 중급 단계의 학습자에게서 발생하는데, 이는 학습자가 초급 단계에서 '不'와 '没'의 용법을 학습했어도 그 차이점을 명확히 이해하기는 쉽지 않다는 것을 의미한다. 게다가 중급 단계에서 문장 내 성분들이 증가하고 구조가 복잡해짐에 따라 새로운 문제들이 발생하게 된다. 따라서 현재 '不'와 '没'에 관한 대외한어교학은 최소한 아래 몇몇 사항에 대해서 만이라도 개선이 이루어져야 할 것이다.

(1) '不'와 '没'의 교학 순서를 살펴보면, '不'를 먼저 지도하고 '没'는 나중에 지도하는 것이 일반적이다. 두 개의 부정사를 모두 학습한 후에는 이를 확인하기 위해 반드시 관련된 복습이 이루어져야 한다. 특히 '不'와 '没' 중 하나만 사용 가능한 문형(본 장 제3절 5 부정부사 부분 참조)에 대한 설명이 제시되어야 한다. 그리고 이러한 규칙들은 중급 단계에서도 반복하여 강조해 주어야만 학습자의 기억을 공고히 할 수 있다.

(2) 확인용 복습 단계가 마무리되면 '不'와 '没'를 모두 사용할 수 있는 문형들을 소개, 분석하여, 학습자들이 그 차이점에 대해서 명확히 인지할 수 있도록 해야 한다. 이러한 차이점 분석은 교재 본문과 문맥을 적절히 결부시켜 반복적으로 진행되어야 하는데, 특히 중급 단계에서 그러하다.

(3) 어법 요소의 배열 상, '不'와 '没'는 초급 단계에 출현해서는 안 된다. 중급 단계에 올라가

면 한층 더 높은 수준의 어법 요소들이 나선형으로 반복하여 출현하게 되는데, 이때 기존에 습득한 지식을 공고히 함과 동시에 새로운 지식을 융합해 보다 복잡한 구조를 만들어 낼 수 있게 된다. 이 밖에도, 학습자의 오류가 자주 발생하는 어법 사항에 대해 관련된 규칙과 문형을 보충 설명해 줄 필요가 있다. 만약 '没'가 상태 부정을 할 수 없다는 점을 학습하고 있다면, 변화를 나타내는 '没 + 형용사' 문형 역시 보충 설명해 주어야 한다. 그리고 대개는 '没 + 동사' 뒤에 '了'가 출현할 수 없지만 '시간사 + 没 + 동사 + 了' 문형은 가능하다는 점을 덧붙여 소개함으로써 오류를 최소화하도록 도울 수 있다.

(4) 제3절 5, 제7부분에서 다룬 단문의 범위를 넘어서는 복문 혹은 문단 단위의 부정 용법에 대한 연구가 여전히 매우 부족한 상황이다. 이에 대한 보다 심화된 연구를 통해 그 세부 규칙을 귀납할 수 있다면, 고급 단계의 학습자를 지도하는 데에도 도움이 될 것이다.

8. 부사에 대한 학습자의 학습량이 점차 증가함에 따라 동일 유형의 부사나 그 용법 및 통사적 위치가 유사한 부사들 간에 자주 혼동이 발생한다. 따라서 즉각적인 비교 분석이 무엇보다 중요하다. 이때 비교 분석은 의미, 어기, 어법, 화용 등 다양한 각도에서 최대한 명확한 활용 규칙을 도출해 낼 수 있도록 진행되어야 한다.

참고문헌

白荃(2000), "不"、"没(有)"教学合研究上的误区,《语文教学与研究》第3期.
丁邦新译、赵元任著(1994),《中国话的文法》, 香港中文大学, 台湾书局.
高增霞(2002), 副词"还"的基本义,《世界汉语教学》第2期.
郭锐(1997), 过程和非过程——汉语谓词性成分的两种外在时间类型,《中国语文》第3期.
侯学超(1998),《现代汉语虚词词典》, 北京大学出版社.
蒋琪、金立鑫(1997), "再"与"还"重复义的比较研究,《中国语文》第3期.
李瑛(1992), "不"的否定意义,《语言教学与研究》第2期.
李宇明(1999), 程度与否定,《世界汉语教学》第1期.
刘月华(2001),《实用现代汉语语法》(增订本), 商务印书馆.
卢福波(2002), "不"与"没"的差异, 郭继懋、郑天刚主编《似同实异》, 中国社会科学出版社.
陆俭明、马真(1985),《现代汉语虚词散论》, 北京大学出版社.
陆庆和(2001), "反正"一词的语义与语用分析, (日本)《中国语研究》第43号.
陆庆和(2002), 呼应与共现规则——兼谈对外汉语语法例释应注意的问题, 竟成主编《对外汉语论丛》第二集, 上海外语教育出版社.
陆庆和(2002), 关于"一直、从来、始终"的辨析, 王晓娜主编《新时期的语言学》, 中国文联出版社.
陆庆和(2003), "又"的基本意义和派生意义, 中国对外汉语教学学会华东分会2003年年会论文.
陆庆和(2003), "不"与"没"的区别与教学, (日本)《中国文化论丛》第12号.
吕叔湘主编(1999),《现代汉语八百词》, 商务印书馆.
马真(1984), 关于表示程度浅的副词"还",《中国语文》第3期.

钱汝敏(1990), 否定载体“不”的语义－语法考察,《中国语文》第1期.

邵敬敏、饶春红(1985), 说“又”—— 兼论副词的研究方法,《语言教学与研究》第2期.

沈家煊(1993), “语用否定”考察,《中国语文》第5期.

沈家煊(2001), 与副词“还”有关的两个句式,《中国语文》第6期.

石毓智(2001),《肯定与否定的对称与不对称》, 北京语言文化大学出版社.

史锡尧(1990), 副词“又”语义及其网络系统,《语言教学与研究》第4期.

史锡尧(1995), “不”否定的对象和“不”的位置—— 兼谈“不”、副词“没”的语用区别,《汉语学习》第1期.

帅宝春(1999), 说“太A了一点”,《汉语学习》第2期.

孙红娟(2002), 韩国学生副词使用偏误分析,《语言文字应用》(对外汉语教学与研究专辑).

王力(1957),《中国语法理论》, 中华书局.

肖奚强(2002), 谈程度副词“太1”和“太2”,《零陵学院学报》第1期.

杨玲(1999), 现代汉语副词“还”的语义语法分析,《四川师范大学学报》第1期.

杨凯荣(2000), “也”的含义与辖域, (日本)《中国语学》第247期.

杨凯荣(2003), “量词重叠 + 都 + VP”与“每 + 量词 + 名词 + (都) + VP”的差异,《日本中国语学会53回全国大会预稿集》.

叶翔(2000), 外国留学生副词偏误分析, 苏州大学文学院硕士研究生学位论文.

张斌主编(2001),《现代汉语虚词词典》, 商务印书馆.

张谊生(1995), 状词与副词的区别,《汉语学习》第1期.

张谊生(2000),《现代汉语副词研究》, 学林出版社.

章纪孝、[日]小野义道(1997), 汉语“更”和日语“もつと”,《汉外语言文化对比与对外汉语教学》, 北京语言文化大学出版社.

周小宾(2001), 谈汉语第二语言教学的副词研究, 中国对外汉语教学学会第七届学术讨论会论文.

周小宾、赵新(2002),《对外汉语教学中的副词研究》, 中国社会科学出版社.

제8장 개사

제1절 개사의 역할과 어법특징

개사는 대부분 동사에서 기원한다. 개사는 주로 도입 및 소개의 역할을 담당하는데, 그들이 소개하는 명사(구), 대사(구)의 앞에서 개사구를 형성하여 문장의 부사어를 충당한다. 동작행위 및 성질과 관련된 시간, 장소, 방식, 범위, 대상 등을 설명한다.

개사의 어법적 특징은 동사 및 접속사와의 비교를 통해 더욱 명확히 드러난다.

一. 동사와 개사의 구분

	동사	개사
단독으로 질문에 대한 대답으로 사용되거나 문장의 술어를 충당할 수 있는지 여부	대부분 가능	불가능
동태조사 '着, 了, 过'를 취할 수 있는지 여부	대부분 가능	대부분 '着'를 취할 수 없으나, 일부 개사는 가능[1)]
'不' 또는 '没'의 부정을 받을 수 있는지 여부	대부분 단독으로 부정 가능	단독으로 부정되지 않고, 대부분 개사구의 형식으로 '不', '没'의 부정을 받을 수 있음
중첩 가능 여부	대다수의 경우 가능	불가능
명사성 성분이나 술어성 목적어를 반드시 취해야 하는지 여부	일부 필요 일부 불필요	반드시 취함

1) '按着에 따라, 凭着에 의거해, 顺着에 따라, 随着에 따라, 沿着을 따라' 및 특정 조건에서 사용되는 '对着로 향하여, 向着로 향하여, 跟着에 따라, 朝着향하여' 등이 있다(상세한 내용은 제3절 참조).

프랑스 언어학자 Claude Hagege는 중국어 중 일부 개사는 단일식과 강조식의 두 가지 표현 방식을 가진다고 하였다. 이 중 강조식은 동사와 용법적으로 동일하다(필자 주: 즉, '着'를 취할 수 있음). 그는 이처럼 표현 방식이 공존하는 개사는 아직 완전한 개사로 정형화되지 않은(문법화되지 않은) 경우라 하였다(徐丹 1990 참조). 马贝加는 이들 개사가 '着'를 취할 수 있는 것은 이들의 생성이 비교적 늦은 시기에 이루어졌기 때문으로, 이들 개사의 성질이 확정된 것은 동태조사가 생성된 이후이거나 동태조사의 생성 직전이라고 하였다. 개사는 동사에서 파생되었기에 동사의 일부 어법적 특징을 나타낼 수밖에 없으며, 개사로 파생된 전·후 시기에는 해당 동원 동사에서도 그러한 특징이 동일하게 나타날 수 있지만, 이는 개사의 성질이 확정된 이후 해당 동원 동사가 새롭게 획득한 것은 아니다. 둘째, 이러한 개사는 모두 방식 개사이다. 운동의 방식과 운동은 동시에 존재하며, 동태조사 '着'는 동사 뒤에서 운동이나 상태가 지속 중임을 나타낸다. 결국, 운동이 존재할 때에는 운동의 방식 역시 동시에 존재하는 것이다. 따라서 운동의 방식을 나타내는 개사가 '着'를 취하는 것은 어렵지 않다. 또한 개사가 '着'를 취한 이후

二. 개사와 접속사의 구분

'和', '跟', '与' 등은 개사이자 접속사이다.

(1) 접속사는 그 전·후 성분의 위치가 바뀌어도 문장의 의미가 달라지지 않는다. 반면, 개사는 전·후 성분의 위치가 바뀌는 경우 의미도 달라진다.

我和他一起去看电影。 = 他和我一起去看电影。

나와 그는 함께 영화를 본다. = 그와 나는 함께 영화를 본다.

我和你谈过这个问题。 ≠ 你和我谈过这个问题。

나는 네게 이 문제를 이야기한 적이 있다. ≠ 너는 내게 이 문제를 이야기한 적이 있다.
(내가 주동적으로 이야기함) (네가 주동적으로 이야기함)

(2) 접속사가 연결한 병렬구와 술어 사이에는 시간사를 삽입할 수 있으나, 개사목적어구는 보통 시간사의 삽입이 불가능하다.

他跟我今天去上海出差。 그와 나는 오늘 상하이로 출장을 간다. (접속사)

*他跟我今天提了几条意见。(개사)

(3) 개사구는 '不'나 '没'가 앞에서 수식하지만, 접속사로 연결된 병렬구는 '不'나 '没'가 앞에서 수식하는 것이 불가능하다.

他从不跟孩子发脾气。 나는 여태껏 아이에게 화를 낸 적이 없다. (개사)

他不跟我一起去。 그는 나와 함께 가지 않는다. (개사)

*他不跟我都是学生。

他跟我都不是学生。 그와 나는 모두 학생이 아니다. (접속사)

제2절 개사의 분류

一. 개사가 도입하는 목적어의 성질에 따른 분류

1. 행위자 개사

주어 뒤에서 행위자 성분을 도입하는 개사

被, 叫, 让, 给, 由, 归

2. 대상자 개사

주어 뒤에서 대상자 성분을 도입하는 개사

把, 将

에는 동사가 '着'를 취하지 않는데, '朝着东坐동쪽을 향해 앉다', '朝东坐着동을 향해 앉아 있다'는 가능하지만 '朝着东坐着'는 거의 사용하지 않는다(马贝加 2002).

3. 도구 개사

주어 뒤에서 도구 성분을 도입하는 개사

用, 拿

4. 대상 개사

주어의 전·후에서 동작의 각종 대상을 도입하는 개사

对, 对于, 给, 向

和, 同, 跟

比, 较, 较之

就, 管, 论, 拿

5. 시공간 개사

동작의 발생 시간이나 공간을 도입하는 개사

自, 往, 向, 到, 在

由, 打, 从, 自从

当, 赶, 趁, 趁着

奔, 朝, 冲, 对, 沿, 沿着, 顺, 顺着

6. 방식 근거 개사

주어의 전·후에서 방식이나 근거 성분을 도입하는 개사

按, 照, 按照, 依, 依照

以, 根据, 凭, 凭着, 本着

通过, 经过

随着

7. 배제 개사

주어의 전·후에서 배제 대상을 도입하는 개사

除, 除了, 除开, 除去

8. 원인 목적 개사

주어의 전·후에서 원인, 목적 등의 성분을 도입하는 개사

由, 由于, 为, 为了, 因, 因为

二. 개사구의 기능에 따른 분류

1. 개사구가 술어 앞에서 부사어를 충당하거나 주어 앞에서 문장 전체의 수식어로 사용되는 경우이다. 또한 주어, 목적어 앞에서 관형어를 충당할 수 있다.

被, 叫, 让, 给, 由

把, 将, 管(행위자)
拿(도구)
给, 管, 比, 较(대상)

2. 개사구가 술어 앞에서 부사어를 충당하거나 주어 앞에서 문장 전체의 수식어를 충당하는 경우이다.

用(도구)
按, 照, 按照, 依(照), 根据, 凭(着), 靠, 本着
通过, 经过, 随着(방식 근거)
从, 自从, 打, 由, 赶, 当, 冲, 离, 顺(着), 沿(着)

3. 개사구가 주어 앞에서 문장 전체의 수식어로 사용되거나 술어 앞 부사어 및 술어 뒤 보어를 충당하는 경우이다.

自, 于, 向, 往, 在, 到

4. 개사구가 주어 앞에서 문장 전체의 수식어를 충당하거나 술어 앞 부사어 또는 주어, 목적어 앞 관형어를 충당하는 경우이다.

对, 对于, 跟, 和, 同, 朝

도구 개사를 제외한 나머지 개사에 대해서는 아래 제3절에서 상세히 설명하도록 한다.

제3절 상용 개사의 용법

一. 상용 행위자 개사

행위자 개사에는 '被, 叫, 让, 给, 由, 归' 등이 있다. 아래에서는 두 가지 유형으로 나누어 용법을 살펴본다.

1. 被, 叫, 让, 给

개사 '被'는 주로 행위자를 도입한다. '被'자문의 주어는 대상자이다.

(1) '被'가 도입하는 행위자는 두 가지 유형으로 구분된다.

A. 유정물로 사람 또는 동물과 같이 동작을 행할 수 있는 것이다.

他被人骗了。그는 사람에게 속았다.
弟弟被邻居的孩子大哭了。남동생은 이웃 아이 때문에 엉엉 울었다.

B. 무정물로 생명은 없지만 대상자에게 영향을 미칠 수 있는 것이다.

门被风吹开了。문이 바람에 열렸다.
孩子被鞭炮声惊醒了。아이가 폭죽 소리에 놀라 깼다.

(2) '被'자문은 보통 행위자가 행한 동작 또는 영향에 따라 주어(대상자)가 어떠한 결과를 발생시켰음을 서술한다. 이러한 결과는 보통 아래 두 종류의 변화로 나타난다.

A. 물리적인 변화. 즉, 사물의 위치 이동이나 상태 또는 성질상의 변화

箱子被人抬走了。상자가 사람에 의해 옮겨졌다.

那条鱼被切成了几段，放在油里炸得黄黄的。그 생선은 몇 덩어리로 잘려 기름에서 노랗게 튀겨졌다.

B. 정신적인 변화. 즉, 대상자의 정신 상태나 감정, 감각 등에 나타난 변화

大家都被她的话感动了。모두 그녀의 말에 감동하였다.

游客们被眼前的景色吸引住了。관광객들은 눈앞의 경치에 매료되었다.

我被你说糊涂了。나는 네 말에 얼떨떨해졌다.

'被' 와 '叫', '让', '给'의 비교 분석

'被', '叫', '让', '给'는 모두 피동문에 사용될 수 있지만, 이들 사이에는 차이가 존재한다.

(1) '叫, 让, 给'의 개사 용법은 기본적으로 '被'와 같다. 다만 '叫, 让, 给'는 구어에 사용되며, 정식적이고 엄중하며 엄숙한 상황에서는 '叫, 让, 给'가 아닌 '被'를 사용하는 것이 적합하다. '叫, 让, 给'로 대체할 수 있는 '被'자문은 대부분 원치 않는 상황을 나타내는 문장이다. '被'자문이 이러한 의미를 나타내지 않을 경우(즉, 아래 ▲로 표시한 예문) '叫, 让, 给'로 대체하기 어렵다.[2)]

自行车被(叫，让，给)他骑坏了。자전거가 그가 타다가 망가져 버렸다.

鱼被(叫，让)猫吃了。물고기가 고양이에게 먹혔다. ('给'를 사용할 경우 중의적으로 해석됨)

受伤的人被大家送进了医院。▲ 다친 사람은 사람들에 의해 병원으로 보내졌다.

这个新产品还没有被消费者接受。▲ 이 새 제품은 아직 소비자에게 받아들여지지 않았다.

他被学校评为优秀学生。▲ 그는 학교에서 우수학생으로 뽑혔다.

'被'자문의 술어동사가 서면어인 경우에도 '被'를 '叫'나 '让'으로 대체하기 어렵다.

那只小狗被主人抛弃了。그 강아지가 주인에게 버림받았다.

？那只小狗让/叫住人抛弃了。

---

2) [역주] 주지하다시피, 被는 '이불'을 나타내는 명사에서 '덮다'의 의미를 나타내는 동사로 발전하게 되었으며 여기에서 다시 '당하다'라는 의미로 파생되며 최종적으로 부정적 피동의 관념을 나타내는 被자문으로 발전하게 되었다. 중국어의 대표적인 피동문인 '被'자문은 피동태(Passive voice)를 나타낼 뿐 아니라 발화자의 '여의하지 않음(不如意)', 즉 불만의 의미를 내포하여 주관성이 강한 구문으로 다루어져 왔다. 그러나 점차 보다 중립적인 의미를 나타내는 被자문이 증가하고 있는데, 이에 대해 일찍이 Chao(1968, 1970)는 불이익을 나타내지 않는 被자문을 번역식 언어(translatese)라고 말하며, 이 같은 구문이 등장하는 것은 중국어 번역가들이 중국어에 태(voice)가 없다는 사실을 망각하고 영어의 by나 그에 상응하는 단어가 나오면 기계적으로 무조건 被자문으로 번역했기 때문이라 하였다(Li & Thompson 1981[1989]: 463-465 참조). 陆俭明(2004) 역시 1950년대부터 서양 문헌에 대한 번역투가 증가하면서 被자문의 부정적 의미가 사라지고 중립적인 의미를 나타내게 되었다고 논하였다. 한편, 언어 자체적으로 被자문이 강한 주관성을 가진 구문에서 주관성이 점차 약해지는 이른바 '탈주관화(Desubjectification)'의 과정을 겪어 온 것으로 이해하는 견해(조경환 2014, 오유정 2018 등) 역시 존재한다.

이때 '抛弃버리다'를 구어로 변경하면 '让'을 사용할 수 있다.

那只小狗让他给扔了。그 강아지는 그에게 버림받았다.

'给'는 남방방언(오방언 등)에서 주로 피동을 나타내며, 보통화에서도 '给'가 피동을 나타내는 것은 남방방언의 영향 때문이다(刘月华 1983, 陆庆和 2004). '叫, 让'은 북방방언에서 주로 피동을 나타내는데, 보통화에서도 '叫, 让'이 피동의 의미를 나타내는 것은 북방방언의 영향을 받은 결과이다. 현재까지 보통화에서 '给'의 피동 용법은 보편적으로 받아들여지지 않고 있으며 사용 빈도도 '被'나 '叫, 让'에 비해 현저히 낮고 그 사용 범위 역시 넓지 않다.[3)]

(2) '被'와 '给'는 목적어를 생략할 수 있지만,[4)] '叫', '让'는 대개 목적어를 생략할 수 없다.

我的自行车被(给)偷了。내 자전거는 도둑맞았다.

门被打开了。문이 열렸다.

钱叫人偷了。돈이 사람에게 도둑맞았다.[5)]

水让弟弟都喝完了。/ 水都让弟弟喝完了。

물이 남동생에 의해 다 마셔졌다. / 물이 남동생에 의해 다 마셔졌다.

한 가지 언급이 필요한 부분은 피동을 나타내는 '给' 뒤에 출현할 수 있는 술어동사는 주로 구어 동사로 제한된다는 점이다. 반면 '被' 뒤의 술어동사로는 '审查심사하다, 监视감시하다, 怀疑의심하다, 淘汰도태하다, 批评비판하다, 提拔등용하다, 理解이해하다, 认为여기다'와 같은 서면어 및 구어 동사가 모두 사용될 수 있다.

他被(给)抓走了。그가 잡혀갔다.

我们被(给)困在山上了。우리는 산에 갇혔다.

他被逮捕了。(？他给逮捕了。) 그가 체포되었다.

这种营养很容易被吸收。(＊这种营养很容易给吸收。) 이런 영양소는 쉽게 흡수된다.

这本书被誉为"讲真话的书"。(＊这本书给誉为"讲真话的书"。)

이 책은 '진실의 책'으로 칭송되었다.

节日的街道被装扮得十分漂亮。(＊节日的街道给装扮得十分漂亮。)

기념일의 거리는 매우 아름답게 꾸며진다.

---

3) 북방 출신의 작가 王朔의 중편 소설 2편 중 피동 용법으로 사용된 개사 '给'는 총 2번 발견되었는데 이는 '被', '叫', '让'의 출현 빈도에 비해 현저히 낮은 수치이다. 하지만 근대 오방언으로 쓰인 소설에서는 피동 용법으로 사용된 '给'의 예를 총 8번 확인하였으며, 그중 일부는 '被'를 대체하여 사용된 경우였다. 鲁迅의 작품과 钱钟书의 《围城》 등에서도 개사 '给'의 피동 용법을 확인할 수 있었다. 이는 刘月华의 주장에 부합하는 것이라 할 수 있다(상세 내용은 陆庆和 2004 참조).

4) [역주] 행위자 NP2가 나타나지 않는 피동문을 단거리피동문(NP대상자 + 被 + VP), 행위자 NP2가 삽입되는 피동문을 장거리피동문(NP대상자 + 被 + NP행위자 + VP)이라 한다. 한편, 被자문은 역사적으로 단거리피동문에서 행위자 NP2가 삽입되어 장거리피동문으로 발전하였다(조경환 2014 참조).

5) [역주] 중국어의 피동문을 그대로 한국어로 번역했을 경우 어색하게 느껴질 때가 많다. 최대한 원문의 피동의미를 전달할 수 있도록 하기 위해 한국어의 번역이 매끄럽지 않을 수 있음을 밝힌다.

(3) '被'자구(행위자 목적어를 취하거나 취하지 않음)는 관형어로 사용될 수 있으나, '叫, 让, 给'는 불가능하다.

那个被学校处分的学生到现在也不服气。
학교에 의해 처분받은 그 학생은 현재까지 승복하지 않고 있다.
这是最近被提拔的干部的名单。이것은 최근 선발된 간부의 명단이다.
这位被骗的妇女对我讲了事情的经过。사기 당한 이 여인은 나에게 사건의 경위를 설명했다.

(4) 개사 '叫, 让'은 사람을 지시하는 명사를 취할 경우 종종 동사 용법과 구분이 명확하지 않을 수 있다. 반면 '被'는 그러한 오해가 발생하지 않는다.

行李没让(叫)他搬走 짐은 그에게 옮기라고 하지 않았다. /짐이 그에게 옮겨지지 않았다.
= 行李没命令他搬走。짐을 그에게 옮기라고 명령하지 않았다.
= 行李没容许他搬走。짐은 그가 옮겨가도록 허락되지 않았다.
= 行李没被他搬走。짐은 그에 의해 옮겨지지 않았다.
我让(叫)他说了几句 나는 그에게 몇 마디 하도록 했다. /나는 그에게 몇 마디 들었다.
= 我请他说了几句。나는 그에게 몇 마디 해달라고 청했다.
= 我容许他说了几句。나는 그가 몇 마디 하도록 허락했다.
= 我被他说了几句。나는 그에게 몇 마디 들었다.

이에 '피동'의 의미를 나타내는 '叫', '让'은 종종 사람을 지시하는 명사 뒤에 추가로 '给'(경성으로 읽힘)를 사용하여 청자의 오해를 방지한다.[6] 따라서 상기 예문은 "行李没让(叫)他给搬走짐은 그에 의해 옮겨지지 않았다", "我让(叫)他给说了几句나는 그에게 몇 마디 들었다"와 같이 말할 수 있다(하권 제2편 제2장 제13절의 피동문 부분 참조).

2. 由, 归

개사 '由'는 동작, 행위의 발생자를 도입한다. '被'류 개사와 달리, 동사의 대상자를 나타내는 명사가 주어나 동사 뒤 목적어로 출현할 수 있다. '由'의 기능은 동작자(행위자)를 강조하는 것이며, 동작의 대상자는 대부분 문장의 앞부분에 화제로 출현한다. '由' 뒤의 행위자는 생략될 수 없다.

这项任务由他负责。이 프로젝트는 그가 책임진다. ('由'를 '归'로 교체 가능)
粮食由我们来解决。식량은 우리가 해결한다. ('由'를 '归'로 교체 불가능)
今天的大会由张校长主持。오늘의 총회는 장 교장이 사회를 본다. (상동)
去还是不去，由你自己决定。갈지 안 갈지는 네가 스스로 결정해라. (상동)
现在由小李向大家介绍事故发生的经过。
이제 샤오리가 여러분께 사고의 발생 경위를 말씀드리겠습니다. (상동)

6) [역주] 이 같은 '给'는 '叫, 让'의 처치적 의미를 강화하는 기능을 한다(Li&Thompson 1981[1989]: 475). 따라서 이 같은 '给'는 피동문은 물론, '把' 자문에서 보다 빈번하게 사용된다.

이러한 개사구 뒤에는 주로 '负责책임지다, 组织조직하다, 解决해결하다, 担任담당하다, 承担담당하다, 主持주재하다/사회보다, 办하다, 介绍소개하다' 등 '책임지다, 담당하다'의 의미를 가진 동사가 사용된다.

개사 '归'는 동작의 직무 책임자를 도입한다. 일반적으로 직무적 역할 분담을 명확히 하는 데 사용된다. 개사 뒤의 행위자는 생략할 수 없다.

这次外出旅行，车票归小王解决，住宿归小刘解决。

이번 해외여행은 차표는 샤오왕이 해결하고 숙소는 샤오류가 해결한다.

这里几个宿舍都归留学生管理中心管。이곳의 숙소 몇 개는 유학생 관리 센터에서 관리한다.

또한 부정문에 자주 사용된다.

这些事情不归我管，你去问科长吧。이 일들은 내 담당이 아니니 과장에게 가서 물어봐.

'由'와 '归'의 비교 분석

'归'는 명확한 직무 분담을 나타내는 경우에만 사용할 수 있지만, '由'는 이러한 직무 분담뿐 아니라('归'를 사용한 문장은 '由'로 대체할 수 있음) 동작의 담당자, 결정자 등을 나타내는 등 다양한 용법으로 사용할 수 있다. 특히 발화자는 "粮食由我们来解决식량은 우리가 해결한다"와 같이 어떠한 동작을 주동적으로 담당할 것을 요구할 수 있다. 이 경우 '归'는 사용할 수 없다.

二. 대상자 개사

대상자 개사로는 '把'와 '将' 두 가지가 있다. '把'는 구어와 서면어에 모두 사용할 수 있으나, '将'은 주로 서면어에 사용된다.

把

'把'자문의 대표적인 기능은 대상자에 대한 동작자의 목적적이고 의식적인 처치[7] 행위를 강조하는 것이다.

(一) '把'자문의 사용 조건 및 특징

1. '把'자문은 주로 명령문에 사용된다.
2. 평서문에서 '把'자문은 보통 선행절에 사용되지 않고, 서술 과정 중에 사용되어 앞서 제시된 사물이나 사람(구정보)에 대한 처치를 나타낸다(예문은 아래 참조).
3. '把'자구 뒤의 술어동사는 보통 단독으로 사용되지 않는다.
4. '把'의 목적어는 화자와 청자가 모두 알고 있는 한정적인 것이다.

---

7) [역주] '처치(处置), disposal'에 대해 王力는 "처치식은 사람이 어떻게 다루어지고, 조정되며, 취급되는지 진술한다. 그리고 사물이 어떻게 처리되며, 일이 어떻게 처리되는지 진술한다(处置式是把人怎样安排，怎样支使，怎样对付，或把物怎样处理，或把事情怎样进行)"고 하였다(王力 1985: 83, Li & Thompson 1981[1989]: 441 참조). 즉, 처치란 행위자가 어떠한 동작행위를 통해 동작대상에 결과나 변화가 발생하도록 하는 것을 말한다.

(二) '把'자문의 제약

1. '把'자문의 동사는 일정한 제약을 받는다. '把'자문의 동사는 대부분 타동사이지만 모든 타동사가 '把'자문에 사용되는 것은 아니다. '知道알다, 希望희망하다, 是이다, 有있다, 属于속하다, 在있다'와 같은 동사는 '把'자문에 사용할 수 없다.

2. '把'자문 중 일부 유형은 동사의 선택에 제약을 받는다. 예를 들어, "我把汽车卖了。나는 자동차를 팔았다."는 정문이지만, "＊我把汽车买了。나는 자동차를 샀다."는 비문이다.

3. '把'자문은 동사 뒤 기타 성분의 사용에 제약을 받는다.

(1) 가능보어는 '把'자문에 사용할 수 없다.[8)]

＊我把票买得到。

(2) 동작 진행 시 나타나는 상황을 나타내는 상태보어 및 동작의 지속 시간을 나타내는 시량보어는 모두 '把'자문에 사용할 수 없다.

＊他把汉语说得很流利。

＊那人把自行车修理了一个小时。

4. '把'자문은 어순에 있어서도 일정 부분 제약을 받는다. 부정부사와 조동사는 보통 '把'의 앞에 위치해야 한다.

5. '把'자문은 화용적으로도 제약을 받는다.[9)]

(보다 자세한 사항은 하권 제2편 제2장 제12절 '把'자문 부분 참조)

三. 대상 개사

対

'対'의 기능은 상당히 복잡한데, 동작이 직면한 대상, 동작이 겨냥하는 대상 및 술어와 연관된 대상을 도입한다.

(1) 동작이 마주하는 대상의 도입

이때의 '마주하다'는 직접적인 면대면(아래 A, B류) 및 간접적인 면대면(C류의 경우로 의미가

---

8) [역주] 가능의 여부를 나타내는 가능보어와 처치를 통한 완료/결과를 나타내는 '把'자문의 의미가 모순되기 때문이다. 아래 시량보어나 상태보어를 사용할 수 없는 이유 역시 '把'자문의 완료/결과 의미와 의미적으로 배치되기 때문이다. 이 밖에도 동태조사 '过' 역시 사건이 과거에 발생했음을 객관적으로 나타내므로, '처리, 변화' 의미를 나타내는 '把' 구문에 사용할 수 없다.

9) [역주] '把'자문의 사용 조건은 크게 두 가지 조건으로 제시할 수 있다(Li & Thompson 1981[1989]: 453-459).
① '把'의 명사구는 제한적이거나 특정적(speciffic)이거나 총칭적(generic)이어야 한다. 대부분 동사의 직접 목적어가 사용되지만, 동사와 직접 목적어가 나타내는 처치 사건에 직접적으로 영향을 받는 명사구일 수도 있다.
② '把'구문은 '把'의 명사구가 지시하는 실체를 '처치'하는 의미를 전달해야 한다.
다만, 이는 절대적 조건이라기보다는 이 두 조건이 많이 충족될수록 '把'자문의 사용이 자연스럽다는 뜻이다.

비교적 추상적임)의 관계를 모두 포함한다.

A. 정보 전달(대부분 구두의 방식)의 대상을 도입하는데, 그 형식은 '동작자 + 对 + 목적어 + 동사……'이다. 주로 면대면으로 정보를 전달하는 경우에 사용되는데, 여기에는 어떠한 의미나 의견을 진술하거나 표현하는 경우도 포함된다. '对'와 목적어는 주로 '说말하다, 讲이야기하다, 介绍소개하다, 说明설명하다, 解释해석하다, 提(起)언급하다, 表示(感谢, 歉意, 祝贺, 问候, 慰问)(감사, 사죄, 축하, 안부, 위로를) 표하다, 陈述진술하다, 发誓맹세하다, 撒谎거짓말하다, 忏悔참회하다' 등의 동사 앞에 사용된다.

他对我说："这件事我已经知道了。" 그는 나에게 "이 일을 나는 이미 알았다"라고 말했다.

听说你考上了名牌大学，我对你表示衷心的祝贺。

네가 명문 대학에 합격했다고 하던데 나는 너에게 진심으로 축하를 표한다. (앞의 두 예문은 '向'을 사용할 수 있지만, 사용에는 제약이 있음. 상세한 내용은 '对'와 '向'의 비교 분석 참조)

老人对我讲了事情的经过。노인은 내게 사건의 경위를 이야기했다. ('向' 사용 가능)

她对法官再次陈述了自己意见。그녀는 판사에게 다시 한번 자신의 의견을 진술했다. ('向' 사용 가능)

B. 교제의 기능을 가진 동작의 수용자를 도입한다. 그 형식은 '동작자 + 对 + 목적어 + 동사……'이다. '点头고개를 끄덕이다, 摇头고개를 젓다, 笑웃다, 微笑미소짓다, 看보다, 望바라보다, 鞠躬허리 굽혀 절하다, 敬礼경례하다, 行礼인사하다, 使眼色눈짓하다, 挤(眼睛)눈짓하다, 招手손짓하다, 摆手손을 흔들다, 挥手손을 흔들다, 打招呼인사하다, 发火화를 내다, 发脾气화를 내다' 등 사람의 신체 또는 신체 기관(머리, 손, 눈 등)을 통하거나 얼굴 표정을 짓는 동작 등 교제의 기능을 가진 정보 전달의 동사가 주로 사용된다.

他对我笑了笑…… 그는 내게 싱긋 웃었다.

爸爸对我点了一下头，就走了过去。

아빠가 내게 고개를 한번 끄덕이더니 걸어가셨다. ('向'으로 대체 가능)

妈妈对我挤了挤眼睛，我就明白是怎么回事了。

엄마가 내게 눈짓을 한번 하자 나는 바로 어떻게 된 일인지 알았다. ('向'으로 대체 가능)

你不要老对我发火啊。너는 자꾸 내게 화내지 말아라.

상기 두 부류의 '对' 뒤에는 '着'를 추가하여 '어떤 사람이나 사물을 바로 마주하고 어떤 동작을 함'의 의미를 나타낼 수 있다.

观众们对着场上的运动员大喊："加油！加油！"

관중들은 필드의 선수들을 향해 "화이팅!화이팅!"이라고 크게 소리쳤다.

她太激动了，竟对着镜头哭了起来。그녀는 너무 흥분해서 카메라를 보면서 울음을 터뜨렸다.

看到日出了，我们对着灿烂的太阳欢呼起来。

일출을 보자 우리는 찬란한 태양을 마주하며 환호하기 시작했다.

她对着父亲的遗像跪了下来。그녀는 아버지의 영정을 마주하고 무릎을 꿇었다.

이러한 문장에 사용된 '对着' 뒤의 술어는 동작이 어떠한 방식으로 진행되었는가를 나타낸다.

C. 동작이 간접적으로 마주하는 대상

这个剧场一周仅对观众开放三天，其余四天关门。

이 극장은 일주일 중 3일만 관중에게 개방하고 나머지 4일은 문을 닫는다.

我方现已对该公司一次性付清100万元房款。

우리 측은 이미 이 회사에 한 번에 100만 위안의 임대료를 완납했다.

他正在对世界纪录发起最后的冲击。그는 세계 기록을 향해 최후의 일격을 가하고 있다.

父母应该对孩子负责。부모는 자식에 대해 책임을 져야 한다.

(2) 동작이 겨냥하는 대상 도입

아래 '对' 뒤의 동작은 동작자가 '对' 뒤 목적어에 대해 주동적으로 실행한 것이다.

A. 어떠한 사물이나 사람이 목적을 가지고 취한 행동의 대상을 도입한다. 이 경우 술어로 '进行진행하다, 加以가하다, 予以주다, 给予주다, 作하다' 등 형식동사 및 '展开전개하다' 등이 사용된다.

对事故展开全面调查。사고에 대해 전면적인 조사를 전개했다.

我们对这个问题进行了认真的研究。우리는 이 문제에 대해 진지한 연구를 진행했다.

我不想对他的死作更多的采访。나는 그의 죽음에 대해 더 이상의 인터뷰를 하고 싶지 않다.

对这样的违法行为应该明确加以制止。이러한 위법 행위에 대해 명확하게 제재를 가해야 한다.

对优秀运动员予以通令嘉奖。우수한 선수에 대해 표창을 한다.

国内外人士对这场比赛给予极大关注。국내외 인사들은 이번 경기에 막대한 관심을 보였다.

이러한 '对'의 뒤에 사용된 형식동사는 일반적으로 동사목적어를 취한다. 이 중 일부는 여러 개의 형식동사가 하나의 목적어를 동시에 취할 수 있는가 하면, 불가능한 경우도 있다(제4장 제2절 一 (二) 참조). '对'의 목적어는 사람일 수도, 사물일 수도 있다.

B. 어떤 사람이나 사건(이미 발생)에 대한 적극적인 반응 또는 상응하는 대책의 대상을 도입한다.

对公司应该加强领导。회사에 대해 리더십을 강화해야 한다.

对这个药方要保密！이 처방전에 대해서는 비밀을 지켜야 한다!

今后对进入海关的动物必须经过严格检查。

앞으로는 세관에 들어오는 동물에 대해 엄격한 검사를 진행해야 한다.

对那些有个性的学生，应针对其个性特点采取不同的教育方法。

그 개성 있는 학생들에 대해 각자의 개성에 맞추어 다양한 교육법을 적용해야 한다.

市政府对下岗人员的就业制定了优惠政策。시 정부는 실직자의 취업에 대한 우대 정책을 제정하였다.

我们已经对如何进一步发展本市经济有了一整套详细的计划。

우리는 이미 시 경제를 어떻게 발전시킬지에 대해 일련의 상세한 계획을 가지고 있다.

이러한 기능의 '对'는 병렬, 대비 및 비교를 나타내는 문장에 자주 사용된다.

这样做对上对下都好交代。이렇게 하는 것이 위나 아래에 모두 설명하기 쉽다. (병렬)

这篇日记表达了他对知识的渴望，对以往的反思。

이 일기는 그의 지식에 대한 열망, 과거에 대한 반성을 담고 있다. (병렬)

他对外按照国际规则办理，对内按照传统的那一套办理。
그는 대외적으로는 국제법에 따라, 대내적으로는 전통적인 방식으로 일을 처리한다. (대비)
这个人对上唯命是从，对下蛮不讲理。
이 사람은 상사에게는 무조건 복종하면서 부하에게는 막무가내이다. (대비)
她对你比对他好。그녀는 그에게보다 너에게 더 잘한다. (비교, 대비)

'对'자구는 동사와 함께 관형어를 충당할 수 있으며 이때 피수식어는 주로 동사의 목적어이다.

这是对你进行的特殊照顾。이는 너에 대한 특별한 배려이다.
感谢你对中国教育事业做出的贡献。중국의 교육 사업에 보여주신 당신의 헌신에 감사드립니다.
这一讲话是对记者们质问的答复。이 연설은 기자들의 질문에 대한 대답이다.

'对'자구 뒤에는 병렬되거나 비교적 길이가 긴 동사구가 사용될 수도 있다.

他们对教练的辞职风波做出了一个结论并就此向上级领导提出了自己的意见。
그들은 코치의 사임 이슈에 대해 결론을 내렸고, 이에 대해 상급 지도부에 자신들의 의견을 제시했다.

(3) 동작(의 영향)이 미치는 대상 도입

A. 동작이 영향을 미치거나 작용을 일으키는 대상을 도입한다. '对'자구 뒤에 사용되는 동사로 '(有)研究조예가 있다, (有)帮助도움이 되다, 有益유익하다, 有利유리하다, 不利불리하다, 有害유해하다, 伤害해치다, 有好处이롭다, 有坏处해롭다, 起作用효과를 미치다, (有)影响영향이 있다, (有)震动충격이 있다, 冲击충격을 주다, 打击타격을 주다' 등이 있다.

他对京剧很有研究。그는 경극에 대한 조예가 깊다.
幼儿园的老师对调皮的孩子很有办法。유치원의 선생님은 까부는 아이를 다루는 방법이 있다.
抽烟对身体没有好处。담배는 몸에 좋은 점이 없다.
经常和中国人聊天，对提高他们的口语水平有很大帮助。
중국인들과 자주 대화하는 것은 그들의 회화 수준을 높이는 데 큰 도움이 된다.
妈妈讲了一上午的话，对她均不起作用。
엄마가 오전 내내 이야기를 했지만, 그녀에게는 아무런 영향을 미치지 못했다.

이러한 '对'자구는 종종 관련 동사의 관형어로 사용된다.

他说的话对大家的震动不小。그가 한 말이 모두에게 준 충격은 작지 않다.
这次失败对弟弟的打击可不小！이번 실패가 남동생에게 준 타격이 작지 않다!
你这样做，对孩子的伤害是很大的。네가 이렇게 하는 것은 아이에게 큰 상처를 준다.

B. 심리적 감각, 사고, 인식 등 동작의 대상을 도입한다. 이러한 '对'자구의 동사로 '认识알다, 了解이해하다, 熟悉익숙하다, 明白이해하다, 懂이해하다, 知道알다, 精通정통하다, 思考사고하다' 등이 사용된다.

他在中国才生活了一年，对中国还不太了解。
그는 중국에서 겨우 1년을 살아서, 중국에 대해 그다지 잘 알지 못한다.
我们对这里的情况已经比较熟悉了。우리는 이곳의 상황에 대해 비교적 익숙해졌다.

刚来的时候，她对这里的生活总是不习惯，不适应。
막 왔을 당시, 그녀는 이곳의 생활에 대해 늘 낯설어했고, 적응하지 못했다.
当时我们对外面的事情什么也不知道。당시 우리는 외부 상황에 대해 아무것도 몰랐다.
我到现在对自己错在哪儿还不明白。나는 지금까지도 내가 무엇을 잘못했는지 모른다.

C. 대응/대처의 대상을 도입한다. '对'자구의 동사로 '感兴趣흥미를 느끼다, 对待대처하다, 欢迎환영하다, 满意만족하다, 不满불만족하다, 热情열정적이다, 冷淡냉담하다, 爱사랑하다, 恨미워하다, 同情동정하다, 关心관심갖다, 真诚진실하다, 尊重존중하다, 重视중요시하다, 珍惜아끼다, 钻研탐구하다, 抱(持)……态度태도를 품다(가지다)' 등 '흥미나 태도를 나타내는' 동사가 많이 사용된다. 이때의 대상은 크게 두 가지로 분류할 수 있는데, 첫 번째는 사물이다.

她对中国的京剧很感兴趣。그녀는 중국의 경극에 매우 흥미를 느낀다.
对这件事情你们一定要正确对待。이 일에 대해 너희는 정확히 대처해야 한다.
对你们远道而来，我们很欢迎。멀리서 오신 여러분을 환영합니다.

위 유형의 '对'는 '对于'로 교체할 수 있다. 한편, 두 번째 대상은 사람으로, 이러한 유형의 '对'는 '对于'로 교체할 수 없다.

这个服务员对我们很热情。이 종업원은 우리에게 매우 친절하다.
大家都对他很信任。모두 그를 매우 신뢰한다.
你对孩子太严厉了。너는 아이에게 너무 엄격하다.

'对……'의 뒤에는 서로 모순된 심리를 나타내는 동사가 사용될 수 있다.

我对他是又爱又恨。나는 그를 사랑하기도 하고 미워하기도 한다.

'对'자구의 뒤에서 '产生생기다, 表示나타내다, 丧失상실하다, 失去잃다' 등이 동사 및 명사 목적어를 취하기도 한다.

警察对他产生了怀疑。경찰은 그를 의심했다.
我对他的前途表示担忧。나는 그의 앞날에 걱정을 표했다.
在一起工作的日子里，她逐渐对小王产生了好感。
함께 일하는 동안 그녀는 샤오왕에게 점점 호감이 생겼다.
他对自己的前途丧失了信心。그는 자신의 앞날에 대해 자신감을 잃었다.
孩子对这种枯燥的训练已经失去了耐心。아이는 이러한 무미건조한 훈련에 이미 인내심을 잃었다.

또한 '对'자구의 동사 '有있다'나 '没有없다'가 '好感호감, 感情애정, 印象인상, 意见의견, 要求요구, 看法견해, 偏见편견, 意思의미, 兴趣흥미, 礼貌예의, 顾忌망설임' 등의 명사 목적어를 취하여 각종 대응 관계를 나타내기도 한다.

他对老人很有礼貌。그는 노인에게 매우 예의 있다.
我对这个人没有什么好感。나는 이 사람에게 별다른 호감이 없다.
你对我们好像有偏见。너는 우리에게 편견이 있는 것 같다.

이러한 '对'자구는 관련 동사의 관형어를 충당하기도 한다.

我忘不了您对我们的关心和爱护。나는 우리에 대한 당신의 관심과 보살핌을 잊지 못할 것입니다.

为了表达他对这支球队的支持、爱护和崇拜，他打算再捐赠30万元。

이 축구팀에 대한 지지와 애정, 숭배를 나타내기 위해 그는 30만 위안을 또 기증하려 한다.

我只有用最好的成绩来报答父母对我的爱。

나는 오직 최고의 성적으로만 부모님의 사랑에 보답할 수 있다.

她用这种方式表达了她对科学的尊重。그녀는 이러한 방식으로 과학에 대한 존중을 표했다.

'对'자구는 병렬 형식으로 잇따라 사용될 수도 있다.

在当时我一度很悲观，对许多事情，对以往的信条，对社会，我一度丧失了信心。

당시 나는 순간 비관적인 마음이 들어, 여러 일과 과거의 신념과 사회에 대해 일순간 자신감을 잃고 말았다.

'对'자구는 일부 명사의 수식어로도 사용된다.

全家人对他的期望极高。그에 대한 온 가족의 기대가 매우 높다.

他对家乡的感情很深。고향에 대한 그의 애정이 매우 깊다.

她对顾客的态度很热情。고객에 대한 그녀의 태도는 매우 열정적이다.

D. 주관적 평가의 대상을 도입한다. '对'자구 뒤에 '发表(意见)(의견을) 발표하다, 看待대하다, 议论비평하다, 评价평가하다, 预测예측하다, 估计예측하다, 公认공인하다, 肯定긍정하다, 否定부정하다, 同意동의하다, 赞成찬성하다' 등의 동사가 사용된다.

那么你对这个人又是如何看待呢？그렇다면 이 사람에 대해 너는 또 어떻게 보는 것이냐?

他们对事故产生的后果的严重性估计不足。그들은 사고 발생 결과의 심각성을 예측하지 못했다.

我们对他作出的成绩应该充分肯定。우리는 그가 만들어낸 성적을 충분히 인정해야 한다.

'对'자의 목적어로 인칭대사 및 지시대사 '此'가 사용될 수 있다. '此'는 앞서 진술한 상황을 지시한다. '对' 뒤의 술어는 그에 대한 관점이나 견해를 나타낸다.

他总让我们加班，对此大家都很有意见。

그는 늘 우리에게 야근을 시키는데, 이에 대해 모두 불만이 많다.

对此我无法发表具体意见。이에 대해 나는 구체적인 의견을 발표할 수 없다.

对此，有人以《必须重视环境保护》为题发表评议性文章。

이에 대해, 〈반드시 환경보호를 중시해야 한다〉를 제목으로 비평적 글을 발표한 사람이 있다.

이러한 '对'자구 역시 관련 동사의 관형어로 사용될 수 있다.

这个奖是对你的研究进一步的肯定。이 상은 네 연구에 대한 더 큰 인정이다.

(4) 对……来说

'对'는 보통 사람이나 사람으로 구성된 집단, 기구 등을 나타내는 명사나 대사를 도입한다. 이러한 구조는 '对' 뒤 사람의 능력(경제적 능력, 체력, 수용력, 이해력, 인내력 등), 수준, 필요성, 기호 등의 측면에서 어떠한 사물을 바라본다는 의미를 나타낸다.

汉语的四声对外国人来说，是比较难的。중국어의 4성은 외국인에게는 비교적 어렵다.

三百块钱对家庭富裕的人来说没有什么，但是对贫困的学生来说就是一大笔钱了。

300위안은 가정이 부유한 사람에게는 별 것 아니지만 가난한 학생에게는 큰 돈이다.

父亲的死对一个十几岁的孩子来说，打击实在太大了。

아버지의 죽음은 십 대의 아이에게는 엄청난 충격이다.

주의: 이러한 구조는 일반적인 주관적 견해를 나타내는 데에는 사용할 수 없다(본 장 제4절 오류 분석 참조).

对于

'对于'를 사용할 수 있는 문장은 대부분 모두 '对'로 대체할 수 있다. 하지만 '对于'는 주로 서면어에 사용되며 보다 공식적인 어기를 나타낸다. '对于'의 용법은 다음과 같다.

(1) 동작이 겨냥하는 대상 도입

A. '对于'는 주로 '进行진행하다, 加以가하다, 予以주다, 给予주다, 做하다' 등 형식동사 및 '展开전개하다'와 같은 동사가 술어로 사용된 문장에서 동작이 겨냥하는 대상을 도입한다.

对于老张提出辞职一事，我们会认真加以研究的。

라오장이 사직서를 낸 일에 대해서 우리는 진지하게 검토할 것이다.

这个公司对于财务工作做了非常严格的规定。

이 회사는 재무 업무에 대해 매우 엄격한 규정을 적용한다.

对于为国家做出巨大贡献的人，我们将在各方面给予照顾和优惠。

국가에 지대한 공헌을 한 사람에 대해 우리는 여러 측면에서 보살핌과 우대를 제공할 것이다.

B. 어떤 사람 및 사물에 대해 '반응'하거나 조처를 하는 등 목적성을 가지는 동작의 대상을 도입한다.

对于记者的提问，他总是用"不"字敷衍过去。기자의 질문에 그는 늘 '아니오'로 어물쩍 넘어간다.

他对于这个报道做出了积极的回应。그는 이 보도에 대해 긍정적인 반응을 내놓았다.

对于两国的争端，我们坚持和平解决。양국의 갈등에 대해 우리는 평화적 해결의 입장을 견지한다.

(2) 동작(의 영향)이 미치는 대상 도입

A. 동작이 영향을 미치는 측면 또는 영향의 대상

辞职这件事对于老刘并不合算。사직은 라오류에게 손해이다.

这个决定对于住在那里的居民会起到很可怕的作用。

이 결정은 저곳에 사는 주민에게 매우 심각한 영향을 미칠 것이다.

这件事对于他们不可能不发生影响。이 일은 그들에게 영향을 미치지 않을 수 없다.

B. 대응/대처의 대상

'对于'의 술어동사는 대개 어떠한 사물이나 동작에 대한 태도를 나타낸다.

我对于当今中国体育有三个担忧。나는 오늘날 중국 스포츠계에 대해 세 가지 우려가 있다.

对于失去这样一个人才，我们是深感惋惜的。

이런 인재를 잃은 것에 대해 우리는 매우 안타깝게 생각한다.

对于父母的唠叨，我早就厌倦了。부모의 잔소리에 대해 나는 진작에 싫증을 느꼈다.

我对于你的计划实在没有多大兴趣。나는 네 계획에 대해 정말 별로 흥미가 없다.

C. 정신적인 지각류 동작의 대상

她对于独立生活并不习惯。그녀는 혼자 사는 생활이 전혀 익숙하지 않다.

对于你的心情，我非常理解。너의 마음을 나는 매우 잘 이해한다.

他对于孩子心理上的变化并没有太多的察觉。나는 아이의 심리적 변화를 별로 발견하지 못했다.

D. 주관적인 견해나 평가의 대상

你对于今后的人生安排有何高见？너는 앞으로의 인생에 대해 어떠한 고견이 있니?

对于她的这种做法，各方褒贬不一。그녀의 이런 방식에 대해 각 측의 평가가 엇갈린다.

对于这个规划，大家都表示赞成。이 계획에 대해 모두 찬성했다.

이러한 개사구는 관형어를 충당할 수 있으며 이때 수식하는 명사는 대부분 '看法견해', '态度태도' 등이다.

我们对于改革方案的反馈是完全一致的。개혁안에 대한 우리의 의견은 완전히 일치한다.

她对于此事的态度始终是比较冷静的。이 일에 대한 그녀의 태도는 줄곧 비교적 냉정하다.

'对于……来说'

이 구조의 기능은 '对……来说'와 동일하며, 이때 '来说'는 생략할 수 있다.

这房子对于无家可归的人来说太重要了。이 집은 집도 절도 없는 사람에게 있어 매우 중요하다.

形势对于我们是十分严峻的。상황이 우리에게 너무 가혹하다.

这个艰苦的工作对于我个人的素质也是一次考验。

이 고달픈 업무는 내 개인적 소양에 대한 한 차례의 시련이다.

这笔捐款，对于他们不仅是救了急，更是力量的源泉。

이 기부금은 그들에게 있어 급한 불을 꺼주었을 뿐 아니라 힘의 원천이 되었다.

'来说' 대신 '而言'을 사용할 수 있으나, 이 경우 서면어적 느낌이 강해진다.

这件事对于一个出身于农村贫苦家庭的学生而言，绝非小事。

이 일은 농촌의 빈곤한 가정 출신의 학생에게 있어 절대 작은 일이 아니다.

对于他而言，下棋是一名棋手的生命，无论如何不能放弃。

그에게 있어 바둑은 기사의 생명과 같아 어떠한 상황에서도 포기할 수 없다.

'对于'와 '对'의 비교 분석

(1) '对'는 '동작이 마주하는 대상을 도입'할 수 있으나 '对于'에는 그러한 기능이 없다('对' (1) 참조).

(2) 대응/대처의 대상을 도입하는 경우, '对于'는 사물이나 동작의 대상만을 도입할 뿐, '사람'과 관련된 대상은 도입할 수 없다('对' (3) C 참조).

(3) 이론적으로 '对于'와 '对'는 모두 동작이 겨냥하는 대상, 동작(의 영향)이 미치는 대상을 도입할 수 있으나(관련 제약에 대해서는 '对于' (2) 참조), 실제로는 '对于'에 비해 '对'의 사용 빈도가 훨씬 높다.

요컨대, '对于'를 사용하는 문장은 '对'에 비해 서면어적 느낌이 훨씬 강하다고 할 수 있다.

关于

'关于'가 도입하는 목적어는 동작과 관련된 사물 또는 범위를 나타낸다. '关于……'로 이루어진 개사구는 일반적으로 문두에 출현한다.

关于环境保护，市政府制定了详细的计划。 환경보호에 관해 시 정부는 상세한 계획을 수립했다.

关于这个问题，已经有很多人向我们反映了。

이 문제에 관해 이미 많은 사람이 우리에게 반응을 보여주었다.

'关于' 개사구는 '的'자구를 구성할 수 있다.

这里的书有关于文学的，也有关于经济和政治的，你要哪一个？

이곳의 책은 문학에 관한 것이 있고 경제, 정치에 관한 것도 있는데, 너는 어느 것을 원하니?

'关于' 개사구는 관형어를 충당할 수 있으나, 관형어를 만드는 구조조사 '的'를 함께 사용해야 한다.

我想了解一下关于出国留学的规定。 나는 해외 유학에 관한 규정에 관해 좀 알고 싶다.

下午要召开关于退休人员的会议。 오후에는 퇴직자들에 관한 회의를 열 것이다.

'关于'는 주로 글의 제목으로 사용된다.

关于男女平等 남녀평등에 관해

关于如何提高学习效率 학습 효과를 어떻게 향상시킬 것인지에 관해

关于深化教育改革的几点建议 교육 개혁 심화에 관한 몇 가지 제안

'对于'와 '关于'의 비교 분석

(1) '关于'구는 보통 문두에 사용되지만 '对于'구는 문두 및 주어 뒤 술어 앞에 모두 사용될 수 있다.

(2) '对于'의 동작이 겨냥하는 대상이 '关于'에 비해 광범위하다. '对于(사람) + 给予(予以, 给以) + 동사'와 같이 문장의 술어가 시혜성 동사이고 대상이 사람인 경우, '关于'가 아닌 '对于'만 사용할 수 있다('对于' (1) 부분 참조). 반면, 술어동사가 상담, 대책성 동사('(加以, 进行 +)研究연구하다, 讨论토론하다, 商量상의하다, 考虑고려하다, 答复회답하다, 决定결정하다, 安排안배하다, 计划계획하다, 制定(计划)(계획을) 제정하다, 采取(措施)(조치를) 취하다' 등)인 경우, 동사의 관련(영향이 미치는) 사물 앞에는 '对于'와 '关于'를 모두 사용할 수 있다.

对于(关于)大家提出的问题，我们正在进行研究。

여러분이 제기한 문제에 대해(관해), 우리는 한창 검토 중이다.

对于(关于)失业人员的工作，政府会妥善安排的。

실업자의 일자리에 대해(관해), 정부가 적절히 안배할 것이다.

对于(关于)国内市场，一定要加以保护。 국내 시장에 대해(관해), 반드시 보호해야 한다.

对于(关于)改善服务设施的问题，领导们已经讨论了几次了。

서비스 설비의 개선 문제에 대해(관해), 관리자들은 이미 여러 차례 토론을 진행했다.

(3) 동작의 관련 대상을 도입하는 용법과 관련하여, '对于'가 도입할 수 있는 대상이 '关于'에 비해 다양하다. '对于'는 정신적 감각 및 지각류 동작의 대상이나 사건 및 동작의 영향이 미치는 대상, 대응/대처의 대상 등을 도입할 수 있으나('对于' (2) A, B, C 참조), '关于'는 이러한 대상을 도입할 수 없다. '对于'가 주관적인 견해나 평가의 대상을 도입하고('对于' (2) D 참조), 개사구가 문두에 사용되었을 경우에만 '关于'로 대체할 수 있다.

对于(关于)这个问题，你有什么看法？이 문제에 대해(관해), 너는 어떠한 견해가 있니?

对于(关于)他得到的金钱物品，社会上有种种议论。

그가 금품을 받은 것에 대해(관해), 사회적으로 의견이 분분하다.

对于(关于)这个规划，大家都表示赞成。이 계획에 대해(관해), 모두 찬성했다.

'对于'와 '关于'가 구성하는 개사구는 모두 관형어를 충당할 수 있다.

我们对于(关于)改革方案的看法是完全一致的。우리의 개혁안에 대한(관한) 견해는 완전히 일치한다.

对于(关于)这个研究成果的评价都是比较好的。

이 연구 성과에 대한(관한) 평가는 모두 긍정적인 편이다.

(4) '关于'는 중심어를 취하거나(예문의 괄호 참조) 단독으로 글의 제목을 구성할 수 있으나, '对于'가 글의 제목을 구성하기 위해서는 개사 뒤에 반드시 중심어가 출현해야 한다.

关于提高企业竞争力(的思考) 기업 경쟁력 제고에 관해(관한 고려)

对于提高企业竞争力的几点想法 기업 경쟁력 제고에 대한 몇 가지 생각

关于加强艺术教育(的设想) 예술 교육 강화에 관해(관한 구상)

对于加强艺术教育的设想 예술 교육 강화에 대한 구상

제목을 구성하는 경우일지라도 '对于'와 '关于'의 기능에는 여전히 차이가 존재한다.

关于自己的几句话 자신에 관한 몇 마디 말

(이때의 '关于'는 '자신과 관련된'의 의미를 나타내어 '对于'로 대체할 수 없음)

对于作家本人文学是什么？작가 본인에게 있어 문학이란 무엇인가?

('对于作家本人来说작가 본인에게 있어'의 형식으로 '关于'로 대체할 수 없음)

关于"复关受挫"对于我国的影响 'GATT 지위 회복 좌절'이 국가에 미치는 영향에 관해

('关于'는 어떤 측면에서 '관련(영향을 미침)'을 나타내지만, '对于'는 '영향'의 대상을 나타내어 상호 대체할 수 없음)

给

'给'의 기본 의미는 동작 및 동작이 영향을 미치는 사물의 수용자를 도입하는 것이다. '给'의 목적어는 대부분 사람이나 사람이 조직한 집단이며, 일부 동물이나 사물이 목적어를 충당하는 경우도 있다.

(1) 교부, 전달 등 동작의 수용자 도입

'给' 뒤 동사가 영향을 미치는 사물은 구체적인 사물일 수도 있고, 정보나 의견 등일 수도 있다. 이러한 '给'자문에 출현할 수 있는 동사는 크게 두 부류로 나누어진다.

A. '付지불하다, 交내다, 借빌리다/빌려주다, 租임대하다, 换교환하다, 还돌려주다, 分나누다, 卖팔다, 递건네다' 등 교부류 동사

姐姐给我交了书费。언니가 내게 책값을 냈다.

他给我付了车钱。그는 내게 차비를 지불했다.

他给朋友卖水果。그는 친구에게 과일을 판다.

B. '寄부치다, 传전하다, 发보내다, 带지니다, 捎인편에 보내다' 등 사물 또는 정보 전달류 동사. 이들 동사의 목적어는 전달된 물건이나 소식이다. 한편 '打(电话)(전화)걸다' 역시 이와 같은 부류에 포함된다.

妈妈给我寄了一个包裹。엄마는 나에게 소포를 하나 보냈다.

我给你带了点吃的。나는 네게 먹을 것을 좀 가지고 왔다.

他给朋友发了一个邮件。그는 친구에게 우편물을 하나 보냈다.

'给'자구가 이러한 동사의 부사어로 사용될 경우, 동작자가 교부 또는 전달의 동작을 통해 어떠한 사물을 어떠한 대상(보통은 사람)에게 건네었음을 강조하게 된다. 이때 동작자는 보통 돈, 체력 등을 소비하게 된다.

또한 '给'자구는 상기 두 부류의 동사 뒤에서 보어를 충당할 수도 있는데, '给'의 목적어는 동작의 영향이 미치는 사물의 수용자이다.

他把做完的作业交给老师了。그는 다 한 숙제를 선생님께 제출했다.

车费付给司机了。차비를 기사에게 냈다.

房子卖给老刘了。집을 라오류에게 팔았다.

邮件发给你了。우편물을 너에게 보냈다.

주의: '给'자구가 이러한 동사의 부사어를 충당할 때와 보어를 충당할 때의 의미에는 차이가 존재한다.

我给小明借了两本书。나는 샤오밍에게 책 두 권을 빌려주었다.
(동사 '借'의 동작 행위는 '我'가 '小明'을 위해 한 것임)
我的两本书借给小明了。내 책 두 권을 샤오밍에게 빌려주었다.
('借'의 동작을 통해 책은 '我'로부터 '小明'에게 전달됨)
我在给老师打电话。나는 선생님께 전화를 하고 있다.
('老师'에게 전달성 동작을 함을 나타냄. 이때 지속을 나타내는 '在'를 사용할 수 있음)
我打电话给老师。나는 선생님께 전화를 건다/걸었다.
(미래에 이루어질 전달 동작의 수용자를 나타냄.[10] 지속을 나타내는 '在'를 사용할 수 없음)

(2) 동작의 수용자 도입

'给' 앞의 주어는 행위자이며 '给' 뒤의 목적어는 술어동사가 나타내는 동작의 수용자이다.

10) [역주] 원문에서는 미래의 동작이라고 제시하고 있으나, 해당 문장은 시제 중립적이다. 해당 예문은 전화의 수용자가 '老师'임이 강조되는 경우로, 전·후 문맥에 따라 이미 걸었음을 나타낼 수도 있다.

수용자에게 있어 동작이 유익한지 유해한지에 따라 이를 두 부류로 구분할 수 있다.

첫째, 동작의 혜택을 입는 수용자를 도입한다. 유익한 동작을 나타내는 동사는 다시 두 부류로 구분된다.

A. 서비스, 시혜류 동사

이러한 동작은 동작자가 일정한 금전 또는 물리적 노력을 기울여 '给' 뒤 목적어를 위해 어떠한 일을 할 것을 요구한다. '给' 뒤 목적어는 이러한 동작을 통해 서비스나 혜택을 받게 된다. 이러한 부류의 동사로 '洗씻다, 做하다, 打扫청소하다, 收拾치우다, 整理정리하다, 打针주사를 놓다, 检查검사하다, 写쓰다, 画그리다, 买사다, 挑选고르다, 理发이발하다, 安排안배하다, 倒(茶, 酒)(차, 술을) 따르다, 开(门, 车)(문을) 열다/(차를) 운전하다, 提供제공하다' 등이 있다.

我给你洗衣服。내가 너에게 옷을 빨아주겠다.

他给我当导游。그는 내게 가이드가 되어 주었다.

护士给病人打针。간호사가 환자에게 주사를 놓아준다.

医生给他做了全面的检查。의사가 그에게 전면적인 검사를 해주었다.

爸爸常给报社写稿子。아빠는 종종 신문사에 원고를 써준다.

妈妈给我买了生日礼物。엄마가 내게 생일 선물을 사주었다.

주의: '给'자구는 이들 동사의 앞에서 부사어를 충당할 뿐 동사 뒤에 출현할 수는 없다. 다음은 학습자의 사용 오류이다.

* 妈妈买给我生日礼物。

* 护士打针给病人。

B. '给'의 목적어가 정신적 혜택을 받는 동사

이와 같은 동사로 '道歉사과하다, 道谢감사드리다, 道喜축하하다, 赔不是사죄하다, 加油응원하다, 鼓劲격려하다, 请安안부를 묻다, 争光영예를 떨치다, 争气분발하다, 保密비밀을 지키다, 过(生日)(생일)쇠다, 祝寿생신을 축하하다, 鼓掌박수치다, 鞠躬허리굽혀 절하다, 敬礼경례하다, 敬酒술을 권하다, 敬烟담배를 권하다, 磕头절하다, 下跪무릎꿇다, 拍马屁아첨하다' 등이 있다. 이러한 동작은 대부분 교제의 기능이 있으며, 동작의 실행은 '给' 뒤의 목적어(동작의 수용자)에게 정신적 혜택을 준다. 즉, 수용자는 정신적 만족, 위로, 기쁨이나 격려 등을 얻게 된다.

明天我们要给朋友过生日。내일 우리는 친구에게 생일을 쇠어 줄 것이다.

大家给运动员鼓掌加油。모두 선수에게 박수로 격려를 보냈다.

你放心，这件事情我会给你保密的。안심해, 이 일은 너를 위해 비밀로 할게.

你一定要给他道歉。너는 반드시 그에게 사과해야 한다.

他给客人敬了一个礼。그는 손님에게 경례를 한 번 했다.

둘째, 동작의 손해를 입은 수용자를 도입한다. '给' 뒤 술어동사는 보통 부정적이고 피해입음의 의미를 나타낸다. '给'의 목적어는 이러한 동작으로 인해 손해를 입게 되는 대상이다.

孩子把报纸给你弄乱了。아이는 신문을 (너에게) 엉망으로 만들었다.

我尽量不给别人添麻烦。나는 최대한 다른 사람을 귀찮게 하지 않으려고 한다.

这个事故给公司造成了很大的损失。이 사고는 회사에 막대한 손실을 입혔다.

주의: 아래 예문에서 '给'는 조사[11]이다.

谁把我的本子给弄脏了？누가 내 노트를 더럽혔지?

对不起，我把你的钥匙给丢了。미안해 내가 네 열쇠를 잃어버렸어.

'给'가 피동의 의미를 나타내는 경우에 대해서는 앞의 제3절 一 부분을 참조하자.

向

'向'의 기능은 크게 두 가지로 구분할 수 있다.

(1) 동작의 방향 또는 목표를 나타낸다.

이 경우 '向'은 이어지는 명사성 성분과 함께 개사구를 이루어 문장 내 두 위치에 출현한다.

A. '向'자구가 부사어를 충당하는 경우

1) '向'의 목적어는 동작이 도달한 종점 또는 동작이 멈춘 곳을 나타내는 명사나 대사이다.

那人向图书馆走去。그 사람은 도서관을 향해 걸어간다.

队伍向我靠拢。(사람) 행렬이 나를 향해 다가온다.

老师向我们这边看了一眼，什么也没说。
선생님이 우리 쪽을 향해 한 번 보시더니 아무 말도 하지 않으셨다.

위 1)과 같은 용법에 사용되는 동사는 다시 두 가지 부류로 분류된다.

① '走걷다, 跑뛰다, 行가다, 流흐르다, 奔내달리다, 压누르다, 扑뛰어들다, 推밀다, 驶달리다, 挪옮기다, 开운전하다/열다, 靠拢접근하다, 运动운동하다, 移动이동하다, 行进행진하다, 前进전진하다' 등과 같이 '이동'의 의미를 나타내는 동사로, 방향보어와 함께 자주 사용된다.

② '看보다, 望바라보다, 瞥힐끗 보다, 瞅보다' 등 '보다'의 의미를 가진 동사로, 동사 뒤에는 '一眼'과 같은 동량사가 자주 사용된다.

2) '向' 뒤의 목적어는 방향성 단어(방위사 또는 방향을 나타내는 구)이다.

汽车向东开去。차가 동쪽을 향해 간다.

老人向村庄方向望了一会儿，才转过头来。노인이 마을 방향을 향해 잠시 바라보다가 고개를 돌렸다.

他又向右挪了几步。그는 또 오른쪽으로 몇 걸음 움직였다.

我们向南行了一公里，看到了一个小村子。우리는 남쪽으로 1km를 걸어 작은 마을을 하나 발견했다.

消息正在向四周扩散。소식이 사방으로 퍼지고 있다.

---

11) [역주] 원저에서는 이러한 '给'의 품사를 '조동사'라고 설명하고 있으나, 이는 '조사'의 오기로 보인다. 吕叔湘 주편(1980[2002]: 227)에서는 '给'를 조사로 분류하고 있다.
한편, 이 같은 '给'의 사용은 앞서 각주 (6)에서 설명한 바와 같이 처치의 기능을 강화하는 효과가 있으나, 이때 '给'는 필수적인 요소는 아니어서 삭제하더라도 문장의 적법성에는 영향을 주지 않는다.

상기 ①, ②류 동사는 또한 2)의 기능으로도 자주 사용된다. 이밖에 '偏치우치다, 探(상체를) 내밀다, 指가리키다, 掉떨어지다, 卷말다, 拐방향을 바꾸다, 转돌다' 등의 동사가 이와 같은 '向'자구의 뒤에 사용된다.

听到声音，他向外探了探头。소리를 듣자 그는 밖으로 머리를 내밀었다.

向左转，齐步走！좌향좌, 앞으로 가!

去银行要向南拐。은행에 가려면 남쪽으로 돌아야 한다.

3) '向'은 목적 의미의 명사와 개사구를 형성, 동작의 노력이 향하는 방향을 나타낸다.

运动员们在向世界纪录冲锋！선수들이 세계 기록을 향해 돌진하고 있다!

他带动全村人向富裕的道路迈进。그는 온 마을 사람들을 부유의 길로 이끌었다.

我们正在向新的科学高峰攀登。우리는 새로운 과학의 전성기를 향해 전진하고 있다.

이러한 3) 유형의 '向'자구에 사용될 수 있는 동사는 많지 않은데, '冲击돌진하다, 冲锋돌진하다, 转化변하다, 转变변하다, 推进추진하다, 过渡건너다, 攀登오르다' 등이 있다. 이중 '攀登오르다' 앞 '向'의 목적어가 비교적 구체적인 산봉우리를 지시할 수 있는 것을 제외하고, 나머지 동사가 사용된 '向' 뒤에 출현하는 목표 명사는 상대적으로 추상적이고 모호한 특징을 보인다. 동사 '看보다' 역시 이러한 의미로 사용될 수 있다.

要向前看，不要向钱看。미래를 봐야지, 돈을 봐서는 안 된다.

B. '向'자구가 보어를 충당하는 경우

那个运动员首先冲向终点。그 선수는 먼저 결승점을 향해 돌진했다. (구체적인 동작의 종점)

他摇着小船漂向大海。그는 작은 배를 저으며 바다를 향해 표류하고 있다. (상동)

这里的人民刚刚走向现代文明。이곳의 국민은 막 현대 문명을 향해 나아가기 시작했다. (비교적 추상적)

只要努力奋斗，我们也可以奔向自由！

열심히 노력하기만 한다면, 우리 역시 자유를 향해 돌진할 수 있다! (비교적 추상적)

中国的体操已经冲出亚洲，走向世界。

중국의 체조는 이미 아시아를 넘어 세계를 향해 나아가고 있다. (범위를 나타내며 비교적 모호함)

这场改革运动正在推向纵深。이번 개혁 운동은 더 높은 경지를 향해 가고 있다. (비교적 모호함)

이러한 '向'자구의 앞에는 '飞날다, 通통하다, 走가다, 奔내달리다, 跑뛰다, 冲돌진하다, 流흐르다, 飘나부끼다, 滚구르다, 转돌다, 倒뒤집다, 驶운전하다, 划huá배를 젓다, 射쏘다, 杀죽이다, 刺찌르다, 投던지다, 引이끌다, 推밀다, 偏기울다, 指가리키다, 扑돌진하다, 漂표류하다, 迈큰 걸음으로 걷다, 跨뛰어넘다, 面면하다' 등 단음절 동사만이 술어동사로 사용될 수 있다. 상기 예문을 통해 알 수 있듯이, '向'의 목적어는 주로 동작의 방향, 종점 및 목표를 나타내는 명사이며, 구체적인 사물 및 비교적 추상적이고 모호한 사물 모두 사용될 수 있다.

(2) 동작의 대상 도입

A. 언어나 매체 등 도구를 통해 정보를 전달하는 대상을 도입한다. '向'자구는 부사어로 사용된다.

中央电视台向全国转播了比赛的实况。CCTV는 전국에 경기 실황을 방송했다.

毛泽东向全世界庄严宣布：中华人民共和国成立了！

마오쩌둥은 전 세계를 향해 중화인민공화국이 수립되었음을 엄숙히 선포했다.

이 경우 정보 전달은 크게 두 가지로 구분된다.

1) 면대면으로 직접 이루어지는 정보 전달

他把此事向老李一讲，老李就赶快去办了。

그가 이 일을 라오리에게 말하자마자 라오리는 서둘러 처리하러 갔다.

她只向我解释了一半，另一半我又向其他人请教，才算明白。

그녀가 나에게 절반만 설명해주었기 때문에 나머지 절반에 대해 또 다른 사람에게 가르침을 받은 후에야 나는 어느 정도 이해하게 되었다.

我向参加大会的代表们介绍了研究工作的进行情况。

나는 대회에 참가한 대표들에게 연구 업무의 진행 상황에 대해 소개했다.

大家向班长提了不少意见。다들 반장에게 적지 않은 의견을 제시했다.

이러한 기능의 '向'자구의 뒤에는 '说明설명하다, 介绍소개하다, 宣布선포하다, 公布공포하다, 诉说하소연하다, 宣称공언하다, 吐露토로하다, 倾诉털어놓다, 透露드러내다, 谈(想法)(생각을) 이야기하다' 등의 동사가 사용된다. 이렇게 전달되는 것은 일반적인 정보이거나, 교제의 목적을 위한 '致敬경의를 표하다, 告别헤어지다, 诀别이별하다'나 '表示'와 함께 동목구를 형성하는 '祝贺축하, 感谢감사, 道歉사과, 慰问위로, 问候안부' 등이 있다.

他比赛获得了金奖，市长向他表示祝贺。그는 경기에서 금상을 받았고, 시장은 그에게 축하를 전했다.

我代表全体学生向你表示衷心的感谢。나는 전체 학생을 대표하여 너에게 진심으로 감사의 뜻을 표한다.

我诚恳地向你道歉。나는 진심으로 너에게 사과한다.

我们向全国人民拜年。우리는 전 국민에게 새해 인사를 드린다.

向英雄们致敬！영웅들에게 경의를 표하라!

2) 비대면으로 간접적으로 진행되는 정보 전달. 이때 전달자와 정보의 수신자 사이에 비교적 큰 공간적 거리가 존재하며, 전달자와 수용자는 사회적 지위상 '상－하'의 관계를 맺는다.

我已经向校长汇报了这个情况。나는 이미 교장께 이 일에 대해 보고드렸다. (하 → 상)

在这篇文章里，我将把救灾过程逐一向读者报告。

이 글에서 나는 구조 과정을 하나하나 독자에게 보고하였다. (발화자는 독자를 상급으로 두고 있음)

市政府向全市人民发出了预防洪灾的通知。

시 정부는 전 시민에게 홍수 방지 통지문을 발표했다. (상 → 하)

上级领导向我们反复交代，一定要想尽一切办法治好他的病。

상급 지도자는 우리에게 반드시 모든 방법을 동원해 그의 병을 치료해야 한다고 반복해서 설명했다. (상 → 하)

这场事故给人民造成了极大的损失，这个损失我无法向党和人民交代。

이 사고는 사람들에게 막대한 손실을 초래했고, 이 손실에 대해 나는 당과 국민에게 설명할 방법이 없다. (하 → 상)

이러한 용법의 '向'자구 뒤에 출현하는 동사로는 '讲이야기하다, 说말하다, 讲述서술하다, 说明설명하다, 回顾회고하다, 建议건의하다, 倾诉털어놓다, 控诉규탄하다, 提出(问题, 愿望, 要求)(문제, 바람, 요구를) 제기하다, 发出(号召, 命令, 信号)(호소, 명령, 신호를) 발표하다, 进言진언하다, 报告보고하다, 汇报보고하다, 揭发적발하다, 反映반영하다, 告密밀고하다' 등이 있다.

B. '向'은 동작의 경쟁자(라이벌)을 도입한다. 주로 '挑战도전하다, 宣战선전포고하다' 또는 이러한 의미를 가진 동사들이 사용된다. '向'자구는 부사어를 충당한다.

我们要向他挑战。우리는 그에게 도전하려 한다.

向多年不变的旧制度宣战。수년간 바뀌지 않은 낡은 제도에 선전포고하다.

甲队向乙队发起了进攻。갑팀은 을팀을 향해 공격을 시작했다.

C. '向'은 어떠한 물건을 요구하거나 제공하는 대상을 도입한다.

1) 이때 요구하는 것은 구체적인 사물이거나 소식, 정보, 요구사항, 의견 등과 같은 추상적인 사물일 수 있다. '向'자구는 부사어를 충당하며, '向' 뒤에는 '有있다, 要원하다, 索取얻어내다, 借빌리다, 租임대하다, 打听알아보다, 了解알아보다, 询问문의하다, 求援구원하다, 求救구조요청하다, 申请신청하다, 请假휴가를 내다, 请求부탁하다, 提(要求)(요구사항을)제시하다' 등의 동사가 빈번하게 사용된다.

孩子伸手向我要钱。아이는 손을 내밀어 내게 돈을 요구했다.

通过这次活动, 我向大家学到了不少东西。이번 활동을 통해 나는 여러분에게 많은 것을 배웠다.

他们在山上遇到了危险, 发信号向我们求援。
그들은 산에서 위험에 빠져 우리에게 구원 요청 신호를 보냈다.

我向在场的人了解了整个事情的经过。현장에 있는 사람에게 전체 상황의 경위에 대해 알아보았다.

他向周围的很多人询问了对这个计划的意见。
그는 주위의 많은 사람에게 이 계획에 대한 의견을 물었다.

她从来不向领导提什么要求。그녀는 지금까지 상사에게 어떠한 요구사항도 제시한 적이 없다.

2) 제공, 수여 동작의 대상을 도입하며, 주로 '提供제공하다, 赠送증정하다, 颁发수여하다'와 같은 이음절 서면어 동사가 사용된다. '向'자구는 부사어로 사용된다.

这个公司向这个学校的三名优秀学生提供奖学金。
이 회사는 이 학교의 우수학생 3명에게 장학금을 제공한다.

大会向获奖者颁发了奖状。대회는 수상자에게 상장을 수여했다.

他很乐意向你们提供生活必需品。그는 기꺼이 너희에게 생필품을 제공한다.

我们向对方赠送了礼品。우리는 상대에게 선물을 증정했다.

D. '(얼굴이) 향하는' 동작의 대상을 도입한다. 후치하는 술어동사로 '指가리키다, 微笑미소짓다, 点头머리를 끄덕이다, 招手손짓하다, 挥手손을 흔들다'와 같이 구체적인 자세를 나타내는 단어나 '证明증명하다, 负责책임지다'와 같이 비교적 추상적인 단어가 사용된다. '向'자구는 부사어로 사용된다.

她频频向观众摇动着手中的鲜花致意。그녀는 자주 관중에게 손에 든 꽃을 흔들며 인사한다.

朋友们向我挥挥手, 登上了火车。친구들이 나에게 손을 흔들며 기차에 올랐다.

孩子向那人一指, "就是他！" 아이는 그 사람을 가리키며 "저 사람이야!"라고 말했다.

我们的工作是向人民服务。우리의 일은 국민을 위해 봉사하는 것이다.

我们的产品会向世人证明是最好的！우리의 제품이 최고라는 것이 세계인에게 증명될 것이다.

E. 동작이 마주하거나 겨냥하는 대상을 도입하며, '向'자구는 보어로 사용된다.

老师又转向我，问我是怎么看的。선생님은 또다시 나를 돌아보시더니 나는 어떻게 보았는지 물으셨다.

他们把怨气都指向了班长。그들의 분노는 모두 반장에게 향했다.

大家都把矛头转向了他。모두 창끝을 그에게 돌렸다.

'指가리키다, 转돌다'과 같은 소수의 동사만이 이러한 용법의 '向'자구 앞에 사용될 수 있다.

向着

서면어에서 '向'은 종종 '着'와 함께 사용할 수 있으나, 여기에는 제약이 존재한다.

(1) '向'의 목적어가 이음절이거나 이음절 이상의 단어이고 술어가 이동동사이며 동작이 진행 또는 지속되는 경우 '向着'를 사용할 수 있다.

队伍向着太阳升起的方向前进。행렬은 태양이 뜨는 방향으로 전진하고 있다.

飞机向着渤海湾飞去。비행기가 보하이만을 향해 날아가고 있다.

她在梦中还在跑啊跑啊，向着最终目标冲击。

그녀는 꿈에서도 계속 뛰면서 최종 목표를 향해 돌진하고 있다.

(2) 술어동사가 '발화'류 동사이며 동작이 계속해서 반복되는 경우 '向着'를 사용할 수 있다.

他高兴得不知该说啥，只向着我重复一句："这回可就好了，这回可就好了。"

그는 기뻐서 무슨 말을 해야 할지 몰라 그저 나를 향해 "이번에 정말 다행이다, 이번에 정말 다행이다."라는 한 마디만 반복했다.

'对'와 '向'의 비교 분석

(1) '对'는 동작이 겨냥하거나 영향을 미치는 대상을 도입할 수 있으나 '向'에는 그러한 기능이 없다. ('对' (2), (3) 부분 참조)

아래는 학습자 오류이다.

* 我的学校一个月一次向学生进行检验物品。

고친문장: 我校每月对学生进行一次物品检查。

우리 학교는 매달 한 번씩 학생들에 대해 물품 검사를 진행한다.

'对' 뒤에 '进行'을 사용한 경우 취할 수 있는 동작동사는 다양하지만, '向' 뒤에 '进行'을 사용하였을 때 취할 수 있는 동작동사는 '宣传홍보하다, 介绍소개하다, 说明설명하다, 解释해석하다'와 같이 정보 전달의 의미를 가지는 동사뿐이다.

(2) '对'와 '向'은 동작이 마주하는 대상을 도입하는 점에서만 유사성을 보인다. '对'와 '向'은 모두 언어로 전달하는 동작의 대상을 취할 수 있지만, 여전히 아래와 같은 미세한 차이가 존재한다.

A. '对'는 주로 면대면으로 이루어지는 일반적인 진술에 사용되며, 주로 '说말하다, 讲이야기하다, 提(起)제기하다, 介绍소개하다, 陈述진술하다, 表示(感谢, 歉意, 祝贺)(감사, 사과, 축하의 뜻을) 표하다'와 같은 동사와 함께 사용된다. 비교적 단순한 구조의 문장에서 '对'는 '向'으로 대체될 수 있다.

他对/向我讲了事情的经过。그는 내게 사건의 경위에 대해 이야기했다.

校长对/向我介绍了学校的历史。교장은 내게 학교의 역사를 소개했다.

我代表全体同学对/向您表示衷心的感谢。

저는 전체 학생을 대표해 당신께 심심한 감사의 뜻을 표합니다.

要不断地对/向学生进行宣传。학생에게 끊임없이 홍보해야 한다.

그러나 이러한 직접적인 진술을 나타내는 평서문에서는 '对'의 사용 빈도가 '向'에 비해 현저히 높다. 특히 '对 + 사람 + 说'의 사용이 '向 + 사람 + 说'에 비해 훨씬 빈번하게 사용되는데, 이는 '对 + 사람 + 说'구의 앞·뒤에(특히 앞에) '说'와 공기하는 동작, 바람, 상태, 시간, 환경 등을 나타내는 수식 성분이 다양하게 출현할 수 있기 때문이다. 이 경우, '对'는 '向'으로 대체할 수 없다.

她一边流着眼泪一边对我说："……"

그녀는 눈물을 흘리며 내게 말했다. ('一边……一边……'은 동시 동작을 나타냄)

他笑着对我说："……"

그는 웃으며 내게 말했다. ('对'의 앞에 '동사 + 着'가 사용되어 동시 동작을 나타냄)

我要对您说，妈妈您放心。나는 당신께 말합니다, 엄마 안심하세요. ('对' 앞에 조동사 사용)

他很诚恳地对我说："……"

그는 내게 간절하게 "……"라고 말했다. ('对' 앞에 '말하는' 상태를 나타내는 수식어 사용)

老张后来对我说："……" 라오장은 나중에 내게 "……"라고 말했다. ('对' 앞에 시간사 출현)

我在带有凉意的夜风中对老师说："老师，真对不起，我给您添麻烦了。"

나는 서늘함이 느껴지는 밤바람 속에서 선생님께 "선생님, 정말 죄송합니다, 선생님을 번거롭게 해드렸습니다."라고 말했다. ('对' 앞에 '말하는' 환경을 나타내는 부사어 사용)

他曾对我乐哈哈地回忆说："……"

그는 일찍이 내게 싱글벙글거리는 얼굴로 회상하며 "……"라고 말했다. ('对' 앞에 부사, 뒤에 상태 수식어 등 사용)

'对'는 '自己'를 목적어로 취할 수 있으나 '向'은 불가능하다.

她不断地对自己说："不要紧，别慌。" 그녀는 끊임없이 "괜찮아, 긴장하지 마."라고 혼잣말을 되뇌었다.

'对……说'는 관형어를 충당할 수 있으나 '向'은 불가능하다.

当时他对我说的几句话我至今还记得。당시 그가 내게 한 몇 마디를 나는 지금도 기억한다.

정보 전달의 의미를 나타낼 경우, '对'는 사람이나 사건, 상황을 나타내는 명사 및 대사를 목적어로 취할 수 있으나 '向'은 사람만을 목적어로 취할 수 있다. 한 문장에 '对'와 '向'이 모두 출현할 경우 이러한 차이는 더욱 명확하게 드러난다.

我对他获奖表示祝贺。나는 그의 수상에 축하의 말을 전했다.

他对给你带来的麻烦表示歉意。그는 네게 폐를 끼친 것에 대해 사과의 말을 전했다.

你救了我的孩子，对此，我向你表示衷心的感谢。

(네가) 우리 아이를 구해주어서, 이에 대해, 나는 네게 진심으로 감사의 마음을 전한다. ('对'의 목적어는 '此'로, 사건을 지시함)

B. '向'은 면대면 여부와 무관하게 진술에 모두에 사용할 수 있다.

这时老马的姐姐在一旁向我介绍说……

이때 라오마의 누나는 한쪽에서 내게 소개하며 말하길…… (얼굴이 반드시 발화자를 향할 필요 없음)

那个老汉向柜子一挥手，慷慨地说："看吧！"

그 노인은 수납장을 향해 손을 한번 흔들더니 강개하게 말했다. "보시오!" (상동)

C. '向'의 술어는 '着'를 취해 동작의 지속을 나타내거나 보어를 취할 수 있으나, '对'는 불가능하다.

孩子们争先恐后向我诉说着。아이들은 앞을 다투며 나에게 하소연하고 있다.

用录音这种方式，向家人诉说明白。녹음의 방식을 통해 가족에게 확실하게 호소했다.

出发前一天，我向队员说好明天早6点15分在大门口集合去机场。

출발 하루 전, 나는 대원들에게 내일 아침 6시 15분에 정문에서 집합하여 공항으로 간다고 말해두었다.

D. 술어동사로 '请假휴가를 내다, 汇报보고하다, 宣布선포하다, 宣传홍보하다' 등이 사용되고 그 뒤에 '说……'가 출현할 경우, 일반적으로 '对'가 아닌 '向'을 통해 그 대상을 도입한다.

他向主任请假说他明天到医院去做个检查。

그는 주임에게 휴가를 내면서 내일 병원에 검사를 받으러 가야 한다고 말했다.

老李向领导汇报说我们超额完成了任务。

라오리는 상사에게 보고하며 우리가 임무를 초과 달성했다고 말했다.

大会主席向大家宣布说，会议延长半个小时。

대회 주석은 모두에게 회의를 30분 연장한다고 선포했다.

'对'와 '向'은 모두 '外'를 목적어로 취할 수 있다. '对外'는 주로 관형어로 사용되어 '对内'와는 차이를 보인다. '向外'는 대개 관형어로는 사용되지 않고 부사어만을 충당한다.

小张负责对外宣传工作。샤오장은 대외홍보업무를 담당하고 있다.

在没有最后决定之前，请不要对/向外宣传。최종 결정이 있기 전에는 외부에 알리지 마세요.

(3) '对'는 보통 '向'과 같이 비대면이나 원거리에서 이루어지는 정보 전달에는 사용할 수 없다. 특히 상하 관계의 정보 전달에 사용하지 않는다. (상세 내역은 '向' (2) A 참조)

(4) '了解이해하다/알아보다', '提(要求)(요구사항을) 제기하다' 등의 동사는 '对'와 '向'에 모두 사용할 수 있지만, 의미상 차이가 존재하며 문장 구조에도 차이가 나타난다.

我向他了解了这个学生的情况。

나는 그에게 이 학생의 상황에 대해 알아보았다. ('向'이 도입하는 '了解'의 대상은 '情况'의 기원인 '他')

她是研究中国文化的，对中国文化比较了解。

그녀는 중국 문화를 연구하므로 중국 문화에 대해 잘 이해하는 편이다. ('对'가 도입하는 '了解'의 대상은 내용)

他向我提了两个要求：第一， 要求给他安排一个干净的房间；第二， 给他安上电话、配上

电脑。 그는 내게 두 가지 요구사항을 제기했다. 첫째, 그에게 깨끗한 방 하나를 제공할 것, 둘째, 그에게 전화와 컴퓨터를 설치해 줄 것. ('我'가 '他'를 위해 어떠한 조건을 제공할 것을 요구)

他对我提了两个要求：第一，上课不能迟到；第二，按时交作业。

그는 내게 두 개의 요구사항을 제기했다. 첫째, 수업에 지각하지 말 것, 둘째, 제때 숙제를 제출할 것. ('我' 스스로 할 수 있는 것을 요구)

(5) '안부'를 간접적으로 전달하는 등의 의미를 나타낼 경우, '向'은 '전달' 또는 안부의 대상을 직접 도입할 수 있다. '向'자구는 보통 부사어로 사용되며 관형어로는 사용되지 않는다. 반면, '对'는 '안부'의 대상을 도입하지만, 이러한 구는 동사의 관형어로만 사용되며 부사어로는 사용되지 않는다. 한 문장에 개사 '向'과 '对'가 동시에 출현할 경우 그러한 차이가 분명히 드러난다.

请代我向(＊对)你父母问好。 내 내신 부모님에 안부를 물어줘.

请向她转达我对她的问候。 그녀에게 내 안부를 전해줘.

＊请对她转达我向她的问候。

我祝贺她，请她转致我对(＊向)她父母的亲切问候。

나는 그녀를 축하하고, 그녀에게 그녀 부모님에 대한 나의 안부를 전해달라고 했다.

'给'와 '向, 对, 跟'의 비교 분석

(1) 동사 '给'는 '주다'의 의미를 나타낸다. '给'가 개사로 사용될 경우에도 동작을 통해 어떠한 사물(구체적/추상적, 유형/무형)이나 동작 등의 대상에게 '시혜'의 의미를 나타내게 된다. 따라서 개사 '给'의 목적어는 '给' 앞 행위자로부터 무엇인가를 획득하게 된다(대부분은 이익을 얻으나, 일부 피해를 입는 경우도 있음).

주의: '给' 뒤에는 언어적 전달을 나타내는 동사는 출현하지 않는다. 아래는 학습자의 오류이다.

＊请替我给大家宣布。

고친문장: 请替我向大家宣布。 나를 대신해 사람들에게 선포해주세요.

＊他给爸爸敢说假话。

고친문장: 他敢跟爸爸说假话。 그는 감히 아빠에게 거짓말을 한다. ('跟'은 '对'로 대체 가능)

(2) '向'은 구체적인 사물을 제공하는 대상을 도입한다. 술어동사로는 주로 '提供제공하다, 赠送증정하다, 颁发수여하다'와 같은 이음절 서면어가 사용된다. 이러한 동사는 정중한 편으로 보통 공식적인 의식을 통한 (물건의) 전달을 나타낸다. '向'은 동작을 대상으로 취할 수 없으며, 이러한 의미는 '给'를 통해서만 나타낼 수 있다. 아래는 학습자 오류이다.

＊我要向你看看照片儿。

고친문장: 我要给你看看照片儿。 나는 너에게 사진을 좀 보여주려 한다.

(3) '给'가 사용된 문장은 때로 중의적으로 해석되기도 한다.

你给我看看信。 나를 위해 네가 편지를 좀 봐줘. / 나에게 편지를 좀 보여줘.

위 문장은 "나는 글을 모르니 네가 대신 봐줘"를 나타내거나 "내가 볼 수 있도록 허락해 줘"

를 나타낼 수 있어 문맥에 따라 서로 다른 의미로 해석된다.

(4) 개사 '给' 뒤의 동사는 보통 '수여하다/주다'의 의미를 나타낸다. 따라서 술어동사가 '획득'의 의미를 나타낼 경우에는 '给'를 사용할 수 없다. 아래는 학습자의 오류이다.

* 他每天给辅导老师学汉语，果然他进步很快。

고친문장: 他每天跟辅导老师学汉语，进步很快。

그는 매일 과외 선생님에게 중국어를 배우는데, 실력 향상이 빠르다.

(5) '给'와 '向'은 주로 사람 또는 사람으로 구성된 집단을 대상으로 도입한다. 반면, '对'는 사람뿐 아니라 사물 역시 대상으로 도입할 수 있다. (상기 '对'와 '向'의 비교 분석 참조)

(6) 위 개사들은 모두 격식적 동작 앞에 주로 사용되지만, 그 의미에는 차이가 존재한다. 동작의 성질에 따라 이를 몇 가지 부류로 세분하면 다음과 같다.

A. 격식성 언어 동작

1) 면대면으로 이루어지는 격식적인 상황의 감사 또는 사과를 나타낼 경우 보통 '向'을 사용한다. '向'은 긍정적인 의미의 '谢谢감사하다', '问候안부를 묻다', '问好안부를 묻다', 부정적 의미의 '道歉사과하다', '认错잘못을 인정하다' 등의 동사나 객관적 진술 및 대화 등에 모두 사용할 수 있다.

小王代表我们向他道了谢。

샤오왕은 우리를 대표해 그에게 감사의 말을 전했다. ('跟'도 사용할 수 있으나 보다 구어적이다. '给'와 '对'는 사용 불가)

现在我跪在你面前，向你老人家道歉道安……

지금 나는 당신 앞에 무릎을 꿇고 당신께 사과하며 안부를 묻고 있다. ('向'은 '给'로 대체 가능. '跟'은 '道歉'의 앞에는 사용할 수 있으나 '道安'에는 사용할 수 없다. '对'는 이러한 문장에 사용할 수 없다.)

'给', '向', '跟'은 명령문에서 누군가로 하여금 다른 사람에게 사과할 것을 요구할 수 있다.

你一定要给他道歉。 너는 반드시 그에게 사과해야 한다. ('给'는 '对'로 대체 불가)

술어로 '认错잘못을 인정하다', '道歉사과하다'이 사용되었을 경우, '给'나 '对'는 사용할 수 없다.

他本来想向她认错道歉。但一时又克服不了男人的自尊心。

그는 본래 그녀에게 잘못을 인정하고 사과하려고 했다. 하지만 순간 또 남자의 자존심을 굽히지 못했다. ('向'을 '跟'으로 대체 가능)

2) 타인에게 감사나 사과의 뜻을 전할 것을 부탁할 경우 보통 '向'을 사용한다.

你一定要代我向她道谢/道歉。

반드시 그녀에게 내 감사/사과를 전해줘. ('给', '对', '跟'은 이러한 문장에 사용할 수 없음)[12)]

3) 면대면으로 이루어지는 격식성 동사에 존경의 의미가 담겨 있을 경우 주로 '给'를 사용한다(이는 '给'의 '시혜' 의미와 관련됨).

给您老人家拜年/祝寿。 당신께 새해 인사/생신 축하 인사를 드립니다. ('向'은 거의 사용되지 않음)

---

12) 500만자 규모의 말뭉치를 조사한 결과, '道歉'의 대상은 모두 '向'을 통해 도입하고 있었다.

동작의 수용자가 다수이거나 행위자로부터 멀리 떨어져 각지에 퍼져 있는 경우에는 '向'을 사용할 수 있다.

我们给/向全国人民拜年。우리는 전 국민에게 새해 인사를 드린다.

이 같은 용법에서는 '跟'이나 '对'를 사용할 수 없다.

B. 격식성 신체 동작

이러한 동작의 앞에는 보통 '跟'은 사용하지 못한다. 반면, '给', '向', '对'는 사용할 수 있지만, 그 의미에 차이가 있다.

孩子给/向老人鞠了一躬。아이는 노인에게 허리를 굽혀 인사를 했다. ('对'는 사용 불가)

给/向老师行礼。선생님께 인사를 드린다. ('对'는 사용 불가)

向国旗行礼。국기에 대해 경례를 하다. ('给' 및 '对'는 사용 불가)

我们对着/向孙中山像鞠了一躬。

우리는 쑨중산 동상을 마주보고/향해 허리 굽혀 절했다. ('孙中山像'은 우상이므로, '给'는 사용할 수 없음)

像遗体告别。유해에 작별을 고하다. ('给', '对' 사용 불가)

상기 예문을 통해 알 수 있듯, 격식성 신체 동작을 나타내는 동사 앞에는 사람(살아있거나 이미 사망한)이나 사물을 모두 목적어로 취하는 '向'이 가장 광범위하게 사용된다. '给'는 보통 살아있는 사람을 목적어로 취하며, '对'는 '鞠躬절하다' 등 일부 동사의 대상을 도입하는데 이때 대상은 사람 또는 우상을 나타내는 사물일 수 있다.

C. '给', '向', '对'는 '提(意见, 建议)(의견, 건의)제시하다'와 같은 동작의 대상을 도입한다. 대상이 사람이면 주로 '给'를 사용하지만(성의를 나타내며, '시혜'를 바람), '向'도 사용할 수 있다. '어떠한 방면에 대한' 의견을 제시할 때에는 주로 '对'를 사용한다. (이는 '对'가 사물을 나타내는 대상을 목적어로 취할 수 있는 것과 관련됨)

希望大家给(向)(?对)我们提出宝贵意见。여러분이 우리에게 귀중한 의견을 제시해주시기를 바랍니다.

希望大家对我们的工作提出宝贵意见。

여러분이 우리의 업무에 대한 귀중한 의견을 제시해주기를 바랍니다.

이러한 차이는 명령의 의미를 나타내는 겸어문에서도 동일하게 나타난다.

领导们主动请大家向(给)(*对)主要负责人提意见，谈想法，寻求解决问题的出路。

관리자들께서 여러분이 주요 책임자에게 의견을 제시하고 생각을 이야기해서 문제 해결의 방안을 마련할 것을 적극적으로 요청했습니다.

跟, 和, 同, 与

이들 개사의 주요 기능은 수여자를 도입하는 것이다.

'跟'의 기능은 크게 다음 네 가지로 구분할 수 있다.

(1) 동작의 협동 대상을 도입한다.

이 같은 용법의 '跟'은 주로 '一起, 一块'와 공기하며, 다양한 동작동사가 술어로 사용된다.

我们跟老师去那参观过。우리는 선생님과 그곳에 참관하러 간 적이 있다.

她跟朋友一起照了一张相。그녀는 친구와 함께 사진을 한 장 찍었다.

他跟谁一块去旅游的？그는 누구와 함께 여행을 간 거야?

(2) 상호 공동 동작의 대상을 도입한다.

'양방향동사'(朱德熙 1979)[13]인 '谈话이야기하다, 见面만나다, 比赛시합하다, 商量상의하다, 结婚결혼하다, 离婚이혼하다, 订婚정혼하다, 吵架다투다, 打架다투다, 辩论논쟁하다, 讨论토론하다, 联系연락하다, 握手악수하다, 往来왕래하다, 交换교환하다, 下(棋)바둑두다, 相处교제하다' 등은 두 명의 참여자의 공동 참여가 필요한 동작을 나타내며, 이 참여자들은 상호 대칭적인 관계를 가진다.

我要跟你商量一件事情。나는 너와 한 가지 일에 대해 상의하려 한다.

老师在跟学生谈话。선생님께서 학생과 이야기하고 계신다.

이러한 동사의 대상은 동사의 목적어를 직접 충당하지 못하고, '跟' 등의 개사와 함께 개사구를 이루어 술어동사 앞에 위치해야 한다.

(3) 관련된 대상을 도입한다.

이러한 용법은 두 참여자 사이의 관계나 연계를 나타내므로, '有있다', '是이다', '成되다' 및 양자 간의 관계를 나타내는 명사와 함께 사용된다.

这件事情跟我没有关系。이 일은 나와 관계가 없다.

小刘跟老李好像有矛盾。샤오류와 라오리는 갈등이 있는 것 같다.

他跟老马成了好朋友。그와 라오마는 좋은 친구가 되었다.

小张跟小林是同学。샤오장과 샤오린은 학교 친구이다.

'有'는 주로 '关系관계, 矛盾갈등, 分歧이견, 缘分인연, 交情친분' 등의 명사를 목적어로 취하지만, '交往교제하다, 来往왕래하다, 联系연락하다'와 같은 동사 역시 목적어로 취할 수 있다. '是이다, 成(为, 了)되다' 뒤에는 주로 '朋友친구, 夫妻부부, 父女부녀, 母子모자, 邻居이웃, 同事동료, 亲戚친척, 仇人원수, 敌人적, 对手라이벌'와 같은 명사가 사용된다.

이러한 명사의 앞에는 동사 '产生생기다, 失去잃다, 发生발생하다, 保持유지하다'를 사용하여 어떠한 관계나 연계를 나타낸다.

毕业以后我跟他一直保持联系。졸업 후 나는 그와 줄곧 연락하고 있다.

在这一点上他跟老师产生了意见分歧。이 점에 있어 그는 선생님과 의견상 이견이 생겼다.

13) 덴마크의 언어학자 Otto Jespersen은 그의 저서《문법의 철학(The philosophy of grammar, 중문명 语言哲学)》에서 이러한 동사는 '상호작용'의 특징을 가진다고 하였다. 朱德熙는《'的'字结构和判断句》(1979)에서 이를 '双向动词(양방향동사)'라고 칭했으며, 이후《语法讲义》에서는 '对称性动词(대칭동사)'로 변경하였다(《朱德熙文集》(1999) 참조). 이에 대해 李临定(1990)은 '复指动词(복합지시동사)', 刘丹青(2000)은 '相互性动词(상호동사)'의 용어를 사용하고 있다. 다만 교학 현장에서 학습자에게 비교적 용이하게 수용되는 것은 '双向动词(양방향동사)'이므로, 본서에서도 이를 사용하기로 한다.

(4) 비교의 대상을 도입한다.

술어동사로 보통 '一样같다, 相同동일하다, 相似유사하다, 差不多비슷하다, 不同다르다, 相反상반되다' 등이 사용된다.

他戴的帽子跟我的一样。그가 쓴 모자는 내 것과 같다.

我家乡的气候跟这里的很不一样。내 고향의 기후는 이곳과 매우 다르다.

小李的个子跟我差不多。샤오리의 키는 나와 비슷하다.

听说他的想法跟你的不同。그의 생각은 너와 다르다고 한다.

'跟'은 또한 '比비해, 相比비교하다, 比较비교하다' 등과 함께 사용하기도 한다.

跟甲队相比，乙队的力量好像弱一些。갑팀과 비교해 을팀의 역량이 좀 떨어지는 것 같다.

跟过去比，我们现在的生活真是一个天上，一个地下。
과거와 비교해 우리의 현재 생활은 정말 하늘과 땅 차이이다.

(5) 단방향 동작의 대상을 도입한다.

'跟'개사구와 사용할 수 있는 단방향동사는 많지 않은데, 주로 교제 활동과 관련된다. 이러한 동사로 '说말하다, 打(招呼)인사하다, 点(头)(고개를) 끄덕이다, 招手손짓하다, 道谢감사하다, 开(玩笑)농담하다, 发(脾气)화내다, 发(火)화내다, 撒娇애교부리다, 使(眼色)눈짓하다' 등이 있다.

你不要随便跟孩子发火啊！함부로 아이에게 화내지 마!

他跟我使了个眼色。그는 내게 눈짓을 했다.

(6) 획득류 동작의 대상을 도입한다.

'跟' 뒤 동사로 '学배우다, 要원하다, 借빌리다, 争取쟁취하다, 要求요구하다, 打听알아보다, 了解이해하다/알아보다' 등이 출현하며, 주로 구어에서 사용된다.

她现在在跟中国老师学二胡。그녀는 현재 중국 선생님에게 얼후를 배우고 있다.

我想跟您打听一个人。나는 당신에게 한 사람에 대해 좀 물어보고 싶다(알아보고 싶다).

他总跟我借钱。그는 늘 내게 돈을 빌린다.

'跟'과 '和, 同, 与'의 비교 분석

'和, 同, 与'의 용법은 '跟'과 상당히 유사하다. '跟'과 '和'는 주로 구어에 사용되고, '同, 与'는 보통 서면어에 사용된다. '跟'의 (6)번 용법을 '同'과 '与'는 나타내지 않는다. '和'는 '借빌리다', '要요구하다'와 같은 동사의 앞에 사용할 수 있지만 '学배우다, 争取쟁취하다, 要求요구하다, 了解이해하다/알아보다' 등의 동사 앞에는 사용하지 않는다. 술어동사가 '道谢감사하다, 道歉사과하다, 发(脾气)화내다'인 경우에는 대개 '跟'을 사용하고, '和, 同, 与'는 거의 사용하지 않는다.

'跟'과 '向'의 비교 분석

'向'과 '跟'은 모두 획득 의미의 동사에 사용될 수 있다.

我跟/向他借了几本小说。나는 그에게 소설 몇 권을 빌렸다.

需要纸的话，就跟/向李老师要吧。종이가 필요하면 이 선생님께 달라고 해라.

하지만 개사 '跟'과 '向'의 용법에는 아래와 같은 차이가 있다.

(1) '向'은 주로 서면어 및 비교적 정중한 상황에 사용되는 반면, '跟'은 대개 구어에서 사용된다. '向'과 함께 자주 사용되는 서면어 동사 '询问문의하다, 索取요구하다'는 '跟'과는 사용되지 않는다.

(2) '向'은 '求援원조를 청하다, 求救구조를 청하다'와 같은 비대면, 원거리 요구 동사와 사용할 수 있으나, '跟'은 이러한 동사의 대상을 도입하지 않는다.

(3) 동사로 '学习공부하다'가 사용될 경우, '跟' 뒤에서는 목적어를 취할 수 있으나, '向' 뒤에서는 목적어를 취할 수 없다.

我现在在跟李老师学书法。나는 현재 리 선생님께 서예를 배우고 있다.

？我现在在向李老师学书法。

(4) 어떤 사람의 정신을 배우다의 의미를 나타낼 경우, 주로 '向'을 사용하며 '跟'은 사용할 수 없다.

全国人民都要向英雄学习。모든 국민은 영웅에게 배워야 한다.

？全国人民都要跟英雄学习。

四. 시공간 개사

在

개사 '在'의 주요 기능은 다음과 같다.

(1) 장소를 도입한다.

'在'는 장소를 나타내는 명사와 함께 개사구를 형성한다. 문장에서 크게 세 가지 위치에 출현할 수 있다.

1) '在'자구는 주어 뒤에서 동작이 진행되거나 발생한 장소를 나타내는 부사어로 사용된다.

她在商店买东西。그녀는 상점에서 물건을 산다.

爸爸在医院工作。아빠는 병원에서 일한다.

이 같은 예문에서 '在'는 사실상 개사의 기능(동작이 진행되는 장소를 나타냄)과 부사의 기능(동작의 진행이나 지속을 나타냄)을 모두 나타낸다. 반면, 문장의 술어동사가 주기적이거나 일회적인 동작을 의미할 경우 '在'는 동작의 발생 장소를 나타내는 개사의 기능만을 담당한다.

她常在这个商店买东西。그녀는 주로 이 상점에서 물건을 산다.

我每天在食堂吃饭。나는 매일 식당에서 밥을 먹는다.

일회성 동작은 보통 이미 완성된 경우를 나타내며, 동사의 뒤에는 '了'나 보어를 취한다.

他在新华书店买了一本汉语词典。그는 신화서점에서 중국어 사전 한 권을 샀다.

小刘在展览馆参观了一次。샤오류는 전시관에서 한 차례 참관했다.

老人在马路上摔倒了。노인은 길에서 쓰러졌다.

상기 예문은 모두 '在'의 대표적인 기능을 보여준다. 즉, 어떠한 장소에서 이루어지거나 발생한 동작동사는 모두 '在 + 장소사' 뒤에 출현할 수 있는 것이다. 이 같은 '在'의 기능과 관련하여 아래 몇 가지 사항에 대한 주의가 필요하다.

① 평서문에서 동작이 발생한 장소(도구 포함)를 도입하는 '在'는 보통 생략할 수 없다. 아래는 학습자의 사용 오류이다.

＊我爸爸公司工作。

＊我会电话里告诉你。

＊校园里，我认识了几个朋友。

다만, 동작이 발생한 두 개 또는 그 이상의 장소가 하나의 문장에 열거되어 병렬 관계를 나타낼 경우에는 '在'를 생략할 수 있다.

大家一起学习了好几年，一个食堂吃饭，一个教室上课，一个宿舍楼住着，同学之间的感情还真是挺深的。
모두 몇 년을 같이 공부했는데, 한 식당에서 밥 먹고, 한 교실에서 수업하고, 한 기숙사에서 살아서 학생들 간의 정이 정말 매우 깊다.

哥俩从一个锅里吃饭，一个炕上睡觉，彼此的脾气谁都知道。
두 친구는 한솥밥을 먹고, 한 침대에서 자서 서로의 성격에 대해 누구보다 잘 안다.

하지만 이 경우 장소사 앞에는 반드시 '(同)一个'가 사용되어야 한다.

명령문에서도 '在'가 생략될 수 있는데, 다음과 같은 경우이다.

A. 발화자가 청자에게 동작의 장소나 위치의 변경을 건의하는 경우로, '谈말하다, 聊한담하다, 说말하다, 坐앉다, 休息쉬다' 등의 동사에만 한정된다.

里面吵，我们门口聊吧。안은 시끄러우니 우리 입구에서 이야기하자.

这里不便说话，办公室里说吧。여기는 이야기하기 불편하니 사무실에서 이야기하자.

客人们请屋里休息吧。손님들께서는 집 안에서 쉬세요.

请(到)前边坐吧。앞쪽에 앉으세요.

이러한 발화류 동사의 동작은 하나의 참여자가 일방적으로 진행하지 못하는 양방향적 특징을 가진다. 따라서 '你屋里谈'이나 '我屋里谈'과 같이 사용할 수 없다. 또한 발화시 두 참여자는 모두 문장에서 언급하는 장소에 위치하지 않으며, 현재 진행 중이거나 이미 발생한 동작을 나타내지 못한다. 이때 동사는 동태조사 '着', '了', '过'를 첨가하지 않고 단독으로 사용한다. 한편, '坐앉다', '休息쉬다'와 같은 동작은 단독으로 진행할 수 있는 동작으로, 이러한 동사의 2인칭 주어는 주로 생략된다. 또한 상기 예문은 장소사 앞의 개사 '到'가 생략된 것으로 볼 수 있다.

B. 만나거나 조우하기로 약속한 장소에 사용되며, 이때 동사는 '见만나다'에 한정된다.

明天咱们飞机场见。내일 우리 공항에서 만나.

我们法庭见。우리 법정에서 보자.

咱们2008年北京见。우리 2008년 베이징에서 만나.

이러한 동작 역시 양방향적 특징을 가지므로, 참여자 일방이 단독으로 진행할 수 없다. 따라서 '明天你飞机场见'은 사용할 수 없다. 전체 문장은 미실현의 동작을 나타내고, 발화시 두 참여자는 문장에서 언급하고 있는 장소에 위치하지 않는다.

② 장소를 부정할 경우 '不'는 술어동사가 아닌 '在'의 앞에 첨가해야 한다.

她不在家吃饭。그녀는 집에서 밥을 먹지 않는다.

다만, 동작을 부정할 경우에는 '不'가 술어동사 앞에 첨가된다. 이러한 문장의 뒤에는 대부분 보충 설명을 위한 후속절이 추가된다.

她在家不做饭，她妈妈做。그녀는 집에서 밥을 하지 않고, 그녀의 엄마가 한다.

③ 동작의 발생 및 진행의 장소를 나타내는 '在 + 장소'구는 주로 술어동사 앞에 위치하며, 동사의 뒤로 이동할 수 없다. 아래는 학습자 오류이다.

＊我们踢球在操场。

＊他们上课在教室。

다만, 아래 두 경우에서는 '在'구가 동사 뒤에서도 사용될 수 있다.

첫째, 장소의 대비를 나타내는 경우 동사 뒤에 출현할 수 있다.

一班上课在二楼，不在三楼。1반은 3층이 아닌 2층에서 수업한다.

둘째, 어떤 장소가 특정 동작을 수행하기에 적합함을 강조하는 관용어(고정 표현)에서 동사 뒤에 위치할 수 있다.

食在广州，穿在苏州，玩在杭州，死在柳州。[14)]

광저우에서 먹고 쑤저우에서 입으며 항저우에서 놀고 류저우에서 죽는다.

다만 이 두 경우의 '在'는 개사가 아닌 동사로 보는 것이 타당하다.[15)]

④ '在'자구의 동사로 '站서다, 坐앉다, 躺눕다, 睡자다, 蹲쪼그려 앉다, 跪무릎 꿇다'가 사용된 경우, 동사 뒤에 '着'를 추가하여 동작 상태가 존재하는 장소를 나타낸다.

他在床上躺着。그는 침대에 누워 있다.

警察在大街上站着。경찰이 대로에 서 있다.

'在 + 장소사'는 위와 같은 동사의 뒤에도 출현할 수 있으나, 이 경우 의미에 차이가 발생한다(상세 내용은 아래 참조).

2) '在'자구는 술어동사 뒤에서 보어로 사용되어 동작 발생 후 행위자 또는 대상자(주로 한정적)가 체류, 고정, 부착, 존재하는 장소나 위치를 나타낸다.

---

14) [역주] 원문은 "吃在苏州，玩在苏州；食在广州，死在柳州。" 이지만 실제로는 상기와 같이 사용된다.

15) [역주] Li & Thompson(1981[1989]: 44-46)이 주장한 것처럼 중국어는 VO언어이지만 OV언어의 특징도 동시에 갖고 있다. 그중 하나가 개사의 어순이 전치하는 경우뿐 아니라 후치하는 경우도 있다는 것이다. 언어 유형학적 관점에서 개사는 동사와 명사 간의 통사관계와 의미관계를 연결해 주는 역할을 하는 것으로 상기 예문에서 '在'는 앞에 있는 술어와 뒤에 오는 명사를 연결해 주는 개사로 볼 수도 있다(문유미 2019 참조).

我把车子停在了教室的门口。나는 차를 교실 문 앞에 세워두었다.

书就放在课桌上吧。책은 교실 책상 위에 놓아두어라.

他坐在小王的后面。그는 샤오왕의 뒤에 앉았다.

이 같은 '在'자구의 앞에 출현하는 동사로는 발생과 소실을 나타내는 '死죽다, 生나다, 发生발생하다, 消失사라지다, 出现출현하다, 生长성장하다' 등과 사람의 본연적인 동작이나 자세를 나타내는 '住살다, 停서다, 躲숨다, 坐앉다, 躺눕다, 睡자다, 蹲쭈그려 앉다, 跪무릎 꿇다, 趴엎드리다' 및 '放놓다, 留머무르다, 搁놓다, 堆쌓다, 横가로놓다, 装분장하다, 卸짐을 내리다, 填채우다, 塞집어넣다' 등 '放'류 동사와 '挂걸다, 写쓰다, 画그리다, 贴붙이다, 刻새기다, 镶끼워넣다, 嵌새겨넣다' 등 '挂'류 동사가 있다. 이중 '放'류 동사와 '挂'류 동사는 동사 뒤 '在'자구 앞에 '양사 + 목적어'를 삽입할 수 있다.

为了表示座位已经有人，他放了一本书在座位上。

자리에 이미 사람이 있다는 것을 나타내기 위해 그는 책 한 권을 자리에 놓아두었다.

为了防止回来时迷路，我刻了个记号在树上。

돌아올 때 길을 잃지 않기 위해 나는 나무에 표시를 새겨두었다.

다만 이러한 형식은 어떠한 목적을 위해 특정 장소에 무엇인가를 놓은 경우에만 제한적으로 사용되며, 문장에는 비한정성 양사가 반드시 출현해야 한다. 한편, 문장이 명령, 청유, 상의의 어기를 나타내고 동사에 명확한 부착의 의미가 있는 경우에는 술어의 자·타동성과 무관하게 '在'를 생략할 수 있다.

咱们坐前边吧。우리 앞에 앉자.

包放沙发上吧。[16] 가방은 소파 위에 놓아라.

상기 예문의 동사는 모두 부착의 의미를 나타내며, 동사 뒤 '在 + 장소사'는 동작의 종결점을 나타낸다. 하지만 동사 자체에 부착의 의미가 없는 경우에는 '在'를 생략할 수 없다.

他死在路上。그는 길 위에서 죽었다. ＊他死路上。

她消失在人群中。그녀는 군중 속으로 사라졌다. ＊她消失人群中

事情发生在老王家里。일은 라오왕의 집에서 발생했다. ＊事情发生老王家里。

我生长在北京。나는 베이징에서 나고 자랐다. ＊我生长北京。

3) '在'자구는 주어 앞에서 부사어로 사용되어 동작의 발생 장소 및 사물이 존재하거나 출현한 장소를 나타낸다. 이러한 문장에서 동작의 대상자는 보통 비한정적 특징을 가지며 양사를 수

---

16) 베이징 구어나 베이징 구어로 쓴 작품에서는 이러한 문형의 동사 뒤 개사 '在' 역시 자주 생략된다.

今晚我就住这儿了。오늘 밤 나는 여기에 머물 것이다.

她今晚睡炕上。그녀는 오늘 밤 온돌 위에서 잘 것이다.

笔掉地上了，快捡起来。펜을 바닥에 떨어뜨렸으면 빨리 주워라.

十年以来，我一直把这句话记载心上，从未忘记过。십 년 동안 나는 줄곧 이 말을 마음에 새기고 잊은 적이 없다.

他把帽子挂衣架上了。그는 모자를 옷걸이에 걸었다.

孟庆海(1987)는 "우리가 접한 베이징 구어에서는 동사와 장소목적어 사이에 '在'를 사용할 경우 오히려 어색하게 느껴지는 경우가 있다. 또한 이러한 경향이 점차 광범위하게 전파되고 있다. 이는 베이징 구어의 발전 양상으로 볼 수 있을 것이다"라고 하였다.

반해야 한다.

在桌上，我留了张条子。 테이블 위에 나는 쪽지를 남겨두었다.

在墙上，他画了一幅很大的漫画。 벽에 그는 매우 큰 만화를 하나 그렸다.

在一个黑糊糊山洞里，我们发现了一个皮箱。

이 어둑어둑한 동굴에서 우리는 가죽 트렁크를 하나 발견했다.

① 이러한 문장은 주로 동작이 발생한 장소를 강조하는 경우 사용된다. 다양한 의지·비의지 동사가 이 같은 문형에 사용될 수 있으며, 문장은 각종 상태(발화시 또는 미래의 상태, 상태의 지속, 동작의 진행 상태 등), 이미 완성된 동작 및 주기적 동작을 나타낸다.

(在)教室里，同学们正在讨论问题。 교실에서 학생들이 문제에 대해 토론하고 있다. (진행상)

(在)机场上，运动员们受到了首都人民的热烈欢迎。

공항에서 선수들은 수도 시민의 뜨거운 환영을 받았다. (피동문)

(在)单位里，人们说他与妻子是"牛郎织女"，又叫他"一头沉"。

직장에서 사람들은 그와 그의 아내를 '견우직녀'라 말하지만, 또한 그를 '장거리 부부'라고도 부른다. (평론)

(在)法庭上我一定会赢。 법정에서 나는 반드시 이길 것이다. (미래의 상태)

(在)大山深处，住着一位老人。 산속 깊은 곳에 노인 한 명이 살고 있다. (상태의 지속) △

(在)广场的入口处，横着一块石碑。 광장 입구에 비석이 하나 가로로 놓여있다. △

在大街上，他遇到了一位老朋友。 대로에서 그는 옛 친구를 만났다. (동작이 특정 장소에서 발생한 경우)

在舰上，我当过他的班长。 군함에서 나는 그의 반장이었다. (상동)

在很多人聚集的地方，我们贴了一张广告。

많은 사람이 모인 곳에 우리는 광고 한 장을 붙였다. (동작이 특정 장소에서 실행된 경우)

在拘留所里，她交代了作案的经过。 구치소에서 그녀는 범행의 경위를 설명했다. (상동)

在黄土高原上，一些人住在窑洞里。

황토고원에서 일부 사람들은 토굴에서 산다. (동작이 특정 장소에서 취할 수 있는 특정 방식으로 이루어진 경우)

在三轮车上，你可以随便欣赏周围的景色。

삼륜차에서 너는 마음대로 주위의 경치를 감상할 수 있다. (동작이 특정 장소에서만 완성될 수 있는 경우)

상기 예문에서 괄호 안의 '在'는 장소를 강조하지 않을 경우 생략할 수 있다. '在'를 생략할 수 있는 문장은 대부분 상태를 나타내며 동작성이 강하지 않은 특징을 보인다. '△'를 추가한 예문은 '在'를 사용하지 않으면 일반적인 존현문[17]으로 사용되는 경우이다(하권 제2편 제2장 제15절 참조).

② 한편, 괄호를 사용하지 않은 '在'는 생략이 불가능한데, 이러한 문장은 모두 해당 동작이

17) [역주] 어떤 장소에 확실히 모르는 어떤(비한정) 사람/사물이 존재함을 나타내거나(존재문) 어떤 장소/시간에 확실히 모르는(비한정) 사람/사물이 출현하거나 사라짐을 나타내는 문장(출현 - 소실문)을 합쳐서 '존현문'이라 하며, 그 형식은 '장소/시간 + 존재/출현/소실 동사 + 비한정 사람/사물'이다. 존현문의 주어는 개사 '从', '在' 등을 사용하지 않고 시간/장소 명사가 직접 사용되며, 목적어는 확실하지 않은 대상, 즉 비한정적인 사람이나 사물이 사용되어야 한다. 따라서 존현문의 목적어로 수량구의 수식을 받는 명사구가 주로 사용된다.

어떤 특정한 장소에서 발생하고 실현된 것임을 강조한다. 또는 특정 장소에서만 완성될 수 있거나 그곳에서만 실행할 수 있는 특별한 방식을 취했음을 나타낸다.[18] 이처럼 '在'를 생략할 수 없는 문장의 술어동사는 모두 비교적 강한 동작성을 가진다.

③ 사람이나 사물의 공간적 위치 변화를 중심으로 서술이 이루어지는 문단의 경우, 문두 장소사 앞의 '在'는 생략할 수 없다.

在家中，太太掌管财政大权……**在**商场上，贸易经营也全是女人的天下……**在**市场里，女人们常成群结伙大吃大喝……**在**这个城市里，女人是参政、主权的女皇。

집에서는 부인이 재정을 관리하고……상점에서는 무역 경영 역시 모두 여인의 손에서 이루어지며……시장에서는 여성들이 자주 무리를 이루어 먹고 마신다……이 도시에서는 여인이 참정과 주권의 여황제이다.

상기 예문은 총 네 개의 문장으로 이루어진 문단이다.

④ 서로 다른 두 장소에서 나타나는 상황에 대한 대비 또는 대구가 이루어지는 병렬문에서는 장소사 앞에 반드시 '在'가 사용되어야 한다.

在家里没有时间看报，**在**公司里倒可以轻闲地看报吗？

집에서는 신문 볼 시간이 없더니, 회사에서는 도리어 한가롭게 신문을 볼 수 있는 거야?

在课堂上我是你们的老师，**在**课堂外我就是你们的朋友。

교실 안에서는 내가 너희의 선생님이지만, 교실 밖에서는 나는 너희의 친구이다.

이처럼 개사 '在'는 사건이 발생한 특정 장소를 부각하고 강조하는 역할을 하며, '在 + 장소명사'는 대비의 기능을 가진다.

⑤ 문단의 서술이 하나의 주제에서 또 다른 새로운 주제로 전환될 때, 새로운 주제의 문두 장소 부사어에는 개사 '在'가 사용되어야 한다. 이는 문두의 '在 + 장소사'가 '새로운 화제 도입'의 기능을 가지기 때문으로, 이를 사용하지 않을 경우 주제의 전환이 갑작스럽게 느껴지게 된다.[19]

小伙子迟疑了一会儿，一步跨到前面，迎着风雨刮来的方向，像挡风的墙一样站着。**在**他宽大的身躯后面，老头、姑娘和中年妇女慢慢挤到了一起。

녀석은 잠시 망설이더니, 한걸음에 앞으로 나와 비바람이 불어오는 방향을 향해 마치 방풍벽처럼 서 있었다. 그의 건장한 체구 뒤로 노인, 아가씨, 중년의 여인은 천천히 한 데 모였다.

一早一晚，小镇上的人们喜欢到林中去散散步。**在**这儿，空气和心灵都得到了净化。

아침저녁으로 마을 사람들은 숲으로 산책가는 것을 좋아한다. 여기에서 공기와 마음은 모두 정화된다.

(상기 두 예문은 王一平 1999 인용)

---

18) 吕文华(1997)는 "문두에서 부사어를 충당하는 지명, 기관 등의 장소명사가 동시에 공간적 의미나 사물의 특징을 나타내고 더불어 공간적 특징을 강조할 필요성이 있는 경우, 명사 뒤에 방위사를 사용(고유명사 제외)하거나 명사 앞에 '在'를 사용한다." 며 "부사어를 충당하는 장소명사 뒤에 방위사가 사용될 경우 개사 '在'는 사용하거나 생략할 수 있다."고 하였다. 필자는 추가적인 조사와 비교 작업을 바탕으로 吕文华(1997)의 결론을 일부 수정하였다.

19) [역주] 여기에서의 '주제'는 모두 '화제'와 같은 개념이라 할 수 있다. 다만 필자는 일상적 표현으로서 대화의 주제를 '주제'라 표현했으며, 언어학 용어로서 '화제'를 사용하였다.

첫 번째 예문의 주제는 '小伙子'에서 후속절의 '在他宽大的身躯后面'을 통해 '小伙子' 뒤의 사람, 즉 '老头、姑娘和中年妇女'로 전환된다. 두 번째 예문의 경우, 첫 주제는 '小镇上的人们'이지만, 후속절에서는 '空气' 및 사람들의 '心灵'으로 전환되었다. 이 같은 주제 전환은 '在这儿'의 연결을 통해 완성된다. 즉, '在 + 장소명사'는 문단에서 새로운 화제를 도입하는 기능을 담당한다.

⑥ 하나의 문단에서 주제는 동일하지만 앞·뒤 의미가 서로 상반되거나 대립되어 동일한 사람/사물이 각기 다른 장소에서 서로 다른 상태에 있음을 나타낼 경우, 후속절은 대개 역접의 접속사로 시작되며, 이때 역접 접속사 뒤에서 장소를 도입하는 '在'는 생략할 수 없다.

春已有了消息，树枝上的花苞已显出红色。但**在**这个大杂院里，春并不先到枝头上，这里没有一棵花木。

봄은 이미 소식을 전해와 나뭇가지의 꽃봉오리가 붉은색을 내비친다. 하지만 이 공동주택에서 봄은 나뭇가지에 먼저 오지 못하는데, 이곳에는 꽃나무가 없기 때문이다.

这是一个快要倒塌的旧宅子，但**在**专家眼里，它却是珍贵的文物。

이것은 곧 무너져 내릴 것 같은 낡은 주택이지만 전문가의 눈에는 오히려 진귀한 문물이다.

상기 두 예문의 '在 + 장소명사' 역시 특정 장소를 강조하는 기능을 담당한다.

(2) 통신 방식, 도구를 나타내는 명사를 도입한다(현재는 '电话里' 및 '网上'에 국한되며, 사실상 이들을 특정 공간으로도 볼 수 있음). 이는 비교적 새로운 용법으로, 주로 구어에서 사용된다.

我在电话里通知了他。나는 전화로 그에게 통지했다.

希望经常在网上交流。자주 인터넷으로 교류하길 바란다.

'在' 뒤의 동사는 이러한 통신 방식을 통해 실현되는데, 문장이 평서문이든 명령문이든 '在'는 모두 생략할 수 있다.

这个消息他电话里告诉我了。이 소식을 그는 전화로 내게 알려주었다.

我们网上交谈吧。우리 인터넷으로 이야기하자.

你网上发电子邮件给我。인터넷으로 내게 이메일을 보내.

하지만 동작의 실행이 이러한 통신 도구나 방식을 통할 필요가 없는 경우, '在'는 생략할 수 없다. 따라서 "＊我听见她电话里哭。"는 "我听见她在电话里哭。나는 그녀가 전화로 우는 걸 들었다."로 수정해야 한다.

(3) 존현문의 문두 장소사 앞에는 대부분 '在'가 사용되지 않는다.[20]

我们学校前边有工厂，后边有剧场，南边有一个邮局，东边有一些商店。

우리 학교 앞에는 공장이, 뒤에는 극장이 있고, 남쪽에는 우체국이, 동쪽에는 상점 있다.

图书馆东边是操场。도서관 동쪽은 운동장이다.

山坡上游荡着几只山羊。산비탈에 산양 몇 마리가 노닐고 있다.

---

20) 李临定은 그의 저서《现代汉语句型》에서 127개의 존현문을 예시로 들고 있는데, 이 중 문두에 '在'가 사용된 것은 두 개의 예에 불과하다.

他的脸上现出欢喜和凄凉的神色。그의 얼굴에는 기쁨과 애처로움이 떠올랐다.

地震中，这个城市死了1000多人。지진 중에 이 도시는 1,000여 명이 사망했다.

아래는 존현문의 문두 장소사 앞에 '在'가 사용된 경우이다.[21)]

在这个土坪上，有一片密密麻麻的枣树林。이 평지에 빽빽한 대추나무 숲이 있다.

在左边的墙上是一幅仕女图。왼쪽 벽 위는 미인도이다.

在驴儿胡同口上，无论冬夏老坐着一个老婆婆。

뉘얼 후퉁 입구에는 여름 겨울을 막론하고 늘 할머니 한 분이 앉아 계신다.

이처럼 존현문의 문두 장소사에 사용된 '在'는 사물의 공간적 특징을 강조하는 기능을 담당한다. 하지만 상기 세 예문의 '在'는 모두 생략할 수 있다.

존현문의 문두 장소사 앞 '在'가 사용될 수도, 사용되지 않을 수도 있어 일부 외국인 학습자는 '在'의 사용이 자유롭다고 생각하고 아래와 같은 오류를 자주 범한다(제4절의 오류 분석 참조).

* 在屋里没有人。

* 在桌上摆满了书。

* 在一间屋子住两个人。

* 在南边响起鞭炮声。

그러나 어법구조, 의미 및 화용적 이유로, 존현문의 문두 장소사 앞 '在'는 아래 네 가지 경우에는 사용할 수 없다.

① 문두 장소사가 단독으로 사용된 방위사이거나 방위사로 구성된 연합식, 중첩형 방위구인 경우

上有天堂，**下**有苏杭。위로는 천국이, 아래로는 쑤저우와 항저우가 있다.

东，是几株杂树；**西**，是几间快要倒塌的茅屋。

동쪽은 잡목 몇 그루이고, 서쪽은 곧 무너질 것 같은 초가집 몇 채이다.

南边响起来警笛，那条黑影闪进了驴儿胡同。

남쪽에서 사이렌이 울리자 그 검은 그림자는 뉘얼 후퉁으로 들어갔다.

他仍旧是个孩子，**里里外外**都是。그는 여전히 아이이다. 안팎이 다 그렇다.

靠东墙正中一张条桌，**左右南北**摆着一对小平顶柜。

동쪽 벽 정 중앙 쪽에 긴 테이블이 하나 있고, 좌우남북으로 작은 궤짝 쌍이 놓여있다.

② 존현문이 수량의 공간적 분배나 어떠한 장소에 사람/사물이 '분포'하고 있음을 나타낼 경우

一间屋住两个人。방 하나에 두 사람이 묵어라.

枯干的嘴唇布满了白色的燎泡。바짝 마른 입술에 하얀 수포가 가득하다.

世界各地遍布了中国人的足迹。세계 각지에 중국인의 발자취가 퍼져 있다.

整个村庄笼罩着浓雾。마을 전체에 짙은 안개가 자욱하다.

---

21) [역주] 앞서 역주에서 언급했듯이 존현문의 주어는 개사를 사용하지 않는 것을 특징으로 한다. 따라서 문두 장소사 앞에 개사 '在'가 사용된 경우는 존현문으로 볼 수 없다. 이는 장소부사어로 이해하는 것이 옳다.

이 같은 문장에는 수량사가 출현하거나 '满가득하다, 遍두루 퍼지다, 整완전하다'과 같은 '분포'의 의미를 나타내는 단어가 사용되어야 한다. '배분'의 의미를 나타내는 경우 '在'를 사용할 수도 있지만, 이를 위해서는 문장 구조를 일부 수정해야 하며 의미 역시 달라진다.

一间屋住两个人。방 하나에 두 사람이 묵어라. (동작 발생 전의 수량 분배를 나타냄. 명령문)

在一间屋**里**住**了**两个人。방 하나에 두 사람이 묵었다. (동작이 이미 완성된 이후의 결과를 나타냄. 평서문)

③ '有있다', '没有없다'가 술어동사를 충당하거나, '全/都 + 是', '(강, 중)지속동사 + 了', '동사 + 단순방향보어'(출현을 나타냄) 등이 사용된 존현문의 문두에는 대개 '在'를 사용하지 않는다.

我们学校**有**很多外国留学生。우리 학교에는 많은 외국 유학생이 있다.

墙上并**没有**什么字画。벽에는 별다른 서화가 없다.

街道两旁，**全是**桂花树。대로 양변은 전부 계수나무이다.

码头附近**停了**许多船，都是运菜拉石头的。

부두 부근에 많은 배가 정박해 있는데, 모두 채소나 돌을 나르는 것이다.

窗户纸上已经**抹上**一片红艳艳的霞光。창호지 위에는 이미 붉은 노을이 물들었다.

墙壁倒塌处，**露出**一个屋角。벽이 허물어진 곳에 집 귀퉁이가 드러났다.

院子里**响起**"嘟嘟嘟"的哨子声。정원에서 삑삑 호루라기 소리가 울렸다.

④ 극본에서 장면을 설명하는 시작 부분에는 화용적 필요성에 의해 문두가 장소사로 시작되는 존현문이 자주 사용되는데, 이때 장소사의 앞에는 보통 '在'가 출현하지 않는다. 이러한 문형은 주로 새로운 정보, 즉 어떠한 장소의 정태적 존재, 상태의 출현 등을 소개하는 데 사용된다. 아래는 矛盾의 극본《清明前后》중 장면을 설명하는 단락이다.

更新厂厂主总经理林永清住宅内的一间书房。**正面后方**是一排玻璃窗，下半截装着淡紫色薄纱窗饰。**窗后**是院子，花木扶疏，投影在窗纱上。**窗左首正面**是一道门，**右首墙壁正中**也有一道门，通内室。书房里的家具和陈设相当讲究。**房正中**有一矮脚小圆桌，**桌上**一口大花瓶，插满了各种花。**房角**有高脚花盆架，供着苍松翠柏的盆景……

경신 공장 공장장 린융칭 총지배인 저택의 서재. 정면 후방에는 유리창이 있고, 그 아래에는 옅은 보라색 시폰 커튼이 걸려있다. 창 뒤는 정원으로 무성하게 잘 가꾸어진 꽃과 나무가 창문 커튼에 어른거린다. 창문의 왼쪽 정면은 문이 하나 있고, 오른쪽 벽 중앙에도 내실로 통하는 문이 있다. 서재 안의 가구와 장식은 꽤나 신경을 쓴 듯 보인다. 방의 정중앙에는 작은 원탁이 놓여있고, 원탁 위 큰 화병에는 각종 꽃이 가득 꽂혀있다. 방의 구석에는 키가 높은 화분이 있고 사철 푸른 송백 분재가 심어있다.

'在'는 또한 '在……中/里/内', '在……上', '在……下', '在……之前', '在……之后' 와 같은 환치식 구조(개사와 명사 또는 동사가 앞·뒤에서 호응하여 사용되는 구조)로 자주 사용되는데, 이러한 용법에 대해서는《实用对外汉语难点词语教学词典》에 자세히 설명되어 있다.

往

방위나 장소를 나타내는 명사(구)를 도입하여 동작의 방향을 나타낸다.

请大家往里挤一挤。여러분 안으로 좀 좁혀주세요.

我往下一看，他正从山下往上爬呢。내가 아래를 내려다보니 그가 한창 산 밑에서 올라오고 있었다.

这趟轮船往大连开。이 기선은 다롄으로 간다.

人往高处走，水往低处流。사람은 높은 곳으로 가고 물은 낮은 곳으로 흐른다.

'往' 뒤의 목적어는 때로 동작의 최종 종착점이나 부착된 장소를 나타내기도 한다.

这是你的问题，不要把责任往别人身上推。이건 네 문제이니 다른 사람에게 책임을 전가하지 말아라.

孩子正在把糖拼命往兜里装呢。아이는 사탕을 필사적으로 주머니에 채워 넣고 있다.

'想생각하다, 说말하다, 整괴롭히다, 观察관찰하다, 追쫓다' 등이 술어동사로 사용될 경우 '往' 뒤에는 '형용사/동사 + 里/外'구가 출현하여 비교적 추상적인 동작의 방향을 나타낼 수 있다. 이렇게 사용되는 형용사와 동사에는 '坏나쁘다, 好좋다, 深깊다, 大크다, 小작다, 高크다, 死죽다' 등이 있다.

你遇到什么问题，不要总是往坏处想，要乐观一点儿。

어떠한 문제에 직면하더라도 항상 나쁜 쪽으로만 생각하지 말고 긍정적으로 생각해야 한다.

这事情，往深里说，实际上反映的是一个人的品质问题。

이 일은 깊이 있게 보자면 사실상 한 사람의 인품에 대한 것이다.

这个人对跟他意见不同的人总是往死里整。

이 사람은 그와 의견이 다른 사람에 대해서는 늘 필사적으로 괴롭힌다.

朝

(1) 방위나 장소를 나타내는 명사(구)를 도입하여 동작이 마주하는 방향을 나타낸다.

去银行一直朝前走，十五分钟就到了。은행은 앞으로 쭉 가다 보면 15분이면 도착할 것이다.

到前面的路口朝南拐。앞의 갈림길에 도착하면 남쪽으로 꺾어라.

汽车朝我们这儿开了过来。자동차가 우리를 향해 달려왔다.

(2) 동작자의 동작이 마주하는 대상을 도입한다.

他朝我点点头，我朝他招招手。그는 나를 향해 고개를 끄덕였고, 나는 그를 향해 손을 흔들었다.

老人朝小红努了努嘴，小红立即明白是什么意思了。

노인은 샤오훙을 향해 입을 삐죽거렸고, 샤오훙은 즉각 무슨 뜻인지 이해했다.

老师朝着山上的学生喊："大家赶快下来！"

선생님은 산 위의 학생들을 향해 "다들 빨리 내려오세요!"라고 소리쳤다.

'朝'와 '往, 向'의 비교 분석

'朝', '往', '向'은 모두 동작의 방향을 나타낸다. 하지만 목적어, 동사의 선택 등 구체적인 활용에는 각기 일정한 제약을 받는다.

(1) 술어가 이동동사일 경우, '朝', '向'은 사람을 지시하는 체언을 목적어로 취할 수 있으나, '往'은 불가능하다.

他朝(向)我走来。그가 나를 향해 걸어온다.　　　＊他往我走来。

(2) '往', '向'자구는 곡선 운동을 나타내는 동사('转', '绕' 등)를 수식할 수 있으나, '朝'는 불가능하다.

汽车往(向)南绕了一圈又转回来了。 ＊汽车朝南绕了一圈又转回来了。

자동차가 남쪽으로 한 바퀴 돌더니 다시 돌아왔다.

他往(向)后一转身，就看见了小红。 ？他朝后一转身，就看见了小红。

그가 뒤로 몸을 돌리니 샤오훙이 보였다.

(3) '往'의 운동성은 '向', '朝'보다 강하다. 따라서 '往'자구가 부사어로 사용될 경우 '갔다가 돌아오다'의 이동을 나타내는 수량사('~趟' 등)를 동사 뒤 보어로 취할 수 있으나, '朝', '向'은 불가능하다.

他往飞机场送了三趟客人。 ＊他朝(向)飞机场送了三趟客人。

그는 공항으로 손님을 세 차례 배웅했다.

(4) '朝'자구는 보어로 사용될 수 없는 반면, '往', '向'은 보어로 사용될 수 있다. 다만 '往'자구는 '开운전하다, 飞비행하다, 通통하다'의 뒤에서만 보어를 충당할 수 있으며, '向'은 '飞비행하다, 通통하다, 走가다, 奔나아가다, 跑뛰다/달아나다, 冲돌진하다, 留머무르다, 飘흩날리다, 滚구르다, 转돌다, 倒역으로 하다, 驶운전하다, 划배를 젓다, 射쏘다, 杀죽이다, 刺찌르다, 投던지다, 引끌다, 推밀다, 偏기울다, 指가리키다, 扑뛰어들다, 漂뜨다, 迈큰 걸음으로 걷다, 跨뛰어넘다, 面향하다' 등 동사의 보어를 충당한다. '往', '向'을 모두 보어로 취할 수 있는 동사는 '飞비행하다'와 '通통하다' 뿐이다. 다만 '往' 뒤의 장소명사는 고정적이고 예정된 명확한 목적지를 나타내지만, '向' 뒤의 장소명사는 대략적인 방향이나 범위만을 나타낸다.

那趟飞机飞往东京。그 비행기는 도쿄로 간다.

飞行员架着飞机飞向蓝天。파일럿은 비행기를 타고 푸른 하늘을 향해 날았다.

这条路通往杭州。이 길은 항저우로 통한다.

这条路通向远方。이 길은 먼 곳으로 향한다.

(5) '向'자구가 부사어로 사용될 경우, "向广场中心聚集광장 가운데로 모이다"에서와 같이 비교적 명확한 목적을 나타내는(또는 방향의 의미도 겸하는) 단어나 "向世界纪录冲锋세계 기록을 향해 돌진하다", "向现代化迈进현대화를 향해 매진하다"에서와 같이 동작이 목표로 하거나 성취하고자 노력하는 방향을 나타내는 명사(비교적 모호하고 추상적임)를 모두 취할 수 있다. 반면, '往', '朝'는 이러한 명사 앞에 사용할 수 없다.

(6) '往'은 동작의 대상을 도입할 수 없으나, '朝'나 '向'은 가능하다. 하지만 '朝'가 도입할 수 있는 동작의 대상은 매우 제한적이다. 반면, '向'은 '朝'가 도입하는 대상뿐 아니라 정보 전달의 대상(대면 혹은 비대면의 대상)이나 '도전'류 동사의 대상, 어떤 사물을 획득하거나 제공하는 대상 및 '负责책임지다, 证明증명하다, 学习배우다' 등 동사의 대상을 모두 도입할 수 있다.

从

(1) 기점을 나타낸다.

A. 시간의 기점을 나타낸다. 주로 '从……起', '从……开始', '从……以来' 등 환치식 구조의 형태로 사용된다. '从'의 뒤에는 시간을 나타내는 명사나 동사구가 사용된다.

从小时候起，我就特别想当飞行员。어렸을 때부터 나는 너무나 파일럿이 되고 싶었다.

从进学校的第一天开始，他就决心要好好学习。

학교에 입학한 첫날부터 그는 열심히 공부하기로 결심했다.

从明天开始，我们就在一个班里学习了。내일부터 우리는 한 반에서 공부하게 되었다.

从认识他以来，我还没看见过他发过这么大的火。

그를 알게 된 이후로 나는 그가 이렇게 크게 화를 내는 것을 본 적이 없다.

주의: 이러한 '从' 뒤의 '起, 开始, 以来'는 대개 생략할 수 없다. 다만 '起'는 때로 술어동사의 뒤에 사용되기도 한다.

你们这里的风俗，我该从哪儿说起呢？당신들 이곳의 풍습을 내가 어디에서부터 이야기해야 할까요?

B. 공간의 기점을 나타낸다. '从'의 뒤에는 장소나 방위를 나타내는 단어가 사용된다.

他从法国来北京旅游。그는 프랑스에서 베이징으로 여행을 왔다.

我们从学校门口出发，走了一个多小时。우리는 학교 정문에서 출발하여 1시간 남짓 걸었다.

爸爸从包里拿出一个盒子。아빠는 가방에서 상자 하나를 꺼내셨다.

C. 사물이나 사람의 변화의 기점을 나타낸다. 술어동사 뒤에는 변화의 결과를 나타내는 보어가 사용된다.

他从一个普通的士兵成长为一个将军。그는 평범한 사병에서 장군으로 성장했다.

这个城市已经从一个消费城市发展为一个工业城市了。

이 도시는 이미 소비도시에서 공업도시로 발전하였다.

我从睡梦中醒来。나는 꿈에서 깨어났다.

(2) 경과를 나타낸다. '从'은 동작이 거쳐 간 장소를 나타낸다.

一辆汽车从门前开过。자동차 한 대가 문 앞을 지나갔다.

黄河从这个省中间流过。황허는 이 성의 중간을 흘러간다.

去泰山，必须从那儿路过。타이산에 가려면 반드시 그곳을 거쳐 가야 한다.

(3) 기원이나 근거를 나타낸다. '从'은 기원이나 근거를 나타내는 단어를 도입한다.

黄河和长江都是从青海发源的。황허와 창장 모두 칭하이에서 발원되었다.

这些资料是他从各地搜集来的。이 자료들은 모두 그가 각지에서 수집해 온 것이다.

상기 예문은 동작과 관련된 구체적인 사물의 기원을 나타낸다. 이 밖에도 '从'은 '消息소식, 观点관점, 看法견해, 教训교훈'과 같이 비교적 추상적인 사물의 기원이나 근거를 나타내기도 한다.

从这次事故中，我们得到了很大的教训。이번 사고에서 우리는 매우 큰 교훈을 얻었다.

从刚才大家的讨论中，我们可以得出以下结论……

방금 여러분의 토론에서 우리는 다음과 같은 결론을 도출할 수 있습니다.

他是从报上知道这个消息的。그는 신문에서 이 소식을 알았다.

从……到……

'从'은 '到'와 함께 시간이나 공간을 나타낸다. 이때 '从'의 뒤에는 기점이, '到'의 뒤에는 종점이 온다.

(1) '从'과 '到' 뒤에 모두 시간사를 취한 경우 각각 시간의 기점과 종점을 나타낸다.

从十点到十一点半，我们上汉语课。10시부터 11시 반까지 우리는 중국어 수업을 듣는다.

从进大学到毕业，我都跟他住在一起。대학 입학부터 졸업까지 나는 쭉 그와 함께 살았다.

'到'는 동사 뒤에 사용할 수도 있는데, 이때 동사는 주로 부사 '一直줄곧'의 수식을 받는다.

一上班，他就从早忙到晚。출근만 하면 그는 아침부터 저녁까지 바쁘다.

这本书介绍了中国的服装，从古代一直写到现代。

이 책은 중국의 의복에 대해 소개하고 있는데, 고대에서 현대에 이르기까지 다루고 있다.

(2) '从'과 '到' 뒤에 모두 장소사나 방위사를 취한 경우 공간적 기점과 종점을 나타낸다.

从一楼到三楼，都是教室。1층에서 3층까지 모두 교실이다.

从这儿走到学校，要多长时间？여기에서 학교까지 얼마나 걸리니?

(3) '从'과 '到' 뒤에 형용사(구)나 수량구가 사용된 경우 발전/변화의 기점과 종점을 나타낸다. '到'는 동사 뒤에 출현하기도 한다.

这个公司从十几个人的小公司，发展成[22]几千人的大公司。

이 회사는 (직원) 10여 명의 작은 회사에서 수천 명이 일하는 대기업으로 성장했다.

这支球队从弱到强，经历了十多年的艰苦奋斗。

이 축구팀은 약체에서 강팀으로 성장하기까지 10여 년 동안 각고의 노력을 기울였다.

(4) 범위를 나타낸다.

从教学到教务，都是他一个人在管。수업에서 교무 업무까지 모두 그가 혼자 담당한다.

整个厂，从上到下，没有不佩服他的。

모든 공장의 상하 직위를 막론하고 그에게 탄복하지 않은 사람이 없다.

从……向……

'从……向……'이 명사(구)와 개사구를 이룰 경우, 동작이 어떠한 장소에서 출발하여 다른 방향으로 이동 또는 변화함을 나타내거나 사물이 배열된 선형 순서를 나타낸다.

这几个字要从右向左念。이 몇 개의 글자는 오른쪽에서 왼쪽으로 읽어야 한다. (동작 이동의 방향)

她经过不断的努力，最终从困惑走向胜利。

그녀는 끊임없는 노력을 통해 어려움을 극복하고 결국 승리를 쟁취했다. (상동)

中国的经济经历了从计划经济向市场经济的转变。

중국의 경제는 계획 경제에서 시장 경제로의 변화를 겪었다. (상동)

七十来户人家，从东向西散落在这条沟里。

70여 가구가 동쪽에서 서쪽으로 이 골짜기 곳곳에 분산되어 있다. (배열된 선형 순서)

---

22) [역주] 위에 서술한 바대로 '到'로 수정 가능하다.

打

'打'의 용법은 '从'과 비교적 유사하다. 주로 구어에 사용되며, 앞서 살펴본 '从'의 (1) A, B 및 '从……到……'의 (1), (2) 용법으로 사용된 '从'은 모두 '打'로 대체할 수 있다.

'打'가 '从'에 비해 비교적 구체적인 시간, 장소에 사용된다는 차이가 있는데, 따라서 '从'의 (1) C, (3)의 용법과 같이 추상적인 사물의 기원을 나타내거나 '从……到……'의 (3), (4)와 같은 용법에서는 '打'를 사용할 수 없다.

由

'由'는 '从'과 같이 시간, 장소의 기점을 나타내거나 사물이나 사람의 발전/변화의 기점 및 기원을 나타낼 수 있다. 상기 '从'의 예문은 모두 '由'로 대체할 수 있다. 다만 '由'는 주로 서면어에 많이 사용된다는 차이가 있다.

昨晚，汽车在由北向南行驶途中，突然撞上了横在路当中的一棵大树。
어젯밤 차가 북에서 남으로 이동하는 중에 돌연 도로 가운데 가로로 놓인 큰 나무에 부딪혔다.

这个经济开发区的面积由原来的10平方公里，一下子扩展到110平方公里。
이 경제 개발구의 면적은 10km^{2}에서 단숨에 110km^{2}으로 확장되었다.

人是由哺乳动物逐渐进化而来的。인간은 포유동물에서 점차 진화되어 온 것이다.

自

'自'는 시간, 장소의 기점을 나타낸다. 다만 '自'는 서면어의 색채가 매우 강하여 상기 '从'의 예문은 모두 '自'로 대체할 수 없으며, '从右向左우에서 좌로', '从西向东서에서 동으로'과 같은 경우에만 '从'을 '自'로 대체할 수 있다. '自'는 종종 '古고대', '幼어린아이'를 목적어로 취하지만, '从', '由'는 이러한 단어를 목적어로 취할 수 없다.

他自幼练习书法，写得一手好字。그는 어린 시절부터 서예를 연습해서 글자를 아주 잘 쓴다.

这里自古就是一个交通中心。이곳은 고대부터 교통의 중심이었다.

'自'는 또한 '以来'와 함께 사용되어 과거 어떤 한 시점으로부터 발화가 이루어지는 시점까지 계속 이루어짐을 나타낸다.

自改革开放以来，人民的生活水平有了很大的提高。
개혁개방 이래, 국민의 생활 수준은 크게 개선되었다.

自学习汉语以来，我已经买了三本词典了。중국어를 배우기 시작한 이래 나는 이미 사전 세 권을 샀다.

自从

'自从'은 시간의 기점만을 나타내며, 주로 동사구를 목적어로 취한다.

自从认识了中国朋友，我的汉语水平提高得很快。
중국 친구를 사귄 이후로 내 중국어 수준이 빠르게 향상되었다.

自从高速公路通车以来，去飞机场的时间大大缩短了。
고속도로가 개통된 이래 공항에 가는 시간이 크게 단축되었다.

自从有了电脑，我写文章就快多了。컴퓨터가 생긴 이후 나는 글쓰기가 훨씬 빨라졌다.

五. 방식 근거 개사

根据

동작이 어떠한 사물이나 동작을 전제 및 기초로 하여 발생한 것임을 나타낸다. 아래의 몇 가지 형식으로 사용된다.

(1) '根据 + 명사'는 주어 앞에 사용되며, 휴지를 가진다. 뒤에는 대개 추론, 결론 또는 동작의 결과를 나타내는 절이 사용된다.

根据大家的意见，我们修改了这一计划。모두의 의견에 따라 우리는 이 계획을 수정하였다.

根据法律规定，你应该交税。법 규정에 따라 당신은 세금을 납부해야 한다.

我们根据平时掌握的情况，推荐他当代表。우리는 평소 파악한 상황을 근거로 그를 대표로 추천한다.

(2) '根据 + 동사'는 대개 주어 앞에 사용되며, 휴지를 가진다. 뒤에는 대개 추론이나 결론을 나타내는 절이 사용된다.

根据统计，今年的学生人数比去年增加了20%。
통계에 따르면, 올해 학생 수는 작년 대비 20% 증가했다고 한다.

根据我的观察和分析，今年将又是一个丰收年。
내 관찰과 분석에 따르면, 올해는 또다시 대풍년의 해가 될 것이다.

根据市气象站的监测，明天将有雨量大于50毫米的暴雨。
시 기상청의 관측에 따르면, 내일 50mm가 넘는 폭우가 내린다고 한다.

앞서 제시한 '根据 + 명사/동사' 구조는 관형어로도 사용될 수 있으며, 주로 '是……的'구조에 출현한다.

这是一篇根据口述整理的文章。이것은 구술된 내용을 정리한 글이다.

这本书是根据原著第一版翻译的。이 책은 원저의 초판을 번역한 것이다.

生产这种新产品，是根据公司技术部门的意见办的。
이러한 신제품의 생산은 회사 기술부의 의견에 따른 것이다.

报告是根据录音整理的。보고서는 녹음을 정리한 것이다.

凭

(1) 어떤 동작의 완성, 실현의 근거가 되는 사물이나 동작을 나타낸다. 아래 몇 가지 형식으로 사용된다.

A. '凭 + 명사'. 이때 명사는 어떠한 사람이 특정 동작을 실현할 수 있음을 증명하는 근거나 증빙을 나타낸다.

凭护照买飞机票。여권으로 비행기 표를 산다.

凭电影票入场。영화표로 입장한다.

명사로는 대개 '身份证신분증, 学生证학생증, 介绍信소개서, 会员卡회원카드' 등 신분을 증명하는 것이 사용된다.

B. '凭 + 명사'. 이때 명사는 '经验경험, 能力능력, 技术기술, 本领능력, 本事능력, 感觉느낌, 关系관계'와 같이 어떠한 동작을 실현하는 데 도움이 되는 사물을 나타낸다.

他总是凭(着)老经验办事情。그는 늘 옛 경험을 근거로 일을 한다.
我是凭本事吃饭，不是凭关系。나는 관계가 아닌 능력을 근거로 밥벌이를 하는 것이다. △
凭你的能力，完全能胜任这个工作。네 능력이면 이 일을 충분히 해낼 수 있다.
他能办成这件事，还不是凭(着)你的一句话？
그가 이 일을 해낼 수 있었던 것은 바로 네 한마디 덕이 아니겠니?

C. '凭 + 동사(구)/주술구'. '凭' 뒤의 동사(구)는 어떠한 동작을 실현하는 근거를 나타낸다.

他凭(着)自己多年的努力,[23] 终于获得了成功。그는 다년간의 노력으로 결국 성공을 거두었다.
凭吹牛可办不成事情。허풍으로는 일을 성사시킬 수 없다.

(2) 주관적 판단, 체험의 근거를 나타낸다.

A. '凭 + 명사'. 명사는 주로 사람의 감각기관이나 기타 관련 사물을 나타낸다.

凭脚步声我就知道是老张回来了。발소리로 나는 라오장이 돌아왔음을 알았다.
要写出好作品，要凭耳朵听，凭眼睛看，凭自己的心灵去感受。
좋은 작품을 쓰려면, 귀로 듣고 눈으로 보고 자신의 영혼으로 느껴야 한다.

B. '凭 + 동사(구)/주술구'.

光凭你嘴上说，我可不相信。네 말만으로는 나는 믿을 수 없다.
就凭你们的介绍，我们还不能作出判断。너희의 소개만으로는 우리는 판단을 내리지 못하겠다.

凭着

他凭着高超的医术，把病人救活了。그는 출중한 의술로 환자를 구해냈다. ('靠' 사용 가능)
就凭着你的这点儿本事，还想挣大钱？겨우 네 이런 능력으로 큰돈을 벌겠다고? (상동)

'凭着'는 보통 △로 표시한 '凭'의 대구문 및 (2)의 용법으로는 사용되지 않는다. '凭着'는 대개 구체적인 도구성 목적어나 추상적인 정신과 관련된 목적어('精神정신, 勇气용기, 信念신념, 道德도덕' 등)를 취한다.

我凭着这张地图，终于找到了他的家。나는 이 지도로 마침내 그의 집을 찾아냈다. ('靠' 사용 가능)
他凭着老师的一封推荐信找到了工作。그는 선생님의 추천서 한 통으로 일자리를 찾았다. (상동)
小王凭着顽强的意志克服了困难。샤오왕은 강한 의지로 어려움을 극복했다. (상동)

'凭'과 '靠'의 비교 분석

개사 '靠'의 용법은 '凭'과 매우 유사하다. '凭'의 (1) A 용법을 제외하고, 동작의 완성 및 실현의 근거를 나타내는 '凭' (1) B, C는 모두 '靠'로 대체할 수 있다. 다만 주관적 판단, 체험의 근거를 나타내는 '凭'의 (2) 용법은 '靠'로 거의 대체되지 않는다. 또한 '靠'는 보다 다양한 동사목적

23) [역주] '自己多年的努力'에서 '努力'을 '노력'이라는 명사로 볼 경우엔 위 B유형이므로 분류될 수 있다.

어를 취할 수 있어, 아래에서 동사목적어를 취한 '靠'는 '凭'으로 대체할 수 없다.

靠朋友的帮助，我找到了住房。친구의 도움으로 나는 살 집을 찾았다.

这个工厂是靠我们的援助建起来的。이 공장은 우리의 원조로 세워진 것이다.

我靠打工挣学费。나는 아르바이트로 학비를 벌었다.

他靠自学学完了大学的全部课程。그는 독학으로 대학의 모든 과정을 학습했다.

'凭'은 종종 대사목적어를 취하여 반어문을 형성하는데, 대사가 지시하는 사람의 능력, 신분, 자격에 대한 무시, 불신 등의 의미를 나타낸다.

就凭你？你要是能把这事情解决了，我就不姓张。

겨우 네가? 네가 이 일을 해결할 수 있다면 내가 장 씨가 아니다.

就凭他？他有什么资格来管我？겨우 그가? 그가 내게 간섭할 자격이 있나?

'根据'와 '靠, 凭'의 비교 분석

개사 '根据'는 주로 어떠한 결론이나 견해가 객관적인 근거를 바탕으로 분석, 판단, 추론 등 이성적인 사고를 거쳐 도출된 것임을 나타낸다. '根据'는 '决定결정, 意见의견, 意思의미, 结果결과, 规定규정, 法律법률, 计划계획, 材料재료, 情况상황, 成绩성적' 등 비교적 추상적이고 개괄적인 사물이나 '特点특성, 特征특징, 标志상징' 등 구별적 특징을 가진 명사를 목적어로 취한다. 이러한 명사가 나타내는 것은 동작자로부터 독립적이며, 추론의 객관적 근거가 될 수 있는 사물이다. '根据'가 빈번히 취하는 이러한 명사를 개사 '凭'과 '靠'는 목적어로 취할 수 없다. 한편, 동작자 자신이 구비한 '自己的努力자신의 노력, 能力능력, 本事능력'는 '靠', '凭'의 목적어로 사용될 수 있지만, '根据'의 목적어로는 사용되지 않는다.

六. 배제 개사

除, 除了, 除开, 除去

이들은 주로 주어의 앞·뒤에서 배제의 대상을 도입한다.

除了我，别人都去。나를 제외하고 다른 사람은 모두 간다.

他除了会说英语，还会说汉语。그는 영어를 할 수 있을 뿐 아니라 중국어도 할 수 있다.

除了……(以外)……

개사 '除了'는 주로 '以外'(之外)와 함께 사용되지만, 단독으로도 배제하는 단어의 앞에서 배제의 의미를 나타낼 수 있다. 크게 두 가지 용법으로 사용된다.

(1) '除了'는 배제의 대상을 도입하며, 후속절은 기타 성분을 보충한다. 선·후행절이 진술하는 두 항목은 병렬 또는 결합 관계를 나타낸다. 후속절에는 반드시 병렬을 나타내는 '也'나 첨가를 나타내는 '还'를 호응하여 사용해야 한다.

我除了学汉语以外，还学习英语。나는 중국어를 배웠을 뿐 아니라 영어도 배웠다.

除了北京以外，他还去过很多地方。베이징 외에도 그는 여러 곳을 가 보았다.

这件事除了王老师知道，我也知道。이 일은 왕 선생님뿐 아니라 나도 안다.

주의: '也'와 '还'가 사용된 문장에 주어가 있는 경우, 이 두 부사는 모두 주어 뒤에 위치해야 한다. '也'와 '还'의 의미에는 차이가 있으므로 이들을 함부로 대체하여 사용할 수 없다.

我在家除了做饭，还(也)洗衣服。

나는 집에서 요리를 할 뿐만 아니라 세탁도 한다. (还: 첨가를 나타냄, 也: 병렬을 나타냄)

这道题目除了老师给他讲过，我也(还)给他讲过，但他还是做错了。

이 문제는 선생님이 알려줬을 뿐 아니라 나도 알려줬는데 그는 여전히 틀렸다. (상동)

这些书除了我们看，他们也(＊还)看。이 책들은 우리만 봤을 뿐 아니라 그들도 봤다. (병렬을 나타냄)

她除了脸长得漂亮之外，身材也(＊还)好。그녀는 얼굴이 예쁠 뿐 아니라 몸매도 좋다. (상동)

这孩子除了脑子慢之外，动作也(＊还)慢。이 아이는 머리 회전이 느릴 뿐 아니라 동작도 느리다. (상동)

상기 예문을 통해 알 수 있듯, '也'는 주로 병렬(주어 병렬 또는 술어 병렬)을 나타내지만, '还'는 주어 병렬에는 사용할 수 없으며, 동작의 첨가만을 나타낸다. 따라서 '还'는 '也'보다 강한 보충의 어기를 나타낸다 할 수 있다.

(2) '除了'는 배제의 대상을 도입하고, 후속절은 다른 사람이나 사물의 동작 또는 상태를 나타낸다. 이 역시 두 가지 상황으로 구분할 수 있다.

A. '除了'가 특수성을 배제하는 경우이다. 이 경우 주어나 화제가 나타내는 사람 또는 사물은 주로 복수명사이며, 어떠한 측면에 있어 그 총량이 일치함을 강조한다. 문장 자체가 '총괄적, 예외 없음'의 의미가 뚜렷하지 않으면 술어 앞에 '都'나 '全'을 함께 사용해야 한다.

除了篮球之外，别的运动我全不喜欢。농구 외 다른 운동은 나는 모두 싫어한다.

他除了数学作业没做以外，别的作业全都做完了。

그는 수학 숙제를 하지 않았을 뿐 다른 숙제는 전부 다 했다.

除了小刘没来，别人都来了。샤오류가 오지 않았을 뿐 다른 사람은 모두 왔다.

문장이 자체적으로 '전체를 총괄하는, 예외 없음'의 의미를 나타낸다면 '都'(또는 '全')를 생략할 수 있다.

这个电影除了女主角演得不错之外，别的演员一个比一个差。

이 영화는 여주인공만 연기를 잘했을 뿐 나머지 연기자는 하나하나가 엉망이다.

他休息天除了睡觉，就无事可干。그는 휴일에 잠을 자는 것 외에 다른 할 일이 없다.

除了星期四以外，我天天有课。목요일 외에 나는 매일 수업이 있다.

B. '除了'가 부차적인 측면을 배제하는 경우이다. 이 경우 후속절에서 주요 측면을 강조하며, 주어가 복수가 아닐 경우 '都'는 사용하지 않는다.

除了颜色差一点儿之外，这条裙子的式样还真不错。

색상이 좀 떨어지는 것 외에 이 치마의 디자인은 정말 괜찮다.

我除了有点儿想家以外，生活没有问题。나는 집이 조금 그리운 것 외에 생활에는 아무 문제가 없다.

'除了'는 후속절에 사용할 수도 있다.

他的脾气还是挺好的，除了有人欺负他之外。

그의 성격은 정말 좋다, 남들이 그를 괴롭히는 것을 제외하고는.

七. 원인 목적 개사

由，由于

'由'는 주로 원인을 나타내는 명사(구)를 도입한다. '由'가 동사구나 주술구를 도입하는 경우 동사 사이에 '而'을 사용한다. 단문에만 사용할 수 있으며, 대부분 서면어에 사용한다.

这种病是由病毒引起的。이런 병은 바이러스로 인해 생긴 것이다.

两人由语言不通而产生了误会。

두 사람은 말이 통하지 않아 오해가 생겼다. ('由于' 역시 사용 가능. 아래 예문도 동일[24])

'由'자구는 관형어로 사용될 수 있다.

这是由电线老化而引起的火灾。이것은 전선 노화로 인한 화재이다.

这些都是由粗心而造成的错误。이것들은 부주의로 인해 생긴 실수이다.

'由于'는 주로 인과 관계를 나타내는 복문 중 선행절의 문두에서 원인을 나타내는 데 사용되지만, '由'에는 그러한 기능이 없다.

由于你的帮助，我们顺利完成了任务。네 도움으로 나는 순조롭게 임무를 완수했다.

由于雪下得太大，汽车开得很慢。눈이 너무 많이 와서 자동차를 천천히 운전한다.

由于他没有看机器的使用说明书，机器在使用中出现了故障。

그가 사용설명서를 보지 않아 기계를 사용하던 중 고장이 났다.

주의: '由'와 '由于'가 도입하는 원인은 대개 객관적인 편이다.

为，为了

(1) 원인을 나타낸다.

都是为送你我才起得这么早的。너를 배웅하기 위해 나는 이렇게 일찍 일어난 것이다.

大家都为失去这样一位伟人而感到十分悲痛。

모두 이러한 위인을 잃은 것에 대해 크게 비통함을 느꼈다. ('为了' 사용 불가)

---

24) 卢福波(2000)는 " '由'와 '由于'는 모두 원인을 나타낼 수 있으나 대부분 서로 대체하여 사용할 수 없다."고 하였다. 하지만 그가 든 '由于'로 대체할 수 없는 '由'의 예문은 대부분 모두 원인을 나타내지 않는 것들이다.

琥珀是由远古时代的松胶变成的。호박은 상고시대 송진이 변해 만들어진 것이다. (기원, 기점을 나타냄)

大会代表由民主协商，选举产生。대회 대표는 민주적인 협상과 선거를 통해 뽑힌 것이다. (방식을 나타냄)

由他负责这项工作。그가 이 일을 책임진다. (행위자를 나타냄)

마지막 예인 "由感冒引起发烧。감기로 열이 나다."는 기원, 기점을 나타내는 것으로도, 원인을 나타내는 것으로도 볼 수 있어 중의적이지만, 기원, 기점을 나타내는 것으로 해석하는 것이 더욱 적절해 보인다. 만약 보다 명확하게 원인을 나타내고자 한다면, "这是由感冒引起的发烧。이것은 감기로 생긴 열이다."로 고쳐주는 것이 좋다(이때의 '由'는 '由于'로 대체 가능).

他为了这件事正在发愁呢。그는 이 일 때문에 근심하고 있다.

(2) 목적을 나타낸다.

为了提高汉语水平，他到中国来留学了。중국어 수준을 향상시키기 위해 그는 중국으로 유학을 왔다.

为了解决受灾群众的生活困难，他们送去了很多生活用品。

이재민들의 생활고를 해결하기 위해 그들은 많은 생필품을 보냈다.

为找到更好的工作，她决定去考研究生。더 좋은 직업을 찾기 위해 그녀는 대학원에 진학하기로 했다.

(3) 서비스의 대상을 도입한다. 이 경우 '为了'는 사용할 수 없다.

他为客人安排了房间。그는 손님을 위해 방을 배정했다.

谢谢你为我搜集了这么多资料。나를 위해 이렇게 많은 자료를 수집해줘서 고마워.

我想为孩子画一张画。나는 아이를 위해 그림 하나를 그리고 싶다.

(4) 심리 동작의 관련 대상을 도입한다. 이 경우 '为了'는 사용할 수 없다.

用不着为小张担心，他很能干。샤오장을 걱정할 필요 없다. 그는 매우 능력 있다.

我们大家都为你感到自豪。우리는 모두 너를 자랑스럽게 여긴다.

替

(1) 대체의 대상을 도입한다.

你回家吧，剩下的事情我替你做。너는 돌아가렴, 남은 일은 내가 대신 할게.

他替小刘值班。그는 샤오류를 대신해 당직을 섰다.

小王的脚受伤了，你替他上场比赛吧。샤오왕이 다리를 다쳤으니 네가 그를 대신해 시합에 나가거라.

(2) 서비스의 대상을 도입한다. '为'나 '给'에 비해 임시적인 동작에 사용되는 경우가 많다.

你能替我照顾一下孩子吗？나를 대신해 아이를 좀 봐줄 수 있어?

他没有时间，我替他把房间打扫了一下。그가 시간이 없어서 내가 대신 방을 좀 청소했다.

(3) 심리 동작과 관련된 대상을 도입한다.

妈妈总替别人操心，太累了。엄마는 늘 남을 위해 걱정하느라 너무 피곤하다.

你这么没有礼貌，我都替你感到丢人。네가 이렇게 예의가 없으니 내가 다 너 때문에 창피하다.

제4절 개사 관련 학습자 오류

一. 행위자 개사 관련 오류

대체오류

* 这只小狗让它妈妈放弃了，怪可怜的。

고친문장: 这只小狗被它妈妈抛弃了，怪可怜的。이 강아지는 제 어미에게 버림받다니 정말 불쌍하다.

二. 대상자 개사 관련 오류

1. 대체오류

* 我给他提了不少意见，他反过来把我提了意见。

고친문장: 我给他提了不少意见，他反过来也给我提了意见。
나는 그에게 적지 않은 의견을 제시했는데, 그도 반대로 내게 의견을 제시했다.

* 他叹了一口气，把无可奈何的眼光向我。

고친문장: 他叹了一口气，用无可奈何的眼光看着我。
그는 한숨을 쉬더니 어쩔 수 없다는 눈빛으로 나를 바라보았다.

2. 혼합오류

* 这件事对我真难住了。

고친문장: 这件事真把我难住了。 이 일이 정말 나를 난처하게 했다.

주의: 이 외에도 행위자 개사 '被'와 대상자 개사 '把'의 사용 오류가 적지 않다. 개사 간 용법 혼동으로 인한 오류가 아니라면, 하권 제2편 제2장 제12절 및 제13절을 참조하라.

三. 대상 개사 관련 오류

1. 누락오류

(1) 개사의 누락

* 我应该很多人说话。

고친문장: 我应该跟很多人说话。 나는 많은 사람에게 말해야 한다.

* 她做的衣服不满意。

고친문장: 她对做的衣服不满意。 그녀는 만든 옷에 대해 불만이다.

* 如果吃的过多的药，身体有副作用。

고친문장: 如果药吃得太多，对身体有副作用。 약을 너무 많이 먹으면, 몸에 부작용이 생길 수 있다.

(2) 개사 및 개사목적어의 누락

* 这是秘密，不要轻易讲。

고친문장: 这是秘密，不要轻易对人讲。 이것은 비밀이니 다른 사람에게 함부로 말하지 말아라.

* 毒瘾的影响很厉害，一旦上瘾了，以后再不容易戒除。

고친문장: 毒品对人的影响很大。一旦上了瘾，就不容易戒掉。
마약은 사람에게 큰 영향을 미친다. 일단 중독되면 쉽게 끊을 수 없다.

(3) 기타 성분의 누락

* 我喜欢看关于历史书。

고친문장: 我喜欢看关于历史方面的书。나는 역사와 관련된 책을 보는 것을 좋아한다.

* 关于怎样提高汉语水平，我问过向老师。

고친문장: 关于怎样提高汉语水平的问题，我问过老师。
중국어 수준을 어떻게 향상할 것인지의 문제에 대해 나는 선생님께 여쭤본 적이 있다.

* 有的词用得不适当，不够准确，需要别的近义词来表达。这对我就困难了。

고친문장: 有的词用得不恰当，不够准确，需要别的近义词来表达。这对我来说就比较困难了。어떠한 단어는 사용이 적절하지 않고 정확하지 않으면, 다른 유사어를 통해 표현해야 한다. 이것은 내게 비교적 어려운 일이다.

2. 첨가오류

(1) 이중목적어문에 대상을 나타내는 개사를 잘못 첨가한 경우

* 他教给我们中国政治经济论。

고친문장: 他教我们中国政治经济论。그는 우리에게 중국 정치경제론을 가르친다.

* 然后我对中国人问一问"这样说可不可以，用法有没有错误"等。

고친문장: 然后我问中国人，"这样说可不可以，用法有没有错误"等。
그 다음에 나는 중국인에게 "이렇게 말하면 되나요, 용법에 오류는 없나요" 등을 물었다.

* 有的时候，我向吸烟者问"什么时候开始抽烟？"

고친문장: 有的时候，我问吸烟者："你什么时候开始抽烟的？"
가끔 나는 흡연자에게 "당신은 언제부터 담배를 피기 시작했나요?"라고 묻는다.

(2) 동목 구조를 사용해야 하는데 '개사구 + 동사' 구조로 잘못 사용한 경우

* 父亲对我殴打了。

고친문장: 父亲打我了。아버지가 나를 때렸다.

* 他对人家拒绝的方式不好。

고친문장: 他这样拒绝人家很不好。그가 이렇게 남을 거절하는 것은 좋지 않다.

* 但我妈妈鼓励对我说："千万不要放弃。"

고친문장: 我妈妈鼓励我说："千万不要放弃。"
우리 엄마는 나를 격려하시며 "제발 포기하지 말아라"라고 말씀하셨다.

* 对黄山，这座山的确有点儿像日本的山。

고친문장: 黄山这座山的确有点儿像日本的山。황산은 확실히 좀 일본의 산 같다.

* 经理对他要求算账得更清楚。

고친문장: 经理要求他帐要算得更清楚一些。부장은 그에게 장부를 더 명확하게 계산할 것을 요구했다.

분석: '对某人要求很严어떤 사람에 대한 요구가 엄격하다**', '对某人提出了严格的要求**어떤 사람에게 엄격한 요구를 제시했다**'의 용법으로 사용할 경우에는 적법한 문장이다. 하지만 '要求某人如何做**어떤 사람에게 어떻게 할 것을 요구하다**'의 의미를 나타내는 경우에는 '对'를 사용할 수 없다.**

* 她不喜欢吃油腻多的菜，反过来对别人劝说这样的菜。

고친문장: 她不喜欢吃油腻的菜，反过来却劝别人吃这样的菜。

그녀는 기름진 요리를 먹는 것을 좋아하지 않으면서 다른 사람에게는 이런 요리를 먹으라고 권한다.

분석: 이는 '对别人说다른 사람에게 말하다'의 간섭으로 인한 오류로 보인다.

* 如果你在吃饭时突然抽烟的话，他们对你觉得没有礼貌的人。

고친문장: 如果你在吃饭时突然抽烟的话，他们会觉得你是个没有礼貌的人。

식사 중에 갑자기 담배를 피운다면, 그들은 네가 예의 없는 사람이라고 생각할 것이다.

분석: 이는 "这样做，是对人没有礼貌的表现이렇게 하는 것은 사람들에게 예의가 없는 행동이다"의 간섭으로 인한 오류라 할 수 있다.

* 如果总是模仿别的话，对自己没有进步。

고친문장: 如果总是模仿别人的话，自己就不会进步。

항상 남을 모방하기만 한다면 스스로는 발전할 수 없을 것이다.

분석: 이는 "对自己没有好处내게는 좋은 점이 없다"의 간섭으로 인한 오류로 보인다.

* 我的朋友告诉我这个不幸的消息，一听到就对他表示震惊。

고친문장: 当朋友告诉我这个不幸的消息，我感到非常震惊。

친구가 내게 이 불행한 소식을 전했을 때, 나는 매우 놀랐다.

분석: 이는 '对此表示震惊이에 대해 놀라움을 표하다'과 같은 용법의 간섭으로 인한 오류로 보인다.

(3) 겸어문을 사용해야 하는 곳에 '对'를 잘못 사용한 경우

* 一个好的句子对人们有受到新的希望作用。

고친문장: 一个好的句子能使人们产生新的希望。

좋은 문장 하나가 사람들에게 새로운 희망을 품게 할 수 있다.

3. 대체오류

(1) 기타 개사의 용법과 혼동하여 잘못 사용한 경우

* 江泽民向国际友人的访问中国表示祝贺。

고친문장: 江泽民对国际友人访问中国表示感谢。장쩌민은 외국 친구의 방중에 감사를 표했다.

분석: '向'은 사람이나 사람으로 구성된 기구, 기관만을 목적어로 취할 수 있으며, '对'와 같이 사물 명사는 목적어로 취할 수 없다.

* 他昨天才给大家宣布结婚。

고친문장: 他昨天才向大家宣布要结婚了。그는 어제 비로소 사람들에게 결혼을 발표했다.

* 他对这么小的事情生气了，我觉得莫名其妙。

고친문장: 他为这么小的事情生气了，我觉得莫名其妙。

그가 이렇게 작은 일로 화를 내다니, 정말 이상하다.

＊我们忘了时间在河里向别人泼水玩。

고친문장: 我们在河里朝别人身上泼水玩。玩得忘了时间。
우리는 강에 들어가 다른 사람에게 물을 뿌리며 놀았다. 노느라 시간 가는 것도 잊었다.

＊他关于这个方面有学问。

고친문장: 他在这个方面很有学问。그는 이 분야에 있어 학식이 깊다.

＊我十几岁就离开家了，从此以后，给妈妈没联系。

고친문장: 我十几岁就离开家了，从此以后，跟妈妈就失去了联系。
나는 십 대에 집을 떠났고 그 이후로 엄마와 연락이 끊겼다.

＊现在他的心情特别不好，不要轻易向他搭话。

고친문장: 现在他的心情特别不好，不要轻易跟他说话。
지금 그의 기분이 아주 안 좋으니 그에게 함부로 말을 걸지 말아라.

＊对中国人会话非常困难。

고친문장: 我和中国人谈话非常困难。나는 중국인과 대화하기가 매우 어렵다.

＊我对他怎么辩论，但他一点儿也不服。

고친문장: 我怎么跟他辩论，他都不服。내가 어떻게 변론해도 그는 인정하지 않았다.

분석: '联系연락하다, 搭话말을 걸다, 谈话담화하다, 辩论변론하다'은 모두 양방향성 동사로, '给', '向', '对'가 아닌 동작의 대상을 도입하는 개사 '跟'이나 '和'를 사용해야 한다.

＊我介绍给你我的生活。

고친문장: 我向你介绍一下我的生活。네게 내 생활을 좀 소개하겠다.

분석: '介绍给'는 "他把小王介绍给我그는 샤오왕을 내게 소개했다"와 같은 경우에만 사용할 수 있는데, 이때 소개되는 대상은 대개 사람이다.

＊今天玛丽打电话给我问候。

고친문장: 今天玛丽打电话向我问候。오늘 메리가 내게 전화를 걸어 안부를 물었다.

＊最好你给他直接说认错。

고친문장: 最好你向他直接认错。그에게 직접 잘못을 인정하는 게 좋겠다.

분석: '问候안부를 묻다', '问好안부를 묻다', '道歉사과하다', '认错잘못을 인정하다' 등 비교적 정식적인 교제를 나타내는 동사는 대개 '向'을 통해 동작의 대상을 도입한다.

＊可是他向别的顾客态度也跟向我的一样。

고친문장: 可是他对别的顾客态度也跟对我的一样。
그러나 다른 고객에 대한 그의 태도도 나에 대한 태도와 같다.

＊我关于来中国没有后悔。

고친문장: 对于我来中国我从来没有后悔过。중국에 온 것에 대해 나는 지금까지 후회한 적이 없다.

(2) 겸어문을 사용할 곳에 개사를 잘못 사용한 경우

* 我们的同学给我们请客。

고친문장: 我们的同学请我们吃饭。 우리의 친구가 우리에게 밥을 샀다.

* 我给爸爸妈妈安心。

고친문장: 我叫爸爸妈妈放心。 나는 아빠, 엄마가 안심하시도록 했다.

(3) 기타 환치식 개사 구조의 용법과 혼동하여 잘못 사용한 경우

* 对我来说，男人都是孩子。

고친문장: 在我看来，男人都像孩子一样，需要别人的照顾。
내가 보기에 남자는 아이와 같아서 다른 사람이 돌봐줘야 한다.

분석: '对……来说에게 있어'는 주관적인 견해를 나타내는 데 사용할 수 없다. 이러한 의미를 나타낼 때는 '在……看来가 보기에'를 사용해야 한다.

* 就滴酒不沾的人而言，敬酒简直是活受罪。

고친문장: 对滴酒不沾的人来说，给他敬酒简直是活受罪。
술은 입에도 안 대는 사람에게 있어, 술을 권하는 것은 정말 생고생을 시키는 것이다.

분석: '就……而言(来说)에 관해서 말하자면' 중 '就'의 뒤에는 대개 사물을 나타내는 명사가 사용되어 설명의 범위를 제한하는 기능을 한다. '对……来说에게 있어' 중의 '对'와 같이 사람을 나타내는 목적어를 취할 수 없다.

我们目前的大学教育，就大部分而言，还是依靠课堂教育。
현재 우리의 대학 교육은, 대체적인 경우로 보자면, 여전히 교실 교육에 의존하고 있다.
就中国的范围来说，目前不同地区的经济发展还是很不平衡的。
중국으로 제한해서 보자면, 현재 각 지역의 경제 발전은 여전히 불균형적이다.

(4) 동사의 용법과 혼동하여 잘못 사용한 경우

* 他对任何困难不会挫折。

고친문장: 他面对任何困难都不会屈服。 그는 어떤 어려움에 직면해도 굴복하지 않는다.

* 老师对我们来说，上课的时千万不要睡觉。

고친문장: 老师对我们说，"上课时不要睡觉。"
선생님께서는 우리에게 "수업 시간에 자지 마세요"라고 하셨다.

분석: 이러한 오류는 '对我们来说우리에게 있어'를 '对我们说우리에게 말하다'로 오해했기 때문에 발생한 것이다.

(5) '对……来说에게 있어'의 후속절 오류

* 对我来说，日本人很喜欢旅行。

고친문장: 对日本人来说，旅行是最受欢迎的活动之一。
일본인에게 있어 여행은 가장 선호하는 활동의 하나이다.

분석: '对……来说'의 후속절은 '对' 뒤에 오는 목적어의 상황에 대해 추가적으로 설명하는 것이어야 하며, 그 대상은 바뀔 수 없다.

* 以前听过"汉宫秋月"的人来说，当时知道像我一样没有女朋友的人感情是如何。

고친문장: 听过"汉宫秋月"的人应该知道像我这样没有女朋友的人的感受是怎样的。

'한공추월(汉宫秋月)'을 들어본 사람이라면 나처럼 여자친구가 없는 사람의 심정이 어떤지 알 것이다.

4. 어순오류

(1) 조동사와 개사구의 위치 오류

* 你们要对这个问题考虑一下。

고친문장1: 对这个问题，你们要好好考虑一下。이 문제에 대해서 너희는 잘 생각해 보아야 한다.

고친문장2: 你们对这个问题要好好考虑一下。너희는 이 문제에 대해 잘 생각해 보아야 한다.

(2) 부정사와 개사구의 위치 오류

* 玛丽给朱丽叶没买生日礼物。

고친문장: 玛丽没给朱丽叶买生日礼物。메리는 줄리엣에게 생일 선물을 사주지 않았다.

* 中国的服装给我留下了没有特别的印象。

고친문장: 中国的服装没有给我留下什么特别的印象。

중국의 의복은 내게 그다지 특별한 인상을 남기지 않았다.

(3) 개사구의 위치 오류

* 他在苏州住跟一个韩国朋友。

고친문장: 他在苏州跟一个韩国朋友一起住。그는 쑤저우에서 한국 친구 한 명과 함께 산다.

분석: '跟'개사구는 술어동사 앞에 위치해야 한다.

* 三年前，我和他因为一点儿小事争吵了，以后一直跟他没有联系。

고친문장: 三年前，我和他因为一点儿小事发生了争吵，以后一直没再跟他联系。

3년 전 나는 그와 아주 작은 일로 다툰 이후 줄곧 연락하지 않았다.

분석: '跟'개사구가 사용된 절에 시간 부사나 부정 부사가 출현할 경우, 이들이 '跟'개사구를 선행할지 후행할지는 그 의미와 사용 문맥에 의해 결정된다.

我一直跟他没有联系。나는 줄곧 그와 연락하지 않았다.

('연락하지 않음'이 일관적임을 나타냄. '연락'이 지금껏 없었음)

从那以后，我一直没再跟他联系。그 이후, 나는 줄곧 그와 다시 연락하지 않았다.

(이전에는 연락을 했지만 이후 변화가 발생하여 연락이 끊김. 이러한 상황이 발화시까지 줄곧 지속됨)

* 他始终对自己的工作认真地做下去的。

고친문장: 对自己的工作，他始终会认真地做下去的。

자신의 업무에 대해, 그는 한결같이 성실하게 해 갈 것이다.

* 我打了电话给我妈妈很多次。

고친문장: 我给妈妈打了很多次电话。나는 엄마에게 수차례 전화했다.

* 我丈夫对我常常说“入乡随俗”。

고친문장: 我丈夫常常对我说“入乡随俗”。
남편은 내게 “로마에 가면 로마의 법을 따르라”는 말을 자주 한다.

* 这个方法起作用对我们学习。

고친문장: 这个方法对我们的学习能起很大的作用。
이 방법은 우리의 학습에 커다란 역할을 미칠 수 있다.

* 我也回国之后，就要找工作，意味着向独立走上社会。

고친문장: 我回国之后，也要马上找工作，这意味着独立走向社会。
나도 귀국한 이후 곧바로 일을 찾고자 하는데, 이는 독립적으로 사회에 진출함을 의미한다.

* 我很想了解关于中国茶道。

고친문장1: 关于中国茶道，我很想多了解一些。중국의 다도에 관해서 나는 더 잘 알고 싶다.

고친문장2: 我很想了解中国的茶道。나는 중국의 다도에 대해 알고 싶다.

5. 혼합오류

* 他给爸爸敢说假。

고친문장: 他敢跟爸爸说假话。그는 대담하게 아빠에게 거짓말을 한다. (‘跟’을 ‘对’로 대체 가능)

* 你有意见尽管说，我们会反映你的。

고친문장: 你有意见尽管说，我们会给你反映的。
너의 의견을 최대한 말하면 우리가 그것을 반영해주겠다.

* 我很感兴趣学习汉语。

고친문장: 我对学习汉语很感兴趣。나는 중국어를 배우는 것에 흥미가 있다.

* 他不满意学校有一点。

고친문장1: 他对学校不满意的只有一点。그가 학교에 불만인 것은 한 가지 사항뿐이다.

고친문장2: 他对学校有点儿不满意。그는 학교에 대해 좀 불만이다.

* 这些是我对中国忘不了的回忆。

고친문장: 这些对中国的回忆我永远忘不了。중국에 대한 이 기억들을 나는 영원히 잊을 수 없다.

* 我学汉语以前，没有关心中国语的歌，后来我只听中国语歌。

고친문장: 我学习汉语以前，对汉语歌并不感兴趣，学习了汉语之后，我只听汉语歌。
나는 중국어를 배우기 전에는 중국어 노래에 아무런 흥미가 없었지만, 중국어를 공부한 이후에는 중국어 노래만 듣는다.

* 他们能做到的事，对我难道的事情吗？

고친문장: 他们能做到的事，难道我就做不到吗？그들이 할 수 있는 일을 설마 내가 못하겠어?

* 我生气看他的态度，我诉委屈老师。

고친문장: 我对他的态度感到生气，我跟老师诉苦。

나는 그의 태도에 화가 나서 선생님께 고충을 하소연했다.

* 对搬教室的心情来说，我不太喜欢这儿的气氛。

고친문장: 我们新搬了教室，但是我不太喜欢这儿的气氛。

우리는 새로운 교실로 이사했으나 나는 이곳의 분위기가 별로 마음에 들지 않는다.

四. 시공간 개사 관련 오류

1. 누락오류

(1) 환치식 개사 구조 중 개사 누락

* 孩子的教育中，是非分明是最重要。

고친문장: 在对孩子的教育中，明辨是非是最重要的。

아이에 대한 교육 중에는 옳고 그름을 명확히 가리는 것이 가장 중요하다.

* 韩国婚礼上，贺客对新郎和新娘的家给着叫“结婚祝贺金”的钱。

고친문장: 在韩国婚礼上，贺客要给新郎和新娘的家人称之为“结婚祝贺金”的钱。

한국의 결혼식에서 하객은 신랑 신부의 가족에게 '결혼 축의금'이라는 돈을 준다.

(2) 환치식 개사 구조의 호응어 누락

* 韩国从古时，和东洋内的国家沟通了文化交流。

고친문장: 韩国从古时候起，就和东洋各国开始了文化交流。

한국은 고대 시기부터 동양의 여러 나라와 문화 교류를 시작했다.

* 大理的三塔天气晴的时候能在湖水反射出来。(崔希亮의 예, 이하 崔)

고친문장: 大理的三塔天气晴的时候在湖中能看到它的倒影。

다리의 세 탑은 날이 좋을 때는 호수에 비친 그 그림자를 볼 수 있다.

* 其实退休金是从年轻人的工资扣来的。(崔)

고친문장: 其实退休金都是从年轻时的工资中扣下来的。

사실 퇴직금은 모두 젊은 시기 급여로부터 공제해 둔 것이다.

* 突然我听见了轰隆声，就觉得我从船飞出去。(崔)

고친문장: 突然我听见了轰隆声，就觉得我要从船上飞出去了。

갑자기 우르릉 소리를 듣고 나는 배에서 빠져나가야 한다고 느꼈다.

앞서 오류를 수정하는 과정에서 보았듯, 중국어의 개사는 '从……起', '从……上', '从……中', '在……中'과 같이 시간, 공간, 방위 등을 나타내는 환치식 구조로 자주 사용된다. 이 같은 환치식 개사의 사용에 있어 많은 학습자가 앞의 개사만을 사용하고 뒤의 성분을 누락하는 오류를 자주 범한다.

2. 첨가오류

* 大邱在釜山往北边，坐火车大概要一个小时半。

고친문장1: 大邱在釜山的北边，坐火车大概要一个半小时。
대구는 부산의 북쪽에 있으며, 기차로 한 시간 반 정도 걸린다.

고친문장2: 大邱在釜山还要往北，坐火车大概要一个半小时。
대구는 부산에서 더 북으로 가야 하며, 기차로 한 시간 반 정도 걸린다.

* 在教室里越来越少学生。

고친문장: 教室里学生越来越少。교실 안에 학생들이 점점 줄어들고 있다.

* 在北京城里情况很热闹。(崔)

고친문장: 北京城里很热闹。베이징 시내는 번화하다.

* 在客厅旁边有厨房。

고친문장: 客厅旁边是厨房。거실 옆은 주방이다.

분석: 존재 및 출현-소실의 상태나 그 자체로 상태를 나타내는 문장에서 문두의 처소사 앞에는 일반적으로 '在'를 사용하지 않는다(앞의 '在' (3) 참조). 존재와 출현-소실의 의미를 나타내는 구가 관형어로 사용되는 경우에도 아래 오류와 같이 '在'를 사용하지 않는다.

* 昨天和今天在教室没有多学生来。

고친문장: 昨天和今天教室里来上课的学生很少。어제와 오늘 교실에 수업 온 학생이 매우 적다.

* 在炉子里的木头很香。(崔)

고친문장: 炉子里的木头发出阵阵香味。화로 속의 나무가 간간이 향을 풍기고 있다.

3. 대체오류

* 从这次开始，我突然发现自己对中国人的看法有了很大改变。

고친문장: 经历了这件事之后，我突然发现自己对中国人的看法有了很大改变。
이 일을 겪은 이후, 나는 돌연 중국인에 대한 내 생각에 많은 변화가 있음을 깨달았다.

* 和比自己年龄大的人在一起吃饭时，不能随时抽烟，也不能从自己给他们香烟。

고친문장: 和比自己年龄大的人在一起吃饭时，不能随便抽烟，也不能主动地给他们香烟。
자신보다 나이가 많은 사람과 함께 식사할 때에는 함부로 담배를 피워서는 안 되고, 먼저 그들에게 담배를 권해서도 안 된다.

* 他们骑车沿着小路往商店买东西了。

고친문장: 他们骑车沿着小路去商店买东西了。
그들은 길을 따라 자전거를 타고 상점에 가서 물건을 샀다.

4. 어순오류

(1) 개사와 목적어의 위치 오류

* 电影都结束了，人们在外往走。

고친문장: 电影都结束了，人们在往外走。영화가 끝나자 사람들이 밖으로 나간다.

(2) 개사구의 위치 오류

* 圣诞老人会给孩子们送礼物来在圣诞节的半夜。

고친문장: 圣诞老人会在圣诞节的半夜给孩子们送礼物来。
산타클로스는 크리스마스 밤에 아이들에게 선물을 주러 온다.

* 我们在英国主要是过圣诞节。

고친문장: 在英国，人们主要过圣诞节。영국에서 사람들은 크리스마스를 주요한 명절로 보낸다.

5. 혼합오류

* 吃饭以后我们去卡拉OK，这是我第一次在苏州去卡拉OK。

고친문장: 吃完饭以后我们去了卡拉OK，这是我到苏州后第一次去卡拉OK。
식사를 마친 후 우리는 노래방에 갔는데, 내가 쑤저우에 온 이후 처음으로 간 노래방이었다.

* 在这儿有外国人很多。

고친문장: 这儿有很多外国人。이곳에는 많은 외국인이 있다.

* 最近每天在中国在电视，网都很多世界杯的报道。

고친문장: 最近在中国的电视和网上，每天都有很多关于世界杯的报道。
최근 중국의 TV와 인터넷에는 매일 월드컵에 관한 많은 보도가 쏟아져 나오고 있다.

* 我害怕骑自行车去路上。

고친문장: 我害怕在路上骑自行车。나는 길에서 자전거를 타는 것이 무섭다.

五. 방식 개사 관련 오류

1. 대체오류

(1) 기타 개사의 용법과 혼동하여 잘못 사용한 경우

* 你不应该凭不公平的看法判断事务。

고친문장: 你不应该只根据自己的主观看法判断事务。
너는 자신의 주관적인 견해만으로 업무를 판단해서는 안 된다.

* 我凭着他熟悉东方明珠的情况，就知道他来过中国。

고친문장: 我根据他这么熟悉东方明珠的情况，就猜想他来过中国。
그가 이렇게 둥팡밍주에 대해 익숙한 것을 보고 나는 그가 중국에 온 적이 있다고 추측했다.

(2) 기타 동사 용법과 혼동하여 잘못 사용한 경우

* 我觉得趁着父母的工作，找工作也可以。

고친문장: 我觉得工作如果是继承父母的事业也可以。
나는 부모님의 사업을 이어받는 것도 직업으로 괜찮다고 생각한다.

2. 혼합오류

* 对我来说，全部我凭看词典学习。

고친문장: 我常靠查词典学习汉语。나는 자주 사전을 찾아보면서 중국어를 공부한다.

六. 배제 개사 관련 오류

1. 대체오류

* 你吐出的烟雾，危害除了我，甚至儿子的健康。

고친문장: 你吐出的烟雾，不仅危害我的健康，还危害儿子的健康。
네가 뿜어낸 연기는 나의 건강을 위협할 뿐 아니라, 아들의 건강도 위협한다.

2. 어순오류

* 他除了歌唱得好，还舞跳得不错。

고친문장: 他除了歌唱得好，舞也跳得不错。그는 노래를 잘 부를 뿐 아니라, 춤도 괜찮게 춘다.

* 除了这篇文章生词不多以外，句子也比较简单，我们都能看懂。

고친문장: 这篇文章除了生词不多以外，句子也比较简单，我们都能看懂。
이 글은 모르는 단어가 적을 뿐 아니라 문장도 비교적 단순해서 우리 모두 이해할 수 있다.

3. 혼합오류

* 这本书除了没有苏州图书馆以外，还没有别的地方，只有北京图书馆有。

고친문장1: 这本书不仅苏州图书馆没有，别的地方也没有，只有北京图书馆有。
이 책은 쑤저우 도서관에 없을 뿐 아니라 다른 곳에도 없고 오직 베이징 도서관에만 있다.

고친문장2: 这本书除了北京图书馆之外，别的地方的图书馆都没有。
이 책은 베이징 도서관을 제외하고 다른 모든 지역 도서관에 없다.

七. 원인, 목적 개사 관련 오류

대체오류

(1) 기타 개사의 용법과 혼동하여 잘못 사용한 경우

* 日本有句俗语“爱子要让他经风雨，见世界”，培养孩子要有远见，要为他们负责。

고친문장: 日本有句俗话：“爱子要让他经风雨，见世界。” 培养孩子要有远见，要对他们负责。
일본에는 “아이를 사랑한다면 아이가 풍파를 겪고 세상을 볼 수 있게 하라”는 속담이 있다. 아이를 기를 때는 장기적인 안목을 가져야 하며, 그들에게 책임을 질 수 있어야 한다.

* 我为中国的生活、天气、学汉语都很担心。

고친문장: 我对在中国的生活、气候、学汉语等方面都很担心。
나는 중국에서의 생활, 기후, 중국어 공부 등이 모두 걱정된다.

* 他不但很认真工作并且为了穷人服务。

고친문장: 他不但工作认真，而且为穷人服务。
그는 업무를 열심히 할 뿐 아니라, 가난한 사람을 돕기도 한다.

(2) 접속사와 용법을 혼동하여 잘못 사용한 경우

* 为了工作忙，他常常忘了吃饭。

고친문장: 因为工作忙，他常常忘了吃饭。업무가 바빠서 그는 종종 밥 먹는 것을 잊어버린다.

* 为了这样可以锻炼身体，他经常去游泳。

고친문장: 因为可以锻炼身体，他经常去游泳。몸을 단련할 수 있기 때문에 그는 자주 수영을 간다.

분석: 이 유형은 일본 및 한국 학습자들이 자주 범하는 오류이다. 이들의 모국어에서 '为了'와 '因为'가 동일한 단어로 번역되기 때문이다.

(3) 동작의 목적을 나타내는 연동문의 용법과 혼동하여 잘못 사용한 경우

* 货一运到目的地，就可以又用卡车为了发行货物。

고친문장: 货一运到目的地，就可以用卡车来发送货物。
물건이 목적지에 도착하면 트럭으로 화물을 발송할 수 있다.

제5절 교학적 제언

제4절의 오류 분석에서도 확인할 수 있듯이, 개사 관련 오류는 대부분 유사한 의미를 가진 여러 개사의 용법을 혼동한 것에서 비롯된다. 따라서 개사를 가르칠 때는 아래 몇 가지 사항에 특히 주의해야 한다.

1. 중국어의 많은 개사는 다양한 의미와 기능을 나타낸다. 따라서 초급 단계에서는 먼저 각 개사의 고유 용법과 기본 의미를 집중적으로 학습하도록 하는 것이 좋다. 특정 개사의 다양한 용법을 모두 학습한 뒤에는 다시 한번 이를 전체적으로 정리해주어, 하나의 개사가 기본 의미에서 어떻게 기타 다양한 의미로 파생되었는지 설명한다. 동시에, 특정 개사가 가진 고유의 독특한 용법을 강조한다. 예를 들어, '对'의 '대응/대처' 기능, '向'의 비대면 및 행위자와 대상자의 사회적 지위 차이에 기반한 정보 전달의 기능, '跟'의 양방향 동사 대상의 도입 기능, '给'의 '시혜' 기능 등과 같은 용법은 특별히 강조할 필요가 있다. 이처럼 특정 개사의 독특한 용법을 강조하는 것은 학습자의 오류를 줄이는 데 도움을 줄 수 있을 것이다.

2. 유사한 기능을 공유하는 몇몇 개사에 대해서는 중급 단계에서 반복적으로 비교 분석해 주어야 한다. 이때 학습자의 수용 능력을 고려하여 세부 유형을 나누어 단계적으로 학습할 수 있도록 해야 한다.

3. '~에 해당한다/~와 같다'와 같은 표현을 사용하거나 이미 학습한 다른 개사를 통해 새로

운 개사를 설명하지 않도록 한다. 이러한 설명은 학습자의 잘못된 이해를 초래할 수 있기 때문이다. 예를 들어, 아래와 같은 학습자 오류는 "'冲'의 의미가 '向', '对', '朝'에 해당한다/와 같다."로 설명하고 있는 일부 교재 및 사전에서 기인한 것이라 할 수 있다.

* 我迷路了，冲着东方走过去就到人民路。

고친문장: 我迷路了，朝东走了一段就到了人民路。
나는 길을 잃어서 동쪽으로 한참을 걸었더니 런민로에 도착했다.

* 你不喜欢他吗，为什么不冲他问好。

고친문장: 你不是喜欢他吗，为什么不向他问好。
너는 그를 좋아하지 않니? 왜 그에게 안부를 묻지 않아?

* 我冲他的爱情很重，所以可能他觉得麻烦。

고친문장: 我对他爱得很深，但可能他会觉得很麻烦。
나는 그를 정말 깊이 사랑하지만, 그는 귀찮을 수 있다.

'冲'은 분명 개사 '向', '对', '朝'와 유사한 기능을 나타내지만, 분명한 차이 역시 존재한다. 형용사 '冲'은 (상대에 대한 태도가) '매우 매섭고 호되다'의 의미를 나타내는데, 이에 따라 동작의 대상을 도입하는 경우에도 "你干吗冲我发脾气啊너는 왜 나한테 이렇게 성질을 부려", "有意见冲我来好了불만 있으면 나를 찾아오면 돼"에서와 같이 '창끝을 직접 겨누다'의 의미를 내포하게 된다. 상기 두 예문의 '冲'은 '对'에 비해 강한 어기를 나타내며, 특히 뒤 문장의 '冲'은 '对'로 대체할 수 없다.

반면, "汽车冲着我们开过来，我们吓得赶紧躲开了차가 우리를 향해 달려와서 우리는 깜짝 놀라 재빨리 피했다"에서와 같이 방향을 나타내는 경우에는 '冲' 역시 '(대상을) 직접 향해' (이동함)의 의미를 내포한다. '冲' 뒤에 이동동사가 출현할 때에는 보통 사람이나 사물을 나타내는 명사나 대사가 개사의 목적어로 사용되며, 방위사는 목적어로 사용되지 않는다. 따라서 상기 첫 번째 오류는 방위사를 허용하는 '朝'로만 수정할 수 있다. 언어를 통한 전달 및 교제의 대상을 도입하는 경우, '冲'은 '对', '向'과 같이 '喊소리치다, 叫부르다, 说말하다, 点头고개를 끄덕이다, 微笑미소짓다, 招手손을 흔들다, 挤眼눈짓하다, 撇嘴입을 삐죽대다'와 같은 동작의 대상을 도입할 수 있지만, '问好안부를 묻다, 问候안부를 묻다, 表示感谢(歉意)사의를 표하다, 道歉사과하다' 등 비교적 정식적인 교제성 동사의 대상은 도입하지 못한다. 따라서 상기 두 번째 오류는 '向'을 통해서만 바로잡을 수 있다. '冲'은 '对'의 '대응/대처' 기능을 가지지 않으므로 세 번째 오류에서는 '冲'을 '对'로 대체해야 한다. 이처럼 유사한 의미를 갖는 개사를 가르칠 때는 유사성보다는 차이점을 중심으로 설명을 해야 한다.

4\. 개사는 문장 중 두 개의 성분과 의미, 어법, 화용적으로 밀접하게 연관되는데, 그 첫 번째는 바로 뒤에 취하는 목적어이며, 두 번째는 개사구와 관련된 동사이다. 따라서 의미가 유사한 개사의 비교 분석은 먼저 이 두 성분에 대한 설명으로부터 시작되어야 한다. 일부 기능이 매우 유사한 개사는 이 외에도 구조의 단순·복합적 특징 등에 대해서도 다루도록 한다.

참고문헌

Otto Jespersen(1985),《语法哲学》何勇等译，徐州师范学院印，1985年.

朱泽祥(1996), '在'的涵盖义与句首处所前"在"的隐现,《汉语学习》第4期.

崔希亮(2003), 欧美学生汉语介词习得的特点及偏误分析, 世界华语文教育会遍《第七届世界华语文教学研讨会论文集》第三册.

傅雨贤·周小兵·李炜·范干良·江志如(1997),《现代汉语介词研究》, 中山大学出版社.

古川裕(2000), "跟"字的语义指向及其认识解释——起点指向和终点指向之间的认知转换,《语言教学与研究》第3期.

何薇(2004), 汉语常用对象类介词的分析与教学, 苏州大学文学院硕士研究生学位论文.

李临定(1986),《现代汉语句型》, 商务印书馆.

李临定(1990),《现代汉语动词》, 中国社会科学出版社.

李琳莹(1999), 介词"对"的意义和用法考察,《天津师大学报》第4期.

李英哲(2003), 从认知的视角看华语语汇和语法教学, 世界华语文教育学会编《第七届世界华语文教学研讨会论文集》第一册.

林齐倩(2003), 介引处所的介词"在"的隐现, [日本]《中国文化论丛》第12号.

刘丹青(2000), 汉语相互性实词的配价及其教学, 沈阳主编《配价理论与汉语语法研究》, 语文出版社.

刘月华(1989),《汉语语法论集》, 现代出版社.

卢福波(2000),《对外汉语常用词语对比例释》, 北京语言文化大学出版社.

陆庆和(2004), 引进动作对象的介词"对"与"向"分析, [日本]《中国语研究》第46号.

陆庆和(2006), "接受"和"施予"——也谈被动句的不同类别,《语言教学与研究》第1期.

吕叔湘主編(1999),《现代汉语八百词》(增订本), 商务印书馆.

吕文华(1997), 试论句首短语"在/∅ + 处所",《语法研究和探索》(八), 商务印书馆.

孟庆海(1987), 动 + 处所宾语,《句型和动词》, 语文出版社.

沈家煊(1995), "有界"与"无界",《中国语文》第5期.

徐丹(1990), 评介《介词问题及汉语的解决办法》,《中国语文》第6期.

张斌(2001),《现代汉语虚词词典》, 商务印书馆.

赵葵欣(2000), 留学生学习和使用汉语介词的调查,《世界汉语教学》第2期.

周小兵(1997), 介词的语法性质和介词研究的系统方法,《中山大学学报》(社会科学版) 第3期.

朱德熙(1999),《朱德熙文集》(第一、二卷), 商务印书馆.

제9장 접속사

제1절 접속사의 어법특징과 분류

一. 접속사의 어법특징

1. 접속사는 어법의미를 나타낼 뿐 실질적인 어휘의미는 가지지 않는다.
2. 접속사는 단독으로 질문에 대한 대답으로 사용되거나 문장성분을 담당하지 않는다.
3. 접속사의 주요 기능은 단어, 구, 절을 연결하는 것이다.

二. 접속사의 분류

주로 연결하는 성분에 따라 접속사는 크게 두 유형으로 분류된다.

1. 단어나 구를 연결하는 접속사

   和와, 跟와, 或者또는, 或또는, 还是또는, 而하고도/하지만

2. 절이나 문장을 연결하는 접속사

   虽然비록, 但是그러나, 可是그러나, 不过그러나, 如果만약, 要是만약, 因为왜냐하면, 所以그래서
   一边한편으로, 一面한편으로, 或者또는, 然后연후에, 还是또는, 那그렇다면, 那么그렇다면
   既할 뿐 아니라, 接着이어서, 结果결과, 不但뿐만 아니라, 不仅뿐 아니라, 而且게다가,
   而하고도/하지만, 既然한 바에야
   因此그래서, 由于때문에, 尽管불구하고, 无论관계없이, 不管막론하고, 即使설령, 哪怕설령,
   只有해야만, 只要하기만 하면,
   于是그래서, 从而따라서

제2절 상용 접속사의 기능과 용법

和

'和'는 단어와 구를 연결하며 병렬 관계를 나타낸다.

(1) 명사나 대사를 연결한다.

   我和他一起去看电影。나와 그는 함께 영화를 보러 간다.
   医生让我多吃蔬菜和水果。의사 선생님은 내게 채소와 과일을 더 많이 먹으라고 했다.
   我对中国的印象是从书本和电影上来的。중국에 대한 내 인상은 책과 영화에서 비롯된 것이다.

병렬하는 단어가 두 개 이상인 경우, '和'는 마지막 두 단어 사이에 사용한다.

他小学、中学和大学都是在北京上的。 그는 초등학교, 중·고등학교 및 대학을 모두 베이징에서 다녔다.

(2) 형용사(구)를 연결하여 비술어 성분(주어, 목적어 또는 관형어)를 충당한다.

刻苦和认真是他的最大的优点。 근면함과 성실함은 그의 가장 큰 장점이다.

这个工作需要耐心和细致。 이 일은 인내심과 섬세함이 필요하다.

她抑制不住兴奋和激动，哭了起来。 그녀는 흥분과 감동을 억누르지 못하고 울기 시작했다.

这个旅馆热情和周到的服务得到了顾客的好评。

이 여관의 친절하고 빈틈없는 서비스는 고객의 호평을 얻었다.

(3) 동사(구)를 연결하여 비술어 성분(주어, 목적어 또는 관형어)을 충당한다.

经过商量和挑选，他们最后买下了这所房子。 논의와 선별을 거쳐 그들은 최종적으로 이 집을 구매했다.

这些获奖者是通过推荐、选拔和专家评议产生的。

이 수상자들은 추천, 선발 및 전문가 평가를 통해 선정된 것이다.

在大家的支持和帮助下，我们终于完成了这项艰巨的任务。

모두의 지지와 도움 덕에 우리는 마침내 이 어려운 임무를 완수했다.

我的成功离不开大家的鼓励和支持。 나의 성공은 모두의 격려와 지지 없이는 불가능했다.

这个学校的报到和开学在同一天。 이 학교의 등록과 개학은 같은 날에 있다.

주의: '和'는 공동으로 연관된 성분 없이 술어를 충당하는 형용사(구), 동사(구) 및 주술구, 개사구를 연결할 수 없다. 아래는 학습자 오류이다(제3절 오류 참조).

* 中午，我吃饭和喝茶。

* 她聪明和漂亮。

* 他英语很好和汉语也很好。

* 我去打工，为交学费和为买衣服。

술어를 충당하는 형용사(구), 동사(구)가 공동으로 연관된 성분을 가질 경우, 이들은 '和'로 연결될 수 있다. 주로 아래와 같은 몇 가지 경우이다.

A. 연결된 술어동사가 공동의 목적어를 취한 경우

宪法规定，国家尊重和保障人权。 헌법에서는 국가가 인권을 존중하고 보장해야 한다고 규정하고 있다.

为了战胜竞争对手，他们派人到处打听和搜集对手的各种情报。

경쟁 상대를 이기기 위해 그들은 사람을 보내 상대의 각종 정보를 여기저기에서 알아보고 수집했다.

B. 연결된 술어동사가 공동의 보어 및 목적어를 취한 경우

这个计划酝酿和产生于2000年。 이 계획은 2000년에 준비하고 시작되었다.

那座寺庙设计和兴建于500年前。 그 사찰은 500년 전에 설계 및 건설되었다.

这次大型的活动将推荐和评选出10名最佳运动员。

이번 대형 행사에서 10명의 최우수 선수를 추천 및 선발할 것이다.

C. 연결된 술어동사 또는 형용사가 동일한 주어의 상태나 동작 방식을 설명하는 경우로, 이때 앞에는 이들과 공동으로 연관된 부사어가 출현해야 한다.1)

她虽然不像你那么年轻、漂亮，但是十分能干和自信。
그녀는 비록 너처럼 젊고 예쁘지는 않지만, 매우 능력 있고 자신감이 있다.

在很多人的眼里，当明星总是很风光和让人羡慕的。
많은 사람의 눈에 스타는 늘 화려하고 부러움을 사는 존재이다.

我想知道，这些文物是如何收集和保存的。나는 이 문물들이 어떻게 수집되고 보존되었는지 알고 싶다.

或者，或

'或者', '或'는 선택 관계를 나타내는 접속사로, 평서문에 사용된다.

(1) 단어나 구를 연결한다.

每次开学式，校长或者院长总要讲话。매번 개학식 때마다 교장 또는 원장이 연설한다.

他想吃包子或者饺子。그는 찐빵이나 만두가 먹고 싶다.

工作中总会有这样或那样的问题出现的。일에는 늘 이런저런 문제가 생기기 마련이다.

在这里，你可以站着或坐着喝咖啡，很随便的。
여기에서는 커피를 서서 마시든 앉아서 마시든 자유롭게 마시면 된다.

太热或者太冷都容易生病。너무 덥거나 추우면 병에 걸리기 쉽다.

(2) 절이나 문장을 연결한다.

他去，或者你去，总之得有个人去那里看看。
그가 가든 네가 가든, 어쨌든 누군가는 그곳에 가 보아야 한다.

电话打不通，大概是你记错了，或者是他的电话号码变了。
전화 연결이 안 되는 것은 네가 기억을 잘못했거나 그의 번호가 바뀐 것이다.

来这里的人，或者是来看热闹的，或者是来打听消息的。
이곳에 온 사람은, 구경하러 왔거나 소식을 알아보기 위해 온 것이다.

还是

'还是'는 선택 관계를 나타내는 접속사로, 단어, 구, 절을 연결하며, 의문문에 사용된다.

你要红茶还是绿茶？홍차를 드실래요, 아니면 녹차를 드실래요?

怎么哭了？你是高兴呢还是伤心呢？왜 울어? 너는 기쁜 거야 아니면 슬픈 거야?

你觉得我去好还是让他来好？내가 가는 것이 좋을까 아니면 그를 오라고 하는 것이 좋을까?

他究竟是同意呢还是不同意？그는 도대체 동의하는 거야 아니면 반대하는 거야?

---

1) [역주] '和'는 주로 체언성 성분을 연결하며, 용언성 성분의 연결에는 제약이 따른다. 상기 조건 외에도 동일한 조동사의 수식을 받거나(你们必须锻炼坚强的意志和培养独立思考的能力。너희는 반드시 굳센 의지를 단련하고 자주적 사고 능력을 키워야 한다), 동일한 명사를 수식하는 관형어로 사용될 경우(他们带着严肃和兴奋的心情走出会场。그들은 엄숙하고 흥분된 심정으로 회의장을 나섰다)에도 용언성 성분은 '和'로 연결될 수 있다.

'或者'와 '还是'의 비교 분석

1. '或者'는 평서문에서 선택을 나타내며, 제시된 선택항 중 반드시 하나를 선택해야 한다. 반면, '还是'는 의문문에서 선택을 나타내며, 때문에 의미상 비확정적이다.

2. '还是'로 연결된 병렬구나 절은 비교적 복잡한 평서문의 주어나 목적어로 사용될 수 있다.

我不知道这事该找张院长还是李院长。

나는 이 일에 대해 장 원장을 찾아가야 할지 리 원장을 찾아가야 할지 모르겠다. ('还是'로 연결된 병렬구가 목적어를 충당)

他是学生还是老师并不重要。

그가 학생이든 선생님이든 중요하지 않다. ('还是'로 연결된 병렬구가 주어를 충당)

是你说得对，还是我说得对，事实会最后证明的。

네 말이 맞는지 아니면 내 말이 맞는지는 마지막에 가면 증명될 것이다. ('还是'로 연결된 절이 문장의 화제 주어를 충당)

상기 예문에서 '还是'로 연결된 구와 절은 평서문에 사용되고 있음에도 그 의미가 비확정적이므로, 이때의 '还是'는 '或者'로 대체할 수 없다.

而

전치사 '而'은 형용사(구), 동사(구) 및 문장(절)을 연결한다. 연결된 전·후 성분의 관계를 바탕으로 다음과 같이 세 유형으로 구분할 수 있다.

(1) 병렬 관계를 나타내는 경우

整个会谈是在轻松而愉快的气氛中进行的。 전체 회담은 가볍고 유쾌한 분위기 속에서 진행되었다.

这位作家的小说常常写一些真实而可爱的人。

이 작가의 소설은 종종 진실하고 사랑스러운 인물들을 등장시킨다.

他因为工作紧张而缺乏运动，有点儿发胖了。 그는 바쁜 업무와 운동 부족으로 살이 좀 쪘다.

(2) 역접 관계를 나타내는 경우

A. 단어나 구를 연결한다.

这个菜油而不腻，很受大家的欢迎。 이 요리는 기름지지만 느끼하지 않아 많은 이들의 사랑을 받는다.

他是那种敢想而不敢干的人。 그는 생각은 과감하지만 실천으로 옮기지 못하는 그런 인물이다.

在很多人看来，登上月球是可望而不可即的事。

많은 이들에게 달에 오르는 것은 그림의 떡과 같은 일이다.

B. 절을 연결한다.

看到同学都在场上比赛，而我却只能坐在下面看，心里真的不好受。

친구들은 필드에서 경기하고 있는데, 나는 아래 앉아서 그것을 바라볼 수밖에 없으니 정말 속상하다.

这里是冰天雪地，而我的家乡现在却是春暖花开的季节。

이곳은 얼음 왕국이지만 내 고향은 지금쯤 따뜻하게 꽃이 만발하는 계절이다.

这个冰水湖现在已经成为我国最大的冷水鱼产地，而历史上这个湖里没有任何鱼类生存。
이 얼음 호수는 이미 우리나라 최대의 빙수어 산지가 되었지만, 역사적으로 이 호수에서는 어떠한 물고기도 살아 남지 못했다.

주의: '而'이 연결하는 것은 대개 전·후 대비되는 상태를 나타내는 절로, 이 점이 바로 동작의 변화를 서술하는 역접 복문과의 차이이다(아래 '虽然, 尽管' 부분 참조).

얼핏 연접 관계를 나타내는 것 같지만 사실상 역접 관계를 나타내는 변형된 형태가 사용되기도 한다.

青出于蓝而胜于蓝，学生超过老师，这是常有的事。
청출어람이라고, 학생이 선생님보다 우수한 것은 꽤 자주 있는 일이다.

일반적인 상식으로, '青出于蓝'은 '蓝'과 같거나 낮은 정도를 나타내지만, '胜于'는 이에 대비되는 역접의 의미를 띠고 있다.

또한 사물의 두 가지 측면이 상호 영향을 미치는 경우에도 역시 '而'을 사용한다.

现在人们越来越知道保护环境的重要， 而环境保护工作的开展也给人们的工作和生活带来了很多好处。
현재 사람들은 점점 더 환경보호의 중요성을 알아가고 있으며, 환경보호의 진행은 또한 사람들의 일과 생활에 많은 혜택을 가져다준다.

(3) 부사어와 술어를 연결한다.

A. 부사어가 동작의 장소나 방식을 나타내는 경우

今天上午，有十几只漂亮的天鹅从天而降。
오늘 오전 십여 마리의 아름다운 백조가 하늘에서 내려왔다.

一天，他正在家里看电视，突然有几个陌生人破门而入。
하루는 그가 집에서 TV를 보고 있는데, 갑자기 낯선 사람 몇 명이 문을 부수고 들어왔다.

现在很多人家里的电器正在被新产品取而代之。
현재 많은 사람의 집에 있는 가전제품이 새로운 제품으로 대체되고 있다.

平心而论，老张的工作是很认真的。 냉정하게 말해서, 라오장은 일을 참 열심히 한다.

现在旅游已经成了很多人的爱好，随之而来的就是旅游产业的迅速发展。
현재 여행은 이미 많은 사람이 선호하는 취미가 되었고, 이에 따라 여행 산업이 빠르게 발전하게 되었다.

B. 부사어가 동작의 원인이나 목적을 나타내는 경우

那个飞行员因飞机失事而身亡。 그 파일럿은 비행기 사고로 사망했다.

他因连续获奖而闻名全国。 그는 잇따라 수상하면서 전국적으로 유명해졌다.

大哥最近正在为工作而苦恼。 큰 형은 최근 업무 때문에 괴롭다.

同学们为取得的胜利而兴奋不已。 학생들은 승리로 매우 기뻐했다.

他在为失学的孩子而四处奔走。 그는 교육의 기회를 잃은 아이를 위해 방방곡곡을 뛰어다니고 있다.

주의: (3)의 용법은 대개 서면어에서 사용되며, 특히 B류 '为……而', '因……而'은 대개 단문에서만 사용된다.

而且

접속사 '而且'는 점층 관계의 복문을 연결한다.

小刘工作很认真，而且十分细致。샤오류는 일도 열심히 할 뿐만 아니라 매우 세심하다.

爸爸喜欢处理难的事情，而且越难他越觉得有意思。

아빠는 어려운 일을 처리하기 좋아할 뿐만 아니라 어려울수록 재미있다고 느낀다.

为了发展当地经济，政府的工作效率要提高，而且必须得提高。

현지 경제를 살리기 위해 정부의 업무 효율을 높여야 할 뿐 아니라 반드시 높여야 한다.

并，并且

접속사 '并'은 점층 관계를 나타내며, 동사(구) 및 절을 연결한다. '并'의 후행 동작은 동작의 정도나 결과에 있어 선행 동작을 초과하는 것이다. 주로 아래 두 가지 형식으로 구분된다.

(1) 동사(구)를 연결하여 하나의 동작뿐 아니라 보다 심화된 또 다른 동작이 잇따라 발생함을 나타낸다.

同学们积极支持并参加了这个活动。

학생들은 이 행사에 적극적으로 지지를 보냈을 뿐 아니라 참가도 했다.

他对这个问题进行了深入的研究并找到了答案。

그는 이 문제에 대해 심도 있는 연구를 진행했을 뿐 아니라 답도 얻었다.

(2) 절을 연결한다.

市长主持了今天的大会，并发表了重要的讲话。

시장은 오늘 총회에서 사회를 보고 주요 연설도 진행했다.

他帮我拿行李，并帮我找到了一家旅馆。그는 나를 위해 짐을 들어주고 여관도 하나 찾아주었다.

老吴为学校的礼堂搞了个设计，并把它做成了模型。

라오우는 학교 강당을 설계하고 그것을 모형으로도 만들었다.

老师开始注意我，并跟我谈了一次话。

선생님께서 나에게 주목하기 시작하더니 나에게 말도 한 차례 거셨다.

'并且'는 '并'과 동일한 의미를 나타낸다. 주로 동사구나 절을 연결하지만, 공동의 성분을 취하는 동사를 연결하기도 한다.

他参加了学校的演讲比赛，并且得了一等奖。

그는 학교의 웅변대회에 참가했을 뿐 아니라 1등을 수상했다.

她是个聪明的姑娘，并且懂得关心人。

그녀는 똑똑한 아가씨일 뿐 아니라 사람에게 관심을 가질 줄도 안다.

我们希望并且相信你们能把这项工作做好。

우리는 너희가 이 업무를 무사히 수행하길 바라고 또 (그럴 것이라) 믿는다.

于是

접속사 '于是'는 연접 관계의 복문을 연결하여 '연관구문'이라고도 불린다(吕叔湘 1944, 黄伯荣 1983, 胡裕树 1995). 주목할 것은 '于是'가 연결하는 복문은 시간적 선후 관계가 아니라('然后'

와 구분), 사건의 논리적 이치에 따라 연결된다는 것이다(陆庆和 2000). 복문을 구성하는 선·후행절의 논리적 의미 관계에 따라 '于是'로 연결되는 결과절은 다음 몇 가지 유형으로 구분된다.

(1) 호응적 결과절

'于是'는 종종 선행절에 나타난 견해, 감정, 동작 및 사건에서 비롯된 반응의 일환으로 행위자가 주도적으로 취한 행동을 나타내는 호응적 결과절(문)을 연결한다.

他打算换个工作。于是到处打听什么地方招人。
그는 직장을 바꾸려고 한다. 그래서 어디에서 사람을 구하는지 여기저기 알아보고 있다.

她在台上跳着跳着，突然把旁边的人推倒了，于是全场人一齐哄笑起来。
그녀는 무대에서 계속 뛰더니 갑자기 옆 사람을 밀어서 넘어뜨렸고, 그러자 장내 모든 사람이 까르르 웃기 시작했다.

'于是'의 뒤에는 선행절이 나타내는 상황에 대해 취한 대책이 올 수도 있는데, 이는 또 다른 측면에서의 '호응'이라 할 수 있다.

孩子喊冷，于是我把空调打开了。아이가 춥다고 해서 나는 히터를 켰다.

我们发现那个人很可能是罪犯。于是，就派便衣警察盯着他。
우리는 그 사람이 범죄자일 수 있음을 알게 됐다. 그래서 사복경찰을 파견해 그를 감시하도록 했다.

이 같은 결과절(문)은 대개 부정의 형태로는 사용되지 않는다. 부정문으로 사용되는 것은 주로 타인의 행동에 대한 반응을 나타낼 때이다.

父亲刚出事的时候，母亲哭得很厉害，很多人劝她要冷静地想想该怎么办，于是她就不哭了。
아버지가 막 사고가 났을 때 어머니는 엄청 울었지만, 많은 사람들이 어떻게 할 것인지 냉정하게 생각해야 한다고 권하자 우는 것을 멈추었다. (상대방의 권고에 대한 반응)

상기 유형과 같이 호응적 결과를 나타내는 '于是'문의 술어로는 주로 의지동사가 사용된다. 또한 이미 완성된 동작을 나타내지만, 미실현 동작에는 사용되지 않는다. 아래는 학습자 오류의 예이다.

*听说北京烤鸭很好吃，于是我去北京的话一定要吃。

고친문장1: 听说北京烤鸭很好吃，因此我去北京的话一定要去尝尝。
베이징 오리구이가 맛있다고 하니, 베이징에 가게 되면 반드시 맛을 보러 갈 것이다.

고친문장2: 听说北京烤鸭很好吃，于是我决定去北京时一定要吃一次。
베이징 오리구이가 맛있다고 하니, 나는 베이징에 갈 때 반드시 한 번 먹어보겠다고 결심했다.

예문과 같이 '于是' 뒤에 '决定'을 사용하면 올바른 문장이 된다.[2)]

(2) 단계적 결과절

'于是'가 연결하는 후속절은 단계적 결과를 나타낸다. 즉, 선행절의 동작이 완성된 이후에 비로소 시작되는 후속 동작이나 앞 단계의 동작이 완성된 이후 시작되는 새로운 단계를 나타낸다. 이때 후속 단계는 앞 단계의 완성을 기점으로 시작된다.

---

2) [역주] 베이징에 가서 먹는 것은 미실현 동작이지만, 의지동사 '결심하다'를 사용하여 정문이 되었다.

"代表回来了。" 于是整个广场马上变得非常肃静了。

"대표님이 돌아왔다." 그러자 온 광장이 갑자기 매우 엄숙하게 바뀌었다.

突然听到队长一声大吼："下来晚的都到这边来！"于是下面的场面开始了……

돌연 "늦게 내려온 사람들은 모두 이쪽으로 오세요!"라는 대장의 고함을 듣자, 다음 장면이 시작되었다……

公司在那次投资中失败了，于是倒霉的事情便接连地来了。

회사는 그 투자에서 실패했고, 그러자 재수 없는 일이 잇달아 발생했다.

孩子在世界比赛中拿了冠军，于是，夫妻俩立即打电话告诉孩子的爷爷、奶奶。

아이는 세계 경기에서 1등을 거머쥐었고, 그러자 부부는 즉시 아이의 할아버지 할머니에게 전화로 (이 사실을) 알렸다.

이처럼 단계적 결과를 나타내는 '于是'는 술어동사로 의지동사 및 비의지동사를 모두 취할 수 있다는 특징을 가진다. 비의지동사는 주로 변화의 의미를 나타내며 대개 이미 이루어진 상태나 결과의 지속을 나타낸다.

(3) 조건적 결과절

'于是'의 선행절은 어떠한 결과를 초래하는 조건을 나타내기도 하는데, 이때의 조건은 결과의 원인으로도 볼 수 있다. '于是'가 연결하는 후속절은 앞선 조건의 영향 및 제약에서 비롯된 결과를 나타내는데, 이러한 문장(절)은 표면적으로 일반적인 인과 관계와 구분되지 않는다. '于是'가 연결하는 복문이 '인과 관계'를 나타내는 것은 바로 '于是'의 이러한 기능에서 비롯된 것이다.

小丽的家离他家不远，他也没什么事，于是就三天两头地往小丽家跑。

샤오리의 집은 그의 집에서 멀지 않고, 그 역시 별다른 일이 없어, (그는) 하루가 멀다고 그녀의 집으로 간다.

她不知哥哥什么时间才能回来，没时间等他，于是便失望地回家了。

그녀는 오빠가 언제쯤 돌아올지 알지 못하고 그를 기다릴 시간도 없어 매우 실망하며 돌아갔다.

末班车开走了，出租车又等不来。于是，我们无可奈何地走回了宿舍。

막차는 떠났고, 택시도 오지 않았다. 그래서 우리는 어쩔 수 없이 기숙사에 걸어서 돌아갔다.

姥姥很寂寞，我又正好放暑假，于是我就留在上海陪她。

외할머니는 외로우시고, (나는) 마침 여름 방학이어서, 나는 상하이에 남아 그녀와 함께 지낸다.

이처럼 조건적 결과를 나타내는 '于是'문은 술어동사가 보통 이미 완성된 동작이나 이미 이루어진 결과 상태의 지속을 나타낸다는 특징을 가진다. 문장(절)의 술어로 의지동사가 사용되었을 경우, '于是'의 선행절은 대부분 이미 실현된 조건을 나타낸다. 이때 유리한 조건을 나타내기도 하지만, 후속 동작에서 어쩔 수 없이 그러한 선택을 할 수밖에 없도록 유도하는 불리한 조건을 나타내기도 한다. 이러한 '조건에 따라 그렇게 하게 되다'의 논리 관계에 따라 '于是'의 후속 동작은 '연달아 저절로 이루어짐', '선택의 여지가 없음'과 같은 특징을 띠게 된다. 이 같은 결과절에 비의지동사가 술어로 사용되는 경우는 많지 않으며, 그 결과 역시 선행절이 나타내는 상황의 제약 및 영향 속에서 이루어진 것이다.

他性格开朗，热情，我跟他很谈得来，于是我们很快成了朋友。

그는 성격이 활발하고 열정적이어서 나는 그와 말이 잘 통한다. 그래서 우리는 금방 친구가 되었다.

(3) 조건적 결과절의 '于是'는 때로 '因此'로 대체할 수 있다. 다만, '于是'로 연결되는 복문과

일반적인 인과 관계의 복문은 발화자의 주관적 시점에 차이가 있다. 즉, 일반적인 인과문은 발화자의 시점이 '원인'에 집중되어 '어째서 이러한 결과가 발생했는지'에 대한 대답을 제시하는 것에 초점을 둔다. 따라서 주로 설명이나 해설에 사용된다. 반면, '于是'로 연결되는 '조건적 결과절'은 주로 '결과'에 집중하여 '어떠한 결과가 나타났는지'에 대한 대답을 제공하는 데 사용된다. 따라서 '于是'문은 일반적인 인과문에 비해 '동태적 발전, 변화'를 나타내며, 주로 서술에 사용된다.[3)]

从而

접속사 '从而'은 대개 점층 관계의 복문에서 두 개 또는 그 이상의 동사술어문이나 '使'류 겸어문을 연결하여 선행절 상황의 발전에 따른 결과 또는 그에 따른 심화된 행동을 나타낸다. 주로 논설문(정치적 평론, 학술 논문 및 설명문)에 사용된다.[4)]

'从而'로 연결된 복문은 '不但……而且……', '不仅……而且……', '不仅……还……' 등으로 나타나는 점층 관계의 복문과 다음과 같은 차이를 보인다.

1. '不但……而且……' 등의 점층적 복문은 사실상 사물의 수량, 범위의 증가나 동작의 정도적 심화를 나타낸다.

(1) 동일 부류 사물의 증가

他不但会说汉语，还会说英语。 그는 중국어뿐 아니라 영어도 할 줄 안다.

(2) 유사 사물의 증가

不但产量增加了，人的精神面貌也改变了。

생산량이 증가했을 뿐 아니라 사람의 마음가짐도 달라졌다. (《现代汉语八百词》)

(3) 동일 동작의 정도성 심화

水库不但要修，而且一定要修好。 저수지는 건설해야 할 뿐 아니라 반드시 잘 건설해야 한다. (출처 상동)

2. '从而'이 연결하는 두 동사술어문은 수량, 범위의 증가 또는 정도상의 심화가 아닌, 일종의 점층적 발전 관계를 나타낸다. 즉, '从而'이 연결하는 절은 점층적으로 발전하여 나타나는 '결과'이다. 이러한 결과절은 다시 아래 세 가지 유형으로 구분된다.

---

3) 이는 '于是'의 역사적 발전과 변천 과정을 통해 증명된다. 아직 접속사로 발전하기 전, 시점, 즉 '이때' 의 의미를 나타내는 명사구로 사용되던 고대(王力 1981)에 '于是'는 청자나 독자에게 시점을 제시하는 기능을 담당했다. 이후 접속사로 발전한 '于是'는 전·후 이치적 연관 관계를 가지는 두 동작이나 사건 및 상황을 연결하는 표지로 사용되었다. 즉 후속 결과의 시점을 나타내는 표지가 된 것이다. 이러한 특징은 상기 (2) '단계적 결과'의 용법에서 가장 두드러지며, (1) '호응적 결과'에서도 확인할 수 있다. 다만 (3) '조건적 결과절'에서는 그러한 특징이 두드러지게 나타나지 않는다. 일반적인 인과류의 접속사와 혼동하지 않도록 학습자에게 이러한 특징을 명확하게 인지시켜야 할 것이다.

4) 《现代汉语八百词》에서는 " '从而'은 서면어에 사용된다"고 언급하고 있다(吕叔湘 1980). 하지만 필자가 老舍의 《骆驼祥子》, 钱钟书의 《围城》, 巴金의 《家》, 路遥의 《平凡的世界》 및 赵瑜의 《马家军调查》(《中国作家》 1998) 등 110여 만자의 말뭉치를 조사한 결과 '从而'을 사용한 예문은 하나도 발견하지 못했으며, 수집한 예문은 기본적으로 모두 논설문에서 찾은 것이다. 이에 따라 이를 논설문으로 수정하였다.

(1) 사역적 결과절

선행절 동작이 심화 발전함으로써 '从而'로 연결되는 결과가 발생한다. 또는 선행절이 나타내는 상황으로 인해 '从而' 이후의 결과가 자연적으로 발생하거나 심화되어 나타난다.

有些中年妇女们工作压力过大、精神高度紧张，从而使更年期症状提早出现，提前衰老。[5)]

일부 중년 여성들은 과도한 업무와 심각한 스트레스로 인해 갱년기 증상이 일찍부터 나타나고 빨리 늙는다.

小麦收购价每50公斤下降15元，从而使农民的收入下降了。

밀의 구매가가 50kg당 15위안 하락했고, 이로써 농민의 수입도 하락했다.

为弥补损失，该银行不得不大量借贷和利用高息吸收存款，从而使问题更加严重。

손실을 메우기 위해 그 은행은 어쩔 수 없이 대량의 대출과 고금리로 예금을 모집했고, 이로써 문제를 더욱 악화시켰다.

我们人类高于其他动物的一个关键之处在于有发达的新前叶大脑皮层，从而有了自我意识和预测能力，可以设计工具。

우리 인류가 동물보다 뛰어날 수 있는 결정적 요인은 신전엽 대뇌피질이 발달한 덕으로, 이로써 자아의식과 예측력을 갖추고 도구를 설계할 수 있게 되었다.

当社会已经前进了，而人们的头脑往往容易被习惯势力和陈旧观念以及本本上的东西所束缚，从而导致认识与实践相脱节，思想跟不上时代的步伐……

사회는 이미 발전하였으나 사람들은 때로 전통적인 관념과 낡은 사고방식, 틀에 박힌 규정에 사로잡혀있으니, 이로써 인식과 실천 간 괴리가 발생하고 생각은 시대의 발전을 따라가지 못하게 되며……

이러한 결과절의 술어는 보통 '비의지 타동사(구) + 목적어' 또는 '使 + 겸어 + 비의지 타동사 + (목적어)/형용사'의 형식으로 나타나며, 이때 동작은 대개 이미 완성된 것이다.

(2) 계획적 결과 또는 예측적 결과

当理论和实践不符时，就要对旧的理论进行否定，从而建立新的理论。

이론과 실천이 부합하지 않을 때는 낡은 이론을 부정함으로써 새로운 이론을 수립해야 한다.

双方决定在北京建立一个学术交流中心，从而定期开展学术交流活动，报告各自的研究成果。

양측은 베이징에 학술교류센터를 세우고, 이로써 학술교류행사를 정기적으로 진행하여 각자의 연구 성과를 발표하기로 결정했다.

这门辅导课将针对汉语听力进行强化训练，从而提高学生的听力水平与技巧。

이 보충 수업은 중국어 듣기 강화 훈련을 위한 것으로, 이로써 학생들의 듣기 수준과 기술을 향상시킬 것이다.

有了预测功能，可以看到未来的机遇和挑战，从而做出调查，趋利避害。

예측 기능을 갖추어 미래의 기회와 도전에 대해 알 수 있게 되었으니, 조사를 실시해 피해는 예방하고 이익은 취할 것이다.

이러한 결과절의 술어는 '의지 타동사 + 목적어'의 형태로 사용되어, 규칙적인 동작이나 그 발생이 계획되고 예측 가능한 동작을 나타낸다. 반면, 일회성 동작의 완성은 나타내지 않는다.

---

5) 张斌 주편의《现代汉语虚词》에서는 "'从而'이 나타내는 결과나 목적은 보통 긍정적이고 좋은 것으로, 부정적이거나 나쁜 결과에는 사용하지 않는다."고 하였다. 하지만 필자의 조사에 따르면, '从而'은 긍정적인 것, 부정적인 것에 모두 사용 가능하였다.

(3) 자연적으로 논증된 결론

(美众议院共和党领导人)同意美国生产的食品和药品可以销往古巴， 从而预示着美国持续了38年对古巴的经济制裁将宣布终结。

(미 하원 공화당 대표는) 미국산 식량과 의약품의 대(對) 쿠바 수출에 동의하였고, 이로써 38년간 지속된 쿠바에 대한 미국의 경제 제재가 종결될 것인을 예고했다.

四川发现汪伪时期南京地图，上标有原南京最高法院门前的三处水塘，从而证实了《东史郎日记》中所记述的情况。

쓰촨에서 왕웨이 정권 시기 난징의 지도가 발견되었는데, 지도에는 난징 대법원 앞 연못 세 곳이 표시되어 있어 《동사랑일기(东史郎日记)》에 기술된 내용이 증명되었다.

이러한 결과절은 그 수량이 많지 않아, 주로 '预示예시하다, 证明증명하다' 등의 타동사를 술어로 취하며 그 뒤에는 결론을 나타내는 목적어가 출현한다. 이때 선행절은 모두 이미 이루어진 사실을 나타내며, '从而'문은 그러한 사실로부터 자연스럽게 도출한 결론을 나타낸다.

3. 문장(절)의 술어 및 주어에 대한 '从而'의 제약

(1) '从而'은 일반적인 형용사술어문(절)을 연결할 수 없으나(일반적인 인과 관계 접속사는 형용사술어문(절) 연결 가능), '使'류의 겸어문에서는 형용사를 술어로 취할 수 있다((1)사역적 결과절 참조). 아래는 학습자의 사용 오류이다.

＊我们班的同学汉语口语的水平提高了，从而和中国人谈话很方便。

고친문장: 我们班同学的口语水平提高了，因而和中国人谈话很方便。

우리 반 학생들의 회화 수준이 향상되어 중국인과 대화하기가 편해졌다.

(2) '从而'문의 술어로는 보통 동목구조 또는 겸어구조가 사용되며, 주술구조는 사용되지 않는다. 즉, '从而'의 뒤에는 주어가 올 수 없다(일반적인 인과 관계 접속사는 주어 사용 가능). 아래는 학습자의 사용 오류이다.

＊他平时常和中国人聊天，从而他的汉语水平有了很大的提高。

고친문장1: 他平时常和中国人聊天，从而提高了他的汉语水平。

그는 평소 중국인과 자주 대화를 나누는데, 이로써 중국어 실력을 향상시켰다.

고친문장2: 他平时常和中国人聊天，因此使他的汉语水平有了很大的提高。

그는 평소 중국인과 자주 대화를 나누는데, 이로써 그의 중국어 실력이 크게 향상되었다.

(3) '从而' 뒤에 이미 이루어진 결과가 출현한다면 이는 보통 사역적이거나 저절로 발생한 것이며, 의지적인 동작은 아니다(반면, '于是'는 의지적 동작을 연결할 수 있음). 아래는 학습자의 사용 오류이다.

＊小李去年在一个晚会上见面她，从而爱上了她。

고친문장: 小李去年在一个晚会上见到她，于是便爱上了她。

샤오리는 작년에 한 모임에서 그녀를 만났고, 그녀에게 반해버렸다.

＊小李不及格之后很生气，从而决心更加努力。

고친문장: 小李不及格之后很生气，于是下决心更加努力。

샤오리는 유급이 된 이후 매우 화가 났고, 더욱 노력하기로 결심했다.

'从而' 뒤에도 의지적이고 더욱 심화된 행동을 나타내는 동사가 사용될 수 있으나, 반드시 그 발생이 이미 계획되거나 예상되는 것이어야 한다('从而' 2(2) 참조).

(4) '从而'은 사실과 결론을 나타내는 절을 연결할 수 있다. 이때 결론은 보통 선행절의 사실로부터 자연스럽게 유추된 것으로, '证明증명하다', '预示예시하다' 등의 단어로 도출되어야 하며('从而' 2(3)), 일반적인 인과 관계의 접속사와 같이 주관적 결론을 직접 도출하지 못한다. 아래는 학습자의 사용 오류이다.

* 我们参观过了这个学校，从而不要担心使我们的儿子去这儿。

고친문장: 我们参观过了这个学校，因此对我们的儿子去那儿不感到担心。
우리는 이 학교를 참관한 적이 있어서 아들이 그곳에 가는 것에 대해 걱정하지 않는다.

* 我们看她写的地图，但迷了路，从而她写错了。

고친문장: 我们按照她画的地图走，去迷了路，从而证明她画的地图是错的。
우리는 그녀가 그린 지도를 따라가다 길을 잃었고, 이로써 그녀가 그린 지도가 잘못된 것임이 증명됐다.

주목해야 할 것은 '从而' 뒤에는 주로 사역 또는 결과의 의미를 나타내는 동사가 사용된다는 사실이다. 이러한 동사로는 '实现실현하다, 消除제거하다, 提高높이다, 降低낮추다, 增加증가하다, 减少감소하다, 增强강화하다, 促进촉진하다, 拉动촉진하다, 推动추진하다, 建立세우다, 建构구축하다, 带动선도하다, 调整조정하다, 化解녹다, 拉长늘이다, 拉开떼어놓다, 揭开떼다, 损害손상시키다, 提出제기하다, 确保확보하다, 击败격파하다, 奠定다지다' 등이 있다. 또한 자연적인 발생을 나타내는 '引起야기하다, 导致초래하다, 接触접촉하다, 达到달성하다, 形成형성하다, 产生발생하다, 影响영향을 주다, 有있다, 有利于유리하다'와 같은 비의지동사도 비교적 빈번하게 사용된다.

'于是'와 '从而'의 비교 분석

1. '于是'가 연결하는 문장(절)의 술어동사는 대부분 의지동사로, 주로 주어(행위자)가 주동적으로 취한 이미 실현된 동작을 나타낸다. 반면 '从而'이 연결하는 문장(절)의 술어는 대부분 사역동사 또는 비의지동사이며, 의지동사가 술어로 사용된 경우에는 보통 한층 심화된 미실현의 동작을 나타낸다(두 접속사와 관련된 예문 참조).

2. '从而'은 주어를 가진 문장(절)을 연결할 수 없으며, '使'를 통해 겸어를 도입하는 것만 가능하다. 반면 '于是'문에는 주어가 빈번히 사용된다. 아래의 예를 살펴보자.

德国自1日起取消了已有125年历史的联邦邮电部，从而使9年前开始的邮电系统改革进入全新的阶段。
독일은 1일부터 125년의 역사를 가진 연방 우정부를 폐지하였고, 이로써 9년 전 시작한 우정 시스템 개혁을 새로운 단계로 진입시켰다. ('从而'문은 '使'를 통해 겸어를 취함)

德国自1日起取消了已有125年历史的联邦邮电部，于是9年前开始的邮电系统改革进入了新的阶段。
독일은 1일부터 125년의 역사를 가진 연방 우정부를 폐지하였고, 이로써 9년 전 시작된 우정 시스템 개혁은 새로운 단계로 진입하게 되었다. ('于是'문은 직접 주어를 취할 수 있음)

'于是', '从而'과 일반적인 인과 관계 접속사(因为, 所以, 因此, 因而 등)의 비교 분석

1. '因为', '因此', '因而'은 일반적인 인과문을 연결하는데, 이러한 일반적인 인과문은 추론은 물론 서술이나 설명에도 사용할 수 있다. 추론 인과문의 경우 그 결과절은 주로 주관적으로 추론해 낸 결론을 나타낸다.

因为她缺乏自信，所以得好好鼓励鼓励她。그녀는 자신감이 부족하니, 잘 격려해주어야 한다.

因为你是他的领导，他会听你说的。네가 그의 상사이니, 그는 네 말을 들을 것이다.

因为他总和那个姑娘在一起，所以我觉得那个姑娘可能是他的女朋友。
그가 항상 그 아가씨와 함께 있어서 나는 그 아가씨가 그의 여자친구라고 생각했다.

반면, '于是'는 객관적인 상황의 동태적인 발전을 서술하는 데 사용되어 앞서 살펴본 주관적인 추론의 복문에는 사용할 수 없다. 한편, '从而'은 추론에 사용할 수는 있으나, 주로 사실로부터 자연스럽게 추론된 결론을 나타내는 경우에 사용된다('从而'의 예문 참조). 따라서 '从而' 역시 상기와 같은 주관적 추론의 인과문에는 사용할 수 없다.

2. 인과 관계 접속사가 연결하는 서술 및 설명의 인과문의 경우 그 결과절이 정태적(술어가 형용사 및 심리동사를 포함한 비의지동사)일 수도, 동태적(술어가 의지동사)일 수도 있다. 또한 주동문과 피동문, 긍정문과 부정문에 모두 사용할 수 있다. 아래 결과절에는 '于是'나 '从而'을 사용할 수 없다.

因为是冬天，路上很冷。겨울이어서 오는 길에 추웠다.

她的脾气不好，因此很多同学都不喜欢她。
그녀의 성격이 좋지 않아서 많은 학교 친구들이 그녀를 좋아하지 않는다.

因为我是老师，对学生担当着重要的责任。나는 선생님이므로 학생에 대해 중요한 책임을 진다.

我们彼此间不熟悉，因此只是互相问候了一下。우리는 서로 친하지 않아서 안부만 물을 뿐이다.

因为紧张，他满脸都是汗。긴장으로 그는 온 얼굴이 땀으로 흥건하다.

因为不是工作时间，他们可以不穿工作服。업무 시간이 아니므로 그들은 작업복을 입지 않아도 된다.

哥哥因为笛子吹得好，唱歌也不错，因此被艺术团的团长看上了。
오빠는 피리를 잘 불고 노래도 괜찮게 해서, 예술단장의 마음에 들게 되었다.

今年是学校建立一百周年，因此我们要好好庆祝一下。
올해는 개교 100주년이므로, 우리는 제대로 축하를 해야 한다.

이와 같은 인과복문의 의미, 화용적 기능의 핵심은 바로 '원인에 대한 설명'에 있다(吕叔湘 1944). 다만 결과절의 술어가 의지동사이고 긍정문이자 주동문이며 동태적인 특징을 보일 경우(그러한 예는 많지 않지만)에만 문두에 '于是'를 사용하거나(예문 중 괄호로 표시), 이를 '因此'로 대체(아래 밑줄로 표시)할 수 있다.

因为父亲单身一人，妹妹年龄又小，( )我决定留在本地工作。
아버지는 혼자이시고 여동생은 어려서, 나는 고향에 남아 일을 하기로 결심했다.

因为宿舍有同学，他不好说什么，( )就只好跟出来了。
기숙사에는 친구가 있어 뭐라고 말하기가 그래서 그는 밖으로 나올 수밖에 없었다.

因为行李又多又重。(　)他们请来服务员帮忙。
짐이 많고 무거워서 그들은 직원에게 도움을 요청했다.
这个消息太惊人了，因此一见报就在社会上引起了震动。
이 소식은 정말 놀라워서 기사화되자마자 사회적으로 큰 반향을 일으켰다.

상기 4개의 예문은 비교적 강한 동태성을 드러내지만, 이는 인과복문에서 매우 드문 경우이다. '于是'의 예문과 비교하여 살펴볼 수 있다.

3. '于是'는 주로 호응적 결과절이나 단계적 결과절을 연결한다. 반면 일반적인 인과의 접속사는 이처럼 강한 동태성을 지닌 복문에는 잘 사용되지 않는다.

4. '从而'은 점층적 관계의 복문을 연결하며, 점층적 발전을 통해 발생한 결과나 이를 통해 유추한 결론을 나타낸다. 따라서 '从而'로 연결된 후속절은 반드시 선행절의 내용을 바탕으로 이루어진 것이어야 한다. 즉, 선행절의 상황과 나란히 나타나는 병렬적 상태는 나타낼 수 없다. '于是' 역시 동태적인 발전의 의미를 나타내는 문장(절)을 연결한다. 반면, 일반적인 인과의 접속사가 연결한 절 사이에는 전·후 동태적 발전 관계가 존재하지 않는다. 아래는 학습자 오류이다.

* 皇帝的母亲取消了维新，从而继续了一百天。
고친문장: 皇帝的母亲取消了维新，因此维新只持续了一百天。
황제의 모친이 유신을 취소했고, 이로 인해 유신은 겨우 100일 동안만 지속되었다.

虽然，尽管

'虽然', '尽管'은 모두 양보와 역접을 나타낸다. 주로 역접 관계를 나타내는 복문의 선행절에 사용되며, 후속절에는 '但是그러나, 可是그러나, 然而그러나, 却오히려' 등 역접의 접속사 및 관련 부사가 이와 호응하여 자주 사용된다.

虽然外面在下大雨，但是他还是出去了。비록 밖에 비가 많이 내리지만, 그래도 그는 밖으로 나갔다.
虽然工作很多，可是她却安排得井井有条。
비록 일이 많지만, 그녀는 매우 일을 질서정연하게 잘 배분하였다.
虽然大家都反对，可老张却坚持要这样做。
비록 모두가 반대하지만, 그런데도 라오장은 이렇게 하는 것을 고수했다.
尽管他身体很不好，但还在工作。비록 그는 몸이 매우 좋지 않지만, 여전히 일을 하고 있다.
尽管他什么也没有说，可是我却能理解他此时的心情。
비록 그는 아무 말도 하지 않았지만, 나는 그의 그때 심정을 이해할 수 있었다.

'虽然', '尽管'으로 연결된 절이 후속절로 사용되기도 하는데, 이 경우 보충의 의미를 나타낸다.

同学们都一动不动、聚精会神地听着，尽管下课铃已经响过了。
학생들이 꼼짝도 하지 않고 집중해서 듣고 있다. 수업 종이 이미 울렸는데도 말이다.
小东给了那个孩子五十块钱，虽然他自己也很穷。
샤오둥은 그 아이에게 50위안을 주었다. 비록 자신도 가난했지만 말이다.

如果，要是

'如果'와 '要是'는 가정을 나타내는 접속사로, 주로 가정 관계를 나타내는 복문의 선행절에 사용되며, 후속절에는 이와 관련된 부사 '就'가 자주 함께 사용된다.

如果大家都同意，我们就这么办。모두가 동의한다면, 우리는 이렇게 하겠다.

如果你能参加比赛，我们赢的可能就更大了。

네가 경기에 참가할 수 있다면, 우리가 이길 가능성은 더 커질 것이다.

要是明天下雨，我们就不去春游了。내일 비가 온다면, 우리는 봄 소풍을 가지 않을 것이다.

要是想学好汉语，就非下苦功夫不可。

중국어를 잘 배우고 싶으면, 각고의 노력을 기울이지 않으면 안 된다.

'因为，由于'와 '所以，因此'

'因为', '由于'는 원인을 나타내는 접속사이며, '所以', '因此'는 이 같은 원인절의 결과를 나타내는 후속절을 연결하는 접속사이다. 전·후 두 접속사는 '因为……所以……', '由于……所以……', '……，因此……' 등의 형식을 구성하여 어떠한 결과를 야기하는 원인을 분석하거나 결과를 설명한다.

因为下大雨，所以今天不比赛了。비가 많이 와서 오늘은 경기를 하지 않는다.

他因为球打得好，所以被派去参加市里的篮球比赛。

그는 농구를 아주 잘해서 시 농구 대회에 파견되었다.

由于她今天没有准备，所以说得不好。그녀는 오늘 준비를 하지 않아서 말을 잘하지 못했다.

由于前面出了交通事故，我不得不绕道去学校。

앞쪽에 교통사고가 나서 나는 어쩔 수 없이 길을 돌아 학교에 갔다.

由于我坐在最前面，因此那些演员等的脸看得特别清楚。

나는 가장 앞줄에 앉아서 배우들의 얼굴이 아주 잘 보였다.

他在中国许多地方都旅行过，因此知道很多东西。그는 중국의 여러 곳을 여행해서 많은 것을 안다.

이러한 복문은 어떠한 결론, 견해, 태도 등을 발생시킨 이유를 설명하기도 한다.

因为这个规定不合理，所以我们坚决反对。이 규정은 비합리적이므로 우리는 결단코 반대한다.

因为他违反了交通规则，所以要罚款。그는 교통 법규를 위반했기 때문에 벌금을 물어야 한다.

'因为'와 '由于'의 비교 분석

위 두 접속사는 모두 이미 발생한 객관적 결과의 원인을 설명하는 데 사용된다. 하지만 '因为'가 이 외에도 주관적 견해, 결정, 결론을 도출하게 된 이유를 설명하는 데 사용될 수 있는 것에 반해, '由于'에는 그러한 기능이 없다.

因为你们都在场，所以我想请你们作证。

너희가 모두 현장에 있으니, 나는 너희에게 증인이 되어 달라고 부탁하고 싶다.

*由于你们都在场，所以我想请你们作证。

因为听说他对书法很有研究，所以想请他当我们的书法老师。

그가 서예에 조예가 깊다고 하니 그를 우리의 서예 선생님으로 모시고 싶다.

＊由于听说他对书法很有研究，所以想请他当我们的书法老师。

因为你是学生，所以必须遵守学校的规定。너는 학생이니 반드시 학교의 규정을 따라야 한다.

＊由于你是学生，所以必须遵守学校的规定。

既然

‘既然’은 추론을 나타내는 접속사로, 주로 추론적 인과 관계를 나타내는 복문의 선행절(이유를 나타냄)에 사용된다. 결론을 나타내는 후속절에는 주로 ‘就’, ‘便’, ‘也’와 같은 관련 부사가 호응하여 출현한다.

你既然来了，就别走了。(너는) 기왕 왔으니 가지 말아라.

既然大家都赞成，我也不好反对。모두가 찬성한 이상 나도 반대하기가 그렇다.

既然他不喜欢，就不要勉强他了。그가 좋아하지 않는 바에야 그에게 강요하지 말아라.

‘既然’은 또한 ‘何必’와 호응하여 사용할 수 있는데, ‘何必’는 반어문을 도출한다.

他既然明天要来，你何必今天还要去找他呢？

그가 내일 온다고 하는데, (너는) 구태여 오늘 그를 찾아갈 필요가 있니?

这事既然她自己都不着急，我何必着急呢？

이 일은 그녀 자신도 급하지 않다고 하는데, 구태여 내가 급할 필요가 있겠어?

‘既然’과 ‘因为’의 비교 분석

‘因为’는 후속절이 나타내는 결론이 발생한 원인을 객관적으로 설명하거나(청자에게는 발화 전에는 알지 못한 신정보), 이어지는 결론, 태도 등의 이유를 설명하는 데(청자에게는 신정보일 수도 구정보일 수도 있음) 사용된다. 결론과 관련된 동작은 이미 발생한 것일 수도, 아직 발생하지 않은 것일 수도 있다. 반면, ‘既然’이 도입하는 원인은 대개 청자에게 구정보이다. ‘既然’이 연결하는 추론적 인과의 복문은 설명이나 해설이 아닌, 발화자의 관점이나 태도를 나타내는 추론에 사용되며, 비교적 강한 주관성을 띠게 된다. 결론과 관련된 동작은 대부분 아직 발생하지 않은 것이다. 동일하거나 유사한 형식의 복문에 사용된 두 접속사가 강조하는 의미의 중심 및 시제/상(时态)에도 역시 차이가 존재한다.

因为你们都不去，所以我也不去。너희가 모두 가지 않으니 나도 안 가겠다. (이유인 ‘你们都不去’ 강조)

既然你们都不去，我也不去。너희가 모두 안 가는 바에야 나도 안 가겠다. (결론인 ‘我不去’ 강조)

因为身体不好，所以不参加比赛。

몸이 좋지 않아 경기에 참가하지 않는다. (발화자가 시합에 참가하지 않기로 결정한 이유 강조)

既然身体不好，就不要参加比赛了。

몸이 좋지 않으니 경기에 나가지 말아라. (발화자는 상대에게 시합에 참가하지 않을 것을 권유, 미실현 사건)

因为他病了，所以没去上学。그는 병이 나서 학교에 가지 않았다. (‘没去上学’의 이유 강조, 실현된 동작)

他既然病了，就不要去上学了。

그는 병이 났으니 학교에 가지 말라고 해라. (발화자의 의견 제시, 미실현 동작)

이미 출현한 사실(결론은 아님)에 대한 객관적 원인을 설명하는 경우라면 대개 ‘既然’이 아닌

'因为'를 사용한다.

因为路上遇到了大雨，所以衣服都淋湿了。오는 길에 큰비를 만나 옷이 다 젖었다.

＊既然路上遇到了大雨，衣服就淋湿了。

因为紧张，所以写错了好几个字。긴장해서 글자를 몇 개나 잘못 썼다.

＊既然紧张，就写错了好几个字。

'只要'와 '只有'의 비교 분석

'只要', '只有'는 모두 조건 관계를 나타내는 접속사이다. '只要'는 어떠한 결과의 필요 조건을 나타내며, 조건 관계를 나타내는 복문의 선행절에 사용된다. 후속절에는 이와 호응하는 부사 '就'가 함께 출현한다.

只要天气好，我们就去游泳。날씨만 좋으면 우리는 수영을 하러 간다.

只要好好休息，你的病很快就会好的。잘 쉬기만 하면 너의 병은 금방 좋아질 것이다.

'只有'는 어떠한 결론의 유일한 조건을 나타내며, 주로 조건 관계를 나타내는 복문의 선행절에 사용된다. 후속절에는 이와 호응하는 부사 '才'가 함께 출현한다.

只有认真学，才能学得好。열심히 공부해야만 잘 배울 수 있다.

只有你亲自去叫他，他才会来。네가 직접 가서 그를 불러야만 그가 올 것이다.

无论，不论，不管

'无论，不论，不管'은 무조건적 관계를 나타내는 접속사이다. 주로 무조건적 관계를 나타내는 복문의 선행절에서 어떠한 조건에서도 결과나 결론이 달라지지 않음을 나타낸다. 후행하는 결과절에는 대개 '都'나 '也'가 호응하여 함께 사용된다. 결과절이 포괄적이거나 많은 양의 의미를 나타낼 경우 '都'를 사용해야 한다. 반면, 결과절이 적은 양 또는 부정의 의미를 나타낼 경우(부정문) '也'를 사용할 수 있다(제7장 부사 중 '都'와 '也'의 비교 분석 부분 참조).

他非常有名，无论男女老幼都知道他。그는 매우 유명해서 남녀노소 모두 그를 안다.

不管哪一门课，她都学得很好。어느 과목이든 그녀는 모두 잘 배운다.

不论是中国人还是外国人，都喜欢他的歌。중국인이든 외국인이든 모두 그의 노래를 좋아한다.

不管是谁，都希望他当市长。누구든 그가 시장이 되길 바란다.

不论我怎么劝，他也不听。내가 어떻게 권해도 그는 듣지 않는다.

无论你说什么，他都不听。네가 무슨 말을 해도 그는 듣지 않는다.

주의: '无论', '不论', '不管'을 사용한 절에는 대개 의문대사나 병렬 또는 선택을 나타내는 단어가 사용된다.

与其，宁可

'与其', '宁可'는 모두 선택을 나타내는 접속사로, 전·후 호응을 통해 선택을 나타내는 복문 '与其……宁可……'를 구성한다. 의미적으로 '与其'로 연결된 절의 내용을 포기하고, '宁可'로 연결된 절의 내용을 선택함을 나타낸다.

与其成天坐着，宁可找点儿事干干。온종일 앉아 있느니 일을 좀 찾아서 하는 게 낫겠다.

与其迟到，我宁可早点儿起来，早点儿出门。

지각하느니 (나는) 차라리 일찍 일어나 일찍 출발하는 게 낫다.

与其在这里被人管来管去，我宁可过自由的生活。

여기에서 다른 사람에게 간섭받느니 (나는) 차라리 자유로운 생활을 하는 게 낫다.

'宁可'는 단독으로도 선택의 의미를 나타낼 수 있다. 주로 앞에 또 다른 측면에 대한 설명이 제시된다.

很多人都想去北京、上海工作，我宁可在自己的家乡发展。

많은 사람이 베이징, 상하이에서 일하고 싶어 하지만, 나는 내 고향에서 성공하고 싶다.

开车太着急容易出问题，宁可慢一点儿。

운전은 급하게 하면 사고가 나기 쉬우니 조금 천천히 하는 게 낫다.

제3절 접속사 관련 학습자 오류

1. 누락오류

(1) 접속사 누락

*这个汉字我以前学过，不过，不常用的汉字，所以不会写。

고친문장: 这个汉字我以前学过，不过，因为是不常用的汉字，所以忘了怎么写。

이 한자는 전에 배운 적이 있지만 자주 사용하는 한자가 아니어서 어떻게 쓰는지 잊어버렸다.

*你到任何地方，一定要跟我联系吧。

고친문장: 你不管到任何地方，都一定要跟我联系。어느 지역에 가든 반드시 나에게 연락해야 한다.

분석: '任何어떠한' 등 임의지시를 나타내는 단어가 조건 관계의 복문에 사용될 경우, 앞 절에는 '不管，无论' 등의 접속사를 사용해야 한다.

(2) 접속사 및 관련 성분의 누락

*最近每天在中国在电视，网都很多世界杯的报道。

고친문장: 最近每天在中国的电视和网上都有很多关于世界杯的报道。

최근 중국의 TV와 인터넷에는 매일 월드컵에 관한 많은 보도가 올라온다.

2. 첨가오류

*我身体很好和胃口也很好。

고친문장: 我身体很好，胃口也很好。나는 몸이 건강하고, 입맛도 좋다.

*发音和听力很有意思和比较容易。

고친문장: 发音和听力很有意思，也比较容易。발음과 듣기가 재미있고 쉬운 편이다.

*我学汉语为我将来的工作和为我女朋友。

고친문장: 我学汉语为的是将来能找到好工作，也是为了我的女朋友。
내가 중국어를 배우는 것은 미래에 좋은 직업을 찾기 위해서이며, 또한 내 여자친구를 위한 것이기도 하다.

* 两年半以后我准备HSK高级考试和好像中国人说得流利。

고친문장: 两年半以后，我准备HSK高级考试，汉语要说得跟中国人一样流利。
2년 반 이후, 나는 HSK 고급 시험을 준비하고 중국어를 중국인처럼 유창하게 할 것이다.

분석: '和'는 대개 체언성 명사(구) 및 대사(구)를 연결하며, 술어로 사용되는 동사 및 형용사의 연결에는 제약을 받는다(제2절 '和' 부분 참조).

3. 대체오류

(1) 기타 접속사와 혼동하여 잘못 사용한 경우

* 我们吃了饭和喝了啤酒。

고친문장: 我们吃了饭并喝了啤酒。 우리는 밥을 먹고 맥주를 마셨다.

* 晚上，我喜欢听听音乐还是看看电视。

고친문장: 晚上，我喜欢听音乐或者看电视。 저녁에 나는 음악을 듣거나 TV를 보는 것을 좋아한다.

* 我或者彼得昨天都去看电影了。

고친문장: 我和彼得昨天都去看电影了。 나와 피터는 어제 모두 영화를 보러 갔다.

* 我觉得爱情必须要相互的，或者不能成功，男的要尊敬女的，女的要佩服男的。

고친문장: 我觉得爱情需要双方互相尊重，互相爱慕，否则不能成功。
사랑은 서로에 대한 존중과 관심이 필요하며 그렇지 않으면 성공할 수 없다고 나는 생각한다.

* 听说电影院正在上映世界著名电影，于是电影票的价格那么贵。

고친문장: 听说电影院正在上映世界著名电影，因此电影票的价格很贵。
영화관에서 한창 세계적으로 유명한 영화를 상영하고 있어 영화표가 비싸다고 한다.

* 这种地毯又漂亮又便宜，于是大家都很喜欢这种地毯。

고친문장: 因为这种地毯又漂亮又便宜，所以大家都很喜欢这种地毯。
이런 카펫은 예쁘고 저렴하여 모두가 좋아한다.

* 我觉得这本字典对我有帮助，于是向你推荐这一本。

고친문장: 因为我觉得这本字典对我很有帮助，所以向你推荐。
이 자전이 내게 도움이 됐다고 생각하기 때문에 너에게도 추천한다.

* 我在常州住了很长时间，从而舍不得离开这儿。

고친문장: 我在常州住了很长时间，因此舍不得离开这儿。
창저우에서 오랫동안 살아서 이곳을 떠나기가 아쉽다.

(2) 기타 단어나 구조의 용법과 혼동하여 잘못 사용한 경우

* 今天天气不好，所以不高兴。但是一边很高兴，因为我要开始写中文日记。

고친문장: 今天天气不好，所以不高兴。但是又很高兴，因为我可以开始写中文日记了。
오늘 날씨가 좋지 않아 기분이 별로다. 하지만 또 기쁘기도 한데, 중국어 일기 쓰기를 할 수 있게 되었기 때문이다.

*孩子们一面蹦一面跳，跑了出来。

고친문장: 孩子们连蹦带跳地跑了出来。아이들이 깡충깡충 뛰어나왔다.

*一伙人一边喊一边叫，围住了他。

고친문장: 一伙人连喊带叫地围住了他。한 무리의 사람들이 소리를 지르며 나를 둘러쌌다.

분석: '一面……一面……'과 '一边……一边……'은 서로 다른 두 동작이 동시에 진행됨을 나타내지만, 유사한 의미의 동사는 연결하지 않는다. 반면 '连……带……'는 유사한 의미의 동사를 연결하여 사용할 수 있다.

(3) 어법구조를 잘못 사용한 경우

*中国实行了对外开放的政策，从而最近的中国发展贸易了。

고친문장: 中国实行了对外开放的政策，从而使中国的对外贸易有了很大的发展。
중국은 대외개방정책을 실시하였고, 이로써 중국의 대외무역을 크게 발전시켰다.

분석: 접속사 '从而'은 주어를 직접 취하지 못하고 '使' 겸어문을 사용해야 한다('从而' 부분 참조).

(4) 접속사로 연결된 문장(절)의 시제/상을 잘못 사용한 경우

*开完会，时间还早，于是我们去吃饭吧。

고친문장: 开完会，因为时间还早，于是我们就去吃饭了。
회의를 마친 후 아직 시간이 일러서 우리는 식사를 하러 갔다.

*他们都说穿布鞋舒服，于是我穿布鞋。

고친문장: 他们都说穿布鞋舒服，于是我买了一双布鞋。穿着真挺舒服。
그들이 모두 헝겊신이 편하다고 해서 나도 헝겊신 한 켤레를 샀다. 신으니 정말 편하다.

분석: '于是'가 연결한 문장(절)은 보통 이미 완성된 동작을 나타내야 한다.

4. 어순오류

*他和他爸爸、妈妈在南通一起住。他在那儿一边工作， 在无锡一边学习英语、计算机。

고친문장: 他和他爸爸、妈妈在南通住。他在那儿一边工作，一边还去无锡学习英语和计算机。그와 그의 아빠, 엄마는 모두 난퉁에 산다. 그는 한편으로는 그곳에서 일하면서 한편으로는 우시에 가서 영어와 컴퓨터를 배운다.

*我不过听到比尔回来了，还没去看他。

고친문장: 我听说比尔回来了，不过还没去看他。
빌이 돌아왔다고 들었는데 아직 그를 보러 가지는 않았다.

5. 혼합오류

　　　　＊这件毛衣不过很漂亮，太小，所以我不买。

고친문장: 这件毛衣虽然很漂亮，但是太小，所以我没买。
이 스웨터는 예쁘지만, 너무 작아서 사지 않았다.

　　　　＊还不错，但是他不过会写的字不太多。

고친문장: 他的汉字写得还不错，不过他会写的字不太多。
그는 한자를 제법 잘 쓰지만, 쓸 수 있는 글자는 그다지 많지 않다.

제4절 교학적 제언

제3절의 오류 분석에서도 알 수 있듯이, 접속사 교육은 학습 단계별 주요 내용을 집중적으로 학습하는 방식으로 이루어져야 한다.

1. 초급 단계의 학습자 오류는 주로 '和', '还是' 및 '或者' 등 몇몇 접속사에 집중된다. 따라서 학습자들에게 '和'는 주로 명사나 대사를 연결하며, 술어를 충당하는 형용사와 동사의 연결에는 제약이 있음을 각인시켜야 한다. '还是'와 '或者'의 경우에도 이들이 사용되는 주요 문형을 충분히 습득할 수 있도록 강조해야 한다.

2. 중급 단계에서 학습자는 '于是'와 '从而'의 사용에 어려움을 느끼는데, 인과 관계를 나타내는 접속사의 용법과 혼동하여 많은 오류를 범하게 된다. 따라서 교육과정에서 이들 접속사의 특징을 충분히 강조하고, 학습을 완료한 후 학습자가 범한 오류를 설명할 때에는 인과 접속사에 대해서도 함께 비교 분석할 수 있도록 한다. 이 외에도 중급 단계에서는 접속사의 학습량이 많은 만큼 형태가 유사한 '而', '而且', '并且' 등의 접속사를 혼동하는 경우가 빈번하게 발생하므로 이에 대해서도 주의가 필요하다.

참고문헌

郭志良(1999),《现代汉语转折词语研究》，北京语言文化大学出版社.
胡裕树主编(1995),《现代汉语》(重订本)，上海教育出版社.
黄伯荣·廖序东主编(2000),《现代汉语》(增订版)，高等教育出版社.
陆庆和(2000), "于是"与事理承接,《扬州大学学报》第6期.
陆庆和(2002), "于是"、"从而"与非因果结果句，王晓娜主编《新时期的语言学》，中国文联出版社.
吕叔湘(1944),《中国文法要略》，商务印书馆.
吕叔湘主编(1980),《现代汉语八百词》，商务印书馆.
王力主编(1981),《古代汉语》(第一册)，中华书局.
周刚(2002),《连词与相关问题》，安徽教育出版社.

제10장 조사

제1절 조사의 어법특징과 분류

一. 조사의 어법특징

1. 조사는 실사(实词),[1] 구 또는 절의 뒤에 사용되며 단독으로는 사용되지 않는다.
2. 조사는 실질적인 어휘 의미를 갖지 않고, 어법적 의미만을 나타낸다.
3. 조사는 보통 경성으로 읽는다.

二. 조사의 분류

1. 구조조사: 的, 地, 得
2. 동태조사: 过, 着, 了, 来着
3. 어기조사: 的, 了, 吗, 呢, 吧, 啊(哪, 啦, 呀, 哇), 嘛

제2절 구조조사

구조조사는 단어 사이의 구조적 관계를 나타내는 조사이다. 관형어와 중심어 사이에는 '的', 부사어와 중심어 사이에는 '地', 보어와 중심어 사이에는 '得'를 사용한다.

的

(一) 구조조사 '的'는 보통 관형어와 중심어 사이에서 이들을 연결하는 역할을 한다. '的'를 통해 피수식어인 중심어(대부분 명사이지만 일부 형용사 또는 동사도 가능)가 나타내는 사람이나 사물을 다양한 동종(同类)의 사람 또는 사물로부터 분리하여, 구분하고 확정한다. '관형어 + 중심어'의 형식 자체가 명확한 구분의 의미를 나타내는 경우 '的'를 생략할 수 있으나, 그렇지 않

1) [역주] 실사(实词)와 허사(虚词)
- 실사: 내용어(content words). 실질적인 의미를 가지고 독립적으로 기능하는 단어로 다른 단어와 결합하여 구와 문장을 구성하며, 구나 문장의 성분이 될 수 있다. 개방류(open class)이며, 명사, 동사, 형용사, 수사, 양사 등(爱情, 电脑, 喜欢, 跑, 美丽, 累, 二, 十, 个, 本 등)이 포함된다.
- 허사: 기능어(function words). 실질적인 의미를 가지지 않고 문법적인 기능만을 담당하는 단어로 구의 성분이나 문장 성분의 관계, 문장과 문장 사이의 관계를 나타낸다. 폐쇄류(closed class)이며, 조사, 개사, 접속사, 감탄사, 의성사 등(了, 着, 过, 把, 从, 和, 而且, 啊, 扑通扑通 등)이 포함된다.

한편, 중국어의 부사와 대사(就, 才, 却, 竟, 这, 那, 哪 등)는 실사/허사의 구분이 명확하지 않다.

을 경우 반드시 '的'를 사용해야 한다. '的'의 첨가 여부는 다음과 같은 의미적, 형식적 요인에 의해 결정된다.

1. 관형어의 성질

(1) 관형어를 충당하는 명사가 유형에 따른 구분의 의미를 나타내는 경우(속성, 자재, 과목, 전문적인 용도 등) 대개 '的'를 사용하지 않고 직접 중심어를 수식한다.

玻璃杯유리컵 木头枪나무총 塑料玩具플라스틱 장난감 白金戒指백금반지 纸箱子종이상자
皮手套가죽장갑 数学老师수학선생님 自然科学자연과학 交通工具교통수단
通讯器材통신장비 历史故事역사이야기 轻工产品경공업 제품

(2) 비술어형용사는 그 자신이 분류의 의미를 가지므로, 명사의 관형어를 충당할 경우 '的'를 사용하지 않는다.

彩色电视컬러TV 男同学남학생 金钥匙금열쇠 高档产品고급제품

(3) 수량사가 관형어를 충당할 경우 '的'를 사용하지 않는다(관형어 자체에 구분의 기능이 있기 때문임).

两个苹果사과 두 개 十几张桌子책상 십여 개

(4) 관형어와 중심어 사이에 고정적 소유 관계가 존재할 경우 '的'를 생략할 수 있다. 반면, 이러한 관계가 존재하지 않을 경우에는 '的'를 사용해야 한다.

他们公司的办公大楼 그들 회사의 사무실 빌딩 ('他们'과 '公司' 사이에 소유 관계 존재)
我姐姐的学校 우리 누나의 학교 ('我'와 '姐姐' 사이에 소유 관계 존재)
法国外交部的发言人 프랑스 외교부 대변인 ('法国'와 '发言人' 사이에 소유 관계 존재)

(5) 장소, 시간을 나타내는 명사 및 방위를 나타내는 구가 관형어를 충당할 경우 '的'를 추가해야 한다.

苏州的桥쑤저우의 다리 山上的树木산의 나무 沙漠中的河사막의 강 去年的产品작년 제품
近来的研究최근의 연구 21世纪的中国21세기의 중국

2. 관형어를 충당하는 단어의 음절

(1) 단음절 형용사가 관형어를 충당할 경우 '的'를 추가하지 않는다.

旧衣服낡은 옷 老房子낡은 집 深颜色진한 색 坏脾气나쁜 성격

(2) 이음절 형용사가 관형어를 충당할 경우 대개 '的'를 사용한다(하권 제1편 제3장 참조).

美丽的公园아름다운 공원 严肃的表情엄숙한 표정 认真的态度진지한 태도
热烈的掌声뜨거운 박수소리 便宜的价格싼 가격 暖和的气候따뜻한 기후
热闹的场面떠들썩한 장면 痛苦的心情고통스러운 마음 严格的纪律엄격한 규율
舒服的生活편안한 생활

하지만 일부는 '的'를 사용하지 않을 수 있다(원인은 아래 5 참조)

幸福生活행복한 생활 紧急关头긴급한 시기 关键时刻결정적인 순간 积极因素긍적적 요소

3. 관형어를 충당하는 단어 및 구의 특성

(1) 명사성 형태소 또는 동사성 형태소가 형용사성 형태소와 결합하여 구성한 복합 형용사가 관형어를 충당할 경우, 반드시 '的'를 사용해야 한다.

雪白的床头새하얀 침대맡 冰凉的手차디찬 손 漆黑的夜칡흑같은 밤

喷香的饭菜향기로운 밥과 반찬 笔直的路쭉 뻗은 길

(2) 복잡한 형태의 형용사(수식어를 가지거나 형용사 중첩형)가 관형어로 사용된 경우 보통 '的'를 사용해야 한다.

很美丽的公园아름다운 공원 圆圆的脸둥그스름한 얼굴 小小的年纪어린 나이

绿油油的麦苗파릇파릇한 보리싹 非常辣的菜매우 매운 요리

(단, '很多', '不少'는 명사를 직접 수식할 수 있음)

(3) 단순 동사의 경우, 관형어로 빈번히 사용되고 수식하는 명사가 비교적 고정적이며 수식 관계로만 분석된다면, 동사와 중심어 사이의 '的'는 생략할 수 있다.

学习生活학습생활 旅游计划여행계획 工作小组업무팀 调查结果조사결과 研究人员연구원

이러한 특징을 가지는 동사임에도 중심어와의 수식 관계가 임시적이라면 '的'를 사용해야 한다.

胜利的消息승리의 소식 同情的眼泪동정의 눈물

한편, 동사와 피수식 중심어 사이에 '的'가 사용되지 않을 시 동목 관계로 해석될 여지가 있을 경우에는 반드시 '的'를 사용해야 한다.

带的饭가지고 온 밥 晾的衣服말린 옷 穿的鞋신은 신발 爬的山오른 산 念的书읽은 책

看的电影본 영화 出版的杂志출판한 잡지 举行的比赛거행된 경기 取得的成绩획득한 성적

接受的条件수용한 조건 放大的照片확대한 사진 描写的人物묘사한 인물

调查的事故조사한 사고 回答的问题대답한 문제 增加的收入늘어난 수입

表扬的学生칭찬한 학생

(4) 동사구와 주술구가 관형어를 충당할 경우 반드시 '的'를 사용해야 한다.

卖菜的妇女채소파는 여인 参加考试的学生시험에 참가한 학생 他写的书그가 쓴 책

你买的水果네가 산 과일 写着祝福语的气球덕담이 쓰여있는 풍선

(5) '개사구' 및 개사구와 동사가 구성한 구가 관형어를 충당할 경우 '的'를 사용해야 한다.

从美国来的学生미국에서 온 학생 关于世界杯比赛的报道월드컵에 관한 보도

对你的关心너에 대한 관심 送给朋友的礼物친구에게 보내는 선물

由政府举办的展览会정부에서 개최한 전시회

(6) 수량사가 관형어를 충당할 경우 '的'를 사용하지 않지만, 수량사로 구성된 동사구가 관형어를 충당할 경우 '的'를 사용해야 한다.

一对耳环귀걸이 한쌍 二十八棵树나무 28그루

这个球队以3比1的结果战胜了对手。이 팀은 3대1의 점수로 상대팀을 물리쳤다.

(7) 사물의 3차원적 성질이나 무게 등을 나타내는 '수량구 + 형용사'가 관형어를 충당할 경우 반드시 '的'를 사용해야 한다.

三米高的树3m 높이의 나무 一吨重的石头1톤 무게의 돌

이러한 수식구는 수식어와 중심어 사이에 '的'를 사용하지 않으면 중의적으로 해석되거나 의미가 불분명해진다.

4. 중심어의 품사 특징

(1) 중심어가 동사 또는 형용사인 경우(아래 진하게 표시), 관형어와 중심어 사이에 '的'를 사용해야 한다.

随着生活水平的**提高**，人们开始讲究生活的质量。

생활 수준이 향상됨에 따라 사람들이 삶의 질을 중요시하기 시작했다.

王老师的**耐心**真让人佩服。왕 선생님의 인내심은 정말 감탄할만하다.

平时的**锻炼**对增强体质很有好处。평소에 하는 운동이 체력 증진에 매우 도움이 된다.

(2) 중심어가 시간을 나타내는 '时시', '前전', '后후', '以前이전', '以后이후' 등일 경우, 관형어를 충당하는 동사(구) 및 주술구 뒤에는 모두 '的'를 사용할 수 없다. 반면, 중심어가 시구간을 나타내는 '时间시간', '阶段단계' 등인 경우, 관형어로 사용된 동사는 '的'를 사용하거나 사용하지 않을 수 있지만, 사용하지 않는 것이 보다 일반적이다.

上班时(＊上班的时)출근할 때 下课后(＊下课的后)방과 후 出发以前출발 전

你回家以后네가 집에 돌아온 이후

上班的时间/上班时间근무시간 休息的时间/休息时间휴식시간

高中阶段고등학교 단계 初级阶段초급 단계 试验阶段실험 단계

关键阶段/关键的阶段결정적 단계

중심어가 '时候때'인 경우 관형어를 충당하는 형용사, 동사(구) 및 주술구 뒤에는 '的'를 사용해야 한다.

热的时候더울 때 渴的时候목 마를 때 高兴的时候기쁠 때

上课的时候(＊上课时候)수업할 때 起床的时候(＊起床时候)일어날 때

他走的时候(＊他走时候)그가 떠날 때 在他家的时候(＊在他家时候)그의 집에 있을 때

'小작은'는 '时候때'를 직접 수식할 수도 '的'를 취할 수도 있으나 그 용법과 의미가 기본적으로 정해져 있어 '从小'와 같은 개사구의 형태로 '时候'를 수식할 수 없다. '大큰'나 '老늙은'는 '小'의 반의어이지만, '小'의 반대 용법으로 사용되지 않는다.

小时候(小的时候)어렸을 때 ＊从小的时候 ＊大时候(长大以后성장한 이후)

人老的时候사람이 늙었을 때(＊老时候，＊人老时候)

5. 관형어를 충당하는 단어의 사용 빈도

관형어로 빈번하게 사용되는 동사는 보통 '的'를 취하지 않는다(위 내용 참조).

6. 관형어 형태의 단순/복합

(1) 반드시 '的'를 취해야 한다고 언급한 상기 관형어 중, 후치하는 수량구와 함께 중심어를 수식할 경우에는 '的'를 생략할 수 있다.

好好(的)一条裤子 좋은 바지 한 벌

笔直(的)一条大道 쭉 뻗은 대로 하나

雪白(的)一块桌布 새하얀 테이블보 하나

(2) 관형어-중심어로 구성된 수식구가 또 다른 중심어를 수식하는 경우, '的'를 생략해도 중의가 발생하지 않는다면 일반적으로 '的'를 생략한다. 중국어에는 중심어 앞에 다수의 '的'가 사용되는 것을 최대한 기피하는 경향이 있기 때문이다.

就业形势的严峻 취업 상황의 심각성

그러한 경향에도 불구하고 만약 반드시 '的'를 사용해야 하는 관형어라면 '的'를 생략하지 않는다.

几位医生抬着一个非常特别的蓝白相间的大箱子

의사 몇 명이 청백색이 섞인 매우 특별한 큰 상자 하나를 들고 있다.

'非常特别'는 형용사의 복합형식이고 '蓝白相间'은 주술구이므로 이들은 반드시 '的'를 사용해야 한다.

(二) '的'의 기타 용법

1. '的'는 명사, 대사, 형용사, 동사, 주술구의 뒤에 추가되어 '的'자구를 형성할 수 있다. '的'는 이러한 구를 명사화하며, 뚜렷한 구별의 특징을 바탕으로 이들을 다른 사람/사물과 구분시킨다.

(1) '的'자구는 주로 단문에 사용되나, 대부분 대비의 의미를 내포하고 있어 대구문에도 사용할 수 있다.

小李骑的车是旧的。샤오리가 타는 차는 낡은 것이다.

妈妈的毛衣是灰色的。엄마의 스웨터는 회색이다.

那个唱歌的是小张的女朋友。노래를 부르는 그 사람은 샤오장의 여자친구이다.

你看的是什么电影？네가 본 것은 무슨 영화야?

我们班的汉语老师是男的，他们班的汉语老师是女的。

우리 반 중국어 선생님은 남자이고 그들 반 중국어 선생님은 여자이다.

(2) '的'자구는 병렬하여 사용할 수 있으며, 이때 열거된 항목에 대한 포괄적인 개괄의 기능을 가진다. 주로 묘사에 사용된다.

花园里开着各种各样的花，红的、白的、黄的、紫的，漂亮极了。

화원에는 각종 꽃이 피었는데, 빨강, 하양, 노랑, 보라 등 정말 예쁘다.

村里人都来了，男的、女的、老的、少的，围了个水泄不通。

마을 사람들이 모두 왔는데, 남자, 여자, 노인, 아이가 물샐 틈 없이 모여있다.

这个超市什么都有，吃的、喝的、穿的、戴的，要什么有什么。

이 마트는 없는 것이 없어서 먹을 것, 마실 것, 입을 것, 쓸 것 등 원하는 것은 무엇이든 있다.

动物我见得多了，从天上飞的到水里游的、地上跑的，你问哪一种？

동물이라면 나도 많이 봤는데, 하늘을 나는 것부터 물속에 사는 것, 땅 위에 있는 것 등, 너는 그 중 어떤 것에 관해 묻는 것이냐?

(3) 2쌍의 동일한 동사 사이에 사용되어 열거한 항목을 개괄한다. 주로 묘사에 쓰인다.

晚会上，同学们唱歌的唱歌，跳舞的跳舞，玩得可高兴呢！

만찬에서 학생들은 노래 부를 사람은 노래를 부르고, 춤출 사람은 춤을 추며 매우 즐겁게 놀았다.

下午，大家凑到一起，写的写，画的画，一会儿就把宣传广告弄好了。

오후에 다 같이 모여 쓸 사람은 쓰고, 그릴 사람은 그렸더니 홍보광고를 금방 다 만들었다.

(4) 병렬된 단어 뒤에서 열거한 항목을 개괄한다. 주로 설명에 쓰인다.

刚搬家，油盐酱醋的，少不了要重新买。

막 이사한 뒤라면 기름, 소금, 간장, 식초 등 기본양념은 필수적이니 새로 사야 한다.

때로 '什么' 뒤에 '的'를 추가한 형태로 열거한 사물 뒤에 사용되기도 하는데, 이 경우에도 위와 같은 기능을 나타낸다.

平时蔬菜我们也就吃些青菜、白菜、萝卜什么的。

평소 채소라면 우리도 청경채, 배추, 무 같은 것들을 먹는 것이 다이다.

我们现在上的课有汉语、口语、写作什么的。

우리가 지금 듣는 수업은 중국어, 회화, 작문과 같은 것들이다.

이처럼 병렬된 단어 뒤에 사용된 '的', '什么的따위' 등은 보통 '等等등등', '之类등등'의 의미를 나타낸다고 알려져 있다(胡裕树 1983). 하지만 이들을 동일하게 볼 수는 없는데, '的'는 일반적으로 숙어적 성격을 가진 병렬구의 뒤에만 사용되는 반면, '什么的'는 종종 '等等'과 호환하여 사용할 수 있기 때문이다. 이 외에도 아래와 같은 차이가 있다.

A. '等等', '之类'의 앞에 열거된 것은 보통 이미 그 구성원으로 확정된 것들이다(石毓智 2002). 반면 '的'와 '什么的'는 확정된 구성원뿐 아니라 임시적이고 비한정적인 구성원도 열거될 수 있다.

方便面调料里无非是盐、味精、豆瓣酱等等(什么的)。

라면 스프에는 소금, 조미료, 두반장 등이 반드시 들어있다.

在我国不少地方有咬春的习俗，立春这天要吃春卷、春饼、甚至吃萝卜等等(什么的)。

중국의 많은 지역에는 '咬春'의 풍습이 있는데, 입춘(立春) 당일 춘권, 춘병은 물론, 무와 같은 것들을 먹는다.

他把脏衣服、臭袜子、方便面、照相机什么的(?等等)一块儿全都塞进了箱子里。

그는 더러운 옷, 냄새나는 양말, 라면, 카메라 같은 것들을 전부 상자 안에 쑤셔 넣었다.

(이 문장의 병렬구를 구성하는 성분의 조합은 규칙이 없고, 임시적이다.)

B. 서면어 또는 비교적 정중한 상황, 특히 정식적인 고유명사(아래 D와 동일) 뒤에는 보통 '等等'을 사용한다.

德国已有166个项目在广东投资，其中不乏世界知名企业，如西门子、大众、汉高、博世等等(＊什么的)。

독일은 이미 광둥에서 166개의 프로젝트에 투자했으며 그중에는 지멘스, 폭스바겐, 헨켈, 보쉬 등 세계적으로 유명한 기업이 적지 않게 포함되어 있다.

死亡的种类也可以称得上五花八门，自然的、非自然的、痛苦的、安乐的等等(？什么的)。

죽음의 종류도 각양각색이라 할 수 있는데, 자연적인 것, 비자연적인 것, 고통스러운 것, 안락한 것 등등이 있다.

传统的压岁钱只能买点儿鞭炮、小人书什么的(？等等)。

전통적인 세뱃돈은 폭죽이나 동화책 같은 것들을 살만한 정도였다.

晚上我怕一个人呆在家里，可丈夫偏偏总要加班、出差什么的(？等等)。

나는 저녁에 집에 혼자 있기가 무서운데, 남편은 하필이면 늘 야근이다 출장이다 한다.

C. '什么的'는 보통 사물 뒤에 사용한다. 때로 화자가 그다지 존중하지 않는 사람을 열거하는 경우에 사용하기도 한다.

这里住的都是鞋匠、屠户、花匠、三轮车夫什么的。

이곳에는 구두닦이나 도살자, 꽃장수, 삼륜차꾼과 같은 자들이 산다.

존경하는 사람을 열거할 경우 보통 '什么的따위'가 아닌 '等等등등'을 사용한다.

参加这个学会的有干部、教师、学生、工人、农民、企业家等等。

이번 학회에는 간부, 교사, 학생, 노동자, 농민, 기업가 등등이 참석했다.

毛泽东、邓小平、周恩来等等都是中国有名的政治家。

마오쩌둥, 덩샤오핑, 저우언라이 등은 모두 중국의 유명한 정치가이다.

D. '等等', '之类'는 앞의 연합구와 함께 관형어를 구성할 수 있으나, '什么的'는 불가능하다.

最近，"虎骨可以入药"、"熊掌味美，是极珍贵的食品"等等(＊什么的)说法，已经退出主流词典。

최근 '虎骨可以入药(호랑이 뼈는 약으로 쓸 수 있다)', '熊掌味美, 是极珍贵的食品(곰 발바닥은 맛이 좋은 매우 진귀한 식품이다)' 등의 표현은 이미 주요 사전에서 삭제되었다.

人们常常以一句"脾气不好"来概括爱发火、急躁、喜欢争吵、嫉妒心强甚至软弱、爱哭等等(＊什么的)情绪表现。

사람들은 화 잘 내고, 성격 급하고, 다툼이 잦고, 질투가 강하거나 심지어 심약하고 잘 우는 등의 성격을 주로 '성격이 나쁘다'는 한마디 말로 개괄하여 표현한다.

最近，有人对南京大学、南京师范大学、南京理工大学等等(＊什么的)7所大学5000名学生做了一项调查。

최근 어떤 사람이 난징대학, 난징사범대학, 난징이공대학 등 7개 대학의 학생 5,000명을 대상으로 조사를 진행했다.

E. '什么的'앞에는 하나의 항목만 사용될 수 있으나, '等等'은 최소한 두 개의 항목이 사용되어야 한다(위 내용 참조).

现在的生活可真方便，给朋友寄个礼物什么的(＊等等)，打个电话，花10块钱，速递公司就给你办了。

오늘날의 생활은 참 편리해서, 친구에게 선물 같은 것을 보내는 것도 전화 한 통, 10위안이면 택배회사에서 다 처리해 준다.

2. 중국어 중 일부 동사(일반적으로 이합동사)와 동사구(대부분 숙어성 구조 또는 관용어 등)는 목적어를 취할 수 없으나, 해당 동사의 대상을 나타내는 경우라면 사람을 나타내는 명사 또는 대사와 '的'를 동사(구) 사이에 삽입하여 사용할 수 있다.

昨天你可帮了我的大忙了，真得好好谢谢你！어제 내게 정말 큰 도움을 주어서, 정말로 감사해!

不要光革别人的命，也要革自己的命。나른 사람만 혁명하려 할 것이 아니라, 자신을 혁명해야 한다.

你怎么吃起我的醋来了？너는 어떻게 나를 시기할 수 있니?

这个人真讨厌，老找别人的麻烦。이 사람은 정말 짜증 나게 늘 다른 사람을 귀찮게 한다.

이 외에 유사한 동사구로 '开玩笑농담하다', '拆台실각시키다', '挑眼트집 잡다', '找岔子트집 잡다' 등이 있다.

3. '的'가 특정 시간을 나타내는 일부 명사 또는 동사구와 결합하여 구성한 '的'자구는 문두에 출현하여 이어지는 동사 동작이 특정 상황에서 실행된 것임을 강조한다. 주로 책망의 어감을 나타내는 의문, 반박, 금지 명령 등에 사용된다.

大半夜的，你们吵什么呀？오밤중에 너희는 뭘 그리 싸우고 그러니?

大热天的，吃什么火锅呀！이렇게 더운 날 무슨 훠궈를 먹자고 그래!

大过年的，别说这种不吉利的话！설을 쇠는데 이런 불길한 말은 하지 마!

4. 본래 묘사성을 가지는 형용사의 복합 형식(중첩형 또는 성어 등 숙어성 구조)과 동사구로 구성된 '的'자구는 문중에서 술어 또는 관형어로 사용되어 상태를 묘사한다.

外面黑糊糊的，什么也看不见。밖은 어두컴컴해서 아무것도 보이지 않는다.

这里乱糟糟的，找个清静点儿的地方吧。이곳은 어수선하니 좀 조용한 곳을 찾아보자.

孩子红扑扑的小脸上总是带着微笑。아이의 발그레한 얼굴은 늘 미소를 띠고 있다.

姐妹俩做什么都有商有量的。두 자매는 무슨 일이든 상의를 한다.

他做事情总是一丝不苟的。그는 일에 있어 조금도 빈틈이 없다.

看见他有说有笑的样子，我也就放心了。그가 웃고 떠드는 모습을 보니 나도 안심이 된다.

石毓智는 '的'자구를 '관형어 + 的'에서 중심어가 생략된 형태로 볼 수 없다고 하였다. 이는 비술어형용사가 명사의 관형어를 충당할 경우 '的'를 삽입할 수 없는 반면, '的'자구를 형성하여 사물을 지시 대체하는 경우에는 반드시 '的'를 추가해야 하기 때문이다.[2)]

我买了一台彩色电视。나는 컬러TV 한 대를 샀다. ？我买了一台彩色的电视。

我家的电视是彩色的。우리 집 TV는 컬러다. ＊我家的电视是彩色。

2) [역주] 石毓智(2000)는 'X + 的'를 '的'자구(短语), 'X + 的 + Y'를 '的'자구조(结构)로 구분하고, '的'자구와 '的'자구조는 상호 파생하거나 파생되는 관계가 아니라 각각 독립적으로 존재하는 것이라고 하였다. 상기 예와 같이 비술어형용사나 재료를 나타내는 명사는 '的'의 도움 없이 관형어를 충당하고, '的'를 첨가할 경우 오히려 비문이 된다. 즉, 이들은 'X的Y'를 형성할 수 없다. 반면, 이들이 사물을 지시 대체하는 경우에는 반드시 'X的'의 형태로 사용되어야 한다. 따라서 'X的'('的'자구)는 'X的Y'('的'자구조)에서 Y가 생략되어 파생된 것이 아니라 독립적으로 존재하는 것으로 이해해야 한다.

또한 명사가 관형어로 사용되어 재료를 나타내면 대개 '的'를 사용하지 않지만 '的'자구를 형성하여 사물을 지시 대체하는 경우에는 반드시 '的'를 사용해야 한다(石毓智 2000).

送给孩子一把木头枪。아이에게 나무총 하나를 주었다.

送给孩子的枪是木头的。아이에게 준 총은 나무로 만든 것이다.

这些是塑料玩具。이것들은 플라스틱 장난감이다.

这些玩具是塑料的。이 장난감들은 플라스틱으로 만든 것이다.

地

구조조사 '地'는 대개 부사어와 중심어 사이에서 이들을 연결하는 역할을 한다. 일부 부사어는 반드시 '地'를 사용해야 하지만, 일부는 사용할 수 없거나 생략할 수 있다. '地'의 첨가 여부는 보통 아래의 몇 가지 의미적, 형식적 요인에 의해 결정된다.

1. 부사어를 충당하는 단어의 음절

(1) 단음절 형용사가 부사어를 충당할 경우 '地'를 사용하지 않는다.

明天要早起。내일은 일찍 일어나야 한다.

他每天快走一个小时，锻炼身体。그는 매일 한 시간 동안 빨리 걷기를 하며 몸을 단련한다.

咱们好聚好散。우리는 즐겁게 놀고 즐겁게 헤어진다.

(2) 이음절 형용사가 부사어를 충당할 경우 대부분 '地'를 사용해야 한다. 특히 사용 빈도가 높지 않은 형용사의 경우 반드시 '地'를 첨가한다.

我们又成功地发射了一颗卫星。우리는 또다시 성공적으로 위성을 발사했다.

一到这里，我就强烈地感受到这个城市所充满的生气。

이곳에 도착하자마자 나는 이 도시에 가득한 생기를 강하게 느꼈다.

2. 부사어를 충당하는 단어의 의미

심리 상태나 태도를 나타내는 이음절 형용사는 대개 '地'를 사용해야 한다.

我们高兴地看到，这里的环境保护得非常好。

우리는 이곳의 환경이 잘 보호되고 있음을 기쁘게 확인했다.

没有多久，那棵树突然奇怪地枯死了。얼마 지나지 않아 그 나무는 돌연 이상하게 말라 죽었다.

看到自己的球队赢了，大家兴奋地大喊大叫。

자신의 팀이 이긴 것을 보고 사람들은 흥분해서 소리를 질렀다.

小伙子自信地说："我一定要拿第一名。" 젊은이는 "나는 반드시 1등을 할 거야"라고 자신 있게 말했다.

他热情地给我们介绍了这里的许多情况。그는 우리에게 이곳의 여러 상황을 열정적으로 소개해 주었다.

이 외에도 '骄傲거만하다, 自豪자랑스럽다, 客气겸손하다, 关心관심갖다, 关切친절하다, 勇敢용감하다' 등의 형용사가 부사어로 자주 사용된다.

3. 부사어를 충당하는 형용사 형식의 단순/복합(자세한 내용은 제6장 형용사 제1절 二 (一) 참조)

일부 단순 형용사는 '地'를 사용하지 않을 수 있으나 복합 형식의 형용사가 부사어로 사용될 경우 반드시 '地'를 사용해야 한다(아래 괄호 안 설명 참조).

不到7点，他就匆匆地上班去了。7시도 되지 않아 그는 분주히 출근했다. (형용사 중첩형식)

老人慢慢地从座位上站了起来。노인은 천천히 자리에서 일어났다. (상동)

你们应该更快地把计划搞出来。너희는 더 빠르게 계획을 세워야 한다. (정도부사 + 형용사)

他很仔细地检查了我的行李。그는 내 짐을 자세히 검사했다. (상동)

会议一开始，他就迫不及待地抢着第一个发言。

회의가 시작되자마자 그는 서둘러 첫 번째로 발언을 했다. (성어)

妈妈语重心长地对我说："到了那里，要好好学习，注意身体。"

엄마는 "그곳에 도착하거든 열심히 공부하고 몸조심해야 한다"고 간곡히 말했다. (상동)

4. 부사어를 충당하는 단어의 품사 특징

(1) '渐渐점점, 逐渐점차' 등을 제외한 부사가 부사어로 사용될 경우 '地'를 사용하지 않는다.

(2) 서면어 중 일부 명사(구)가 부사어를 충당할 경우 보통 '地'를 사용한다.

为了让失业人员尽快找到工作，市政府创造性地提出了一系列服务措施。

실업자가 빨리 일을 찾을 수 있도록 시 정부는 일련의 조치를 창조적으로 제시했다.

他的病情急速地恶化了。그의 병은 급속히 나빠졌다.

(3) 일부 숙어적 성질의 동사구도 부사어를 충당할 수 있으나 반드시 '地'를 사용해야 한다.

说到伤心之处，她的眼泪像断了线的珠宝似的，止不住地往下掉。

마음 아픈 곳을 건드리자 그녀의 눈물이 줄 끊어진 보석처럼 끊임없이 흘러내렸다.

我拼死拼活地干，才挣了这么点儿的钱。나는 죽기 살기로 일해서 겨우 이 정도의 돈을 벌었다.

(4) 이음절 이상의 형용사(구)가 부사어를 충당할 경우 대부분 '地'를 사용해야 한다(자세한 내용은 제6장 형용사 참조).

5. 부사어를 충당하는 단어의 사용 빈도

(1) 부사어로 빈번하게 사용되는 이음절 형용사는 '地'를 생략할 수 있다.

他认真学习，努力工作，得到了大家一致的好评。

그는 열심히 공부하고 성실하게 일하여 모든 사람에게 좋은 평가를 받았다.

我们仔细研究了你的建议，觉得很有道理。

우리는 네 의견을 자세히 살펴보았고, (네 의견에) 일리가 있다고 생각한다.

(2) 동작의 방식을 나타내는 부사어로 자주 사용되는 일부 명사는 '地'를 생략할 수 있다.

请大声回答我的问题。큰 소리로 제 질문에 대답해 주세요.

她嘴凑到我耳边轻声说："我出去一下。"

그녀는 내 귀에 입을 대고 "나 좀 나갔다 올게"라고 조용히 말했다.

(3) 명사와 수량사가 결합하여 동작의 방식을 나타내는 부사어 역시 빈번하게 사용되므로 '地'를 첨가하지 않는다.

你晚上一个人回家害怕吗？너는 밤에 혼자 돌아가는 것이 무섭니?

他三下两下就把菜切好了。그는 후다닥 채소를 다 썰었다.

得

구조조사 '得'는 보통 보어와 중심어 사이에서 이들을 연결하는 역할을 한다. 이러한 '得'는 생략하지 않고 반드시 사용해야 한다.

1. 구조조사 '得'는 술어와 상태보어를 연결한다(자세한 내용은 하권 제1편 제5장 제2절 상태보어 참조).

杰克汉语说得很流利。잭은 중국어를 아주 잘 한다.

姑娘打扮得非常漂亮。아가씨가 매우 예쁘게 꾸몄다.

2. 구조조사 '得'는 술어동사와 보어를 연결하여 가능보어의 긍정형식을 만든다(자세한 내용은 하권 제1편 제5장 제5절 가능보어 참조).

今天的作业你做得完吗？오늘의 숙제를 너는 다 할 수 있니?

这么多客人这个旅馆住得下吗？이렇게 많은 손님이 이 여관에 다 묵을 수 있을까?

제3절 동태조사

一. 상용 동태조사의 용법

동태조사는 동사 뒤에서 동작의 상(aspect)을 나타내는 조사이다.[3)]

过

동태조사 '过'는 다음과 같은 두 가지 어법 의미를 나타낸다.

1. 과거에 일찍이 존재했었던 경험을 나타낸다.

일찍이 발생한 적이 있는 동작이나 출현했던 상태를 나타내는 것으로, '过'의 주요 기능이라

3) [역주] 상황의 발생 시점과 발화 시점 간의 시간적 관계를 나타내는 시제(tense)에 비해, 상(aspect)은 상황 자체가 그 내부구성을 어떻게 파악하고 있는지에 대한 동적인 상태를 나타낸다.
Comrie(1976: 25)의 상 분류는 다음과 같다.

완료상(perfective) ——— 미완료상(imperfective)
|
습관상(habitual) ——— 지속상(continuous)
|
진행상(progressive) ——— 비진행상(nonprogressive)

중국어의 경우, 완료상 '了'와 경험상 '过'가 완료상(perfective)에, 진행상 '在'와 지속상 '着'는 미완료상(imperfective)에 속하는 것으로 이해된다. 한국어가 과거, 현재, 미래 시제에 따라 다양한 어미 활용이 나타나는 시제가 발달한 언어라면, 중국어는 동작 행위의 동적인 상태, 즉 '상'이 발달한 언어이다.

할 수 있다. '走떠나다(离开떠나다의 의미), 没사라지다/없다, 散흩어지다, 出发출발하다, 毕业졸업하다, 启程출발하다' 등 일부 비지속동사를 제외한 나머지 동작동사는 모두 '过'를 취할 수 있으며, 주로 동량보어나 시량보어를 함께 사용한다.

(1) 비지속동사가 '过'를 취한 경우, 일찍이 존재했던 상태를 나타낸다.

我的钱包丢过一次。내 지갑은 한번 잃어버린 적이 있다.

他搞实验，失败过好多次了。그는 실험을 수차례 실패한 적이 있다.

火灭过一会儿，后来又着起来了。불은 잠시 꺼졌다가 또다시 붙었다.

(2) 지속동사가 '过'를 취한 경우, 일찍이 발생했었던 어떠한 동작을 나타낸다.

小刘睡过一个小时。샤오류는 한 시간 동안 잔 적이 있다.

我种过果树。나는 과일나무를 심은 적이 있다.

爸爸戴过这种帽子。아빠는 이런 모자를 쓴 적이 있다.

他在这个操场踢过两次球。그는 이 운동장에서 축구를 두 번 한 적이 있다.

(3) 동작의 대상자가 화제를 충당하는 경우, A, C, D류의 중지속동사 및 대부분의 약지속동사는 단독으로 '过'를 취해 문장을 형성할 수 있으며, 이때 일찍이 동작이 발생한 적이 있음을 나타낸다.

通知他贴过。통지문은 그가 붙인 적이 있다.

电话我打过一次。전화는 내가 한번 건 적이 있다.

这种帽子我也戴过。이런 모자는 나도 쓴 적이 있다.

你的裙子她穿过。네 치마는 그녀가 입은 적이 있다.

(4) 관계동사 중 '叫(부르다의 의미), 姓성이 ~이다'만이 '过'를 취할 수 있다.

手机也叫过'大哥大'。핸드폰은 '다거다(큰형님)'로 불린 적이 있다.

小马以前姓过刘。샤오마는 예전에는 성이 류 씨였었다.

(5) '知道알다, 认识알다, 认得알다, 爱护아끼다, 希望희망하다, 记得기억하다'를 제외한 나머지 상태동사는 '过'를 취하여 일찍이 존재한 적이 있는 상태를 나타낼 수 있다. 뒤에는 주로 동량보어 또는 시량보어가 사용된다.

妹妹喜欢过网球，现在又不怎么喜欢了。
여동생은 테니스를 좋아했었는데, 지금은 또 그다지 좋아하지 않는다.

来中国以后，他病过几天。중국에 온 이후 그는 며칠 동안 아팠었다.

我跟他的朋友了解过几次他的情况。나는 그의 친구에게 그의 상황에 대해 몇 차례 알아봤었다.

일부 동사는 부정문에만 사용한다.

对这个孩子，我从来没有放心过。 ？我放心过。
이 아이에 대해 나는 여태껏 마음을 놓은 적이 없다.

厂长没有忽视过安全方面的问题。 ？忽视过安全方面的问题。
공장장은 안전 문제를 소홀히 한 적이 없다.

(6) 일부 형용사도 '过'를 취하여 일찍이 존재했었던 상태를 나타낼 수 있다.

树叶绿过，现在又黄了。나뭇잎이 푸르렀었으나 지금은 또 노랗게 변했다.

在很多人面前讲话，我也紧张过，不过慢慢地就不紧张了。

많은 사람 앞에서 하는 연설에 나도 긴장했던 적이 있지만, 차츰 긴장하지 않게 되었다.

老张以前胖过，现在苗条多了。라오장은 예전에 뚱뚱했던 적이 있지만, 지금은 많이 날씬해졌다.

'동사 + 过'의 부정형식은 '没有 + 동사 + 过'이다. 주로 '从来지금까지', '还아직'와 함께 사용된다.

他上课从来没迟到过。그는 여지껏 수업에 늦은 적이 없다.

我没去过国外。나는 해외에 나간 적이 없다.

我们没有怀疑过你。우리는 너를 의심한 적이 없다.

她还没去过长城。그녀는 아직 만리장성에 가본 적이 없다.

주의: 문중에 '曾经일찍이', '以前이전에'과 같은 단어를 사용해 일찍이 존재했었던 동작이나 상태를 나타내거나, 부사 '从来지금까지'를 사용해 동작 또는 상태가 일찍이 발생한 적이 없음을 나타낼 경우, 동사나 형용사 뒤에는 보통 '过'를 사용해야 한다.

2. 행위 동작의 종결을 나타낸다.

吃过饭他就走了。밥을 다 먹은 뒤 그는 떠났다.

我给女儿打过电话之后，才明白错怪了她。

나는 딸에게 전화를 걸어보고 난 뒤, 엉뚱하게 딸을 야단쳤다는 것을 알았다.

看过电影我们就去咖啡馆坐坐。영화를 다 본 이후 우리는 커피숍으로 가서 좀 앉았다.

'过'의 이러한 용법은 보편적이지는 않지만(주로 남방지역에서 사용), 일부 동작동사와 결합하여 사용되며, 주로 두 동사 사이의 연접 관계를 나타낸다. 문장 중의 '过'는 '了$_1$'로 대체할 수 있다.[4)]

着

동태조사 '着'는 주로 두 가지 어법 의미를 가진다. 그 첫째는 행위 동작의 지속을 나타내는

---

4) [역주] 이처럼 동사 뒤에 쓰이지만 이동의 방향을 나타내지 않는 '过'는 다시 두 가지로 구분되는데, 하나는 동작이나 사건의 완결과 결과를 나타내는 '过$_1$', 다른 하나는 경험을 나타내는 경험상 표지 '过$_2$'이다. 이때 완료를 나타내는 '过$_1$'가 '了$_1$'와 같은 역할을 하는지에 대해서는 재고의 여지가 있는데, '过$_1$'는 문미 '了$_2$'과 공기할 뿐 아니라, 동사 뒤 '了$_1$'와도 공기가 가능하기 때문이다.

(1) a. 她已经<u>看过了天气预报</u>，放了心，岛上不会是阴天。

그녀는 이미 일기예보를 다 본 뒤, 안심했는데, 섬 날씨가 흐리지 않을 것이라 한다.

b. <u>看过了报</u>，喝完了第二杯咖啡，吃完了抹上黄油的面包，他立起身来，……。

신문을 다 보고, 두 번째 커피를 다 마시고, 버터 바른 빵을 다 먹은 뒤 그는 몸을 일으켜 …….

(BCC 语料库)

이에 대해, 吕叔湘(1980[2002]: 246～247)은 '동사 + 过$_1$'를 일종의 동결식으로 볼 수 있다고 하였고, 정지수·최규발(2007) 역시 이를 보어적 성격을 가진 성분으로 파악했다. 또한 조경환(2018: 177)은 이를 사건이 끝났음을 나타내는 동상보어(허화결과보어)의 성질을 지녔다고 하였다. 다만, 이러한 보어적 성격에도 불구하고, 여전히 기타 보어와는 일정한 차이를 보이고 있어 过1의 성격에 대해서는 추가적인 논의가 필요해 보인다.

것이고, 둘째는 상태의 지속을 나타내는 것이다. 전자가 일종의 동태적 지속을 나타낸다면, 후자는 정태적 지속을 나타낸다. 모든 동사가 '着'를 취하여 이러한 의미를 나타낼 수 있는 것은 아니며, '着'의 사용이 가장 빈번한 것은 아래 1, 2부류의 동사이다. 아래에서는 동사 분류에 따라 분석을 진행한다.

1. 강지속동사

A. 笑웃다, 哭울다, 当담당하다, 忍참다, 握쥐다, 追쫓다, 哆嗦떨다

B. 站서다, 坐앉다, 躺눕다, 睡자다, 蹲쪼그리고 앉다, 跪무릎을 꿇다

C. 抱안다, 举들어올리다, 背짊어지다, 拿잡다, 带지니다, 端두 손으로 받쳐 들다, 抬들다

D. 逼핍박하다, 催재촉하다, 凑合한 곳에 모으다, 搀부축하다, 盯주시하다, 扶떠받치다, 跟따라가다, 拉당기다, 搂끌어모으다, 陪동반하다, 望바라보다, 指가리키다

E. 等기다리다, 歇쉬다, 重复반복하다, 担任담당하다, 兼겸하다, 记기억하다, 打量가늠하다, 养(饲养)기르다(사육하다), 养活부양하다, 张罗처리하다, 琢磨사색하다, 管관리하다, 坚持견지하다, 玩놀다, 攒모으다, 叨唠잔소리하다, 流行유행하다, 用사용하다, 占차지하다

F. 保持유지하다, 保留보존하다, 保存보존하다, 惦염려하다, 惦记염려하다, 躲숨다, 避피하다, 惯(孩子)(아이를) 버릇없이 키우다, 盼바라다, 折磨고통스럽게 하다, 照顾돌보다, 注意주의하다, 关心관심갖다

이러한 동사는 다음과 같은 특징을 가진다.

(1) 주로 동태조사 '着'를 취하여 동작의 지속을 나타낸다(제4장 동사 부분 참조).

病人躺着，医生在旁边站着。환자는 누워 있고, 의사는 옆에 서 있다.

那位妇女抱着一个孩子。그 여인은 아이 하나를 안고 있다.

他呆呆地望着我，什么也不说。그는 멍하니 나를 바라보며 아무 말도 하지 않았다.

张厂长管着一千多工人。장 공장장은 직원 천여 명을 관리한다.

李大爷养着一百多头猪。리 할아버지는 돼지 백여 마리를 키운다.

(2) '着'를 취한 A, B, C, D류 동사는 뒤에 동사를 추가로 사용하여 선행 동작 상태를 바탕으로 후행 동작이 이루어짐을 나타낸다(제4장 동사 부분 참조).

老李追着问我。라오리는 이어서 내게 물었다.

王老师站着讲课。왕 선생님은 서서 수업을 하신다.

我朋友拿着几本画报走了进来。내 친구는 화보를 몇 권 들고 걸어들어왔다.

他指着远处的一个小村庄说："那就是我的家。"

그는 멀리 있는 마을 하나를 가리키며 "저기가 우리 집이야"라고 말했다.

(3) '着'를 취한 B, C류 동사는 주로 존현문에 사용된다(하권 제2편 제2장 제15절 참조). 이때 상태의 지속을 나타낸다.

屋子里坐着很多人。집에는 많은 사람이 앉아있다.

床上躺着一个病人。침대에는 환자 하나가 누워있다.

(4) '着'를 취한 C류 동사는 주로 주술술어문에 사용된다(하권 제2편 제2장 제11절 참조). 이때 동작 및 상태의 지속을 나타낸다.

她背上背着一个登山包。그녀는 등에 등산 가방을 메고 있다.

他手里举着一面大旗。그는 손에 큰 깃발을 들고 있다.

(5) 일부 E류 및 F류 동사가 '着'를 취할 경우, 부사 '一直줄곧, 始终늘, 总늘, 老항상' 등과 함께 사용되어 동작 및 상태의 지속을 나타낼 수 있다.

奶奶总是唠叨着要去老家看看。할머니는 늘 고향에 들러야 한다고 잔소리하신다.

山里的孩子始终保持着淳朴的性格。산속의 아이는 줄곧 순박한 성격을 유지하고 있다.

母亲总是惦记着远方的孩子。어머니는 늘 멀리 있는 아이를 걱정하신다.

你干吗老躲着我呢？너는 왜 항상 나를 피하니?

我家里一直保存着祖上留下来的文物。우리 집에는 줄곧 조상이 남긴 유물을 보존하고 있다.

(6) A, B류 동사는 주로 '……着……着'의 구문에 사용되어 어떠한 동작 상태가 지속되는 중에 새로운 상황이 출현했음을 나타낸다.

她笑着笑着，突然哭了起来。그녀는 웃다가 갑자기 울기 시작했다.

弟弟在床上躺着躺着，不小心滑了下来。남동생은 침대에 누워있다가 실수로 미끄러져 떨어졌다.

那人站着站着，突然倒了下来。그 사람은 서 있다가 갑자기 쓰러졌다.

2. 중지속동사

A. 关닫다, 开열다, 锁잠그다

B. 挂걸다, 放놓다, 搁놓다, 插끼우다, 摆배열하다, 装담다, 捆묶다, 藏숨기다, 镶끼워넣다, 停서다

C. 写쓰다, 画그리다, 贴붙이다, 栽재배하다, 种심다, 盛chéng담다, 铺깔다, 拿잡다, 存보존하다, 刻새기다, 扣채우다, 夹끼우다

D. 穿입다, 戴착용하다, 披걸치다, 涂바르다, 系jì매다, 扎찌르다, 梳빗다, 染물들이다, 镶(牙)(의치를)해 넣다

이러한 동사는 다음과 같은 특징을 가진다.

(1) 동태조사 '着'를 취한 A류 동사는 대상자주어문에 사용되며, 동작 완성 이후 사물의 상태가 지속됨(정태적 지속)을 나타낸다(제4장 동사 부분 참조).

门锁着。문이 잠겨 있다.

窗户关着。창문이 닫혀 있다.

(2) 동태조사 '着'를 취한 B, C류 동사는 주로 존현문에 사용되며, 이때 동작 완성 이후 어떠한 장소에 있는 사물의 상태가 지속됨(정태적 지속)을 나타낸다(하권 제2편 제2장 제15절 참조).

花瓶里插着几朵花。꽃병에 꽃 몇 송이가 꽂혀있다.

院子里种着很多树。정원에 많은 나무가 심겨있다.

床上铺着一条厚厚的毛毯。침대에 두꺼운 담요가 깔려있다.

(3) '着'를 취한 D류 동사는 사람이 옷을 입거나 꾸민 상태의 지속을 나타낸다.

大卫(身上)穿着一件运动衫。데이비드는 (몸에) 운동 셔츠를 입고 있다.

那个女孩子(头上)戴着一顶红帽子。그 여자아이는 (머리에) 빨간 모자를 쓰고 있다.

这个店的老板嘴里镶着一颗金牙。이 상점의 사장은 입에 금니 하나를 박고 있다.

이처럼 사람의 복장이나 꾸밈을 묘사하는 문장에는 대개 '사람의 신체부위 + 방위사'로 이루어진 구를 사용하지만, 사용하지 않을 수도 있다. 만약 사용되었다면 문장은 더욱 강한 묘사성을 띠게 된다.

'写쓰다, 画그리다, 贴붙이다, 栽재배하다, 种심다, 盛chéng담다, 铺깔다, 拿잡다, 存보존하다, 刻새기다, 扣채우다, 夹끼우다' 등 C류 동사는 '着'를 취하여 동작 완성 이후 상태의 지속 또는 동작의 지속을 나타낼 수 있다. 이 중 동작의 지속을 나타내는 경우 동사는 주로 '正'이나 어기사 '呢'와 함께 사용되지만, '着'를 취하기도 한다('着'를 취하지 않을 수도 있음).

爸爸正写(着)信呢。아빠는 한창 편지를 쓰고 있다.

黑板上写着几个字。칠판에 글씨 몇 개가 쓰여 있다.

墙上贴着一张广告。벽에 광고 하나가 붙어있다.

하지만 동작의 진행을 나타내는 경우 이들 동사는 '着'를 취하기보다는 주로 부사 '正在', '正',[5] '在'의 수식을 받는다.[6]

农民们正在山上种树。농민들이 한창 산에서 나무를 심고 있다.

妈妈在给客人铺床。엄마가 손님에게 잠자리를 봐 주고 있다.

他正栽花呢。그는 한창 꽃을 재배하고 있다.

3. 약지속동사

(1) 약지속동사는 앞서 살펴본 강지속동사나 중지속동사 만큼 빈번하게 '着'와 결합하지는 않으며, 동사 뒤에 '着'를 취하는 것만으로 문장을 형성하지 못한다('学공부하다, 听듣다, 看보다'만이 '着'를 취하여 명령문을 형성할 수 있다. 제4장 동사 부분 참조).

看着点儿！좀 봐라! (명령문, 반드시 '点儿'이 후치해야 한다. '学'도 사용 가능)

大家好好听着！다들 잘 들어라! (명령문)

你看着我怎么做！내가 어떻게 하는지 잘 봐라! (명령문)

이러한 동사는 평서문에서 '着'를 취하는 것만으로는 문장을 구성할 수 없으며, 보통 뒤에 후속절이 와야 한다.

*我看着书。

*他听着磁带。

5) [역주] 엄밀한 의미에서 '正'은 '마침, 한창'의 의미를 나타내는 부사로, 그 자체로 진행의 의미를 나타내지는 않는다. 진행을 나타내기 위해서는 진행을 나타내는 부사 '在'나 어기사 '呢'와 함께 사용해야 한다.

6) [역주] 중지속동사는 동태성과 정태성을 모두 띠기 때문에 정태적 지속을 나타내는 '着'와 동태적 지속을 나타내는 '在'가 모두 사용 가능한 것이다. 다만, 어떠한 특징이 부각 되느냐에 따라 해석이 달라질 수 있다.

(2) '着'를 취한 약지속동사가 나타내는 동작의 지속은 다음 두 가지로 구분된다.

A. 시작에서 종결까지 지속되거나 아직 종결되지 않은 지속을 나타낸다.

他不停地讲着，连水也不喝一口。 그는 끊임없이 말하느라 물도 한 모금 마시지 않는다.

他俩不停地吵着，直到别人把他们拉开。 그 둘은 다른 사람이 떼어놓을 때까지 끊임없이 싸웠다.

爸爸低头抽着烟，什么话也不说。 아빠는 고개를 숙이고 담배를 피우며 아무 말도 하지 않으셨다.

주의해야 할 점은 이러한 동작의 지속을 나타내는 문장은 단문의 형태로 출현하지 않으며 뒤에 후속절이 추가되어야 한다는 것이다. 단문에서 이러한 동사가 동작의 지속을 나타내기 위해서는 중지속동사 C류와 마찬가지로 '正', '呢'와 공기하거나 동사 앞에 '正在', '正', '在' 등을 사용해야 하며, '동사 + 着'의 형태로는 출현할 수 없다.

我正吃着饭呢。 나는 한창 밥을 먹고 있다. ＊我吃着饭。

他和朋友正喝着酒呢。 그는 친구와 한창 술을 마시고 있다. ＊他和朋友喝着酒。

大家正商量着呢。 사람들이 한창 논의하고 있다. ？大家商量着。

同学们正在念课文。 학생들이 한창 본문을 읽고 있다.

服务员在打扫房间。 직원이 방을 치우고 있다.

她们正锻炼呢。 그녀들은 한창 운동 중이다.

B. 시작부터 종결까지의 과정 중, 매우 짧은 행위 동작의 반복적 진행을 나타낸다.

她轻轻地敲着门，生怕被邻居听见。 그녀는 가볍게 문을 두드리며 이웃이 (그 소리를) 들을까 걱정했다.

他不断地点着头，表示赞同。 그는 계속해서 고개를 끄덕이며 찬성의 뜻을 나타냈다.

孩子呼呼地喘着气，半天说不出话来。 아이가 쌕쌕 숨을 헐떡이느라 한참 동안 말을 하지 못했다.

여기에는 여러 개의 짧고 반복적인 동작으로 쪼갤 수 있는 행위 동작도 포함된다.[7)]

你们先慢慢喝着，我去给你们炒两个菜。
너희가 우선 천천히 마시고 있으면, 나는 가서 몇 가지 요리를 할게.

他一个接一个地接待着来访的客人，一点儿也不知道疲倦。
그는 연달아 손님을 맞이했지만 조금도 피곤한지 몰랐다.

이러한 문장의 동사 앞에는 종종 동작의 반복 또는 동작을 여러 개의 부분으로 쪼개는 의미를 나타내는 부사어가 사용된다. 또한 '着'를 취하는 문장의 뒤에는 후속절이 사용된다.

---

7) 본 내용은 주로 陆俭明(1990)의 분석을 참조하였으나, 예문은 새롭게 수정하였다. 陆俭明의 예시에서는 동사의 유형을 별도로 분류하고 있지 않으나, 예문에 사용된 동사는 모두 약지속동사였다. 필자가 관찰한 바에 따르면 약지속동사가 대부분 이 같은 용법으로 사용되고 있기에 본서에서 특별히 논의를 진행하였다. 사실상 중지속동사 C류 역시 이러한 용법으로 사용될 수 있다(이들 동사 역시 약지속동사의 일부 특징을 가지고 있기 때문이다).
他一件又一件地捆着行李。 그는 한 벌 한 벌 짐을 꾸리고 있다. (문장의 '捆꾸리다'은 약지속동사 '搬옮기다'으로 교체 가능)
她一笔一笔地写着字，非常认真。 그녀는 한 획 한 획 매우 진지하게 글자를 쓰고 있다.
(문장의 '写쓰다'는 약지속동사 '描모사하다'로 교체 가능)
이들 동사의 앞에도 역시 동작을 짧고 반복적인 행위로 쪼개어 나타내는 부사어가 사용되어야 한다.

(3) 약지속동사 중 '看보다, 说말하다, 聊한담하다, 讲이야기하다, 听듣다, 干하다, 跳뛰다, 唱노래하다, 吵떠들다, 闹떠들석하다, 走(路)(길을) 가다' 및 중지속동사 중 '写쓰다, 画그리다, 贴붙이다' 등의 동사는 '……着……着'를 구성하여 앞 동작이 반복되는 과정 중 부지불식간에 뒤 동작 또는 결과가 나타나거나, 어떠한 변화가 발생했음을 나타낸다.

我们聊着聊着，不觉两个多小时就过去了。

(우리는) 한담을 나누다 보니 두 시간이 넘게 지난 것을 몰랐다.

他写着写着，突然停了下来。그는 계속 쓰다가 갑자기 쓰기를 멈추었다.

爸爸坐在沙发上看电视，看着看着就睡着了。아빠는 소파에 앉아 TV를 보시다가 잠이 들어버렸다.

앞서 살펴본 일부 동사는 종종 '笑웃다, 哭울다'와 함께 '……着……着'를 구성하여, 뒤 동작이 어떠한 방식을 통하거나 어떠한 상태에서 진행되는 것임을 나타낸다.

他说着笑着就把事情给解决了。그는 웃고 떠들다 일을 해결해 버렸다.

孩子天天哭着闹着要找妈妈。아이는 매일 울고 불며 엄마를 찾는다.

4. 기타 동사

관계동사는 '着'를 취하지 못한다. 비지속동사 또한 동사 자체가 지속을 나타낼 수 없으므로 '着'를 사용하지 않는다. 대다수의 상태동사는 '着'를 취할 수 없으나 '病아프다, 饿배고프다, 困졸리다, 醒깨다, 醉취하다, 爱사랑하다, 恨원망하다, 想그리워하다' 등 일부는 '着'를 취하여 상태의 지속을 나타낼 수 있다. 구체적인 사용 환경에서 강지속동사와 같이 '着'를 취하는 것만으로 문장을 형성할 수는 없지만, 종종 '正'이나 '呢', '一直', '老' 등과 함께 사용되거나, 복문 중 선행절로 사용될 수 있다.

有一天，我正在家病着，来了一个年轻人。 ? 我病着

하루는 내가 집에서 병에 걸려있는데, 한 젊은이가 찾아왔다.

小李一直爱着你。샤오리는 줄곧 너를 사랑하고 있다. ? 小李爱着你

早上我正饿着呢，他给了我一个面包。 ? 我饿着

아침에 한창 배를 곯고 있는데, 그가 빵 하나를 주었다.

你既然醒着，就起来吧。깼으면 일어나라 ? 你醒着。

한편, 모든 상태동사(앞서 서술한 일부 동사를 포함하여)는 약지속동사와 같이 부사 '正在', '在'의 수식을 받는 것만으로는 지속을 나타낼 수 없다.

* 我正在病。

* 他在醒。

'동사 + 着'의 부정형식은 '没 + 동사 + 着'이지만, 이러한 부정형식은 거의 사용되지 않으며, 대개 대화 중 상대방의 말에 대해 반박하거나 상대방의 말을 정정할 경우에만 사용된다(제7장 부사 중 부정부사 참조).

① A: 你与其老坐着，还不如出去走走。너는 항상 앉아있느니 나가서 좀 걸어라.

B: 我没老坐着！나는 항상 앉아있지 않아!

② A: 门锁着，咱们就别进去了。문이 잠겨있으니 우리 들어가지 말자.
B: 门没锁着，你看，一推就开了。문 안 잠겼어, 이 봐, 밀어보니 열리잖아.

了$_1$

동사 뒤의 동태조사 '了'는 '了$_1$'(또는 접미사 '了')로 부르기로 한다. '了$_1$'가 결합하는 동사의 유형에 따라(제4장 제2절 동사의 분류 부분 참조), '了$_1$'의 의미에도 차이가 나타난다.

(一) **관계동사** '是이다, 叫(부르다), 姓성이 - 이다, 当作삼다, 成为되다, 像닮다, 等于와 같다, 属于 - 에 속하다' 등은 보통 '了$_1$'를 취하지 않는다.

(二) 상태동사와 '了$_1$'

상태동사 중 '希望희망하다, 记得기억하다, 担心걱정하다, 操心걱정하다, 喜欢좋아하다, 讨厌싫어하다, 爱사랑하다, 恨원망하다, 想(念)그리워하다, 气화나다, 吓놀라다, 怀疑의심하다, 认得알다, 重视중요시하다, 爱护애호하다'는 보통 '了$_1$' 없이 목적어를 취한다. 자동사 '病아프다, 饿배고프다, 聋귀먹다, 醉취하다, 醒깨다, 困졸리다, 放心안심하다' 등은 '了$_1$'를 취하지 않으나 '了$_2$'은 취할 수 있다(자세한 내용은 '了$_2$' 부분 참조). '明白이해하다'와 '懂이해하다'은 목적어를 취할 수 있으나 주로 '了$_2$'을 사용하며, '了$_1$'의 사용은 매우 드물다. '相信믿다'은 '了$_1$'와 단순 목적어를 취해 문장을 형성할 수 있다.

听了他的话，我们就相信了他。그의 말을 듣고 우리는 그를 믿었다.

상태동사 중 '认识알다, 了解이해하다/알아보다'는 '了$_1$'를 취할 수 있으며, 그 목적어는 보통 수량사의 수식을 받는다.

我最近认识了一个运动员。나는 최근에 운동선수 한 명을 알았다.

他了解了一下这些学生的情况。그는 이 학생들의 상황에 대해 알아보았다.

일부 동사는 목적어를 먼저 취한 경우에만 '了$_2$'을 취하여 변화를 나타낼 수 있다.

我有点儿讨厌她了。나는 그녀가 좀 싫어졌다.

他好像知道咱们的秘密了。그가 우리의 비밀을 알게 된 것 같다.

동사가 동작의 완성을 나타내거나 정도를 강조하는 경우, 먼저 보어를 취한 경우에만 '了$_1$' 또는 '了$_2$'을 사용할 수 있다.

小伙子爱上了那个姑娘。젊은이는 그 아가씨를 사랑하게 되었다.

他恨死你了。그는 너를 죽도록 미워한다.

我吓了一跳。나는 깜짝 놀랐다.

(三) 동작동사와 '了$_1$'

1. 약지속동사 + 了$_1$

(1) '了$_1$'는 약지속동사의 뒤에서 동작의 완성(실시 및 종결)을 나타낸다. 이는 '了$_1$'의 가장 대표적인 용법이다.

他喝了一杯可乐。그는 콜라 한잔을 마셨다.

她洗了几件衣服。그녀는 옷 몇 벌을 빨았다.

妈妈买了很多水果。엄마는 많은 과일을 샀다.

(2) 약지속동사 뒤에 출현하는 '了$_1$'는 주로 동작 실시 이후의 양적 의미와 관련된다.[8] 따라서 동사가 목적어를 취할 경우, 목적어는 단독으로 사용되지 않고 수량사나 기타 수식어 등 관형어와 함께 사용되어야 한다. 아래는 학습자의 오류이다.

*我买了书。

*他打了电话。

(3) 또한 약지속동사의 뒤에는 시량보어나 동량보어가 자주 사용된다.

她看了一会儿电视。그녀는 잠시 TV를 보았다.

课文我们读了两遍。본문을 우리는 두 번 읽었다.

他给我们介绍了三十分钟。그는 우리에게 30분 동안 소개했다.

(4) 약지속동사 뒤에 '了$_1$'가 사용되었을 경우, 동작은 발화 이전에 종결되고 그 상황은 지속되지 않는다. 반면, 시량보어가 출현하는 문장의 문미에 '了$_2$'이 사용되었을 경우에는 동작이 발화시 또는 특정 시점까지 지속되고 있음을 나타낸다.

我去操场的时候，小孙已经锻炼了一个小时了。

내가 운동장에 갔을 때, 샤오쑨은 한 시간 째 운동을 하고 있었다.

大家讨论了两个多小时了。사람들이 두 시간 째 토론을 하고 있다.

2. 비지속동사 + 了

(1) '了'는 비지속동사 뒤에서 동작이 이미 완성되었음을 나타낸다. 상기 약지속동사와 달리 동작 완성 이후 상태의 지속을 나타낸다. 이때 상태는 정태적 특징을 가진다.

大楼的灯都熄了。빌딩의 등이 모두 꺼졌다.

会议开始了。회의가 시작되었다.

罪犯跑了。범인이 달아났다.

那位老人死了。그 노인은 사망했다.

문미의 '了'는 사실상 '了$_1$ + 了$_2$'이라 할 수 있다[9](보다 자세한 내용은 어기조사 '了$_2$' 부분 참조).

(2) 비지속동사 중 '丢잃어버리다, 开始시작하다, 结束끝나다, 告别헤어지다, 进들다, 去가다, 离开떠나

8) [역주] '了$_1$'는 사건이 전체로서 파악되고 있음, 즉 완료상을 나타낸다. 사건은 시간적, 공간적, 개념적으로 제한되면 하나의 전체로서 파악되는데, 이처럼 사건을 제한하는 방식 중 하나가 바로 사건을 양화된 사건(quantified event)으로 만드는 것이다. 구체적으로, 동사에 의해 표시된 사건이 발생한 정도, 소요된 시간, 발생한 횟수 등을 나타내는 구나 양화된 목적어를 취할 경우 사건은 하나의 전체로 제한되어 완료상을 나타낼 수 있다(Li & Thompson 1981[1989]: 193~198 참조).

9) [역주] '了$_1$ + 了$_2$', 즉 문장의 마지막 성분이 동사로 끝나는 경우로, 이때 '了'는 '了$_1$'의 완료 및 '了$_2$'의 변화의 의미를 모두 나타낸다.

다, 批准비준하다, 提拔등용하다, 发生발생하다, 发现발견하다, 出现나타나다, 爆发폭발하다' 등은 '了$_1$'를 취한 뒤 단순 목적어를 사용할 수 있다.

上级批准了我们的请求。상급 기관에서 나의 청구를 승인했다.

前面发生了交通事故。앞쪽에 교통사고가 발생했다.

听说你丢了东西，是吗？너 물건을 잃어버렸다고 하던데, 맞니?

部长很快结束了会议，匆匆离开了会场。부장님은 회의를 빨리 끝내고 서둘러 회의장을 떠났다.

不久就爆发了战争。얼마 지나지 않아 전쟁이 발발했다.

他回头一看，一位年轻医生进了门。그가 돌아보니 한 젊은 의사가 문을 들어섰다.

이들은 목적어 앞에 관형어를 취하지 않으면 목적어의 의미가 불명확해지는 일부(예를 들어 "＊批准了请求")를 제외하고, 대부분 단순 명사를 목적어로 취할 수 있다(대개는 총칭 명사). 한편, 비지속동사가 '了' 및 목적어를 취하는 경우, 주로 어떤 사건의 발생을 나타낼 뿐 동작이 완성한 양에는 관심을 두지 않는다.

(3) '了$_1$'를 취하고 다시 목적어를 사용할 수 있는 것은 앞서 (2)에 제시된 동사뿐이며, 이를 제외한 나머지 비지속동사는 모두 목적어를 취할 수 없다. 아래는 학습자의 오류이다.

＊我今天9点多才起床，迟到了上课。

＊他最近失败了找工作。

(4) 비지속동사가 '了$_1$'를 취한 경우, 그 뒤에는 보통 시량보어가 출현하여 동작 완성 이후의 상태가 발화시까지 지속된 시간 또는 발화 전·후 특정 시점으로부터 연속된 시간의 길이를 나타낸다.

他们迟到了一会儿。그들은 조금 늦었다.

我的自行车丢了一个星期，又找到了。내 자전거는 1주일 동안 잃어버렸다가 다시 찾았다.

여기에 문미 '了$_2$'을 추가할 경우, 동작 완성 이후의 상태가 발화시 또는 발화 전·후 특정 시점까지 줄곧 지속된 시간의 길이를 나타낸다.

等消防队赶到，火已经灭了一个小时了。

소방대가 도착했을 때 불은 이미 꺼진 지 한 시간이 지난 뒤였다.

你下午3点到那里，恐怕比赛已经开始了半个小时了。

(네가) 오후 3시에 도착하면 경기는 아마 시작하고 30분이 지났을 것이다.

(5) 비지속동사가 '了$_1$'를 취한 경우, 그 뒤에는 동량보어 역시 자주 사용된다.

这种情况只出现了几次。이러한 상황은 겨우 몇 번 발생했다.

孩子的圆珠笔丢了好几回了。아이는 볼펜을 몇 번이나 잃어버렸다.

3. 강지속동사 + 了

(1) 강지속동사 중 '笑웃다, 哭울다, 睡자다'는 단독으로 '了, 过'를 취하여 문장을 형성할 수 있다. '当담당하다, 担任맡다, 兼(职)겸(직)하다'는 '동사 + 了 + 목적어'의 형태로 문장을 형성하여 동작

의 완성 및 완성 이후의 상태를 나타낼 수 있다. 이 외의 강지속동사는 모두 단독으로 '了'를 취할 수 없으며, 대개 방향동사, 시량보어 또는 기타 보어를 함께 사용해야 한다.

姐姐笑了。언니가 웃었다.
老王当了科长。라오왕은 과장이 되었다.
他担任了公司的理事长。그는 회사의 이사장을 맡았다.

＊那个人坐了。(那个人坐了下来。그 사람이 앉았다.)
＊病人躺了。(病人躺在床上。환자가 침대에 누워있다.)
＊客人等了。(客人等了一会儿。손님이 잠시 기다렸다.)

(2) 이러한 부류의 강지속동사는 '了'와 시량보어를 함께 사용하는 경우가 많은데, 시량보어는 동작 또는 동작 상태가 지속된 시간을 나타낸다. 문미에 '了$_2$' 역시 추가할 경우, 시량보어는 동작 또는 상태가 시작된 이후 발화시까지 지속된 시간의 길이를 나타내며, 이때 동작 또는 상태는 발화시까지 지속되어야 한다. 한편, 동사가 취한 목적어에 따라(아래 ▲로 표시된 문장) 시량보어의 위치가 달라지므로, 이에 주의해야 한다(하권 제1편 제5장 제6절 수량보어 부분 참조).

小张睡了一个小时。샤오장은 한 시간을 잤다.
大家歇了半个小时了。사람들은 30분째 쉬고 있다. ('歇' 동작이 현재에도 지속되고 있음)
孩子玩了两个小时游戏机了。아이가 2시간째 게임을 하고 있다. ▲(현재에도 하고 있음)
夫妻俩照顾了他几年了。부부는 그를 수년째 돌보고 있다. ▲(현재에도 돌보고 있음)

4. 중지속동사 + 了

중지속동사에는 다음과 같은 동사가 있다.

A. 关닫다, 开열다, 锁잠그다
B. 挂걸다, 放놓다, 搁놓다, 插끼우다, 摆배열하다, 装담다, 捆묶다, 藏숨기다, 镶끼워넣다, 停서다
C. 写쓰다, 画그리다, 贴붙이다, 栽재배하다, 种심다, 盛담다, 铺깔다, 拿잡다, 存보존하다, 刻새기다, 扣채우다, 夹끼우다
D. 穿입다, 戴착용하다, 披걸치다, 涂바르다, 系매다, 扎찌르다, 梳빗다, 染물들이다, 镶(牙)(의치를)해 넣다

(1) 중지속동사 A, C류 및 B류 중 '插끼우다, 停서다, 染물들이다, 镶끼워넣다' 등의 뒤에는 자주 '了'(즉, '了$_1$ + 了$_2$')가 출현하며, 대상자화제문의 문미에서 어떠한 동작의 완성을 나타낸다. 문장의 대상자는 보통 한정적인 특징을 갖는다.

门关了。문은 닫았다.
信写了。편지는 썼다.
钱存了。돈은 저금했다.
头发染了。머리는 염색했다.

(2) A, B, D류 동사('装담다, 捆묶다, 扎찌르다, 梳빗다' 제외)는 '了' 뒤에 시량보어를 취하여 대상자화제문에서 동작이 완성된 이후 대상자의 상태가 지속된 시간을 나타낼 수 있다. 문미에는 보통 '了'가 사용되어 동작의 완성 후 상태가 발화시까지 지속됨을 나타낸다.

花插了两天了。꽃을 이틀째 꽂아두었다.
钱存了三年了。돈을 3년째 저금하고 있다.

衣服穿了一个星期了。옷을 일주일째 입고 있다.

(3) C류 동사 중 '贴붙이다, 栽재배하다, 种심다, 盛담다, 铺깔다, 刻새기다'가 '了' 및 시량보어를 취한 경우 중의적으로 해석될 수 있으며, 전·후 문맥을 통해서만 그 의미를 확정할 수 있다. 이 경우 시량보어는 동작의 지속 시간 및 동작 완성 이후 상태의 지속 시간을 모두 나타낼 수 있다.

花插了一天，还没有插完。꽃을 온종일 꽂았지만, 아직 다 꽂지 못했다. (동작의 지속 시간을 나타냄)

花在这儿插了一天，你怎么还没看见？

꽃이 여기에 온종일 꽂혀있었는데, 너는 어떻게 아직도 보지 못했니? (동작 완성 이후 상태의 지속 시간을 나타냄)

头发染了一个小时了，应该可以了。

머리를 염색한 지 한 시간이 되었으니, 거의 다 되었을 거다. (동작의 지속 시간을 나타냄)

头发染了两天了，你没发现？

머리를 염색한 지 이틀이나 되었는데, (너는) 아직 눈치채지 못한 거야? (동작 완성 이후 상태의 지속 시간을 나타냄)

(4) B, C류 동사는 동태조사 '着'를 취하여 존현문에 사용, 동작 완성 이후 특정 장소에 존재하는 어떤 사물이 나타내는 상태의 지속(정태적 지속)을 나타낸다. 이에 비해, D류 동사는 동태조사 '着'를 취하여 사람이 옷을 입거나 꾸민 상태 또는 사람의 신체와 관련된 동작 상태의 지속을 나타낸다('着' 부분의 2 (2), (3) 참조). 한편, B, C, D류 동사는 동일한 형식의 문장에서 뒤에 '了'를 취하여 '着'를 취한 것과 같은 의미를 나타내기도 한다.

墙上挂了一幅画。벽에 그림 한 폭이 걸려있다.

门口种了一排树。입구에는 나무가 한 줄로 심겨있다.

叔叔穿了一件黄毛衣。삼촌은 노란 스웨터를 입고 있다.

她戴了一副墨镜。그녀는 선글라스를 쓰고 있다.

(5) '写쓰다, 画그리다, 插끼우다, 装담다, 捆묶다, 扎찌르다, 梳빗다, 染물들이다, 夹끼우다, 扣채우다, 种심다'은 '$了_1$' 및 시량보어를 취하여 동작이 지속된 시간을 나타낸다. 문미에 '$了_2$'이 출현할 경우 동작이 발화시까지 지속된 시간을 나타낸다.

宣传画画了一天。홍보물을 온종일 그렸다.

司机装了一个小时行李了。기사는 한 시간째 짐을 싣고 있다.

(6) A, C류 동사는 '$了_2$'을 취해 동작 상태의 변화를 나타낼 수 있다. 반면, B류 동사는 목적어를 취한 경우에만 '$了_2$'을 사용할 수 있다('爱사랑하다', '恨원망하다' 등 일부 동사는 보어를 취한 경우에만 '$了_2$'을 사용할 수 있음). 한편, D류는 보통 '$了_1$' 및 '$了_2$'을 취할 수 없다.

상술한 내용을 종합하면, 동태조사 '$了_1$'를 가장 빈번하게 사용하는 동사는 타동사로, 구체적이고 양화된 동작이 이미 완성되었음을 나타낸다면 대개 '$了_1$'를 사용한다. 다만, 타동사 중 절을 목적어로 취할 수 있는 동사와 일반적으로 단어나 구를 목적어로 취하는 동사의 용법에는 일부 차이가 존재한다. 자동사는 주로 '$了_2$'을 취하지만, 이미 완성된 동작을 나타내고 그 뒤에 시량보어나 동량보어를 추가한다면 '$了_1$' 역시 사용해야 한다. 담화 중 '$了_1$'와 '$了_2$'의 사용은 발화자의 주요 관심사나 완결의 어기 등과 매우 밀접하게 연관되며, 이로 인해 이들의 사용 역시 복잡하게 나타난다.

제4절 어기조사

一. 어기조사의 분류

문장 내 사용 위치에 따라 어기조사는 크게 두 부류로 나눌 수 있다.

1. 보통 문두에 출현하는 어기조사로 감탄을 나타내는 '啊'(하강조), 놀람을 나타내는 '啊'(상승조), 돌연 이해하게 되었음을 나타내는 '噢', 의아함을 나타내는 '咦', 인사의 의미를 나타내는 '喂', '哎', 응답을 나타내는 '哎' 등이 있다(일부 어법서에서는 이러한 부류의 어기조사를 '감탄사'로 분류함).

2. 문미에 출현하는 어기조사로 '了', '来着', '的', '吗' 등이 있다. 이들은 다시 의미기능에 따라 다음과 같이 세 가지 부류로 구분된다.

(1) 사태조사(事态): 하나의 참조시간을 기준으로 문장의 상태를 바라보는 '了$_2$', '来着'

(2) 양상조사(情态): 어떠한 상황에 대한 발화자의 태도, 견해 혹은 감정을 나타내는 '的, 吧, 呢, 啊(哪, 啦, 呀, 哇), 嘛'

(3) 의문조사(疑问): 의문을 나타내는 '吗, 呢'

본 절에서는 이중 문미 어기조사에 대해 살펴보도록 한다.

二. 사태조사

了$_2$

문미에 사용되는 '了'는 '了$_2$'로 부르기로 한다. '了$_2$'은 어기를 나타내는 조사로 각종 술어문의 문미에 사용된다.

(一) 단문의 문미에 사용되는 '了$_2$'

1. 이미 발생한 변화를 나타낸다. 문미에 '了$_2$'을 취한 문장은 주로 청자에게 새로운 상황의 출현을 환기시키거나 새로운 정보를 보고하는 데 사용한다.[10] 아래는 주요 활용 형태이다.

(1) 주어 + 술어 + (목적어) + 了$_2$

花开了。꽃이 피었다.

下雪了。[11] 눈이 내렸다.

我不去北京了。나는 베이징에 가지 않겠다. (본래 베이징에 가려고 계획했음)

姐姐结婚了。언니가 결혼했다. (본래 결혼을 하지 않았었으나 현재 결혼을 함. 상태의 변화 발생)

---

10) '了$_2$'에 대한 내용은 刘勋宁(2003)의 견해를 참조하였다.

11) [역주] 이는 의미적으로는 새로운 상황의 출현을 나타내고 있으나, 형태적으로는 해당 형태 유형에 부합하지 않는 예시이다.

听他这么一说，大家就都不说话了。

그의 이 말을 듣고 나서 다들 (더 이상) 아무 말도 하지 않았다. (그가 말하기 전에는 사람들이 말하고 있었음)

他现在看中文电视，大部分都能听懂了。

현재 그는 중국어 TV를 보면 대부분 다 알아듣는다. (이전과 비교해 능력에 변화가 발생함)

等医生赶到那里，病人已经死了。

의사가 도착했을 때는 환자가 이미 사망한 뒤였다. (의사가 도착하기 전에는 환자가 아직 살아있었음)

이 같은 문장은 주로 발화 전과 비교해서 발화시 새로운 상황이 출현했음을 나타낸다. 이 외에 발화자가 돌연 의식하게 된 새로운 상황을 나타내거나 새로운 상황에 대한 청자의 주의를 환기시키는 데에도 사용한다.

哟，怎么？ 都十点了？아니, 어쩜? 벌써 10시네? (발화자는 아직 10시가 되지 않은 줄 알고 있었음)

一年前，你走时，孩子还在上幼儿园，现在已经是一年级的小学生了。

일 년 전 네가 떠났을 때 아이는 아직 유치원에 다니고 있었는데, 지금은 벌써 초등학교 1학년이 되었다. (새로운 상황의 발생에 대해 청자의 주의를 환기시킴)

现在是秋天了，你看，树叶都黄了。(어느새) 가을이 되었네, 봐봐, 나뭇잎이 모두 노랗게 변했어. (상동)

都是大学生了，这么点困难都不能克服。

이미 대학생이 되었는데, 이 정도의 작은 어려움도 극복하지 못하다니.

(2) 주어 + 수량사(시간의 길이나 동작의 횟수) + 没 + 술어 + 了$_2$

我两年没看电影了。나는 2년 동안 영화를 보지 못했다.

在你换他之前，他已经30个小时没休息了。

네가 그를 교체해주기 전까지 그는 이미 30시간째 쉬지 못하고 있었다.

等我们找到他们，发现他们三顿饭没吃了，饿得没有力气了。

우리가 그들을 찾았을 때 그들은 세 끼째 굶어서, 배가 고파서 아무 힘이 없는 상태였다.

상기 예문은 새로운 정보를 보고하거나 제시하고 있는데, 발화시 또는 발화 이전 특정 시점까지 '부정적인 동작 상태가 상당히 오랜 시간 동안 지속되었음'을 강조한다.

(3) 주어 + 술어 + 了$_1$ + 시량보어 + 了$_2$

当我们接到电话时，孩子已经丢了两天了。

우리가 전화를 받았을 때, 아이는 이미 이틀째 실종된 상태였다.

我们俩在街上转了三个多小时了，还没找到旅馆。

우리 둘은 길에서 세 시간째 헤매고 있지만, 아직도 여관을 찾지 못했다.

他汉语学了一年多了，可是还不怎么会说。

그는 중국어를 일 년 넘게 배우고 있지만, 여전히 별로 잘하지 못한다.

我们找了他好几年了，可一点消息都没有。

우리는 그를 몇 년 동안 찾고 있지만, 아무 소식도 듣지 못하고 있다.

상기 예문 또한 새로운 정보에 대해 보고하고 있는데, 발화시 또는 발화 이전 특정 지점까지 '어떠한 동작이 이미 상당히 오랜 시간 동안 지속되었음'을 강조한다.

(4) 주어 + 술어 + 了$_1$ + 동량보어 + 了$_2$

这本小说他反复看了好多遍了，可总是看不厌。

이 소설을 그는 수차례 반복해서 읽고 있지만, 전혀 지겨워하지 않는다.

我都跟你说了有一百遍了，可你就是记不住！

(내가 니에게) 백번은 말해줬는데, 너는 기억하지 못하는구나!

이들 예문 역시 새로운 상황에 대한 청자의 주의를 환기하는데, 어떠한 동작의 반복된 양이 예상한 수치나 일반적 기준을 초과하였음을 강조하고 있다. 때로 과장의 어기를 나타내며, 보통 결과절을 후속절로 취한다.

(5) 주어 + 술어 + 了$_1$ + 명량사 + 목적어 + 了$_2$

他已经吃了十瓶药了，病也没好。그는 이미 약을 열 병이나 먹었지만, 병은 나아지지 않았다.

你唱了五首歌了，该我唱了。너는 노래를 다섯 곡을 불렀으니, 이제 내가 부를 차례다.

이들 예문 또한 새로운 상황에 대한 청자의 주의를 환기한다. 즉, 어떠한 동작이 완성한 양이 매우 많음을 강조한다.

(6) '……比以前 + 형용사 + 多 + 了$_2$'과 같이 비교문의 문미에 사용되어 변화를 나타낸다.

小赵的英语说得[12]比以前流利多了。샤오자오의 영어는 예전보다 훨씬 유창해졌다.

这里的环境跟以前相比，已经好多了。이곳의 환경은 예전과 비교해 훨씬 좋아졌다.

상기 유형 중 (1)과 (5)는 과거에 이미 발생한 변화를 새로운 정보로 제시하고 있다. 이러한 상황은 자연계에서 발생한 변화나 인위적 상황의 변화(이전과 비교해 변화가 발생함) 모두를 포함한다. (2), (3), (4)는 동작의 부정적 상황이나 동작이 지속된 시간의 양(时量) 또는 동작의 양(动量)을 새로운 정보로서 강조한다.

2. 곧 발생할 변화를 보고한다.

(1) '要……了', '快要……了', '快……了', '就要……了' 등의 형식으로 사용된다.

火车快开了，该上车了。기차가 곧 출발하니, 이제 타야한다.

上课了，大家别说话了。[13] 수업이 곧 시작하니 모두 조용히 해.

吃饭的时间到了，咱们去食堂吧。곧 식사 시간이니 모두 식당으로 가자.

明天他要走了，咱们今天开个欢送会吧。내일 그가 떠나니 우리 오늘 환송회를 열자.

听说火车要提速了，这样一来，路上花的时间就可以缩短了。

기차가 속도를 높인다고 하니 이 상태라면 길에서 보내는 시간을 단축할 수 있겠다.

상기 예문은 모두 곧 발생할 상황을 나타낸다. 대부분 후속절이 사용되며, 후속절은 선행절의 새로운 상황에 대해 취해야 할 행동이나 앞서 제시된 새로운 상황을 바탕으로 곧 출현할 것으

---

12) [역주] 원문은 '的'로 사용하였으나, 문법적으로 '得'를 사용하는 것이 올바르다.

13) [역주] 이들 예문은 특정 문맥이 주어지지 않을 경우 완료의 의미로도 해석될 수 있어 중의적이다. 아래 "吃饭的时间到了，……", (2)의 "下课了。" 역시 마찬가지이다.

로 추측되는 또 다른 새로운 상황을 나타낸다.

(2) 곧 시작될 어떠한 동작에 대해 청자의 주의를 환기시킨다.

吃饭了。밥 먹을 시간이다.

下课了。곧 수업 끝난다.

我该走了。나는 가야겠다.

3. 만류성 변화를 나타낸다. 보통 '别', '不要'를 사용한 술어문의 문미에서 청자의 변화, 즉 어떠한 동작이나 결정을 중지하거나 포기할 것에 대한 발화자의 바람을 나타낸다.

看你咳成这样，别再抽烟了！이렇게 기침을 하다니, 다시는 담배를 피우지 말아라!

不要生气了，他又不是故意的。화내지 마, 그도 고의는 아니었어.

你今天就别走了，在这儿住一夜吧。너는 오늘 가지 말고, 여기서 하루 묵어라.

别开玩笑了，咱们说正经的吧。농담은 그만하고, 우리 진지하게 말하자.

4. 감탄을 나타낸다. 보통 새로운 상황이 화자의 예상을 벗어났을 때 사용한다. 주로 '太 + 형용사술어'문의 문미에 사용된다. 문장의 술어는 부사 '最'의 수식을 받을 수도 있다.

(1) 긍정적인 상황에 사용된다. '了'를 사용한 문장은 시간과 무관하여, 감탄의 대상인 새로운 상황은 이미 발생한 것일 수도 앞으로 발생할 것일 수도 있다.

他今天的表现真是太帮了！简直像换了一个人似的。

그는 오늘 정말 대단했다! 완전히 다른 사람 같았다.

你要是能来参加这个活动，那就太好了。네가 만약 이 행사에 참가할 수 있다면, 정말 너무 좋겠다.

用这个办法解决两家的矛盾，最好不过了。

이 방법으로 두 집안의 갈등을 해결할 수 있다면, 그보다 좋을 수가 없다.

(2) 부정적이고 만족스럽지 못한 상황에 사용한다.

这件衣服的式样太老了。이 옷의 디자인은 너무 구식이다.

今天的作业太难了。오늘의 숙제는 너무 어렵다.

他也太不懂礼貌了！그도 너무 예의가 없잖아!

주의:

① 앞서 살펴본 '$了_2$'을 사용한 문장은 유형 4 감탄을 나타내는 경우를 제외하고 대부분 시간적 참조점을 가진다. 발화 전·후 특정 시간을 참조점으로 가지거나(문장에 시간을 나타내는 시간명사나 절을 포함한 경우), 그러한 참조점을 가지지 않은 경우 발화시가 참조점이 된다.

② 상태동사 중 '病아프다, 饿배고프다, 聋귀먹다, 瞎눈멀다, 醉취하다, 醒깨다, 困졸리다, 知道알다, 明白이해하다, 懂이해하다'은 모두 '$了_2$'을 취할 수 있다. '喜欢좋아하다, 讨厌미워하다, 爱사랑하다, 恨원망하다, 想(念)그리워하다, 相信믿다, 怀疑의심하다'는 목적어를 취할 경우 문미에 '$了_2$'을 사용할 수 있다. 이들은 모두 변화나 새로운 상황의 출현 및 지속을 나타낸다.

孩子醒了。아이가 깼다.

你的意思我明白了。너의 뜻을 나는 이해했다.

听到这个消息，他放心了。이 소식을 듣고 그는 안심했다.

我有点儿想家了。나는 집이 좀 그리워졌다.

弟弟喜欢玩电脑了。남동생은 컴퓨터 하는 것을 좋아하게 되었다.

③ 아래와 같이 전·후 대비의 의미를 나타내는 경우를 제외하고 관계동사는 대부분 '了$_2$'을 취할 수 없다.

这所房子以前属于王家，现在属于张家了。

이 집은 예전에는 왕 씨댁의 것이었으나, 지금은 장 씨댁의 것이다.

十年前，大家都叫他小吴，现在大家都叫他老吴了。

십 년 전에는 모두 그를 샤오우라고 했으나 이제는 모두 라오우라고 부른다.

④ 형용사술어문의 문미에 출현한 어기사 '了'는 과거의 상태가 아닌, 변화 이후의 새로운 상황 또는 상태를 나타낸다.

他的脸红了。그의 얼굴이 붉어졌다.

天凉快了。날이 선선해졌다.

爷爷听了这个消息就高兴了。할아버지는 이 소식을 듣고는 기뻐하셨다.

하지만 상태동사 또는 형용사가 과거의 상태나 과거로부터 발화시까지 지속된 상태를 나타내는 경우, 문미에는 '了'를 사용할 수 없다. 아래는 학습자가 범한 오류이다.

* 越来越多蚊子也出来，我很恨痒被虫子咬了。

고친문장: 蚊子越来越多了，我最讨厌被蚊子咬。

모기가 점점 많아지는데, 나는 모기에 물리는 것이 제일 싫다.

* 可能因为我的岁数比他们大，我觉得特别累了。

고친문장: 可能因为我的岁数比他们大，我觉得特别累。

아마도 그들보다 나이가 많아서 그랬는지, 나는 정말 피곤했다.

⑤ 문중에 '시간사/시간을 나타내는 구 + 才 + 동사'가 사용되어 동작 발생이 매우 늦으며 그 정도가 발화자가 예상한 기준을 초과함을 나타낼 경우, 문미에 '了'를 사용하지 않는다.

爸爸昨天晚上很晚才回家。아빠는 어젯밤 늦게야 집에 돌아오셨다.

去年我放了暑假以后才回国的。작년에 나는 여름 방학이 시작한 이후에야 귀국했다.

看了电视新闻，大家才知道这个消息。TV 뉴스를 본 이후에야 모두가 이 소식을 알게 되었다.

⑥ 문중에 동작의 진행 또는 지속의 부사 '正在', '正', '在'나 동작의 지속을 나타내는 시간 부사어가 사용된 경우, 발화 전 발생한 동작일지라도 문미에 '了$_2$'을 사용할 수 없다. 아래는 학습자의 오류이다.

* 我去找他时，他正在看电视了。

고친문장: 我去找他时，他正在看电视。내가 그를 찾아갔을 때, 그는 한창 TV를 보고 있었다.

* 我一整天睡觉了。

고친문장1: 我一整天都在睡觉。나는 온종일 자고 있었다.

고친문장2: 我睡了一整天。나는 온종일 잤다.

발화시나 발화 이전 특정 시점까지 동작이 지속된 시간이 긴 것을 강조할 경우, 고친문장2와 같이 시간의 길이를 나타내는 단어를 동사 뒤 보어로 추가해야 한다.

(二) 비(非) 단문 문미의 '了$_2$'

비 단문이란 복문 또는 복문 이상의 문단(句群, 语段)을 말한다. 복문 및 문단에 사용되는 문미 어기사 '了$_2$'의 기능과 사용 규칙에 대해서는 武果·吕文华(1998)에서 비교적 자세히 분석하고 있다. 이에 본서에서는 그들의 논의와 일부 예문을 인용하도록 한다(교학적 필요에 따라 원문의 일부 용어는 수정하였으며, 분석과 예문을 보충함).

1. '了$_2$'이 대화 또는 서술 중에 사용된 경우, 주로 대화나 서술 중 정보를 제시하는 개시절로 기능한다. 이는 다시 이어지는 문장과의 관계에 따라 다음과 같이 분류할 수 있다.

(1) '了$_2$'문이 어떠한 정보를 전달하면, 그 후속절(문)은 주로 '了$_2$'문에서 제시된 정보에 대한 반응을 나타낸다.

① A: 这屋子太热了。이 집은 너무 덥다.
　B: 那我把空调打开。그럼 내가 에어컨을 결게.

② 大家都吃完了，你去拿水果吧。모두 식사를 마쳤으니, 가서 과일을 가져와라.

③ A: 经理，您的电话。부장님, 전화요.
　B: 我现在太忙，什么电话也不接。지금 너무 바빠서 아무 전화도 못 받아.
　A: 医院打来的，您的孩子病了！병원에서 걸려온 건데요, 아드님이 아프답니다!
　B: 快把电话给我！빨리 전화기 줘!

이러한 문장의 '了$_2$'은 모두 청자가 새로운 정보에 주의를 기울이도록 환기하는 기능을 담당한다. 이렇게 제공된 정보를 수용할 경우 청자는 보통 그에 상응하는 행동을 취하게 된다.

(2) '了$_2$'문이 어떠한 상황(사실, 현상, 관점 등)을 제시하여 주의를 환기하면, 후속절(문)은 이 상황에 대한 주석, 설명을 제시하거나 이러한 상황이 초래한 필연적 결과를 나타낸다.

老了，身体不行了，走动一下就喘气，写作久了也不行。

늙으니, 몸이 말을 안 들어, 조금만 움직여도 숨이 가쁘고, 글도 오래 쓰면 못 써. (武果·吕文华의 예, 이하 武로 약칭)

2. '了$_2$'문이 문단의 종결절로 사용될 경우, 앞서 서술한 내용을 매듭짓는 기능을 담당한다. 이는 다시 아래와 같이 분류한다.

(1) '了$_2$'문이 종결절로 사용된 경우, 앞서 서술한 상황에 대한 결론 또는 새로운 감정을 제시한다.

家里人说我六亲不认，单位里的人又说我要求太严，真是"里外不是人"了。

집안 사람들은 내가 무정하다고 하고, 직장 사람들은 내가 너무 엄하다고 하니, 정말이지 '동네북'이 따로 없구나. (武)

大学毕业以后，先是找工作，后来出国进修，回国办公司，到现在才可以喘口气了。
대학 졸업 후 먼저 취업을 했고, 그 뒤로 해외에서 연수하고, 귀국해서 회사를 차리고 나니 이제야 한숨 돌릴 수 있게 되었다.

如果你们离开这儿的时候，说这个学校还不错，我就很满意了。要是你们说以后还要再来，那我就更高兴了。너희가 이곳을 떠날 때 이 학교가 괜찮았다고 말해준다면 나는 그것으로 만족한다. 만약 너희가 떠난 뒤 다시 돌아오겠다고 한다면, 나는 더욱 기쁠 것이다.

(2) '了$_2$'문은 앞 절에서 서술한 내용에 대한 설명이나 해설을 나타낸다.

我去的时候，学校里一个人也没有，都放假回家了。
내가 갔을 때 학교에는 아무도 없었는데, 모두 방학을 해서 귀가한 것이다.

他不去参加今天的晚会了，他感冒了。그는 오늘 저녁 모임에 가지 않을 것인데, 그는 감기에 걸렸다.

(3) '了$_2$'은 결과절로, 앞에 서술한 상황의 결과를 나타낸다.

弟弟打电话想见他，他就是躲着不见，弟弟生气了。
남동생은 그가 보고 싶어서 전화를 걸어도 그는 피하기만 하니, 남동생이 화가 났다.

孩子老在家练这首歌，连我也会唱了。
아이가 집에서 내내 이 노래를 연습하니, 나도 부를 수 있게 되었다.

(4) '了$_2$'은 상대방 말에 대한 강한 반응으로서, 반박에 사용된다.

① A: "风风火火打电话把我叫来，我来了，医生又躲着不见面。" 她愤愤地自言自语。
"불풍나게 전화로 불러대서 왔더니만, 의사가 만나주질 않네" 그녀는 분개하며 혼잣말을 했다.

B: "谁躲着不见面了？"一个声音在她后面搭了话。
"누가 만나주질 않는다는 거죠?" 그녀의 뒤에서 소리가 들려왔다.

② A: 我们叫你你不理，我们要自己看又不让。你怎么这种态度！
불러도 무시하고, 우리가 알아서 보겠다고 해도 안 된다고 하니, 너 이게 무슨 태도냐!

B: 我的态度又怎么了？내 태도가 어때서?

이러한 기능을 담당하는 '了'는 보통 대화 중 반어문에 사용되며, 발화자가 보통 상대의 말이 옳지 않다고 여기고 이를 그만두게 하려고 할 때 사용한다.

3. '了$_2$'의 연용

(1) 병렬식 연용

不养儿子也行了，电视机开辟了家庭生活的新纪元，新时代了！电视机已经使我们的生活巨变了，电视机已经使咱们国家巨变了，四个现代化咱们实际上已经实现了三个半了！中国的月亮越来越圆了。아들이 없어도 괜찮아진 것은, TV가 가정생활에 새로운 기원을 열어, 새 시대가 왔기 때문이다! TV는 이미 우리의 생활을 크게 바꿔 놓았고, 국가를 크게 바꿔 놓았으니, 현대화의 네 가지 요소 중 사실상 우리는 이미 세 가지 반을 실현한 것이다! 중국의 달이 점점 차오르고 있다. (武)

春天到了，天暖和了，地上的草也绿了。봄이 되니 날도 따뜻해지고 땅 위의 풀도 푸르러졌다.

이처럼 병렬된 '了'자문은 인물이나 사태의 여러 측면을 다각도에서 묘사하며, 문장을 정돈하고 상호 연관적으로 읽히게 하는 수식적 효과를 나타낸다.

(2) 점층식 연용

时间不早了，也吃饱了。咱们该回去上课了。시간도 늦었고 배도 부르니, 우리 이제 수업에 가자.

山也爬了，日出也看了，吃了早饭我们就该下山了。

산에 올라 일출도 봤으니, 아침 먹고 산에서 내려가자.

이처럼 점층식으로 연용된 '了'자문은 여러 사태의 시간적 발전 관계 및 전·후 연관적 점층 관계를 묘사한다.

'了$_2$'은 단문, 복문 및 문단에서 모두 중요한 어기사로 기능한다. 어법 기능적으로 '了$_2$'은 문장을 완성하는 기능을 하여, '了$_2$'을 사용하지 않은 문장은 비문이 되기도 한다. 복문 및 문단의 경우, '了$_2$'의 도움 없이 상·하문은 서로 연결되지 않는다. 문단에서 '了$_2$'은 문단을 마무리하는 기능을 담당하며, 의미적으로도 '了$_2$'을 사용한 문장과 사용하지 않은 문장의 의미에는 뚜렷한 차이가 나타난다.

小明高。샤오밍은 크다. (정지된 상태를 나타냄)

小明高了。샤오밍은 키가 커졌다. (이전에 비해 새로운 변화가 발생했음을 나타냄)

화용적으로 '了$_2$'은 담화 중 정보 전달 및 정보 제시의 기능을 담당한다. 따라서 '了$_1$'의 경우 생략 가능 여부를 중요하게 다루었던 것에 비해, '了$_2$'은 사용해야 하는지 말아야 하는지의 여부를 중요하게 다루어야 한다. 또한 '了$_2$'은 사태 변화의 측면에서 상당한 주관성을 드러낸다. 이에 따라 뉴스 보도, 정치적 논설, 조사보고, 통보, 공문 등의 문체에서는 '了$_2$'이 거의 사용되지 않는다(武果·吕文华 1998).

(三) '了'의 사용 규칙

이 부분에서는 '了$_1$'와 '了$_2$'을 함께 살펴보도록 한다. 이 두 '了'에는 분명한 차이가 존재하지만, 실제 사용하는 과정에는 상호 연관되거나 공통된 규칙이 나타나기도 한다. 또한 많은 학습자가 이 두 '了'를 쉽게 혼동하므로, 각각의 용법을 분명히 짚어볼 필요가 있다.

1. '了$_1$'와 '了$_2$'의 주요 차이

'了$_1$'의 가장 큰 특징은 동사 뒤에 출현하여, 명확하고 구체적이며 양화 가능한 동작을 나타낸다는 것이다. 이를 위해 심지어 잉여적으로 보이는 허화된 수량 성분이 '了' 뒤에 사용되기도 한다.

他理了个发。그는 머리를 잘랐다.

我洗了个澡。나는 목욕을 했다.

'了$_1$'는 동사 뒤에서 주로 다음과 같은 어법 의미를 나타낸다.

(1) 동사 뒤에 보어 또는 동작의 양, 명사의 양을 나타내는 수량사 및 기타 수식어를 취하여 일회성 동작의 완성을 나타낸다.

(2) 동사 뒤에 수차례 이루어진 동작의 양을 나타내는 보어를 취하여 동작이 여러 차례 완성되었음을 나타낸다.

(3) 동사 뒤에 시량보어를 사용하여 완성된 동작에 할애된 시간을 나타낸다.

(4) '동사 + 了……'는 또 다른 동사(구)를 취하여, 어떠한 동작이 완성된 뒤 이어서 그 뒤의 동작을 하거나 이미 했음을 나타낸다(관련 예문은 아래 2 참조).

(1)－(3)의 의미를 나타낼 경우, 문장에는 시간 또는 수량을 나타내는 단어를 필수적으로 사용해야 한다. 다만, 문장에 과거 시간을 나타내는 단어가 출현할 경우, 결과보어구 뒤의 '了$_1$'는 생략할 수 있다(상세 내용은 아래 4 참조).

'了$_2$'의 가장 큰 특징은 문미에서 변화를 나타낸다는 것이다. '了$_1$'와의 가장 큰 차이는 '了$_2$'의 경우 동사가 나타내는 동작에 대해 비교적 모호한 상황을 보고하기만 하면 된다는 점이다. 따라서 '了$_2$'을 사용한 문장에는 대부분 시간이나 수량을 나타내는 단어가 출현하지 않는다. 다만, '了$_2$'이 아래 두 가지 형태의 구조에 사용될 때는 대개 시간이나 수량을 나타내는 단어를 사용해야 한다.

(1) '주어 + 동사 + 了$_1$ + 수량사(명량사, 시량사, 동량사) + (목적어) + 了$_2$'

他们已经喝了六瓶啤酒了。그들은 벌써 맥주를 여섯 병째 마시고 있다.

他学了三年汉语了。그는 중국어를 삼 년째 배우고 있다.

那本书我看了好几遍了。그 책을 나는 몇 번째 보고 있다.

(2) '주어 + 시간사 + 没(有) + 동사 + (목적어) + 了$_2$'

我两天没吃饭了。나는 이틀 동안 밥을 먹지 않았다.

跟老李我已经有十年没见了。라오리와 나는 이미 10년은 보지 않았다.

상기 구조에 사용된 '了$_2$'은 모두 청자가 새로운 정보에 주의하도록 환기하는 기능을 담당한다(의미에 대한 설명은 앞서 논의한 제4절 二 '了$_2$' (一) 1 참조).

2. 반드시 '了'를 사용해야 하는 문장의 어법, 의미적 특징

(1) 비지속동사를 제외한 동작동사가 이미 완성된 구체적인 일회성 동작을 나타낼 경우, 대부분 '了$_1$'를 사용해야 한다. 그 형식은 '동사 + 了$_1$ + (관형어) + 목적어'이다.

昨天我买了两本书。어제 나는 책 두 권을 샀다.

孩子吃了不少糖。아이는 많은 사탕을 먹었다.

이합동사가 완성을 나타낼 경우, '了$_1$'는 이합동사의 중간에 삽입되며 보통 보어나 관형어를 함께 사용한다.

下午我睡了一会儿觉。오후에 나는 잠깐 잠을 잤다.

刚才他洗了个澡。방금 그는 목욕을 했다.

(2) 단문의 형태로 어떠한 일회성 동작이 이미 완성되었음을 나타내는 '동사 + 결과보어'의 뒤에도 '了$_1$'를 사용해야 한다.

老人打开了箱子。노인은 상자를 열었다.

他收到了妈妈寄来的包裹。그는 엄마가 보낸 소포를 받았다.

동사나 결과보어구가 '了$_1$'를 취한 형태의 절이 여러 개 함께 사용되어 하나의 문장을 형성하기도 한다.

几年来，"希望工程"救助了成千上万的失学少年，使他们重新回到了校园。

몇 년 동안, '희망공정'은 학업을 중단한 수많은 학생을 구원했고, 그들이 다시금 학교로 돌아갈 수 있도록 했다.

주의: 단문에서 '了$_1$' 뒤에 단순 목적어가 사용될 경우, 문장은 완결되지 않아 비문이 된다. 아래 예문은 모두 문장이 끝나지 않은 것으로 이해된다.

* 他吃了饭

* 他买了书

(3) 단문에서 동작의 완성을 나타내는 동사 뒤에 동량보어 또는 시량보어가 추가로 사용될 경우, 동사 뒤에는 '了$_1$'를 사용해야 한다.

我问了他两次同样的问题，他都没有回答。

나는 그에게 똑같은 질문을 두 번 물었으나, 그는 대답하지 않았다.

大家游了一个小时的泳。 사람들은 한 시간 동안 수영을 했다.

(4) '了$_1$' 뒤에 단순 목적어를 사용했어도, 다음 몇 가지 경우에는 문장이 성립될 수 있다.

① 문장의 마지막에 '了$_2$'을 취한 경우. (말을 다 마쳤음을 나타냄)

他吃了饭了。 나는 밥을 다 먹었다.

我买了书了。 나는 책을 샀다.

② 연접 관계를 나타내는 복문에서 선행 동작이 완성된 이후 비로소 후행 동작이 진행됨을 나타낼 경우. 선행 동사는 '了$_1$'를 취한 뒤에 단순 목적어 및 후속절을 취할 수 있다.

他下了课就去图书馆了。 나는 수업이 끝나고 도서관에 갔다.

我放了学要去看朋友。 나는 학교가 끝나고 친구를 보러 갈 것이다.

他亲自联系了几家小报记者，并送了礼，但也仅有两个小报登了只有一两句话的简单新闻。

그는 직접 몇몇 신문사의 기자에게 연락하고 선물도 보냈지만, 겨우 두 개 신문에 한두 줄짜리 간단한 기사만 실렸다. (《桥梁——实用汉语中级教程》(上) 본문, 이하 《桥梁》(上))

③ 대구문에서 어떠한 동작의 완성 또는 실현을 나타낼 경우.

我吃了饭，没吃菜。

나는 밥은 먹었지만, 반찬은 먹지 않았다. (한 것과 하지 않은 두 동작이 전·후 대구로 나타남)

他跟生活了二十几年的老妻分了手，和比他小二十几岁的崇拜者结了婚。(《桥梁》(上))

그는 이십여 년을 함께 산 부인과 헤어지고, 스무 살 넘게 어린 그의 숭배자와 결혼했다. ('分手，结婚'은 이합사로, '了$_1$'는 이합사의 중간에 와야 한다.)

상기 대구의 예문을 단문으로 만들기 위해서는 '了'가 문미에 와야 한다.

他跟妻子分手了。 그는 부인과 헤어졌다. ？他跟老妻分了手。(문장이 끝나지 않아 비문이다.)

他跟他的学生结婚了。 그는 그의 학생과 결혼했다. ？他和她的学生结了婚。(상동)

④ '동사 + 了$_1$ + 목적어'가 비교적 고정된 동목구 또는 이합사인 경우. 복문의 결과절에 사용

되며 선행절은 주로 이러한 동작이 완성된 배경 또는 원인을 나타낸다.

他把这件事渐渐忘掉，一切的希望又重新发了芽。

그가 이일을 차츰 잊어버리자 모든 희망이 새롭게 싹을 피웠다.

由于他多次犯错误，结果被撤了职。그가 수차례 실수를 범했기 때문에 회사에서 잘렸다.

他看出那人并不想害他，他放了心。

그는 그 사람이 자신을 해치려는 것이 아니라는 것을 알고 안심했다.

他双手托着这位小少爷，不使劲吧，怕滑溜下去，用力吧，又怕给伤了筋骨，他出了汗。《骆驼祥子》그는 어린 도련님을 두 손으로 받쳐 들고는, 힘을 빼자니 떨어뜨릴까 두렵고, 힘을 쓰자니 몸을 상하게 할까 걱정되어 땀을 줄줄 흘렸다.

我大喝一声，伙计们这才住了手。내가 크게 한번 소리치자 비로소 동료들이 손을 멈췄다.

⑤ '주어 + 부사어 + 동사 + 了$_1$ + 목적어' (동사는 대부분 심리동사)

大家早就原谅了我。사람들은 진작에 나를 용서했다.

老人对这里的一切充满了感情。노인은 이곳의 모든 것에 애정이 가득했다.

她眼里充满了失望。그의 눈에는 실망이 가득했다.

이와 같은 상황에서 '了$_1$'의 뒤에는 수량사가 사용되지 않는데, 이는 해당 동작이 모두 양화할 수 없거나 문맥상 양화가 필요하지 않기 때문이다.

(5) 어떤 상황에 새로운 변화가 발생했거나 상대방에게 새로운 상황의 출현에 대해 주의를 환기할 경우, 또는 상대방에게 어떠한 동작의 중지를 요구할 경우 모두 문미에 '了$_2$'을 사용한다.

他和中国朋友每天聊天，汉语比以前进步多了。

중국 친구와 매일 이야기를 나누다 보니 그의 중국어가 예전보다 훨씬 좋아졌다.

下大雨了，咱们回不去了。비가 많이 내려 우리는 돌아갈 수 없게 되었다.

吃饭的时候到了，别再讨论了。식사 시간이 되었으니 더는 토론하지 마라.

(6) 앞선 동작이나 담화를 중단하고 새로운 행동의 진행을 선포하는 경우에도 문미에 '了$_2$'을 사용한다.

如果你没有什么再要说的话，我就走了。더 할 말이 없다면, 나는 가겠다.

您好好休息，我该告辞了。편히 쉬세요, 저는 이만 물러가겠습니다.

(7) 어떠한 새로운 상황의 출현 뒤 모종의 결과가 나타날 것을 가정한다면, 이러한 새로운 상황을 나타내는 절의 문미에는 '了$_2$'을 추가해야 한다. 만약 후속절의 결론이나 결과 역시 변화의 의미가 있다면 후속절에도 '了$_2$'을 사용한다.

如果医生诊断错了，不是癌，那我们就都轻松了。

의사의 진단이 잘못되어 암이 아니라면, 우리도 마음을 놓을 수 있게 된다.

这个生意做好了，能赚很多钱。要是做赔了，那可就麻烦了。

이 사업은 잘만 한다면 많은 돈을 벌 수 있지만, 망한다면 골치가 아파질 것이다.

(8) 연동문이 이미 완성된 동작을 나타낼 경우, 대개 '了'를 사용한다. 두 번째 동사가 취한

목적어의 형태가 단순한지 복잡한지에 따라 각기 다른 '了'를 사용해야 하는데, 연동문의 두 번째 동사가 단순 목적어를 취한 경우에는 문미 '$了_2$'을 사용해야 한다.

他去看电影了。그는 영화를 보러 갔다.

小林来图书馆还书了。샤오린은 도서관에 책을 반납하러 왔다.

반면, 연동문의 두 번째 동사가 취한 목적어가 복잡한 형태이거나 관형어의 수식을 받고 있다면 두 번째 동사 뒤에 '$了_1$'를 사용해야 한다.

小林来学校上了两节课就回去了。샤오린은 학교에 와서 수업을 두 시간 듣고 돌아갔다.

昨天我去看了我上星期认识的朋友。어제 나는 지난주에 알게 된 친구를 만나러 갔다.

老师来借了两本杂志。선생님은 잡지 두 권을 빌리러 왔다.

주의: 연동문의 첫 번째 동사 '来', '去' 뒤에는 '了'를 취할 수 없다. 아래는 학습자의 사용 오류이다.

* 他来了学校上课。

* 妈妈去了商店买东西。

(9) 연접 또는 조건 관계를 나타내는 복문에서 선행 동사의 동작이 완성된 이후 연이어 후행 동작이 발생하거나 선행 동작이 완성된 이후에 비로소 후행 동작이 이루어짐을 나타낼 경우, 즉 앞서 완성된 동작이 후속 동작의 시작점이나 조건을 나타낼 경우, 보통 선행 동사 뒤에 '$了_1$'를 사용해야 한다.

老刘下了班就走了。라오류는 퇴근하자마자 갔다.

你吃了饭再回家吧。밥을 먹고 집에 가렴.

他必须做了作业才能让他去玩儿。그는 반드시 숙제를 마친 후에야 놀러 갈 수 있다.

等老李来了我才可以走。라오리가 온 뒤에야 내가 갈 수 있다.

3. '了'를 사용하지 않는 문장의 어법, 의미적 특징

(1) 어떠한 일회성 동작이 실행되지 않았음을 나타낼 경우, 문미에는 '了'를 사용하지 않는다.

주의: 이러한 문장에서 '没' 앞에 시간의 길이를 나타내는 단어가 사용되지 않았다고 해서 그것이 장기간 특정 동작이 실행되지 않았거나 출현하지 않았음을 나타내는 것은 아니다. 아래는 학습자가 범한 오류이다.

* 我没买东西了。

* 他们没看电视了。

(2) '才(또는 刚, 刚刚) + 동작동사/결과보어구(완성의미)'의 문미에는 보통 '了'를 사용하지 않는다.[14)]

---

14) [역주] 이에 대해 다양한 의견이 존재하나, 박재승(2011), 이은수(2012) 등은 '$了_2$'이 '동작의 완료나 상황의 출현이 예측보다 우선적으로 발생함', 즉 선시성(anteriority)의 특징을 가지며, 부사 '才', '刚'은 '$了_2$'의 이러한 선시성의 특징에 부합하지 않아 함께 사용할 수 없는 반면, '실제 시간 < 예상 시간'을 나타내는 '就'는 이러한 특징에 부합하여 '$了_2$'과 공기할 수 있다고 하였다(문유미, 오유정 2018: 202 참조).

他昨晚十二点才回家。그는 어젯밤 12시에야 집에 돌아왔다. ('才'는 동작의 발생이 늦었음을 나타냄)

老师才上汽车。선생님은 이제야 차에 타셨다. (동작이 얼마 전에 완성되었음을 나타냄)

小李刚刚离开这儿。샤오리는 막 이곳을 떠났다. (의미 상동)

小明刚把包裹寄出去。샤오밍은 막 소포를 보냈다. (의미 상동)

(3) 동작이 주기적으로 반복해서 나타나는 경우 과거의 상황을 나타낼지라도 '了'를 사용하지 않는다. 이러한 문장에는 '每天매일', '常常항상', '经常항상', '总是늘' 등 주기적이고 빈도가 높음을 나타내는 단어가 주로 사용된다.

他过去每天早上都是六点起床。과거 그는 매일 아침 6시에 일어났다.

上个月，我常常去传达室看有没有你的信。
지난달, 나는 늘 경비실에 가서 너의 편지가 없는지 살펴보았다.

结婚前，每逢休息天，我都去女朋友家，和我现在的岳父岳母一起共进晚餐。
결혼 전, 휴일만 되면 나는 여자친구 집에 가서 현재의 장인어른, 장모님과 함께 저녁을 먹었다.

(4) 관계동사 및 상태동사 중 완성, 변화를 나타내지 않는 '是이다, 姓성이 – 이다, 好像마치 – 와 같다, 属于에 속하다, 觉得느끼다, 认为여기다, 希望희망하다, 需要필요로 하다, 作为로 삼다' 등에는 '了'를 사용할 수 없다. 다음은 학습자의 사용 오류이다.

*我跟他谈话时，觉得了他有点儿怪。

*父母希望了他们的孩子有出息。

(5) '发现발견하다, 听说듣자하니, 知道알다, 看见보다' 등이 목적어절을 취한 경우, '发现' 등의 동작이 이미 완성되었을지라도 목적어절의 술어가 일회성 동작의 완성을 나타내지 않는다면 '了$_1$'나 '了$_2$'을 사용하지 않는다.

他发现教室的门开着。그는 교실 문이 열려있는 것을 발견했다. (목적어절이 동작의 지속을 나타냄)

我知道他叫王平。나는 그의 이름이 왕핑인 것을 안다. (목적어절이 주기적 상태를 나타냄)

我听说明天放假。내일 방학을 한다고 한다. (목적어절이 미래의 동작을 나타냄)

他看见那人在打电话。그는 그 사람이 전화를 하는 것을 보았다. (목적어절의 동작이 진행 중임을 나타냄)

때로 이러한 유형의 문장이 '了'를 취하는 경우도 있는데, 이는 보통 목적어절과 관련된다. '了$_1$'와 '了$_2$' 중 어느 것을 사용해야 하는지는 목적어절의 술어동사에 따라 결정된다. 즉, 목적어절의 동작이 완성되고 동사 뒤에 목적어가 없는 경우(장소 목적어 제외) '了'를 문미에 사용한다. 반면, 동사가 목적어를 취한 경우 '了'는 목적어 앞에 위치시킨다(단문에 사용된 '了$_1$'와 동일).

我听说他已经决定了。그가 이미 결정했다고 한다.

我听说他已经下了决心。그가 이미 결심을 했다고 한다.

他知道考试及格了。그는 시험에 통과한 것을 안다.

他知道考试只通过了两门。
그는 시험에서 두 과목만 통과한 것을 안다. (목적어절의 동사가 수반하는 목적어가 수량사의 수식을 받음)

我看见他来学校了。나는 그가 학교에 온 것을 봤다.

我看见他拿出了一本书。나는 그가 책을 한 권 꺼내는 것을 봤다. (상동)

他发现哥哥有女朋友了。그는 형이 여자친구가 있는 것을 알았다.

他发现哥哥找到了工作。그는 형이 일을 찾았다는 것을 알았다. (목적어절의 동사가 결과보어를 취함)

(6) 문장의 술어동사가 '决定결정하다, 同意동의하다' 등이고 이들이 목적어를 취한 경우, 동작이 이미 완성되었을지라도 '了$_1$'를 취할 수 없다. 문미 '了$_2$'은 사용하지 않아도 되지만 사용한 경우 변화를 나타낸다. 아래는 학습자의 사용 오류이다.

* 他决定了去南方旅行。

고친문장: 他决定去南方旅行了。그는 남쪽 지방으로 여행을 가기로 결정했다.

* 爸爸同意了送我一件礼物。

고친문장: 爸爸同意送我一件礼物了。아빠는 내게 선물을 하는 데 동의하셨다.

(7) 형용사술어가 과거의 상태를 나타낼지라도 형용사 뒤에는 '了'를 사용하지 않는다. 아래는 학습자의 오류이다.

* 我们去年去爬了长城，爬上长城的时候，我们都很高兴了。

* 今年的夏天很热了，所以我哪儿也没去。

(8) 동작동사(구), 주술구가 구체적인 명사의 관형어로 사용될 경우, 해당 동작이 이미 완성되었을지라도 '了'를 사용하지 않는다. 다음은 학습자 오류이다.

* 学了的汉字，一会儿就忘了。

* 这是他买了的书。

* 老师说了的话，你都忘记了？

관형어로 사용된 동사 뒤에 시간을 나타내는 보어가 출현한 경우에는 동사 뒤에 '了$_1$'를 사용해야 한다.

他跟生活了三十几年的老妻分了手…… 그는 삼십여 년을 함께 한 부인과 헤어졌다……

去年秋天，我告别了住了二十多年的故乡，到中国来留学。

작년 가을, 나는 이십여 년을 산 고향을 떠나 중국으로 유학을 왔다.

(9) '连 + 동사 + 带 + 동사'가 과거의 동작을 나타낼지라도 문미에는 '了'를 사용할 수 없다. 이 구조는 완성이나 변화가 아닌 지속된 상태를 나타내기 때문이다. 다음은 학습자 오류문이다.

* 孩子们高兴得连蹦带跳了。

(10) 겸어문의 첫 번째 동사 뒤에는 '了'를 사용할 수 없다. 다음은 학습자 오류문이다.

* 昨天他请了我们大家吃完饭。

* 爸爸叫了我去买东西。

(11) '了$_2$'은 그 자체로 문장 완성의 기능을 가지므로, 동일한 화제에 대해 발생한 일련의 동작을 서술할 경우 모든 절의 문미에 '了'를 사용하지 않는다. 아래는 초급자가 자주 범하는 오류이다.

*我起床了，我刷牙了，我吃早饭了，我去上学了。

4. ‘了$_1$’를 생략할 수 있는 문장의 어법, 의미적 특징

A. 단문 중 ‘了$_1$’의 생략

(1) 단문에서 동사 앞에 ‘已’와 같은 과거 시간을 나타내는 단어가 출현하거나 동사 뒤에 수량구가 사용된 경우, 동작의 완성을 나타내는 ‘了$_1$’는 생략할 수 있다. 주로 서면어에서 자주 발견된다.

我得到消息时，老人已去世一个多月。
내가 소식을 들었을 때는 노친이 돌아가시고 이미 한 달 넘게 지난 뒤였다.
救灾物资已分给二十家灾民。구호품은 이미 이재민 이십 가구에 배분되었다.

(2) 동사의 앞·뒤에 각각 과거 시간을 나타내는 단어 및 결과 의미를 나타내는 보어가 출현한 경우, ‘了$_1$’는 생략될 수 있다.

我昨天回到北京。나는 어제 베이징에 돌아왔다.
今年年初，市政府向全体市民发出“全面提高市民素质”的号召。
올 초, 시 정부는 전체 시민에게 ‘시민 자질의 전면적인 향상’이라는 캠페인을 발표했다.

(3) 동사 앞에 과거 시간을 나타내는 단어가 있고 문미에 ‘了$_2$’이 사용된 경우, ‘了$_1$’는 생략될 수 있다.

他已经懂得很多事情了。그는 이미 많은 일을 알고 있다.
你老老实实讲，我们已经掌握情况了，不许你赖！
솔직하게 말해라. 우리는 이미 상황을 다 파악했으니 회피하려 하지 말아라!
这时候，老刘已经回到家门口了。이때 라오류는 이미 집 앞에 도착했다.

(4) 병렬된 동사가 술어를 담당하는 경우, 첫 번째 동사 뒤에 ‘了$_1$’를 사용하지 않는다.

大会讨论并通过了今年的生产计划。대회에서 올해의 생산 계획을 토론하고 통과시켰다.

(5) 수식을 받는 중심어가 ‘以后이후’이고 앞의 동사구가 비지속적이면 동사 뒤에 ‘了’를 추가하거나 생략할 수 있다. 서면어에서는 ‘了’를 생략하는 경우가 많다.

下(了)课以后，到我家去玩吧。수업이 끝난 뒤 우리 집에 놀러가자.
上(了)大学以后，他觉得自己一下子长大了。
대학에 입학한 뒤 그는 자기가 순식간에 어른이 되었다고 느꼈다.

수식을 받는 중심어가 ‘后후, 时시, 时候때’ 등 시간을 나타내는 명사인 경우, 관형어를 충당하는 동사(구) 뒤에는 보통 ‘了’를 사용하지 않는다.

甲队以3:1战胜乙队后，队员们信心更足了。
갑팀이 3대1로 을팀을 무찌른 이후, 선수들은 더욱 자신감을 가지게 되었다.
发生事故时，你在哪儿？사고가 발생했을 때 너는 어디에 있었니?
我第一次见到他的时候，他还只有10岁。내가 그를 처음 봤을 때, 그는 겨우 10살이었다.

B. 복문 및 문단 중 '了'의 생략과 사용

(1) 복수의 연관된 절이 하나의 완전한 사건을 서술하는 문단을 구성하는 경우, 완성된 동작을 나타내는 모든 동사(구)에 '了'를 사용할 필요는 없다. 어기의 연관성을 유지하기 위해 앞쪽에 사용된 동사 및 동보구의 뒤에는 대개 '$了_1$'를 사용하지 않고, 종결절의 동보구 뒤에 '$了_1$'를 사용하여 마지막 동작의 완성을 나타내거나, 문미에 '$了_2$'을 사용하여 전체 문단의 종결을 나타낸다. 만약 종결절이 나타내는 동작이 완성되지 않았거나 뒤에 직접 인용문이 사용된 경우라면 '了'를 사용하지 않는다.

他放下电话，穿上大衣，就走了出去。그는 전화를 내려놓고 외투를 입더니 나가 버렸다.

妈妈一进门，便放下包，系上围裙，拿出包里的菜，洗了起来。

엄마는 들어오자마자 장바구니를 내려놓고 앞치마를 매더니 장바구니 안의 채소를 꺼내 씻기 시작했다.

小张重新回到屋里，上了床，铺好被子躺下了。

샤오장은 집으로 다시 돌아와 침대에 올라 이불을 깔고 누웠다.

姐姐开灯下地，去给我找衣服。언니는 불을 켜고 침대에서 내려오더니 내게 옷을 찾아주러 갔다.

弟弟追到大门外边，大声地对爸爸喊道："别忘了给我买礼物！"

남동생은 대문 밖까지 쫓아오더니 아빠에게 큰소리로 "내 선물 사는 거 잊지 마세요"라고 소리쳤다.

这时从黑暗里又转出两个人影，"你到哪儿去了？可把人好找……"

이때 어둠 속에서 또 두 사람의 그림자가 나타나더니, "너 어디로 간 거야? 참 찾기도 쉽게 했네……"

(2) 문장의 술어가 동보구(보어가 동작의 결과나 수량을 나타냄)이고 문미에 '$了_2$'이 사용된 경우, 술어로 사용된 동보구의 동사 또는 보어 뒤의 '$了_1$'는 생략할 수 있다.

一个挺会说话的人，变成哑巴了。달변가가 벙어리가 되었다.

你这么严厉地处分他，这回算是结下冤家了！

너는 그를 이렇게나 엄하게 처벌하다니, 이번에는 정말 원수를 지겠구나!

我说三遍了，你怎么还记不住？내가 세 번을 말했는데, 너는 어떻게 아직도 기억을 못 하니?

咱住几辈子草棚屋了，急着住瓦房做啥哩！

몇 대를 초가집에서 살았는데, 기와집에 살려고 안달해서 뭐해?

(3) 복문 중 선행절의 술어동사 앞에 동작의 방식을 나타내는 부사어가 사용되고 후속절이 결과절인 경우(절중에 주로 '$了_1$'가 사용됨), 선행절 동사의 동작이 완성되었다 할지라도 선행절 동사 뒤에는 '$了_1$'를 사용하지 않는다.

会上，他主动承担责任，取得了群众的谅解。

회의에서 그는 자진해서 책임을 져서 대중으로부터 이해를 받았다.

小高拼命争取，才得到了这份工作。

샤오가오는 혼신의 노력을 기울인 끝에 겨우 이 일자리를 얻게 되었다.

(4) 사물의 배분을 나타내는 복문에서 술어는 종종 '동사 + 到/出 + 수량구'의 형태로 나타나는데, 이러한 결과보어 뒤에는 '$了_1$'를 사용하지 않을 수 있다.

发奖金时，第一组的老王，照规定拿到九百元。第二组的小李，则得到四百五十元。

보너스 지급 시, 1조의 라오왕은 규정에 따라 900위안을 받았지만, 2조의 샤오리는 450위안을 받았다.

주의: 복수의 동작이 모두 이미 실현되었거나 완성되었음을 강조하기 위해, 특히 대비나 대구문에서 모든 동사 또는 동보구 뒤에 '了$_1$'를 사용한다. 혹은 종결절에 '了$_2$'을 사용하여 문장을 매듭지을 수 있다.

在这场比赛中，甲队上了天堂，乙队下了地狱。
이번 경기에서 갑팀은 천국을 맛 보았고, 을팀은 지옥을 경험했다.

现在村子里，家家吃上了精米白面，穿上了绫罗绸缎，看上了彩色电视，住上了舒适的楼房。
현재 마을에서는 집집마다 흰 쌀과 밀가루를 먹고, 비단옷을 입으며, 컬러TV를 보고, 쾌적한 아파트에서 생활한다.

今天是星期天，我擦了窗户，洗了衣服，把屋子里里外外打扫了一遍，真累坏了。
오늘 일요일을 맞아 (나는) 창문을 닦고, 옷을 빨고, 집 안팎을 한 차례 청소했더니 정말 피곤하다.

지금까지 분석한 내용을 정리해 보자. 먼저 단문의 경우, 구체적이고 양화 가능하며 일회적인 동작의 완성을 나타내는 타동사 뒤에는 보통 '了$_1$'를 사용해야 한다. 자동사 뒤에 사용된 '了'는 사실상 '了$_1$ + 了$_2$'이다. 동사 뒤에 시량보어나 동량보어가 출현하고 동작의 완성을 나타낼 경우, 모두 '了$_1$'를 사용해야 한다. 선행 동작의 완성이 후행 동작의 기점 또는 조건이 될 경우, 선행 동작의 동사 뒤에도 '了$_1$'를 사용해야 한다. 문장이 새로운 변화를 나타내는 경우에는 보통 '了$_2$'을 사용한다. 반면, 문장 자체가 동작의 실현, 완성, 변화를 나타내지 않을 경우 '了'를 사용하지 않는다. 동작이 이미 완성되었을지라도, 목적어절을 취한 동사의 뒤, 연동문 및 겸어문의 첫 번째 동사 뒤에는 보통 '了$_1$'를 사용하지 않는다. 마지막으로 문단에서 '了$_1$'와 '了$_2$'의 사용 여부는 발화자 관심의 중점, 어기의 완결 여부 및 문형의 구성 등에 의해 결정된다.

来着

'来着'는 문미에서 어떠한 상황이 과거에 발생한 적이 있었음을 나타낸다. 의문문에 사용될 경우 '어떠한 상황이 분명 발생한 적이 있다고 여김'을 전제로 나타내게 되며, 주로 구어에 사용된다. 문장의 동사는 '了', '过'를 취할 수 없다.

刚才在图书馆看见他来着。아까 도서관에서 그를 분명 봤다.

陈老师上午还在这儿来着。천 선생님은 오전에 이곳에 계셨었다.

你们刚才商量什么来着？너희 아까 무엇을 논의했니?

'来着'는 금지를 나타내는 '别, 不要' 뒤에 사용할 수 있다.

你别告诉他我打球来着。그에게 내가 공을 쳤다고 이야기하지 말아라.

你不要说我去买东西来着。내가 물건을 사러 갔다고 말하지 말아라.

'来着'와 '过'의 구분

'来着'를 사용한 발화자는 동작의 상태나 결과보다는 어떠한 상황이 분명히 발생했었다는 사실에만 관심을 가진다. 이에 따라 다음과 같은 특징이 나타난다.

1. '来着'는 확실하게 발생했었던 상황에만 사용할 수 있으며, 부성문에는 사용하지 않는다. 반면, '过'는 부정문에 사용할 수 있다.

* 我没说这句话来着。　　我没说过这句话。나는 이 말을 한 적이 없다.

2. '来着'문은 동사 앞 상태 수식어 및 동사 뒤 결과보어, 방향보어, 시량보어, 동량보어를 사용할 수 없다. 반면 '过'에는 이러한 제약이 없다.

*那扇窗打开来着。	那扇窗打开过。그 창문은 열린 적이 있다.
*自行车我借出去来着。	自行车我借出去过。자전거를 나는 빌려 간 적이 있다.
*她去一次北京来着。	她去过一次北京。그는 베이징에 한 번 간 적이 있다.
*我学一年汉语来着。	我学过一年汉语。나는 중국어를 일 년간 배운 적이 있다.

3. 문중에 시간사가 없을 경우, '来着'는 보통 얼마 지나지 않은 이전의 일을 지시한다. '过'를 사용한 경우에도 얼마 지나지 않은 이전의 일을 지시할 수 있지만 대부분 오랜 과거의 일을 지시한다.

4. '来着'는 대개 '谁누구, 什么무엇'를 사용한 의문대사의문문에만 사용된다.

他刚才说什么来着？그가 방금 뭐라고 했어?

谁欺负你来着？누가 너를 괴롭혔어?

三. 양상조사

的

어기조사 '的'는 주로 다음과 같이 사용한다.

1. 현실 사건의 조건, 즉 이미 실현된 어떠한 사건의 시간, 위치, 방식, 재료, 협력자, 목적 등을 강조한다. 주로 앞에 '是'를 호응하여 사용하지만, '是'는 생략할 수 있다. 반면 '的'는 생략할 수 없다.

我们是昨天到的。우리는 어제 도착했다.

小孙是从北方来的。샤오쑨은 북방 지역에서 왔다.

他是坐出租车来的。그는 택시를 타고 왔다.

豆腐是大豆做的。두부는 콩으로 만들었다.

我是跟玛丽一起去的。나는 메리와 함께 갔다.

我不是图钱才来北京工作的。나는 돈 때문에 베이징에 일하러 온 것이 아니다.

이러한 문미의 '的'는 어떠한 활동의 시간, 위치, 방식, 재료, 협력자, 목적 등에 대해 확인할 뿐 그 사건 자체를 나타내지는 않는다. 따라서 문미의 '的'는 '了'로 교체할 수 없다.

이러한 '的'는 때로 동사 뒤 목적어 앞에 사용되기도 하는데, '了'를 사용한 경우와는 차이가 있다.

他们是昨天到的苏州。

그들은 어제 쑤저우에 도착했다. ("什么时候到的언제 도착했나"에 대한 대답으로 정태적임)

대비문: 他们不是今天到的苏州。그들은 오늘 쑤저우에 도착한 것이 아니다.

他们昨天到了苏州。그들은 어제 소주에 도착했다. ("到了没有도착했나"에 대한 대답으로 동태적임)

대비문: 他们昨天没到苏州，到了上海。그들은 어제 쑤저우가 아니라 상하이에 도착했다.

小田是跟玛丽一起去的博物馆。

샤오톈은 메리와 함께 박물관에 갔다. (이는 "跟谁一起去的누구와 함께 갔나"에 대한 대답으로 정태적임)

小田跟玛丽一起去了博物馆。샤오톈과 메리는 함께 박물관에 갔다/샤오톈은 메리와 함께 박물관에 갔다. (이는 "去了博物馆没有박물관에 갔나"에 대한 대답으로 동태적임)

2. 이미 실현된 사건의 책임자를 강조, 단정한다.

篮球是我找他借的。농구공은 내가 그에게 빌린 것이다.

是他把门打开的。그가 문을 연 것이다.

是大哥劝小弟离开的。형이 동생에게 떠나도록 권한 것이다.

이러한 '的'는 때로 동사 뒤 목적어 앞에 사용되기도 한다. '了'를 사용한 문장과는 역시 차이가 있다.

是我找他借的杂志。

내가 그에게 잡지를 빌린 것이다. ("是谁借的杂志누가 잡지를 빌렸나"에 대한 대답으로 정태적임)

我找他借了一本杂志。

나는 그에게 잡지 한 권을 빌렸다. ("借了没有，借了多少빌렸는지, 몇 권을 빌렸는지"에 대한 대답으로 동태적임)

是老刘打开的大门。라오류가 문을 연 것이다. (차이는 상동)

老刘打开了大门。라오류는 대문을 열었다.

주의: '了'를 사용한 모든 문장에는 '是'를 사용할 수 없다. 또한 대상을 한정지시하지 않는 목적어 앞에는 양사 등 수식어를 사용해야 한다.

3. 비실현 사건에 대한 확인/확신

이러한 비실현 사건은 미래에 하려는 동작이나 출현할 가능성이 있는 상황에 대한 화자의 확신을 나타낸다. 태도를 표명하거나 발화시의 상황에 따른 추측을 나타내는 등 비교적 강한 주관성을 가진다. 보통 술어의 앞에는 가능을 나타내는 '会'나 어기부사 '肯定확실히', '一定반드시' 등이 출현하고, 이러한 단어 앞에 '是'를 추가하여 확신의 어기를 강화하기도 한다.

你妈妈的病会好的。네 엄마의 병은 좋아질 거야.

别着急，小林一定会来的。조급해하지 마, 샤오린은 분명 올 거야.

只要你努力，是会取得成功的。노력하기만 한다면 성공을 거둘 수 있을 거야.

你放心，我是决不会让你吃亏的。안심해, 나는 절대 네게 손해를 끼치지 않을 거야.

你弄坏了他的摩托车，他是肯定不会放过你的。

네가 그의 오토바이를 망가뜨렸으니, 그는 분명히 너를 용서하지 않을 거야.

这位英雄为保卫祖国献出了他年轻的生命，人民会永远怀念他的。

이 영웅은 조국을 지키기 위해 젊은 생명을 바쳤으니, 사람들은 영원히 그를 기릴 것이다.

주의: 이러한 기능의 '的'는 앞서 살펴본 1, 2류와 같이 동사와 목적어의 사이에 사용할 수 없다.

啊(哪, 呀)

(1) 감탄문의 문미에서 발화자의 애증, 희로애락 등 주관적 감정의 어기를 나타낸다.

祖国啊！我的母亲！조국! 나의 어머니!

她真可怜哪！그녀는 정말 불쌍하다!

这里的风景多美呀！이곳의 풍경은 얼마나 아름다운가!

你呀你呀！你让我说你什么好啊！너도 참! 네가 뭐가 좋은지 말하라고 하다니!

真太谢谢您了！您救了我孩子的一条命啊！정말 감사합니다! 당신이 내 아이의 목숨을 구하셨어요!

(2) 명령문에 사용한다. 명령의 어기가 '吧'에 비해 훨씬 강하다.

你倒是说话啊！어서 말을 해보라고!

快跑啊！빨리 도망가!

你要好好学习呀！열심히 공부해야 한다!

(3) 평서문에 사용한다.

A. 화제 또는 중요치 않은 내용 뒤에 사용한다.

对孩子啊，既不能太宠爱，又不能太严厉。
아이를 대할 때는 말이야, 너무 애지중지해도 안 되고, 너무 엄해도 안 된다.

这个人啊，是最不爱听别人的批评意见的。
이 사람은 말이야, 다른 사람의 비판적 의견을 듣는 것을 제일 싫어해.

反正呀，谁也别想说服他。어쨌든 말이야, 누구도 그를 설득할 생각은 하지 마.

那几天哪，大家都特别紧张。그 며칠 동안, 다들 정말 긴장된 상태에 있었다.

我建议啊，咱们最好一早就出发。내가 건의하건대, 우리 일찍 출발하는 것이 좋겠다.

B. 가정/양보의 복문 중 선행절의 뒤에서 휴지를 나타낸다.

要想买便宜的东西呀，就得去那个超市。저렴한 물건을 사고 싶다면, 그 슈퍼마켓에 가야 한다.

你就是不告诉我啊，我也能猜得出来！네가 말해주지 않아도, 나는 추측해낼 수 있어!

C. 열거된 각 예시의 뒤에 사용된다.

家里乱得很，什么衣服啊、袜子啊、本子啊、报纸啊，放得哪儿都是。
집안이 정말 엉망이어서 옷이며, 양말이며, 노트며, 종이며, 여기저기 널려있다.

一比赛，就老想着拼啊，杀啊的。경기만 시작하면, 늘 죽자고 달려든다.

大家唱啊，跳啊，玩得可高兴呢！다들 노래도 부르고 춤도 추고 아주 즐겁게 놀고 있는걸!

(4) 의문문에 사용한다. 주로 의문대사의문문의 문미에 사용된다.

我们什么时候放假啊？우리 언제 방학이야?

这儿哪儿有杂志啊？여기 어디에 잡지가 있어?

他怎么这么不讲理啊？그는 어쩜 이렇게 막무가내지?

谁能帮帮我啊？누가 나를 좀 도와줄 수 있나?

또한 정반의문문의 문미에도 자주 사용한다.

现在这种发型是不是不流行了啊？我在大街上很少看到。

이런 헤어 스타일은 이제 유행이 지나지 않았나? 길에서 거의 보이지 않던데.

你是不是对我有意见啊？为什么不说话？나한테 무슨 불만 있어? 왜 말을 안 해?

吧

'吧'는 완곡한 어기를 나타내며, 보통 문미에 사용한다. 주로 명령문, 평서문, 의문문에 사용한다.

(1) 명령문의 문미에서 건의, 부탁, 명령, 재촉 등의 어기를 나타낸다.

咱们一起走吧。우리 같이 가자.

借给我点儿钱吧。돈 좀 빌려줘.

你快说吧。어서 말해봐. ▲

你再吃一点儿吧。좀 더 먹으렴. ▲

早点儿睡觉吧。일찍 자. ▲

상기 명령문의 문미에 사용된 '吧'는 생략할 수 있으나, 이 경우 논의의 여지가 없는 강한 명령의 어기를 나타낸다. 반면 '吧'를 사용한 경우에는 논의의 여지를 남겨두어 비교적 완곡하고 정중한 어기를 나타내게 된다. 한편, ▲로 표시한 예문의 문미 '吧'는 '啊'로 대체할 수 있는데, 이 경우 논의의 여지는 사라지고 명령 및 재촉의 어기를 나타내게 된다.

(2) 평서문에서 아래와 같은 성분이나 문장의 뒤에 사용할 수 있다.

A. 화제나 주요하지 않은 정보의 휴지가 나타나는 곳에 사용한다.

我爸爸吧，特别喜欢足球。看起足球来，可以不吃饭不睡觉。

우리 아빠는 말이지, 축구를 정말 좋아해. 축구를 보기 시작하면 밥도 안 먹고 잠도 자지 않을 정도야.

B. 가정/양보를 나타내는 복문 중 선행절의 끝에서 휴지를 나타낸다. 망설임, 난처함의 어기를 나타낸다.

他的东西我收下吧，不好，不收吧，也不好。

그의 물건은 내가 받아두자니 적절하지 않고, 받지 않자니 그것도 좋지 않다.

听她讲话，真没有意思，站起来吧，不太好意思，不走吧，又觉得难受。

그녀의 연설은 정말 재미가 없는데, 일어나자니 미안하고, 앉아 있자니 괴롭다.

C. 열거된 각 예시의 뒤에 사용한다.

比如吧，你们刚从国外来到这儿，肯定会觉得什么都挺新鲜。

예를 들어, 너희는 막 해외에서 이곳으로 돌아왔기 때문에 분명 뭐든 다 새로워 보일 거야.

我们班的同学学习都很认真，就拿小张来说吧，他每天除了做作业外，还要花很多时间预习和复习。우리 반 학생들은 모두 열심히 공부한다. 사오징민 봐도, 매일 숙제만 하는 게 아니라 오랜 시간을 들여 예습과 복습을 한다.

这几年人民生活发生了很大变化，比如私家车吧，增加的速度就很快。

최근 몇 년간 사람들의 생활에 많은 변화가 발생했는데, 자가용만 봐도, 그 증가 속도가 매우 빠르다.

D. 위로의 의미를 나타내는 문장의 문미나 구조의 뒤에 사용한다.

你就放心吧，保证完成任务。안심하렴, 반드시 임무를 완수할 테니.

这次去不了就去不了吧，以后总会有机会的。

이번에 못 가면 못 가고 마는 거지, 나중에 반드시 기회가 있을 거야.

(3) 의문문의 문미에 사용한다.

A. 판단의문문의 문미에서 추측의 어기를 나타낸다.

他大概还没吃饭吧？그는 아마도 아직 밥을 안 먹었겠지?

她有三十多岁了吧？그녀는 서른은 더 되었겠지?

明天不会下雨吧？내일 비가 내리지 않겠지?

B. 의문대사의문문 또는 정반의문문의 문미에 사용되어 상대방의 즉각적인 태도 표명 또는 결정을 요구한다. 비교적 강한 어기를 나타낸다.

你说到底该怎么处理吧。도대체 어떻게 처리해야 하는지 말 좀 해봐.

你说这件事今天给不给办吧。이 일을 오늘 처리할 것인지 말 좀 해봐.

呢

'呢'는 환기의 어기를 나타낸다. 기본적으로 '呢' 앞의 내용에 대한 청자의 주의를 환기하는 기능을 담당한다.

(1) 감탄문의 문미에 사용한다.

他的歌唱得才好呢！

그는 노래를 참 잘하는군! (실제 상황이 청자의 예상을 초과함에 대해 청자의 주의 환기)

你知道吗？这位70岁的老人登上了5000米的高峰呢！

그거 알아? 이 70세 노인이 5,000미터 산봉우리를 올랐다고! (상동)

你的本事还真不小呢！

네 능력이 꽤 대단하구나! (실제 상황이 발화자의 예측을 초과한 것에 대한 감탄을 나타냄)

要不是警察及时赶到，还不知道会出什么事呢！

경찰이 제때 도착하지 않았다면, 무슨 일이 생겼을지 몰라! (사건 이후 다행스러움을 나타냄)

你总算来了。我还以为你出事了呢！

드디어 왔구나. 네게 무슨 일이라도 생긴 줄 알았다고! (사건 이후 걱정을 나타냄)

주의: 감탄문에 사용된 '呢'와 '啊'의 의미에는 일부 차이가 존재한다. '啊'가 감탄을 나타낼 경우, 주로 발화자의 애증이나 희로애락 등의 감정을 드러낸다(상세한 내용은 앞의 '啊' 참조). 반면, '呢'의 경우 보통 순수한 주관적 감정보다는 사실에 근거한 모종의 어기를 나타낸다. 즉, 실제 상황이 청자의 예상을 초과한 것에 대해 청자의 주의를 환기하거나, 사건 이후 발화자가 느끼는 다행이나 걱정의 감정, 실제 사실이 예상을 벗어난 것에 대한 감탄 등 다양한 어기를 나타낸다.

(2) 평서문에서 주의 환기나 확신의 어기를 나타낸다.

A. 동작이 현재 진행 중이거나 동작이나 상태가 지속되고 있음을 나타낸다.

你说话轻点儿，孩子正睡觉呢！조용히 좀 말해, 아이가 자고 있다고!

他们两个在说悄悄话呢。그들 둘은 귓속말을 하고 있다.

我正打电话呢，他就进来了。내가 한창 전화를 하고 있는데, 그가 들어왔다.

他还没办手续呢，怎么能走呢？그는 아직 수속을 밟지 않았는데, 어떻게 떠날 수 있겠어?

大家都等着呢，你能不能快一点儿？다들 기다리고 있는데, 좀 더 빨리 할 수 없겠니?

B. 화제나 중요하지 않은 내용의 뒤에서 휴지를 나타낸다.

同学们都主张去杭州旅游，我呢，自然也不好反对。

친구들이 모두 항저우로 여행을 가자고 하니, 나야, 당연히 반대하기가 그렇다.

他嘴上说不愿意去，其实呢，心里特别想去。

그는 말로는 가고 싶지 않다고 하지만, 사실 속으로는 매우 가고 싶어 한다.

C. 가정/양보를 나타내는 복문 중 선행절의 끝에서 휴지를 나타낸다(이러한 절은 종종 후속절로도 사용함).

明天去公园。天好呢，就四处转转；下雨呢，咱们就在公园里的茶室喝喝茶。

내일 공원에 간다. 날씨가 좋으면 이곳저곳을 둘러보고, 비가 오면 공원 안에 있는 찻집에서 차를 마실 것이다.

万一他不同意呢，我就另想办法。만약 그가 동의하지 않는다면 나도 다른 생각이 있다.

这个开关，假如按一下呢，所有的灯就一定会都亮起来。

이 버튼은 한번 누르면 모든 등이 반드시 다 켜질 것이다.

我是下定决心要这么做的，哪怕有人提意见呢。

설사 누군가 이견이 있어도, 나는 이렇게 하기로 마음을 먹었다.

D. 위로의 의미를 나타내는 문장의 문미나 구조 뒤에 사용한다.

别生气，我们逗你玩呢！화내지 마, 장난친 거야!

别着急，离考试还早着呢！조급해하지 마, 시험까지는 아직 많이 남았어!

四. 의문조사

吗

(1) 평서문의 문미에 사용되며 의문을 나타낸다.

他是老师吗？그는 선생님입니까?

你去学校上课了吗？너는 학교에 가서 수업했니?

能给我看看吗？나에게 좀 보여줄 수 있니?

是他叫你打这个电话的吗？그가 너에게 이 전화를 하도록 한 거니?

주의: 의문대사의문문, 선택의문문 및 정반의문문의 문미에는 '吗'를 사용할 수 없다.

(2) 반어문에 사용된다.

你看你，还像个学生的样子吗？네 꼴을 좀 봐라, 이게 학생의 모습이니?

难道要我亲自动手吗？설마 내가 직접 손을 써야겠어?

他就不能向人家道个歉吗？그는 남에게 사과를 못 하겠다는 거야?

呢

'呢'는 의문을 나타낸다.

(1) 의문문에 사용된다. 주로 의문대사의문문의 문미에 사용한다.

这么晚了，他去哪儿了呢？이렇게 늦었는데, 그는 어디를 간 거야?
这事情又不要紧，何必这么着急呢？이 일은 그리 중요하지 않은데, 이렇게 조급할 필요가 있어?
既然已经决定了，还有什么可讨论的呢？이미 결정했는데, 더 토론할 게 뭐가 있어?
旅馆都住满了，咱们该怎么办呢？여관이 다 찼는데, 우리 어떻게 하지?

'呢'는 선택의문문이나 정반의문문의 문미에도 자주 사용한다.

我是今天去呢？还是明天去呢？나 오늘 갈까? 내일 갈까?
老师会不会不同意呢？선생님께서 동의하실까?
这些钱去旅游够不够呢？이 돈이면 여행 가기에 충분할까?

주의:

1) '呢'를 사용하지 않은 의문대사의문문, 선택의문문 또는 정반의문문은 모두 의문의 의미만을 나타낸다. 반면, '呢'를 사용한 의문대사의문문은 발화자의 의혹, 난처함, 초조함 등의 어기를 나타내고, 선택의문문과 정반의문문은 주저함이나 어떤 상황에 대한 걱정, 추측의 불명확성 등의 어기를 나타낸다.

2) '呢'가 의문대사의문문의 문미에 출현할 경우 '啊'에 비해 가벼운 어기를 나타낸다. '啊'를 사용할 경우 비교적 강한 추궁이나 힐문의 의미를 나타내지만, '呢'의 경우 어기가 비교적 완곡하다.

대화 중 '呢'는 명사, 대사의 뒤에 직접 사용되어 명사, 대사가 지시하는 사람이나 사물의 위치를 묻거나 어떤 사람의 의견, 선택을 묻는다.

王老师呢？（"王老师在哪里？"）왕 선생님은? ("왕 선생님은 어디에 계셔?")
我的球鞋呢？（"我的球鞋在哪里？"）내 축구화는? ("내 축구화는 어디에 있어?")
他们都选小周当班长，你呢？그들은 모두 샤오저우를 반장으로 뽑았는데, 너는?
我赞成九点上班，你呢？나는 9시 반 출근에 찬성하는데, 너는?

(2) 반어문의 문미에 사용한다.

谁不愿意自己有个聪明的大脑呢？누가 똑똑한 머리를 갖고 싶지 않겠어?
哪个父母不喜欢自己的孩子呢？어느 부모가 자신의 아이를 좋아하지 않겠어?
去长城的同学都已经出发了。谁让你不按时来的呢？
만리장성에 가는 학생들은 이미 모두 출발했다. 누가 너보고 시간 맞춰 오지 말라고 했니?

주의: '呢'를 사용한 반어문은 '呢'를 사용하지 않은 반어문에 비해 어기가 완곡하다.[15]

---

15) 陆俭明은 현대중국어에 '吗', '呢'와 반 개의 '吧', 즉 두 개 반의 의문 어기사가 존재한다고 하였다. 반면, '啊'는 비록 의문문의 문미에 사용하지만 정보를 묻는 역할은 담당하지 않으므로 이를 의문 어기사로 볼 수 없다고 하였다(陆俭明 1984). 이에 여기에서는 의문 어기사로 '吗'와 '呢'만을 주로 다루었다.

제5절 조사 관련 학습자 오류

一. 구조조사 관련 오류

1. 누락오류

'的' 또는 '得' 누락

* 我希望做菜很好吃。

고친문장: 我希望做的菜很好吃。나는 요리가 맛있길 바란다.

* 今天的天真好，天蓝蓝，云白白的。

고친문장: 今天的天真好，天蓝蓝的，云白白的。오늘 날씨가 정말 좋다. 하늘은 파랗고 구름은 하얗네.

* 他们打很好。(鲁健骥의 예문, 이하 鲁)

고친문장: 他们打得很好。그들은 (농구를) 잘한다.

2. 첨가오류

(1) '的' 첨가오류

* 在日本我的大部分的时间，不看电视。

고친문장: 在日本，我大部分时间都不看电视。일본에 있던 대부분의 시간 동안 나는 TV를 보지 않았다.

* 这是我的人生第一次吃苏州菜。

고친문장: 这是我一生中第一次吃苏州菜。이것은 내가 평생 처음으로 먹은 쑤저우 요리이다.

(2) '的' 및 기타 성분 첨가오류

* 现在去火车站的时候，我们来不及。

고친문장: 现在去火车站，我们恐怕来不及了。
지금 기차역에 가봤자 우리는 아마도 제시간에 도착하지 못할 것이다.

* 他这种认真学习的精神值得别的人的表扬。

고친문장: 他这种认真学习的精神值得表扬。그의 이런 진지한 학습 태도는 칭찬할 만하다.

* 孩子够长大也依然依靠父母生活，这都是父母太多的干涉的后果。

고친문장: 孩子已经长大成人了，生活上还依赖父母，这都是父母平时干涉过多的结果。
아이들이 성인이 되어서도 여전히 생활적으로 부모에게 의존하는 것은 평소 부모의 간섭이 과도했기 때문이다.

3. 대체오류

(1) '的' 대체오류

* 我始终相信他的成功。

고친문장: 我始终相信他会成功。나는 그가 성공할 것이라고 줄곧 믿었다.

＊这件衣服虽然很贵，可是并没有不好的。

고친문장: 这件衣服虽然很便宜，可是质量并没有问题。

이 옷은 비록 저렴하지만, 품질에는 전혀 문제가 없다.

(2) '的'와 '得'의 혼용

＊她写得汉字很好看。

고친문장: 她写的汉字很好看。그녀가 쓴 한자는 예쁘다.

4. 어순오류

＊他是我的同学弟弟。

고친문장: 他是我同学的弟弟。그는 내 학교 친구의 남동생이다.

5. 혼합오류

＊他只是随便说说，别人的说未必听。

고친문장: 他只是随便说说，别人未必听他的。

그가 그저 별생각 없이 말한 것뿐이라 사람들이 그의 말을 들을 것이라 할 수 없다.

二. 동태조사 관련 오류

过

1. 누락오류

＊我从来没吃这么好吃的饺子。

고친문장: 我从来没吃过这么好吃的饺子。나는 여태껏 이렇게 맛있는 만두는 먹어본 적이 없다.

2. 대체오류

부정형식의 오류

＊你去不去过北京？

고친문장: 你去没去过北京？너 베이징에 가본 적이 있니?

＊我从不去过篮球场。

고친문장: 我从没去过篮球场。나는 농구장에 가본 적이 없다.

3. 어순오류

＊我去过国外旅行一次，当时我是小孩儿。

고친문장: 我去国外旅行过一次，当时我还是个孩子。

나는 해외로 여행을 한 번 가본 적이 있는데, 그때는 아직 어린아이였다.

＊他好像三次来过北京。

고친문장: 他好像来过三次北京。그는 베이징에 세 번 왔었던 것 같다.

4. 혼합오류

＊在北京公园中，我去过的公园没有。

고친문장: 北京的公园我一个也没有去过。베이징의 공원은 나는 한 곳도 가본 적이 없다.

＊他从来没有努力地做过工作，当然他的理想实现不了。

고친문장: 他工作从来没有努力过，他的理想当然实现不了了。
그는 여태껏 열심히 일해본 적이 없으니 그의 꿈이 실현되지 못한 것은 당연하다.

着

1. 누락오류

＊她拉自己的儿子上楼了。(李大忠의 예, 이하 李)

고친문장: 她拉着自己的儿子上楼了。그녀는 자기의 아들을 끌면서 위층으로 올라갔다.

＊她带难舍难分的心情回宾馆去。(李)

고친문장: 她带着难舍难分的心情回宾馆去。그녀는 헤어지기 싫어 아쉬운 마음을 안고 호텔로 돌아갔다.

분석: 동작의 방식 또는 수반된 상태를 나타낼 경우, '着'는 첫 번째 동사 뒤에 사용해야 한다.

＊很久很久以前，在一个村子里住一对老夫妻。(李)

고친문장: 很久很久以前，在一个村子里住着一对老夫妻。
옛날 옛적, 한 마을에 한 쌍의 노부부가 살고 있었다.

2. 첨가오류

동사 뒤 '着' 첨가오류

＊老余进着屋子，发现屋子里没有人。(李)

고친문장: 老余走进屋子，发现屋子里没有人。
라오위는 집에 들어가서 집 안에 아무도 없다는 사실을 알았다.

＊当我在我的房间的时候，我常常开着电视。我不注意听着电视的话，可是我想习惯汉语语调。

고친문장: 当我在房间里的时候，常常开着电视。我并不注意听电视里在说什么，只是想熟悉汉语的语调。나는 방 안에 있을 때면 주로 TV를 틀어둔다. TV 소리를 귀 기울여 듣는 것은 아니고, 그저 중국어의 어조에 익숙해지고 싶기 때문이다.

3. 대체오류

(1) '的'의 용법과 혼동하여 잘못 사용한 경우

＊我想买这件毛衣，不过带着钱不多。

고친문장: 我想买这件毛衣，不过带的钱不多。나는 이 스웨터가 사고 싶은데 가지고 온 돈이 많지 않다.

(2) 조사 '过', '了'의 용법과 혼동하여 잘못 사용한 경우

＊这本书你看着没有？

고친문장1: 这本书你看过没有？이 책 너 본 적 있니?

고친문장2: 这本书你在看吗？이 책 너 보고 있니?

* 我们在火车坐着两三个小时。(崔希亮의 예, 이하 崔)

고친문장: 我们在火车上坐了两三个小时。우리는 기차에서 2~3시간을 앉아 있었다.

분석: 동사 뒤에 동작의 지속을 나타내는 시량보어가 있을 경우, 동사 뒤에는 '着'가 아닌 '了'를 사용해야 한다.

* 王先生摇了扇子走过来。(李)

고친문장: 王先生摇着扇子走过来。왕 선생은 부채를 흔들며 걸어왔다.

분석: '摇(扇子)'는 뒤에 이어지는 '走过来'에 수반되는 동작의 방식을 나타낸다(위 누락오류의 예문 참조). 따라서 '了'가 아닌 '着'를 사용해야 한다.

(3) 방향보어의 용법과 혼동하여 잘못 사용한 경우

* 我在KFC的时候，在我的后面两个男的坐着了。售货员告诉我："注意你的手提包！"

고친문장: 我在KFC的时候，在我后面有两个男的坐了下来。售货员提醒我："注意你的手提包！" 내가 KFC에 있을 때 내 뒤에 남자 두 명이 앉았다. 그러자 직원이 나에게 "핸드백 조심하세요!"라고 일깨워주었다.

4. 어순오류

* 我喜欢散步沿着在台阶摆满的花儿。

고친문장: 我喜欢沿着摆满花儿的台阶散步。나는 꽃이 가득한 돌층계를 따라 산책하는 것을 좋아한다.

了1

1. 누락오류

(1) 동사 뒤 '了1' 누락

* 上星期日下午玛丽看三个钟头小说。(鲁)

고친문장: 上星期日下午玛丽看了三个钟头小说。지난 일요일 오후 메리는 소설을 세 시간 동안 봤다.

* 她熟悉这里的情况，给我一个建议。

고친문장: 她熟悉这里的情况，给了我一个建议。
이곳의 상황에 익숙한 그녀가 나에게 한 가지 제안을 했다.

* 我树立自己的目标：在两年之内把汉语学好。

고친문장: 我树立了自己的目标：在两年之内把汉语学好。
나는 나만의 목표를 수립했다. 2년 안에 중국어에 능통해지는 것이다.

* 下班以后我去吃日本菜，特别生鱼片和生牛肉真好吃！

고친문장: 下班以后我去吃了日本菜，特别是生鱼片和生牛肉，真好吃！
퇴근 후에 나는 일본 요리를 먹었는데, 특히 생선회와 육회가 정말 맛있었다!

* 吃饭以后我们去卡拉OK，这是我第一次在苏州去卡拉OK。

고친문장: 吃完饭以后我们去了卡拉OK，这是我在苏州第一次去卡拉OK。
식사를 마친 후에 우리는 노래방에 갔는데, 내가 쑤저우에서 간 첫 노래방이었다.

분석: 후속절이 앞 동작과 연접 관계가 아닌 보충 설명의 기능을 하고 있으므로, 선행절의 주요동사 뒤에는 '了$_1$'를 추가하여 완선한 동작의 종결을 나타내야 한다.

* 我不知道这个生词的意思，但是朋友说以后，我才恍然大悟。

고친문장: 我不知道这个生词的意思，但是朋友给我解释了以后，我才恍然大悟。
나는 이 단어의 의미를 몰랐지만, 친구가 설명을 해주자 갑자기 의미를 깨우치게 되었다.

* 听他的话以后画家后悔了，真的来不及了。因为老妻子已经死了。

고친문장: 听了他的话以后，画家后悔了，但是已经来不及了，因为老妻子已经死了。
그의 말을 듣고 화가는 후회했지만, 이미 돌이킬 수 없었다. 늙은 아내는 이미 사망했기 때문이다.

* 回答他以后，我就去学校。

고친문장: 回答了他的问题以后，我就去学校了。그의 질문에 대답한 이후, 나는 학교에 갔다.

분석: '以后이후'의 앞에 '毕业졸업하다, 结婚결혼하다, 下课수업을 마치다, 放学방학하다/학교가 파하다, 吃完다 먹다, 回去돌아가다, 看见보다' 등 비지속동사(구)가 사용되었을 경우, 설사 동작의 완성을 나타내고 '以后이후'를 직접 취할 수 있을지라도 '了$_1$'를 사용하지 않는다. 그러나 '以后이후' 앞에 지속동사(구)가 사용되고 동작의 완성을 나타낼 경우, 동사 뒤에는 '了$_1$'를 사용해야 한다.

(2) 동사(구) 뒤 '了$_1$' 누락

* 他批评得厉害，终于这女孩子哭起来。

고친문장: 他的批评非常严厉，所以被批评的女孩子哭了起来。
그의 꾸지람은 너무 매서워서 꾸지람 받은 여자아이는 울음을 터뜨렸다.

* 我们一时遇到困难，我们能克服。

고친문장: 我们暂时遇到了困难，但是我们能克服。
우리는 잠시 어려움에 직면했지만, (우리는) 극복할 수 있다.

분석: '哭起来'는 인과 관계를 나타내는 복문의 결과절에, '遇到'는 역접 관계를 나타내는 복문의 선행절에 사용되고 있어, 그 의미가 비교적 독립적이다. 이에 '了$_1$'를 취하여 어떠한 독립적인 동작 또는 상황이 이미 완성되거나 실현되었음을 나타내야 한다.

(3) 동사, '了$_1$' 및 관련 성분 누락

* 他写的大字比较好看，不过他跟书法家学书法短短的时间。

고친문장: 他写的大字比较好看，不过他跟书法家学书法只学了很短的时间。
그가 쓴 붓글씨는 꽤 보기 좋지만, 그가 서예가에게 서예를 배운 것은 짧은 시간이었다.

2. 첨가오류(오류의 원인에 대해서는 제4절 二 '了$_2$' (三) 3 참조)

(1) 비지속을 나타내는 결과보어구가 '以后이후'를 취한 뒤 '了'를 잘못 첨가한 경우

* 写完了以后阿二拿走了那个牌子。(吴丽君의 예, 이하 吴)

고친문장: 写完以后阿二拿走了那个牌子。다 쓴 이후 아얼은 그 표찰을 가지고 갔다.

* 他回去了以后，别人看见了这个牌子。(吴)

고친문장: 他回去以后，别人看见了这个牌子。그가 돌아간 이후 다른 사람들이 이 표찰을 보았다.

(2) 여러 차례 반복되거나 주기적인 동작을 나타내는 동사의 뒤에 '了$_1$'를 잘못 첨가한 경우

* 我和他常常谈了很多话。

고친문장: 我常常和他谈很多话。나는 자주 그와 많은 이야기를 나눈다.

* 每打一场篮球，我就睡了半天。

고친문장: 每打一场篮球，我就要睡半天。농구를 한판 하고 나면, 나는 반나절을 자야 한다.

* 我们经常一起干活儿，因此互相都知道了缺点。

고친문장: 我们经常一起干活儿，因此互相都知道对方的缺点。
우리는 자주 함께 일하기 때문에 서로의 단점을 잘 안다.

분석: 주기적 상태를 나타내는 '知道'는 '了$_1$'를 취할 수 없다.

(3) 동작의 발생 가능성을 추측하는 동사 뒤에 '了$_1$'를 잘못 첨가한 경우

* 爱吸烟者会得了肺癌。

고친문장: 爱吸烟的人容易得肺癌。흡연을 즐기는 사람은 쉽게 폐암에 걸린다.

분석: 해당 예문에서 '得肺癌'은 일회성 동작의 완성이 아닌 보편적 규칙을 기반으로 추측한 내용이므로 '了$_1$'를 취할 수 없다.

(4) 목적어절을 취하는 동사 뒤에 '了$_1$'를 잘못 첨가한 경우

* 我看见了那个人走出去了。

고친문장: 我看见那个人走出去了。나는 그 사람이 걸어 나가는 것을 봤다.

분석: '看见'과 같이 주술구(절)를 목적어로 취하는 동사는 설사 그 동작이 이미 완성되었을지라도 '了$_1$'를 취할 수 없다(제4절 二 '了$_2$' (三) 3 (5) 참조).

(5) 겸어문 중 첫 번째 동사 뒤에 '了$_1$'를 잘못 첨가한 경우

* 我觉得这本字典对我有帮助，于是我劝了朋友这本字典。

고친문장: 我觉得这本字典对我有帮助，于是我劝朋友买这本字典。
나는 이 자전이 내게 매우 도움이 됐다고 생각했기 때문에 친구에게도 이 자전을 사도록 권했다.

(6) 관형어로 사용된 상태동사 뒤에 '了'를 잘못 첨가한 경우

* 我觉得妻子只是要他的收入，所以没有卖出去的时候妻子失望了的样子。

고친문장: 我觉得妻子只图他的收入，所以画没有卖出去的时候，妻子表现出很失望的样子。
나는 아내가 그의 돈만을 노린다고 생각하는데, 그래서 그림이 팔리지 않았을 때 아내가 실망한 모습을 내비친 것이다.

3. 어순오류

(1) 연동문 중 '了'의 위치 오류(오류 원인에 대해서는 제4절 二 '了$_2$' (三) 2 (8) 참조)

＊我不想连累你，亲自找了他商量一下。

고친문장: 我不想连累你，自己找他商量了一下。
나는 너를 끌어들이고 싶지 않아서 혼자 그를 찾아가 상의했다.

＊我和我的老公一起去了买两个手机。

고친문장: 我和我老公一起去买了两个手机。나와 남편은 함께 가서 핸드폰 두 개를 샀다.

분석: 일부 학습자의 모국어에 중국어 연동문에 상응하는 문형이 존재하는 경우가 있다. 하지만 이들 모국어에서 동작의 완성을 나타내는 연동문의 '来오다'나 '去가다'가 사용되는 형태는 중국어 연동문과는 차이가 있다. 상기 오류는 모국어 간섭으로 발생한 것이다.

(2) '了$_1$'를 사용할 위치에 '了$_2$'을 잘못 사용한 경우(오류 원인에 대해서는 제4절 二 '了$_2$' (三) 1 참조)

＊没过个冬天，我就患感冒了。

고친문장: 冬天还没过，我就得了感冒。겨울을 아직 나지 않았는데, 나는 감기에 걸렸다.

＊吃午饭了以后，我就回家了。

고친문장: 吃了午饭以后，我就回家了。점심을 먹은 뒤에 나는 집으로 돌아갔다.

＊经过了一个多小时，我终于来到学校了。

고친문장: 经过了一个多小时，我终于来到了学校。한 시간여가 지난 뒤, 나는 마침내 학교에 도착했다.

분석: 일회성 동작의 완성이나 상대적으로 완전한 사건의 종결을 나타낼 경우, 문미 '了$_2$'이 아닌 동사(구) 뒤 '了$_1$'를 사용해야 한다.

4. 혼합오류

＊我有点儿晚到了教室。

고친문장: 我到教室有点儿晚了。나는 교실에 조금 늦게 도착했다.

＊这本杂志，我看完了整整一个小时。

고친문장: 这本杂志，我看完整整花了一个小时。이 잡지를 다 보는데 나는 꼬박 한 시간이 걸렸다.

분석: 주어를 충당하는 주술구는 술어가 결과보어구일지라도 '了$_1$'를 사용하지 않는다.

＊他提的建议值得使人很生气了。

고친문장: 他提的建议真让人感到生气。그가 제시한 의견은 정말 사람을 화나게 했다.

＊这本杂志，我每天看了整整五次。

고친문장1: 这本杂志，我整整看了五遍。이 잡지를 나는 꼬박 다섯 번을 봤다.

고친문장2: 这本杂志，我每天要看五遍。이 잡지를 나는 매일 다섯 번을 보려고 한다.

＊上万的观众来了在音乐会。

고친문장: 上万的观众来听音乐会。수만 명의 관객이 음악회를 들으러 왔다.

* 我们到三点一直谈了。

고친문장: 我们一直谈到了三点。우리는 3시까지 이야기를 나누었다.

* 经过和癌症斗争生活五年，终于他克服癌症了。

고친문장: 经过五年和癌症的顽强斗争，他终于战胜了癌症。
5년 동안 이루어진 암과의 전쟁 끝에, 그는 마침내 암을 이겨냈다.

* 她准备韩国菜很多。

고친문장: 她准备了很多韩国菜。그녀는 많은 한국 요리를 준비했다.

三. 어기조사 관련 오류

了$_2$

1. 누락오류(오류 원인과 관련해서는 제4절 二 '了$_2$' (三) 1 참조)

(1) '了$_2$' 누락

* 吃饭前，我的自行车放在饭店门口。我们吃完了以后看外边，我自行车不在那儿。

고친문장: 吃饭前，我的自行车放在饭店门口。我们吃完了以后再看外边，我自行车不在那儿了。식사 전에 내 자전거는 식당 문 앞에 놓여있었다. 식사를 마치고 밖을 봤을 때 내 자전거는 그곳에서 사라지고 없었다.

* 现在到五月外边暖和，很舒服了。

고친문장: 现在已经五月了，外边暖和了，气候也很舒服了。
벌써 오월이다. 밖은 따뜻해지고, 날씨도 쾌적해졌다.

(2) '了' 및 기타 필요 성분의 누락

* 等下星期考完试以后我们班要分开。有些人回国不回来。

고친문장: 等下星期考完试以后我们班就要分开了。有些人回国以后就不回来了。
다음 주 시험이 끝나면 우리 반은 모두 뿔뿔이 흩어지게 된다. 몇몇 사람은 귀국한 뒤에 돌아오지 않을 것이다.

* 几年不见，他老多了，他的齿几乎没有。

고친문장: 几年不见，他老多了，他的牙齿几乎都没有了。
몇 년을 못 만났더니 그는 많이 늙어서 이빨이 거의 다 빠져 있었다.

* 开始写大字的时候，我觉得很难，可是并不太难。

고친문장: 开始写大字的时候，我觉得很难，现在写了一段时间，觉得不太难了。
처음 붓글씨를 쓰기 시작했을 때는 어려웠지만 한동안 쓰고 보니 그다지 어렵지 않게 되었다.

2. 첨가오류(오류 원인에 대해서는 제4절 二 '了$_2$' (三) 3 참조)

* 大家兴奋得连喊带叫了。

고친문장: 大家兴奋得连喊带叫。다들 흥분해서 소리를 질러댔다.

＊他刚刚大学毕业了。

고친문장: 他刚刚大学毕业。그는 막 대학을 졸업했다.

＊哥哥一整天在公司工作了。

고친문장1: 哥哥一整天都在公司工作。오빠는 온종일 회사에서 일했다.

고친문장2: 哥哥在公司工作了一整天了。오빠는 회사에서 온종일 일하고 있다.

분석: 시간의 길이를 나타내는 단어가 부사어로 사용되어 동작의 지속을 나타낼 경우, 문미에는 '$了_2$'을 추가하지 않는다. 반면, 시간사가 보어로 사용될 때에는 '$了_2$'을 추가할 수 있다.

＊因为今天很早起床，我很困了。

고친문장1: 因为今天很早就起床了，现在我很困。오늘 일찍 일어나서 나는 지금 졸리다.

고친문장2: 因为今天很早起床，我有点儿困了。오늘 일찍 일어나서 나는 좀 졸리다.

＊我还没见过他了，不过我们约定明天在咖啡馆见面。

고친문장: 我还没见过他，不过我们约定明天在咖啡馆见面。
나는 그를 아직 만나본 적이 없지만 우리는 내일 커피숍에서 만나기로 약속했다.

＊我从来没喝过啤酒了。

고친문장: 我从来没喝过啤酒。나는 맥주를 마셔본 적이 없다.

＊他从来很喜欢开玩笑了。

고친문장: 他从来就很喜欢开玩笑。그는 줄곧 농담하기를 좋아했다.

＊我们始终反对那个意见了。

고친문장: 我们始终反对那个意见。우리는 시종일관 그 의견에 반대한다.

＊我始终弄不清楚了。

고친문장: 我始终弄不清楚。나는 내내 잘 모르겠다.

＊这张照片照得非常漂亮，我一直欣赏了。

고친문장: 这张照片照得非常漂亮，我一直在欣赏。
이 사진은 너무 예쁘게 잘 찍혀서 나는 줄곧 감상하고 있다.

분석: 상기 문장에는 모두 '从来여지껏', '始终시종'과 같이 과거에서 현재까지의 의미를 나타내거나 지속을 나타내는 부사어가 사용되고 있다. 과거에 지속된 상황이나 상태를 나타내는 문장에는 '了'를 사용하지 않는다.

＊从此每年两个人都在韩国见面了。

고친문장: 从此每年两个人都在韩国见面。이때부터 두 사람은 매년 한국에서 만난다.

＊他说的话，我一点儿也没听懂了。

고친문장: 他说的话，我一点儿也没听懂。그의 말을 나는 하나도 알아듣지 못했다.

＊昨晚的联欢会，我们几乎到晚上十二点结束了。

고친문장: 昨晚的联欢会，我们几乎到晚上十二点才结束。
어제저녁의 친목회를 우리는 거의 저녁 12시가 다 되어서야 마쳤다.

*据说明天下雨了。

고친문장: 据说明天要下雨。내일은 비가 온다고 한다.

3. 대체오류(오류 원인에 대해서는 제4절 二 '了$_2$' (三) 1 참조)

(1) '了$_1$'의 용법과 혼동하여 잘못 사용한 경우

*他们都说穿布鞋舒服，于是我就买布鞋了。

고친문장: 他们都说穿布鞋舒服，于是我就买了一双布鞋。
그들이 모두 헝겊신이 편하다고 하기에 나도 헝겊신 한 켤레를 샀다.

*这次演讲比赛参加了近四十个人。

고친문장1: 这次演讲比赛有近四十个人参加了。이번 웅변대회에는 근 40명이 참가했다.

고친문장2: 有近四十个人参加了这次演讲比赛。근 40명이 이번 웅변대회에 참가했다.

*我能了说一点汉语。(谭春健의 예, 이하 谭)

고친문장: 我能说一点汉语了。나는 중국어를 조금 할 줄 알게 되었다.

*我想了在中国工作。(谭)

고친문장: 我想在中国工作了。나는 중국에서 일하고 싶어졌다.

(2) '的'의 용법과 혼동하여 잘못 사용한 경우

*他的病据医生说马上就好了。

고친문장1: 他的病据医生说很快就会好的。그의 병은 의사의 말에 따르면 곧 좋아질 것이라고 한다.

고친문장2: 他的病据医生说马上就会好的。그의 병은 의사의 말에 따르면 금방 좋아진다고 한다.

*我本来是学文学的，后来改变了我的兴趣，我就是学经济的。

고친문장: 我本来是学文学的，后来我的兴趣发生了变化，就改学经济了。
나는 원래 문학을 공부했으나 흥미에 변화가 생겨 경제를 공부하게 되었다.

(3) '呢'의 용법과 혼동하여 잘못 사용한 경우

*她买的上等地毯要上万块钱了。

고친문장: 她买的上等地毯要上万块钱呢。그녀가 산 고급 카펫은 수만 위안은 넘는다.

4. 혼합오류

*据说这种药吃的以后，愿望实现。

고친문장: 据说吃了这种药以后，愿望就能实现了。듣기로는 이 약을 먹으면 소원이 이루어진다고 한다.

*你提的问题大家都一时研究了。

고친문장: 你提的问题大家都研究过了。네가 제기한 문제는 이미 사람들이 연구한 것이다.

*他说他能来，但是他并不来了。

고친문장: 他说他能来，但是他并没有来。그는 올 수 있다고 했지만 오지 않았다.

＊他十年前搬了家在美国，当时他只有五岁。

고친문장: 十年前他的家搬到了美国，当时他只有五岁。
10년 전 그의 집은 미국으로 이사를 했고, 당시 그는 겨우 5살이었다.

＊来中国半年了，我已经生活习惯。

고친문장: 来中国半年了，我已经习惯了这里的生活。
중국에 온 지 반년이 지났고, (나는) 이미 이곳의 생활에 익숙해졌다.

＊小王在生活方面能干够了。

고친문장: 小王在生活方面够能干的了。샤오왕은 생활력이 강하다.

＊他闭上眼睛叹气了。

고친문장: 他闭上眼睛叹了一口气。그는 눈을 감고 한숨을 쉬었다.

的

1. 누락오류

(1) '的'와 호응하는 관련 성분 누락

＊我们明天早上八点在学校门口集合，老师在那儿等我们的。

고친문장: 我们明天早上八点在学校门口集合，老师会在那儿等我们的。
우리가 내일 아침 8시 학교 정문으로 집합하면 선생님이 그곳에서 우리를 기다리고 있을 것이다.

(2) '的' 및 관련 성분 누락

＊在工作中，老师最费力，因为教的是非常重要。

고친문장: 在工作中，老师最费力，因为教学工作是非常重要的。
업무 중에서 선생님이 가장 힘이 드는데, 가르치는 일은 매우 중요하기 때문이다.

2. 첨가오류

＊圣诞节那天，全国的商店都关门的。

고친문장: 圣诞节那天，全国的商店都关门。크리스마스 당일에는 전국의 상점이 모두 문을 닫는다.

3. 혼합오류

＊星期天那条大街真够多人。

고친문장: 星期天那条大街人真够多的。일요일이면 그 번화가에는 사람이 정말 많다.

吧

1. 누락오류

＊空调坏了，房间里太热了，你们委屈一下。

고친문장: 空调坏了，房间里太热了，你们委屈一下吧。
에어컨이 고장 나서 방이 매우 더우니, 양해를 부탁한다.

2. 첨가오류

* 现在不容易赚呀，你应该节俭吧。

고친문장: 现在钱不容易赚呀，你应该节俭一些。지금은 돈 벌기가 쉽지 않으니, 절약을 좀 해야 한다.

3. 대체오류

(1) 기타 어기사와 혼동하여 잘못 사용한 경우

* 请你等一会儿，张老师上课吧。

고친문장: 请你等一会儿，张老师在上课呢。잠깐만 기다리세요, 장 선생님은 지금 수업 중이십니다.

* 开完会，时间还早，于是我们去吃饭吧。

고친문장: 开完会，时间还早，于是我们就去吃饭了。
회의가 끝났지만 아직 시간이 이르기에 우리는 식사를 하러 갔다.

(2) 어기사와 관련된 단어의 사용 오류

* 他生气了，别随便说了，倒是了解情况吧。

고친문장: 他生气了，别说他了，还是再了解一下情况吧。
그는 화가 났으니, 그를 나무라지 말고, 상황을 좀 더 알아보자.

吗

첨가오류

* 你是不是学生吗？

고친문장: 你是不是学生？너는 학생이니?

* 你房间里有几张地图吗？

고친문장: 你房间里有几张地图？네 방에는 지도가 몇 장 있니?

* 昨天丢的东西是否找到了吗？

고친문장: 昨天丢的东西是否找到了？어제 잃어버린 것은 찾았니?

呢

누락오류

* 有人问我："你伤过心吗？"我好奇怪，"谁没有伤过心？"

고친문장: 有人问我："你伤过心吗？"我好奇怪，"谁没有伤过心呢？"
누군가가 나에게 "너는 상처받은 적 있니?"라고 물었고, 나는 의아해서 "상처받은 적 없는 사람이 어디 있겠어?"라고 말했다.

* 这个词我怎么记也记不住，何必在这儿无可奈何浪费时间。

고친문장: 这个词再怎么记也记不住，何必浪费时间呢。
이 단어는 어떻게 외워도 외워지지 않는데, 굳이 시간 낭비할 필요가 있을까.

제6절 교학적 건의

중국어 조사는 그 유형별로 학습자가 느끼는 어려움의 강도나 오류의 유형이 다양하다.

1. 구조조사의 사용 오류는 상대적으로 적은 편이지만, 누락오류나 첨가오류(혹은 과도한 사용)를 중심으로 문제점이 나타나고 있다(자세한 내용은 제5절 一 참조). 따라서 이러한 조사를 가르치는 과정에서 반드시 사용해야 하는 경우와 사용할 필요가 없는 경우에 관한 몇몇 규칙에 대해 강조할 필요가 있다.

2. 동태조사는 동작 발생의 상(aspect)과 관련될 뿐 아니라, 많은 학습자가 모국어 표현 방식과의 차이로 학습에 어려움을 느끼는 부분이다. 또한 어기조사는 기능적이어서 학습자가 그 의미를 파악하기 쉽지 않다. 예를 들어, 어기조사 '的'는 구조조사 '的'에 비해 학습이 까다로우므로 그 다양한 용법을 적절히 결합하여 설명할 필요가 있다. '着'의 의미와 기능은 동사의 다양한 유형과 결합하여 설명하는 것이 좋은데 실전 연습에서도 이러한 부분을 강조할 필요가 있다.

3. 동태조사와 어기조사 중 가장 학습이 어려운 것은 역시나 '了$_1$'와 '了$_2$'일 것이다. '了'를 가르치는 과정에서 아래 몇 가지 사항에 주의하자.

(1) 쉬운 것부터 어려운 것으로 단계별로 나누어 가르쳐야 한다.

邓守信에 따르면, 외국인 학습자는 '了$_1$'에 비해 '了$_2$'을 비교적 쉽게 학습한다고 한다(邓守信 2001). 그러나 현재 대외한어대강(对外汉语大纲) 및 대부분의 교재는 먼저 '了$_1$'를 학습한 후에 '了$_2$'을 학습하도록 하고 있다. 따라서 앞으로의 교재에서는 학습자의 학습이 용이한 순서에 따라 학습 순서를 적절히 조정할 필요가 있을 것이다.

초급 단계에서 '了' 교육은 단문에서의 사용을 중점적으로 다루어야 한다. 단계별로 보다 빈번하게 사용되는 구문을 우선적으로 학습할 수 있도록 한다. 이때 학습자가 아래의 단문 형식(관련 예문은 아래 표 참조)을 충분히 학습하고 운용할 수 있도록 하는 것이 중요하다.

① 주어(행위자) + 동사 + 了 + 관형어(수량사, 형용사 등) + 목적어

② 주어(행위자) + 동사 + 了 + 시량보어 + (목적어)

③ 주어(행위자) + 동사 + 了 + 동량보어 + (목적어)

④ 주어(행위자) + 동사 + 결과보어 + 了 + (목적어)

⑤ 주어(행위자) + 동사 + 了 + 방향보어

학습자들이 문장 내 수량사 및 각종 보어 등 비교적 두드러지는 문법 표지를 통해 반드시 '了'를 사용해야 하는 문형을 기억할 수 있도록 하자. 위 ①을 '了$_1$'의 첫 번째 문형으로 학습시키고, 이어서 각종 보어와 함께 나머지 문형을 인지시키되 이때 반드시 '了'를 사용해야 함을 강조한다. 또한 기타 여러 문형을 학습시키는 과정에서도 '了'의 용법에 대한 설명을 간과해서는 안 된다. 예를 들어 동작의 완성을 나타내는 '把'자문에 결과보어나 방향보어가 출현할 경우, 이들 보어의 앞에는 '了$_1$'가 반드시 사용되어야 한다. 이러한 문형을 모두 학습한 이후에는 단문에서 나타나는 '了$_1$'의 기능을 중심으로 관련 문형을 함께 설명하고, 이를 다시 '了$_1$'를 사용할 수 없

는 단문으로 확장하여 비교한다. 이를 통해 학습자들의 기억을 용이하게 할 수 있다. 아래 표를 보자.

	동사 뒤에 ‘了$_1$’를 취하는 경우	동사, 형용사 뒤에 ‘了$_1$’를 취하지 않는 경우
의미 특징	일회성 동작의 완성 또는 실현 ① 小李唱了一首歌。/他买了很多东西。 샤오리는 노래 한 곡을 불렀다. / 그는 많은 물건을 샀다. ② 我看了一个小时电视。 나는 TV를 한 시간 동안 봤다. ③ 大卫去了一趟上海。/她抄了两遍生词。 데이비드는 상하이에 한 번 갔다. / 그녀는 단어를 두 번 베껴 썼다. ④ 我买到了飞机票。나는 비행기표를 샀다. (목적어는 대상자) 他们来到了北京。그들은 베이징에 왔다. (목적어는 이동 후 도달한 종점) 我们一直谈到了深夜。 우리는 밤늦게까지 이야기를 나누었다. (목적어는 시간상의 종점) ⑤ 上课时，老师走了进来。 수업 시간에 선생님께서 걸어들어 오셨다. (보어는 동작의 방향을 나타냄) 他把书包里课本拿了出来。 그는 책가방 안의 교과서를 꺼냈다. (보어는 동작의 방향을 나타냄) 看见他的怪样子，大家都笑了起来。 그의 괴상한 모습을 보자 사람들이 모두 웃기 시작했다. (보어가 방향을 나타내지 않음)	1. 동작이 여러 차례 반복됨 去年，我每天早上六点起床。 작년에 나는 매일 아침 6시에 일어났다. 小时候，他常常去山上玩。 어렸을 때 그는 자주 산에 가서 놀았다. 2. 형용사가 과거의 상태를 나타냄 当我爬上长城的时候，非常高兴。 만리장성에 올랐을 때 나는 매우 기뻤다. 3. 절이나 동사구를 목적어로 빈번하게 취하는 동사 我们决定明天去游泳。 우리는 내일 수영을 가기로 결정했다. 他知道小明不来了。 그는 샤오밍이 오지 않을 것을 안다. 她发现孩子躲在门背后。 그녀는 아이가 문 뒤에 숨어있는 것을 발견했다. 4. 겸어를 취하는 동사의 뒤 我请他吃了一顿饭。 나는 그에게 식사 대접을 했다. 5. ‘才, 刚, 刚刚’ 등을 부사어로 취한 경우 他刚走。그는 막 갔다. 爸爸晚上十一点才回来。 아빠는 밤 11시에야 돌아오신다.

①②③④⑤형식의 특징에 대한 분석은 앞의 설명을, 관련 예문과 설명에 대해서는 앞의 분석을 참조하자.

‘了$_2$’은 주로 변화를 나타내는 데 사용된다. 즉, 발화자가 보고하는 새로운 상황이나 정보는 모두 변화와 관련된다. ‘了$_2$’은 그 의미적 특징을 바탕으로 다음과 같이 몇 가지 유형으로 세분할 수 있다.[16]

16) 이 부분은 谭春健(2003)의 논문을 참조하였다.

① 변화의 실현(已变): 변화가 이미 발생함.

花红了。/ 我已经十八岁了。꽃이 붉어졌다. / 나는 벌써 18살이 되었다.

他能去了。/ 孩子会走了。그는 갈 수 있게 되었다. / 아이가 걸을 수 있게 되었다.

他现在是医生了。/ 哥哥有女朋友了。그는 지금 의사이다. / 오빠는 여자친구가 생겼다.

我不去上课了。/ 他不想读书了。나는 수업을 가지 않겠다. / 그는 책을 읽고 싶지 않아졌다.

② 변화의 시작(始变): 변화가 막 발생함.

下雨了。비가 오기 시작했다.

天越来越热了。날이 점점 더워지기 시작했다.

③ 미래의 변화(将变): 곧 변화가 시작됨.

火车就要开了。기차가 곧 출발한다.

该吃饭了。밥 먹을 때가 되었다.

④ 정지성 변화(停变): 상황, 상태, 동작이 멈춤. 여기에는 어떠한 사실에 대한 객관적 서술이나 주관적 요구 및 결정이 포함됨.

风停了。바람이 멈췄다.

孩子不再哭了。아이가 울음을 그쳤다.

别说话了。그만 말해라.

我再也不相信你了。나는 다시는 너를 믿지 않을 것이다.

위에 제시한 '了$_2$'의 유형별 의미는 각 어법구조의 특징과 결합하여 단계별로 학습시켜야 한다. 상기 내용을 모두 학습한 뒤에는 이를 다시 귀납하고 정리하여 각 유형별 공통점을 찾아내도록 하여 '了$_2$'에 대한 학습자들의 이해를 심화한다.

(2) '了'의 학습은 단문을 초월하여 이루어져야 한다.

'了' 사용의 어려움은 단문이 아닌 복문이나 문단에서 더욱 두드러진다. 단문에서는 반드시 '了'('了$_1$' 또는 '了$_2$')를 사용해야 하더라도 복문이나 문단에서는 이를 생략할 수 있거나 또는 아예 사용할 수 없는 경우가 있기 때문이다. 따라서 중급 수준에서는 이미 학습한 내용을 바탕으로 복문 및 문단 중 '了'의 사용과 미사용 등에 대해 설명하고 나아가 연습문제 풀이 등을 통해 지식을 공고히 해야 한다.

(3) '了$_1$'와 '了$_2$'의 차이 및 관련성에 대해 주의해야 한다.

'了$_1$'와 '了$_2$'은 실제 사용 과정에서 밀접하게 연관되어 있다. 앞서 "'了$_1$'와 '了$_2$'의 주요 차이"에서도 설명했듯이, 연동문에서 두 번째 동작동사가 나타내는 내용은 구체적이거나 구체적이지 않을 수 있는데, 이에 따라 '了'는 문장 내 서로 다른 두 위치에 출현하게 된다. 즉, '了$_1$'와 '了$_2$'을 구분하여 사용해야 한다. 또 일부 문형에서는 '了$_1$'나 '了$_2$' 중 하나만 사용할 수 있지만, '了$_1$'와 '了$_2$'을 모두 사용해야 하는 경우도 있다. 따라서 중급 단계에서는 기존에 학습한 내용을 바탕으로 학습자가 이 둘 사이의 차이를 보다 명확히 파악하고, 하나의 문장에 '了$_1$'와 '了$_2$'이 동시에 출현할 경우 각각의 기능에 대해 분석할 수 있도록 해야 한다. 학습 후 연습 단계에서는 복문과 문단에 '了' 채워 넣기 등을 통해 지식을 더욱 공고히 할 수 있을 것이다.

참고문헌

陈忠(2002), "了"的隐现规律及其成因考察,《汉语学习》第2期.
陈灼主编(1996),《桥梁——实用汉语中级教程》(上), 北京语言文化大学出版社.
邓守信(2001), Defining and sequencing syntactic structures in L2 Chinese instructional materials in English,《暨南大学华文学院学报》第1期.
金立鑫(1999), 现代汉语"了"研究中"语义第一动力"的局限,《汉语学习》第5期.
金立鑫(2002), 词尾"了"的时体意义及其句法条件,《世界汉语教学》第3期.
黎天睦(Timothy Light)(1994), 论"着"的核心意义(译文),《功能主义与汉语语法》, 北京语言学院出版社.
李大忠(1996),《外国人学汉语语法偏误分析》, 北京语言文化大学出版社.
李铁根(1999),《现代汉语时制研究》, 辽宁大学出版社.
刘勋宁(1988), 现代汉语词尾"了"的语法意义,《中国语文》第5期.
刘勋宁(1990), 现代汉语句尾"了"的语法意义及其与词尾"了"的联系,《世界汉语教学》第2期.
刘勋宁(1999), 现代汉语的句子构造与词尾"了"的语法位置,《语言教学与研究》第3期.
刘勋宁(2000), 答友人——关于语法分析的几个原则问题,《世界汉语教学》第3期.
刘勋宁(2002), 现代汉语句尾"了"的语法意义及其解说,《世界汉语教学》第3期.
刘元满(1998),《"了"在"太 + 形/动"句中出现的条件》,《北大海外教育》第二集, 北京大学出版社.
鲁健骥(1994), 外国人学汉语的语法偏误分析,《语言教学与研究》第1期.
陆丙甫(1979), 读《"的"字结构和判断句》,《中国语文》第5期.
陆俭明(1984), 关于现代汉语里的疑问语气词,《中国语文》第5期.
陆俭明(1999), "着(·zhe)"字补议,《中国语文》第5期.
吕叔湘(2000),《现代汉语八百词》(增订本), 商务印书馆.
齐沪扬(2002),《语气词与语气系统》, 安徽教育出版社.
沈家煊(1995), "有界"与"无界",《中国语文》第5期.
石毓智(1992), 论现代汉语的"体"范畴,《中国社会科学》第2期.
石毓智(2000), 论"的"语法功能的同一性,《世界汉语教学》第1期.
史有为·马学良(1982), 说"哪儿上的"及其"的",《语言研究》第1期.
宋绍年·李晓琪(1998), 汉语动态助词"了"研究的回顾与前瞻,《北大海外教育》第二集, 北京大学出版社.
谭春健(2003), 如何体现"变化"——关于句尾"了"理论语法与教学语法的接口,《语言教学与研究》第3期.
吴丽君(2002),《日本学生汉语习得偏误研究》, 中国社会科学出版社.
武果·吕文华(1998), "了$_2$"句句型场试析,《世界汉语教学》第2期.
徐晶凝(1998), 语气助词的语气及其教学探讨,《世界汉语教学》第2期.

역주 참고문헌

김윤정(2008), 〈'被'의 문법화 연구〉, 《언어과학연구》 6.

김현철·양영매(2013), 〈현대중국어 의문대사호응식 의문대사의 양화의미 연구〉, 《중국어문학논집》 78.

박다래(2010), 《현대중국어수량명사구의화제성연구 -'一个X'를 중심으로-》, 고려대학교 석사학위논문.

문유미·오유정(2018), 〈현대중국어 '了' 연구현황 분석 -학회지 소논문을 중심으로-〉, 《중국어교육과연구》 8.

박종한·양세욱·김석영(2012), 《중국어의 비밀》, 서울: 궁리.

이지현(2017), 〈현대 중국어 반의어 형용사 '大/小'류와 '熱/冷'류의 의미 척도 체계와 상적 특성 비교 분석〉, 《중어중문학》 68.

오유정(2018), 〈被자문의 주관화와 신(新) 被자문의 형성〉, 《중국연구》 76.

이혜정(2019), 〈문말조사 '了', '的' 연구 -공시(共时)문법화를 중심으로-〉, 《언어과학》 26(2).

조경환(2014), 〈被字句의 주관화와 탈-주관화에 관한 소고〉, 《중국어문논총》 61.

조경환(2018), 《중국어 문법의 토대》, 파주: 한국문화사.

최규발·정지수(2008), 〈중국어 상 표지 '过'의 의미, 통사적 특징과 부정 현상〉, 《중국인문학회 학술대회 발표논문집》.

최재영·박창수(2018), 《탄탄한 중국어 문법책》, 서울: 동양북스.

허성도(2014), 《현대 중국어 어법의 이해(개정판)》, 서울: 사람과 책.

Comrie, B.(1976), 《Aspect》, Cambridge: Cambridge University Press.

Li & Thompson(1981), *Mandarin Chinese* (박정구 외 옮김, 《표준중국어문법》, 서울: 한울아카데미, 1989).

陈振宇(2017), 《汉语的指称与命题——语法中的语义学塬理》, 上海: 上海人民出版社.

刘丹青(2013), 〈汉语特色的量化词库：多/少二分與全/有/無三分〉, 《中国语文法论丛》, 日本：白帝社.

陆俭明(2004), 〈有关被动句的几个问题〉, 《汉语学报》 8.

卢福波(2011[2019]), 对外汉语教学实用语法(修订本), 北京: 北京语言大学出版社.

吕叔湘 주편(1980[2002]), 《现代汉语八百词》 增订本, 北京: 商务印书馆.

司红霞(2018), 〈再谈插入语的语义分类〉, 《汉语学习》 6.

王力(1985), 中国现代语法, 北京: 商务印书馆.

张谊生(2000), 《现代汉语副词研究》, 学林出版社.

용어 대조표

중국어	한국어	영어
褒义(↔贬义)	긍정의미(↔부정의미)	commendatory(↔derogatory)
不定指/不确指	비한정지시/비확정지시/ 비특정지시	indefinite reference
承接(关系)	연접(관계)	continue relationship
陈述	진술/서술	assertion
陈述句	평서문	declarative sentences
重叠式	중첩형	reduplication
处置(式)	처치(식)	disposal(form)
词	단어	word
错序	어순오류	sequential error
单向动词	단방향동사	unidirectional verb/unidirectionality
定指/确指	한정지시	definite reference
动补结构	동보구조	verb-complement structures
短语	구	phrase
对称(↔不对称)	대칭↔비대칭	symmetry(↔asymmetry)
非谓形容词	비술어형용사	non-predicative adjectives
非现实	비현실	irrealis
分句/小句	절	clause
分述句/流水句	흐름문	flowing sentences/run-on sentences
复指	재지시	anaphoric reference
固定搭配	고정격식/연어	collocation
话题/主题	화제/주제	topic/theme
话题化	화제화	topicalization
话语	담화	discourse
兼类(词)	겸류(사)	concurrent words

중국어	한국어	영어
态	상	aspect
特指疑问句	의문대사의문문	Wh-question
体词	체언	nominals
同源动词	동원(同源)동사/동족동사	cognate verbs
通指/类指/泛指	총칭지시	generic reference
未然	미실현	irrealis
未知信息/新信息	신정보	unknown/new information
误加	첨가오류	addition error
无生命的	무정물	inanimate
误用	대체오류	substitution error
物主代词	소유격대사	possessive pronouns
现实	현실	realis
小句宾语	목적어절	object clauses
小句主语	주어절	subject clauses
形式动词	형식동사	dummy verbs
选择疑问句	선택의문문	alternative question
叙述句/陈述句	평서문/서술문	declarative sentences
虚指	가상지시	empty reference
严式共现	정밀공기	narrow co-occurrence
言说动词	발화동사	speech verbs/utterance verbs
言语主语	화행주어(담화주어)	speaking subject
已然	실현	realis
意愿性/意向性	의도성/의지성	volition/intentionality
已知信息/旧信息	구정보	given/known/old information
有定(↔无定, 不定)	한정성(↔비한정성)	definiteness(↔indefiniteness)
有生命的	유정물	animate
语法功能	어법기능	grammatical functions
语法特征	어법특징	grammatical features
语法意义	어법의미	grammatical meanings
语境	담화(전후) 맥락	context

중국어	한국어	영어
语篇/篇章	텍스트/담화	text
语气词/语气助词	어기사/어기조사	mood auxiliary
与事	수여자	dative
语体	문체	style
杂糅	혼합오류	mix-up error
正反疑问句	정반의문문	A-not-A question
指别	직시	deixis
指称	지시	reference
致事	사역자	causer
致使性	사역성	causative
周遍(性)	보편적/일반적/포괄적	universality/inclusive
转折句	역접문	adversative sentences
准话题化/次话题化	준화제화	subtopicalization
主谓谓语句	주술술어문	S-P predicate sentences
逐指	분배지시	distributive reference
自指	자기지시	self-reference
自主动词(↔非自主动词)	의지동사(↔비의지동사)	controllable verbs(↔uncontrollable verbs)

실용대외한어교학어법 (上)

2021년 2월 22일 인쇄
2021년 2월 25일 발행

저자 陆庆和
공역자 문유미 · 오유정 · 최진이
발행인 정성택
발행처 전남대학교출판문화원

등록 1981. 5. 21. 제53호
주소 61186 광주광역시 북구 용봉로 77
전화 (062) 530-0573
팩스 (062) 530-0579
홈페이지 http://www.cnup.co.kr
이메일 cnup0571@hanmail.net

값 28,000원

ISBN 978-89-6849-791-9 (93720)